The Holt, Rinehart and Winston Accuracy Commitment: From Manuscript to Bound Book

As a leading textbook publisher in foreign languages since 1866, Holt, Rinehart and Winston recognizes the importance of accuracy in foreign language textbooks. In an effort to produce the most accurate introductory foreign language program available we have added two new stages to the development of *Motifs* — **double proofing** in production and a **final accuracy check** by experienced teachers.

The outline below shows the unprecedented steps we have taken to ensure accuracy:

Author	Writes and proofs first draft.
1st Round of Reviews	Review of first draft manuscript. Independent reviewers check for clarity of text organization, pedagogy, content, and proper use of language.
Author	Makes corrections/changes.
2nd Round of Reviews	Review of second draft manuscript. Independent reviewers again check for clarity of text organization, pedagogy, content, and proper use of language.
Author	Prepares text for production.
Production	Copyediting and proofreading. The project is **double-proofed** — at the galley proof stage and again at the page proof stage.
Final Accuracy Check	The entire work is read one last time by experienced instructors, this time to check for accurate use of language in text, examples, and exercises. The material is read word for word again and all exercises are worked to ensure the most accurate language program possible.
Final Textbook	Published with final corrections.

Holt, Rinehart and Winston would like to acknowledge the following instructors who, along with others, participated in the final accuracy check for *Motifs*: Anne-Sophie Blank, University of Missouri, St. Louis; Danièle Boucher, University of California, Berkeley; James Davis, University of Arkansas, Fayetteville; Marie T. Gardner, Plymouth State College; Jean Knecht, Texas Christian University; Jan Marston, Southern Methodist University; Sandra Soares, University of Wisconsin at River Falls.

LA FRANCE
LE ROYAUME-UNI
LA MER DU NORD
LES PAYS-BAS (m. pl.)
Langues maternelles
Le français langue maternelle majoritaire
Le français langue maternelle d'une minorité importante
Langues officielles
Le français est la seule langue officielle
Le français est une des langues officielles du pays ou de l'état
Le français est la langue de culture ou des affaires pour une partie importante de la population
LA BELGIQUE
la Wallonie
LE LUXEMBOURG
Dunkerque
Calais
Boulogne
Lille
LA PICARDIE
Amiens
LA MANCHE
Dieppe
Cherbourg
Le Havre
Rouen
LA CHAMPAGNE
Charleville-Mézières
Verdun
Metz
LA LORRAINE
Nancy
Strasbourg
Reims
Paris
Caen
la Seine
St. Malo
LA NORMANDIE
Versailles
L'ÎLE-DE-FRANCE (f.)
Brest
le Mont-St. Michel
Chartres
Fontainebleau
Troyes
L'ALSACE (f.)
LA BRETAGNE
Rennes
LES VOSGES
Colmar
L'ALLEMAGNE (f.)
Le Mans
Orléans
la Loire
Blois
Angers
Tours
Nantes
la Loire
Dijon
la Saône
Besançon
LA TOURAINE
Bourges
LA BOURGOGNE
LA VENDÉE
Poitiers
LE POITOU
LA FRANCE
LE JURA
LA SUISSE
La Rochelle
L'OCÉAN ATLANTIQUE (m.)
Limoges
Clermont-Ferrand
Lyon
le Val d'Aoste
L'AUVERGNE (f.)
Rocamadour
Bordeaux
Grenoble
L'ITALIE (f.)
LES ALPES
LE MASSIF CENTRAL
le Rhône
LE DAUPHINÉ
la Garonne
Moissac
Albi
Nîmes
Avignon
Nice
Montpellier
LA PROVENCE
Cannes
Arles
Aix-en-Provence
Biarritz
Toulouse
LE PAYS BASQUE
Carcassonne
Marseille
MONACO
Lourdes
LE LANGUEDOC
LES PYRÉNÉES (f.pl.)
Perpignan
LA MER MÉDITERRANÉE
la Corse
L'ANDORRE (f.)
L'ESPAGNE (f.)
0 25 50 75 100 MILLES
0 50 100 150 KILOMÈTRES

LE MONDE
0 500 1,000 1,500 2,000 MILLES
0 1,000 2,000 3,000 KILOMÈTRES
L'OCÉAN ARCTIQUE (m.)
LE GROENLAND
LA FÉDÉRATION RUSSE
l'Alaska (m.) (LES ÉTATS-UNIS)
le Yukon
les Territoires du Nord-Ouest (m.)
LE CANADA
la Colombie Britannique
l'Alberta (m.)
la Saskatchewan
le Manitoba
l'Ontario (m.)
le Québec
Terre-Neuve (f.)
Saint-Pierre-et-Miquelon (LA FRANCE)
le Nouveau-Brunswick
la Nouvelle-Écosse
le Maine
le New-Hampshire
le Vermont
le Massachusetts
le Rhode Island
le Connecticut
L'AMÉRIQUE DU NORD (f.)
LES ÉTATS UNIS (m. pl.)
la Louisiane
Les Îles Hawaii (m. pl.) (LES ÉTATS-UNIS)
L'OCÉAN ATLANTIQUE (m.)
L'AMÉRIQUE CENTRALE (f.)
LE MEXIQUE
LE BELIZE
LES CARAÏBES (m. pl.)
LE GUATEMALA
LE SALVADOR
LE HONDURAS
LE NICARAGUA
LE PANAMA
LE COSTA RICA
la Guyane française (LA FRANCE)
LE VENEZUELA
LA COLOMBIE
LA GUYANA
LE SURINAM
L'ÉQUATEUR (m.)
LE PÉROU
L'AMÉRIQUE DU SUD (f.)
LA BOLIVIE
LE BRÉSIL
LE PARAGUAY
LE CHILI
L'ARGENTINE (f.)
L'URUGUAY (m.)
VANUATU (m.)
Wallis-et-Futuna (LA FRANCE)
TUVALU
KIRIBATI
LES SAMOA (f.pl.)
LA POLYNÉSIE FRANÇAISE
FIDJI (m.)
TONGA (m.)
la Nouvelle-Calédonie (LA FRANCE)
LA NOUVELLE-ZÉLANDE
L'OCÉAN PACIFIQUE (m.)
135° 120° 105°
45° 30° 15° 0° 15° 30° 45°
195° 180° 165° 150° 135° 120° 105° 90° 60° 45° 30

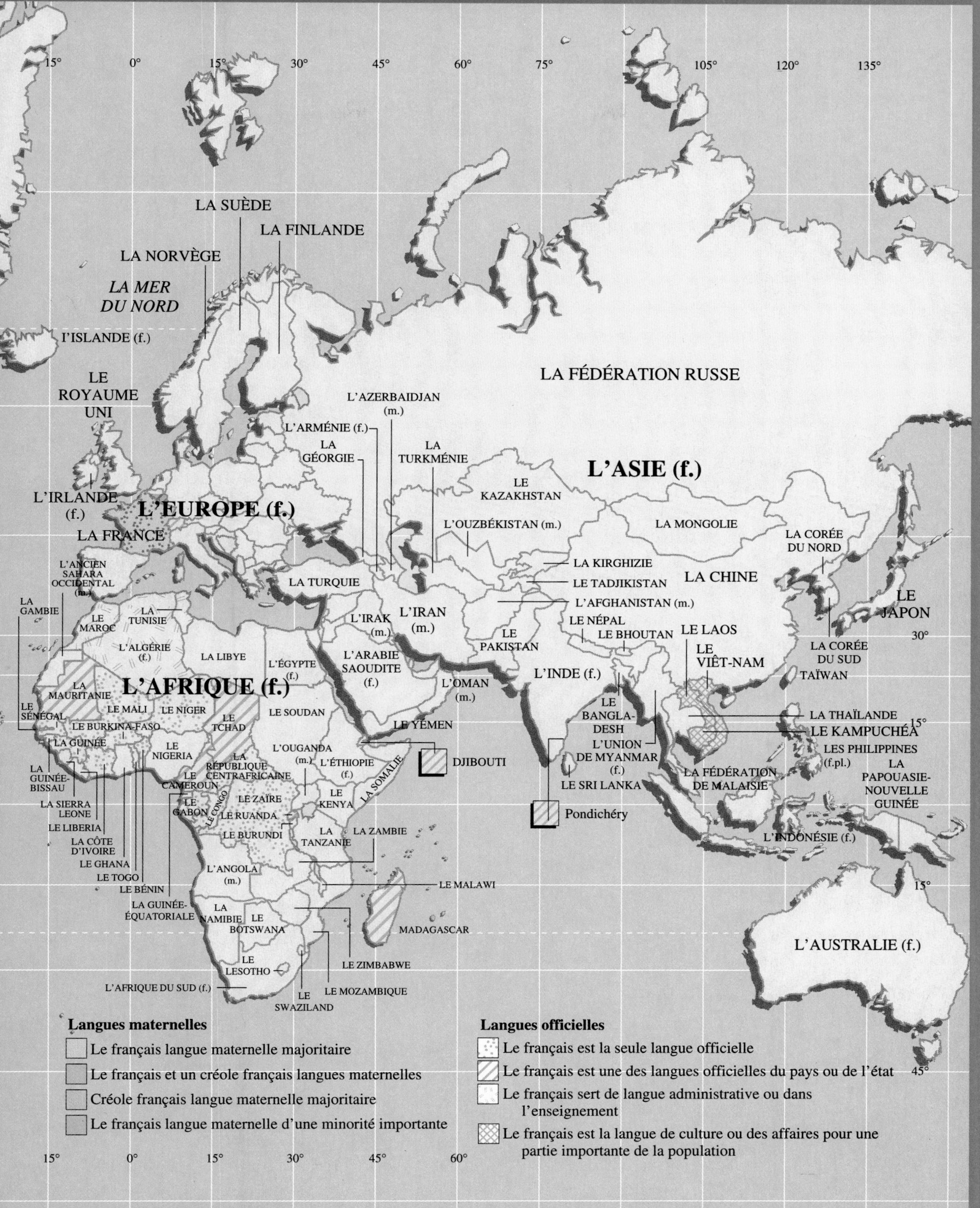

15°
0°
15°
30°
45°
60°
75°
105°
120°
135°
LA SUÈDE
LA FINLANDE
LA NORVÈGE
LA MER DU NORD
L'ISLANDE (f.)
LE ROYAUME UNI
L'IRLANDE (f.)
LA FÉDÉRATION RUSSE
L'AZERBAIDJAN (m.)
L'ARMÉNIE (f.)
LA GÉORGIE
LA TURKMÉNIE
L'ASIE (f.)
LE KAZAKHSTAN
L'EUROPE (f.)
LA FRANCE
L'OUZBÉKISTAN (m.)
LA MONGOLIE
LA CORÉE DU NORD
L'ANCIEN SAHARA OCCIDENTAL (m.)
LA KIRGHIZIE
LE TADJIKISTAN
LA CHINE
LA TURQUIE
LA GAMBIE
LE MAROC
LA TUNISIE
L'AFGHANISTAN (m.)
LE JAPON
L'IRAK (m.)
L'IRAN (m.)
LE NÉPAL
LE BHOUTAN
LE LAOS
L'ALGÉRIE (f.)
LA LIBYE
L'ÉGYPTE (f.)
L'ARABIE SAOUDITE (f.)
LE PAKISTAN
L'INDE (f.)
LE VIÊT-NAM
LA CORÉE DU SUD
TAÏWAN
L'AFRIQUE (f.)
LA MAURITANIE
L'OMAN (m.)
LE SÉNÉGAL
LE MALI
LE NIGER
LE TCHAD
LE SOUDAN
LE BANGLADESH
LA THAÏLANDE
LE BURKINA-FASO
LE YÉMEN
LE KAMPUCHÉA
LA GUINÉE
LE NIGERIA
L'OUGANDA (m.)
L'UNION DE MYANMAR (f.)
LES PHILIPPINES (f.pl.)
LA RÉPUBLIQUE CENTRAFRICAINE
L'ÉTHIOPIE (f.)
DJIBOUTI
LA PAPOUASIE-NOUVELLE GUINÉE
LA GUINÉE-BISSAU
LE CAMEROUN
LA FÉDÉRATION DE MALAISIE
LA SOMALIE
LE SRI LANKA
LE ZAÏRE
LE KENYA
LE GABON
LE CONGO
LA SIERRA LEONE
LE RUANDA
Pondichéry
LE LIBERIA
LE BURUNDI
LA TANZANIE
LA ZAMBIE
L'INDONÉSIE (f.)
LA CÔTE D'IVOIRE
LE GHANA
L'ANGOLA (m.)
LE TOGO
LE BÉNIN
LE MALAWI
LA GUINÉE-ÉQUATORIALE
LA NAMIBIE
LE BOTSWANA
MADAGASCAR
L'AUSTRALIE (f.)
LE LESOTHO
LE ZIMBABWE
L'AFRIQUE DU SUD (f.)
LE MOZAMBIQUE
LE SWAZILAND
30°
15°
15°
45°
Langues maternelles
Le français langue maternelle majoritaire
Le français et un créole français langues maternelles
Créole français langue maternelle majoritaire
Le français langue maternelle d'une minorité importante
Langues officielles
Le français est la seule langue officielle
Le français est une des langues officielles du pays ou de l'état
Le français sert de langue administrative ou dans l'enseignement
Le français est la langue de culture ou des affaires pour une partie importante de la population
15°
0°
15°
30°
45°
60°

L'EUROPE
Langues maternelles
Le français langue maternelle majoritaire
Le français langue maternelle d'une minorité importante
Langues officielles
Le français est la seule langue officielle
Le français est une des langues officielles du pays ou de l'état
Le français est la langue de culture ou des affaires pour une partie importante de la population
LA FINLANDE
LA FÉDÉRATION RUSSE
LA NORVÈGE
LA SUÈDE
LA MER BALTIQUE
L'ESTONIE (f.)
LA LETTONIE
LA LITUANIE
LA FÉDÉRATION RUSSE
LE DANEMARK
LA MER DU NORD
LA BIÉLORUSSIE
LES PAYS-BAS (m. pl.)
LA POLOGNE
L'UKRAINE (f.)
LE ROYAUME-UNI
L'ALLEMAGNE (f.)
LA MOLDAVIE
Bruxelles
LA BELGIQUE
la Wallonie
LA RÉPUBLIQUE TCHÈQUE
LA SLOVAQUIE
Paris
LE LUXEMBOURG
L'AUTRICHE (f.)
LA HONGRIE
LA ROUMANIE
Bern
LA SUISSE
Genève
LA FRANCE
LA SLOVÉNIE
LA CROATIE
L'OCÉAN ATLANTIQUE (m.)
le Val d'Aoste
LA BOSNIE-HERZÉGOVINE
LA SERBIE
LA BULGARIE
Monte Carlo
L'ITALIE (f.)
LE MONTÉNÉGRO
LA MACÉDOINE
L'ALBANIE (f.)
LA TURQUIE
MONACO
la Corse
L'ANDORRE (f.)
LA GRÈCE
la Sardaigne
L'ESPAGNE (f.)
LA MER MÉDITERRANÉE
CHYPRE
0 25 50 75 100 MILLES
0 50 100 150 KILOMÈTRES

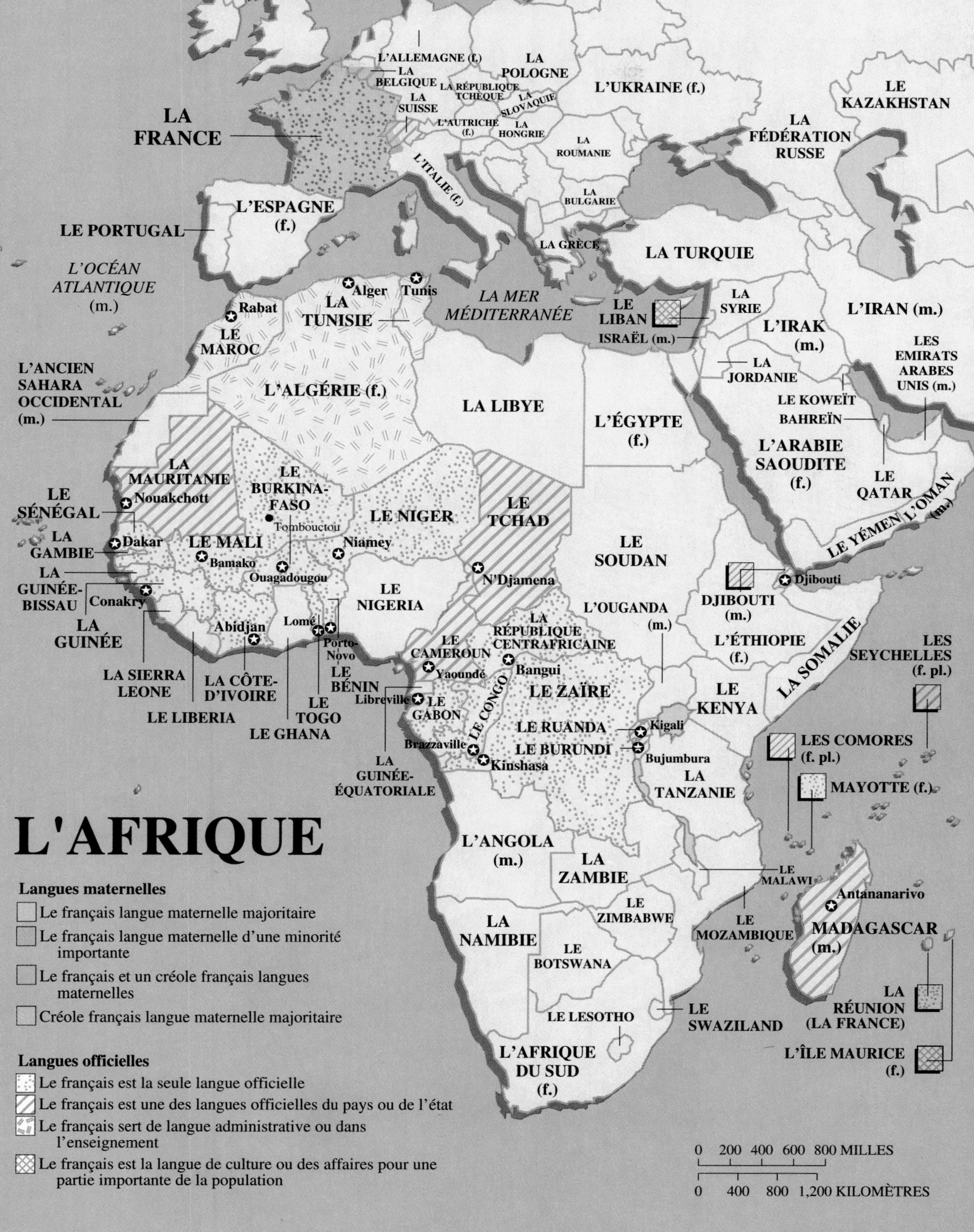

L'AFRIQUE
LA FRANCE
L'ALLEMAGNE (f.)
LA BELGIQUE
LA SUISSE
LA POLOGNE
LA RÉPUBLIQUE TCHÈQUE
LA SLOVAQUIE
L'AUTRICHE (f.)
LA HONGRIE
L'UKRAINE (f.)
LE KAZAKHSTAN
LA FÉDÉRATION RUSSE
LA ROUMANIE
LA BULGARIE
L'ITALIE (f.)
L'ESPAGNE (f.)
LE PORTUGAL
LA GRÈCE
LA TURQUIE
L'OCÉAN ATLANTIQUE (m.)
LA MER MÉDITERRANÉE
Rabat
Alger
Tunis
LA TUNISIE
LE MAROC
LE LIBAN
ISRAËL (m.)
LA SYRIE
L'IRAK (m.)
L'IRAN (m.)
LA JORDANIE
LES EMIRATS ARABES UNIS (m.)
LE KOWEÏT
BAHREÏN
L'ANCIEN SAHARA OCCIDENTAL (m.)
L'ALGÉRIE (f.)
LA LIBYE
L'ÉGYPTE (f.)
L'ARABIE SAOUDITE (f.)
LE QATAR
L'OMAN (m.)
LE YÉMEN
LA MAURITANIE
Nouakchott
LE SÉNÉGAL
LE BURKINA-FASO
Tombouctou
LE NIGER
LE TCHAD
LA GAMBIE
Dakar
LE MALI
Bamako
Ouagadougou
Niamey
LE SOUDAN
N'Djamena
DJIBOUTI (m.)
Djibouti
LA GUINÉE-BISSAU
Conakry
LA GUINÉE
LE NIGERIA
L'OUGANDA (m.)
Abidjan
Lomé
Porto-Novo
LE CAMEROUN
LA RÉPUBLIQUE CENTRAFRICAINE
L'ÉTHIOPIE (f.)
LA SOMALIE
LES SEYCHELLES (f. pl.)
Yaoundé
Bangui
LE BÉNIN
LA SIERRA LEONE
LA CÔTE-D'IVOIRE
Libreville
LE GABON
LE ZAÏRE
LE KENYA
LE CONGO
LE TOGO
LE LIBERIA
LE GHANA
LE RUANDA
Kigali
LE BURUNDI
Bujumbura
Brazzaville
Kinshasa
LA GUINÉE-ÉQUATORIALE
LA TANZANIE
LES COMORES (f. pl.)
MAYOTTE (f.)
L'ANGOLA (m.)
LA ZAMBIE
LE MALAWI
Antananarivo
LA NAMIBIE
LE ZIMBABWE
LE MOZAMBIQUE
MADAGASCAR (m.)
LE BOTSWANA
LA RÉUNION (LA FRANCE)
LE LESOTHO
LE SWAZILAND
L'AFRIQUE DU SUD (f.)
L'ÎLE MAURICE (f.)
Langues maternelles
Le français langue maternelle majoritaire
Le français langue maternelle d'une minorité importante
Le français et un créole français langues maternelles
Créole français langue maternelle majoritaire
Langues officielles
Le français est la seule langue officielle
Le français est une des langues officielles du pays ou de l'état
Le français sert de langue administrative ou dans l'enseignement
Le français est la langue de culture ou des affaires pour une partie importante de la population
0 200 400 600 800 MILLES
0 400 800 1,200 KILOMÈTRES

L'AMÉRIQUE DU NORD
LE GROENLAND
L'OCÉAN ARCTIQUE (m.)
L'Alaska (LES ÉTATS-UNIS)
les Territoires du Nord-Ouest (m.)
le Yukon
Saint-Pierre-et-Miquelon (LA FRANCE)
LE CANADA
le Manitoba
le Québec
l'Alberta (m.)
la Colombie Britannique
la Saskatchewan
l'Ontario (m.)
Terre-Neuve (f.)
le Maine
L'AMÉRIQUE DU NORD (f.)
Langues maternelles
Le français langue maternelle majoritaire
Le français et un créole français langues maternelles
Créole français langue maternelle majoritaire
Le français langue maternelle d'une minorité importante
Langues officielles
Le français est la seule langue officielle
Le français est une des langues officielles du pays ou de l'état
Le français sert de langue administrative ou dans l'enseignement
le New-Hampshire
le Vermont
Québec
Montréal
Ottawa
l'Île du Prince-Edouard (f.)
la Nouvelle-Écosse
LES ÉTATS-UNIS (m. pl.)
le Nouveau-Brunswick
la Louisiane
le Massachusetts
le Rhode Island
le Connecticut
LE MEXIQUE
GOLFE DU MEXIQUE
L'OCÉAN ATLANTIQUE (m.)
LE BELIZE
Les Îles Hawaii (m. pl.) (LES ÉTATS-UNIS)
L'AMÉRIQUE CENTRALE
CUBA (m.)
LES CARAÏBES
LA JAMAÏQUE
HAÏTI (m.)
LA GUYANE FRANÇAISE (LA FRANCE)
LE GUATEMALA
LE SALVADOR
LE HONDURAS
LE NICARAGUA
LE COSTA RICA
LE VENEZUELA
LE PANAMA
LA COLOMBIE
Cayenne
L'OCÉAN PACIFIQUE (m.)
L'ÉQUATEUR (m.)
LA GUYANA
LE SURINAM
LES CARAÏBES
CUBA (m.)
LA RÉPUBLIQUE DOMINICAINE
la Guadeloupe (LA FRANCE)
Port-au-Prince
Pointe-à-Pitre
HAÏTI (m.)
LA MER DES CARAÏBES
DOMINIQUE (f.)
Fort-de-France
la Martinique (LA FRANCE)
SAINTE LUCIE (f.)
MILLES
0
300
0
KILOMÈTRES
450
L'AMÉRIQUE DU SUD
LE PÉROU
LE BRÉSIL
À 45° LATITUDE
0 200 400 600 800 MILLES
0 400 800 1,200 KILOMÈTRES
LA BOLIVIE

MOTIFS

An Introduction to French

Kimberly Jansma
University of California at Los Angeles

Margaret Ann Kassen
The Catholic University of America

Holt, Rinehart and Winston
Harcourt Brace & Company

Fort Worth   Philadelphia   San Diego   New York   Orlando   Austin   San Antonio
Toronto   Montreal   London   Sydney   Tokyo

Vice President/Publisher	Rolando Hernández-Arriessecq
Developmental Editors	Mary K. Bridges, Nancy Beth Geilen, Nancy Siegel
Project Editor	Sarah Elaine Sims
Production Manager	Debra A. Jenkin
Senior Art Director	David A. Day
Photo Editor	Cheryl Throop
Text Illustrations	Dusty Crocker
Composition	American Composition & Graphics, Inc.

Student Edition
ISBN: 0-15-500593-6
Library of Congress Catalogue Number: 95-79790
Instructor's Annotated Edition
ISBN: 0-03-049024-3

Cover: Vasily Kandinsky, *Black Lines (Schwarz Linien)*. December 1913, Solomon R. Guggenheim Museum, New York. Gift, Solomon R. Guggenheim, 1937. Photograph by David Heald © The Solomon R. Guggenheim Foundation, New York.

Other special acknowledgments of copyright ownership and other credits appear on page 570 and constitute an extension of this page.

Address editorial correspondence to:
Harcourt Brace College Publishers
301 Commerce Street, Suite 3700
Fort Worth, TX 76102

Address orders to:
Harcourt Brace & Company
Permissions Department
6277 Sea Harbor Drive
Orlando, FL 32887-6777
1-800-782-4479 or 1-800-433-0001 (in Florida)

Printed in the United States of America

5 6 7 8 9 0 1 2 3 4 048 9 8 7 6 5 4 3 2 1

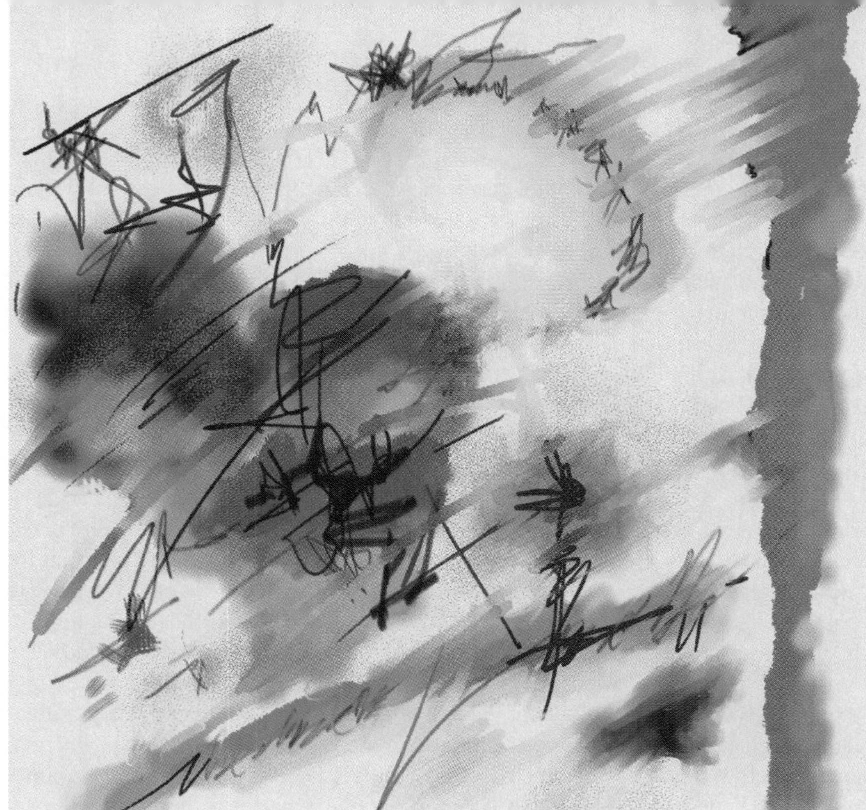

To the Student

Motifs is a complete first-year French language-learning program for university students that promotes speaking, listening, reading, and writing, as well as cultural awareness. In this course, you will learn how to communicate in French on entry-level topics of conversation: your courses and university life, your family and living situation, your childhood memories, and future plans. In addition, you will learn to negotiate various transactions: how to order in a café, buy a plane ticket, rent an apartment, give directions, or go shopping. Because language and culture are inseparable, you will also be developing your understanding of the cultures of the French-speaking world. It is important that you familiarize yourself with the layout of the textbook in order to benefit optimally from the program.

Organization

Notice that this textbook consists of sixteen modules, each containing bordered pages tinted in gray following the standard white pages. These white and gray pages have different uses.

Using the white pages

The white pages in the front of the chapter contain the material you will be working with in class: module themes **(thèmes),** useful expressions **(pratiques de conversation),** cultural notes **(notes culturelles),** readings **(lectures),** interesting facts about the French-speaking world **(bulletins),** and application activities **(un pas en avant).** All of these components are accompanied by communicative activities **(activités)** that incorporate the module's topic, grammar, and vocabulary. This section, written almost exclusively in French, is designed to help you understand, think, and express yourself in French right from the beginning.

In much of your communication in class you will be applying a new grammar structure. Structure highlights appearing in clearly marked boxes beneath the relevant **thème** or **pratiques de conversation** will alert you to these structures, tell you how they fit in with the theme, and direct you to the gray-tinted page where you will find a full grammar presentation.

Using the gray pages

In addition to your practice listening to French and using it to communicate in class, you will need to study French as a system, much as you would study the material for any academic course. You will be able to do this by using the gray pages at the end of chapters. These pages provide clear, concise grammar explanations written in English, with accompanying examples and translations that allow you to study the rules of French grammar independently. Each grammar explanation has accompanying exercises with an answer key at the back of the book. By reading these grammar explanations carefully, and checking your comprehension by writing out the exercises and correcting the answers, you will find you can learn a great deal of grammar on your own. Your instructor will review much of this material in class and will provide plenty of opportunities to apply these rules in communicative situations.

Ancillaries

- The *Student Resource Manual* combines a Workbook, Audio Laboratory Manual, and Video Manual. The **Activités écrites** in the Workbook give you the opportunity to apply and practice the material presented in the textbook. The Audio Laboratory Manual, with its **Activités de compréhension et prononciation,** includes comprehension activities and instruction in pronunciation. The Video Manual will aid you in viewing the *Motifs* video, which was filmed on location in France.

- The student listening cassette packaged with the textbook contains recordings of the dialogues that accompany the **Pratiques de conversation**. This symbol next to an activity indicates it is recorded by native speakers.

A Few Helpful Hints

Take Risks

Successful language learners are willing to guess at meaning and to try expressing themselves even when they do not know every word or have perfect control of the grammar. They stretch and try to expand their repertoires, experimenting with new words and structures, and realize that to learn a language involves making mistakes.

Relax

Your classroom is your language-learning community where you learn by interacting with other students as well as your instructor. Of course, your French will be simple and direct; this very quality often allows you to open up and express yourself without being overly concerned with subtleties. You may find that conversation in your language class is more free than in any other. Take advantage of working in pairs and small groups to experiment with the language.

Prepare

Success in class requires daily preparation and active study. Remember that language, like music, is meant to be performed. Language classes present new material every day, and catching up once you have fallen behind is difficult. Here are some suggestions to help you study.

Learning Vocabulary

Learn words in sense groups: clothing, professions, leisure activities, and so on. For each **Thème** and **Pratique de conversation**, make sure you have mastered enough vocabulary to take part in a basic conversation on that topic. In addition to fundamental words, such as *doctor* when you are studying professions, learn items of special interest to you. Perhaps you wish to be a computer programmer or your mother is in marketing. Take a little extra time to acquire vocabulary that relates to these areas of special interest. Flash cards can be helpful. These can be color coded to differentiate between masculine and feminine nouns.

Learning Grammar

Learning grammar requires attention to detail along with a recognition of patterns and the ability to manipulate them according to rules. Basic memorization of form, including verb conjugations and tenses, is essential. It is also important that you understand the function of grammar structures in communication. For example, when you learn about adjectives and their endings, you need to keep in mind that your communicative goal is to describe people and things. The **Structure** boxes that introduce new grammar points in the white activity pages will help you make this connection. Always ask yourself what you can actually *do* in the language with what you are learning.

Acknowledgments

The publication of *Motifs* would not have been possible without the help and encouragement of a great number of friends and colleagues who have selflessly given of their time, creativity, and expertise to make this a dynamic and successful language-learning program. We would like to offer our heartfelt thanks to colleagues and graduate students at UCLA and Catholic University who piloted much of this material and provided useful feedback.

We extend our thanks and appreciation to the many colleagues who reviewed *Motifs* and provided insightful comments and constructive criticism indispensable to the development of the program:

Jayne Abrate, University of Missouri, Rolla
Diane Fagin Adler, North Carolina State University
Judith Aydt, Southern Illinois University
Richard Boswell, State University of New York, Binghamton
Susan Bové, Brookdale Community College
Linda Bunney-Sarhad, California State University, Stanislaus
Hope Christiansen, University of Arkansas
William Cloonan, Florida State University
Teresa Cortey, Glendale College
Jeffrey Fox, College of DuPage
Gary Godfrey, Weber State University
Elizabeth Guthrie, University of California, Irvine
Margaret Haggstrom, Loyola College
Sara Hart, Shoreline Community College
James Hassell, Arkansas Tech University
Bette Hirsch, Cabrillo College
Lynn Hoggard, Midwestern State University
Josette Hollenbeck, Appalachian State University
Brent Jameson, Phoenix College
Leona B. LeBlanc, Florida State University
Anne D. Lutkus, University of Rochester
Daniel Martin, University of Massachusetts
Mary Millman, Auburn University
Christian O. Onikepe, Mount Saint Mary's College
Susan Rava, Washington University
Christiane E. Reese, Florida Atlantic University
Mary B. Rogers, Friends University
Jonathan Rosenthal, Illinois State University
Elizabeth A. Rubino, Northwestern State University
Norman R. Savoie, Utah State University
Lawrence R. Schehr, University of South Alabama
Benné Willerman, University of Texas
Rita Winandy, Southern Methodist University

Special thanks is owed to the following colleagues for their important contributions: Natalie Froger-Silva for her work on the Workbook and Testing Program; Régine Montaut, Manuel Millot, Nathalie Baras, Alexia Gino, Laurence Denié, and Jean Haham for time devoted to reading the manuscript and the contribution of material at various stages of the project.

We are also grateful to the many people at Holt, Rinehart and Winston who contributed their time and publishing experience to *Motifs.* We would like to thank our acquisitions editor, Jim Harmon, for his role in getting us launched and for guiding us through the critical stages of the project; Mary K. Bridges, our original developmental editor, for her insights and encouragement in the initial stages of the book; Nancy Beth Geilen, our developmental editor whose hard work and dedication helped see us through the next phase; Nancy Siegel, whose patience and professionalism helped bring the project and ancillary materials to completion; and finally Sarah Elaine Sims, our project editor, Debra Jenkin, production manager, and David Day, art director, for their careful attention to detail and sense of style.

Finally, this textbook would not have been possible without our families: our parents, who once again provided the love and support we've counted on over the years, our children for their patience, and our husbands Glen and Craig, who provided us with limitless encouragement and invaluable insights throughout the project.

To the Instructor

Overview

Motifs is a complete program for first-year French with a communicative, thematically based approach. Each of its sixteen modules thoroughly integrates vocabulary, grammar, and cultural insights with that module's theme. The themes selected highlight student life and personal experiences, and they extend to the contemporary francophone world. The activities provided allow students to focus on meaningful communication while practicing key structures closely tied to the contexts where they naturally occur in French.

Module Organization

Classroom-based components

- **Thèmes et pratiques de conversation** (five per chapter)
- **Notes culturelles** and **Bulletins**
- **Lectures**
- **Un pas en avant**

Self-study components

- **Structures** (five in Modules 1 through 10; four in Modules 11 through 16)
- Answers to **Structure** Exercises

Suggestions for Teaching with *Motifs*

Presenting a *Thème*

Classes will typically begin with a warm-up involving casual teacher talk leading into the day's theme. Presentation pages, with their illustrations and instructor's annotations, provide ideas for introducing the thematic materials. The authors have found that student interest is more easily maintained if attention is first directed to magazine pictures, photographs, classroom objects, anecdotes, and demonstrations that involve the students before the textbook is opened to begin activities.

One of the most important roles the teacher plays is exposing learners to as much French as possible in an interesting and comprehensible manner. Some strategies for ensuring student understanding include using gestures, repeating key words, acting out meanings, and constantly checking student comprehension by asking a progression of questions, moving from yes/no and either/or questions to those involving short answers, and finally to questions requiring complete answers with personal interjections and elaboration. Here are some examples of questions drawn from the teacher annotations in **Module 4: Travail et Loisirs**:

> Regardez cet homme. Est-ce qu'il est professeur ? Est-il avocat ou agent de police ? Est-ce que vous connaissez un avocat célèbre ? Comment s'appelle-t-il/elle ? Est-ce qu'on aime les avocats aux États-Unis ? Est-ce qu'ils gagnent beaucoup ou peu d'argent ? Vous n'êtes pas d'accord ? Expliquez. Qui dans la classe veut être avocat ? Alors, vous voulez aller à la Faculté de droit, n'est-ce pas ? Et le juge, est-ce que c'est un homme ou une femme ? Est-ce qu'il y a beaucoup de femmes qui sont juges ? Connaissez-vous Sandra Day O'Connor ? Elle est juge à la Cour Suprême des États-Unis. Comment est-elle ?

As in these examples the instructor is not restricted to using vocabulary the students have already studied; the context allows students to get the gist without understanding every word.

Using the *Pratiques de conversation*

The **Pratiques de conversation** present high-frequency expressions used in practical situations typically encountered in a French-speaking country. These are easily identified by the rubric **Comment**, and include such topics as ordering in a restaurant, extending an invitation, expressing agreement and disagreement, renting an apartment, and obtaining travel information. The focus of these **pratiques** is to develop students' proficiency as they use the **Expressions utiles** in a variety of face-to-face situations: cued dialogues, appropriate responses, role plays, and so on.

To best utilize the **pratiques,** present the expressions in context by acting them out and engaging students in interaction. For example, in **Module 3: Comment louer une chambre,** the instructor may begin by saying,

> Je suis un nouvel étudiant à l'université. Je n'ai pas d'appartement. Avez-vous un appartement ? C'est combien le loyer par mois ? $500 ? $800 ? $1000 ? Oh là là, c'est cher ! Il y a des charges—l'électricité, l'eau, l'air

conditionné ? Est-ce possible d'avoir un chat ou un chien ? Non ? Les animaux sont interdits ? Quel dommage !

Then, a dialogue incorporating the major expressions can be improvised with a student whose role is to understand and give short responses. In the following sample exchange, the phrases in bold are from the list of **Expressions utiles** in the student text.

CONTEXT: Moi, je suis étudiante et je cherche un appartement. Vous, vous êtes Mme Beauchamps, propriétaire. Vous avez un appartement à louer.

— Bonjour, madame. **Avez-vous un appartement à louer ?**

— Oui.

— Oh, très bien. **C'est combien le loyer ?**

— $600.

— **C'est un peu cher.** Je peux fumer *(smoke) ?*

— Non.

— J'ai un petit chien. Vous acceptez les chiens ?

— Oui.

— Bon. Alors, je ne sais pas. C'est un bel appartement et vous acceptez les animaux mais c'est un peu cher. **Je veux réfléchir un peu.**

Take a few minutes to do mini-exchanges with as many students as possible.

— Tu as un appartement ? C'est combien le loyer ?

— Et toi, tu as un appartement ? On y accepte les animaux ?

After completing this presentation, students are ready to work with the textbook activities.

Using the *Activités*

Activités are communicative in nature and offer a mix of whole class, small group, and pair interactions. Formats include word associations, logical matching, personal response, picture-based narration, dialogue completions, task-based activities, interviews, and surveys. The initial **Activités** accompanying each **thème** and **pratique de conversation** are often fairly simple and focus on vocabulary building. They then progress to incorporate the targeted grammatical structures and become more complex and open ended.

The **Activités** provide a rich selection of material from which to plan daily lessons. Those activities marked *Goal* in the instructor annotations promote more focused concentration on a targeted structure. Most activities are more content oriented, giving students the opportunity to respond meaningfully while integrating new information.

Working with the *Notes culturelles*

The **notes culturelles** explore topics related to the module such as **le café, le cinéma, le couple en transition.** Often taking an ethnographic approach, they present the notion of culture as a dynamic process, in which the student is invited to participate. The questions that follow the **Notes** are designed to verify comprehension and to engage students in reflection on their own cultures as well as the cultures of the French-speaking world. Teachers may wish to read portions of the **Notes** out loud or may have students read silently.

Presenting the *Structures*

Grammatical forms always are presented in the context where they naturally occur in French. Structure highlights, set off in clearly marked boxes at the beginning of new **thèmes** and **pratiques de conversation,** help students make the connection between the targeted structure and its use in the communicative activities that follow. This special feature also guides students directly to the appropriate page in the **Structures** section where grammar is presented. Grammar explanations written in English with clear examples are found at the end of each module on shaded pages for easy reference. Each grammar point is accompanied by self-checking exercises to facilitate home study. These structures, carefully recycled throughout the text, are marked **introduction** when first presented and **suite** in subsequent presentations. Later modules include several forms that are presented primarily for recognition. These include *double object pronouns*, the *future perfect, conjunctions used with the subjunctive* and the **passé simple**.

The self-study grammar format of *Motifs* is open to both inductive and deductive teaching approaches; instructors may wish to give a brief explanation of a given grammar point before assigning the related structure pages, or they may assign the grammar study as follow-up to the **Activités.** In either case, the grammar pages of the modules are intended to minimize the time spent on formal explanations in class. The amount of class time the instructor dedicates to explicit grammar discussion will depend on the complexity of a given structure.

Working with the *Lectures*

Motifs offers a variety of readings including excerpts from magazine articles and interviews, poems, and short stories. The associated activities systematically guide students through the reading process: from prereading activities such as brainstorming to reading activities such as skimming and scanning. Follow-up activities move from comprehension to interpretation, culminating in discussion and written response.

Prereading activities, crucial to the students' understanding of the text, are designed to be conducted in class by the instructor, who elaborates and adapts the material to fit the background and interest of the students. For longer texts, instructors may begin the reading in class and assign the remaining portion as homework. The

Compréhension et intégration and **Maintenant à vous** sections, which involve personal response and interpretation, are designed for in-class use.

Concluding with *Un pas en avant*

Un pas en avant at the end of each module fully integrates the vocabulary, themes, and structures in real-life language use. **À jouer ou à discuter** activities include games, discussion topics, and role plays. The activities are presented in English through Module 10 for easy use and lend themselves to pair and group work with little teacher explanation. The primary role of the instructor is to circulate among the groups to help students with vocabulary, suggest ideas, and monitor the use of French. Many of these activities can be performed by select groups as follow-up.

À écrire writing tasks guide students step by step through the composition process. Writing activities include postcards and letters, advice columns, story completions, and poetry.

Selecting *Vocabulaire*

To support *Motifs's* strong emphasis on thematic content, the text is rich in vocabulary, offering students considerable flexibility for personal expression. In order to set realistic learning goals and to simplify testing in multisection courses, a distinction is made between more basic or high-frequency vocabulary **(Fondamental)** and the remaining vocabulary **(Supplémentaire)**. Depending on the interests or experiences of a given class, instructors may wish to deemphasize a fundamental word or highlight a word from the supplemental list.

Sample Course Outline

We recommend the following general guideline for preparing a course syllabus for *Motifs*.

Semester System

(4 to 5 classes per week, 14-week term)

Term I: Modules 1–8

Term II: Modules 9–16

Quarter System

(4 to 5 classes per week, 10-week term)

Term I: Modules 1–6

Term II: Modules 7–11

Term III: Modules 12–16

ANCILLARIES

Instructor's Annotated Edition

Specific suggestions for approaching each module component are presented in the preface to the Instructor's Annotated Edition. In addition, extensive marginal annotations can be found throughout the text, providing suggestions for presenting new material and for supplementing activities. These also contain additional cultural information and answers to activities (when needed), as well as extensive examples of teacher talk in French.

Student Resource Manual

The Student Resource Manual contains three components: Workbook **(Activités écrites),** Audio Laboratory Manual **(Activités de compréhension et prononciation),** and Video Manual **(Guide vidéo). Activités écrites** contain both controlled and more open-ended grammar and vocabulary activities.

Activités de compréhension et prononciation is highlighted for easy reference. The first section, **Activités de compréhension** presents dialogues, newscasts, weather reports, interviews, and other contextualized language accompanied by multiple-choice questions, matching, fill-in and task-based activities to develop listening comprehension. The **Activités de prononciation** introduce the basics of French pronunciation including cognates, vowel sounds, silent endings, liaison, intonation, and sound–spelling correspondences. Activities include repetition, sound discrimination, and partial dictation.

The Video Manual found at the back of the Student Resource Manual is designed to accompany the *Motifs* Video. It presents relevant vocabulary and expressions for each video episode and includes comprehension exercises as well as suggestions for role playing.

Listening Cassette

The student audiocassette packaged with *Motifs* contains recordings of the dialogues that accompany the **Pratiques de conversation**. This symbol next to an activity indicates that it is recorded by native speakers.

Video Program

The *Motifs* program includes a video that was shot on location in France and portrays authentic use of French in everyday situations. The video **scènettes** are closely tied to the themes and vocabulary in the student text. They open with mini-dialogues containing high-frequency expressions. A brief dramatization of a module-related theme follows. In addition to naturalistic conversations, the video features **publicités** and **vidéoclips** taken directly from French television. The accompanying Video Manual, part of the Student Resource Manual, includes listening and vocabulary-building exercises as well as suggestions for student role play and questions that encourage observation and discussion of cross-cultural differences. A tapescript is available to instructors.

Testing Program

A complete chapter test covering listening comprehension, grammar, vocabulary, and culture accompanies each module of *Motifs*. A second version of each test is available for make-ups and other uses. Exams are also available in a computerized test bank to enable instructors to customize the exams to fit their own program needs. Suggested testing formats for oral exams are also included.

Computerized Exercise Program

The exercises located in the **Structures** section of the textbook are also available in computer format through TroubleShooters II™ Instructional Software, available in MS-DOS, Microsoft Windows, and Macintosh formats. This language-learning software provides error analysis, scoring, and instant feedback to maximize student learning.

Overhead Transparencies

A full set of thematically organized four-color overhead transparencies provides visual support for the introduction of new material. They can be used for vocabulary review, communicative activities, oral testing, and grammar practice.

Correlation of Modules to Overhead Transparencies

Motifs	Level 1	Level 2
1	3-1	
2	2-1, 4-3	
3	7-2	
4	2-2, 4-2, 6-1, 9-1, 11-3	
5	5-1, 6-3, 5-2, 5-3	
6	8-3, 12-1, 8-1	3-1, 3-2, 7-3
7	2, 4, 3, 11-1, 8-3	4-1
8		5-2
9	1-3, 7-3, 9-3	4-3, 2-2
10		8-2
11	1, 5, 12-3	2-3
12	3-2, 10-1, 10-2, 10-3, 3-3, 4-1	
13		
14		
15		
16		6-2

Situation Cards

A set of 144 situation cards may be used for role-play activities and for evaluating oral proficiency. Each card contains a situation that the student must perform orally. The cards are written in English to avoid giving students vocabulary or grammar hints. A booklet accompanying the set of cards contains useful suggestions for evaluating oral proficiency.

Correlation of Situation Cards to Modules

Motifs	Situation Cards
1	1
2	2, 3, 4, 6, 8
3	9, 10, 12, 14, 17, 18, 20
4	21, 25, 26, 27, 97, 106
5	7, 13, 16, 19, 22, 23, 24, 25, 29, 30, 98, 103, 109
6	42, 43, 44, 45, 46, 48, 49, 50, 51, 52, 53, 54, 55, 56
7	15, 26, 101, 115, 116, 117, 118, 129
8	57, 67, 73, 74, 121
9	5, 11, 33, 35, 36, 37, 38, 39, 40, 65, 67, 69, 70, 71, 72, 87
10	41, 75, 76, 77, 83, 84, 85, 86, 90
11	104, 120, 122, 124, 125, 126, 133, 135, 136
12	58, 59, 60, 61, 62, 63, 64, 66
13	31, 68, 100, 107, 108, 110, 112, 115
14	47, 130, 131, 134, 142, 143, 144
15	79, 91, 92, 99, 123
16	32, 47, 81, 82, 89, 93, 94, 95, 96, 113, 114, 127, 128, 132

TABLE DES MATIÈRES

Module 4

TRAVAIL ET LOISIRS 84

Module 5

ON SORT ? 118

Module 6

ON MANGE BIEN 155

Module 7

PROJETS DE VOYAGE DANS LE MONDE FRANCOPHONE 191

Module 8

QU'EST-CE QUI S'EST PASSÉ ? 227

Module 9

LA MAISON ET LA ROUTINE QUOTIDIENNE 257

Module 10

SOUVENIRS 293

Module 11

VOYAGER EN FRANCE 325

Module 12

LES ACHATS 361

Module 13

LA SANTÉ ET LE BONHEUR 396

Module 14
LA VIE SENTIMENTALE 431

Module 15
IL ÉTAIT UNE FOIS... 459

Module 16
LES ÉTUDES ET L'AVENIR 489

Module 1 Les camarades et la salle de classe

Thèmes et pratiques de conversation

Comment se présenter et se saluer
La salle de classe
La description
Les vêtements et les couleurs
Comment communiquer en classe

Culture

Bienvenue au monde francophone
Vocabulaire en mouvement

Lecture

« 101 idées vraies de vrai » de *Marie-Claire* 1994

Structures

1.1 **Tu** et **vous**
1.2 **Qui est-ce? Qu'est-ce que c'est? Est-ce que... ?**
1.3 Les articles indéfinis
1.4 Les pronoms sujets avec **être**
1.5 Les adjectifs (introduction)

Thèmes et pratiques de conversation

Comment se présenter et se saluer

Expressions utiles pour se présenter

Je m'appelle Denis Lamotte. Et vous ?

— Moi, je m'appelle Christine Botet.

Je suis de Marseille. Et vous ?

— Moi, je suis de Paris.

Comment s'appelle-t-il/elle ?

Elle s'appelle Juliette Binoche.

Il s'appelle Jacques Chirac.

Activité 1 : Comment vous appelez-vous ?

Suivez le modèle avec 3 camarades de classe.

Modèle : Moi, je m'appelle Jennifer. Et vous ?

— Moi, je m'appelle Jake.

Je suis de Salem. Et vous ?

— Moi, aussi, je suis de Salem./Moi, je suis de Portland.

Activité 2 : Présentez vos camarades de classe.

Maintenant présentez vos camarades de classe aux autres étudiants.

Modèle : Il/Elle s'appelle ______________ . Il/Elle est de

______________.

Activité 3 : Testez-vous!

Avec un(e) camarade indiquez *(point out)* des étudiants et demandez « comment s'appelle-t-il/elle ? »

Modèle : Comment s'appelle-t-elle ?

— Elle s'appelle Candice.

Expressions utiles pour se saluer

Structure 1.1 *Tu et vous*

In French greetings, a distinction is made between formal and informal terms of address. See page 22 for guidelines on using the formal **vous** and the informal **tu**.

Bonjour, madame. Comment allez-vous ?

— Très bien, merci, et vous ?

Bonsoir, mademoiselle.

— Bonsoir, monsieur.

Salut, Paul. Ça va ?

— Oui, ça va. Et toi ?

Bonjour, Nicole. Ça va ?

— Pas mal. Et toi ?

Moi, ça va.

Au revoir, Pauline. À bientôt !

— Au revoir.

Salut, Marc. À tout à l'heure.

— Au revoir.

Comment ça va ?

— Ça ne va pas du tout.

Activité 4 : Réponses logiques.
Choisissez la réponse appropriée.

1. Bonjour, monsieur. Comment allez-vous ?
   a. Très bien, merci. Et vous ?
   b. Je m'appelle Henri.
   c. À bientôt.

2. Salut, Jean. Ça va ?
   a. Je suis de Washington.
   b. Oui, ça va.
   c. Au revoir.

3. Au revoir, madame. À tout à l'heure.
   a. Pas mal.
   b. Au revoir.
   c. Non, ça ne va pas.

4. Comment vous appelez-vous ?
   a. Très bien, merci. Et vous ?
   b. Je m'appelle Anne.
   c. Bonsoir.

5. Bonsoir, monsieur.
   a. Merci, madame.
   b. Pas mal. Et toi ?
   c. Bonsoir, mademoiselle.

6. Salut, Jean. À demain.
   a. Bonjour. Comment ça va ?
   b. Au revoir.
   c. Bonsoir, monsieur.

7. Je suis de Los Angeles. Et vous ?
   a. Je m'appelle Christophe.
   b. Je suis de Chicago.
   c. Il est de New York.

8. Regardez cet homme. Comment s'appelle-t-il ?
   a. Elle s'appelle Juliette.
   b. Moi aussi.
   c. Il s'appelle Frédéric La Coste.

Activité 5 : Jouez le dialogue.
Saluez 3 étudiants de la classe.

Modèle : Bonjour/Salut, Jeanne. Ça va ?

— Oui, ça va (Ça ne va pas/Ça va très bien/Ça va très mal).

La salle de classe

Bienvenue au monde francophone

In this class, you are joining over 270,000 university students studying French in the United States. You also join 120 million French speakers throughout the world. The influence of the French language extends far beyond France and its 55 million inhabitants. Diverse populations on virtually every continent of the globe communicate in French, including roughly 11 million Europeans in Belgium, Switzerland, and Luxembourg. In the Americas, French is spoken by 6 million Canadians, many the descendants of seventeenth-century traders. French is the official language of Haiti and of France's overseas departments of Martinique and Guadeloupe in the Caribbean. French-speaking communities can still be found in the United States in Louisiana, Missouri, and New England. Many island nations speak French, including Polynesia and New Caledonia.

In the nineteenth and twentieth centuries, colonial expansion brought French to North, West, and Central Africa. Substantial numbers of Arabs still speak French in the North African countries of Morocco, Algeria, and Tunisia. French is the official language of 18 sub-Saharan African nations, where it facilitates communication among diverse ethnic groups with differing indigenous languages.

The French language draws people for many reasons. It is indispensable for business and cultural exchange in the European community; it continues to play a major role in international bodies such as the UN, NATO, UNESCO, and the Arab League, and it is the official language of development in the UN. Many people simply wish to learn French to get to know France, its people, and its rich cultural heritage. What influenced your decision to study French?

Identification des choses et des personnes

Structure 1.2 ***Qui est-ce ? Qu'est-ce que c'est ? Est-ce que… ?***
Structure 1.3 **Les articles indéfinis**

One of the most basic needs in learning a new language is to identify the people and things around you and to ask others for this information. Identification questions appear on page 23. Identifying requires the use of indefinite articles (see p. 24).

Les choses

Qu'est-ce que c'est ? C'est **un** bureau.

C'est **une** fenêtre. Ce sont **des** chaises.

Est-ce que c'est **un** crayon ? Non, c'est **un** stylo.

Activité 6 : Est-ce que c'est… ?

Suivez le modèle.

Modèle : Est-ce que ce sont des cahiers ?

— Non, c'est un livre.

1. Est-ce que c'est une porte ?

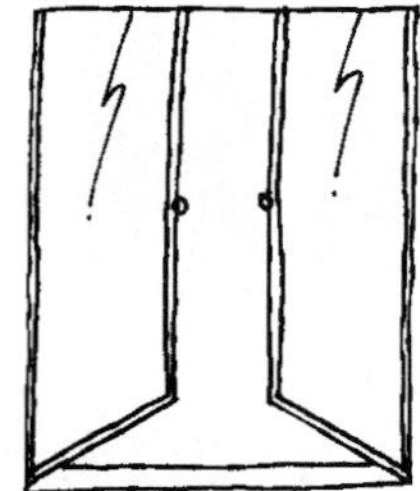
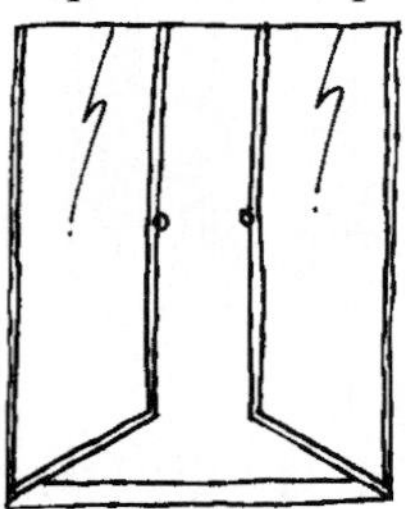

2. Est-ce que ce sont des chaises ?

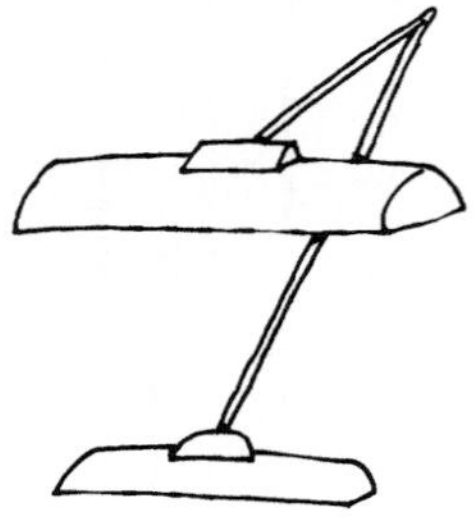

3. Est-ce que c'est un bureau ?

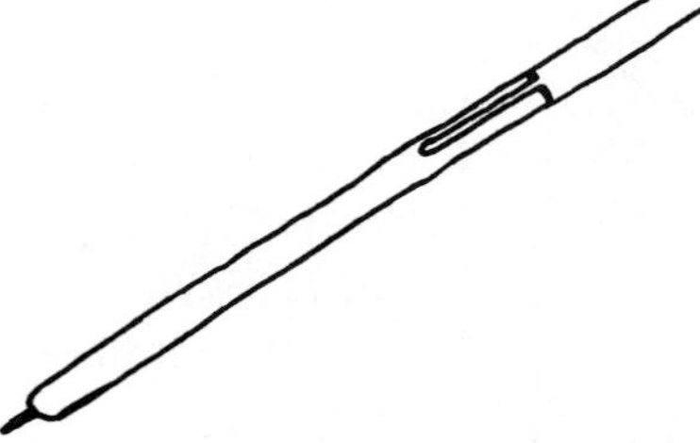

4. Est-ce que ce sont des cahiers ?

5. Est-ce que c'est une craie ?

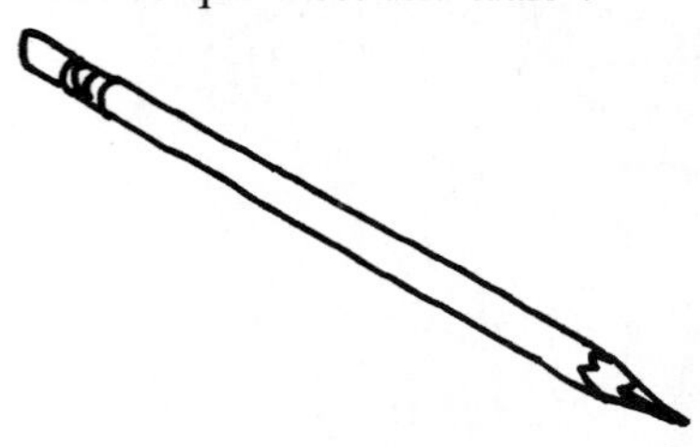

6. Est-ce que c'est un tableau ?

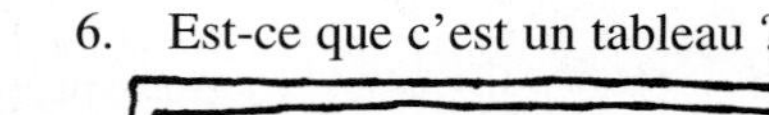

7. Est-ce que c'est un étudiant ?

Les personnes

The French media are filled with news about American celebrities, especially those in the fields of art and entertainment. French celebrities are less likely to be household names in the United States. Let us introduce you to a few here. You will gradually meet more throughout the text.

Qui est-ce ?

— C'est Gérard Depardieu.

Activité 7 : Qui est-ce ?

Suivez le modèle. ***Hints (not in this order) :*** **Marguerite Duras, Princesse Caroline, Emmanuelle Béart, Simone Veil, Johnny Hallyday, Yannick Noah, Daniel Auteuil.**

Modèle : C'est Bill Clinton ?

— Non, c'est Charles de Gaulle.

1. Sharon Stone

2. Pete Sampras

3. Marguerite Duras

4. Emmanuelle Béart

5. Hillary Clinton

6. Elvis Presley

7. Daniel Auteuil

La description

Structure 1.4 **Les pronoms sujets avec *être*** Structure 1.5 **Les adjectifs (introduction)**	In the following **thème** you will learn how to describe people. To accomplish this, you will need to learn the verb **être** *(to be)* and some descriptive adjectives. The verb **être** is presented on page 26. See page 27 for details on the formation of adjectives in French.

La description physique

Comment sont-ils ?

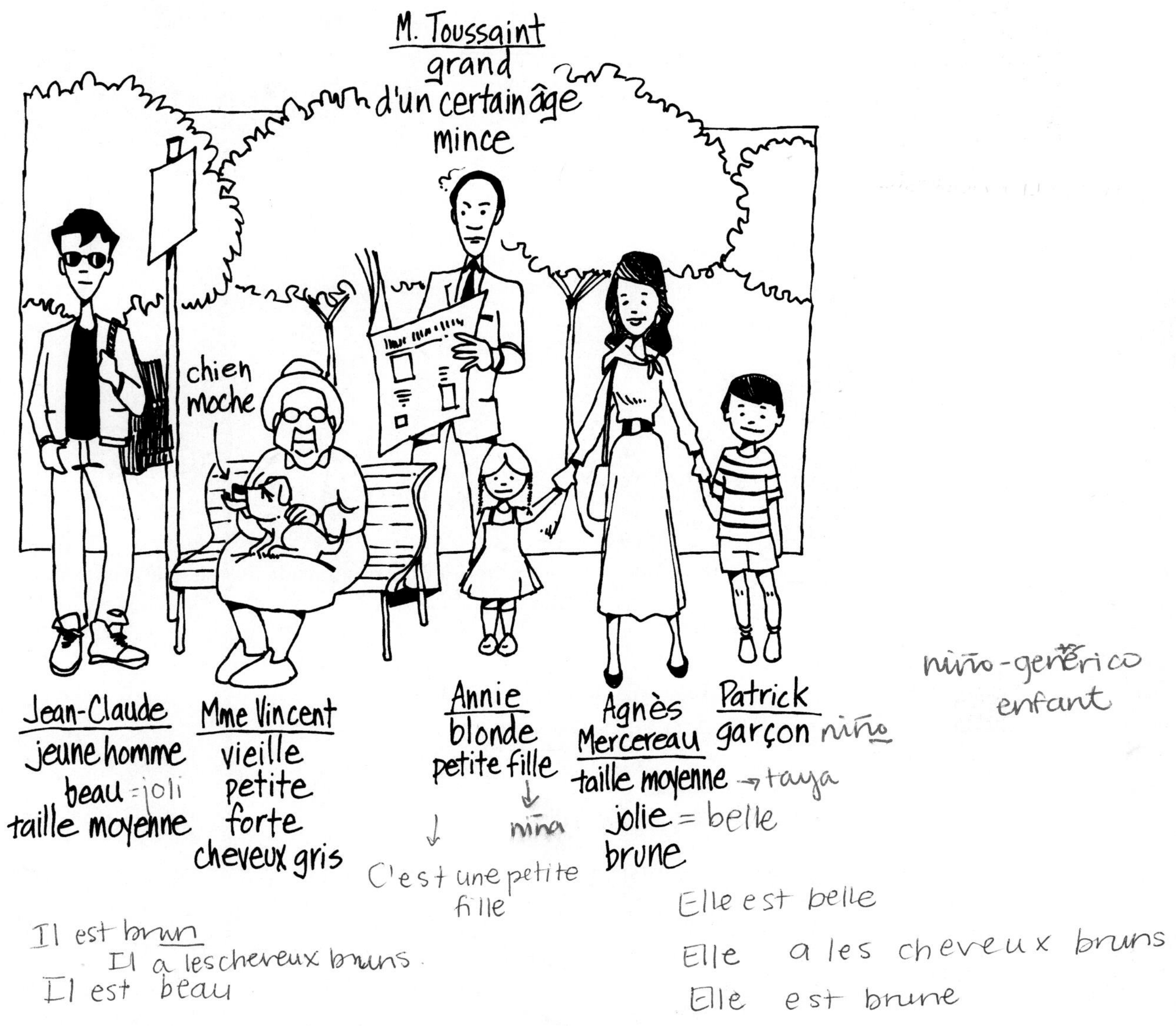

Activité 8 : C'est qui sur l'image ?

Qui est-ce que votre professeur décrit ?

Modèle : PROFESSEUR : C'est une vieille femme avec des cheveux gris. Elle est un peu forte et elle porte des lunettes. Qui est-ce ?

ÉTUDIANT : C'est Mme Vincent.

La description morale

Comment sont-ils ?

Moi? Euh...
Je suis sociable,
intelligent, sympathique,
sportif et... très modeste.

Activité 9 : Comment es-tu ?

Posez des questions à un(e) camarade de classe à propos de sa personnalité.

Modèles : optimiste

Tu es optimiste ?

— Oui, je suis assez optimiste.

timide

Tu es timide ?

— Non, je ne suis pas très timide.

1. idéaliste
2. sympathique
3. timide
4. sociable
5. sérieux (sérieuse)
6. nerveux (nerveuse)
7. fatigué(e)
8. patient(e)

Vocabulaire en mouvement

As an English speaker, you already have a more extensive French vocabulary than you may realize. Why? Because since the Middle Ages, English and French have been borrowing each other's words.

The English were the first to establish this tradition. In 1066 William the Conqueror of Normandy crossed the Channel and invaded England. With a French-speaking King on the English throne, French became the language of the Court, and soon was the language of choice among the aristocracy. French words were considered refined and cultivated in comparison to their plain English counterparts. **Combattre** (combat) was more stylish than *fight*, **économie** (economy) more refined than *thrift*, and **égoïsme** (egoism) more high-brow than *selfishness*.

A mass migration of words crossed the channel in the other direction during the nineteenth century, the golden era of the English sportsman. Since this period, the French have enjoyed talking about **le golf, le tennis, le football,** and **le ski.**

More recently, the French have become disturbed by the mass influx of American words invading their country, especially in the areas of business, technology, and popular culture. Despite valiant efforts to stop the invasion of **le business, le walkman, le living,** and **le look,** the flow of words from the United States to France shows no sign of slowing down. It is simply the nature of languages to borrow from each other. All of this puts you at a great advantage learning French, especially when you read. To fully exploit this, you'll need to learn to recognize these cognates, shared by French and English. **Il faut en profiter !**

Les vêtements et les couleurs

Les couleurs

Les vêtements

Activité 10 : Vrai ou faux ?

Écoutez les descriptions de votre professeur. Sont-elles vraies *(true)* ou fausses *(false)* ?

Modèle : Le chapeau est blanc.

— Vrai.

Activité 11 : De quelle couleur est... ?

Avec un(e) camarade de classe, suivez le modèle.

Modèle : De quelle couleur est la veste ?

— Elle est noire.

1. De quelle couleur sont les tennis ? Elles sont...
2. De quelle couleur est la jupe ? Elle est...
3. De quelle couleur est la chemise ?
4. De quelle couleur est la robe ?
5. De quelle couleur est le short ?
6. De quelle couleur est le pull ?

Activité 12 : Test!

Qui est-ce ? Lisez les descriptions et identifiez les personnages célèbres.

Elizabeth Taylor	Woody Allen	Jacques Cousteau
Gérard Depardieu	Catherine Deneuve	Oprah Winfrey
Lucille Ball	Michael Jordan	Tom Hanks

1. C'est un acteur et metteur en scène de New York. Il est petit et mince et il porte des lunettes. Il est amusant et intellectuel mais il n'est pas très sociable.
2. C'est une belle actrice d'un certain âge, célèbre pour ses yeux violets et ses mariages nombreux. Elle adore les diamants et le luxe.
3. C'est une femme noire de Chicago. Elle a une émission populaire à la télévision, et elle est très riche.
4. C'est un océanographe français. Il fait des documentaires sur l'océan pour la télévision. Il est assez vieux avec des cheveux gris. Il est célèbre aux États-Unis.
5. C'est un acteur français, célèbre aux États-Unis pour les films *Green Card* et *My Father the Hero* ***(Mon père le héros).*** Il est grand et un peu fort avec les cheveux assez longs.

Comment communiquer en classe

Expressions utiles

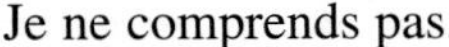
Je ne comprends pas.

Écoutez.

Allez au tableau.

Asseyez-vous.

Ouvrez votre livre.

Fermez la porte.

Regardez.

Travaillez avec un(e) camarade de classe.

J'ai une question.

Les nombres de 0 à 60

0 zéro	10 dix	20 vingt	30 trente
1 un	11 onze	21 vingt et un	31 trente et un
2 deux	12 douze	22 vingt-deux	32 trente-deux
3 trois	13 treize	23 vingt-trois	40 quarante
4 quatre	14 quatorze	24 vingt-quatre	50 cinquante
5 cinq	15 quinze	25 vingt-cinq	60 soixante
6 six	16 seize	26 vingt-six	
7 sept	17 dix-sept	27 vingt-sept	
8 huit	18 dix-huit	28 vingt-huit	
9 neuf	19 dix-neuf	29 vingt-neuf	

L'alphabet

A-B-C-D-**E**-F-**G**-**H**-I-**J**-K-L-M-N-O-P-Q-R-S-T-U-V-**W**-X-**Y**-Z

Les accents

é : l'accent aigu is pronounced [e] : clé, thé, fée.

è : l'accent grave is pronounced [ɛ] : cuillère, mère, père.

î, ê, ô : l'accent circonflexe represents an **s** that was part of a former spelling. A number of French words with this accent have a related English cognate spelled with an **s.**

la forêt *forest* **la fête** *feast* **l'hôpital** *hospital*

ç : la cédille indicates a soft **c** pronounced like an **s** in words like **garçon** and **ça va**.

Activité 13 : Devinez ensemble.

Écoutez les phrases suivantes prononcées par votre professeur et trouvez l'équivalent en anglais. Suivez le modèle.

Modèle : PROFESSEUR : Répétez, s'il vous plaît.
ÉTUDIANT : h.

1. Répétez, s'il vous plaît.
2. Lisez l'exercice à la page 4.
3. Écoutez.
4. Excusez-moi.
5. Étudiez le vocabulaire.
6. Posez la question à votre voisin.
7. En français, s'il vous plaît.
8. Travaillez avec un(e) camarade.
9. Comment dit-on « dog » en français ?
10. Les devoirs sont à la page 2.

a. *Study the vocabulary.*
b. *How do you say "dog" in French?*
c. *Excuse me.*
d. *Read the exercise on page 4.*
e. *Ask your neighbor the question.*
f. *In French, please.*
g. *Work with a partner.*
h. *Please repeat.*
i. *The homework is on page 2.*
j. *Listen.*

Activité 14 : Pour communiquer en classe

Reliez les phrases et les images.

1. Travaillez avec un(e) camarade.
2. J'ai une question.
3. Écoutez.
4. Allez au tableau.
5. Je ne comprends pas.
6. Ouvrez le livre.

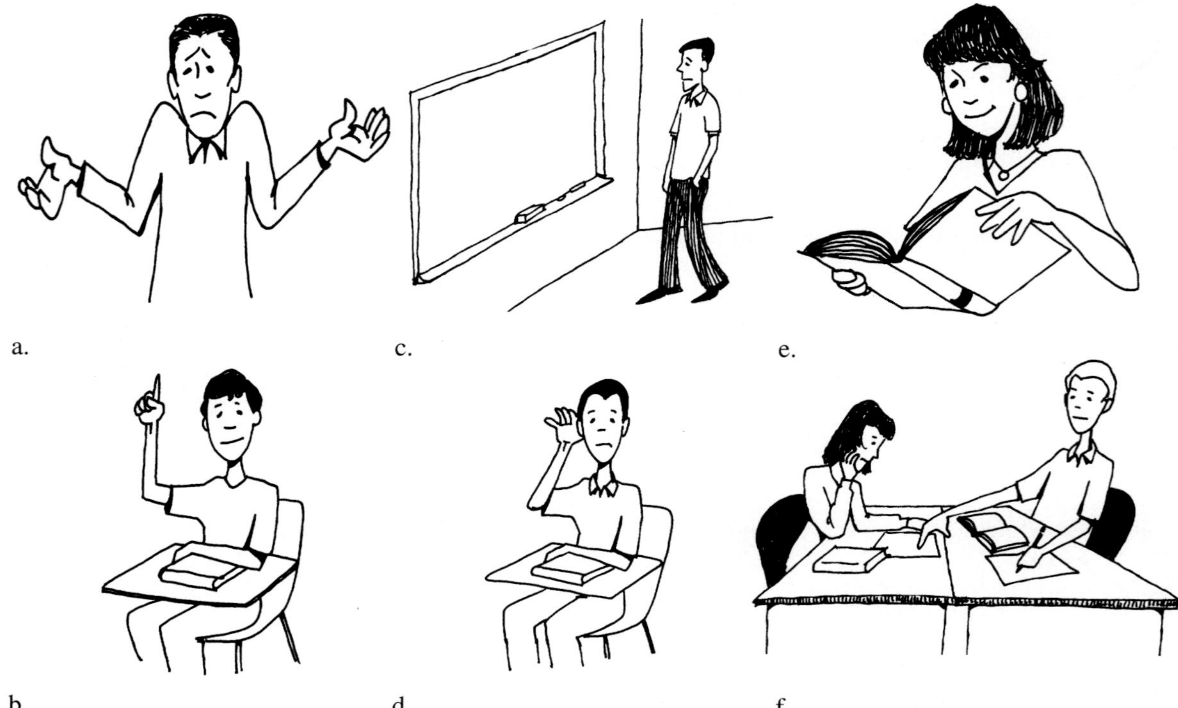

Activité 15 : Comptez.

Comptez avec votre professeur.

1. Comptez de 0 à 20.
2. Comptez jusqu'à 60 en multiples de 10.
3. Comptez jusqu'à 60 en multiples de 5.
4. Comptez jusqu'à 30 en multiples de 2.
5. Comptez jusqu'à 30 en multiples de 3.

Activité 16 : Nombres en désordre.

Identifiez la série de nombres prononcés.

liste A : 36, 38, 41, 43, 45, 18, 57, 12
liste B : 26, 38, 41, 52, 43, 18, 17, 12
liste C : 16, 28, 4, 52, 43, 13, 19, 2
liste D : 36, 28, 42, 62, 45, 8, 16, 22
liste E : 16, 8, 44, 50, 15, 13, 57, 2

Activité 17 : Épelez, s'il vous plaît.

Jouez le dialogue avec un(e) camarade de classe. Substituez votre nom et le nom de votre professeur.

Modèle : Comment vous appelez-vous ?

— Je m'appelle Claudine Rambouillet.

Rambouillet ? Épelez, s'il vous plaît.

— C'est R-A-M-B-O-U-I-deux L-E-T, Rambouillet.

Et comment s'appelle votre professeur ?

— Il s'appelle M. Picard. P-I-C-A-R-D.

Lecture

101 idées vraies de vrai

France has long been known as a world fashion capital. The following reading describes clothing that the French consider basics for the current look. Some are French in origin, and others are imports the French have adopted as their own.

Anticipation

Make a list of clothing styles or brands you associate with French fashion.

Activité de lecture

Skim the article and check off the clothing items on your list that are mentioned.

L'ESPADRILLE SEMELLE CORDE. Version améliorée de la semelle biblique, elle ne date pas d'hier. Au XIIIe siècle, elle chaussait les fantassins qui devaient, comme nous, la changer chaque jour de pied pour lui conserver sa forme (Castañer, 150 F).

LES VUARNET. Savez-vous ce qu'est un "Vuarnet day" en Californie? C'est une journée ensoleillée... Le modèle "pantos", rendu célèbre par le skieur Jean Vuarnet, est le grand classique parfait (530 F).

LES SOCQUETTES. Comme la madeleine de Proust, elles évoquent des images de notre enfance. Nous ne pouvons plus nous passer de leurs côtes plates et de leur fil d'Ecosse (D.D., 55 F).

LA CEINTURE WESTERN. Tout cow-boy qui se respecte en possède une, en cuir, avec une boucle travaillée en métal blanc caractéristique de l'art indien (Western House, 250 F).

LE SAC À DOS. En nylon, il a été la révélation de tous ceux qui veulent garder les mains libres en transportant leur petit barda (Hervé Chapelier, 290 F).

LE 501. Il est entré dans la légende et ne risque pas de sortir de nos garde-robes car plus il est vieux, râpé, délavé, plus on l'aime (Levi's, 520 F).

LE MARCEL. Le petit débardeur à côtes porté par des fiers-à-bras en plein travail s'affiche aujourd'hui avec ou sans biscottos (Chipie, 70 F).

LES CHAUSSETTES QUI TOMBENT. En coton et sans élastique, made in USA par E.G. Smith. Succès (blanc 100 F, imprimé 200 F).

LA LACOSTE. Pour les 60 ans du "crocodile", Lacoste décline sa célèbre chemisette en coton nid-d'abeilles en 60 coloris (blanc 367 F, couleur 389 F).

LE PANTALON CHINO. Tout le monde rêve de ressembler à un héros de l'aviation américaine. Porter leur pantalon est un premier pas vers la gloire (Levi's, 415 F).

LE JOGGING. Elu par les ados de tous âges, il est passé des cours de gym aux salles de cours et se porte de préférence décoordonné (Hanes, 255 F et 135 F).

LA CONVERSE. Lancée en 1917 par le marquis Converse, l'All Star est "la basket". Elle règne sur les campus et est réclamée par les enfants dès qu'ils savent parler (chez Western House, 320 F).

LE BOB. Volé aux marins par les joueurs de tennis qui l'ont agrémenté d'une bande intérieure en éponge (Lacoste, 278 F).

LE PULL MARIN. Sobre et très chic, en maille sèche imperméable, boutonné sur l'épaule, il est plébiscité de Perros-Guirec à Hollywood (Armor-Lux, 365 F).

LE T-SHIRT DE MARIN. Avec son décolleté bateau, ses rayures et son coton rafraîchissant, on sent tout de suite l'air du large (Surplus Doursoux, 195 F).

LE SABOT SUÉDOIS. Au XVIIIe siècle, il est porté par les militaires suédois. Dans les années 70, ce sont les contestataires pacifistes qui battent le pavé. Aujourd'hui, il nous revient simplement joli (Kerstin Adolphson, 160 F).

LE BÉRET BASQUE. Gouailleur ou glamour, il symbolise la France avec humour et classe. A accessoiriser d'une baguette… (La Samaritaine, 69 F).

Marie-Claire 1994

Compréhension et intégration

Look for cognates to answer the following questions.

1. How long has Lacoste been selling its crocodile shirts? Do they cost more in color or in white?
2. Who are Vuarnet sunglasses named after?
3. How do you say *sweats* in French?

4. What fabric is **le T-shirt de marin** made of? What do you think **marin** means in English?
5. How long have Converse tennis shoes been around? Do the French have another name for them? To how broad an age group do they appeal?
6. What does the beret symbolize?
7. Since what century have espadrilles been popular?

Maintenant à vous

1. Which article of clothing displayed here do you feel is the most typically French? The least?
2. **Idées vraies de vrai.** In groups of three, write down eight classic items that should be included in every college student's wardrobe (clothing should be listed in French, of course).

Un pas en avant

À jouer ou à discuter

1. You meet a friend at the bookstore. Greet her/him and ask how she/he is.
2. Your friend's mother opens the door. Greet her.
3. Ask your teacher or a classmate how to say something in French.
4. Find out someone's name and where he or she is from by asking another classmate.
5. You want to write someone's name and phone number in your address book. Ask him/her to spell his/her last name to make sure you write it down correctly.
6. Class is over. Say goodbye to a classmate you will not see until the next meeting.
7. Make a quick inventory of the fixtures and furniture in your French classroom. See who can write down accurately the greatest number of items the fastest.

À écrire

1. Rewrite the following description changing *un chien* to *une chienne* (a female dog). You will need to change the gender of the underlined words.

Voilà Médoz. C'est un jeune chien. Il est grand et assez fort avec les poils *(fur)* longs et bruns. Il n'est pas très beau, mais il est très patient et fidèle.

2. Now describe a famous person, following the model. Attach a picture or photograph to your description.

Structures

Structure 1.1 *Tu* et *vous*

When we speak, our relationship to the listener influences many aspects of our behavior—from our choice of vocabulary to our pronunciation and gestures. French has a built-in method of revealing the intimacy between speakers in its two forms of address, the casual **tu** form and the more formal **vous** form. English, of course, relies on the all-purpose *you.* The following rules will help you decide which form to use.

Tu is generally used as follows:

- between students of the same age group and young people in general
- between people who are on a first-name basis
- among family members
- with children
- with animals

In addressing more than one person, **vous** is always used. It is also the form used with titles such as **monsieur, madame,** and **mademoiselle.**

> Bonjour, monsieur, comment allez-vous ?
> Vous parlez très bien français, mademoiselle.

Vous is also generally used as follows:

- with people who are not on a first-name basis
- among people who are meeting for the first time
- with those who are older than you

In cases of doubt, it is always preferable to use **vous**.

In some French-speaking countries, especially in Africa, the **tu** form is used almost exclusively when speaking to a single individual.

Exercice 1.

***Tu* or *Vous ?* Select the appropriate pronoun for the following situations.**

1. You are speaking with your friend's mother, Mme Arnaud. — tu — vous
2. You are speaking to your dog. — tu — vous
3. You are speaking to your instructor. — tu — vous
4. You are speaking with a school acquaintance. — tu — vous

5.	Your grandmother is speaking to you.	tu	vous
6.	You are speaking with a business acquaintance, Jean-Claude Cassin.	tu	vous
7.	You are speaking to a group of friends.	tu	vous

Structure 1.2 *Qui est-ce ? Qu'est-ce que c'est ? Est-ce que... ?*

To inquire about someone's identity ask, **Qui est-ce ?**

Qui est-ce ?	*Who is it?*
— C'est Paul.	*It's Paul.*

If you want an object to be identified ask, **Qu'est-ce que c'est ?**

Qu'est-ce que c'est ?	*What is it?*
— C'est un livre.	*It's a book.*

Any statement can be turned into a yes/no question by placing **est-ce que** in front of it and using rising intonation.

C'est Richard.	*It's Richard.*
Est-ce que c'est Richard ?	*Is it Richard?*
C'est une table.	*It's a table.*
Est-ce que c'est une table ?	*Is it a table?*

The **que** contracts to **qu'** when followed by a vowel.

Est-ce qu'il est étudiant ?	*Is he a student?*

Exercice 2.

Match the questions in column A with the appropriate answers in column B.

A	B
1. Qu'est-ce que c'est ?	a. Je m'appelle Patrick.
2. Qui est-ce ?	b. Non, c'est la classe d'espagnol.
3. Est-ce que c'est Paul ?	c. Non, c'est David.
4. Je m'appelle Fred, et vous ?	d. Non, elle s'appelle Margot.
5. Est-ce qu'elle s'appelle Marguerite ?	e. Oui, c'est un feutre.
6. Est-ce que c'est la classe de français ?	f. C'est un livre.
7. Est-ce que c'est un feutre ?	g. C'est Jacqueline.

Exercice 3.

Write out an appropriate question for the following answers.

1. ____?
Non, c'est un bureau.
2. ____?
Non, il s'appelle Jean.
3. ____?
C'est un cahier.
4. ____?
C'est Jean-Jacques Rousseau.
5. ____?
Oui, c'est une chaise.

Structure 1.3 Les articles indéfinis

The French indefinite articles **un, une,** and **des** are equivalent to *a, an,* and *some.*

Gender

All French nouns are categorized by gender **(genre)** as masculine or feminine even when they refer to inanimate objects. The form of the article that precedes the noun indicates its gender.

	singular	plural
masculine	**un** livre	**des** livres
feminine	**une** fenêtre	**des** fenêtres

As one would expect, nouns that refer to males are masculine and, conversely, nouns that refer to females are feminine. However, the gender of inanimate nouns is unpredictable. For example, **parfum** *(perfume)* is masculine, **chemise** *(shirt)* is feminine, and **chemisier** *(blouse)* is masculine. We suggest that you learn each new noun together with the correct article as if it were one word.

Number

French nouns are also categorized according to number **(nombre)**, as singular (one) or plural (more than one). The indefinite article **des** is used in front of plural nouns, regardless of gender. The most common way to make a noun plural is by adding **-s**. However, since final **s**'s are not pronounced in French, the listener must pay attention to the article to know whether a noun is plural or singular.

singular	plural
un cahier	des cahiers
un étudiant	des étudiants
un professeur	des professeurs
une fenêtre	des fenêtres
une craie	des craies

Pronunciation Note:

If **des** is followed by a noun beginning with a vowel, the **s** is pronounced like a **z**. When **un** is followed by a vowel the **n** is pronounced. This linking is called **liaison.**

Additional plural endings are presented in Module 3.

Exercice 4.

Make the following nouns plural.

Modèle : une fenêtre

des fenêtres

1. un professeur ______________
2. un étudiant ______________
3. un pupitre ______________
4. une porte ______________
5. un cahier ______________
6. un fils *(son)* ______________

Exercice 5.

Fill in the blanks with the appropriate indefinite article: *un, une,* or *des.*

1. C'est ______________ livre.
2. Ce sont ______________ fenêtres.
3. C'est ______________ jeune homme.
4. C'est ______________ femme extraordinaire!
5. Ce sont ______________ étudiants.
6. C'est ______________ table.
7. C'est ______________ bureau.
8. Ce sont ______________ cahiers.

Structure 1.4
Les pronoms sujets avec *être*

Subject pronouns enable you to refer to people and things without repeating their names.

Est-ce que Chantal est jolie ?	*Is Chantal pretty?*
— Oui, **elle** est très jolie.	*Yes, she is very pretty.*
C'est Jean-Yves. **Il** est de Montréal.	*It's Jean-Yves. He's from Montreal.*

subject pronouns

singular		plural	
je	*I*	nous	*we*
tu	*you* (informal)	vous	*you* (plural, formal)
il	*he*	ils	*they* (masculine or mixed male and female)
elle	*she*	elles	*they* (feminine)
on	*people, one, we* (familiar)		

French verb endings change according to the subject. While most of these changes follow regular patterns, a number of common verbs are irregular. **Être** *(to be)* is one of these irregular verbs.

être *to be*	
je suis	nous sommes
tu es	vous êtes
il, elle, on est	ils, elles sont

Exercice 6.

Write the appropriate subject pronoun for the following situations.

1. You're talking to your best friend. tu
2. You're talking about your friend, Anne. elle
3. You're discussing the students in your class. ils
4. You're talking about yourself and your family. nous
5. You're talking about the players on the women's basketball team. elles
6. You're addressing a group of people. vous

Exercice 7.

Jérôme overhears a student talking to his friends. Fill in the blanks with the verb *être*.

Philippe et Pierre, vous (1) ____êtes____ dans la classe de français avec Mme Arnaud, n'est-ce pas ? Moi, je (2) ____suis____ dans la classe de Mme Bertheau. Elle (3) ____est____ très sympathique. Nous (4) ____sommes____ vingt-huit dans cette classe. La classe (5) ____est____ grande, mais elle (6) ____est____ aussi très amusante. Les étudiants (7) ____sont____ sympathiques et intelligents. Paul, est-ce que les étudiants (8) ____sont____ sympathiques dans l'autre classe aussi ? Tu (9) ____es____ sûr *(sure)* ?

Structure 1.5
Les adjectifs (introduction)

Adjectives describe people, places, or things. In French, they agree in number and gender with the noun they modify.

	singular	plural
masculine	Il est petit.	Ils sont petit**s.**
feminine	Elle est petit**e.**	Elles sont petit**es.**

Plural Adjectives

Most French adjectives form their plural by adding **s** to the singular form as just shown. However, if the singular form ends in a final **s, x,** or **z,** the plural form does not change.

singular	plural
Le pantalon est gris.	Les pantalons sont gris.

Feminine Adjectives

Most feminine adjectives are formed by adding an **e** to the masculine singular form. If the masculine form ends in an **e**, the masculine and feminine forms are identical.

masculine	feminine
Il est fort.	Elle est forte.
Le short est jaune.	La robe est jaune.

Pronunciation Note:

You can often distinguish between feminine and masculine adjectives by listening for the final consonant. In general, final French consonants are only pronounced when followed by an **e**.

Il est gran[d] (**d** silent). Elle est granDe (**d** pronounced).
Le bureau est peti[t]. La table est petiTe.
Le cahier est ver[t]. La robe est verTe.

Irregular Adjectives

French has a number of irregular adjectives that differ from the pattern just described. Additional irregular adjectives are presented in Module 3.

masculine	feminine
blanc	blanche
vieux	vieille
beau	belle
gentil	gentille

Exercice 8.

Marc's twin brother and sister are remarkably similar. Complete the following sentences describing them.

Modèle : Jean est petit; Jeanne est petite aussi.

1. Jean est blond; Jeanne est ______________ aussi.
2. Jean est intelligent; Jeanne est ______________ aussi.
3. Jean est charmant; Jeanne est ______________ aussi.
4. Jeanne porte un vieux chemisier vert; Jean porte une ______________ chemise ______________ .
5. Jeanne est très belle et Jean est très ______________ .
6. Jean est grand; Jeanne est ______________ aussi.

Exercice 9.

Complete the following passage using the appropriate form of the adjectives in parentheses.

Ma mère est une (beau)[1] ______________ femme (intelligent)[2] ______________ avec des cheveux (blond)[3] ______________ et (court)[4] ______________ et les yeux (brun)[5] ______________ .

Mon père est (fort)[6] ______________ , et il est très sympathique. Mon frère et moi, nous sommes (content)[7] ______________ de nos parents.

Vocabulaire

Vocabulaire fondamental

Noms

La salle de classe *the classroom*

une activité *activity*
un bureau *desk*
un cahier *notebook*
un(e) camarade de classe *classmate*
une chaise *chair*
une craie *chalk*
un crayon *pencil*
un(e) étudiant(e) *male (female) student*
une fenêtre *window*
une horloge *clock*
un livre *book*
un mur *wall*
une porte *door*
un professeur (prof *fam*) *teacher*
une question *question*
un stylo *pen*
une table *table*
un tableau *blackboard*

Les vêtements *clothing*

un blouson *jacket*
un chapeau *hat*
des chaussures *(f)* *shoes*
une chemise *shirt*
un chemisier *blouse*
une jupe *skirt*
des lunettes *(f)* *glasses*
un maillot de bain *bathing suit*
un manteau *coat*
un pantalon *pants*
une robe *dress*
un sac *purse*

Mots apparentés : un jean, un T-shirt, un pull-over (pull *fam*), des sandales *(f)*, un short, des tennis *(f)*, un sweatshirt

Les personnes

un(e) ami(e) *friend*
un(e) enfant *child*
une femme *woman*
une fille *girl*
un garçon *boy*
un homme *man*

Adjectifs

La description physique *physical description*

beau; belle *beautiful; handsome*
blond(e) *blond*
brun(e) *brown, brunette*
d'un certain âge *middle-aged*
(les cheveux) blonds, bruns, roux, gris, courts, longs *blond, brown, red, gray, short, long (hair)*
fort(e) *heavy, stocky, strong*
grand(e) *big, tall*
jeune *young*
joli(e) *pretty*
laid(e) *ugly*
mince *thin*
moche *(fam) ugly*
petit(e) *little, small, short (person)*
vieux; vieille *old, elderly*

La description morale *personal characteristics*

célèbre *famous*
charmant(e) *charming*
gentil(le), *nice*
raisonnable *sensible*
sportif; sportive *active in sports*
sympathique (sympa *fam*) *nice*

Mots apparentés : amusant(e), charmant(e), fatigué(e), idéaliste, intellectuel(le), intelligent(e), modeste, nerveux (nerveuse), optimiste, patient(e), riche, sérieux (sérieuse), sociable, timide

Les couleurs *colors*

blanc (blanche) *white*
bleu(e) *blue*
brun(e) *brown*
gris(e) *gray*
jaune *yellow*
marron *brown*
noir(e) *black*
rose *pink*
rouge *red*
vert(e) *green*

Mots apparentés : beige, orange, violet(te)

Verbes

être *to be*
porter *to wear*

Mots divers

assez *somewhat, kind of*
un chien *dog*
elle(s) *she, they (f)*
et *and*
euh... *um. . .*
il(s) *he, they (m)*
je *I*
nous *we*
on *people, one, we (fam)*
pas *not*
pas du tout *not at all*
très *very*
tu *you (singular, informal)*
vous *you (plural, formal)*
moi aussi *me too*
merci *thank you*
s'il vous plaît *please*

Expressions utiles

Salutations et expressions de politesse *Greetings and polite expressions*

Je m'appelle Marie. Et vous ? *My name is Mary. What's yours?*
Je suis de Paris. Et vous ? *I'm from Paris. And you?*
Comment s'appelle-t-il/elle ? *What's his/her name?*
Bonjour, madame. Comment allez-vous ? *Hello (ma'am), how are you?*
Salut, ça va ? *Hi, how are you?*
Bonsoir, monsieur. *Good evening, sir.*
Au revoir. À bientôt. *Goodbye. See you soon.*

Questions

De quelle couleur est... ? *What color is. . . ?*

Vocabulaire

Qui est-ce ? *Who is it?*
Qu'est-ce que c'est ? *What is it?*
Est-ce que c'est un stylo ? *Is it a pen?*

Vocabulaire supplémentaire

une brosse *chalkboard eraser*
un classeur *binder*
un complet *men's suit*
une cravate *tie*
une feuille de papier *sheet of paper*
un feutre *felt-tip pen*
une horloge *clock*
une idée *idea*
une lumière *light*
des lunettes de soleil *sunglasses*
un tailleur *women's suit*
une veste *sport coat*
un(e) voisin(e) *neighbor*
un pupitre *student desk*

Module 2
La vie universitaire

Thèmes et pratiques de conversation

Les distractions
Comment exprimer ses préférences
Le campus
Le calendrier
Les cours

Culture

Le Quartier latin et la Sorbonne

Lecture

Choisissez votre soirée, de Télé 7 jours

Structures

2.1 **Aimer** et les verbes réguliers en **-er**
2.2 La négation **ne... pas**
2.3 Les articles définis
2.4 **Il y a/Il n'y a pas de**
2.5 Le verbe **avoir**

Thèmes et pratiques de conversation

Les distractions

La musique, le cinéma et la télévision

Structures 2.1 ***Aimer* et les verbes réguliers en *-er*** 2.2 **La négation *ne... pas*** 2.3 **Les articles définis**	In the following activities you will learn to talk about your preferences. To accomplish this, you will need to learn to conjugate the verb **aimer** *(to like),* to form negative sentences, and to use definite articles to talk about general likes and dislikes. See page 48 for the verb **aimer,** page 50 for negation, and page 51 for definite articles.

Tu connais MC Solaar ?

— Oui, je n'aime pas beaucoup le rap, mais MC Solaar, il est super !

Paris est une grande capitale de la musique populaire internationale.

Sondage (poll) : *goûts et préférences*

Philippe Dussert fait une enquête *(is doing a study)* sur les goûts *(tastes)* et les préférences des étudiants de son université. Voici le résumé de ses notes.

Portrait : Mounir Mustafa
12, rue des Gazelles
Aix-en-Provence
TéL. 26-60-35-10

Voici Mounir Mustafa. C'est un jeune étudiant algérien de 20 ans. Il étudie les sciences économiques à l'Université d'Aix-Marseille. C'est un étudiant sérieux, mais il aime aussi s'amuser. Mounir aime un peu la musique classique, mais il préfère le rock et il danse très bien. Il aime les films d'action et il va souvent au cinéma. Mounir n'aime pas beaucoup la télévision, mais il regarde parfois le sport à la télé, surtout des matches de football.

Activité 1 : Avez-vous compris ?

Dites si c'est vrai ou faux.

1. Mounir Mustafa est français.
2. Mounir n'est pas un bon étudiant.
3. Il aime le rock, mais il préfère la musique classique.
4. Il danse bien.
5. Il va rarement au cinéma.
6. Il aime les films psychologiques.
7. Il préfère regarder les matches de football à la télévision.

Portrait : Jeanne Dumas
14, avenue Pasteur
Aix-en-Provence
TéL. 17-38-21-40

Voici Jeanne Dumas. C'est une jeune Française de 18 ans. Elle habite un petit studio avec une copine. Jeanne étudie l'anglais à l'Université d'Aix-Marseille (l'anglais est facile pour elle; sa mère est américaine). Elle aime un peu le jazz, mais elle préfère le rock. Elle n'aime pas du tout la musique classique. Jeanne aime aller au cinéma, et elle regarde aussi des vidéos chez elle. Elle préfère les comédies. Jeanne regarde régulièrement le feuilleton *Santa Barbara* à la télévision. Elle n'est pas très sérieuse.

Activité 2 : Avez-vous compris ?

Dites si c'est vrai ou faux.

1. Jeanne a 18 ans.
2. Elle habite avec sa famille.
3. Elle étudie l'anglais.
4. Elle parle bien l'anglais.
5. Elle adore Mozart et Chopin.
6. Elle aime les films sérieux.

Les activités

J'aime/Je n'aime pas travailler
étudier
fumer
parler au téléphone
danser
chanter
manger
regarder la télévision
écouter la radio
jouer au basketball
rester à la maison le week-end
voyager

Activité 3 : Tu aimes danser ?

Utilisez la liste d'activités ci-dessus pour poser des questions à un(e) camarade de classe.

Modèles Tu aimes danser ?
— Oui, j'aime danser.

Tu aimes étudier ?
— Non, je n'aime pas étudier.

Comment exprimer ses préférences

Quelques expressions

Pour dire ce qu'on aime et ce qu'on n'aime pas

Tu aimes voyager ?

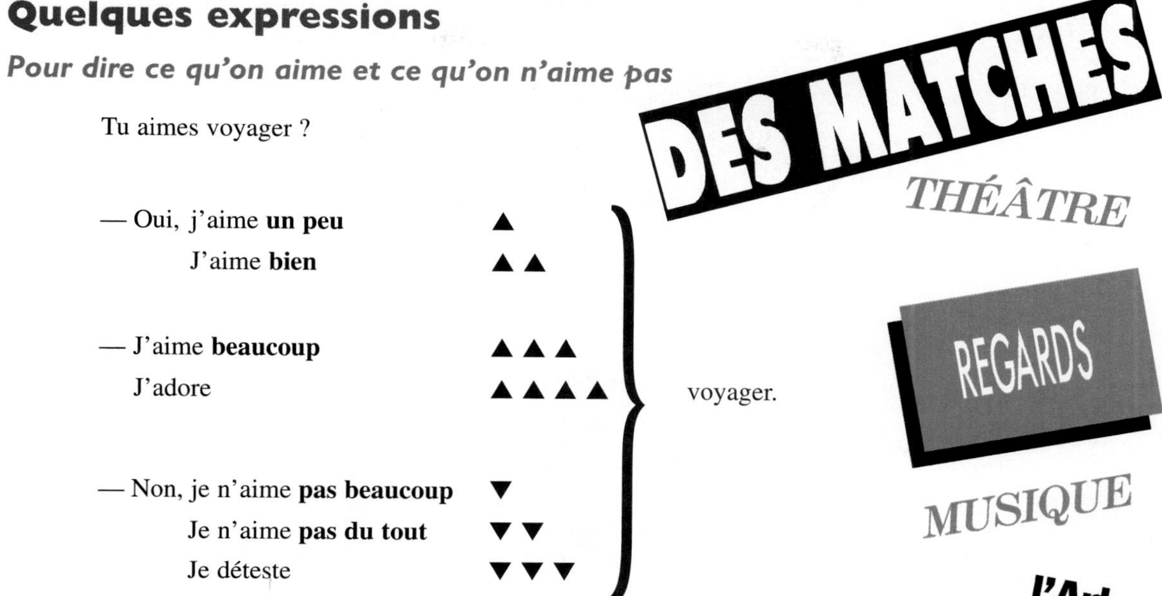

— Oui, j'aime **un peu** ▲
J'aime **bien** ▲▲

— J'aime **beaucoup** ▲▲▲
J'adore ▲▲▲▲ } voyager.

— Non, je n'aime **pas beaucoup** ▼
Je n'aime **pas du tout** ▼▼
Je déteste ▼▼▼

Pour dire ce qu'on préfère

Est-ce que tu préfères la sécurité ou le risque ?
— Moi, je préfère le risque. Je suis fou d'aventure !

Activité 4 : Réponses courtes.
Répondez avec une réponse courte.

Modèle : le tennis

Tu aimes le tennis ?
— Oui, beaucoup !
— Oui, un peu.
— Non, pas beaucoup.
— Non, pas du tout !
} réponses possibles

1.	le cinéma	2.	travailler	3.	les maths	4.	étudier
5.	fumer	6.	les sports	7.	l'aventure	8.	parler au téléphone
9.	le camping	10.	danser	11.	le football	12.	les vacances
13.	voyager	14.	étudier	15.	écouter de la musique	16.	regarder la télévision

Activité 5 : Vous préférez les chats ou les chiens ?

Suivez le modèle.

Modèle : danser le rock ou le slow

Tu préfères danser le rock ou le slow ?

— Je préfère danser le rock.

Moi aussi./Moi, je préfère le slow.

1. le tennis ou le golf
2. les films d'action ou les films d'amour
3. l'anglais ou les maths
4. le jazz ou le rap
5. la montagne ou la plage
6. les chats ou les chiens
7. le football français ou le football américain
8. parler ou écouter

Activité 6 : Sondage de la classe.

Interviewez un(e) camarade de classe.

Modèle : Nom de famille ?

— Corbette

Épelez, s'il vous plaît.

— C-O-R-B-E-T-T-E

Goûts et préférences

Nom de famille : ________________ **Prénom :** ________________

---

1. **Vous aimez la musique... ?**
   un peu [ ] beaucoup [ ] pas beaucoup [ ]
2. **Vous préférez... ?**
   le rock [ ] le jazz [ ] la musique classique [ ]
   le rap [ ] le country [ ]
3. **Vous aimez le cinéma... ?**
   un peu [ ] beaucoup [ ] pas beaucoup [ ]
4. **Vous préférez les... ?**
   drames psychologiques [ ] films d'aventure [ ]
   comédies [ ] films d'horreur [ ]
5. **Vous aimez la télévision... ?**
   un peu [ ] beaucoup [ ] pas beaucoup [ ]
6. **Vous préférez... ?**
   les jeux télévisés [ ] les actualités [ ]
   les feuilletons [ ] le sport [ ]

Le campus

Structure 2.4 ***Il y a/Il n'y a pas de***	To talk about what is located on your campus you will be using the expression **il y a** *(there is/there are)*. See page 52.

Le Quartier latin et la Sorbonne

Le Quartier latin, où se trouve la Sorbonne (fondée en 1253), est célèbre pour des rues° animées, des cafés pleins d'étudiants et des librairies excellentes. L'animation et le rythme du boulevard Saint-Michel attirent° les visiteurs du monde entier. D'où vient le nom ? On parlait latin à la Sorbonne jusqu'à° la Révolution. Aujourd'hui la glorieuse Sorbonne s'appelle tout simplement Paris I. C'est une faculté de l'Université de Paris qui a treize facultés différentes. À la Sorbonne on étudie les lettres.°

streets
attract
until
humanities

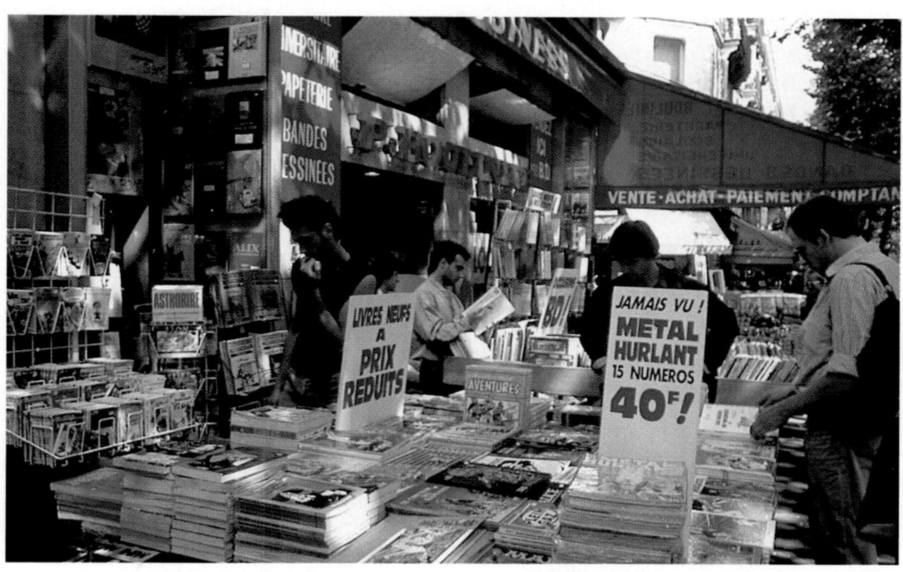

Avez-vous compris ?

Répondez vrai ou faux. Corrigez les réponses fausses.

1. Il y a beaucoup d'étudiants au Quartier latin.
2. Saint-Michel est une université.
3. On parle latin au Quartier latin aujourd'hui.
4. La Sorbonne s'appelle Paris I.
5. On étudie les sciences à Paris I.

Qu'est-ce qu'il y a sur le campus ?

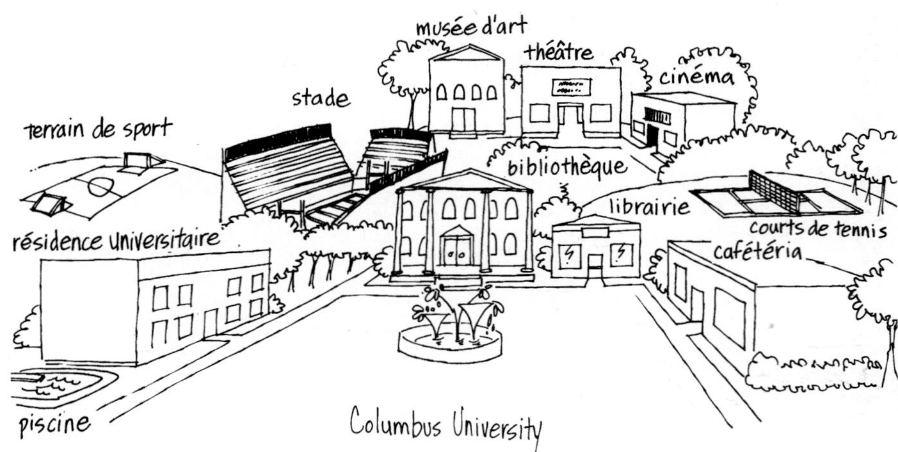

Voici Columbus University, une université typiquement américaine. Son campus est comme un parc. Il y a des résidences universitaires, des salles de classe, une bibliothèque excellente, des laboratoires, une librairie et des cafétérias. Pour les activités culturelles il y a un musée d'art, un théâtre et des salles de cinéma. Il y a aussi bien sûr des terrains de sport, des courts de tennis, une piscine et un stade. Le campus a un jardin botanique avec des fleurs et des arbres exotiques.

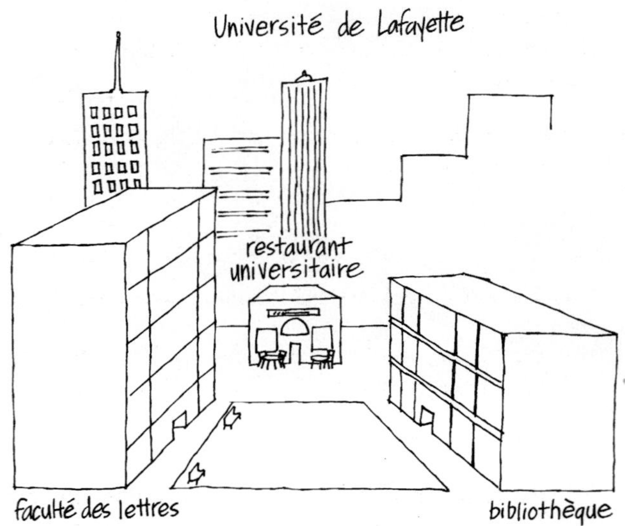

Voici l'Université de Lafayette, une université typiquement française. Le campus n'est pas extravagant. Il y a des salles de classes, des amphithéâtres, une bibliothèque et un restaurant universitaire. Mais il n'y a pas de piscine, de terrain de football ou de stade. Beaucoup d'universités françaises sont au centre ville où il n'y a pas beaucoup d'espace.

Activité 7 : Qu'est-ce qu'il y a sur le campus ?

Suivez le modèle.

Modèle : courts de tennis/Columbus

Est-ce qu'il y a des courts de tennis à Columbus ?

— Oui, il y a des courts de tennis.

piscine/Lafayette

Est-ce qu'il y a une piscine à Lafayette ?

— Non, il n'y a pas de piscine.

1. un restaurant universitaire/Lafayette
2. des courts de tennis/Lafayette
3. un stade/Lafayette
4. des résidences universitaires/Columbus
5. des amphithéâtres/Lafayette
6. une salle de cinéma/Lafayette
7. une librairie/Lafayette
8. un jardin botanique/Columbus

Activité 8 : Et votre campus ?

Est-ce que votre université ressemble plus à Lafayette ou à Columbus ? Pourquoi ?

Modèle : Notre université ressemble plus à Columbus parce qu'il y a des terrains de sports... Il n'y a pas de...

Activité 9 : Où êtes-vous ?

Lisez les descriptions et dites où vous êtes sur le campus.

Modèle : Vous portez un short blanc et des tennis. Vous jouez avec une raquette et trois balles. C'est votre service. Où êtes-vous ?

— Je suis aux courts de tennis.

1. Vous êtes dans une grande salle silencieuse. Il y a beaucoup de livres sur les tables. Les étudiants regardent leurs notes et étudient.
2. Vous êtes dans une grande salle de classe avec 400 étudiants. Vous écoutez un professeur qui parle dans un microphone.
3. Il y a beaucoup d'étudiants qui habitent avec vous dans ce bâtiment. Les chambres sont très petites, et chaque résident habite avec un(e) camarade de chambre. Il y a aussi une cafétéria assez médiocre.

4. Vous êtes dans un bâtiment sur le campus où vous achetez des livres et des cahiers pour vos cours. Dans ce magasin vous achetez aussi des stylos, des feutres et des magazines.

5. Vous êtes assis sur un banc avec beaucoup d'autres étudiants. Tout le monde regarde un match de football. Les spectateurs près de vous mangent des hotdogs et du popcorn.

Le calendrier

Structure 2.5
Le verbe *avoir*

In the following activities you will be using the verb **avoir** *(to have)* to say how old you are and to talk about the courses you're taking. For the conjugations of the verb **avoir,** see page 52.

Les jours de la semaine

octobre

lundi	mardi	mercredi	jeudi	vendredi	samedi	dimanche
1	2	3	4	5	6	7
8	9	10	11	12	13	14
15	16	17	18	19	20	21
22	23	24	25	26	27	28
29	30	31				

Les mois et les saisons

L'été c'est les vacances. On passe les mois de juin, de juillet et d'août à la mer ou à la montagne.

juin
juillet
août

L'automne c'est la rentrée. En septembre on recommence le travail et les études.

septembre
octobre
novembre

L'hiver c'est le froid et la neige. Pendant les vacances d'hiver on fait du ski.

décembre
janvier
février

Le printemps c'est le beau temps. On fait des promenades dans le parc.

mars
avril
mai

Quelques fêtes de l'année

Jours fériés où l'on ne travaille pas :

La Fête Nationale . . . . . . le 14 juillet
La Toussaint . . . . le 1er novembre
Noël . . . . le 25 décembre

Le Jour de l'an . . . . le 1er janvier
La Fête du travail . . . . . . le 1er mai
Pâques . . . . mars/avril

Quelques expressions utiles

Quel jour sommes-nous ?

— Nous sommes lundi aujourd'hui.

Quel jour est-ce ?
— C'est lundi.

Quelle est la date aujourd'hui ?
— C'est le 20 septembre.

En quelle année sommes-nous ?
— Nous sommes en dix-neuf cent quatre-vingt-seize.

Quels jours est-ce que tu as cours ?
— J'ai cours le mardi et le jeudi.

Quand est votre anniversaire ?
— C'est le 24 juillet.

Aujourd'hui nous sommes le 28 août. C'est l'anniversaire de Brigitte Bardot. Elle est née en 1934. Quel âge a-t-elle ?

Activité 10 : Dates importantes.
Donnez les dates suivantes.

1. la Saint-Valentin
2. le Jour de l'an
3. votre anniversaire
4. la fête nationale américaine
5. la fête nationale française
6. Noël

Activité 11 : Interaction.
Posez les questions suivantes à votre camarade.

1. Quel jour de la semaine est-ce que tu préfères ?
2. Est-ce qu'il y a un jour que tu n'aimes pas ? Pourquoi ?
3. Quel est le prochain jour férié *(holiday) ?*
4. Quelle fête de l'année est-ce que tu préfères ? Est-ce que tu passes cette fête en famille ou avec des amis ?
5. Quand est ton anniversaire ?

Activité 12 : Quelques anniversaires.
Donnez l'anniversaire des personnes suivantes. Suivez le modèle.

Modèle : princesse Caroline (23.1.57)

Quand est l'anniversaire de la princesse Caroline ?

— C'est le vingt-trois janvier.

Elle est née en quelle année ?

— En 57.

Quel âge a-t-elle ?

— Elle a ______________ ans.

1. Steffie Graf (14.6.69)
2. Maya Angelou (4.4.28)
3. Mère Thérèse (27.8.10)
4. David Letterman (12.4.47)
5. Yannick Noah (18.5.60)
6. Léopold Sédar Senghor (9.10.06)

Activité 13 : Quel âge as-tu ?
Demandez l'âge de quatre camarades de classe.

Activité 14 : À quel âge ?
À quel âge est-ce qu'on commence à faire les activités suivantes ?

Modèle : On commence à parler...

— Généralement, on commence à parler à deux ans, mais ça dépend.

1. On commence à voter...
2. On commence l'école primaire...
3. On commence les études universitaires...
4. On commence à travailler...
5. On commence à conduire *(to drive)*...

Les cours

Les lettres	Les sciences	Les sciences humaines	Les formations commerciales/ professionnelles
la littérature	les sciences naturelles	la sociologie	les affaires
la philosophie	les sciences physiques	la psychologie	le marketing
les langues	la biologie	l'anthropologie	le droit
le français	la chimie	les sciences économiques	la comptabilité
le japonais	les mathématiques	les sciences politiques	la gestion
le latin	le génie civil		
l'espagnol	l'informatique		
l'allemand			
le russe			
l'histoire			

Quelques expressions pour parler des études

Mon cours de maths est (très) intéressant.
ennuyeux.
facile.
difficile.
pratique.
inutile.

En français j'ai beaucoup de travail.
de devoirs.
d'examens.

Je suis en { première / deuxième / troisième / quatrième } année.

Activité 15 : Quels cours est-ce que tu as ce trimestre/semestre ?

Suivez le modèle.

Modèle : Quels cours est-ce que tu as ce trimestre ?

— J'ai le français, les maths et les sciences naturelles.

Quels jours as-tu les maths ?

— J'ai les maths le lundi, le mercredi et le vendredi.

Activité 16 : Qui a les mêmes cours que vous ?

A. Sur une feuille de papier écrivez les cours que vous suivez ce trimestre.

Modèle : ______________ biologie

______________ français

B. Circulez dans la salle et trouvez un(e) étudiant(e) qui a le même cours que vous.

Modèle : Tu étudies l'anglais ?

— Oui.

Signe ici s'il te plaît. ______________ anglais

Activité 17 : Interaction.

Posez les questions suivantes à un(e) camarade de classe.

1. Quels cours est-ce que tu as ce trimestre/semestre ?
2. Quel(s) cours est-ce que tu préfères ? Pourquoi ?
3. Quelle est ta spécialisation ?

4. Est-ce que tu as beaucoup de devoirs ? Dans quels cours ?
5. Tu travailles ? Quel(s) jour(s) ?
6. Qu'est-ce que tu aimes faire *(to do)* le week-end ?

Lecture

Choisissez votre soirée

Anticipation

What information do you expect to find in a TV schedule?

	TF1	France 2	France 3	CANAL+	arte
5 SAM	DIVERTISSEMENT 20.45 **SPÉCIAL RESTOS DU CŒUR** **Les Enfoirés au Grand Rex** avec Muriel Robin, Jean-Jacques Goldman, Patrick Bruel, Céline Dion... TÉLÉFILM 23.00 **RAPT A LOS ANGELES** Policier américain avec David Naughton, Barbara Crampton, Lance Legault	DIVERTISSEMENT 20.50 **SURPRISE SUR PRISE** Présentation de Marcel Béliveau et Georges Beller **Les Pièges : Sébastien Roch, Jeannie Longo, Arthur, Jean-Claude Bouttier, Basile Boli, Serge Blanco, Arthur** DIVERTISSEMENT 22.30 **TARATATA** **Spécial « Victoires de la musique » : les nommés**	TÉLÉFILM 20.50 **UNE MAMAN DANS LA VILLE** français de Miguel Courtois avec Marie-France Pisier, Evelyne Buyle, Alexandra Kazan MAGAZINE LITTÉRAIRE 22.45 **JAMAIS SANS MON LIVRE** de Bernard Rapp avec Ella Maillart, Patrick Leigh Fermor, Françoise Huguier	SPORT 20.30 **BOXE AMÉRICAINE A BERCY** Championnat lourds-légers de kick-boxing **Roufus (USA)/Kemon (Pays-Bas)** Championnat du monde de boxe thaï **Dido (France)/ Dekkers (Pays-Bas)** MUSIQUE 23.05 **MONSIEUR BECHET** Documentaire de Philippe Koechlin	DOCUMENTAIRE 20.40 **LE PARTAGE DES EAUX** de Philippe Calderon et Jacques Falck TÉLÉFILM 22.10 **LES ANNÉES TOURBILLON** allemand de Burkhard Steger avec Hannes Hellmann, Thierry van Werveke, Berivan Kaya
6 DIM	CINÉMA 20.45 **A LA POURSUITE D'OCTOBRE ROUGE** Suspense américain de John McTiernan avec Sean Connery CINÉMA 23.15 **ROLLERBALL** Fantastique américain de Norman Jewison avec James Caan	CINÉMA 20.50 **A LA POURSUITE DU DIAMANT VERT** Film d'aventures américain de Robert Zemeckis avec Michael Douglas CINÉMA 22.40 **RUE CASES-NÈGRES** Chronique française de Euzhan Palcy avec Garry Cadenat	CINÉMA 20.50 **LA HORSE** Drame français de Pierre Granier-Deferre avec Jean Gabin, Eléonore Hirt, Christian Barbier CINÉMA 0.00 **LA LUNA** Comédie dramatique italienne en V.O. de Bernardo Bertolucci avec Jill Clayburgh	CINÉMA 20.35 **LE SOUPER** Comédie dramatique française de Édouard Molinaro avec Claude Brasseur, Claude Rich, Ticky Holgado, Yann Collette SPORT 22.10 **L'ÉQUIPE DU DIMANCHE** **Football** **Actualités**	SOIRÉE THÉMATIQUE 20.40 **JULIETTE GRÉCO** **Je suis comme je suis** Portrait de celle qui fut l'égérie de Sartre, Boris Vian, Prévert... COURT-MÉTRAGE 23.35 **L'AFFAIRE EST DANS LE SAC** de Pierre Prévert avec Julien Carette, A. Gildès, Étienne Decroux
7 LUN	VARIÉTÉS 20.45 **STARS 90** **Spécial Saint-Valentin** avec Hélène Rolles et Patrick Puydebat, Laura et Léon Zitrone, Alice Dona et Laurent Boyer... MAGAZINE 22.40 **SANTE À LA UNE** Présentation de Robert Namias et Anne Barrère **A la recherche du sommeil perdu**	SOIRÉE SPÉCIALE 20.50 **LES 9E VICTOIRES DE LA MUSIQUE** **en direct du Palais des Congrès** Présentation de Nagui et Christian Morin Président de la soirée : Jacques Dutronc CONCERT 23.25 **JEAN-MICHEL JARRE** **Europe en concert à Barcelone**	CINÉMA 20.50 **LA BATAILLE DE SAN SEBASTIAN** Western franco-italo-mexicain de Henri Verneuil avec Anthony Quinn, Charles Bronson MAGAZINE 23.10 **ENTR'ACTES** Invitée : Brigitte Fossey	CINÉMA 20.35 **LE PROPRIO** Comédie américaine de Rod Daniel avec Joe Pesci, Vincent Gardenia, Madolyn Smith Osborne CINÉMA 22.05 **LA CHASSE AUX PAPILLONS** Comédie de Otar Iosseliani avec Narda Blanchet	CINÉMA 20.40 **CHOOSE ME** Comédie dramatique américaine en V.O.S-T de Alan Rudolph avec Geneviève Bujold, Keith Carradine, Lesley Ann Warren MAGAZINE LITTÉRAIRE 23.15 **LIRE ET RELIRE** de Pierre Dumayet **Georges Perec**

Télé 7 jours

Activités de lecture

1. Scan the schedule to find the following information.
   a. the days of the month shown here
   b. the channel names and numbers
   c. the days of the week covered by this portion of the schedule
2. Find an example of each of the following types of programs.
   a. une émission de sport
   b. une émission de variétés
   c. un documentaire
   d. un film
   e. un concert

Expansion de vocabulaire

List at least five different types of films that you find on the schedule.

Compréhension et intégration

1. Which programs would the following people videotape if they had to be out of town this week?
   a. a fan of westerns
   b. a soccer fan
   c. a fan of American movies
   d. an avid reader
   e. a music lover
2. Which of these programs would you like to watch?

Maintenant à vous

1. What programs do you watch on Monday nights? on Wednesdays? Compare your preferences with a classmate. Be prepared to report your results to the class.

Modèle : Le lundi, je regarde ______________. Et toi ?

— Moi aussi/Moi non. Je regarde... (Je ne regarde pas...)

(Report to the class)

Nous regardons ______________. Nous ne regardons pas ______________.

2. What differences do you note between this French TV schedule and a "typical" American one?

Un pas en avant

À jouer ou à discuter

1. Une boum *(a party).*

You are at a party where you want to get acquainted. Circulate in the room and talk to as many people as possible.

a. Go up to people; greet them and find out their names.

b. Ask them if they like the music.

c. Ask them what kind of music they prefer.

d. Find out where they study and what the campus is like.

e. Find out what courses they are taking and how they like them.

f. Find out where they live.

g. Excuse yourself by telling them you're looking for something to drink. **(Excusez-moi, je cherche quelque chose à boire);** then introduce yourself to someone new and start over again.

2. Êtes-vous compatible avec votre camarade de chambre ? **Find out if your partner is compatible with his/her roommate by asking about their interests, activities, and habits. Report your conclusion to the class.**

Modèle : Est-ce que tu fumes ?

— Non.

Et ta/ton camarade de chambre ?

— Elle ne fume pas non plus *(either).*

À écrire

In this activity you will write a descriptive portrait of a classmate.

Première étape

Interview a member of the class to find out the following information that you will include in your portrait. Use *tu* in your interview.

1. Quel âge a-t-il/elle ?
2. D'où est-il/elle ?
3. Où est-ce qu'il/elle habite maintenant ?
4. En quelle année d'université est-il/elle ?
5. Où est-ce qu'il/elle passe beaucoup de temps sur le campus ?
6. Qu'est-ce qu'il/elle aime faire le week-end ?
7. Qu'est-ce qu'il/elle n'aime pas ?

Deuxième étape

Follow the model to write your portrait.

Voici Jennifer. C'est une étudiante de 19 ans. Elle est de Miami mais elle étudie maintenant à Brandeis où elle habite sur le campus dans une résidence universitaire. Jennifer est en première année à l'université. Elle étudie... Jennifer est (deux adjectifs).

Structures

Structure 2.1 *Aimer* et les verbes réguliers en *-er*

The largest group of French verbs have infinitives that end in **-er.** These regular **-er** verbs have the same conjugation pattern. To conjugate the verb **aimer,** remove the infinitive ending **-er** and add the endings shown below in bold-faced type:

aimer *(to like, to love)*	
j'aim**e**	nous aim**ons**
tu aim**es**	vous aim**ez**
il, elle, on aim**e**	ils, elles aim**ent**

The subject pronoun **je** contracts with the verb that follows if it begins with a vowel sound. Drop the **-e** in **je** and add an apostrophe. This is called **élision** *(elision).*

je chante j'aime j'écoute j'insiste j'habite *(silent h)*

Pronunciation note

- With the exception of the **nous** and **vous** forms, the **-er** verb endings are silent.

ils aime~~nt~~ tu danse~~s~~ elles joue~~nt~~

- The final **-s** of **nous, vous, ils,** and **elles** links with verbs beginning with a vowel sound, producing a **-z** sound. This pronunciation linking is an example of **liaison.**

vous‿aimez (z) nous‿écoutons (z) ils‿adorent (z) elles‿insistent (z)

Here are some common **-er** verbs.

adorer *to adore*
chanter *to sing*
danser *to dance*
détester *to hate*
écouter *to listen to*
fumer *to smoke*
habiter *to live*
jouer *to play*
manger *to eat*
parler *to speak*
préférer *to prefer*
regarder *to watch, look at*
rester *to stay*
travailler *to work*

Preference verbs

Verbs of preference **(aimer, détester, préferer)** can be followed by a noun or an infinitive.

J'aime les films étrangers.	*I like foreign films.*
Nous aimons habiter sur le campus.	*We like to live on campus.*

To express how much you like something, you can use one of the adverbs shown here. Adverbs generally follow the verb they modify.

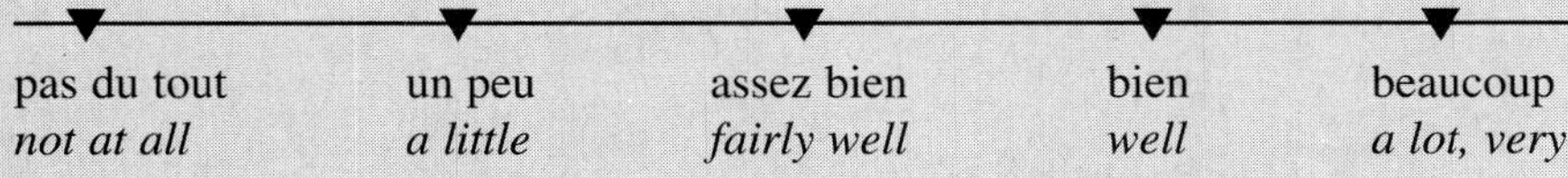

J'aime **beaucoup** la musique brésilienne.	*I like Brazilian music a lot.*
Nous aimons **un peu** regarder la télé.	*We like watching television a little.*
Marc aime **bien** danser.	*Marc likes to dance.*
Paul danse **assez bien.**	*Paul dances fairly well.*
Je n'aime pas **du tout** les films policiers.	*I don't like detective films at all.*

Since **aimer** means both *to like* and *to love,* **aimer bien** is used to clarify that *like* is intended.

Tu aimes Chantal ?	*Do you like Chantal?*
— Oui, j'aime bien Chantal.	*— Yes, I like Chantal (just fine).*

Note the accents on the verb **préférer.**

préférer *(to prefer)*	
je préfère	nous préférons
tu préfères	vous préférez
il/elle/on préfère	ils/elles préfèrent

Exercice 1.

You overhear parts of conversations at a party. Complete the following sentences by conjugating the verbs in parentheses, if necessary.

1. Tu ____________ (aimer) cette musique ?
2. Tu ____________ (préférer) danser ou ____________ (écouter) de la musique ?
3. Ce groupe ____________ (chanter) très bien.

4. Mes copains ______________ (chercher) un bon film. Ils ______________ (préférer) les drames psychologiques.
5. Vous ______________ (regarder) beaucoup de télévision le week-end ?
6. Nous ______________ (habiter) près de l'université.

Exercice 2.

Put the adverbs in parentheses in the correct place.

1. Pierre danse beaucoup. Il aime danser. (bien)
2. Je regarde les films avec Cary Grant à la télé. J'aime les films classiques. (beaucoup)
3. Malina n'aime pas aller aux concerts avec ses copains. Elle n'aime pas la musique classique. (du tout)
4. J'aime la musique brésilienne (un peu), mais j'adore la musique africaine !
5. Marc aime les films (bien), surtout les comédies.

Structure 2.2 La négation *ne... pas*

To make a verb negative, frame it with the negative markers **ne** and **pas.**

ne + verb + **pas**

Je **ne** chante **pas** dans un groupe.	*I don't sing in a group.*
Nous **ne** parlons **pas** russe.	*We don't speak Russian.*

Verbs that begin with a vowel, for example, **aimer** and **avoir,** drop the **e** in **ne** and add an apostrophe.

Je **n'**aime **pas**...	*I don't like . . .*
Tu **n'**études **pas**...	*You don't study . . .*
Je **n'**ai **pas**...	*I don't have . . .*
Tu **n'**as **pas**...	*You don't have . . .*

Exercice 3.

Contradict the following statements by making the affirmative sentences negative and the negative sentences affirmative.

1. Vous regardez la télévision.
2. Joëlle et Martine n'aiment pas le cinéma.
3. Tu habites à Boston.
4. Nous ne fermons pas la porte.
5. Marc et moi, nous écoutons la radio.
6. Tu étudies l'anglais.
7. Je n'écoute pas le professeur.

Structure 2.3 Les articles définis

The definite article (*the* in English) has the following forms:

	singular	plural
masculine	**le** professeur	**les** étudiants
feminine	**la** musique	**les** femmes

Note that before a vowel or silent -h **l'** is used with singular nouns.

l'étudiant, l'amour, l'homme

Definite articles are used to refer to specific people or things.

Regardez **le** professeur. *Look at the teacher.*

La porte est fermée. *The door is closed.*

French also uses definite articles for making general statements. This is why they are used with preference verbs. Notice that in the corresponding English sentences, no article is used.

Vous aimez **le** jazz ? *Do you like jazz?*

Je préfère **les** gens sérieux. *I prefer serious people.*

L'amour est essentiel dans la vie ! *Love is essential in life!*

Exercice 4.

Add the appropriate definite article.

1. ___ musique	5. ___ cinéma	9. ___ fenêtres
2. ___ étudiants	6. ___ arbre	10. ___ film
3. ___ chaise	7. ___ danse	11. ___ week-end
4. ___ homme	8. ___ crayon	12. ___ tableau

Exercice 5.

Use the correct definite article to complete the following interview with Léo Hardy, a young Brazilian performing in Paris.

INTERVIEWER: Vous aimez danser ?

LÉO HARDY: Oui, j'adore danser ! Je danse (1) ______________ tango *(m)*, (2) ______________ valse *(f)*, (3) ______________ samba *(f)* et (4) ______________ danses folkloriques.

INTERVIEWER: Et vous êtes aussi sportif ?

LÉO HARDY: Oui ! J'aime (5) ______________ football *(m)*, (6) ______________ tennis *(m)*, (7) ______________ golf *(m)* et (8) ______________ natation *(f, swimming)*, mais non pas (9) ______________ ski *(m)*.

INTERVIEWER: Pas (10) ______________ ski ? Pourquoi ?
LÉO HARDY: (11) ______________ Brésiliens n'aiment pas (12) ______________ froid *(m; cold).*

Structure 2.4 Il y a/Il n'y a pas de

Il y a *(there is/there are)* is used to state the existence of people and things. The negative expression **il n'y a pas** is followed by **de** or **d'.**

Il y a **un**		
Il y a **une**	➪	Il n'y a pas **de**
il y a **des**		

Il y a **un** concert aujourd'hui ?	Non, il n'y a pas **de** concert.
Is there a concert today?	*No, there isn't a concert.*
Il y a **des** devoirs ce soir ?	Non, il n'y a pas **de** devoirs.
Is there homework tonight?	*No, there isn't any homework.*
Il y a **une** fête à la résidence ?	Non, il n'y a pas **de** fête.
Is there a party in the dorm?	*No, there isn't a party.*

Exercice 6.

Complete this passage about an unusual classroom by adding the correct indefinite article *(un, une, des,* or *de).*

Dans la salle de classe il y a (1) ______________ tableau noir, mais il n'y a pas (2) ______________ craie. Il y a (3) ______________ bureau pour le professeur, mais il n'y a pas (4) ______________ chaise. Il y a (5) ______________ porte, mais il n'y a pas (6) ______________ fenêtres. Il y a (7) ______________ étudiants, mais il n'y a pas (8) ______________ professeur.

Structure 2.5 Le verbe *avoir*

The verb **avoir** *(to have)* is irregular.

avoir *(to have)*	
j'ai	nous avons
tu as	vous avez
il, elle, on a	ils, elles ont

Nous avons beaucoup de devoirs ce soir.	*We have a lot of homework tonight.*
Tu as un nouveau numéro de téléphone ?	*Do you have a new phone number?*

In French, the verb **avoir** is used to express age.

Quel âge **as**-tu ?	*How old are you?*
J'**ai** 19 ans.	*I'm 19 (years old).*

Avoir is often followed by an indefinite article **(un, une,** or **des).** In negative sentences, these articles become **de.**

Il a **des cassettes,** mais il **n'**a **pas de** CDs.	*He has cassettes, but he doesn't have any CDs.*

Note that the definite article **(le, la, les)** remains unchanged in negative sentences.

J'aime **le** jazz, mais je n'aime pas **la** musique classique.	*I like jazz, but I don't like classical music.*

Exercice 7.

Use the correct form of the verb *avoir* to complete the following mini-dialogues.

1. Quel âge avez-vous ?
   — Moi, j(e) (1) ______________ 18 ans et ma camarade de chambre, Hélène, elle (2) ______________ 20 ans.
2. Est-ce que vous (3) ______________ une télé dans votre studio ?
   — Oui, nous (4) ______________ une petite télé.
3. Tu (5) ______________ un groupe favori ?
   — Oui, j(e) (6) ______________ quelques groupes favoris.
4. Est-ce que vos amis (7) ______________ beaucoup de cassettes ?
   — Jean-Claude (8) ______________ beaucoup de cassettes, et Manuel (9) ______________ des CDs.

Exercice 8.

Complete the following exchanges with a definite article *(le, la, les)* or an indefinite article *(un(e), des,* or *de.)*

1. Tu aimes (1) ______________ week-end ?
   — Oui, j'adore (2) ______________ week-end, mais je n'aime pas (3) ______________ lundi.
2. Vous êtes français, et vous n'aimez pas (4) ______________ vin ? C'est incroyable !
3. Y a-t-il une piscine à la résidence universitaire ?
   — Il n'y a pas (5) ______________ piscine, mais il y a (6) ______________ courts de tennis.
4. Est-ce que vous avez un animal dans votre chambre ?
   — Oui, nous avons (7) ______________ chat.
5. Vous aimez (8) ______________ sciences naturelles ?
   — Oui, beaucoup, mais je n'aime pas (9) ______________ anglais.

Vocabulaire

Vocabulaire fondamental

Noms

Les distractions *entertainment*

le cinéma *the movies*
un copain (une copine) *(fam) friend*
la danse *dance*
une fête *party*
un film *a film*
un match (de football) *(soccer) game*
la musique *music*
la musique classique *classical music*
le jazz *jazz*
le rap *rap music*
le rock *rock music, rock 'n roll*
la radio *radio*
la télévision (la télé *fam*) *television*

L'identification *identification*

l'âge *(m)* *age*
un anniversaire *birthday*
un nom de famille *last name*
un prénom *first name*

Mots apparantés : *une adresse, un numéro de téléphone*

les cours *courses*

les affaires *(f pl)* *business*
un cours *course*
la chimie *chemistry*
la comptabilité *accounting*
le génie civil *civil engineering*
les devoirs *(m)* *homework*
le droit *law*
l'histoire *(f)* *history*
l'informatique *(m)* *computer science*
les langues *(f)* *languages*
l'allemand *(m)* *German*
l'anglais *(m)* *English*
l'espagnol *(m)* *Spanish*
le français *French*
le japonais *Japanese*
le latin *Latin*
le russe *Russian*
les sciences économiques *(f pl)* *economics*
les sciences politiques *(f pl)* *political science*
la spécialisation *major*
le travail *work*

Mots apparentiés : *l'anthropologie* (f), *la biologie, les mathématiques (f pl; les maths,* fam), *la philosophie, la physique, la psychologie, la science, le semestre, la sociologie, le trimestre*

Le campus *the campus*

une bibliothèque *library*
un examen *exam*
la fac *university (fam)*
le jardin *garden*
une librairie *book store*
un musée *museum*
un parc *park*
une piscine *pool*
un restaurant universitaire, (un restau-U *fam*) *university restaurant*
une résidence universitaire *college dorm*
une université *university*

Mots apparentés : *une cafétéria, un laboratoire*

Les jours de la semaine *days of the week*

lundi
mardi
mercredi
jeudi
vendredi
samedi
dimanche
aujourd'hui *today*
le jour *day*
la semaine *week*

Mots apparentés : *le week-end, la date*

Les mois de l'année *months of the year*

le calendrier *calendar*
janvier
février
mars
avril
mai
juin
juillet
août
septembre
octobre
novembre
décembre

Les saisons *seasons*

l'été *(m)* *summer*
l'automne *(m)* *autumn*
l'hiver *(m)* *winter*
le printemps *spring*

Mots divers

mais *but*
voici *here is*

Verbes

adorer *to adore*
aimer *to like, to love*
aimer mieux *to prefer*
s'amuser *to have fun*
avoir *to have*
chanter *to sing*
danser *to dance*
détester *to hate*
écouter *to listen to*
étudier *to study*
fumer *to smoke*
habiter *to live (in a place)*
jouer *play*
parler *to speak*
préférer *to prefer*

Vocabulaire

regarder *to watch*
rester *to stay*
travailler *to work*
voyager *to travel*

Adjectifs

bon(ne) *good*
intéressant(e) *interesting*
ennuyeux (ennuyeuse) *boring*
pratique *practical, useful*
inutile *useless*

Mots apparentés : *excellent(e), facile, difficile*

Adverbes

assez bien *fairly well*
beaucoup *a lot*
bien *well*
un peu *a little*

Expressions utiles

Vous connaissez/tu connais (Francis Cabrel) ? *Are you familiar with (Francis Cabrel)?*
Quel âge avez-vous ? *How old are you?*
J'ai trois ans. *I'm three years old.*
J'ai cours le samedi. *I have classes on Saturday.*

Vocabulaire supplémentaire

un amphithéâtre *amphitheater, lecture hall*
un banc *bench*
un bâtiment *building*
dur(e) *hard, difficult*
la gestion *business management*
en première année *1st year*
en deuxième année *2nd year*
en troisième année *3rd year*
en quatrième année *4th year*
l'espace *(m)* *space*
une exposition *exhibit*
le goût *taste*
fou (folle) *crazy*
la montagne *mountain*
la plage *beach*
un stade *stadium*
un studio *studio apartment*
un terrain de football *football field*
quel(s), quelle(s) *which* or *what*
surtout *most of all*

Mots apparentés : *un centre culturel, un court de tennis, un documentaire, une interview, le marketing, médiocre, une préférence, régulièrement, le risque, la sculpture, la sécurité, silencieux (silencieuse)*

Module 3 Chez l'étudiant

Thèmes et pratiques de conversation

La famille
Les caractéristiques personnelles
La chambre et les possessions
Des nombres à retenir (60 à 1.000.000)
Comment louer une chambre

Culture

La famille française

Lecture

La famille Bellelli, du Guide du musée d'Orsay

Structures

3.1 Les adjectifs possessifs
3.2 Le verbe **venir**
3.3 La possession: **de + nom**
3.4 Les adjectifs (suite)
3.5 Les prépositions de lieu

Thèmes et pratiques de conversation

La famille

Structures 3.1 Les adjectifs possessifs 3.2 Le verbe *venir* 3.3 La possession : *de* + nom	**La famille** introduces possessive adjectives and the preposition **de + nom** to express relationships. It also introduces the verb **venir** for talking about where people are from. For an explanation of possessive adjectives see page 75. For the verb **venir,** see page 76. See page 77 for **de + nom.**

Activité 1 : La famille Dubois.

Regardez l'arbre généalogique de Pauline et répondez aux questions suivantes.

1. Combien d(e)... a-t-elle ?
   a. frères
   b. cousins
   c. oncles
   d. cousines
   e. enfants

2. Comment s'appelle(nt)...
   a. la femme de son oncle Serge ?
   b. sa tante célibataire ?
   c. le mari de sa tante Marianne ?
   d. son cousin qui est enfant unique ?
   e. ses cousins jumeaux ?
   f. ses grands-parents du côté de sa mère ?
   g. ses sœurs ?

3. Qui est/sont...
   a. Samuel et Sara ?
   b. Girard et Soline Dubois ?
   c. Thierry et Sandrine ?
   d. Amélie et Catherine ?
   e. Jean-Pierre ?
   f. Manuel et Geoffroy ?

Les jeunes Français habitent de plus en plus longtemps avec leurs parents. À 22 ans 60% des garçons et 45% des filles continuent à vivre chez leurs parents. La proportion est plus forte chez les étudiants.

Adapté de *Francoscopie,* 1993

Portraits de famille

Thu et ses amis sont étudiants à l'université, mais ils habitent en famille. Ils ont des situations familiales différentes.

THU : Ma famille est assez nombreuse. Mes parents viennent du Vietnam et ils ont un petit restaurant vietnamien dans le Quartier latin. J'ai trois frères et une sœur. Nous travaillons tous ensemble dans le restaurant. Mon frère aîné est marié. Lui et sa femme habitent l'appartement d'à côté.

CAROLE : Mon père et ma mère sont divorcés. Moi, j'habite avec ma mère, mon beau-père et mon demi-frère Serge. C'est le bébé de la famille. Il est gâté et difficile ! Je passe souvent les vacances en Bretagne avec mon père. Il habite seul.

MOUSTAFA : Mes parents viennent d'Algérie, mais je suis de nationalité française. J'ai deux frères et une sœur. Mon frère aîné a 20 ans et mon frère cadet a 16 ans. Ma sœur Feza est institutrice. Elle est célibataire mais elle a un nouveau fiancé.

JEAN-CLAUDE : Je n'ai pas de frère ou de sœur; je suis enfant unique. Ma mère est morte. J'habite avec mon père et ma belle-mère qui est super.

Activité 2 : Vrai ou faux ?

Indiquez si la phrase est vraie ou fausse. Corrigez les phrases fausses.

1. Thu vient du Vietnam.
2. Thu a une belle-sœur.
3. Carole est la demi-sœur de Serge.
4. Les parents de Moustafa viennent de l'Afrique du Nord.
5. La belle-mère de Jean-Claude est sympathique.
6. Jean-Claude a une famille nombreuse.

Activité 3 : Définitions

Quelle définition correspond à chaque membre de la famille ?

1.	le grand-père	a.	les enfants de la fille ou du fils
2.	la belle-sœur	b.	l'époux de la femme
3.	la belle-mère	c.	le fils du frère ou de la sœur
4.	la tante	d.	les enfants de l'oncle et de la tante
5.	les cousins	e.	la sœur de la mère ou du père
6.	le neveu	f.	la femme du frère
7.	le mari	g.	la mère de la femme ou du mari
8.	les petits-enfants	h.	le père de la mère ou du père

Activité 4 : La parenté de gens célèbres.

Quels sont les rapports entre les personnes suivantes ?

Modèle : John F. Kennedy (frère)/Ted Kennedy

Est-ce que John F. Kennedy est le frère de Ted Kennedy ?

— Oui, c'est son frère.

la princesse Caroline et la princesse Stéphanie (fils)/Le prince Rainier

Est-ce que la princesse Caroline et la princesse Stéphanie sont les fils du prince Rainier ?

— Non, ce sont ses filles.

1. Bill Clinton (cousin)/Hillary Clinton
2. le prince William (frère)/la reine Elizabeth
3. Bart et Maggie Simpson (enfants)/Marge et Homer Simpson
4. Louis Malle (femme)/Candice Bergen
5. Sargent Shriver (beau-père)/Arnold Schwarzenegger

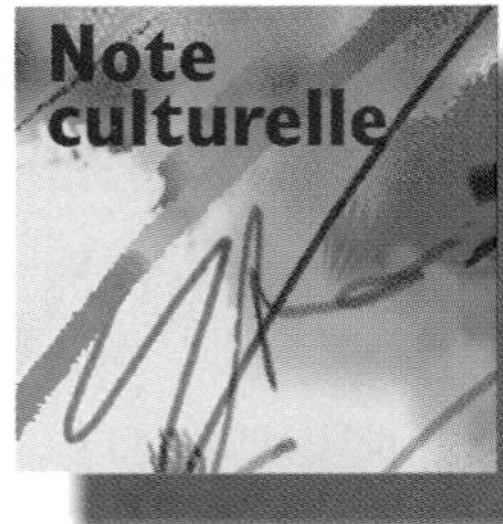

La famille française

La famille reste la valeur suprême des Français. La vie de famille est le centre de la vie sociale. La majorité des fêtes se passent en famille. Pour l'étudiant, l'indépendance des parents n'est pas une grande valeur. On choisit souvent une université près de la maison, et on rentre le week-end pour passer des moments agréables en famille.

Comme la famille américaine, la famille française se transforme; la mère travaille, le père participe plus à l'éducation de l'enfant, les grands-parents habitent moins souvent dans la maison de famille et les divorces augmentent (30 divorces sur 100 mariages). Mais généralement, les liens familiaux sont harmonieux. Beaucoup de jeunes (77%) estiment les relations avec leurs parents excellentes. Dans un monde incertain, la famille est une île de protection et de stabilité. Le cocon familial est un univers très privé. Une invitation chez une famille française est un vrai privilège.

Avez-vous compris ?

Dites si les phrases suivantes sont vraies ou fausses. Corrigez les phrases fausses.

1. La famille joue un rôle central dans la vie des Français.
2. Les jeunes en France n'aiment pas habiter chez leurs parents.
3. Beaucoup d'étudiants français passent le week-end en famille.
4. Les mères françaises ne travaillent pas.
5. Les rapports entre les parents et les jeunes Français sont généralement bons.

Les caractéristiques personnelles

Structure 3.4 Les adjectifs (suite)

The following **thème** presents additional adjectives for describing personal characteristics. See page 78 for information on adjective placement and agreement rules.

optimiste, réaliste	pessimiste
bavard(e), sociable	timide, solitaire, réservé(e)
sympathique, gentil(le), agréable	désagréable, snob, égoïste, méchant(e)
généreux (généreuse)	avare
compréhensif (compréhensive)	stricte, sévère
heureux (heureuse), content(e), gai(e)	mécontent(e), triste
intelligent(e)	stupide, bête *(fam)*
calme, tranquille, décontracté(e)	agité(e), nerveux (nerveuse), stressé(e)
enthousiaste, passionné(e)	indifférent(e), dépressif (dépressive)
travailleur (travailleuse)	paresseux (paresseuse)
énergique, actif (active), sportif (sportive)	passif (passive), maladroit(e)
flexible	têtu(e)
sage, bien élevé(e)	gâté(e), mal élevé(e)
affectueux (affectueuse)	agressif (agressive)
joli(e), adorable, mignon(ne)	laid(e), moche *(fam)*

Activité 5 : Votre famille.

Quel membre de votre famille associez-vous aux adjectifs suivants ? Pour qualifier votre description utilisez *un peu, assez* ou *très*.

Modèle : travailleur (travailleuse)

Ma sœur est très travailleuse.

pessimiste

Personne n'est pessimiste *(no one is)* dans ma famille.

1. calme
2. agressif (agressive)
3. têtu(e)
4. généreux (généreuse)
5. pessimiste
6. égoïste
7. nerveux (nerveuse)
8. désagréable
9. bien élevé(e)
10. enthousiaste

Activité 6 : Il n'est pas très agressif, mon père.

Un(e) ami(e) parle de votre famille. Vous êtes d'accord, mais vous atténuez *(tone down)* les remarques négatives en suivant le modèle. Remplacez l'adjectif par un synonyme lorsque c'est possible.

Modèle : Ta mère est pessimiste.

—Oui, elle n'est pas très optimiste, ma mère.

Ton oncle est gentil.

— Oui, il est très sympathique, mon oncle.

Ton cousin Louis est nerveux.

— Oui, il n'est pas très calme, mon cousin.

1. Comme tes grands-parents sont sympathiques !
2. Ta cousine Claudine est moche !
3. Je trouve tes frères réservés.
4. Ton chien est méchant.
5. Ta mère est énergique.
6. Ton oncle Georges est paresseux.

Astérix est un petit homme courageux. Son ami Obélix est un gros homme fidèle.

Activité 7 : Identification.

Identifiez les personnes et les choses suivantes.

1. C'est une belle ville célèbre.	a. Paris
2. C'est le joli jardin de Monet.	b. l'ordinateur
3. C'est un grand compositeur français.	c. 13
4. C'est une nouvelle invention importante.	d. la Martinique
5. C'est une bonne montre suisse.	e. le Tour de France
6. C'est un vieux concours de vélo.	f. une Swatch
7. C'est un numéro de mauvais sort *(luck).*	g. Giverny
8. C'est une petite île francophone.	h. Claude Debussy

Activité 8 : Ma grand-mère.

Ce portrait n'est pas très descriptif. Ajoutez des adjectifs : beau/belle; joli(e); jeune; petit(e); grand(e); vieux/vieille; nouveau/nouvelle; sympathique; moderne; bon(ne).

1. Ma grand-mère est une femme. (deux adjectifs)
2. Elle habite avec ses quatre chats dans une maison avec un jardin. (deux adjectifs)
3. Elle adore la musique. (un adjectif)
4. Elle a aussi beaucoup de disques de jazz. (un adjectif)

Activité 9 : Interaction.

Répondez directement aux questions et ajoutez une ou deux remarques.

Modèle : Est-ce que tu viens d'une famille nombreuse ?

— Non, je viens d'une famille moyenne. J'ai une sœur et un frère. Ma sœur a 15 ans et mon frère a 20 ans.

1. Est-ce que tu viens d'une famille nombreuse ?
2. D'où viennent tes parents ? Où habitent-ils maintenant ? Comment sont-ils ?
3. Est-ce que tu préfères les petites familles ou les grandes familles ? Pourquoi ?
4. Est-ce que tu aimes les parents de tes amis ? Comment sont-ils ?
5. Est-ce que tes grands-parents sont vivants *(living)* ? Quel âge ont-ils ?

La chambre et les possessions

Structure 3.5
Les prépositions de lieu

In the following descriptions you will learn how to use prepositions to describe the location of objects in space. For a list of these prepositions, see page 80.

Chez Claudine

Regardez la chambre de Claudine. Il y a un lit **entre** la table de nuit et le bureau. **Derrière** le lit il y a une fenêtre avec des rideaux. **Sur** la table de nuit il y a des fleurs dans un vase. **Dans** son placard il y a des vêtements. **Devant** son bureau il y a une chaise. Son petit chat blanc est assis **sous** la chaise. **Au-dessus** du bureau il y a une affiche d'Einstein. Le chapeau favori de Claudine se trouve **sur** le tapis **près du** lit. Il y a une radio-cassette **sur** l'étagère.

Chez Christian

Regardez la chambre de Christian. Son miroir est **à côté de** la fenêtre. Il y a un grand chat noir **sur** le lit. **Au dessus du** lit il y a une affiche d'Einstein. La table de nuit est

entre le lit et le bureau. **Devant** le bureau il y a une chaise. **Dans** un aquarium **sur** le bureau il y a des poissons rouges. **Près de** l'aquarium il y a des livres et une photo. Le chapeau favori de Christian est **sur** le fauteuil. Il y a une plante **dans** le lavabo.

Activité 10 : Vrai ou faux ?

Dites si les phrases suivantes sont vraies ou fausses. Corrigez les réponses fausses.

1. Dans la chambre de Claudine il y a...
   a. une chaise devant la fenêtre.
   b. un lit entre la table de nuit et le bureau.
   c. un chat sous la chaise.
   d. une affiche au-dessus du lit.
   e. des poissons rouges dans un aquarium.
2. Dans la chambre de Christian il y a...
   a. un chat sur le tapis.
   b. un lit entre le bureau et la table de nuit.
   c. une affiche au-dessus du lit.
   d. un vase de fleurs sur le bureau.
   e. une plante dans le lavabo.

Activité 11 : Les possessions et le caractère personnel.

Donnez vos impressions de Jean-Marie en regardant sa chambre et ses possessions. Comment est-il ? Qu'est-ce qu'il aime faire ?

Jean-Marie habite un studio près de la Faculté des lettres.

Activité 12 : Sondage *(poll)* sur les possessions.
En groupes de 3 ou 4, trouvez qui dans votre groupe a les objets de la liste. Donnez vos résultats *(results)* à la classe.

Modèle : Qui a un livre de Shakespeare ?

— Moi.

— Moi aussi.

Et des livres de Danielle Steel ?

— Personne *(no one)* ?

Possessions personnelles

un dictionnaire anglais-français	un baladeur
un CD de Nirvana	un répondeur
des cassettes de Madonna	un livre de Shakespeare
des cassettes de jazz	une télé
des affiches	des plantes
une raquette de tennis	une chaîne-stéréo
un ordinateur	une calculatrice
une montre	un réveil
un vélo	un téléphone
un sac à dos	des livres de Danielle Steel
des disques d'Elvis Presley	une encyclopédie
des skis	un réchaud
un chapeau de cow-boy	un ballon
un instrument de musique	un radioréveil

Activité 13 : Interrogez le professeur.
Vous avez huit chances pour identifier cinq choses que votre professeur *ne* possède *pas*. Employez *vous* dans vos questions.

Modèle :

ÉTUDIANT : Vous n'avez pas de raquette, n'est-ce pas ?

PROFESSEUR : Mais si, j'ai une raquette.

Des nombres à retenir (60 à 1.000.000)

Votre numéro de téléphone ? — C'est le 60 58 85 48.

Votre adresse ? — C'est 69, avenue des Lilas.

60	**soixante**	**70**	**soixante-dix**	**80**	**quatre-vingts**
61	soixante et un	71	soixante et onze	81	quatre-vingt-un
62	soixante-deux	72	soixante-douze	82	quatre-vingt-deux
63	soixante-trois	73	soixante-treize	83	quatre-vingt-trois
64	soixante-quatre	74	soixante-quatorze	84	quatre-vingt-quatre
65	soixante-cinq	75	soixante-quinze	85	quatre-vingt-cinq
66	soixante-six	76	soixante-seize	86	quatre-vingt-six
67	soixante-sept	77	soixante-dix-sept	87	quatre-vingt-sept
68	soixante-huit	78	soixante-dix-huit	88	quatre-vingt-huit
69	soixante-neuf	79	soixante-dix-neuf	89	quatre-vingt-neuf

90	**quatre-vingt-dix**	**100**	**cent**	**1.000**	**mille**
91	quatre-vingt-onze	101	cent un	1.001	mille un
92	quatre-vingt-douze	102	cent deux	1.002	mille deux
93	quatre-vingt-treize	103	cent trois	2.000	deux mille
94	quatre-vingt-quatorze	200	deux cents	2.001	deux mille un
95	quatre-vingt-quinze	201	deux cent un	2.002	deux mille deux
96	quatre-vingt-seize	202	deux cent deux	2.500	deux mille cinq cents
97	quatre-vingt-dix-sept				
98	quatre-vingt-dix-huit			1.000.000	un million
99	quatre-vingt-dix-neuf				

Pour mieux comprendre le système français

70 = 60 + 10 (soixante-dix)

80 = 4 × 20 (quatre-vingts)

81 = 4 × 20 + 1 (quatre-vingt-un)

90 = 4 × 20 + 10 (quatre-vingt-dix)

95 = 4 × 20 + 15 (quatre-vingt-quinze)

Activité 14 : Comptez !

Pratiquez les nombres indiqués.

1. Comptez de 70 jusqu'à 100.
2. Donnez les multiples de dix de 60 jusqu'à 120.
3. Donnez les multiples de cinq de 50 jusqu'à 80.
4. Donnez les nombres impairs de 71 jusqu'à 101.
5. Lisez : 13, 15, 19, 25, 61, 71, 81, 91, 101, 14, 1 000, 186, 1.000.000.

Soldes

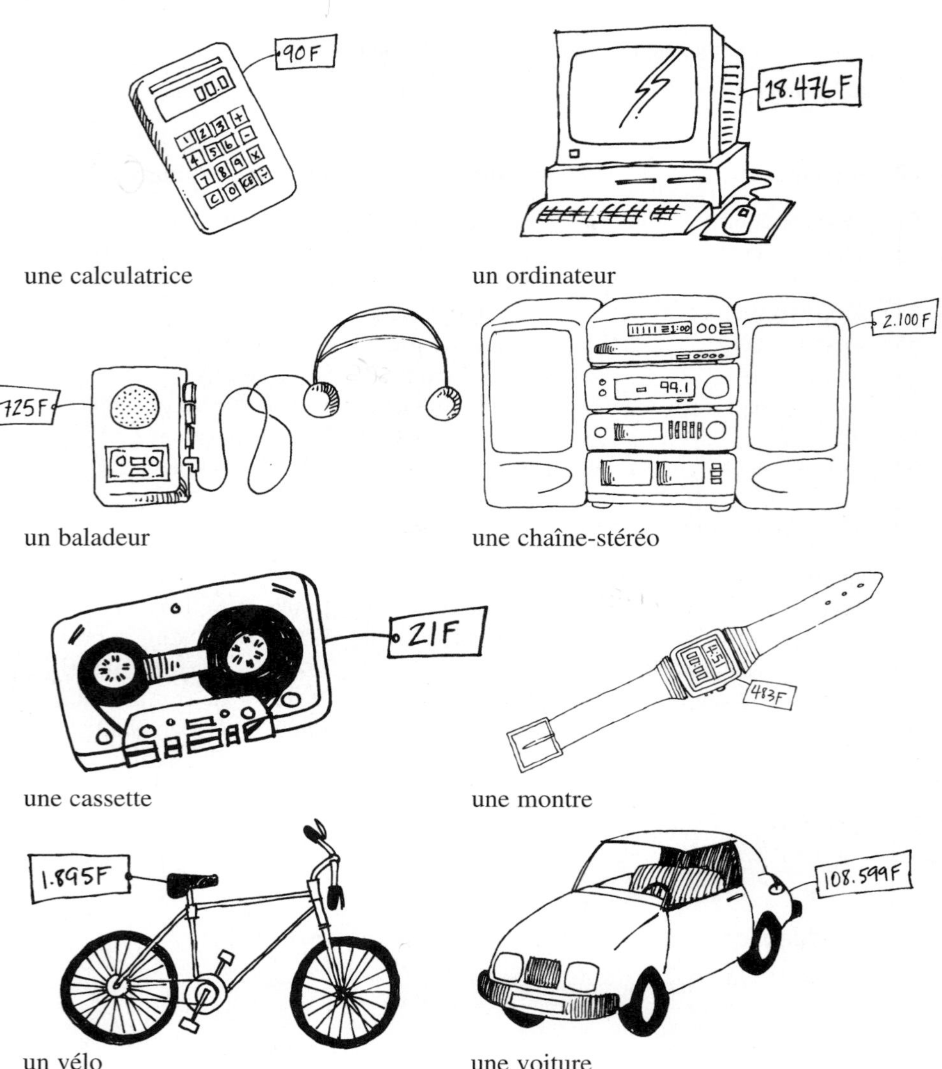

une calculatrice — un ordinateur

un baladeur — une chaîne-stéréo

une cassette — une montre

un vélo — une voiture

Activité 15 : Ça coûte...

Identifiez l'objet par son prix.

Modèle : Ça coûte quatre cent quatre-vingt-trois francs.

— C'est la montre.

Ça coûte...

1. 725 F
2. 21 F
3. 108.599 F
4. 483 F
5. 18.476 F
6. 1.895 F
7. 90 F
8. 2.100 F

Comment louer une chambre

Quelques expressions utiles pour louer une chambre

Est-ce que vous avez une chambre/ un studio/un appartement à louer° ?	*to rent*
Je cherche° un studio à louer.	*I'm looking for*
C'est combien le loyer° ?	*the rent*
Il y a des charges° ?	*utility charges*
Est-ce qu'il y a une caution° ?	*a deposit*
Vous avez l'air conditionné ?	
Je peux fumer ?	
Je peux avoir un chat ?	
Les animaux sont interdits° ?	*prohibited*
Je voudrais le prendre.	*I'd like to take it.*
Je voudrais réfléchir un peu.	*I'd like to think it over.*

Activité 16 : Le studio idéal.

Évaluez l'importance des caractéristiques suivantes.

Modèle: Pour moi, un studio meublé est essentiel. Je n'ai pas de lit.

	Essentiel	Important	Pas important
1. un studio meublé			
2. un studio près de la fac			
3. un studio près du centre-ville			
4. un studio avec un garage			
5. un studio calme et tranquille			
6. un studio clair			
7. un loyer bon marché			
8. un studio dans un immeuble avec d'autres étudiants			
9. un studio où on accepte les animaux			
10. un grand studio plein d'espace			
11. un studio dans un immeuble avec un beau jardin et une piscine			
12. d'autres qualités ?			

Activité 17 : Je cherche un studio.

Complétez le dialogue avec un(e) camarade de classe.

LOCATAIRE : Bonjour madame/monsieur. Vous ______________ un studio à ______________ ?

PROPRIÉTAIRE : Oui, mademoiselle/monsieur. Il y ______________ le studio numéro 25 en face du jardin.

LOCATAIRE : Est-ce qu'il est meublé ?

PROPRIÉTAIRE : Oui, il y a un ______________ , une ______________ , des ______________ et un ______________ .

LOCATAIRE : Très bien. Et vous êtes ______________ de la fac ?

PROPRIÉTAIRE : Oui, ici nous sommes à trois kilomètres de la fac. J'ai beaucoup d'étudiants comme locataires.

LOCATAIRE : ____ ?

PROPRIÉTAIRE : 2 400 francs par mois plus les charges.

LOCATAIRE : ____ ?

PROPRIÉTAIRE : Oui, la caution est de 600 francs.

LOCATAIRE : ____ ?

PROPRIÉTAIRE : Non, les animaux sont strictement interdits !

LOCATAIRE : Je voudrais réfléchir un peu. Merci, madame/monsieur.

Lecture

Anticipation

Degas, whose painting *La famille Bellelli* is reproduced here, is just one of the famous artists whose works are found in the **musée d'Orsay,** the former Parisian train station that now contains one of the world's finest collections of mid- to late-nineteenth-century art.

The following description of Degas's painting is excerpted from an official museum guide. By looking for cognates and guessing at meaning based on what you would expect to find in this kind of text, try to understand the gist of the reading.

Which of the following topics do you expect the guidebook to mention?

a. subject matter
b. composition and/or style
c. price
d. color
e. identity of painter's spouse

Activités de lecture

Scan the text to find the French equivalent of the following words.

a. was started
b. a sojourn
c. baroness
d. monumental
e. portraits
f. interior
g. enriched
h. sober
i. refined
j. painting
k. family drama

La famille Bellelli

La famille Bellelli a été commencé par Degas lors° d'un séjour à Florence chez sa tante, la baronne Bellelli. Ce tableau° monumental de portraits dans un intérieur, à la composition simple mais enrichie à l'aide de perspectives ouvertes par une porte ou un miroir, aux couleurs sobres mais raffinées (jeu des blancs et des noirs), est aussi la peinture d'un drame familial qui se joue° entre Laure Bellelli et son mari, et dans lequel on reconnait le goût° de Degas pour l'étude psychologique.

during
painting
is taking place
taste

extrait du *Guide du musée d'Orsay*

Compréhension et intégration

1. Look again at the topics proposed in the anticipation section. Were your predictions accurate? Explain.
2. Answer the following questions.
   a. Where was Degas when he began this painting?
   b. With whom was he staying?
   c. Is the painting small or large?
   d. What are the two possible sources of light in the room suggested?
   e. What adjectives describe the quality of the color in the painting?
   f. What two colors predominate?
   g. Is Degas interested in capturing the interaction between family members?

Maintenant à vous

1. Qui regarde qui dans le tableau ?
2. Comment est l'atmosphère ? Choisissez parmi les adjectifs suivants : agité, calme, tranquille, sobre, gai, décontracté, tendu *(tense).*
3. Quelles sont les qualités universelles de cette famille ? Quels aspects de la famille sont démodés *(out of date)* ?

Un pas en avant

À jouer ou à discuter

1. As a landlord, you've had bad experiences with renters in the past. Interview a potential renter to decide whether or not you'll accept her/him as a tenant. Find out about what she/he studies, her/his likes and dislikes, whether she/he smokes, if she/he has pets, and so on.

2. In this activity you will work with another student to describe the location of furniture in a room.

First student

Sketch the floor plan of your room. Then explain to your partner how the room is arranged. All your instructions must be oral. Don't point or show your diagram.

Second student

Listen to your partner's description of his/her floor plan and try to reproduce it on a blank sheet of paper. Ask questions when you need clarification.

3. (Groups of five to eight) On a piece of paper list four of your belongings that reflect something about you. Pass the paper to the first person on your right. This person will write down an impression of you based on your belongings. She/he will then conceal her/his comments, by folding back the paper accordion style, and will pass the paper to the next person on her/his right. Finally, each member of the group will receive a set of comments from the other members.

À écrire

In this writing activity you will complete a letter about yourself to the **Club des 4 Vents** to assist them in finding you an appropriate host family.

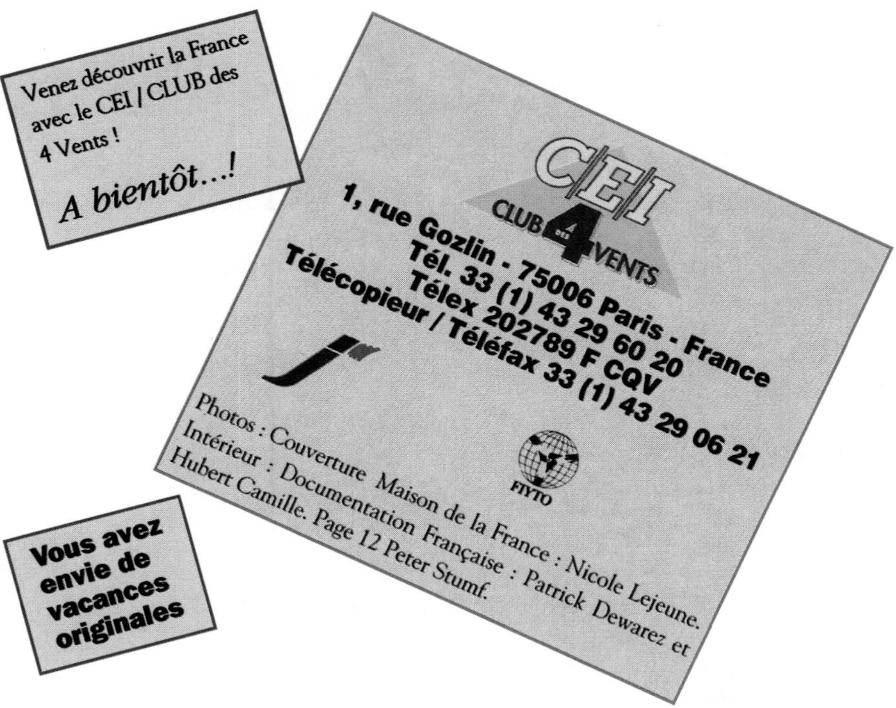

Venez découvrir la France avec le CEI / CLUB des 4 Vents !
A bientôt...!
CEI
CLUB 4 VENTS
1, rue Gozlin - 75006 Paris - France
Tél. 33 (1) 43 29 60 20
Télex 202789 F CQV
Télécopieur / Téléfax 33 (1) 43 29 06 21
FIYTO
Photos : Couverture Maison de la France : Nicole Lejeune.
Intérieur : Documentation Française : Patrick Dewarez et
Hubert Camille. Page 12 Peter Stumf.
Vous avez envie de vacances originales

Séjours linguistiques en famille

Partager° la vie d'une famille, c'est une expérience riche en rencontres et en découvertes. La famille d'accueil° reçoit un ou deux jeunes étrangers° de langue et de nationalité différentes, et considère son hôte comme un membre de la famille. Elle offre la pension complète° et la possibilité de visiter la région.

sharing
host family
foreigners
room and meals

Recopiez la lettre en ajoutant les informations suivantes :

— votre nationalité
— votre âge
— vos qualités
— une description de votre famille
— vos passe-temps
— vos études universitaires
— votre niveau de français (débutant, intermédiaire, avancé)
— les gens *(people)* que vous aimez

Le Club des 4 Vents
(adresse)

Chers Messieurs,

Je désire participer à votre programme de séjours linguistiques en famille pour perfectionner mon français. Je suis de nationalité...

____
____
____
____
____
____
____
____
____
____
____
____
____
____

J'aimerais beaucoup avoir l'occasion de vivre comme membre d'une famille française et de suivre des cours de langue. Je suis très intéressé(e) par votre programme.

En attendant votre réponse, je vous prie d'agréer, Messieurs, l'expression de mes sentiments distingués.

(signature)

Structures

Structure 3.1 Les adjectifs possessifs

Possessive adjectives are used to express relationship and possession. In French they agree with the noun they modify, not the possessor.

The following chart summarizes possessive adjectives.

Subject	Masculine	Feminine	Plural	English equivalent
je	mon	ma	mes	*my*
tu	ton	ta	tes	*your*
il, elle, on	son	sa	ses	*his, her, its*
nous	notre		nos	*our*
vous	votre		vos	*your*
ils, elles	leur		leurs	*their*

Regardez M. Leclerc. Il est avec **sa** femme et **ses** enfants.

Look at Mr. Leclerc. He is with his wife and his children.

Ma tante Simone et **mon** oncle Renaud arrivent avec **leurs** enfants.

My Aunt Simone and my Uncle Renaud are arriving with their children.

Mes parents parlent rarement de **leurs** problèmes.

My parents rarely talk about their problems.

The masculine form **(mon, ton, son)** is used before singular feminine nouns beginning with a vowel or a silent **h** to provide liaison.

Mon oncle et **son** amie Susanne habitent à New York.

My uncle and his friend Susanne live in New York.

Exercice 1.

Chantal is discussing her family reunions with a friend. Choose the correct form of the possessive adjective.

1. Je danse avec (mon, ma, mes) cousins.
2. Charles et (son, sa, ses) sœur mangent trop de bonbons.
3. (Mon, ma, mes) frère et moi, nous travaillons dans la cuisine *(kitchen)*.
4. (Ton, ta, tes) mère prend souvent des photos.
5. (Mon, ma, mes) tante et (mon, ma, mes) oncle arrivent avec (leur, leurs) chien.
6. Nous chantons (notre, nos) chansons favorites autour du piano.

Exercice 2.

Monique and Guy have struck up a conversation at the cafeteria. Complete their conversation with the correct possessive adjective (*mon, ma, mes, ton, ta, tes,* etc.).

GUY : Est-ce que tu habites à la résidence universitaire ou chez (1) ______________ famille ?

MONIQUE : J'habite à la résidence universitaire, mais je rentre chez (2) ______________ famille le week-end. J'aime voir (3) ______________ mère, (4) ______________ père et surtout (5) ______________ frère Manuel.

GUY : Est-ce que (6) ______________ grands-parents habitent chez toi ?

MONIQUE : Non. (7) ______________ grands-parents habitent à la campagne. (8) ______________ maison est très vieille et charmante. Et toi, est-ce que tu habites chez (9) ______________ parents ?

GUY : Non, j'habite avec (10)______________ amis François et Jean-Luc.

Structure 3.2 Le verbe *venir*

Venir is an irregular verb.

venir *(to come)*	
je viens	nous venons
tu viens	vous venez
il, elle, on vient	ils, elles viennent

The verb **venir** can be used for talking about one's place of origin.

Je suis canadienne. Je **viens** de Toronto.	*I'm Canadian. I come from Toronto.*
Est-ce que vous **venez** des États-Unis ?	*Do you come from the United States?*

Exercice 3.

Manuel is talking about his friends who live in the international residence hall. Complete his sentences with the verb *venir.*

1. Nous ______________ tous de pays différents.
2. Moi, par exemple, je suis sénégalais. Je ______________ de Dakar.
3. Mes copains Miguel et Hector ______________ de Barcelone; ils ont un léger accent espagnol.
4. Kim, tu ______________ de Corée, n'est-ce pas ?

5. Jean-Marc et Bernard, vous _______________ de Montréal, non ?
6. Et il y a Tsien. Il _______________ de Chine.

Structure 3.3 La possession : *de* + nom

The preposition **de** (or **d'**) *(of)* used with nouns expresses possession and relationship. This structure is used in place of the possessive **'s** in English.

Voici la mère **de** Charles.	— *Here is Charles' mother.*
J'adore la maison **d'**Anne.	— *I love Anne's house.*
Quel est le numéro **de** ton appartement ?	— *What is your apartment number?*

The preposition **de** contracts with the definite articles **le** and **les.**

de + le = du	C'est le chien **du** petit garçon. *It's the little boy's dog.*
de + les = des	Je n'ai pas l'adresse **des** parents de Serge. *I don't have Serge's parents' address.*

De followed by **la** or **l'** is unchanged.

Nous écoutons les disques **de l'**oncle **d'**Antoine.

We're listening to Antoine's uncle's records.

Les clés **de la** voiture sont dans son sac.

The car keys are in her purse.

Exercice 4.

Henriette and Claudine are talking about the people they observe in the park. Complete their conversation with: *du, de la, des,* or *d'*.

1. Les enfants _______________ ville *(f)* adorent jouer avec leurs bateaux *(boats)* dans le bassin *(pond)* _______________ parc.
2. Regarde le gros chien _______________ petits enfants. Il est adorable !
3. J'aime le chapeau _______________ jeune homme avec le baladeur.
4. Regarde la robe _______________ femme africaine. Elle est belle, non ?
5. Tu remarques que l'ami _______________ homme sur le banc ne parle pas ?
6. Regarde les cheveux _______________ Sylvie. Elle est rousse aujourd'hui !

Révisez

Structure 3.4 Les adjectifs (suite)

As you saw in Module 1, most feminine adjectives are formed by adding an **-e** to the masculine ending.

Ton père est bavard. Ta mère, est-elle bavard**e** aussi ?

Your father is talkative. Is your mother talkative too?

Several other common regular endings are shown on the following chart.

masculine ending	feminine ending	examples
-é	-ée	gâté/gâtée
-if	-ive	sportif/sportive; naïf/naïve compréhensif/compréhensive
-eux -eur	-euse	nerveux/nerveuse sérieux/sérieuse travailleur/travailleuse
-on	-onne	bon/bonne; mignon/mignonne
-os	-osse	gros/grosse

The following chart displays irregular feminine forms.

masculine	feminine	
doux	douce	*soft, gentle, sweet*
gentil	gentille	*nice*
jaloux	jalouse	*jealous*
long	longue	*long*

Adjective placement

As a general rule, adjectives in French follow the nouns they modify.

Elle a les cheveux **blonds** et les yeux **bleus.**

She has blond hair and blue eyes.

Est-ce que tu aimes les gens **agressifs ?**

Do you like aggressive people?

There are, however, a small number of adjectives that precede the noun. These are shown in the following chart.

Adjectives that precede the noun

Adjective	Examples	
grand(e)	une grande maison	*a big house*
petit(e)	une petite fille	*a little girl*
jeune	un jeune garçon	*a young boy*
vieux,vieille	un vieux livre	*an old book*
joli(e)	une jolie fleur	*a pretty flower*
beau, belle	une belle chanson	*a beautiful song*
bon(ne)	un bon restaurant	*a good restaurant*
mauvais(e)	une mauvaise idée	*a bad idea*
nouveau, nouvelle	un nouveau président	*a new president*

The adjectives **beau, vieux,** and **nouveau** have a special form used when they precede a masculine singular noun beginning with a vowel or a silent **h.**

un **beau** garçon	un **bel** homme
un **vieux** livre	un **vieil** ami
un **nouveau** film	un **nouvel** acteur

Exercice 5.

Armand is in a bad mood. Complete his description of his family with the correct form of the adjective in parentheses.

Je m'appelle Armand et je suis (1) ______________ (pessimiste). Ma mère est (2) ______________ (ennuyeux) et peu (3) ______________ (compréhensif). Mes parents ne sont pas assez (4) ______________ (enthousiaste). J'ai deux sœurs, Nadine et Claire. Elles sont (5) ______________ (paresseux), (6) ______________ (gâté) et (7) ______________ (têtu). Toute ma famille est (8) ______________ (désagréable) sauf *(except)* nos deux chattes *(female cats).* Elles sont (9) ______________ (mignon).

Exercice 6.

Armand's sister is more optimistic. Complete her family description with the correct form of the adjective in parentheses.

Je m'appelle Nadine et je suis (1) ______________ (optimiste). Ma mère est très (2) ______________ (actif) et mon père est (3) ______________ (compréhensif). J'ai un frère, Armand, qui est (4) ______________ (optimiste) comme moi. Ma sœur Claire est (5) ______________ (travailleur) et (6) ______________ (généreux). Elle est très (7) ______________ (bien élevé). Toute la famille est (8) ______________ (gentil). Il y a deux petites exceptions : nos chattes. Elles sont trop (9) ______________ (indépendant) et (10) ______________ (agressif).

Exercice 7.

Expand on the following sentences by inserting the adjectives. Be careful with both adjective agreement and placement.

Modèle : Annette est une fille (jeune, sérieux).

Annette est une jeune fille sérieuse.

1. C'est une chambre (clair, petit).
2. Je préfère la robe (blanc, joli).
3. Voilà un étudiant (jeune, énergique).
4. J'aime les films (vieux, américain).
5. Le sénateur est un homme (vieux, ennuyeux).
6. Marc est un homme (beau, riche et charmant).
7. Le Havre est un port (vieux, important).
8. Paris est une ville (magnifique, beau).

Exercice 8.

Describe Jean-Claude's room using the adjectives in parentheses.

La chambre de Jean-Claude est un désastre ! Il y a une (photo/vieux) (1) _______________ par terre, et une (plante/petit) (2) _______________ dans le lavabo. Sur une chaise il y a des (draps/sale) (3) _______________ et beaucoup de (cassettes/vieux) (4) _______________. Près de la photo d'une (fille/joli, blond) (5) _______________ sur la table de nuit, il y a une (chemise/bleu) (6) _______________ et un (sandwich/gros) (7) _______________.

La chambre a une (odeur/mauvais) (8) _______________. Ce n'est pas une (chambre/agréable) (9) _______________.

Structure 3.5 Les prépositions de lieu

Prepositions are used to describe the location of people and things. The following is a list of common prepositions.

dans	*in*	loin de	*far from*
devant	*in front of*	près de	*near*
sur	*on*	en face de	*facing*
sous	*under*	au dessus de	*above*
entre	*between*	au dessous de	*below*
derrière	*behind*		

Prepositions that end in **de** contract with **le** and **les** as shown in the following examples.

La table est à côté **du** mur.	*The table is next to the wall.*
La porte est près **des** fenêtres.	*The door is near the windows.*

Exercice 9.

Lucas is describing his campus. Choose the appropriate preposition and use contractions when necessary.

1. Notre campus est très urbain; il est (près de/loin de) le centre-ville.
2. Il y a quelques arbres (devant/sur) la bibliothèque.
3. Il y a des graffiti (sur/dans) les murs du restaurant universitaire.
4. L'amphithéâtre est (dans/entre) le laboratoire de langues et la bibliothèque.
5. Parfois les étudiants n'écoutent pas le professeur; ils regardent les gens (devant/derrière) le bâtiment en face de la salle de classe.

Exercice 10.

Describe Jean-Marc's room by replacing the blanks with *du, de la, des, de l',* or *d'*.

Jean-Marc est un étudiant à l'Université de Lyon. Il habite un studio près (1) ______________ ville. Dans son studio il y a une affiche (2) ______________ actrice Kim Bassinger, (3) ______________ chanteur français Francis Cabrel et (4) ______________ footballeurs italiens. La chambre (5) ______________ petite amie (6) ______________ Jean-Marc est à côté. Elle s'appelle Claudine. C'est la fille (7) ______________ une amie (8) ______________ mère (9) ______________ Jean-Marc. Quelle coïncidence !

Vocabulaire

Vocabulaire fondamental

Noms

La famille *family*

un bébé *baby*
un(e) chat(te) *cat*
un(e) cousin(e) *cousin*
une femme *wife, woman*
une fille *girl, daughter*
un fils *son*
un frère *brother*
une grand-mère *grandmother*
un grand-père *grandfather*
des grands-parents *grandparents*
un mari *husband*
une mère *mother*
un neveu *nephew*
une nièce *niece*
un oncle *uncle*
un père *father*
une sœur *sister*
une tante *aunt*

la chambre *bedroom*

une étagère *bookshelf*
une fleur *flower*
un lit *bed*
des meubles *(m)* *furniture*
un miroir *mirror*
un placard *closet*
une plante *plant*
des rideaux *(m)* *curtains*
une table de nuit *nightstand*
un tapis *rug*
un vase *vase*

Les objets personnels *personal possessions*

une affiche *poster*
un ballon *ball (soccer), balloon*
une bicyclette, un vélo *bicycle*
une calculatrice *calculator*
une chaîne-stéréo *stereo player*
une chose *thing*
un dictionnaire (un dico *fam)* *dictionary*
un disque *record*
un instrument de musique *musical instrument*
une montre *watch*
un ordinateur *computer*
une radio-cassette *radio cassette player*
un sac à dos *back pack*
une voiture *car*

Mots apparentés : une cassette, un disque compact (CD), une photo, un téléphone

le logement *housing*

un appartement *apartment unit*
un(e) locataire *tenant*
une maison *house*
un(e) propriétaire *landlord/landlady*
un studio *studio apartment*

Verbes

You are only responsible for the infinitive form of the verbs marked with an asterisk.

coûter *to cost*
louer *to rent*
passer *to pass or spend time*
*payer *to pay*
*prendre *to take*
*réfléchir *to think over*
venir *to come*
*voir *to see*

Adjectifs

agréable *likeable*
bavard(e) *talkative*
bête *(fam)* *stupid*
bon marché *inexpensive*
célibataire *unmarried*
cher (chère) *expensive*
désagréable *unpleasant*
divorcé(e) *divorced*
gâté(e) *spoiled*
gros(se) *large*
heureux (heureuse) *happy*
marié(e) *married*
mauvais(se) *bad*
nouveau (nouvelle) *new*
paresseux (paresseuse) *lazy*
réaliste *realistic*
réservé(e) *reserved*
travailleur (travailleuse) *hardworking*
triste *sad*

Mots apparentés : actif (active), calme, content(e), énergique, fatigué(e), généreux (généreuse), long(ue), pessimiste, stricte, stupide

Mots divers

ici *here*
où *where*

Prépositions

à côté de *next to*
au-dessous de *underneath, below*
au-dessus de *above*
chez *at the home (place) of*
en face de *facing*
entre *between*
dans *in*
derrière *behind*
devant *in front of*
loin de *far from*
près de *near*
sous *under*
sur *on*

Expressions utiles

Comment louer une chambre *How to rent a room*

(See other expressions on p. 69)

Est-ce que vous avez une chambre à louer ? *Do you have a room to rent?*
C'est combien le loyer ? *How much is the rent?*
Vous avez l'air conditionné ? *Do you have air conditioning?*

Vocabulaire

Je peux avoir un chien ? *Can I have a dog?*
Je voudrais réfléchir un peu. *I'd like to think it over.*

Vocabulaire supplémentaire

Noms

La famille

un enfant unique *an only child*
un beau-frère *brother-in-law or stepbrother*
un demi-frère *half brother*
un beau-père *father-in-law or stepfather*
une belle-mère *mother-in-law or stepmother*
une belle-sœur *sister-in-law or stepsister*
une demi-sœur *half sister*
une epouse *wife*
un époux *husband*
une famille nombreuse *a large family*
un frère, une sœur ainé(e) *older brother, sister*
jumeau, jumelle *twin*
des petits enfants *grandchildren*
une petite-fille *granddaughter*
un petit-fils *grandson*

la chambre

un aquarium *aquarium*
une corbeille à papier *wastebasket*
un lavabo *sink*
des volets *shutters*

les objets personnels

un baladeur *Walkman*
une encyclopédie *encyclopedia*
une guitare *guitar*
un radioréveil *clock radio*
une raquette de tennis *tennis racket*
un réchaud *hot plate*
un répondeur *answering machine*
un réveil *alarm clock*
des skis *skis*

le logement

une caution *deposit*
des charges *utilities (charges)*
un immeuble *building*
une location *rental*

Adjectifs

See 61.

affectueux(euse) *affectionate*
agité(e) *nervous*
aîné(e) *older (brother or sister)*
bien/mal élevé(e) *well/bad mannered*
cadet (cadette) *younger (brother or sister)*
claire *sunny, bright room*
compréhensif(ive) *understanding*
mignon (mignonne) *cute*
mort(e) *dead*
ouvert(e) *open*
sage *well behaved*
sévère *severe, strict*
super *(fam.)* *great*
têtu(e) *stubborn*
vivant(e) *alive, living*

Mots apparentés : agressif (agressive); égoïste; enthousiaste; indépendant(e); passif (passive); stressé(e), tranquille

Module 4 Travail et loisirs

Thèmes et pratiques de conversation

Les métiers
Les lieux de travail
Comment dire l'heure
Les loisirs
Les projets

Culture

Les heures de travail

Lecture

Un coup d'œil sur le Tour de France
Thomas Davy: Mon premier Tour, de *Vélo Magazine*

Structures

4.1 **Il/elle est** ou **C'est** + métier
4.2 Le verbe **aller** et la préposition **à**
4.3 Le verbe **faire** et les expressions verbales avec **faire**
4.4 Le futur proche
4.5 L'interrogatif

Thèmes et pratiques de conversation

Les métiers

Structure 4.1 *Il/elle est ou C'est* + métier	When talking about professions, you will need to know the masculine and feminine forms of job titles. You will also have to choose between the structure **il/elle est** and **c'est** to state someone's profession.

Activité 1 : Classez les métiers.

Avec un(e) camarade, classez les métiers où...

1. on a besoin d'un diplôme universitaire.
2. on emploie beaucoup de jeunes.
3. on gagne beaucoup d'argent.
4. on emploie traditionnellement beaucoup de femmes.
5. on est très stressé.

Activité 2 : Quel métier ?

Avec un(e) autre étudiant(e), associez chaque activité à un métier.

Modèles : Il travaille avec les mains *(hands).*

— C'est un ouvrier.

Elle travaille avec les mains.

— C'est une ouvrière.

Activité	Métier
1. Il répare les voitures.	secrétaire
2. Il tape à l'ordinateur et organise un bureau.	chômeur (chômeuse)
3. Il baptise les bébés.	agriculteur
4. Elle chante dans un groupe.	chanteur (chanteuse)
5. Il cultive la terre.	mécanicien(ne)
6. Elle défend ses clients devant le juge.	homme (femme) au foyer
7. Il ne travaille pas mais il cherche un travail.	avocat(e)
8. Il reste à la maison pour s'occuper *(take care of)* des enfants.	prêtre

Vous connaissez Bill Gates ? C'est un chef d'entreprise célèbre. Il est jeune, intelligent et riche.

Voici Philippe Candeloro et Surya Bonaly. Ce sont des athlètes français. Ils sont patineurs. Candeloro est célèbre pour son style fluide. Bonaly est connue pour sa force et son style individualiste.

Activité 3 : Faisons connaissance.

Les personnes suivantes sont célèbres dans le monde francophone. Décrivez-les en employant *il/elle est* ou *c'est* ou *ce sont.*

1. Surya Bonaly ? ______________ une championne de patinage artistique.
2. Le prince Rainier ? ______________ très riche.
3. Céline Dion ? ______________ chanteuse.
4. Birago Diop ? ______________ un écrivain sénégalais.
5. Anne Hébert et Gabrielle Roy ? ______________ des écrivains canadiens.
6. Marie-Yolande Saint-Fleur ? ______________ photographe de la presse haïtienne.

Activité 4 : Jouons à Jeopardy.

Devinez la question associée aux réponses suivantes.

Modèles : C'est un vieil acteur.

— Qui est George Burns ?

C'est/Ce sont...

1. un avocat célèbre.
2. des hommes politiques conservateurs.
3. des chanteuses populaires.
4. un vieil acteur.
5. un danseur classique.
6. une athlète célèbre.
7. des femmes politiques.
8. un journaliste célèbre.

Les lieux de travail

Structure 4.2 Le verbe *aller* et la préposition *à*	In the working world, people are in constant movement. In this **thème,** you will learn the verb **aller,** *to go,* and the forms of the preposition **à** to talk about the active, everyday world of work. See page 109 for an explanation.

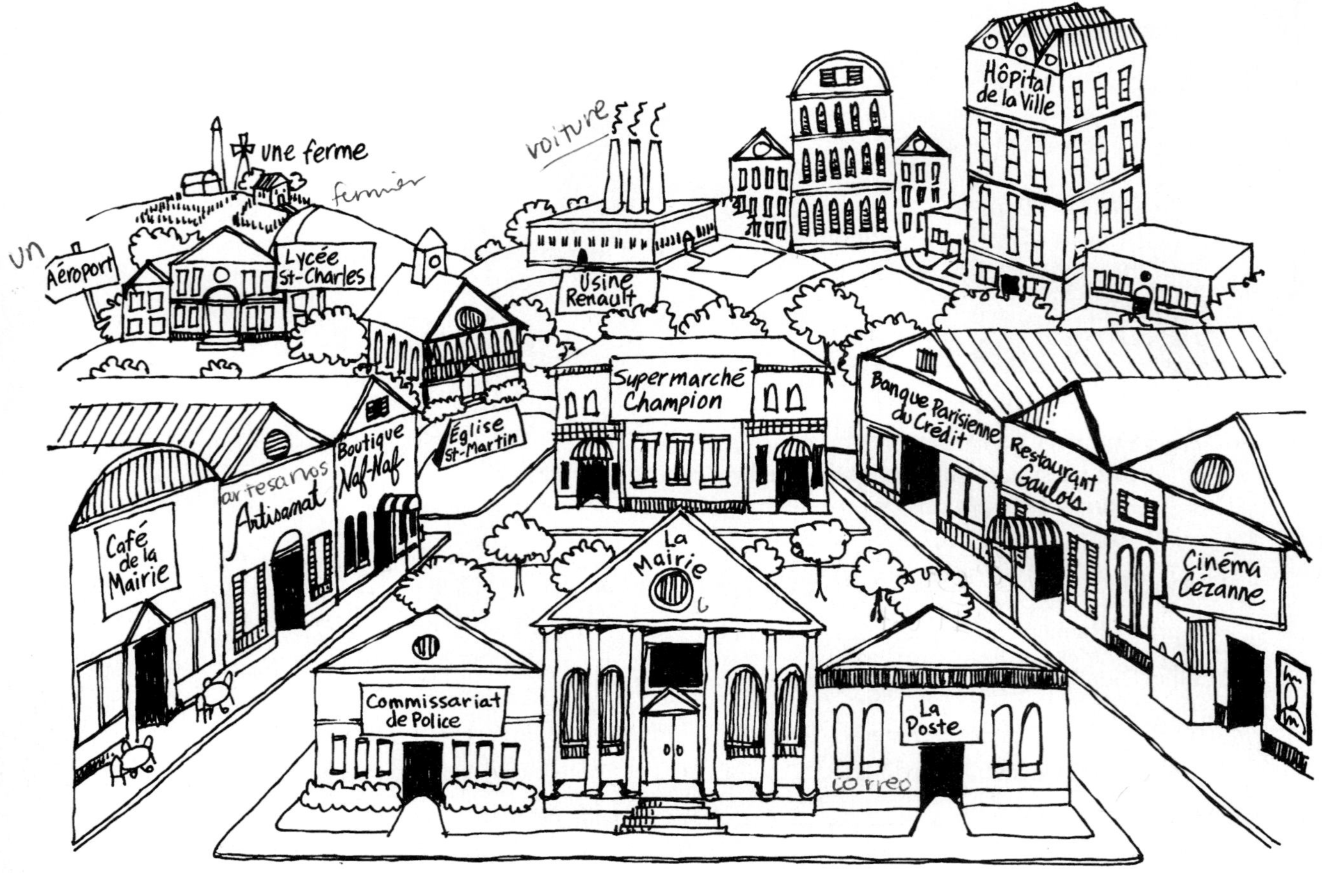

Activité 5 : Où vont-ils ?

Où est-ce que les personnes suivantes vont pour travailler ? Regardez le plan de la ville à la page 88 et répondez comme dans le modèle.

Modèle : le cuisinier

Il va au restaurant Gaulois.

1. le médecin	4. le policier	7. la banquière
2. l'agriculteur	5. le professeur	8. le prêtre
3. l'ouvrier	6. le serveur	

Activité 6 : Où...

Demandez à un(e) autre étudiant(e) où il/elle va d'habitude dans les situations indiquées.

Modèle : le samedi soir

Où est-ce que tu vas le samedi soir ?

— D'habitude, je vais au cinéma.

1. après la classe de français
2. pour travailler
3. le dimanche matin
4. pour étudier
5. pour déjeuner
6. le vendredi soir

• Des femmes âgées de 25 à 49 ans, 78% occupent un emploi.
• Les dix métiers préférés des Français sont (par ordre décroissant°) : chercheur,° pilote, rentier,° médecin, journaliste, chef d'entreprise, acteur, publicitaire,° professeur universitaire, avocat.

descending
researcher, independently wealthy person
advertising executive

Francoscopie, 1993

Comment dire l'heure

Quelle heure est-il maintenant ?

Il est midi vingt.

Déjà ? C'est l'heure de manger.

Tu as l'heure ?

Oui, il est deux heures et demie.

J'ai cours dans une demi-heure, à trois heures.

Quelle heure est-il ?

Il est 18 h 10.

Zut ! La banque est déjà fermée !

Quelques expressions utiles

Pour dire l'heure courante

(Excusez-moi,) quelle heure est-il ?

Tu as l'heure ? *(fam.)*

Il est dix heures du matin.

Il est dix heures et quart.

Il est dix heures vingt-cinq.

Il est dix heures et demie.

Il est trois heures de l'après-midi.

Il est quatre heures moins le quart.

Il est quatre heures moins dix.

Il est neuf heures du soir.

Il est midi/minuit.

Il est midi/minuit et demi.

Pour dire l'heure officielle basée sur 24 heures

À quelle heure est-ce que la banque ferme ?

La banque ferme à 18 h 00 (dix-huit heures).

L'autobus arrive à 10 h 55 (dix heures cinquante-cinq).

Le bal commence à 21 h 30 (vingt et une heures trente).

Pour parler de l'heure

La banque ferme dans cinq minutes°.	*in 5 minutes*
Tu es à l'heure°.	*on time*
Je suis en avance°.	*early*
Je suis en retard°.	*late*
C'est l'heure (de manger).	*It's time (to eat).*
Qu'est-ce que tu fais le matin° ?	*in the morning*
l'après-midi° ?	*in the afternoon*
le soir° ?	*in the evening*

Activité 7 : Quelle heure est-il ?

Un(e) collègue impatient(e) vous demande souvent l'heure. Répondez avec l'heure courante.

7.

Activité 8 : Heures d'ouverture.

À quelle heure ouvrent les endroits suivants ? À quelle heure est-ce qu'ils ferment ? Donnez d'abord l'heure officielle et ensuite l'heure courante.

Banque Nationale de Paris
8 h 30–12 h 30; 15 h 30–17 h 30; fermeture les samedi et dimanche

Bureau de Poste
du lundi au vendredi 8 h–19 h; le samedi 9–12 h

Pharmacie Dhéry
9 h 00–1 h 00; 7 jours/7

Galeries Lafayette
9 h 30–18 h 30

Samaritaine
9 h 35–19 h 00; les mardi et vendredi 9 h 30–20 h 30

Hypermarché Auchan
Du lundi au jeudi 8 h à 21 h; le vendredi de 8 h à 22 h;
le samedi de 8 h à 19 h

Activité 9 : Réponses logiques.

Vous entendez les questions de la colonne A. Comment répondre ? Choisissez la réponse logique de la colonne B.

A	B
1. Tu as cours à quelle heure ?	a. Oui, c'est l'heure de déjeuner.
2. Il est déjà dix heures. Où est Michel ?	b. Il est deux heures dix.
	c. À onze heures.
3. Il est midi et demi ?	d. Non, je n'ai pas de montre.
4. Tu es libre maintenant ?	e. Il est en retard.
5. Tu as l'heure ?	f. Non, j'ai cours dans un quart d'heure.
6. Excusez-moi, monsieur. Quelle heure est-il ?	

Les heures de travail

Quel est l'horaire « modèle » des Français ? Il est difficile de généraliser. Dans le cas des étudiants, l'emploi du temps est assez uniforme. Au lycée, les cours ont lieu° de huit heures du matin jusqu'à cinq heures du soir avec deux heures de temps libre à midi. Le mercredi, on a cours uniquement le matin et dans beaucoup de régions, on a cours le samedi matin. À l'université on a cours du lundi au vendredi. Puisque les heures de classe sont très dispersées pendant la journée, les étudiants universitaires ont rarement l'occasion de travailler pendant l'année scolaire.

Après la période scolaire, l'horaire devient beaucoup plus individuel. Les salariés° travaillent cinq jours par semaine, normalement du lundi au vendredi, entre 9 h 00 et 18 h 00. Dans les grandes villes et surtout à Paris, beaucoup de magasins et d'entreprises sont ouverts sans interruption et les employés ont normalement une heure pour déjeuner au café, au restaurant ou à la cantine.° Souvent dans les petites villes, tout est fermé entre 12 h 00 et 14 h 00 (parfois 15 h 00) : priorité au déjeuner.

Et après le travail ? On fait les courses, rencontre des amis, rentre à la maison, dîne, regarde la télé, écoute la radio, lit le journal°, etc. Les sociologues français constatent° quelques tendances récentes : on passe moins de temps au travail, on passe moins de temps à table et on a plus de temps libre.

take place
full-time workers
lunchroom
newspaper
notice

Avez-vous compris ?

Utilisez l'information de la note culturelle pour compléter les descriptions suivantes. Choisissez un mot ou une expression de la liste.

la cantine
chez moi
dîner
étudiante
mercredi
rencontre
samedi
la télé
vendredi
vendeur
12 h 30
15 h 00
17 h 30

1. Moi, j'habite à Strasbourg où je travaille comme cadre. Je travaille du lundi au ______________ de 8 h 30 à ______________.
2. Moi, je suis ______________ au lycée. J'ai cours du lundi au vendredi mais je suis libre le ______________ après-midi.
3. Je travaille comme ______________ dans un petit magasin de sport. Le magasin est ouvert de 10 h 00 à ______________ et de ______________ à 19 h 00 du mardi au ______________. À midi, je rentre ______________ pour déjeuner avec ma femme et mes enfants.
4. Après mon travail, vers 18 h 30, je ______________ mes amis au café et nous bavardons. Puis je rentre à mon appartement pour ______________ . Le soir, j'aime regarder ______________ et lire le journal.

Les loisirs

Structure 4.3 Le verbe *faire* et les expressions verbales avec *faire*

In this **thème, Les loisirs,** you will use the verb **faire** to talk about a number of sports and leisure activities. For additional information about this commonly used verb, see page 110.

Pour beaucoup de Français, le loisir est un droit° fondamental plutôt qu'une récompense. Depuis 1982 en France, les salariés ont une semaine de travail de 39 heures et bénéficient de cinq semaines de congés payés.°

Francoscopie 1995

° *right*
° *paid vacation*

Dans le parc

faire une promenade en vélo

faire du jogging

jouer au football

faire du tennis

À la maison

faire le ménage

faire du bricolage

faire les devoirs

jouer du piano

En ville

faire les courses

faire du travail bénévole

faire un voyage

Qu'est-ce que vous faites après les cours ou après le travail ? Et le week-end ?

Activité 10 : Associations.

Éliminez le mot qui ne va pas avec les autres et identifiez l'activité que vous associez à chaque liste.

1.	la piscine	l'été	la plage	une balle	un maillot de bain
2.	le printemps	la ville	l'argent	une liste	le supermarché
3.	un uniforme	l'automne	un ballon	un stade	l'église
4.	un jean	la montagne	une raquette	des bottes	un pique-nique

Activité 11 : La vie active des célébrités.

Que font les gens suivants ? Formez des phrases avec le verbe *faire*.

1.	Gérard Depardieu	du football américain
2.	le rappeur MC Solaar	la cuisine
3.	les Cowboys de Dallas	du football
4.	les Olympiques de Marseille	de la musique
5.	Julia Child	des promenades dans l'espace
6.	les astronautes	des films
7.	le prof de français	?
8.	mes amis et moi	?

Activité 12 : Signez ici.

Préparez une feuille de papier avec les numéros 1 jusqu'à 10. Circulez dans la classe en posant les questions appropriées pour trouver une réponse affirmative à chaque question. La personne qui répond « oui » doit signer votre papier.

Modèle : sa mère joue du piano.

Est-ce que ta mère joue du piano ?

— Oui, elle joue du piano. (Cette personne signe.)

— Non, elle ne joue pas du piano. (Cette personne ne signe pas.)

_______________ 1. sa mère joue du piano.

_______________ 2. son père aime réparer sa voiture.

_______________ 3. ses amis font du ski sur les pistes *(slopes)* avancées.

_______________ 4. ses parents aiment faire du bricolage.

_______________ 5. il/elle fait ses devoirs à la bibliothèque.

_______________ 6. il/elle fait du jogging trois fois *(times)* par semaine.

_______________ 7. il/elle fait de la planche à voile.

_______________ 8. sa grand-mère fait souvent des voyages.

_______________ 9. sa/son camarade de chambre fait son lit tous les jours.

_______________ 10. il/elle regarde régulièrement un feuilleton à la télé.

Activité 13 : Interaction.

Répondez aux questions suivantes.

1. Ton premier cours commence à quelle heure ? Et quand est-ce que tu rentres chez toi après les cours ?
2. Qu'est-ce que tu fais après ta classe de français ?
3. Est-ce que tu travailles ? Où ? Combien d'heures par semaine ?
4. Qu'est-ce que tu aimes faire avec tes copains ?
5. Tu aimes faire du sport ? Quels sports est-ce que tu fais souvent ? Rarement ? Parfois ?
6. Est-ce que tu fais le ménage chez toi ? La cuisine ? Les courses ?

Les projets

Structure 4.4 Le futur proche	In this **thème,** you will learn the **futur proche** to talk about your plans. See page 112 for an explanation.

Pour un(e) Français(e), qu'est-ce qui symbolise le plus le week-end ? Voici les résultats d'un sondage récent.

le déjeuner en famille 36%
les moments passés avec les enfants ou les petits-enfants 35%
la promenade à la campagne 30%
les travaux ménagers, le bricolage, le jardinage 21%
la grasse matinée 19%
la sortie du samedi soir 15%
les câlins à deux° 14%;
les courses du samedi 9%
l'église 8%
le jogging du matin 3%

SOFRES 1993

° *snuggling with a loved one*

Où est-ce que Luc va aller ce week-end ? Qu'est-ce qu'il va faire ?

	SAMEDI (fête de Mami)	DIMANCHE
8:00		
9:00	Ranger ma chambre,	
10:00	aider Papa au jardin	Petit déjeuner en famille
11:00	↓	11:30 : Au travail ! Devoirs...
12:00		↓
13:00	Repas chez Papi	
14:00	et Mami	Repas léger (pâté, pain)
15:00	Jeu de boules sur	Devoirs
16:00	la place (-> 16:30)	
17:00	Acheter fleurs... faire	
18:00	ma toilette	↓
19:00	19:30 : Dîner chez les	Rendez-vous avec Madeleine
20:00	parents de Madeleine	et les copains au "Café du
21:00	(Ouh la' la' !)	Grillon" – balade en ville
22:00	22:30 : Danse avec	– Souper léger – tisane
23:00	Madeleine au Blue Moon	– Au lit ! Un peu de lecture.
24:00	↓	Dodo.
	2 hres du matin	

Activité 14 : Les projets de Luc.

Étudiez l'agenda de Luc et indiquez si les phrases suivantes sont vraies ou fausses. Corrigez les phrases fausses.

1. Luc va au café avec ses copines dimanche.
2. Il va regarder la télé samedi après-midi.
3. Il va faire du sport samedi et dimanche.
4. Il va aller en boîte avec des amis samedi soir.
5. Il va déjeuner avec sa famille dimanche.
6. Il ne va pas étudier ce week-end.

Structure 4.5 L'interrogatif

In order to make plans with others, you must first coordinate your schedules. This involves asking questions. See page 113 for a summary of question forms and an explanation of inversion.

PHILIPPE : Alors on va à la piscine demain matin ?
JEAN-PIERRE : Je ne sais pas... Qu'en penses-tu ?
VALÉRIE : C'est une bonne idée. Est-ce que c'est une piscine olympique ?
PHILIPPE : Oui, et tu aimes faire de la natation, n'est-ce pas ?
VALÉRIE : En général, oui... À quelle heure veux-tu y aller ?
PHILIPPE : Je ne sais pas. À 9 h 30 ?
JEAN-PIERRE : C'est trop tôt !
PHILIPPE : Veux-tu y aller l'après-midi ?
VALÉRIE : Oui, nous allons faire la grasse matinée.
PHILIPPE : Alors, on se retrouve devant la piscine demain à 14 h 30 ?
VALÉRIE : D'accord. À demain.

Activité 15 : Quels sont les projets ?

Jean-Pierre n'a pas fait attention pendant la conversation. Il téléphone donc à Philippe pour confirmer les projets. Jouez les rôles de Jean-Pierre et de Philippe. Variez la forme des questions.

Modèle : On va au cinéma.

JEAN-PIERRE : (intonation) On va au cinéma ?
(n'est-ce pas) On va au cinéma, n'est-ce pas ?
(est-ce que) Est-ce qu'on va au cinéma ?
(inversion) Va-t-on au cinéma ?

PHILIPPE : Mais non, on va à la piscine.

1. On va à la piscine dimanche prochain.
2. C'est une petite piscine.
3. Valérie déteste faire la grasse matinée.
4. On va à la piscine à 15 h 30.
5. On se retrouve devant la station de métro.

Activité 16 : Ce week-end.

Demandez à un(e) autre étudiant(e) s'il/elle va faire les activités suivantes ce week-end. Si la réponse est « non » , demandez ce qu'il/elle va faire.

Modèle : aller au match de basket

Tu vas aller au match de basket ce soir ?

— Oui, je vais aller au match.

ou — Non, je ne vais pas aller au match.

Qu'est-ce que tu vas faire alors ?

— Je vais aller à la bibliothèque.

1. retrouver des amis au café
2. aller à un concert
3. travailler
4. aller à un match de football américain
5. aller en boîte
6. faire la cuisine
7. faire les devoirs
8. regarder une vidéo

Activité 17 : Organisez-vous.

Faites une liste de ce que vous allez faire aujourd'hui. Comparez votre liste avec celles des autres étudiant(e)s. Qui est la personne la plus occupée de la classe ?

Lecture

Anticipation

1. Cycling is a popular sport in France, for professionals and amateurs alike. Classify the following terms according to whether you associate them with professional *(professionnel)* cycling or biking just for pleasure *(amateur).*

un vélo de course
un vélo de montagne
une épreuve de résistance
un(e) athlète
la montagne
des chaussures de tennis
un pique-nique
une promenade
une course *(race)*
une équipe
le cyclotourisme
un club
un casque *(helmet)*
l'entraînement

2. You are going to read some facts about the Tour de France, an annual bike race, and the thoughts of a cyclist after his first experience in this prestigious event. What would you expect to find in each of these segments?

Un coup d'œil sur le Tour de France

- **Origine :** créé en 1903 par le directeur du journal *L'Auto*
- **Date :** mois de juillet
- **Nombre de participants :** minimum, 60 en 1903; maximum, 210 en 1988
- **Nombre d'arrivants :** minimum, 11 en 1911; maximum, 151 en 1988
- **Course :** divisée en une vingtaine° d'étapes journalières; composée d'étapes sur route et d'étapes de montagne
- **Maillot jaune :** donné après chaque étape au coureur avec le meilleur temps pour cette étape
- **Vainqueur :** le coureur qui a le meilleur temps, calculé par l'addition de temps journaliers
- **Nationalité des vainqueurs** (jusqu'en 1994) : 36 victoires françaises, 18 belges, 8 italiennes, 8 espagnoles, 4 luxembourgeoises, 3 américaines
- **Position dans le hit-parade du sport :** 3ème place après la Coupe du monde de football et les jeux Olympiques

° vingtaine: *about 20*

Compréhension et intégration

Un coup d'œil sur le Tour de France. Trouvez la réponse aux questions suivantes.

1. la date du Tour avec le plus grand nombre de participants ________________
2. le prix gagné par la personne qui a le meilleur temps chaque jour ________________
3. la date du premier Tour de France ________________
4. le nombre de fois *(times)* qu'un Français a gagné le Tour de France ________________
5. le nombre de fois qu'un Américain a gagné le Tour ________________
6. les deux événements sportifs qui sont plus populaires que le Tour ________________

Expansion de vocabulaire

Les familles des mots. Trouvez le mot dans le texte qui correspond.

courir = *to run, race* ________________ = *one who runs or races*
vaincre = *to win* ________________ = *one who wins*
participer = *to participate* ________________ = *one who participates*
arriver = *to arrive* ________________ = *one who arrives (at the finish line, i.e., finishes the race)*

Thomas Davy : Mon premier Tour

Pour un coureur pro, être sélectionné pour le Tour de France constitue un aboutissement,° celui d'avoir été choisi° pour affronter l'élite de sa profession. *accomplishment/ chosen*

Pour moi, ce premier Tour était aussi la matérialisation d'un rêve° secret de mon enfance, un rêve que je faisais lorsque je regardais l'épreuve° à la télévision à l'âge de dix ans. *dream* *race*

De ce premier Tour de France, ma mémoire immédiate conserve des moments, des instants, des impressions. Ils me reviennent sous la forme de flashes, sans ordre chronologique. Je vous les explique comme ils viennent :

— Un dernier kilomètre difficile le premier jour;

— Le chacun pour soi° de la première semaine et, à l'opposé, la grande solidarité entre les coureurs durant les étapes de montagne; *every man for himself*

— Ces trois semaines sont passées très vite;

— Certains noms de villages traversés sont tracés dans ma mémoire;

Thomas Davy

— L'impression, encore, que le public était là moins pour voir les coureurs que pour « voir passer le Tour ».

Mon premier Tour de France a été une sorte de parcours initiatique°, plein de joies, de souffrances, de douleurs,° mais aussi de satisfactions. Je pense avoir réalisé un bon Tour de France, et m'être ainsi ouvert la porte pour franchir les prochains°.

initiation/pain

to face the next ones

Vélo *Magazine, No. 301. Août 1994*

Compréhension et intégration

Répondez vrai ou faux. Trouvez les mots ou les phrases dans le texte qui expliquent votre réponse.

1. Thomas Davy est content d'être sélectionné comme participant dans le Tour de France.
2. Davy décide d'être coureur cycliste quand il est à l'université.
3. Les souvenirs de Davy de son premier Tour sont bien organisés et analysés.
4. Il note un contraste entre l'attitude des coureurs au commencement du Tour et vers la fin quand ils étaient dans les Alpes françaises.

5. Davy a l'impression que le Tour dure très longtemps.
6. Ce qui est plus important pour les spectateurs est le spectacle du Tour plutôt que *(rather than)* la célébrité de certains individus.
7. Le premier Tour c'est comme un rite de passage.
8. Davy ne va pas continuer à faire du cyclisme.

Maintenant à vous

Imaginez que vous allez interviewer Thomas Davy. Écrivez cinq questions que vous aimeriez lui poser.

Un pas en avant

À jouer ou à discuter

1. You are in a bank and need to cash a traveller's check in a hurry. Ask the teller for the time and find out when the bank closes.
2. Talk to several classmates to find out what profession they would like to practice after college and why they find it interesting.

   Modèle : J'aimerais être *(I would like to be)* ______________ parce que ______________ (gagner beaucoup d'argent, aider les gens, voyager, avoir des vacances, être intéressant).

3. Talk to several classmates to compare what you like to do during your free time. With whom do you have the most in common?

À écrire

Do you want to get some exercise, study more, improve your social life, do something for others, or try something new and adventurous? Put your good intentions into action this weekend. Follow the steps outlined here to set your goals, adjust your schedule, and then write home about your activities.

Première étape

Make a list of six activities you are going to find time to do this weekend.

Modèles : À dix heures du matin samedi, je vais téléphoner à ma grand-mère.

Je vais dormir moins *(less)* et étudier plus *(more)*.

Je vais inviter Richard à faire une randonnée.

Deuxième étape

Now fill in your schedule for next weekend, including your six new activities. Use Luc's agenda as a model (p. 98).

Troisième étape

Write a letter to your father or your mother to let him/her know about your weekend plans. Follow the model provided.

Chère maman/Cher papa,

Ce week-end va être super!

Samedi...

Et puis dimanche...

Comme tu vois, je suis bien occupé(e). J'espère que tu vas aussi bien que moi !

Je t'embrasse très fort.

Grosses bises,

Julie

Structures

Structure 4.1 *Il/elle est* ou *C'est* + métier

Les métiers et les genres

Most professions in French have a masculine and a feminine form. In many cases, they follow the same patterns as adjectives.

ending		profession		
masculine	**feminine**	**masculine**	**feminine**	
—	-e	un avocat	une avocate	*lawyer*
-ier	-ière	un banquier	une banquière	*banker*
-ien	-ienne	un informaticien	une informaticienne	*computer programmer*
-eur	-euse	un serveur	une serveuse	*waiter/ waitress*
-eur	-rice	un acteur	une actrice	*actor/ actress*

For some professions where the masculine form ends in **-e,** the article indicates the gender.

un secrétaire	une secrétaire	*secretary*
un architecte	une architecte	*architect*

The word **homme** or **femme** is included in some titles.

un homme d'affaires	une femme d'affaires	*businessman/woman*

In spite of the growing range of work options available to French women, the French language does not always immediately reflect such changes in society. The following traditionally masculine professions have only a masculine form.

Il/Elle est professeur.	*He/She is a professor.*
Il/Elle est médecin.	*He/She is a doctor.*
Il/Elle est cadre.	*He/She is an executive.*

These professions are modified by masculine adjectives.

Mme Vonier est un bon professeur.	*Mrs. Vonier is a good professor.*
Mlle Dulac est un excellent médecin.	*Miss Dulac is an excellent doctor.*
Mme Vivier est un cadre compétent.	*Mrs. Vivier is a competent executive.*

Il/elle est ou C'est

Professions in French can be used like adjectives without an article as in the following structure:

subject + être + métier

Marc est avocat. Il est très travailleur.	*Marc is a lawyer. He is very hardworking.*
Mes sœurs sont médecins. Elles sont intelligentes et ambitieuses.	*My sisters are doctors. They are intelligent and ambitious.*

Unlike English, no indefinite article is used in French.

Vous êtes étudiant.	*You are **a** student.*

Professions can also be expressed as nouns with **c'est** or **ce sont.** In this case, the indefinite article **(un, une, des)** is required.

C'est un médecin.	*He/She is a doctor.*
Ce sont des étudiants.	*They are students.*

Whenever you modify the profession with an adjective, you must use **c'est** or **ce sont** or the proper noun.

C'est un bon médecin.	*She is/He is a good doctor.*
Ce sont des étudiants paresseux.	*They are lazy students.*
M. Wirtz est un bon journaliste.	*Mr. Wirtz is a good journalist.*

Exercice 1.

Complete each sentence with the appropriate job title for the female described. Choose from the list, making changes as needed.

architecte, cuisinier, employé, homme d'affaires, ingénieur, instituteur, médecin, musicien, serveur, vendeur

1. Francine joue du piano dans un orchestre à Lyon. Elle est _______________ .
2. Geneviève travaille dans une banque. C'est une _______________ de banque.
3. Christine travaille dans un restaurant où elle prépare des repas et fait de bonnes sauces. Elle est _______________ .
4. Massa travaille dans une boutique de vêtements. Elle est _______________ .
5. Marie travaille à l'hôpital de la Sainte-Marie où elle fait des opérations chirurgicales. Elle est _______________ .
6. Simone travaille au Café du Parc. C'est une _______________ .
7. Colette est la directrice du marketing pour une grosse entreprise. Elle est _______________ .

Exercice 2.

Mme Thu is explaining to her granddaughter where different family members and friends work and what they do. Complete her descriptions using *il/elle est* or *ils/elles sont* or *c'est* or *ce sont.*

1. Ton oncle Nguyen travaille à l'Université de Montréal. _______________ un bon professeur.
2. Ta tante travaille dans une boutique de prêt-à-porter. _______________ vendeuse.
3. M. et Mme Tranh travaillent en ville. _______________ cadres.
4. Le père de ton cousin Anh est très gentil. _______________ un dentiste sympathique.
5. La mère d'Anh adore dessiner des maisons modernes. _______________ architecte.
6. Tes parents travaillent au restaurant Apsara. _______________ de bons cuisiniers.

Structure 4.2 Le verbe *aller* et la préposition *à*

The verb **aller,** *to go,* is irregular.

aller *(to go)*	
je vais	nous allons
tu vas	vous allez
il, elle, on va	ils, elles vont

Je vais en classe. *I'm going to class.*

Ils vont à Paris. *They are going to Paris.*

The preposition **à,** *to, at,* or *in,* is frequently used after verbs such as **aller** and **être.** When **à** is followed by the definite article **le** or **les,** a contraction is formed as shown in the chart below.

à + le → **au**	Mon père travaille **au** commissariat de police.
à + la → **à la**	Vous allez **à la** banque ?
à + l' → **à l'**	L'institutrice est **à l'**école.
à + les → **aux**	Nous travaillons **aux** champs.

Aller is also used to talk about how someone is feeling.

Comment allez-vous ? *How are you?*

Ça va bien. *I'm fine.*

Exercice 3.

Elisabeth is telling her mother about her afternoon plans. Complete her description with *au, à la, à l',* or *aux*.

D'abord, j'emmène *(take)* les enfants (1) ______________ école. Puis, je vais (2) ______________ hôpital pour faire du travail bénévole. Avant midi je passe (3) ______________ banque pour toucher *(cash)* mon chèque et puis je rencontre mes copains (4) ______________ gymnase *(m).* Après notre cours d'aérobique, nous allons déjeuner (5) ______________ café ensemble. Jean-Claude et Pierre ne déjeunent pas avec nous parce qu'ils travaillent (6) ______________ champs cet après-midi. Finalement, je vais (7) ______________ supermarché et je passe (8) ______________ école chercher les enfants à cinq heures.

Exercice 4.

Where are the following people likely to go? Complete each sentence logically as in the model.

Modèle : Vous aimez dîner en ville. Vous...

Vous allez au restaurant.

1. Vous aimez skier. Vous...	le court de tennis
2. Kevin et Christine aiment le tennis. Ils...	la montagne
3. Nous aimons étudier. Nous...	le café
4. Mon père aime écouter un bon sermon. Il...	la librairie
5. Tu aimes acheter des livres. Tu...	le restaurant
6. J'aime retrouver mes amis. Je...	la bibliothèque
	l'église

Structure 4.3 Le verbe *faire* et les expressions verbales avec *faire*

The irregular verb **faire,** *to do* or *to make,* is one of the most commonly used verbs in French.

faire *(to do, to make)*	
je fais	nous faisons
tu fais	vous faites
il, elle, on fait	ils, elles font

A number of expressions for talking about work and leisure activities use **faire:**

Je fais les courses le vendredi.	*I go shopping on Fridays.*
Mme Lu fait un voyage à Tokyo.	*Mrs. Lu is taking a trip to Tokyo.*
Nous faisons du ski à Noël.	*We go skiing at Christmas.*
Mon père aime faire du bricolage.	*My father likes to do do-it-yourself projects.*

Note that the question **Qu'est-ce que tu fais ?** may be answered with a variety of verbs.

Qu'est-ce que tu fais cet après-midi ?	*What are you doing this afternoon?*
J'étudie. Plus tard, je fais une promenade en vélo.	*I'm studying. Later on, I'm going for a bike ride.*

Another way of expressing sports activities and games is with the regular **-er** verb **jouer** *(to play)*. Use the following structure:

jouer + à + definite article + sport

Je joue au tennis.	*I play tennis.*
Vous jouez aux cartes.	*You play cards.*
Ils jouent à la marelle.	*They play hopscotch.*

In most cases, either a **faire** expression or **jouer à** can be used. Compare the following:

Wayne Gretzky fait du hockey. Wayne Gretzky joue au hockey.	} *Wayne Gretzky plays ice hockey.*

To talk about playing a musical instrument, you use either a **faire** expression or the following construction:

jouer + de + definite article + instrument

Il fait de la guitare. Il joue de la guitare.	} *He plays guitar.*

Exercice 5.

Mrs. Breton wants to know what everyone in the family is doing. Using the model as a guide, write five questions she might ask with the verb *faire* and five answers using the vocabulary provided.

Modèle : Jacques et Renée, qu'est-ce qu'ils font ?

Ils font une randonnée.

Jacques et Renée	faire	une promenade
Martine	jouer	de la planche à voile
Jean-Claude et moi		le ménage
Philippe		une randonnée
Tante Hélène		au football
Les gosses *(kids) (fam.)*		du ski
Papa		aux cartes
		du bricolage
		du travail

Exercice 6.

What are the residents of the Cité Universitaire doing today? Use the elements provided to write sentences describing their activities. Make any necessary changes.

1. Vous / faire / planche à voile / la plage.
2. Évelyne / faire / ménage / quand / sa camarade de chambre / être / bureau.
3. Philippe et moi / faire / randonnée / dans la campagne.
4. Les frères Thibaut / jouer / football.
5. Tu / jouer / basketball.
6. Je / faire / piano / après mes cours.

Structure 4.4 Le futur proche

Aller + infinitif is used to express a future action. This form is known as the **futur proche.**

Nous allons faire du ski.	*We're going to go skiing.*
Tu vas étudier.	*You are going to study.*

To negate the **futur proche,** put **ne... pas** around the conjugated form of **aller.**

Il ne va pas travailler.	*He is not going to work.*
Vous n'allez pas jouer au football.	*You are not going to play soccer.*

The following time expressions are often used with the future.

ce soir	*this evening*
la semaine prochaine	*next week*
demain	*tomorrow*
demain matin	*tomorrow morning*

Exercice 7.

What are the following people going to do this weekend given their particular circumstances? Complete the sentences with the *futur proche* using the information in parentheses.

1. Paul et Charlotte ont un rendez-vous ce week-end. Ils _______________ (aller) au cinéma.
2. Nous invitons des amis pour le dîner. Nous _______________ (faire) la cuisine.
3. Maurice a un examen lundi. Il _______________ (ne pas sortir) avec ses amis.

4. Tu détestes le football. Tu ______________ (ne pas aller) au match.
5. Vous allez en boîte samedi soir. Vous ______________ (danser).
6. Le film commence à 22 h 00. Je ______________ (ne pas être) en retard.

Exercice 8.

Pauline describes what she is going to do on her day off from school. Use the *futur proche* of the verbs on the list to tell what is going to happen.

ne pas aller	apporter	écouter	faire (3 fois)
jouer	étudier	rester	retrouver

Demain c'est un jour de congé *(holiday)*. Je (1) ____________ à l'université. Je (2) ____________ au lit jusqu'à 10 heures du matin. À 11 heures, je (3) ____________ mes amis chez Michelle et nous (4) ____________ une promenade en vélo. On (5) ____________ un panier de pique-nique et une radio-cassette. À midi, nous (6) ____________ un pique-nique et (7) ____________ de la musique. Si nous avons le temps, nous (8) ____________ au tennis dans le parc. Et vous, qu'est-ce que vous (9) ____________ ? Comment ? ! Vous (10) ____________ à la bibliothèque ? ?

Structure 4.5 L'interrogatif

You are already acquainted with some basic ways to form questions in French:

- by using rising intonation;

  Tu parles français ? *You speak French?*

- by adding the tag question **n'est-ce pas** at the end of a sentence;

  Tu parles français, n'est-ce pas ? *You speak French, don't you?*

- by adding **est-ce qu(e)** to a sentence.

  Est-ce que tu parles français ? *Do you speak French?*
  Est-ce qu'ils jouent au rugby ? *Do they play rugby?*

Inversion is another way to form a question in which the normal position of the subject and the verb are reversed.

Tu parles français. Parles-tu français ? *Do you speak French?*

Follow these guidelines for forming inversion questions:

1. When you invert the subject and verb, connect them by a hyphen.

   Allez-vous au bureau ? *Are you going to the office?*

2. When inverting **il, elle,** or **on** with a verb that does not end in **-d** or **-t,** add a **-t-** between the verb and the subject.

Joue-t-elle de la guitare ?	*Does she play the guitar?*
Va-t-on à la banque ?	*Are we going to the bank?*

But:

Fait-il les courses ?	*Is he going shopping?*
Est-ce ta raquette ?	*Is it your tennis racket?*

3. When nouns are used in inversion questions, an additional subject pronoun is usually required.

Paul fait-il le ménage ?	*Does Paul do housework?*
Véronique va-t-elle en classe ?	*Is Véronique going to class?*

4. Inversion is generally not used when the subject is **je;** use **est-ce que** instead.

Est-ce que je vais chez Paul ou pas ?	*Am I going to Paul's or not?*

Inversion is considered somewhat formal, but it is usually used in the following questions:

Quel âge as-tu ?	*How old are you?*
Comment t'appelles-tu ?	*What is your name?*
Quelle heure est-il ?	*What time is it?*
Quel temps fait-il ?	*What's the weather like?*
Comment vas-tu ?	*How are you?*
D'où es-tu ?	*Where are you from?*

Exercice 9.

The following questions are included in a survey about finding a perfect partner. You decide to work some of the questions into a conversation with your boy/girlfriend. Use *est-ce que* in your questions in this casual context.

1. Aimes-tu danser ?
2. Es-tu nerveux(nerveuse) quand tu es avec mes parents ?
3. Tes parents sont-ils compréhensifs ?
4. Aimes-tu passer du temps devant la télévision ?
5. Ton (ta) meilleur(e) ami(e) est-il (elle) bavard(e) ?
6. Caches-tu quelque chose ?

Exercice 10.

You work for the school paper and plan to interview a new professor from France. As you prepare your notes for this formal interview, reformulate your questions into inversion form.

1. Vous êtes d'où ?
2. Vous enseignez les sciences politiques ?
3. C'est votre première visite aux États-Unis ?
4. Votre famille est avec vous ?
5. Vous avez des enfants ?
6. Votre mari est professeur aussi ?
7. Il parle anglais ?
8. Vous pensez rester aux États-Unis ?

Vocabulaire

Vocabulaire fondamental

Noms

Les métiers *professions*

un acteur (une actrice) *actor*
un agent de police *policeman/woman*
un agriculteur (une agricultrice) *agriculturalist, farmer*
un artisan *craftsperson*
un(e) avocat(e) *lawyer*
un cadre *executive*
un chanteur (une chanteuse) *singer*
un chômeur (une chômeuse) *unemployed person*
un(e) commerçant(e) *shopkeeper*
un homme (une femme) au foyer *homemaker*
un homme (une femme) d'affaires *businessman/woman*
un homme (une femme) politique *politician*
un infirmier (une infirmière) *nurse*
un médecin *doctor*
un ouvrier (une ouvrière) *worker*
un(e) secrétaire *secretary*
un serveur (une serveuse) *waiter (waitress)*
un vendeur (une vendeuse) *salesperson*

Mots apparentés : un(e) architecte, un(e) artiste, un(e) client(e), un(e) employé(e), un(e) journaliste, un(e) patient(e), un(e) pilote

Les lieux de travail *workplaces*

un aéroport *airport*
un bureau *office*
un bureau de poste, une poste *post office*
le centre-ville *downtown*
une école *school*
une église *church*
une entreprise *company*
une ferme *farm*
un lycée *high school*
une usine *factory*

Mots apparentés : une banque, une boutique, un hôpital, un restaurant

Les sports *sports*

le football américain *football*
la natation *swimming*
la planche à voile *windsurfing*

Mots apparentés : le basketball (*fam* basket), le hockey, le jogging, le rugby, le ski, le tennis

L'heure *time*

l'après-midi *afternoon, in the afternoon*
déjà *already*
en avance *early*
en retard *late*
une heure *hour, o'clock*
maintenant *now*
le matin *morning, in the morning*
une minute *minute*
le soir *evening, in the evening*
tard *late*
(trop) tôt *(too) early*

Les projets *plans*

un agenda *daily planner*
demain *tomorrow*
un horaire *schedule*
la semaine prochaine *next week*

Verbes

aider *to help*
aller *to go*
arriver *to arrive*
déjeuner *to eat breakfast, lunch*
demander *to ask*
dîner *to eat dinner*
faire *to do, to make*
fermer *to close*
gagner *to earn*
jouer à *to play a sport*
jouer de *to play a musical instrument*
poser une question *to ask a question*
rencontrer *to meet up with*
skier *to ski*

Les loisirs *leisure activities*

faire du bricolage *to do do-it-yourself projects*
faire du français *to study French*
faire du jogging *to jog*
faire du piano *to play the piano*
faire du ski *to go skiing*
faire du sport *to play a sport*
faire du travail bénévole *to do volunteer work*
faire la cuisine *to cook*
faire la grasse matinée *to sleep late*
faire le ménage *to do housework*
faire les courses *to go shopping, to do errands*
faire les devoirs *to do homework*
faire un pique-nique *to go on a picnic*
faire une promenade à pied *to take a walk*
faire une promenade en vélo *to ride bikes*
faire une promenade en voiture *to go for a drive*
faire une randonnée *to take a hike*
faire un voyage *to take a trip*
jouer au hockey *to play hockey*
jouer au tennis *to play tennis*
jouer aux cartes *to play cards*
jouer de la guitare *to play the guitar*
jouer du piano *to play piano*

Adjectifs

cher (chère) *dear . . . (in a letter)*
occupé(e) *busy*
prochain(e) *next*

Mots apparentés : important(e), individualiste, populaire

Mots divers

l'argent *money*
les cartes *cards*

Vocabulaire

une guitare *guitar*
un maillot *jersey, t-shirt*
parfois *sometimes*
un piano *piano*
rarement *rarely*
souvent *often*

Expressions utiles

Comment dire l'heure *how to tell time*

(See other expressions on pp. 90–91.)

Excusez-moi. *Excuse me.*
Quelle heure est-il ? *What time is it?*
Il est dix heures du matin. *It's ten o'clock in the morning.*
Il est dix heures et quart. *It's ten-fifteen.*
Il est dix heures et demie. *It's ten-thirty.*
Il est onze heures moins le quart. *It's a quarter to eleven.*
Il est midi/minuit. *It's noon/midnight.*
À quelle heure commence... ? *What time does . . . begin?*

Vocabulaire supplémentaire

Noms

Les métiers *professions*

un chauffeur de taxi *taxi driver*
un chef d'entreprise *company president*
un cuisinier (une cuisinière) *cook*
un écrivain *writer*
un informaticien (une informaticienne) *computer specialist*
un ingénieur *engineer*
un instituteur (une institutrice) *elementary school teacher*
un maire *mayor*
un(e) mécanicien(ne) *mechanic*
un patineur (une patineuse) *skater*
un(e) photographe *photographer*
un prêtre *priest*

Mots apparentés : un(e) athlète, un baby-sitter, un(e) champion(ne), un danseur (une danseuse), un juge, un(e) musicien(ne), un pasteur, un poète

Les lieux de travail *workplaces*

un champ *field*
un commissariat *police station*
une mairie *town hall*

Verbes

baptiser *to baptise*
bavarder *to chat*
bricoler *to do do-it-yourself projects*
cultiver *to cultivate, grow*
enseigner *to teach*
faire attention *to pay attention*
faire du patinage (artistique) *to (figure) skate*
réparer *to repair*
se retrouver *to meet each other (by arrangement)*
taper (à l'ordinateur) *to type (on a computer)*

Adjectifs

avancé(e) *advanced*
conservateur (conservatrice) *conservative*
prestigieux (prestigieuse) *prestigious*
récent(e) *recent*

Module 5
On sort ?

Thèmes et pratiques de conversation

Au téléphone
Comment inviter
Rendez-vous au café
La météo
Comment faire connaissance

Culture

Le cinéma français
Le café

Lecture

Les rendez-vous entre copains, par Valérie, 18 ans

Structures

5.1 Les verbes **vouloir, pouvoir** et **devoir**
5.2 Les verbes comme **sortir**
5.3 Les pronoms accentués
5.4 Le verbe **prendre** et les verbes réguliers en **-re**
5.5 Les mots interrogatifs

Thèmes et pratiques de conversation

Au téléphone

Structure 5.1 Les verbes *vouloir, pouvoir* et *devoir*

The verbs **vouloir** *(to want),* **pouvoir** *(to be able to),* and **devoir** *(to have to)* are quite useful to talk about your work and leisure plans. To see the present tense forms of these verbs, refer to page 142.

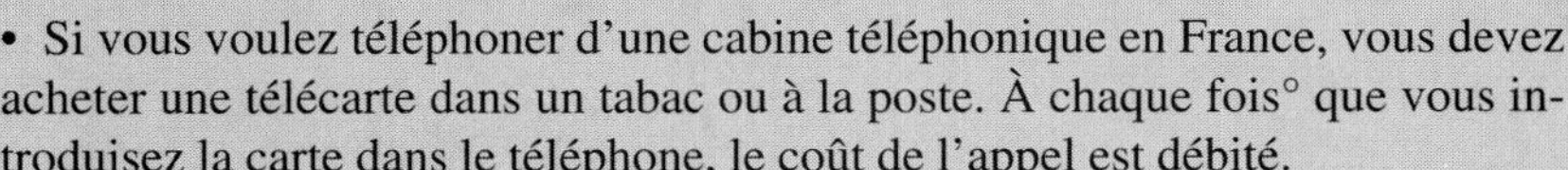

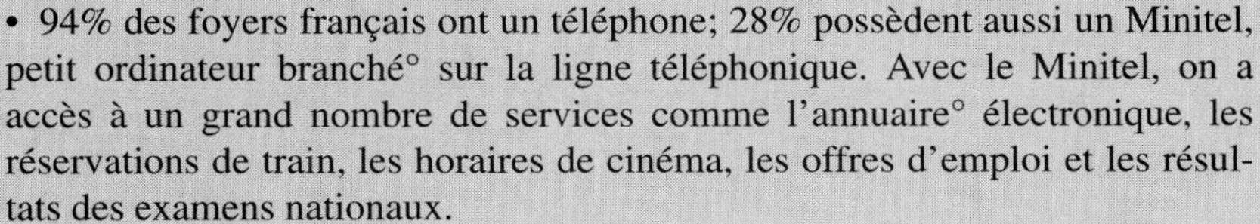

- Si vous voulez téléphoner d'une cabine téléphonique en France, vous devez acheter une télécarte dans un tabac ou à la poste. À chaque fois° que vous introduisez la carte dans le téléphone, le coût de l'appel est débité.
- 94% des foyers français ont un téléphone; 28% possèdent aussi un Minitel, petit ordinateur branché° sur la ligne téléphonique. Avec le Minitel, on a accès à un grand nombre de services comme l'annuaire° électronique, les réservations de train, les horaires de cinéma, les offres d'emploi et les résultats des examens nationaux.

each time

connected

phone book

Francoscopie 1995

Allô. Je peux parler à Marc ?

C'est de la part de qui ?

De Marie-Josée.

Marc n'est pas là pour le moment.

Est-ce que je peux laisser un message ?

Ne quittez pas. Je cherche un crayon.

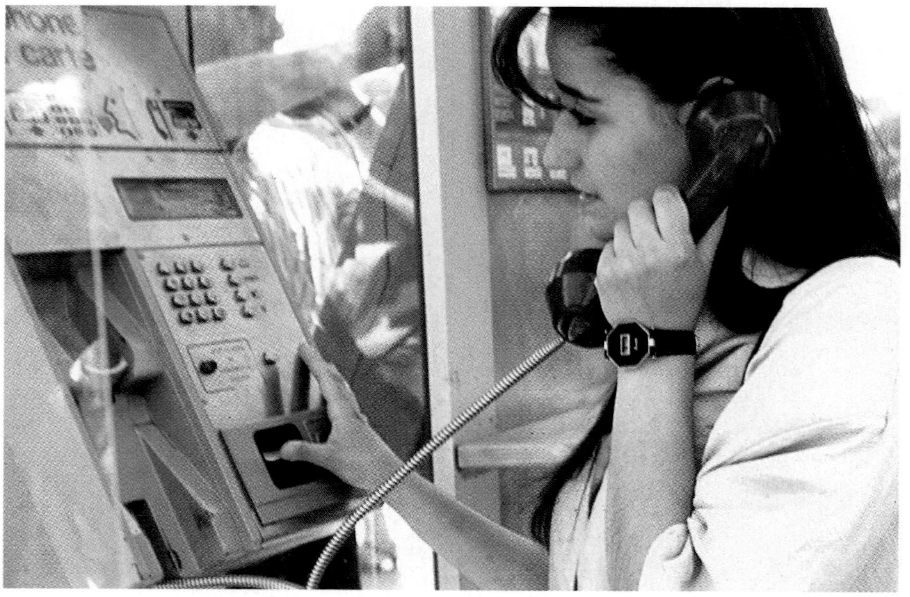

Activité 1 : Est-ce que Jacques est là ?

Vous appelez la cité universitaire pour demander si vos copains peuvent sortir. Utilisez l'image pour créer un dialogue en suivant le modèle.

Modèle : Allô, ici c'est Catherine. Je peux parler avec Bernard ?

— Non, il étudie.

Bon, alors, est-ce que je peux parler avec Maria ?

— Avec Maria ? Non, elle ____________

(After a number of inquiries)

Eh bien, tu es là. Qu'est-ce que tu fais ?

— Moi, je fais le ménage.

Tu veux aller au cinéma avec moi ? Il y a un bon film au Rex.

— Oui, je veux bien... / Non, je ne peux pas. Je dois...

Allô... ici c'est ____________. Je peux parler avec ____________ ?
— Non, il/elle ____________
Bon, alors est-ce que je peux ____________ ?
— Avec ____________ ? Non, il/elle ____________
Eh bien, tu es là. Qu'est-ce que tu fais ?
— Moi, je ____________
Tu veux ____________ ?
— ____________

 NOVEMBRE 

mercredi 1	jeudi 2	vendredi 3	samedi 4
Toussaint	**Défunts**	**S. Hubert**	**S. Charles**
8	8	8 Anniversaire Maman	8
9	9 Cours	9 Cours	9 Tennis Pierre
10 Église	10 Cours	10 Cours	10
11	11 TP (travaux pratiques)	11	11
12 Déjeuner avec parents	12 Rendez-vous Alice	12 Acheter parfum	12
13	13	13 Inviter Maman au restaurant	13
14	14 TP	14	14 Foot Copains
15 Cimetière	15 TP	15 Coiffeur	15
16	16 Dentiste	16 Interview Macdo	16
17 Martine	17 Conduire voiture au garage	17 Récupérer voiture	17
18	18	18	18
19	19	19 Rendez-vous Martine	19
20	20	20	20 Soirée Georges

Activité 2 : La semaine de Pascal.

Voici plusieurs messages laissés sur le répondeur de Pascal. Consultez son emploi du temps et dites s'il peut faire les activités suggérées ou non.

Modèle : Allô, chéri. C'est ta mère. Pourrais-tu faire les courses avec moi samedi matin ?

Pascal ne peut pas faire les courses avec sa mère parce qu'il doit jouer au tennis avec Pierre samedi matin.

1. Allô, Pascal, c'est ta tante Hélène. On va au cimetière à trois heures. Peux-tu acheter des fleurs ? Des chrysanthèmes jaunes, s'il te plaît.
2. Bonjour, Pascal. C'est Charles. Est-ce que tu veux aller nager avec moi mercredi après-midi vers cinq heures ?
3. Salut. C'est moi, Martine. Nous avons rendez-vous vendredi à cinq heures, n'est-ce pas ?
4. Allô. Ici c'est Étienne, le mécanicien. Pouvez-vous passer récupérer votre voiture à 16 h 00 ?
5. Bonjour. Ici le gérant *(manager)* de McDonald's. Est-ce que vous pouvez commencer samedi soir ?
6. Bonjour. C'est Georges. Je pense aller à la bibliothèque jeudi après les travaux pratiques. Veux-tu y aller avec moi ?
7. Bonjour, Pascal. Martine ici. Est-ce que tu es libre samedi pour le déjeuner ? Il y a un nouveau café près de chez moi. Veux-tu me retrouver là vers 13 h 00 ?

Comment inviter

Structure 5.2 Les verbes comme *sortir*

To talk about dating and going out with friends, you will need to use the verb **sortir** *(to go out, leave).* Its forms and several verbs conjugated similarly are presented on page 144.

SORTIR

Musique

Danse

Théâtre

Arts

Expos

Cinéma

Quelques expressions utiles

Pour inviter quelqu'un à faire quelque chose

Tu veux sortir ce soir ?	
Tu es libre° ce soir ?	*free*
Tu aimerais faire quelque chose° ?	*something*
Tu aimes...	
danser ?	
faire des randonnées ?	
les films français ?	
Tu aimerais (voudrais)...	
aller en boîte ?	
faire une randonnée à la campagne ?	
voir le nouveau film de Depardieu ?	
Ça te dit d'aller prendre un café ?	*How about going for a cup of coffee?*
Qu'est-ce que tu vas faire ce week-end ?	

Pour accepter

D'accord.	*O.K.*
Oui, j'aimerais bien.	
Je veux bien.	*Sure.*
C'est une bonne/excellente idée.	
Oui, à quelle heure ?	

Pour hésiter

Euh... je ne sais pas.	
Je dois réfléchir.	
Peut-être°, mais je dois regarder mon agenda.	*maybe*
Euh... pourquoi ?	

Pour refuser

Non, c'est pas possible samedi. *(fam.)*	
Tu sais, ça ne m'intéresse pas.	*You know, that doesn't interest me.*

Désolé(e). Je suis occupé(e).	*I'm sorry. I'm busy.*
Non, malheureusement° je ne peux pas.	*unfortunately*
Je dois... travailler. étudier.	
Je vais partir pour le week-end.	

NOUVEAU SUR MINITEL

3617 code d'accès **CINÉ 7**

Plus de 20 200 films référencés sur le cinéma mondial, de 1913 à nos jours.

Vous trouverez ainsi pour chaque film : une fiche technique, la distribution, le sujet et les prix obtenus.

3617 CINÉ 7

Activité 3 : Une invitation au cinéma.

Henri et Pauline essaient de prendre rendez-vous. Complétez leur conversation.

HENRI Tiens, Pauline. Qu'est-ce que tu (1) ____________ ce week-end ?

PAULINE Oh là, là, je vais travailler. J'ai beaucoup de choses à étudier.

HENRI Est-ce que tu es (2) ____________ samedi soir ?

PAULINE Euh, je ne sais pas. Je dois (3) ____________ mon agenda. (4) ____________ ?

HENRI Il y a un très bon film au cinéma, un film avec Emmanuelle Béart.

PAULINE Ah oui ? J'aime ses films. Voyons, (5) ____________ est le film ?

HENRI À 20 h 00.

PAULINE Bon, d'accord, (6) ____________ bien y aller.

Le cinéma français

Connaissez-vous les grands classiques du cinéma français ? Les films de Jean Renoir, de Jean-Luc Godard et de François Truffaut sont très importants dans l'histoire du cinéma. Vous savez peut-être que c'est en 1895, dans un café de Paris, que les frères Lumière ont présenté leur invention, le cinématographe, et les premiers courts métrages.° *short films*

Même aujourd'hui, le cinéma est très apprécié en France. Chaque année en mai, le Festival International du Film de Cannes attire l'attention du monde sur les meilleurs films. Les Français regardent plus de films que jamais° *more films than ever* mais ils vont moins souvent au cinéma. Pouvez-vous deviner pourquoi ? Naturellement, c'est à cause de la télévision et du magnétoscope.° *VCR* On peut regarder des films sans quitter la maison et sans payer le prix des billets (40 à 50 francs).

Quels genres de films sont les plus populaires en France ? Les films comiques, les films d'aventure et les films avec des effets spéciaux sont aux premières places du hit-parade cinématographique.

Avez-vous compris ?

Choisissez la meilleure réponse.

1. Renoir, Godard et Truffaut sont ____________.
   (a) des acteurs (b) des metteurs en scène *(directors)* (c) des critiques de film
2. On a montré les premiers films ____________.
   (a) dans un café (b) dans une salle de cinéma (c) à un festival de film
3. L'attitude des Français envers le cinéma est ____________.
   (a) neutre (b) positive (c) négative
4. Aujourd'hui il est souvent plus économique de regarder un film ____________.
   (a) au cinéma (b) aux festivals de film (c) à la maison
5. Le public français aime surtout ____________.
   (a) les films d'amour (b) les films de science fiction (c) les drames psychologiques

Activité 4 : Que répondez-vous ?

Répondez aux invitations. Acceptez si vous voulez. Si vous refusez, donnez vos raisons.

1. Tu veux faire du ski avec nous ? On part vendredi.
2. Ça te dit d'aller au concert ce week-end ?

François Truffaut, metteur en scène du film *L'Histoire d'Adèle H.*, avec Isabelle Adjani

3. Allons au café. Je t'invite.
4. Tu es libre ce soir ?
5. On va au cinéma demain soir ?
6. Il y a une nouvelle exposition d'art expressionniste au musée. Tu aimerais y aller ?

Activité 5 : Invitations.

Invitez votre partenaire à faire les activités suivantes. Il/Elle accepte, hésite ou refuse.

1. faire une promenade en vélo après la classe de français
2. aller dans un restaurant élégant en ville ce soir
3. regarder un film français demain soir
4. faire un voyage ensemble le week-end prochain
5. aller au café ensemble à midi
6. aller écouter de la musique à (votre boîte préférée)

Activité 6 : Interactions.

Posez les questions suivantes à un(e) autre étudiant(e).

1. Tu sors souvent avec tes amis ? Où allez-vous d'habitude ?
2. Quel film veux-tu voir maintenant ? À quel concert est-ce que tu aimerais aller ?
3. Quand tu sors au cinéma ou au concert avec un(e) ami(e), qui doit payer ?
4. Où vas-tu d'habitude après un film ou un concert ?
5. Quand tu es avec tes amis, de quoi est-ce que vous discutez ?
6. Est-ce que tu peux sortir ce soir ou est-ce que tu dois travailler ? Qu'est-ce que tu voudrais faire ce soir ?

Rendez-vous au café

Structure 5.3 Les pronoms accentués Structure 5.4 *Prendre* et les verbes réguliers en *-re*	You will frequently use stress pronouns, **pronoms accentués,** when ordering food and drinks. To order, you need the verb **prendre,** an irregular verb. Several regular **-re** verbs also may be useful during conversations at the café. To learn more about stress pronouns, see page 146. The verb **prendre** and regular **-re** verbs are explained on page 147.

Activité 7 : Catégories.

Classez les boissons de chaque catégorie.

1. des boissons chaudes
2. des boissons froides
3. des boissons pour enfants
4. des boissons alcoolisées
5. des boissons sucrées

Activité 8 : Préférences.

Choisissez la boisson que vous préférez.

Modèle : le jus d'orange ou le jus de pomme

Je préfère le jus de pomme.

1. le café ou le thé
2. le coca ou le coca light

3. l'eau minérale ou la limonade
4. la bière ou le champagne
5. le chocolat chaud ou le café crème
6. le thé ou les infusions

Le café

Le café fait partie de la vie française depuis le 17e siècle.° Le café le plus ancien de Paris, le Procope, 13, rue de l'Ancienne Comédie, date de 1686. Parmi° ses clients célèbres figurent La Fontaine, Voltaire, Benjamin Franklin, Robespierre, Napoléon, Victor Hugo, George Sand, Simone de Beauvoir et Jean-Paul Sartre. C'est surtout au café que les gens apprenaient de nouvelles idées et discutaient de des nouveaux concepts en politique, en art et en philosophie.

Au 20e siècle, le nombre de cafés diminue (70 000 en 1992 contre 500 000 en 1910). Le rythme de la vie accélère, la télévision devient plus populaire et on a moins de temps pour la vie de café. Malgré° ces changements, le café continue à jouer un rôle important dans la vie française. Les étudiants vont au café entre les cours. À midi beaucoup de gens déjeunent au café. Le soir, on va au café après les concerts ou les films. Le week-end, on va au café pour rencontrer ses amis. Bref, le café est un endroit° agréable où on peut passer le temps à lire° le journal, à parler avec des amis ou simplement à observer les gens qui passent. Aujourd'hui, comme au 17e siècle, on continue à discuter de la politique, de l'art et de la philosophie mais on discute aussi de la musique, des sports et des films.

century
among
despite
place
to read

Avez-vous compris ?

Répondez vrai ou faux. Corrigez les phrases fausses.

1. Le café est une invention récente.
2. Avant l'arrivée de la radio ou de la télé, on allait au café pour apprendre les nouvelles et aussi pour en discuter.
3. Il y a de moins en moins de cafés en France.
4. On ne peut pas déjeuner au café.
5. Les jeunes aiment beaucoup aller au café.
6. Aujourd'hui on ne parle pas de politique dans les cafés.

Activité 9 : Quelque chose à boire.

Dites ce que vous voudriez prendre dans les situations suivantes.

Modèle : un après-midi gris de novembre

Je prends un thé au lait. Et toi ?

— Moi, je prends une infusion.

1. à la terrasse d'un café en juillet
2. en février au café d'une station de ski *(ski resort)*
3. à six heures du matin à la gare *(train station)*
4. au cinéma
5. après un film samedi soir
6. chez des amis

Activité 10 : Des commandes.

Voici des commandes du Café de Flore. En groupes de trois, recréez la conversation entre le serveur (la serveuse) et les clients pour chaque commande.

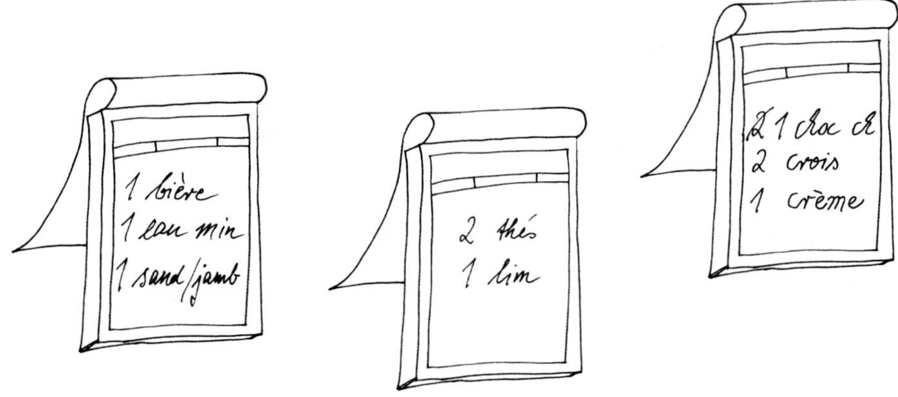

Activité 11 : Commandons (jeu de rôle).

Au Café de Flore, vous entendez des jeunes à la table d'à côté :

Modèle :	Isabelle	Je prends un thé citron.
	Fabien	Un express pour moi.
	Frédérick	Monsieur, s'il vous plaît.
	Serveur	Oui, monsieur. Attendez un moment... Oui, messieurs-dames. Vous désirez ?
	Frédérick	Un thé citron pour Mademoiselle, un express pour lui et un demi pour moi.

Serveur	Alors, un thé citron, un express et un demi.
Frédérick	Et un sandwich au jambon pour moi.
Serveur	C'est tout ?
Fabienne	Oui, c'est tout, merci.

Café de Flore

Boissons chaudes

Café expresso 21,00
Café décaféiné... 21,00
Café crème..... 25,00
Chocolat....... 30,00
Thé de Ceylan, Chine, Earl Grey.. 28,00
Infusions 25,00
Grog au rhum.... 52,00
Grog au cognac... 58,00

Boissons froides

Coca-Cola
Coca-Cola Light
Orangina 32,00
Schweppes, Perrier.. 32,00
Limonade 28,00
Jus de fruits 32,00
(orange, abricot, raisin)
Citron pressé,
Orange pressée.. 38,00
Lait aromatisé... 27,00
Café glacé ou Thé glacé 32,00
1/4 Eau minérale.. 32,00

Bières

Météor Spécial
40 cl pression 40,00
Heineken 33 cl ... 38,00
Kronenbourg 35,00
Buckler 25 cl (sans alcool) 38,00

Sandwichs

Jambon beurre ou
Gruyère beurre ... 34,00
Croque-monsieur... 42,00

Pâtisseries

Gâteau au Chocolat 45,00
Pâtisserie du jour 42,00
Croissant au beurre 11,00
Brioche au beurre 15,00

Vins

	Verre 12 cl	18 cl
Brouilly Ch. de Corcelles 1992	30,00	40,00
Chablis St Jean 1992	35,00	45,00

Maintenant, par groupes de quatre, jouez la scène. Utilisez la carte pour commander ce que vous voulez.

La météo

Quel temps fait-il ?

Il fait beau.

Il fait mauvais.

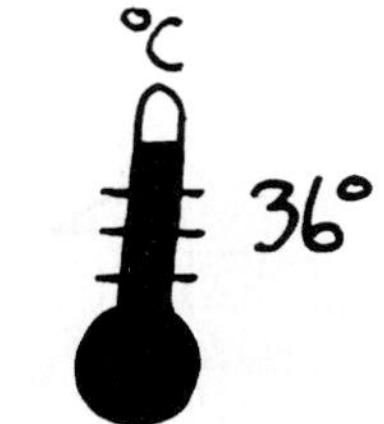

Il fait chaud. Il fait 36°.

Il fait doux. Il fait 17°.

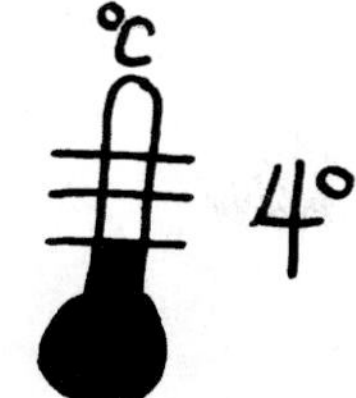

Il fait froid. Il fait 4°.

Il fait du soleil.

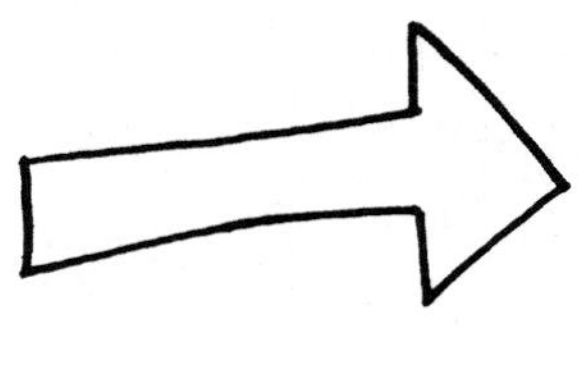

Il fait du vent.

Il y a des nuages.

Il pleut.

Il y a des averses.

Il y a des orages.

Il neige.

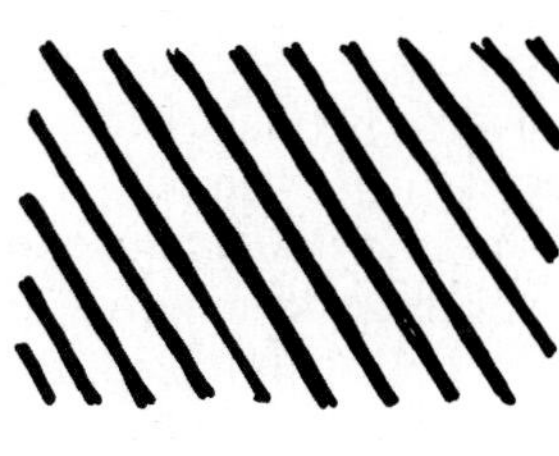

Il y a du brouillard.

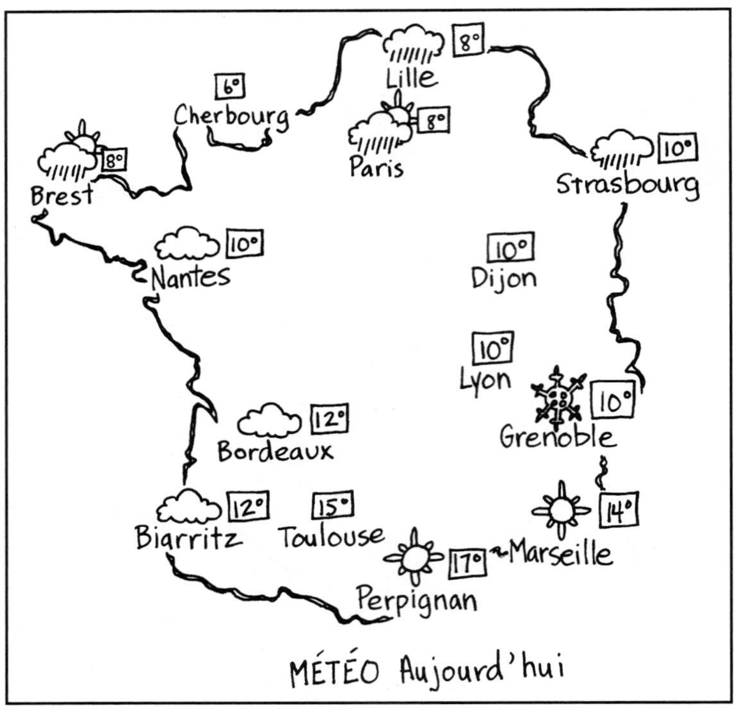

Activité 12. Quel temps fait-il ?

Choisissez une ville et demandez à un(e) camarade de classe quel temps il fait.

Modèle : Quel temps fait-il à Paris ?

— Il fait froid.

Activité 13 : Le temps chez vous.

Quel temps fait-il où vous habitez aux moments indiqués ? Quels vêtements portez-vous d'habitude ?

Modèle : en février

En février, il fait froid et il neige. Je porte un manteau.

		Vêtements
1.	en janvier	un chapeau de paille *(straw)*
2.	en mars	un short
3.	en mai	un pull
4.	en août	un maillot de bain
5.	en novembre	un jean
		un blouson
		des lunettes de soleil
		un manteau
		un t-shirt

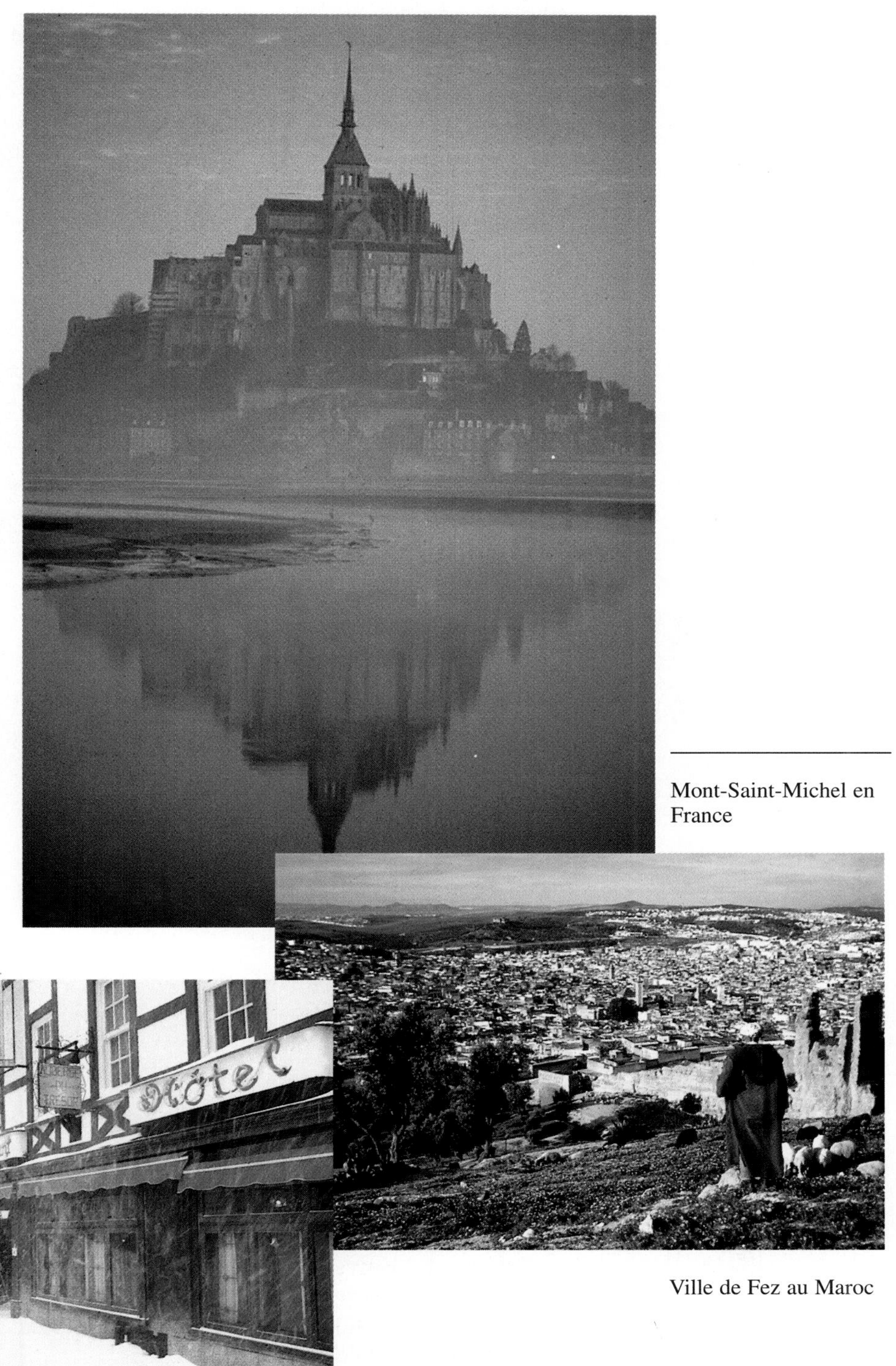

Mont-Saint-Michel en France

Ville de Fez au Maroc

Ville de Québec au Canada

Activité 14 : Dans la photo.

Décrivez le temps qu'il fait sur chaque photo.

Comment faire connaissance

Structure 5.5 Les mots interrogatifs

What are some strategies for starting up a conversation with someone in French? In addition to commenting about the weather or introducing yourself, you will probably want to ask a few simple questions. Interrogative expressions are presented on page 150.

Quelques expressions utiles

Pour commencer la conversation

Pardon, est-ce que cette place° est libre ?	*this seat*
Vous attendez quelqu'un° ?	*someone*
Je vous en prie.	*(signaling to chair) Go ahead.*
Quel beau/mauvais temps, n'est-ce pas ?	*What good/bad weather, isn't it?*
Qu'est-ce qu'il fait froid/chaud !	*My, it's cold/hot!*
Quelle neige !	*What snow!*
Je vous connais ?	*Do I know you?*
Vous êtes dans ma classe de philo ?	

Pour continuer la conversation

Vous êtes étudiant(e) ?

D'où êtes-vous ?

Qu'est-ce que vous étudiez ?

Où travaillez-vous ?

Moi, je m'appelle...

Activité 15 : Conversations au café.

Voici deux couples qui entrent en contact. Complétez leurs mini-conversations.

1. ____________, mademoiselle. Est-ce que ____________ est libre ?
— Oui, monsieur. Je vous ____________.
____________ mauvais temps !
— Oui, il pleut à verse *(it's pouring).*
Vous êtes ____________ ?
— Oui, j'étudie...

2. Pardon, tu es dans ____________ d'anglais ?
— Euh, je pense que oui.
Tu ____________ quelqu'un ?
— Non, non. Je ____________ prie.
Moi, je ____________ Françoise...

Activité 16 : Réponses au café.
Au café vous entendez les questions de la colonne A dans des conversations aux tables voisines. Choisissez les réponses logiques de la colonne B.

Colonne A		Colonne B
____________	1. D'où es-tu ?	a. Oui, je t'en prie.
____________	2. Qu'est-ce que tu prends ?	b. Ils habitent à San Francisco.
____________	3. Est-ce que cette place est libre ?	c. Les sciences politiques.
____________	4. Qu'est-ce que tu étudies ?	d. Un chocolat chaud pour moi.
____________	5. Comment s'appelle ton frère ?	e. Oui, j'adore la neige, moi.
____________	6. Où habitent tes parents ?	f. Je suis de Philadelphie.
____________	7. Il fait froid, n'est-ce pas ?	g. Christophe.

Activité 17 : Comment faire de nouvelles connaissances ?
Voici quelques suggestions pour faire connaissance. Choisissez les quatre qui vous semblent les plus utiles, et ajoutez une idée originale. Ensuite, avec un(e) camarade, sélectionnez les meilleures *(best)* et comparez votre liste avec celles des autres groupes.

Modèle : On ne doit pas ____________. On doit ____________.

1. aller au gymnase de l'université
2. aller voir des matches de sport
3. passer du temps dans les magasins de disques ou les librairies
4. suivre un cours (de photo, de mécanique, d'ordinateur, de danse)
5. passer du temps dans un bar
6. s'inscrire *(register)* dans une agence de rencontre
7. écrire une petite annonce *(personal ad)* dans un journal
8. ?

Lecture

Anticipation

1. In the United States, do people go out more often as couples or in groups?
2. How would you explain the American system of dating to a French person?

Les rendez-vous entre copains

Valérie, une jeune Française de 18 ans, explique les rendez-vous entre copains et copines à Paris.

En France, les garçons et les filles sont ensemble toute la journée. Ils se retrouvent en petite bande entre copains et copines, ce n'est pas forcément° des couples. En sortant des cours, ils vont au café pour se retrouver et discuter. Les relations amicales entre filles et garçons sont très fréquentes. Tout se passe spontanément. Si une fille a envie° d'aller au cinéma avec un copain, elle lui téléphone. Ils se donnent rendez-vous sans que personne ne trouve cela bizarre.° Une fille peut aussi être la copine d'une bande de garçons et aller avec eux. Le week-end les petits groupes vont se promener.

necessarily

wants

without anyone thinking it strange

Ils peuvent aussi se retrouver chez quelqu'un et passer un après-midi à discuter, à s'amuser. Le soir, quelqu'un peut organiser une boum. Filles et garçons arrivent. Ils dansent, discutent, s'amusent ensemble entre amis. Ils vont parfois manger au restaurant. Puis après, ils vont dans un café où on peut écouter de la musique. Quand un groupe de musique passe en concert dans une salle à Paris, ils vont le voir.

Le sport est quelque chose de moins important en France qu'aux États-Unis. Les jeunes pratiquent des sports individuellement. Ils ne vont pas voir leurs copains jouer au foot ou au basket. Le sport n'est pas une chose qu'ils partagent° beaucoup.

share

Si une fille a un petit copain, ils peuvent sortir ensemble, avec une troisième personne ou plusieurs autres. Elle peut très bien faire ouvertement des avances à un garçon, il n'y a là rien d'étrange.° Les parents ne sont pas forcément au courant° quand une fille va retrouver son petit copain. Tout se passe simplement, comme si elle allait rejoindre une copine...

nothing unusual/ aware

Activités de lecture

Choisissez l'idée principale de chaque paragraphe.

1. Paragraphe 1 :
   a. Les activités du week-end
   b. Les activités du groupe
   c. Les activités du couple
2. Paragraphe 2 :
   a. Les sports individuels
   b. Une invitation à faire du sport
   c. Les sports et les rendez-vous
3. Paragraphe 3 :
   a. Sortir, c'est facile
   b. Sortir, c'est compliqué
   c. Sortir, c'est impossible

Compréhension et intégration

1. Avez-vous compris les réflexions de Valérie sur les rendez-vous entre les jeunes Français ? Répondez vrai ou faux aux phrases suivantes et trouvez les lignes du texte qui contiennent vos réponses.

   ____________ a. En France les garçons et les filles sont séparés pendant la journée. (lignes ____________)

   ____________ b. Les Français aiment surtout sortir en couples. (lignes ____________)

   ____________ c. Les filles françaises invitent les garçons à sortir. (lignes ____________)

__________ d. Ce n'est pas rare pour une fille de sortir avec un groupe de garçons. (lignes __________)

__________ e. En France les jeunes aiment aller aux matchs de football du lycée ensemble. (lignes __________)

__________ f. Une fille qui fait des avances à son petit copain n'est pas respectée. (lignes __________)

__________ g. Les parents ne savent pas toujours que leur fille sort avec un petit copain. (lignes __________)

2. Selon Valérie, que font les jeunes Français pendant une soirée typique ?
3. Quelles sont les différences et les similarités dans les relations entre les filles et les garçons en France et aux États-Unis ?

Expansion de vocabulaire

Trouvez le mot français pour les mots et expressions suivantes :

1. a small group or band
2. a boyfriend, a girlfriend
3. to meet in a café
4. to make a date
5. a party

Maintenant à vous

Votre meilleur(e) ami(e) vient de faire la connaissance *(just met)* d'une personne qu'il/elle aime bien et avec qui il/elle va sortir. Écrivez cinq suggestions pour un premier rendez-vous réussi.

Modèle : Tu dois porter une nouvelle chemise/robe, etc.
Vous devez aller dans un restaurant élégant.

Un pas en avant

À jouer ou à discuter

1. You and a friend want to get together to study for the next French test. One of you phones the other to set up a time and date for your study session.
2. You try to call a friend but she or he is not home. Leave a message.
3. You really want to go out with a particular person but the first time you asked him or her out, the person was busy. Try again, making several suggestions until you finally arrange something.
4. You go to the café after class where you think you see someone who is in your biology lab sitting alone at a table. Go up to that person and strike up a conversation.
5. You and your friends have almost finished your drinks at the café when you notice it is time for you to go to class. Ask for the check, find out how much money you owe, and say good-bye to your friends.

À écrire

Some formal and informal invitations need to be answered in writing. How is this done in French? First, you will see some sample invitations and responses in French, and then you will write your own.

Première étape

Here are three invitations and three responses. Match the invitation to the appropriate response.

Invitations

1. Marie-Hélène et Patrick ont la joie de vous faire part de leur mariage. Ils vous conviennent à la cérémonie qui aura lieu le samedi 18 juin 1996 à 16 h 30 à l'église Sainte Raymonde. Un vin d'honneur sera servi à 18 h 30 à l'Espace Vigneron, Montpellier. Réponse souhaitée 67-60-42-96.
2. Nous serions très heureux si tu pouvais venir dîner à la maison vendredi 5 décembre, à 20 h 00.
3. Un petit mot en vitesse. On va au cinéma samedi soir, 21 h 30. Veux-tu y aller aussi ?

Réponses

a. J'accepte avec le plus grand plaisir votre aimable invitation pour vendredi.

b. Merci de votre invitation. Je suis désolé de ne pas pouvoir assister à votre mariage. Je dois passer le mois de juin chez mes grand-parents en Italie. Tous mes vœux de bonheur.

c. C'est d'accord pour samedi. Je vais vous retrouver à l'entrée à 21 h 15.

Deuxième étape

You receive the following two invitations for the same day. Decide which one you will accept. Then compose two brief notes, the first to accept one invitation and the second to decline the other. Use the responses here as a guide.

1. Je suis heureuse de t'inviter pour fêter mon anniversaire : rendez-vous le 14 novembre à partir de 19 h 00 au restaurant La Fleurie. Peux-tu répondre, s'il te plaît, avant le 12 novembre ? Merci. Camille.
2. Pour ma fête, j'invite des amis à faire une randonnée dans les Alpes maritimes samedi prochain. On part tôt le 14 et on revient tard le soir. Veux-tu y aller aussi ? Il va y avoir Gérard, Fatou, Marie et Michèle. Je compte sur toi. Réponds-moi vite. Amitiés, Marie-Christine.

Structures

Structure 5.1 Les verbes *vouloir, pouvoir* et *devoir*

The verbs **vouloir** *(to want),* **pouvoir** *(to be able to),* and **devoir** *(must, to have to)* are irregular verbs. They are presented together because they have similar, although not identical, structures and are frequently used in the same context.

vouloir *(to want)*	
je veux	nous voulons
tu veux	vous voulez
il, elle, on veut	ils, elles veulent

pouvoir *(can, to be able to)*	
je peux	nous pouvons
tu peux	vous pouvez
il, elle, on peut	ils, elles peuvent

devoir *(must, to have to)*	
je dois	nous devons
tu dois	vous devez
il, elle, on doit	ils, elles doivent

Tu veux aller au concert. — *You want to go to the concert.*
Ma sœur ne peut pas y aller. — *My sister can't go.*
Je dois travailler. — *I have to work.*

Note the slight change in the stem in all but the **nous** and **vous** forms.

Nous **voul**ons faire une promenade en voiture demain. Tu **veu**x venir ? — *We want to take a drive tomorrow. Do you want to come?*

Pouvez-vous jouer au tennis aujourd'hui ? — *Can you play tennis today?*
— Non, je ne **peu**x pas. — *No, I can't.*

Conditional forms of the verbs **vouloir** and **pouvoir** are frequently used to soften these verbs, making them sound more polite. Compare the following pairs of sentences :

Tu veux sortir ce soir ?	*Do you want to go out tonight?*
Tu voudrais sortir ce soir ?	*Would you like to go out tonight?*
Vous pouvez aller au cinéma ce soir ?	*Can you go to the movies this evening?*
Vous pourriez aller au cinéma ce soir ?	*Could you go to the movies this evening?*

The conditional of **aimer** is also used for polite requests.

Je voudrais sortir ce soir.
J'aimerais sortir ce soir.
} *I would like to go out this evening.*

You will need to be able to recognize the following conditional forms:

vouloir : je voudrais, tu voudrais, il/elle/on voudrait, nous voudrions, vous voudriez, ils/elles voudraient

pouvoir : je pourrais, tu pourrais, il/elle/on pourrait, nous pourrions, vous pourriez, ils/elles pourraient

aimer : j'aimerais, tu aimerais, il/elle/on aimerait, nous aimerions, vous aimeriez, ils/elles aimeraient

Exercice 1.

Jean-Marie wants to do something with his friends but everyone is busy. Complete the conversation with the correct forms of the verbs given in parentheses.

JEAN-MARIE Dis Christine, tu (1) ____________ (vouloir) aller au cinéma ce soir ?

CHRISTINE Oui, je (2) ____________ (vouloir) bien mais je ne (3) ____________ (pouvoir) pas. Je (4) ____________ (devoir) travailler.

JEAN-MARIE Marc, toi et Jean-Claude, vous (5) ____________ (vouloir) y aller ?

MARC Non, nous ne (6) ____________ (pouvoir) pas. Nous n'avons pas assez de fric *(money, fam.)*.

JEAN-MARIE Mais dis donc... Vous êtes impossible ! Ta sœur Martine, qu'est-ce qu'elle (7) ____________ (faire) ? Peut-être qu'elle (8) ____________ (pouvoir) aller avec moi.

MARC Impossible. Elle (9) ____________ (devoir) garder la petite Pauline.

JEAN-MARIE Mais je ne (10) ____________ pas (vouloir) y aller tout seul !

Exercice 2.

You hear the following remarks at the café. Restate each remark replacing the more polite conditional form of the verb with the more direct present tense form.

1. Nous pourrions aller au cinéma.
2. Tu voudrais voir le nouveau film de Depardieu ?
3. Pourriez-vous téléphoner à Martine ?
4. Tu ne pourrais pas parler plus lentement ?
5. On voudrait faire une promenade ?
6. Vous voudriez aller danser ce week-end ?

Structure 5.2
Les verbes comme *sortir*

The verb **sortir** means *to leave, to exit an enclosed place* or *to go out with friends.*

sortir *(to leave, go out, exit)*	
je sors	nous sortons
tu sors	vous sortez
il, elle, on sort	ils, elles sortent

Notice that the verb **sortir** has two stems, one for the singular forms **(sor-)** and a slightly different stem for the plural forms **(sort-)**.

Tu sors avec Michel et Nicole ? *You're going out with Mike and Nicole?*

Nous sortons du gymnase à 9 h 00. *We leave the gym at 9 o'clock.*

The following verbs are conjugated like **sortir.** Note the different singular and plural stems.

	singulier	pluriel
partir *to leave, depart*	je **par**s	nous **part**ons
servir *to serve*	je **ser**s	nous **serv**ons
dormir *to sleep*	je **dor**s	nous **dorm**ons

The verbs **sortir, partir, quitter,** and **laisser** all mean roughly *to leave.* However, they are used in different contexts.

Quitter means to *leave someone or something;* it is always followed by a noun object. **Laisser,** also followed by a noun, means to *leave behind.*

Elle quitte la salle de classe à 10 h 00.	*She leaves the classroom at 10 o'clock.*
Elle quitte son emploi.	*She is leaving her job.*
Voulez-vous laisser un message ?	*Do you want to leave a message?*

The verbs **sortir** *(to leave, go out, exit)* and **partir** *(to leave, depart)* may be followed by a time expression or a prepositional phrase. Both may also be used alone. **Partir** is often used with a destination.

Elle sort avec Patrice.	*She is going out with Patrick.*
Elle part demain.	*She's leaving (departing) tomorrow.*
Tu sors ?	*Are you going out?*
Moi, je pars pour Calais.	*I'm leaving for Calais.*

Exercice 3.

What are the following people doing this weekend? Fill in the blanks with the correct form of *dormir, partir, servir,* or *sortir* according to the context.

1. Nous __________ tard ce week-end. Nous adorons faire la grasse matinée.
2. Vous __________ avec Pierre ce soir ? Vous allez au cinéma ?
3. Elle __________ pour son bureau à neuf heures samedi matin.
4. Mes copains __________ de la boîte à minuit parce que leur résidence ferme à 1 h 00.
5. Tu __________ une salade et des sandwichs à tes amis.
6. Faustine et moi __________ du magasin avec beaucoup de paquets.

Exercice 4.

Just as Suzanne is leaving, her roommate asks her about the evening's plans. Complete their conversation with appropriate forms of the verbs *quitter, sortir, partir,* and *laisser.*

ANNE-MARIE Vous (1) __________ ce soir ?
SUZANNE Oui, Olivier veut aller au cinéma. Tu veux y aller ?
ANNE-MARIE À quelle heure commence le film ?
SUZANNE À 19 h 30. Il faut (2) __________ à 19 h 00 pour arriver à l'heure.

ANNE-MARIE Tu dois (3) ______ un message pour Olivier. Normalement il (4) ______ son bureau vers sept heures. Il doit se dépêcher *(hurry up)*.

SUZANNE Je vais lui téléphoner à midi. Maintenant je (5) ______ pour ma classe de chimie. À ce soir.

Structure 5.3 Les pronoms accentués

French has a special pronoun form called **pronoms accentués,** or stress pronouns. The chart here summarizes the subject pronouns and their corresponding stress pronouns.

pronom sujet	pronom accentué	pronom sujet	pronom accentué
je	**moi**	nous	**nous**
tu	**toi**	vous	**vous**
il	**lui**	ils	**eux**
elle	**elle**	elles	**elles**

The primary function of stress pronouns is to highlight or to show emphasis.

J'aime le jus d'orange, moi. — ***I** like orange juice.*
Lui, il aime le café. — ***He** likes coffee.*

Qui est-ce ? — *Who is it?*
— C'est moi. — *It's me.*

Stress pronouns appear in many common expressions without a verb.

J'aime le thé. Et toi ? — *I like tea. And you?*
Moi aussi. — *I too.*
Et lui ? — *And he?*

They frequently appear after prepositions.

Pour nous, deux chocolats chauds. — *For us, two hot chocolates.*
Tu vas chez toi ? — *Are you going home?*
Elle vient avec eux ? — *Is she coming with them?*

They can be used with **à** to show possession.

Ce livre est à toi ? — *Is this book yours?*

Exercice 5.

A group of friends meet at the café. Complete their conversation with the appropriate stress pronoun. Read each group of sentences carefully to determine which pronouns are needed.

1. Michel, ____________, aime le chocolat chaud. ____________, nous préférons l'eau minérale. Et ____________, qu'est-ce que tu préfères ?

2. J'aime le jus de fruits, alors pour ____________, un jus d'orange. Et pour ____________, Monique et Serge ? Qu'est-ce que vous voulez ?

3. J'aime bien le thé au lait, ____________. Et ____________, Serge ?

4. Je ne sais pas. Je n'ai pas d'argent. Mais voilà mes frères. Je vais parler avec ____________ pour demander de l'argent.

5. Où sont Nicole et Sandrine ? Regarde, ce sont ____________ à la terrasse. Mais, qui est avec ____________ ?

6. Je pense que c'est Amadou. Il est très sympa. Je vais chez ____________ pour mes leçons de piano. Sa mère est prof de musique....

Structure 5.4 Le verbe *prendre* et les verbes réguliers en *-re*

Prendre

The verb **prendre,** *to take,* is an irregular verb.

prendre *(to take)*	
je prends	nous prenons
tu prends	vous prenez
il, elle, on prend	ils, elles prennent

Nous prenons deux chocolats chauds. — *We'll take two hot chocolates.*

Elles ne prennent pas la voiture. — *They're not taking the car.*

Prendre is frequently used with food and drinks much in the way you might say "I'll have a Coke" or "I'll take a cup of coffee."

Que prenez-vous, monsieur ? — *What will you have, sir?*

Moi, je prends un rouge. — *I'll have a (glass of) red wine.*

The verb **boire,** *to drink,* is also irregular : **je bois, tu bois, il/elle/on boit, nous buvons, vous buvez, ils/elles boivent.** It is used to talk about drinking habits and in the fixed expression **quelque chose à boire,** *something to drink,* but it is not used when you place an order.

À midi je bois de l'eau.	*At noon I drink water.*
Vous voulez quelque chose à boire ?	*Do you want something to drink?*
Je prends un café crème, s'il vous plaît.	*I'll have coffee with cream, please.*

Two other verbs that are formed like **prendre** are **apprendre** *(to learn)* and **comprendre** *(to understand).*

Je ne comprends pas.	*I don't understand.*
Nous apprenons le français.	*We are learning French.*

Verbes réguliers en *-re*

To conjugate regular **-re** verbs, drop the **-re** ending of the infinitive and add the endings shown in the chart below.

attendre *(to wait for)*	
j'attends	nous attendons
tu attends	vous attendez
il, elle, on attend	ils, elles attendent

Ils attendent leurs amis au café.	*They are waiting for their friends at the café.*
Je n'attends pas le bus.	*I'm not waiting for the bus.*

Other common regular **-re** verbs include the following:

descendre	*to go downstairs, to get off a train, bus, etc.*
entendre	*to hear*
perdre	*to lose*
rendre	*to return something*

rendre visite à	*to visit (a person)*
vendre	*to sell*

Tu vends ton vélo ?	*Are you selling your bike?*
Vous descendez de l'autobus.	*You get off the bus.*

Note that the verb **visiter** is used with places while **rendre visite à** is used with people. You may wish to use **aller voir** as an alternative.

Nous visitons Montréal.

Nous rendons visite à nos grands-parents.

Nous allons voir nos cousins aussi.

Exercice 6.

Paul and his friends are at the café. Complete their dialogue with the appropriate form of the verb *prendre.*

PAUL Qu'est-ce que vous (1) ____________ ?

GUY Je (2) ____________... euh... Marie, qu'est-ce que tu (3) ____________ ?

MARIE Un express.

GUY Moi, je préfère quelque chose de sucré. Alors, je voudrais un Orangina.

PAUL Alors, Marie et moi, nous (4) ____________ des cafés. Guy (5) ____________ un Orangina.

Exercice 7.

It's 11 o'clock and everyone is busy. Fill in the blanks to describe what people are doing using the correct form of the verb given in parentheses.

1. J(e) ____________ (attendre) ma camarade de chambre au café.
2. L'instituteur ____________ (perdre) patience avec les élèves.
3. Pierre ____________ (prendre) un demi.
4. Tu ____________ (descendre) l'escalier *(stairs).*
5. Les professeurs ____________ (rendre) les devoirs aux étudiants.
6. Toi et moi, nous ____________ (attendre) l'autobus.
7. Christine ____________ (vendre) un livre à un client à la librairie universitaire.
8. Vous ____________ (apprendre) le français.

Exercice 8.

Françoise is just leaving the café and sees her friend Lucienne at another table. Complete their conversation by choosing the logical verb for each sentence from the list provided and writing in the appropriate form.

aller attendre (2 fois) comprendre descendre entendre être prendre (2 fois)

FRANÇOISE	Salut, Lucienne. Ça va ?
LUCIENNE	Oui, ça va.
FRANÇOISE	Tu (1) ____________ quelqu'un ?
LUCIENNE	J(e) (2) ____________ mon ami Denis. Et toi ?
FRANÇOISE	J'étudie. Écoute... qu'est-ce que c'est ? Est-ce que tu (3) ____________ de la musique ?
LUCIENNE	Oui, ça doit être Denis. Il a toujours sa radiocassette. Le voilà. Il (4) ____________ de l'autobus.
DENIS	Salut, vous deux. Vous (5) ____________ quelque chose ? Moi, je (6) ____________ une bière.
FRANÇOISE	Bonjour, Denis. Je vous laisse. Je vais à la bibliothèque pour étudier ma leçon de chimie. Le cours (7) ____________ très difficile et mes amis et moi, nous ne (8) ____________ rien *(nothing)*.
LUCIENNE	Bon courage, Françoise. Au revoir et étudie bien.

Structure 5.5 Les mots interrogatifs

In Module 4, you learned three basic patterns for forming questions: intonation, **est-ce que,** and inversion. These patterns can be used with interrogative expressions to ask for specific information. The interrogative word corresponds to the information you want.

- intonation *(fam.)* (in conversation)

  Où tu habites ? *Where do you live?*

  Tu habites **où ?** *You live where?*

- **est-ce que**

  Qui est-ce que tu attends ? *Who are you waiting for?*

  Qu'est-ce que tu prends ? *What'll you have?*

- inversion

  Pourquoi vas-tu au café ? *Why are you going to the café?*

  Où va-t-elle ? *Where is she going?*

Comment has several English equivalents.

Comment ça va ? *How are you?*

Comment vous appelez-vous ? *What is your name?*

Comment est ton frère ?	*What is your brother like?*
Comment ?	*What? Huh?*

Combien and **Combien de** (+ noun) are used to ask *How much?* or *How many?*

C'est combien ?	*How much is it?*
Combien de cafés voulez-vous ?	*How many coffees do you want?*

Où *(where?)* becomes **D'où** when asking *Where . . . from?*

Où est le café de Flore ?	*Where is the Café de Flore?*
D'où êtes-vous ?	*Where are you from?*

Qu'est-ce que as well as **Que (Qu')** are used to ask *What?* Use **que** only with inversion.

Qu'est-ce que tu prends ?	*What are you having?*
Que prends-tu ?	

In casual conversation, you may ask *What?* using **Quoi** as in the following examples.

Tu prends quoi ?	*You are having what?*
Tu étudies quoi ?	*You study what?*
Quoi ? Pas possible.	*What? That's not possible.*

The question word **Quel** means *Which/What.* It is an adjective that must agree with the noun it modifies. Its four forms are **quel, quelle, quels,** and **quelles.**

Quel jus préfères-tu ?	*Which/What juice do you prefer?*
Quelle heure est-il ?	*What time is it?*
Quels films veux-tu voir ?	*What movies do you want to see?*
Quelle est votre adresse ?	*What is your address?*

Quel and its forms are also used to make exclamations.

Quel beau temps !	*What beautiful weather!*
Quelle belle robe !	*What a beautiful dress!*

The question **Pourquoi ?** is usually answered with **Parce que...**

Pourquoi étudies-tu l'anglais ?	*Why do you study English?*
— Parce que j'aime Shakespeare.	*— Because I like Shakespeare.*

Exercice 9.

The following exchanges might be heard in a café as people chat. Based on the information provided in the answers, complete the questions with the appropriate question word(s).

1. ___________ sont tes parents ?
—Mes parents sont attentifs mais relaxes aussi.
2. ___________ habite ta sœur ?
— Elle habite à Atlanta.
3. ___________ est-ce ?
— C'est ma tante.
4. ___________ prends-tu un café ?
— Parce que j'ai un examen dans une heure.
5. ___________ tu étudies ?
— J'étudie la biologie.
6. ___________ s'appelle ton copain ?
— Il s'appelle Marc.
7. ___________ es-tu ?
— Je suis de Minneapolis.
8. ___________ chiens as-tu ?
— J'ai deux chiens.
9. ___________ cours as-tu aujourd'hui ?
— J'ai un cours d'histoire et un cours de maths.
10. ___________ ? Il est marié ?
— Oui, il est marié.
11. ___________ prends-tu, une eau minérale ou une bière ?
— Je prends une eau minérale.
12. Tu vends ___________ ?
— Je vends mon ordinateur.

Exercice 10.

Two friends, Kathy and Isabelle, meet at the café. Complete their conversation by filling in the appropriate question words.

GARÇON (1) ___________ vous prenez ?

ISABELLE Je voudrais un rouge, s'il vous plaît.

KATHY Et pour moi, un crème. Tiens, voilà ta sœur et son petit ami. (2) ___________ est-ce qu'ils vont?

ISABELLE Au cinéma. Ils vont voir le nouveau film de Béart. C'est mon actrice préférée. (3) ___________ actrice est-ce que tu préfères ?

KATHY J'aime Juliette Binoche, moi.

ISABELLE Ah, oui ? (4) ___________ ?

KATHY Mmm, parce qu'elle est belle et puis, elle a du talent. J'aime beaucoup le film *L'insoutenable légèreté de l'être.*

GARÇON Voilà, mesdemoiselles. Un rouge et un crème.

ISABELLE Merci... Kathy, il est déjà neuf heures. (5) ___________ est-ce que tu dois partir ?

KATHY Je dois rentrer chez moi vers dix heures. (6) ___________ fais-tu ce week-end ?

ISABELLE Ce week-end ? Je dois travailler.

Vocabulaire

Vocabulaire fondamental

Noms

Les boissons (*f*) *drinks*

une bière *beer*
un café (au lait) *coffee (with milk)*
un chocolat chaud *hot chocolate*
un coca (light) *(diet) Coca-Cola*
un (café à la) crème *coffee with cream*
un demi *glass of draft beer*
une eau minérale *mineral water*
un express *espresso*
un jus d'orange *orange juice*
un (verre de vin) rouge *(glass of) red wine*
un thé au citron *hot tea with lemon*
un thé au lait *hot tea with milk*
un thé nature *hot tea (plain)*

Le café *café*

une addition *check*
une carte *menu*
un sandwich jambon beurre *ham sandwich with butter*

Mots apparentés : un croissant, un sandwich

Verbes

aller en boîte *to go to a club*
apprendre *to learn*
attendre *to wait for*
boire *to drink*
commander *to order (at a café, restaurant)*
comprendre *to understand*
descendre *to go downstairs, get off a bus, a plane, etc.*
désirer *to want*
devoir *must, to have to*
discuter (de) *to discuss*
dormir *to sleep*
entendre *to hear*
faire la connaissance (de) *to meet, make someone's acquaintance*
inviter *to invite*
laisser *to leave behind*
partir *to leave*
perdre *to lose*
pouvoir *can, to be able to*
prendre *to take*
quitter *to leave*
rendre *to return (something)*
rendre visite à *to visit (a person)*
sortir *to leave, go out*
vendre *to sell*
vouloir *to want*

Le temps *weather*

Il fait 30° (trente degrés). *It's 30 degrees.*
Il fait beau. *It's nice weather.*
Il fait chaud. *It's hot.*
Il fait du vent. *It's windy.*
Il fait froid. *It's cold.*
Il fait mauvais. *It's bad weather.*
Il fait du soleil. *It's sunny.*
Il neige. *It's snowing.*
Il pleut. *It's raining.*
Il y a des nuages. *It's cloudy.*

Adjectifs

chaud(e) *hot*
désolé(e) *sorry*
froid(e) *cold*
impossible *impossible*
libre *free, available*

Mots interrogatifs

combien (de) *how much/how many?*
comment *how? (what?, huh?)*
(d')où *(from) where?*
pourquoi *why?*
quand *when?*
que *what?*
quel(le) *which/what?*
quoi *what?*

Mots divers

allô *hello (on phone)*
après *after*
avant *before*
avec *with*
une boîte (de nuit) *nightclub*
d'accord *OK*
d'habitude *usually*
un emploi du temps *schedule*
ensemble *together*
la neige *snow*
parce que *because*
peut-être *maybe*
une place *seat*
pour *for*
quelque chose (à boire) *something (to drink)*
quelqu'un *someone*
le soleil *sun*
le vent *wind*

Mots apparentés : un concert, une idée, un message, un moment

Expressions utiles

Comment inviter *How to make plans*

(See pp. 124–125 for additional expressions.)

Tu veux sortir ce soir ? *Do you want to go out tonight?*
Tu aimerais faire quelque chose ? *Would you like to do something?*
Qu'est-ce que tu vas faire ce week-end ? *What are you going to do this weekend?*
Je veux bien. *Sure. I'd like to.*
Désolé(e). Je suis occupé(e). *Sorry. I'm busy.*
Malheureusement, je ne peux pas. *Unfortunately, I can't.*

Comment faire connaissance *How to get acquainted*

(See p. 136 for additional expressions.)

D'où êtes-vous ? *Where are you from?*
Je vous connais ? *Do I know you?*
Pardon, est-ce que cette place est libre ? *Excuse me, is this seat free?*
Quel beau temps, n'est-ce pas ? *What nice weather, isn't it?*
Vous attendez quelqu'un ? *Are you waiting for someone?*

Vocabulaire

Vocabulaire supplémentaire

Noms

Les boissons *drinks*

le champagne *champagne*
un citron pressé *lemonade*
une infusion *herbal tea*
un jus de pomme *apple juice*
une limonade *lemon-lime soda*
un Orangina *orange soda (brand name)*

Le temps

Il fait doux. *It's mild.*
Il y a des averses. *There are showers.*
Il y a des orages. *There are storms.*
Il y a du brouillard. *There is fog. It's foggy.*

Verbes

commencer *to begin*
continuer *to continue*
diminuer *to diminish*
récupérer *to pick up something*

Adjectifs

alcoolisé(e) *contains alcohol*
sucré(e) *sweetened*

Mots divers

une cabine téléphonique *phone booth*
un cimetière *cemetery*
un Minitel *computerlike device linked to phone lines in France*
une télécarte *phone card*
une terrasse *outdoor sitting area of a café*

Module 6
On mange bien

Thèmes et pratiques de conversation

Manger pour vivre
Les courses
À table
Les plats des pays francophones
Comment se débrouiller au restaurant

Culture

Les Français à table
Où faire les courses ?

Lecture

Gérard Apfeldorfer : « Les histoires qu'on vous dit sur ce que vous mangez », de *l'Événement du jeudi*

Structures

6.1 Les verbes avec changements orthographiques
6.2 Le partitif
6.3 Les expressions de quantité
6.4 L'impératif
6.5 Le pronom **en**

Thèmes et pratiques de conversation

Manger pour vivre

Structures 6.1 Les verbes avec changements orthographiques 6.2 Le partitif

To express your eating habits and preferences in French, you will need to use some **-er** verbs such as **manger** and **acheter** that have slight spelling changes in their conjugations. You will also need to use the partitive article to discuss what you eat and drink. Verbs that require spelling changes are presented on page 179. See page 181 for an explanation of partitive articles.

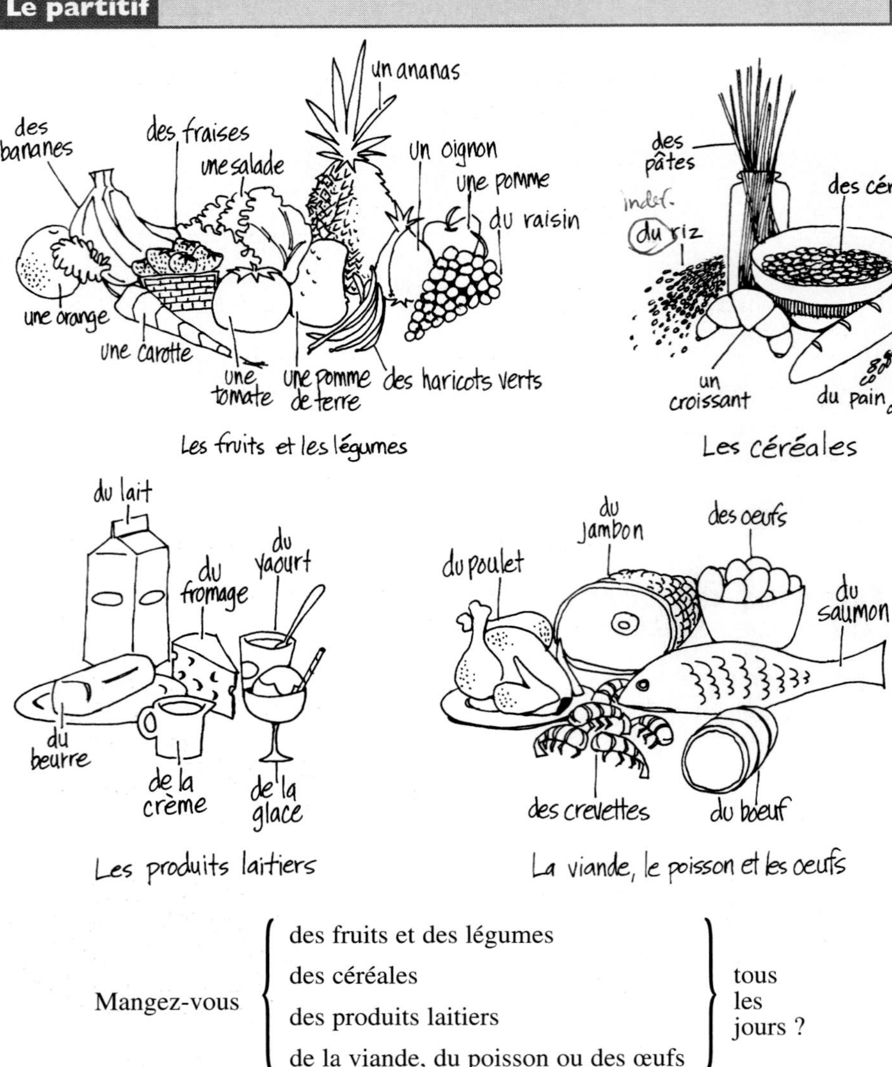

Mangez-vous { des fruits et des légumes / des céréales / des produits laitiers / de la viande, du poisson ou des œufs } tous les jours ?

Activité 1 : Goûts personnels.

Classez la nourriture de chaque catégorie selon vos goûts.

Modèle : J'aime beaucoup les pommes. J'aime assez les fraises. Je n'aime pas du tout les bananes.

J'aime (je n'aime)...	beaucoup	assez	pas du tout
les fruits et les légumes			
les céréales			
les produits laitiers			
la viande			

Modèle : Je mange souvent des haricots. Je mange rarement des tomates. Je ne mange pas de petits pois.

Je (ne) mange...	(très) souvent	rarement	pas
des fruits et des légumes			
des céréales			
des produits laitiers			
de la viande			

Activité 2 : Liste d'achats.

Qu'est-ce qu'on achète pour préparer les plats suivants ?

Modèle : Pour préparer un sandwich, on achète du pain, du fromage, de la laitue et de la moutarde.

Moutarde

un sandwich

1. une salade verte

2. une soupe

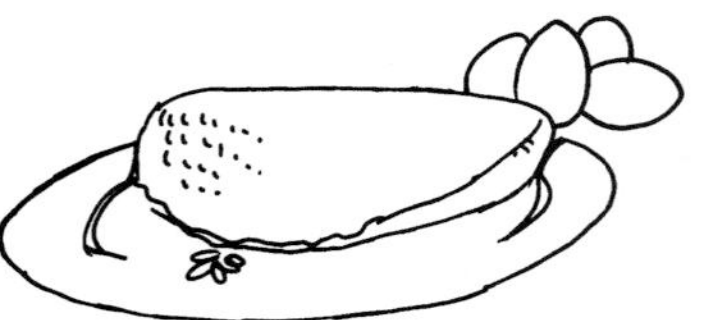

3. 

4. une salade de fruits

5. une tarte aux fraises

Les Français à table

Les repas jouent un rôle central dans la vie des Français. Quelles sont les habitudes quotidiennes° des Français d'aujourd'hui en ce qui concerne les repas? Pendant la semaine, les repas sont assez simples. Le matin, vers 7 h 00 ou 7 h 30, on prend le **petit déjeuner,** un repas léger° composé de pain, de confiture et de café au lait. Les céréales sont de plus en plus populaires avec les enfants. Entre midi et deux heures, c'est l'heure du **déjeuner.** Traditionnellement, on rentre à la maison pour un repas copieux : entrée, plat principal garni de légumes, salade, fromage, dessert et café. Cette tradition se simplifie avec les besoins° du travail; on passe un peu moins de temps à table et on mange moins : un plat principal (bifteck ou poulet frites) avec un petit dessert et un café. On le prend à la maison, au restaurant ou à la cafétéria du lieu de travail. Les enfants déjeunent souvent à la cantine de l'école. Le repas du soir, **le dîner,** est souvent assez léger (une soupe, une omelette ou de la charcuterie, du fromage et un dessert). On respecte les heures de repas; on grignote° très peu.

On constate une différence entre les repas quotidiens et les **repas de fêtes.** Au moment des repas de fêtes ou du week-end, les traditions reviennent. Ce n'est pas rare de passer la plus grande partie de la journée à préparer et à manger un repas. On peut passer une heure avec un apéritif avant même de commencer les hors-d'œuvres. Et bien sûr, il faut arroser les plats variés avec du vin. On finit le repas avec un dessert et un petit café. On profite de ce moment agréable de détente pour discuter de la bonne cuisine, du bon vin, de la politique et des nouvelles° de la famille.

daily · *light* · *needs* · *snack* · *news*

Avez-vous compris ?

Répondez vrai ou faux; corrigez les réponses fausses.

1. Les Français prennent le déjeuner vers 7 h 00 ou 7 h 30.
2. Le petit déjeuner est un repas copieux.
3. Un sandwich, une salade et un fruit est un déjeuner typiquement français.
4. La salade est servie avant le plat principal pendant le déjeuner.
5. Le fromage est considéré comme un hors-d'œuvre en France.
6. Contrairement aux repas de la semaine, les repas du week-end sont élaborés.

Activité 3 : Interaction.

Posez les questions suivantes à un(e) camarade de classe.

1. Où est-ce que tu déjeunes d'habitude ? Qu'est-ce que tu manges au déjeuner ? Que prends-tu comme boisson ?
2. Qu'est-ce que tu préfères boire quand il fait chaud ? Quand il fait froid ?
3. Quel jus de fruit préfères-tu, le jus d'orange, le jus de pamplemousse, le jus de pomme, le jus d'ananas, etc. ?
4. Est-ce que tu aimes grignoter *(to snack)* ? Qu'est-ce que tu manges quand tu as faim entre les repas ?
5. Où est-ce que tu dînes d'habitude ? À quelle heure ?
6. Décris ton repas favori.

Les courses

Structure 6.3
Les expressions de quantité

Food is bought, sold, and prepared in measured amounts: a pound, a carton, a teaspoonful, and so on. In this **thème,** you will learn these quantity expressions. For further explanation, see page 183.

Activité 4 : Les petits commerçants.

Vous voulez faire les courses dans les petits commerces. Où est-ce qu'on va pour acheter les produits suivants ?

Modèle : Pour acheter du fromage, on va à l'épicerie.

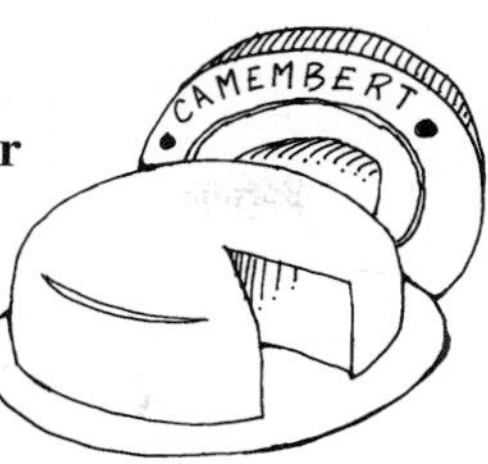

du fromage

1. une baguette

2. du pâté de campagne

3. de la confiture

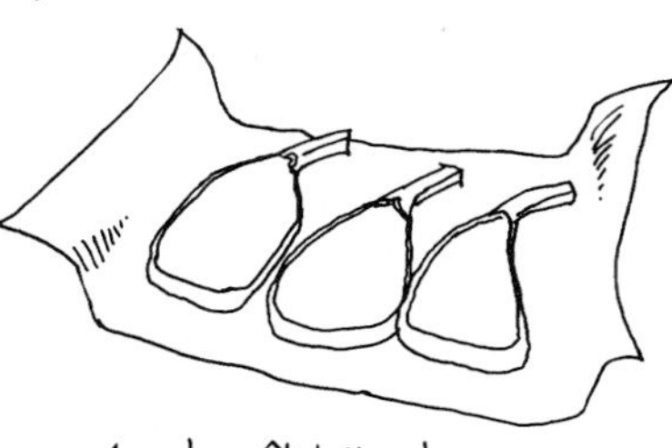
4. des côtelettes de porc

5. des moules

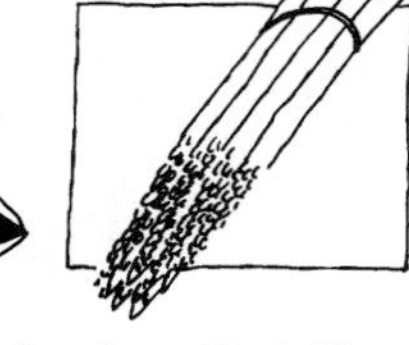
6. des asperges

7. des tartelettes au citron

8. de la glace

Activité 5 : Au supermarché.

Qu'est-ce que vous allez mettre dans votre chariot *(shopping cart)* ?

1. une tranche d(e)
2. un kilo d(e)
3. 250 grammes d(e)
4. une bouteille d(e)
5. une douzaine d(e)
6. une boîte d(e)
7. un pot d(e)
8. un litre d(e)
eau minérale
café
pommes
œufs
moutarde
vin
petits pois
pâté

Où faire les courses ?

Faire les courses tous les jours chez les commerçants de quartier fait partie du rythme de la vie française. On va acheter du pain à la boulangerie, des légumes frais à l'épicerie, de la viande chez le boucher. Ces petits commerces offrent plusieurs avantages : des produits frais locaux, un service personnalisé et aussi l'occasion de parler avec les voisins.

Les consommateurs français ont aussi d'autres possibilités. Il y a le marché en plein air, un véritable spectacle qui a lieu une ou deux fois par semaine sur une place° ou dans une rue spécifique. Là, les agriculteurs de la région vendent leurs produits : miel,° confiture maison,° fromage, charcuterie, fruits et légumes, fleurs, olives, viande et poissons frais, etc. Ces marchés, très pittoresques, offrent l'occasion d'admirer et de profiter de l'abondance et de la qualité des produits français.

town square
honey; homemade

Un phénomène assez récent mais de plus en plus populaire est le supermarché. À cause de la quantité de produits vendus en grandes surfaces, les prix sont généralement meilleurs° que dans les petits commerces. La variété de produits permet aux clients de gagner du temps;° il n'est pas nécessaire d'aller d'un petit magasin à un autre pour trouver ce qu'on cherche.

better
save time

Avez-vous compris ?

Quelle(s) option(s) pour faire les courses associez-vous aux mots suivants ? Choisissez entre *la boulangerie, la boucherie, l'épicerie, le marché* et *le supermarché.*

1. On trouve des produits régionaux.
2. On peut faire les courses tous les jours.
3. On fait les courses à l'extérieur.

4. On trouve du pain frais trois à quatre fois par jour.
5. Le service est impersonnel.
6. Il est très joli.
7. La viande est coupée sur commande.
8. Les prix sont bons.

Activité 6 : Faisons les courses.

Vous êtes au supermarché et vous entendez la conversation suivante. Maintenant c'est votre tour ! Avec un(e) camarade de classe, jouez la scène entre l'épicier et le client pour acheter les produits suivants.

1. spaghettis, un paquet (7 F)
2. confiture de fraises, un pot (4 F)
3. Orangina, une bouteille de 2 litres (10 F 45)
4. Camembert, 250 g (8 F 50)
5. beurre, 250 g (28 F/kilo)
6. pommes rouges, 0,5 kg (36 F/kilo)

Activité 7 : Achats.

Combien des produits suivants achetez-vous d'habitude ? Répondez avec une quantité : un litre, un kilo, une livre *(pound)*, trop, beaucoup, peu, etc.

Modèle : de la viande

J'achète peu de viande.

1. des légumes frais
2. des légumes surgelés *(frozen)*
3. de l'eau minérale
4. du Coca-Cola
5. du bœuf
6. des bonbons au chocolat

À table

Les Français sont parmi les plus grands consommateurs de vin du monde. Cependant, ces dernières années, la consommation de vin diminue. On boit de plus en plus du jus de fruit, des boissons gazeuses, et naturellement, de l'eau minérale dont les Français sont parmi les premiers consommateurs du monde.

Francoscopie 1995

Structure 6.4 L'impératif

When giving directions or orders or making suggestions, you will use the imperative verb form. The formation of the imperative **(l'impératif)** is explained on page 184.

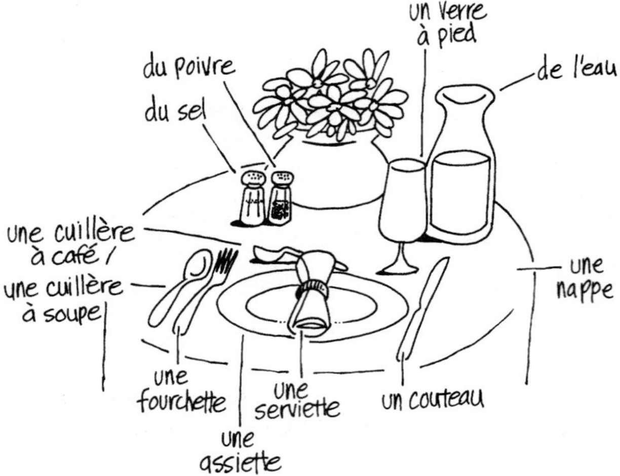

Il faut mettre la table.

Apportez les assiettes et les verres à table.

N'oubliez pas les serviettes.

Activité 8 : La table à la française.

Denis explique comment mettre la table mais il fait des erreurs. Corrigez ses instructions.

1. D'abord, couvrez la table avec la serviette.
2. Ensuite, placez une assiette par personne sur la table.
3. Placez les fourchettes au dessus de l'assiette.
4. Mettez le couteau à côté de la petite cuillère.
5. Mettez la cuillère à soupe à droite de l'assiette.
6. N'oubliez pas les verres; ils vont à gauche, au-dessus de la fourchette.
7. Et la serviette va à gauche des fourchettes.
8. Finalement mettez de l'eau dans l'assiette.

Activité 9 : Les bonnes manières.

Lesquelles de ces bonnes manières sont françaises, lesquelles sont américaines et lesquelles sont partagées par les deux cultures ? Classez-les.

	Français	**Américain**
1. Quand on vous invite à la maison, apportez un petit cadeau (fleurs, bonbons, etc.) pour l'hôtesse.		
2. Ne posez pas les coudes *(elbows)* sur la table.		
3. Tenez la fourchette dans la main gauche.		
4. Ne demandez pas de ketchup.		
5. Ne parlez pas la bouche pleine *(full).*		
6. Ne buvez pas de coca avec le repas.		
7. Posez les mains sur la table, pas sur les genoux *(lap).*		
8. Ne commencez pas à manger avant l'hôtesse.		

Activité 10 : Un nouveau régime.

Votre petit(e) ami(e) veut commencer un nouveau régime. Expliquez-lui ce qu'il faut faire. Utilisez l'impératif.

1. Il faut faire les courses dans un magasin diététique. Fais les course - - -
2. Il faut marcher pendant une demi-heure avant de manger. marche
3. Il faut boire huit verres d'eau par jour.

4. Il ne faut pas manger de pizza.
5. Il ne faut pas prendre de bière.
6. Il faut manger beaucoup de légumes frais.
7. Il ne faut pas oublier de prendre des vitamines.
8. Il faut...

Les plats des pays francophones

Structure 6.5 Le pronom *en*

To avoid repeating quantity and partitive expressions, you can use the pronoun **en,** roughly the equivalent of *some* or *any.* For an explanation of this pronoun, see page 186.

Ici, en Algérie, le couscous est un plat typique. Il est préparé avec de la viande (normalement de l'agneau), mélangée avec des carottes et des pois chiches° dans une sauce piquante, et servi sur le couscous, petits grains de semoule.° On le sert dans un grand plat au centre de la table et tout le monde **en** mange. Pas besoin d'assiettes individuelles : on mange dans le même plat !

° *chick peas*
° *semolina*

La Suisse est célèbre pour ses fromages. Un plat traditionnel est la fondue, une combinaison de fromage et de vin blanc. Dans le caquelon,° on fait fondre 1 kg d'Emmental ou de Gruyère coupé en morceaux avec 2 à 3 verres de vin blanc sec et un peu de Kirsch.° Il faut bien mélanger. Pour servir la fondue, on allume

° *fondue pot*
° *cherry liqueur*

Un couscous algérien

Une fondue suisse

le réchaud à fondue à table et on y place le caquelon. Pour **en** manger, on pique un morceau de pain au bout de sa fourchette à fondue et on le trempe° dans la fondue en le tournant pour bien l'enrober° de fromage.

dip
coat

Bienvenue à la Martinique. Un plat antillais typique est le blaff de poisson. Pour commencer, marinez 1 kg de poisson pendant une heure et demie dans du vin blanc avec du sel et du piment.° Puis, dans une casserole, mélangez du jus de citron, de l'huile, un litre d'eau, des épices, et de l'ail écrasé.° Faites bouillir à feu doux.° Ajoutez le poisson et un peu de marinade et faites cuire le tout pendant 10 minutes. Normalement on sert le blaff avec du riz créole ou des ignames.° Qu'**en** pensez-vous ?

chile peppers
crushed
low heat
yams

Activité 11 : Voulez-vous goûter ?

Vous êtes à un festival francophone. Quels plats voulez-vous goûter ?

Modèle : de la fondue suisse

J'en veux, merci./Je n'en veux pas, merci.

1. de la fondue suisse
2. du blaff de poisson antillais
3. du couscous algérien
4. de la choucroute *(sauerkraut)* alsacienne
5. du jambalaya cajun
6. de la quiche lorraine
7. de la salade niçoise
8. de la tarte canadienne au sirop d'érable *(maple syrup)*

Activité 12 : Faut-il... ?

Choisissez un plat d'un pays francophone. Votre camarade va deviner quel plat vous allez préparer en vous demandant s'il faut certains ingrédients. Répondez selon la recette que vous choisissez. Après avoir deviné les plats, faites la même chose avec un plat américain typique.

Modèle : Est-ce qu'il faut du fromage ?

— Oui, il en faut.

C'est la fondue ?

— Oui, c'est la fondue./Non, ce n'est pas la fondue.

Activité 13 : Combien ?

Quelles sont vos habitudes alimentaires ? Posez des questions à un(e) camarade de classe en utilisant les éléments suivants. Faites une liste des habitudes que vous avez en commun.

Modèle : verres de lait par jour

Combien de verres de lait est-ce que tu bois par jour ?

— J'en bois deux. (Je n'en bois pas.)

1. tasses de café le matin
2. pizzas/hamburgers/tacos par semaine
3. verres d'eau par jour
4. boules de glace quand tu vas à la glacerie
5. tranches de pain par jour
6. heures à table par jour

Activité 14 : Leçon de cuisine.

Voici la liste d'ingrédients pour préparer une salade niçoise. Complétez les instructions avec le verbe qui convient.

Ingrédients :

• 300 g de haricots verts • 1 concombre • 4 tomates • 1 poivron jaune • ½ poivron vert • ½ poivron rouge • 2 salades • 10 filets d'anchois • 1 cuil. à café de moutarde • 1 cuil. à soupe de vinaigre • le jus d'un ½ citron • 5 cuil. à soupe d'huile d'olive • sel, poivre

Verbes :

ajouter couper laver mélanger mettre plonger poivrer préparer

1. ______________ le concombre en rondelles, les tomates en quartiers et les poivrons en morceaux.
2. ______________ les haricots verts dans de l'eau bouillante salée pendant 5 à 6 minutes et puis ______________ -les dans de l'eau froide.

3. Dans un saladier ______________ une vinaigrette en mélangeant la moutarde, le vinaigre, le jus de citron et l'huile.

4. ______________ les salades et séchez-les.

5. ______________ dans un grand récipient : laitues, haricots verts, concombre, poivrons, anchois. Au moment de servir, ______________ la vinaigrette. Salez et ______________ selon le goût.

Comment se débrouiller au restaurant

- 48% des Français disent avoir fait l'expérience de manger un hamburger dans un fast-food. Chez les jeunes entre 15 et 24 ans, le pourcentage est plus élevé : 77%.
- Ne demandez pas de « doggie bag » dans un restaurant français. Il n'existe pas !

Francoscopie 1993

RESTAURANT
AUBERGE DU TRÉSOR
- Cuisine française et fruits de mer
- Service de valet
- Section non fumeurs
un trésor de restaurant!
20, rue Ste-Anne, Québec G1R 3X2 (Face au Château Frontenac)
Réservation: (418) 694-1876

Quelques expressions utiles au restaurant

Pour réserver ou demander une table

(au téléphone) Je voudrais réserver une table pour six à 20 h 00 ce soir.

(au restaurant) Une table pour six, s'il vous plaît.

Pour appeler le serveur ou la serveuse

S'il vous plaît...

La carte,° s'il vous plaît. — *menu*

Pour prendre la commande

Que désirez (voulez)-vous...

comme hors-d'œuvre ?° — *appetizer*

comme entrée ?° — *small first course*

comme plat principal ?° — *main course*

comme dessert ?°

comme boisson ?° — *drink*

Pour commander

Qu'est-ce que vous nous conseillez ?	*What do you recommend for us?*
Pour commencer, je vais prendre...	
Ensuite, je voudrais...	
C'est tout.	*That's all.*

Pour parler de votre appétit

J'ai (très) faim.	*I'm (very) hungry.*
J'ai soif.	*I'm thirsty.*
Je n'ai plus faim.	*I'm no longer hungry.*

Pour parler de la cuisine

C'est...	
chaud/froid.	
délicieux/horrible.	
dégoûtant.°	*disgusting*
frais.°	*fresh*
parfait.	
piquant/salé/sucré.°	*spicy/salty/sweet*
tendre/dur.°	*tough*
Ça a un goût° bizarre.	*taste*

Pour régler l'addition

L'addition,° s'il vous plaît.	*the check*
Je crois qu'il y a une erreur.	*I think there is a mistake.*
Le service est compris ?	*Is the tip included?*
Vous acceptez les cartes de crédit ?	
On laisse un petit pourboire ?°	*tip*

Activité 15 : Rendez-vous au restaurant. **Marie-Claire et son copain Charles ont rendez-vous au restaurant. Recréez la conversation suggérée par les scènes suivantes.**

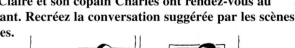

Activité 16 : Aux Anciens Canadiens.

Un repas français traditionnel se compose des plats suivants :

un hors-d'œuvre (un plat froid) ou une soupe
une entrée (un plat chaud)
le plat principal garni (avec légumes)
la salade
le fromage
le dessert
le café

Regardez le menu de ce restaurant canadien et identifiez les plats offerts. Quels plats ne sont pas offerts sur ce menu ? Quels plats vous semblent typiquement canadiens ?

Activité 17 : Commandons.

Les gens suivants sont au restaurant Aux Anciens Canadiens. Sélectionnez un repas (p. 173) pour chaque personne.

1. une jeune femme qui est végétarienne
2. un homme qui a très faim
3. une touriste qui aime goûter les spécialités régionales
4. un enfant qui aime les plats sucrés
5. un homme qui ne veut pas grossir
6. vous-même

ENTRÉES

La marmite de fèves au lard .... *Crock of pork and beans*	3.25
Les cretons maison .... *Old fashioned home made pork pâté*	3.25
Entrée de tourtière du Québec .... *Quebec meat pie entrée*	3.25
L'esturgeon fumé .... *Smoked sturgeon*	4.50
La mousse de foie de canard, confit d'oignons ..... *Duck liver mousse and onion conserve*	4.50
Le flanc aux champignons, coulis au persil .... *Mushroom flan, parsley sauce*	4.75
Les trois terrines, oie, canard, légumes .... *Terrine trio, goose, duckling, vegetables*	4.75
Les nids d'escargots à l'ail .... *Nest of snails with garlic*	6.25

SALADES

Salade panachée à la crème fraîche .... *Tossed salad with fresh cream*	3.25
Salade d'épinard au vinaigre de vin .... *Spinash salad with wine vinegar dressing*	3.75
Salade de cresson .... *Watercress salad*	3.75
Poireaux vinaigrette mimosa .... *Leeks mimosa vinaigrette dressing*	4.25

POTAGES

Jus de tomate .... *Tomato juice*	1.50
Potage du jour en soupière .... *Tureen of soup of the day*	2.25
Soupe aux pois grand'mère .... *Pea soup grand-mère*	2 25
Soupe à l'oignon gratinée .... *Onion soup au gratin*	3.25

TABLE D'HÔTE

LA TABLE D'HÔTE INCLUT LA SOUPE DU JOUR, LE DESSERT DU JOUR ET LE CAFÉ.
TABLE D'HÔTE INCLUDES SOUP OF THE DAY, DESSERT OF THE DAY AND COFFEE.

		TABLE D'HÔTE	À LA CARTE
POISSONS ET FRUITS DE MER	**Le filet de sole aux deux piments, sauce à la crème** .... *Sole fillet in creamy green and red peppers sauce*	14.00	11.00
	Feuilleté de saumon, sauce matanaise ...... *Salmon in puff pastry, shrimp sauce*	18.00	15.00
	Fricassée de pétoncles au cidre .... *Scallop fricassée with cider*	19.00	16.00
VOLAILLES	**Les foies d'oie sautés à l'échalotte et à la crème** .... *Sauted goose liver with green onions, cream sauce*	12.50	9.50
	Escalope de dinde aux noisettes .... *Turkey scallop with hazel nuts sauce*	14.50	11.50
	Poulet des artisans en croûte .... *Chicken artisans covered with a puff paste*	16.00	13.00
	Poitrine d'oie braisée aux pommes des prés . *Braised goose breast with meadow apples sauce*	21.00	18.00
	Canard au sirop d'érable .... *Duckling with maple syrup*	22.00	19.00
	Suprême de faisan en croûte à la crème de pleurottes .... *Pheasant Supreme covered with a puff paste, pleurottes sauce (mushrooms)*	24.00	21.00
AGNEAU DU QUÉBEC	**Agneau au vin de bleuet** .... *Lamb with blueberry wine*	19.00	16.00
	Charlotte d'agneau aux courgettes, coulis au poivron rouge .... *Lamb charlotte with zucchinis, red pepper "coulis"*	19.00	16.00
BOEUF	**Tournedos à l'oseille et au caribou** .... *Tournedos with dorrel and caribou*	20.00	17.00
	Émincé de filet de boeuf au calvabec .... *Beef tenderloin slices in calvabec*	21.00	18.00
SPÉCIALITÉS	**Ragoût de pattes de cochon et de boulettes** . *Ragoût of pigs knuckles and meatballs*	16.50	13.50
	Assiette des habitants, ragoût et tourtière ... *Country platter: meat pie and ragoût*	17.00	14.00
DIVERS	**Flan aux champignons, coulis au persil** ..... *Mushroom flan, parsley sauce*	13.00	10.00
	Roulade de veau aux épinards .... *Veal scallops stuffed with spinach*	15.00	12.00

DESSERTS

Yogourt nature avec sirop d'érable .... *Plain yogourt with maple syrup*	2.00
Sorbet maison aux fruits frais .... *Home made fresh fruits sherbet*	2.00
Le dessert du jour .... *Dessert of the day*	2.00
Tarte aux pommes à la crème .... *Creamy apple pie*	2.75
La crème renversée avec sirop d'érable .... *Baked custard with maple syrup*	2.75
Gâteau aux épices à l'ancienne .... *Old style spicy cake*	2.75
La tarte au fudge à la mode .... *Chocolate fudge pie*	3.00
Gâteau au fromage, coulis aux framboises .... *Cheese cake, raspberry sauce*	3.00
Coupe glacée au caramel ou au chocolat .... *Ice cream cup with caramel or chocolate*	3.00
La tarte au sirop d'érable .... *Maple syrup pie*	3.00
La tarte du manoir aux dattes et aux noix .... *Country-home pie with dates and nuts*	3.25
La tartine au sucre du pays .... *Maple sugar tartine*	3.75
Le parfait à la liqueur de votre choix .... *Parfait with any liquor of your choice*	3.75
Thé, café, lait, tisane .... *Tea, coffee, milk, herb tea*	1.00
Liqueurs douces .... *Soft drinks*	1.50
Café expresso régulier ou allongé .... *Expresso coffee, regular or mild*	1.00
Capuccino .... *Capuccino coffee*	1.50

LE MIDI

de 11h30 à 17h, spéciaux du jour et menu à la carte
from 11:30 to 17 hrs. Daily's special and a la carte menu

Lecture

Anticipation

1. Quand vous êtes au régime, qu'est-ce que vous mangez et qu'est-ce que vous ne mangez pas ? Pourquoi ?
2. Quelles modes alimentaires *(diet fads)* connaissez-vous ? Le régime-...

- ☐ pamplemousse
- ☐ chocolat
- ☐ pommes de terre
- ☐ jus de fruits et de légumes
- ☐ hydrates de carbone
- ☐ protéines
- ☐ pâtes
- ☐ Weight Watchers
- ☐ liquide
- ☐ banane
- ☐ ananas
- ☐ macrobiotique

3. Gérard Apfeldorfer est psychiatre et spécialiste des troubles alimentaires. Avec vingt spécialistes, anthropologues, historiens, nutritionnistes, physiologistes, œnologues *(wine experts)* et diététiciens, il a publié en 1994 une véritable bible de l'alimentation : *Traité de l'alimentation et du corps.* Regardez la lecture et cochez la bonne réponse. Ce texte est...

- ☐ un extrait de son livre
- ☐ une critique de son livre
- ☐ une entrevue avec l'auteur
- ☐ un sondage sur la nutrition

Activité de lecture

Que représentent les lignes en caractères gras ? Et les autres lignes ?

Gérard Apfeldorfer : « Les histoires qu'on vous dit sur ce que vous mangez »

Extrait de L'Événement du jeudi, 24 – 30 mars 1994

L'ÉVÉNEMENT DU JEUDI : S'il y avait un seul message dans votre très complète encyclopédie de l'alimentation, ce serait quoi ?

Dr Gérard APFELDORFER : Il faut manger de tout un peu et ne pas trop se laisser emporter° par les modes. C'est ça le message du livre. Ne vous cassez pas trop la tête,° mangez plutôt des choses que vous aimez. Si vous avez une alimentation variée, tout devrait bien se passer.

get carried away/don't worry

Pendant longtemps, on a interdit des produits, maintenant on en conseille...

Ce qui est à la mode aujourd'hui, c'est la forme, l'épanouissement physique.° On est passé de l'idée qu'il fallait éviter° des substances à l'idée qu'il faut en prendre. Des vitamines, des sels minéraux... Les fibres, par exemple,

physical peak
avoid

protégeraient du cancer du colon. Mais, pour en être sûr, il faut suivre° des gens pendant vingt ans. L'étude est encore en cours... *follow*

On ne cesse donc de faire des variations...

Les régimes jouent avec trois catégories de nutriments : les graisses, les sucres et les protéines. Si vous en éliminez une, vous êtes obligé d'augmenter les deux autres. Quand on déconseille les graisses et les sucres, vous vous retrouvez forcément avec un régime basé de protéines. Le meilleur régime, c'est quand même manger de tout, mais pas trop.

Mais on maigrit ?

Oui, l'amaigrissement, c'est à 90% une affaire de calories. Si vous baissez votre niveau calorique, quoi que vous mangiez, vous allez maigrir. Donc si vous mangez de tout, mais un peu, vous allez maigrir. Il n'y a pas de doute.

Est-ce à dire qu'il n'y a pas de régimes alimentaires meilleurs que d'autres ?

Bien sûr, certaines façons de manger sont meilleures. Il y a moins de maladies cardio-vasculaires en France qu'ailleurs.° La question, c'est de savoir pourquoi. La tendance, en ce moment, c'est d'attribuer cette situation au vin. D'autres, qui sont opposés au beurre, disent que c'est grâce à° l'huile. En fait, on ne sait pas. C'est pourquoi les nutritionnistes anglo-saxons parlent de la fameuse « exception française. » La vérité, c'est qu'aujourd'hui les scientifiques sont incapables de donner des directives alimentaires précises. *elsewhere* *due to*

En plus, ça dépend des individus ?

Bien sûr. Pour le cholestérol, il est clair qu'il y a un facteur génétique très important. Certains peuvent manger du cholestérol sans risque de maladie cardio-vasculaire. D'autres ne doivent pas en manger.

On en revient toujours au même problème insoluble : que manger ?

Au niveau scientifique, il n'y a pas de vérité. On n'a que° des vérités provisoires° qui peuvent être contestées par d'autres découvertes. *One has only* *temporary*

Compréhension et intégration

Complétez les phrases suivantes.

1. Le message fondamental du livre est qu'on doit

   a. manger beaucoup de fibre
   b. manger peu de calories
   c. avoir un régime varié
   d. prendre beaucoup de vitamines

2. Si on veut maigrir, il faut

   a. éliminer le sucre
   b. réduire le nombre de calories
   c. manger des protéines
   d. éliminer les graisses

3. Les conseils alimentaires changent parce qu(e)
   - a. on aime la variété
   - b. les scientifiques sont mauvais
   - c. on fait de nouvelles découvertes
   - d. les nutritionnistes compliquent la situation
4. On appelle « l'exception française » le fait qu'en France il y a
   - a. moins de maladies cardio-vasculaires
   - b. moins de cancers du colon
   - c. moins de directives alimentaires précises
   - d. moins de graisses dans le régime
5. Une explication possible pour cette différence est
   - a. la génétique
   - b. la consommation de beurre
   - c. l'absence d'huile dans le régime
   - d. la consommation de vin
6. Le cholestérol est dangereux pour
   - a. certains individus
   - b. tout le monde
   - c. les Français
   - d. les Anglos-Saxons

Expansion de vocabulaire

Trouvez les équivalents.

1. Un autre mot de la même famille que **maigrir** est ______________.
2. Les trois éléments de base d'un régime sont ______________, ______________ et ______________.
3. Le contraire de **conseiller** est ______________.

Maintenant à vous

1. Mangez-vous des produits allégés comme le Coca light ou le fromage allégé ? Pourquoi ou pourquoi pas ?
2. L'épanouissement physique est-il à la mode aux États-Unis maintenant ? Faites une liste des facteurs qui corroborent votre opinion.
3. Interviewez un(e) autre étudiant(e) sur ses conseils alimentaires.

Un pas en avant

À jouer ou à discuter

1. Sondage.

Prepare a signature sheet numbered 1 to 10. Circulate around the room finding out who can respond affirmatively to the statements on page 177. The person who answers "yes" signs your sheet. (Only one question per person.)

Trouvez quelqu'un qui...

1. ______________ déteste le brocoli
2. ______________ ne mange pas de chocolat
3. ______________ a horreur du lait
4. ______________ aime la cuisine thaïlandaise
5. ______________ ne boit pas de café
6. ______________ mange une carotte par jour
7. ______________ aime les escargots
8. ______________ sait préparer des crêpes
9. ______________ n'a pas faim
10. ______________ ne mange pas de dinde à Noël

2. Test.

Savez-vous manger pour vivre ? Répondez aux questions suivantes.

1. On doit consommer au moins ______________ de fruits et légumes par jour.
   a. deux portions   b. trois portions   c. cinq portions   d. sept portions
2. Les légumes à feuilles vert foncé ______________ le risque de certains cancers.
   a. diminuent   b. augmentent   c. n'affectent pas   d. éliminent
3. Une alimentation équilibrée doit être ______________ en matières grasses et en calories mais ______________ en fibres.
   a. pauvre, pauvre   b. pauvre, riche   c. riche, pauvre   d. riche, riche
4. N'oubliez pas de boire ______________ chaque jour.
   a. un litre d'eau   b. un litre de lait   c. deux verres de vin   d. deux tasses de café
5. Un adulte a besoin de ______________ calories par jour.
   a. 1000 à 1500   b. 1500 à 2000   c. 2000 à 2500   d. 2500 à 3000

3. Scènes à jouer.

a. Au restaurant

(1) Before ordering, your dinner companion tries to tempt you with suggestions that are not on your diet.

(2) You can't make up your mind about what to order. Ask the waiter for a suggestion and then order.

(3) The waiter mixes up the orders. Once you have tasted your meal, comment on the food to your dinner companion.

(4) The bill arrives and you think there has been a mistake in the calculations. Clear up the matter. Also find out if the service was included or if you need to leave a tip.

b. A l'épicerie

With a partner, role-play a scene in the **épicerie** with the shopkeeper and a customer who is shopping for the ingredients necessary to make **salade niçoise** (p. 163).

À écrire

À la fortune du pot.

Your friends invite you to a potluck dinner. You want to make something relatively simple because you are busy with school and work. You will first plan what you are going to make, write out the recipe, and, finally, prepare it for the class.

Première étape.

Decide what you want to bring:

un hors-d'œuvre	une entrée	un plat principal	un légume
une salade	un fromage	un dessert	

Deuxième étape.

Make a list of the ingredients you will need for your dish.

Troisième étape.

At the dinner, everyone raves about your dish and asks you to write out the recipe. Use a recipe card like the one here. See Activité 14 on pages 168–169 for useful expressions.

Quatrième étape.

Give a cooking demonstration in which you teach the class how to make your recipe.

____

Pour ______ personnes Préparation : ______ minutes
Cuisson : ______ minutes
Ingrédients:

Préparation :

Structures

Structure 6.1 Les verbes avec changements orthographiques

Some **-er** verbes in French have regular endings but require slight spelling changes to reflect their pronunciation.

For verbs ending in **-érer** and **-éter,** the pronunciation of the last vowel of the stem changes slightly when the ending is silent, and the written **é (e accent aigu)** becomes an **è (e accent grave)** in these forms (see the shaded portion of the chart below). The verbs **préférer,** *to prefer*, introduced in Module 2, **espérer,** *to hope (for),* and **répéter,** *to repeat,* follow this pattern.

espérer *(to hope (for))*	
j'esp**è**re	nous espérons
tu esp**è**res	vous espérez
il, elle, on esp**è**re	ils, elles esp**è**rent

Ils espèrent trouver un bon restaurant.	*They hope to find a good restaurant.*
Nous préférons les légumes frais.	*We prefer fresh vegetables.*
Le serveur répète la commande.	*The waiter repeats the order.*

For the verb **acheter,** the **-e-** of the stem is pronounced when the ending is silent, and it is written with **è (e accent grave)**, as shown in the shaded portion of the chart.

acheter *(to buy)*	
j'ach**è**te	nous achetons
tu ach**è**tes	vous achetez
il, elle, on ach**è**te	ils, elles ach**è**tent

Tu achètes du fromage et du pain.	*You're buying cheese and bread.*
Nous achetons du vin.	*We're buying wine.*

Most verbs ending in **-eler** or **-eter** double the consonant before the silent endings. This is the case of the verb **appeler** *(to call),* **s'appeler** *(to be named)* that you saw in Module 1 and **jeter** *(to throw).*

appeler *(to call)*	
j'appelle	nous appelons
tu appelles	vous appelez
il, elle, on appelle	ils, elles appellent

J'appelle mes parents le dimanche. — *I call my parents on Sunday.*

Elles s'appellent Marianne et Laure. — *Their names are Marianne and Laure.*

Comment est-ce que vous vous appelez ? — *What is your name?*

Nous jetons la mauvaise poire dans la poubelle. — *We're throwing the rotten pear in the garbage can.*

In **-ger** verbs like **manger** *(to eat),* an **-e** is added before the ending **-ons** in order to maintain the soft -g- sound. Similiarly, in **-cer** verbs like **commencer** *(to begin),* **-c-** changes to **-ç-** before the ending **-ons** in order to maintain the soft -c- sound.

Mon frère mange de la viande mais mes sœurs et moi ne **mangeons** pas de bœuf. — *My brother eats meat but my sisters and I do not eat beef.*

Tu voyages souvent mais nous, nous **voyageons** très peu. — *You travel often but we travel very little.*

Le dîner commence à 20 h 00 et nous **commençons** maintenant à le préparer. — *Dinner begins at 8 and we are now beginning to prepare it.*

Exercice 1.

On fait une enquête *(poll)* sur les habitudes des consommateurs au supermarché. Complétez les questions et les réponses avec la forme convenable du verbe indiqué.

1. préférer

ENQUÊTEUR : Madame, que ____________-vous comme légume ?

CLIENTE : Moi, je ____________ la salade; mon mari ____________ les haricots verts et nos enfants ____________ les pommes de terre.

2. acheter

ENQUÊTEUR : Et ______________ -vous des aliments surgelés *(frozen)* ?

CLIENTE : Pas très souvent. Nos voisins ______________ souvent des produits surgelés mais nous, nous ______________ surtout des légumes frais. Eh, parfois quand je n'ai pas le temps de cuisiner, j(e) ______________ un paquet d'épinards surgelés ou un sac de pommes frites surgelées.

3. manger

ENQUÊTEUR : Que ______________-vous quand vous êtes pressés *(in a hurry)* ?

CLIENTE : Ouf, je ne sais pas. Nous ______________ un peu de tout. Les enfants aiment ______________ des tartines. Mon mari, lui, ______________ un sandwich au fromage. Et moi, euh, je ______________ des fruits.

4. commencer, espérer

ENQUÊTEUR : Et pour ______________ un dîner typique, que prenez-vous ?

CLIENTE : Bon, nous ______________ avec une soupe ou un peu de charcuterie.

ENQUÊTEUR : Eh ben, j(e) ______________ que vous allez trouver tout ce qu'il vous faut ici au Supermarché Champion. Merci, madame, de vos très aimables réponses.

CLIENTE : Je vous en prie.

Structure 6.2 Le partitif

You have already learned to use indefinite articles with people and things.

un sandwich	*a sandwich*
une étudiante	*a student*
des livres	*some books*

Some nouns cannot be counted. In French, the partitive article is used to refer to a part of such noncount nouns.

du riz	*some rice*
de la viande	*some meat*
de l'eau	*some water*

Although the English equivalent for the partitive, *some* or *any,* can be omitted, the French article is necessary. Here are the forms of the partitive article:

masculine singular noun	**du**	Prenez **du** vin.	*Have some wine.*
feminine singular noun	**de la**	Il y a **de la** soupe.	*There is some soup.*
singular noun beginning with a vowel sound	**de l'**	Je bois **de l'**eau minérale.	*I drink mineral water.*
plural noun	**des**	Nous achetons **des** fraises.	*We're buying strawberries.*

In the negative, the partitive article becomes **de** (or **d'** before a vowel sound).

Il n'y a pas **de** tarte.	*There isn't any pie.*
Elle ne mange pas **d'oignons.**	*She doesn't eat onions.*

Partitive, indefinite, or definite article?

The following general guidelines will help you choose the appropriate article.

Verbs that frequently accompany the partitive are **prendre, manger, avoir,** and **acheter.**

Vous prenez **du** café ?	*Do you drink coffee?*
Il n'y a pas **d'**oranges.	*There are no oranges.*

In some cases, either the indefinite article or the partitive may be used with a slight difference in meaning.

Je voudrais **une** salade.	*I'd like a salad.*
Je voudrais **de la** salade.	*I'd like some salad.*

The partitive is also used with abstract nouns.

Il a **de la** patience.	*He has patience.*
Elle a **de l'**intelligence.	*She has intelligence.*

Preference verbs such as **aimer, préférer, adorer,** and **détester** take the definite article.

J'aime **la** viande mais j'adore **le** poisson.	*I like meat but I love fish.*
Il n'aime pas **le** café.	*He doesn't like coffee.*

Exercice 2.

Anaïs explique ses habitudes culinaires. Complétez les phrases avec l'article partitif approprié.

1. Je suis toujours pressée *(in a hurry)* le matin, donc je mange peu pour le petit déjeuner. Je prends ______________ pain grillé avec ______________ beurre et ______________ confiture. Avec ça, je prends ______________ chocolat chaud ou ______________ café au lait; je ne bois pas ______________ jus de fruits.
2. Normalement à midi je retrouve mes amis au restau-U et nous déjeunons ensemble. Parfois, je mange ______________ soupe avec ______________ poulet et ______________ frites.

3. Le soir je n'ai pas très faim et je n'ai pas ______________ talent pour la cuisine. J'aime préparer ______________ salade. Ma salade préférée est la salade niçoise; on utilise ______________ laitue, ______________ haricots verts, ______________ thon, ______________ tomates, ______________ olives, ______________ anchois, ______________ pommes de terre et ______________ vinaigrette. Ne mettez pas ______________ « French dressing » américain !

Exercice 3.

Émilie décrit sa routine du matin. Complétez le paragraphe avec la forme appropriée de l'article défini, indéfini ou partitif.

Voici ma routine le matin pendant la semaine. À 8 h 00, si j'ai (1) ______________ énergie, je fais du jogging. Vers 8 h 30 je me lave et je prépare le petit déjeuner. D'abord je prends (2) ______________ jus; je préfère (3) ______________ jus d'orange. Ensuite je me prépare (4) ______________ café. Je ne prends pas (5) ______________ sucre dans mon café mais j'aime ajouter (6) ______________ lait. Puis je mange (7) ______________ tartines de pain complet (je n'aime pas (8) ______________ baguettes) avec (9) ______________ beurre et (10) ______________ confiture d'orange. S'il n'est pas trop tard, je prépare (11) ______________ salade pour midi. À 9 h 00, je pars pour mon bureau en métro car je n'ai pas (12) ______________ voiture. C'est un matin bien rempli !

Structure 6.3 Les expressions de quantité

Quantity expressions have the structure

	quantity +	de +	item
Elle achète...	trop	de	beurre.
	un litre	de	lait.
	un morceau	de	chocolat.

In these expressions, the article **de** shortens to **d'** before a vowel sound. It is *not* combined with a definite article (**de la, du,** etc.).

beaucoup **d'**asperges — *a lot of asparagus*
une bouteille **d'**eau minérale — *a bottle of mineral water*

The choice of unit of measure often depends on the item itself. In the metric system, liquids are usually measured in **litres** *(liters)* and solids in **grammes** *(grams)* or **kilos** *(kilograms).*

un demi-litre d'huile — *a half liter of oil*
un kilo de pommes de terre — *a kilogram of potatoes*

Sometimes the packaging determines the quantity.

une boîte de petits pois	*a can of peas*
un sac d'oranges	*a bag of oranges*

Exercice 4.

C'est mercredi, le jour du marché. Composez des phrases avec les éléments donnés pour indiquer ce que chaque personne achète. Ensuite, devinez le plat qu'on va préparer avec ces ingrédients.

1. M. Laurent : sac/pommes de terre; kilo/oignons; douzaine/œufs; 200 grammes/fromage; et litre/lait.
2. Paulette : litre/huile d'olive; bouteille/vinaigre; demi-kilo/tomates; et laitue.
3. Jacques : trois tranches/pâté; un morceau/fromage; baguette; et bouteille/vin.
4. Mme Pelletier : un peu/ail; 250 g/beurre; et douzaine/escargots.
5. Nathalie : 1 melon; 1 ananas; 3 bananes; et boîte/fraises.

Exercice 5.

Anne veut préparer un gâteau. Elle examine ce qu'elle a dans sa cuisine. Complétez ses pensées en choisissant parmi les options données entre parenthèses.

Bon, dans le réfrigérateur il y a (1. un kilo, assez, un sac) de lait. Ça c'est bien. Mais je n'ai pas (2. d', des, les) œufs. Que faire alors ? Peut-être que je peux emprunter *(borrow)* (3. d', des, un) œufs à la voisine. Eh bien, dans le placard... il y a (4. de, de la, un litre de) farine *(flour)* et (5. des, un paquet, du) sucre. Il y a encore (6. la, de la, un peu) vanille dans la bouteille. Selon la recette, il faut aussi (7. de, le, 100 g. de) chocolat. Où est mon chocolat ? Zut ! Il n'y en a pas ! Je dois donc aller au supermarché. Je vais acheter (8. une douzaine, une boîte, un pot) d'œufs et (9. de, du, un) chocolat. Je dois courir *(run)*. Je n'ai pas beaucoup (10. du, des, de) temps !

Structure 6.4 L'impératif

The imperative verb form is used to give commands and directions and to make suggestions. The three forms of the imperative, **tu, nous,** and **vous,** are similar to the present tense, but the subject pronoun is omitted.

Présent	Impératif	
tu achètes	Achète du pain.	*Buy some bread.*
nous achetons	Achetons du fromage.	*Let's buy some cheese.*
vous achetez	Achetez des crevettes.	*Buy some shrimp.*

For the **tu** command form of **-er** verbs, including **aller,** drop the **-s** from the **tu** form of the present tense verb.

Mange tes légumes.	*Eat your vegetables.*
Va à la boulangerie.	*Go to the bakery.*

With **-ir** and **-re** verbs, the **-s** remains.

Finis ton dîner.	*Finish your dinner.*
Prends du sucre.	*Have some sugar.*

Avoir and **être** have irregular imperative forms.

avoir	aie, ayons, ayez	Ayez de la patience.	*Have patience.*
être	sois, soyons, soyez	Sois sage.	*Be good.*

Negative commands

In negative commands, the **ne** precedes the verb and the **pas** follows it.

Ne bois pas de café après 11 h 00.	*Don't drink coffee after 11 o'clock.*
N'allons pas au restaurant.	*Let's not go to the restaurant.*

Avoiding the imperative

Because the imperative can be harsh, you may make suggestions and give advice by using the expressions **il faut** + infinitive or **on** + verb.

Il faut faire le marché.	*It is necessary to do the shopping.*
On prend un café ?	*Shall we get a cup of coffee?*

Exercice 6.

La famille Gilbert est à table et Mme Gilbert donne des ordres à tout le monde. Complétez ce qu'elle dit avec la forme du verbe convenable.

aider aller attendre boire être ne pas manger passer prendre

1. ______________ votre père. Il arrive dans un instant.
2. ______________-moi le sel, s'il te plaît.
3. Jeannot, ______________ avec les doigts.
4. Chéri, ______________ encore des haricots.

5. _____________ chercher du pain dans la cuisine, Alexia.
6. _____________ patiente avec ton petit frère.
7. Les enfants, _____________-moi avec les assiettes.
8. _____________ ton eau minérale.

Exercice 7.

C'est l'anniversaire de votre amie Carole. Faites des projets avec vos amis en acceptant ou refusant leurs suggestions selon l'indication entre parenthèses.

Modèle : On célèbre l'anniversaire de Carole ? (oui)

Célébrons l'anniversaire de Carole.

1. On invite Jérôme ? (oui)
2. On fait un pique-nique ? (non)
3. On va dîner dans un restaurant ? (oui)
4. On rentre chez nous après ? (oui)
5. On achète un gros gâteau au chocolat ? (oui)
6. On achète aussi de la glace ? (non)
7. On prend du champagne ? (oui)

Structure 6.5 Le pronom *en*

Pronouns replace nouns that have already been mentioned in order to avoid repetition. In the examples that follow, the boldfaced words in the questions are replaced with the pronoun **en** in the answer.

Achètes-tu beaucoup **de champignons ?**	*Are you buying a lot of mushrooms?*
— Oui, j'**en** achète beaucoup.	*Yes, I'm buying a lot (of them).*
Il y a **des fraises ?**	*Are there any strawberries?*
— Non, il n'y **en** a pas.	*No, there aren't any.*

En replaces the nouns used with quantity expressions and numbers.

Combien **de baguettes** voulez-vous ?	*How many baguettes do you want?*
— J'**en** veux deux.	*I want two (of them).*
Y a-t-il **des serviettes ?**	*Are there any napkins?*
— Oui, il y **en** a beaucoup.	*Yes, there are lots (of them).*

En is also used to replace nouns preceded by indefinite or partitive articles.

Avez-vous **des cerises ?**	*Do you have any cherries?*
— Oui, nous **en** avons.	*Yes, we do (have some).*
Faut-il **du lait** dans une omelette ?	*Is milk necessary for an omelette?*
— Il n'**en** faut pas.	*It's not necessary.*

Placement of *en*

En precedes the conjugated verb.

J'en achète beaucoup.	*I buy a lot of it.*
Elle n'en veut pas.	*She doesn't want any (of it).*
Il y en a cinq.	*There are five (of them).*

In sentences with a conjugated verb followed by an infinitive, **en** precedes the infinitive.

Je vais en prendre.	*I'm going to have some.*
Nous voulons en acheter.	*We want to buy some.*

En in the imperative

In affirmative commands, **en** follows the verb and is connected to it in writing by a hyphen. Do *not* drop the **-s** of the **tu** imperative verb form.

Des fraises des bois ? Achètes-en.	*Wild strawberries? Buy some.*
Du pain complet ? Prenez-en.	*Whole wheat bread? Have some.*

In negative commands, place **en** before the verb.

N'en prenez pas.	*Don't eat any.*
N'en achète pas.	*Don't buy any.*

Exercice 8.

Voici des bribes d'une conversation à table. Répondez selon les indications. Employez le pronom *en* pour éviter la répétition.

1. Voulez-vous des pommes de terre gratinées ? (oui)
2. Vous allez prendre du pâté ? (non)

3. Prennent-ils du vin ? (oui)
4. Vous prenez de la salade verte ? (non)
5. Moi, je prends des escargots. Et toi ? (oui)
6. Mangez-vous souvent du pain complet ? (oui)
7. Vas-tu prendre un dessert ? (oui)

Exercice 9.

Testez vos connaissances culinaires. Répondez aux questions en employant le pronom *en* pour éviter la répétition.

1. Y a-t-il du sucre dans une tartelette ?
2. Y a-t-il beaucoup de calories dans une tomate ?
3. Prend-on de la vinaigrette avec une salade de fruits ?
4. Mange-t-on beaucoup de biscuits si on veut maigrir ?
5. Y a-t-il du fromage dans la quiche lorraine ?
6. Les jeunes Américains, mangent-ils beaucoup de pizza ?
7. Trouve-t-on du Coca dans une épicerie ?
8. Y a-t-il du jus de pommes dans le champagne ?

Vocabulaire

Vocabulaire fondamental

Noms

La nourriture *food*

des asperges *(f)* *asparagus*
une baguette *loaf of French bread*
le beurre *butter*
le bœuf *beef*
des céréales *(f)* *cereals, grains*
la charcuterie *deli cold cuts*
la confiture *jam*
une côtelette *meat cutlet*
des crevettes *shrimp*
des fraises *strawberries*
le fromage *cheese*
la glace *ice cream*
des haricots (verts, *m*) *(green) beans*
le jambon *ham*
le lait *milk*
un légume *vegetable*
la moutarde *mustard*
un œuf *egg*
un oignon *onion*
le pain *bread*
la pâte *pasta, pastry dough*
le pâté (de campagne) *(country style) meat spread*
des petits pois *(m)* *green peas*
le poisson *fish*
le poivre *pepper*
une pomme *apple*
une pomme de terre *potato*
des pommes frites (frites, *fam*) *French fries*
le porc *pork*
le poulet *chicken*
du raisin *grapes*
le riz *rice*
un saucisson *sausage*
le saumon *salmon*
le sel *salt*
une tarte(lette) *tart(let), pie*
le thon *tuna*
la viande *meat*
le yaourt *yogurt*

Mots apparentés : une banane, une carotte, le fruit, la mayonnaise, une orange, une salade, une soupe, une tomate

Les repas *meals*

la cuisine *food, cooking*
le dessert *dessert*
l'entrée *(f)* *hot dish served before the main course*
un goût *taste*
le goûter *snack*
les hors-d'œuvre *cold appetizers*
le menu *fixed-price meal*
le petit déjeuner *breakfast*
le plat (principal) *(main) course, dish*
un pourboire *tip*
le service *service*
le service compris *tip included*
le service non-compris *tip not included*

Les petits commerces *shops*

la boucherie *butcher shop*
la boulangerie *bakery (for bread)*
la charcuterie *delicatessen*
l'épicerie *neighborhood grocery store*
le marché (en plein air) *(open air) market*
la pâtisserie *pastry shop*
le supermarché *supermarket*

Les ustensiles de cuisine *kitchen utensils*

une assiette *plate*
un couteau *knife*
une cuillère *spoon*
une cuillère à café *teaspoon*
une cuillère à soupe *soup spoon, tablespoon*
une fourchette *fork*
une nappe *tablecloth*
une serviette *napkin*
une tasse *cup*
un verre *glass*

Les quantités

assez (de) *enough (of)*
beaucoup (de) *a lot (of)*
une boîte (de) *box, can (of)*
une bouteille (de) *bottle (of)*
une douzaine (de) *dozen (of)*
un gramme (de) *gram (of)*
un (demi-) kilo (de) *(half) kilogram (of)*
un (demi-) litre (de) *(half) liter (of)*
un morceau (de) *piece (of)*
(un) peu (de) *(a) little (of)*
un sac (de) *sack, bag (of)*
une tranche (de) *slice (of)*
trop (de) *too many (of)*

Verbes

acheter *to buy*
appeler *to call*
s'appeler *to be named*
avoir faim *to be hungry*
avoir soif *to be thirsty*
commencer *to begin*
espérer *to hope (for)*
être au régime *to be on a diet*
manger *to eat*
mettre (la table) *to put, set (the table)*
oublier *to forget*
préférer *to prefer*
réserver *to reserve*

Adjectifs

délicieux(se) *delicious*
dur(e) *tough*
frais (fraîche) *fresh*
horrible *horrible*
sucré(e) *sweetened*
tendre *tender*

Mots divers

un ingrédient *ingredient*
par jour (semaine) *per day (week)*
la recette *recipe*
un régime *diet*

Vocabulaire

Expressions utiles

Comment se débrouiller au restaurant *How to get along at a restaurant*

(See pp. 170–171 for additional expressions.)

Une table pour six, s'il vous plaît. *A table for six, please.*
Que désirez-vous comme plat principal ? *What do you want for your main course?*
Pour commencer, je vais prendre... *To start with, I'll have . . .*
J'ai faim (soif). *I'm hungry (thirsty).*
C'est délicieux (tendre). *It's delicious (tender).*
Le service est compris ? *Is the tip included?*

Vocabulaire supplémentaire

Noms

La nourriture *food*

l'agneau *(m)* *lamb*
l'ail *(m)* *garlic*
l'alimentation *(f)* *food*
un ananas *pineapple*
des anchois *(m)* *anchovies*
un biscuit *cookie, cracker*
une cerise *cherry*
un champignon *mushroom*
un concombre *cucumber*
une crêpe *crepe (thin pancake)*
une épice *spice*
les fruits de mer *seafood*
un gâteau *cake*
la graisse *fat*
l'huile *(f)* (d'olive) *(olive) oil*
le pain complet *whole wheat bread*
un pamplemousse *grapefruit*
la poire *pear*
un poivron *bell pepper*
le produit laitier *milk product*
une tartine *bread and butter*
la vinaigrette *salad dressing made with oil and vinegar*

Mots apparentés : le brocoli, une sauce, la sole, la vanille, une vitamine

Les quantités

un bol *bowl*
une cuillerée à café *teaspoonful*
une cuillerée à soupe *tablespoonful*
un paquet *packet*
une pincée *pinch*
un pot *ceramic or glass jar*

Les ustensiles *kitchen utensils*

une poêle *frying pan*
un récipient *container*
un saladier *large (mixing) bowl*
un verre à pied *goblet*

Verbes

ajouter *to add*
conseiller *to recommend, to advise*
couper *to cut*
se débrouiller *to get along*
éviter *to avoid*
faire bouillir *to bring to a boil*
faire cuire *to cook*
faire fondre *to melt*
faire revenir *to sauté*
goûter *to taste*
jeter *to throw*
mariner *to marinate*
mélanger *to mix*
plonger *to immerse in water*
réduire *to reduce*
régler *to pay or take care of a bill*

Adjectifs

allégé(e) *reduced fat/calories*
allergique *allergic*
culinaire *culinary*
dégoûtant(e) *disgusting*
fondu(e) *melted*
garni(e) *garnished with vegetables*
gratiné(e) *with melted cheese*
grillé(e) *grilled*
léger (légère) *light*
végétarien(ne) *vegetarian*

Module 7
Projets de voyage dans le monde francophone

Thèmes et pratiques de conversation

Les pays francophones
La géographie et le climat
Comment comparer (introduction)
Les vacances de vos rêves
Comment demander des renseignements à l'agence de voyages

Culture

Le monde francophone
Les climats du monde francophone

Lecture

« Mon Pays » , de Gilles Vigneault

Structures

7.1 Les prépositions et la géographie
7.2 Le pronom **y**
7.3 Le comparatif (introduction)
7.4 Les verbes **savoir** et **connaître**
7.5 Les pronoms d'objet direct **le, la** et **les**

Thèmes et pratiques de conversation

Les pays francophones

Structure 7.1 Les prépositions et la géographie	In this **thème,** you will be talking about cities, countries, and continents. You will need to learn how to use articles and prepositions with these geographical locations. Explanations and examples are found on page 214.

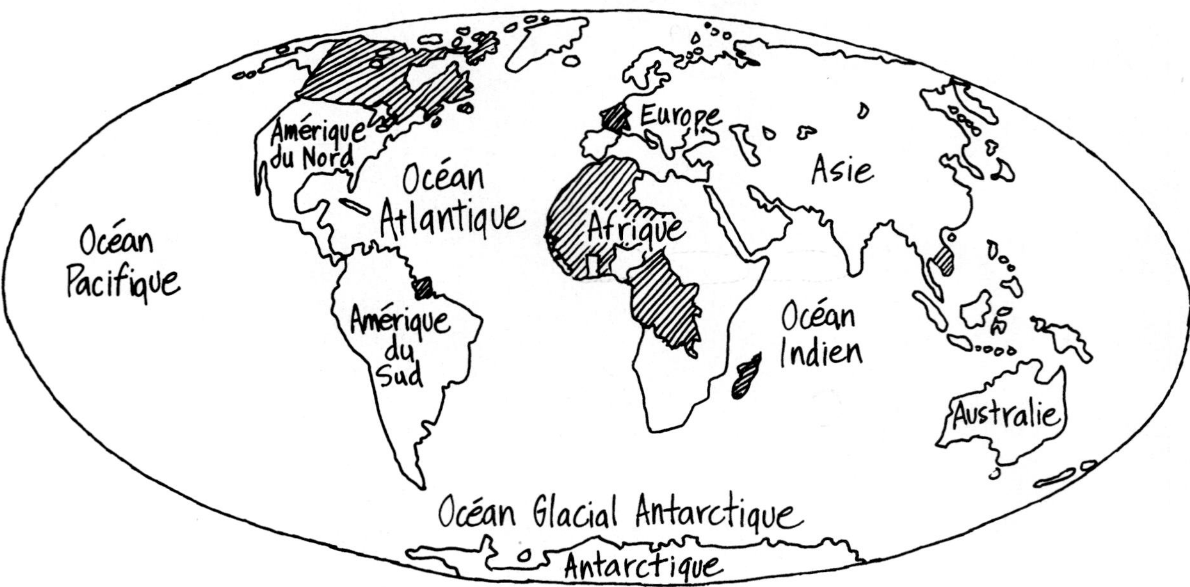

Le monde francophone

Activité 1 : Devinez !

Identifiez les pays suivants. Utilisez les cartes aux pages i–vi.

1. C'est un petit pays francophone au nord de la France.
2. C'est un pays au nord-ouest de l'Algérie.
3. C'est une région francophone au nord du Vermont.
4. C'est un grand pays francophone au sud de la République Centrafricaine.
5. C'est une petite île dans l'océan Indien à l'est de Madagascar.
6. C'est un pays désertique au sud-ouest du Tchad.
7. C'est une petite île francophone au sud-est de Cuba.
8. C'est une petite principauté dans le sud de la France près de l'Italie.

Le monde francophone

Il y a plus de 120 000 000 (cent vingt millions) de personnes qui parlent français dans le monde. Le français est une langue importante en Europe. Hors° de France, on parle français en Belgique, en Suisse, au Luxembourg et à Monaco. Le français est aussi la langue officielle d'un grand nombre de pays africains. Pourquoi ? Parce que la France a acquis° un vaste empire colonial en Afrique au dix-neuvième siècle.° Parmi ses anciennes colonies au sud du Sahara on compte le Sénégal, le Tchad, le Cameroun, la Côte d'Ivoire, le Togo et la Guinée. On parle français aussi au Zaïre, une ancienne colonie belge. Les pays de l'Afrique du nord, le Maghreb (composé de l'Algérie, du Maroc et de la Tunisie), sont aussi d'anciennes colonies françaises où on parle encore le français bien que° la langue officielle soit l'arabe. Sur le continent américain, on parle français au Québec et dans certaines parties de la Nouvelle-Angleterre et de la Louisiane. À Haïti, on parle français et créole.

La France continue à avoir des relations proches° avec plusieurs pays d'outre-mer.° Il y a cinq départements d'outre-mer (D.O.M.) qui font partie de la France : la Martinique et la Guadeloupe dans les Antilles, La Réunion sur la côte africaine, Saint-Pierre-et-Miquelon près du Canada et la Guyane en Amérique du Sud. Il y a aussi des territoires d'outre-mer et des collectivités territoriales (T.O.M.) qui sont liés au gouvernement de France : la Nouvelle-Calédonie, Wallis-et-Futuna, la Polynésie française et Mayotte.

L'influence de la langue et de la culture française est différente d'un pays à l'autre. Il y a un désir dans beaucoup de pays francophones de maintenir l'importance du français, mais le passé colonialiste est aussi une source de tension.

outside

acquired
nineteenth century

even though

close
overseas

Avez-vous compris ?

Étudiez les cartes aux pages i–vi et la note culturelle pour répondre aux questions suivantes.

1. Quels sont les pays francophones d'Europe ?
2. Quels sont les continents où l'on parle français ?
3. Quel pays francophone est une ancienne colonie belge ? Où se trouve ce pays ?
4. Dans quels pays est-ce qu'on parle français et créole ? Français et arabe ?
5. Où se trouve la Martinique ? La Réunion ?
6. Trouvez un pays francophone qui n'est pas mentionné dans la note culturelle.

Activité 2 : Villes et pays.

Dans quels pays se trouvent les villes suivantes ?

Pays : la Belgique, le Canada, la Martinique, le Luxembourg, le Sénégal, le Burkina-Faso, le Maroc, le Vietnam, les États-Unis.

Modèle : Alger

Alger se trouve en Algérie.

1. Dakar
2. Montréal
3. Luxembourg
4. Casablanca
5. Bruxelles
6. la Nouvelle-Orléans
7. Ouagadougou
8. Hô-chi-minh

Activité 3 : Projets de voyage.

Après un stage *(internship)* d'informatique à Paris, les étudiants suivants rentrent chez eux. Vous êtes l'agent de voyage chargé des réservations. Avec un(e) camarade de classe, trouvez la destination de chaque étudiant.

Villes : Alger, Montréal, Rome, Abidjan, Kinshasa, Conakry, Madrid
Pays : le Canada, l'Algérie, la Côte d'Ivoire, l'Italie, la Guinée, le Zaïre, l'Espagne

Modèle : Kasa est zaïrois.

— Il vient du Zaïre ? Alors, il va à Kinshasa au Zaïre.

1. Fatima est algérienne.
2. Franco et Silvia sont italiens.
3. Lupinde est ivoirien.
4. Tierno est guinéen.
5. Jean-Paul et Claire sont québécois.
6. Guadelupe est espagnole.

La géographie et le climat

Structure 7.2 Le pronom *y*

As you refer to locations in this **thème,** you will use the pronoun **y** to avoid repeating place names. For a more detailed explanation of this pronoun and its uses, see page 217.

Le Zaïre

Qu'est-ce qu'on trouve dans le sud-est du Zaïre ?

On **y** trouve la ville de Lubumbashi.

Qu'est-ce qu'on trouve dans la région d'Epulu ?

Les okapis, animaux spécifiques au Zaïre, **y** vivent avec leurs voisins les éléphants et les antilopes.

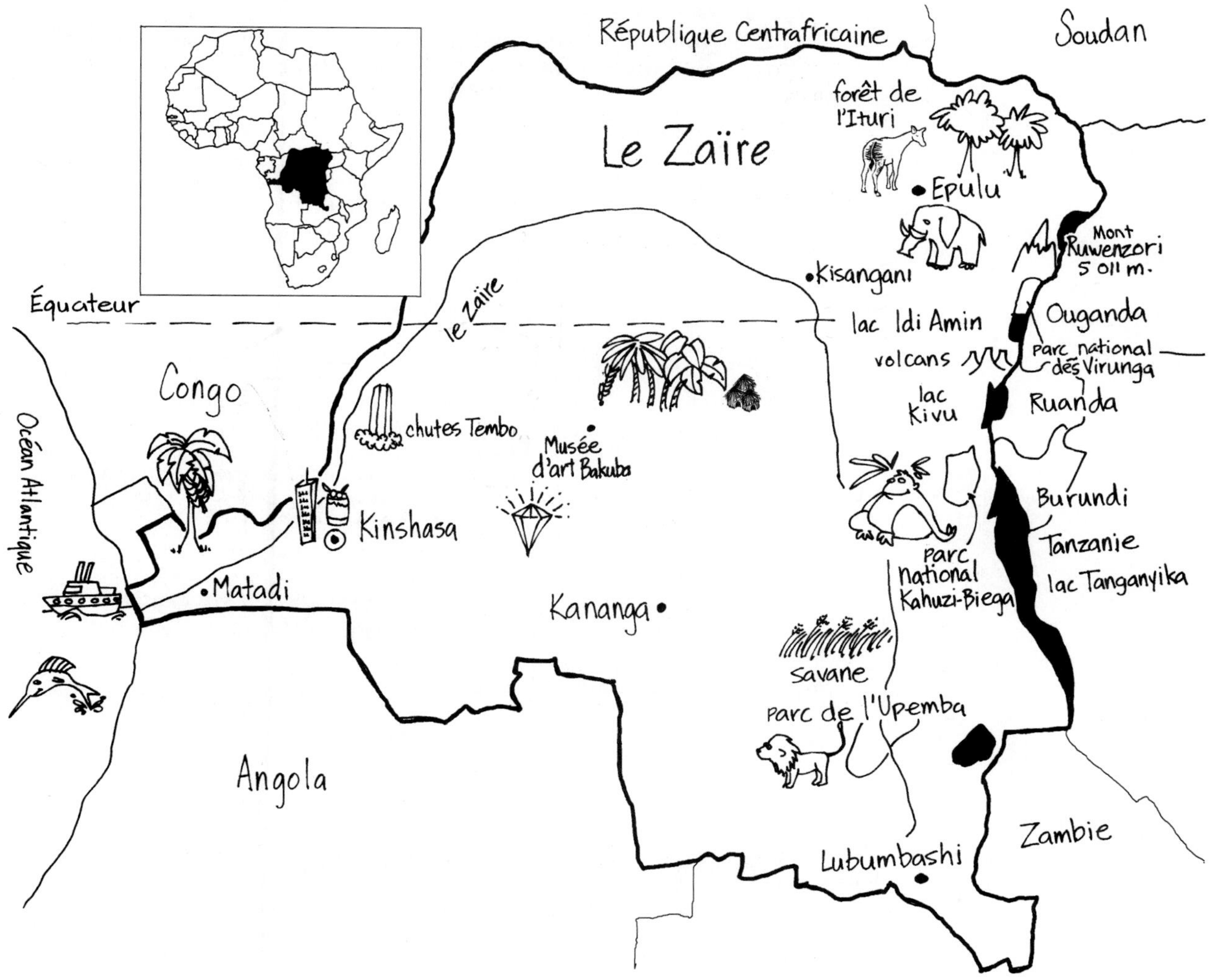

Activité 4 : La géographie physique.

Regardez la carte pour trouver le nom d(e) :

1. les pays qui forment la frontière du sud
2. un grand lac près de la frontière entre le Zaïre et la Tanzanie
3. une forêt tropicale très dense où habitent les pygmées
4. la capitale, centre important de la musique africaine populaire, l'afropop
5. un port près de l'océan Atlantique
6. un grand fleuve navigable qui débouche sur l'Atlantique
7. la montagne la plus haute du Zaïre, avec des neiges éternelles
8. un grand espace où il y a des animaux en liberté protégés par le gouvernement : des lions, des éléphants, des girafes, etc.

Activité 5 : Un coup d'œil.

Vous faites le tour du Zaïre. Qu'est-ce qu'on trouve dans les endroits suivants ? Regardez la carte à la page 195.

Modèle : au nord de Lubumbashi

On y trouve le parc Upemba.

1. au sud-ouest du lac Kivu f	a. le Musée d'art Bakuba
2. au sud-ouest de Kinshasa d	b. la Tanzanie
3. au nord-est de Kisangani c	c. la forêt de l'Ituri et ses pygmées
4. à l'est du lac Tanganika b	d. la côte Atlantique
5. au sud du fleuve Zaïre a)	e. le parc des Virunga avec ses lions, léopards, hyènes, etc.
6. au nord du lac Idi Amin e)	f. le parc national Kahuzi-Biega avec ses gorilles

Activité 6 : Destinations.

Choisissez une activité et une destination et vos camarades de classe vous posent des questions pour deviner où vous allez.

Modèle : Je voudrais aller à la montagne.

— Est-ce que vous allez en Suisse ?

Oui, j'y vais. *ou* — Non, je n'y vais pas.

Mots utiles :
faire de la planche à voile, faire du ski, faire un safari photo
aller à la campagne, à la montagne, à la plage, dans une grande ville, à l'étranger
visiter une île tropicale, un volcan, un musée, un lac, un site archéologique
chercher l'aventure, le calme, l'exotisme, la tranquilité

Les climats du monde francophone

Il y a plusieurs zones climatiques dans le monde francophone. Voici les caractéristiques générales des climats. N'oubliez pas qu'il peut y avoir des variations surtout aux frontières d'une zone à l'autre.

Avez-vous compris ?

Décrivez le climat des endroits suivants.

1. l'Algérie
2. la Côte d'Ivoire
3. Monaco
4. la Nouvelle-Orléans
5. la Guyane française
6. votre ville

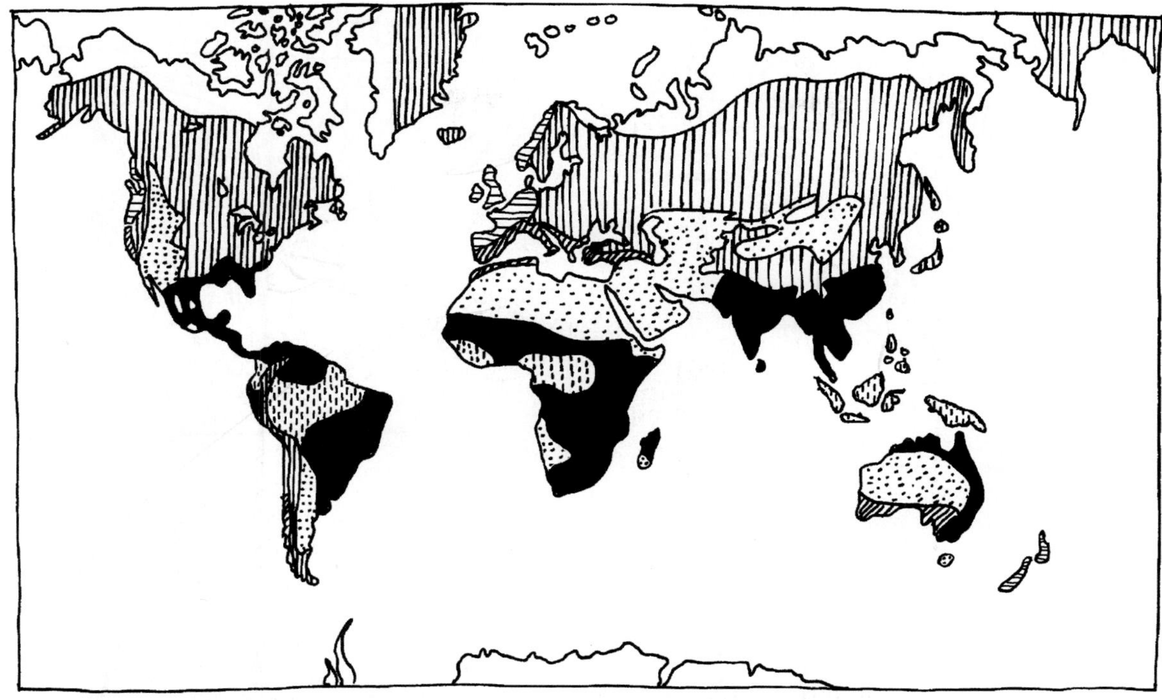

Climat continental: Températures très froides en hiver, très chaudes en été. Pluies orageuses en été.

Climat méditerranéen: Températures douces en hiver, chaudes en été. Pluies surtout en hiver.

Climat océanique: Températures moyennes toute l'année. Pluies fréquentes.

Climat équatorial: Températures très chaudes toute l'année. Pluies toute l'année.

Climat tropical: Températures chaudes toute l'année. Contraste entre la saison sèche et la saison des pluies.

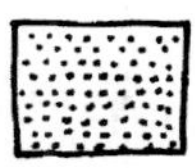

Climat désertique: Températures très chaudes le jour, froides la nuit. Pluies presque nulles.

Climat arctique

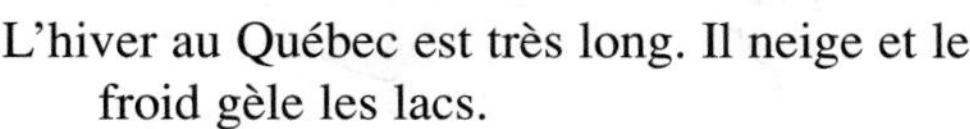

L'hiver au Québec est très long. Il neige et le froid gèle les lacs.

Au printemps à Paris, le temps est incertain. Souvent il pleut et le ciel est couvert, mais il y a parfois de belles journées ensoleillées.

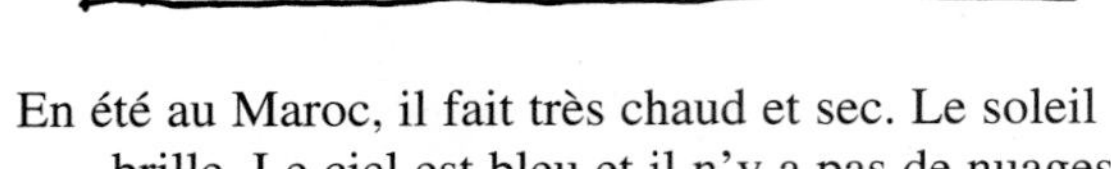

En été au Maroc, il fait très chaud et sec. Le soleil brille. Le ciel est bleu et il n'y a pas de nuages.

À la Guadeloupe, pendant la saison des pluies, il y a des averses tous les jours. Il fait très chaud et lourd. Parfois il y a des ouragans.

Activité 7 : La météo.

Voici le bulletin météorologique pour le 4 juillet. D'abord décrivez le temps qu'il fait dans chaque ville. Ensuite contrastez le climat d'été et le climat d'hiver de la région où cette ville se trouve.

DANS LE MONDE

Ville	°C	Temps	Ville	°C	Temps
Alger	41	E	Lisbonne	26	E
Amsterdam	29	E	Londres	28	C
Athènes	30	E	Los Angéles	20	C
Barcelone	29	Nu	Luxembourg	31	E
Berlin	28	E	Madrid	39	Nu
Bruxelles	31	E	Montréal	25	Nu
Casablanca	26	Nu	Moscou	21	P
Copenhague	20	Nu	New York	32	Nu
Fort de France	32	P	Rome	31	E
Genève	34	E	Tunis	34	E
Istanbul	29	E	Turin	30	Nu
Jérusalem	30	E			
Le Caire	36	E			

E: Ensolleillé C: Couvert Nu: Nuageux P: Pluie (observations)

Modèle : À Montréal, il y a des nuages avec un maximum de 25 degrés. Le Canada a un climat continental. Il y fait chaud en été et très froid en hiver.

Comment comparer (introduction)

Structure 7.3 Le comparatif (introduction)	In this **pratique de conversation,** you will discuss similarities and differences among cities, regions, and countries. The French comparative structures are described on page 219.

Quelques expressions utiles

Pour comparer

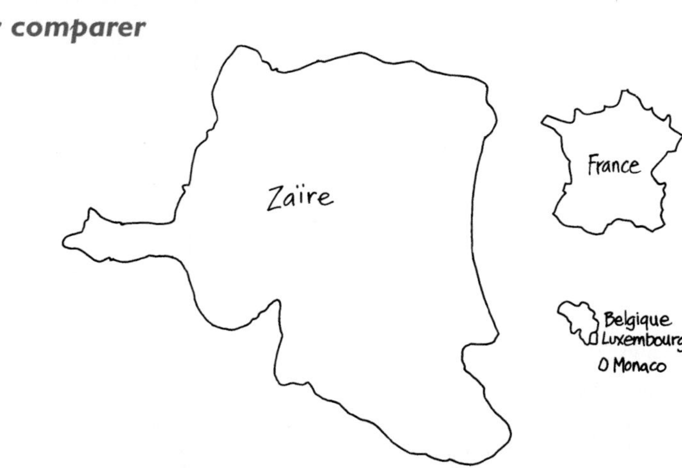

La France est **moins grande que** le Zaïre, mais elle est **plus grande que** les autres pays francophones de l'Europe.

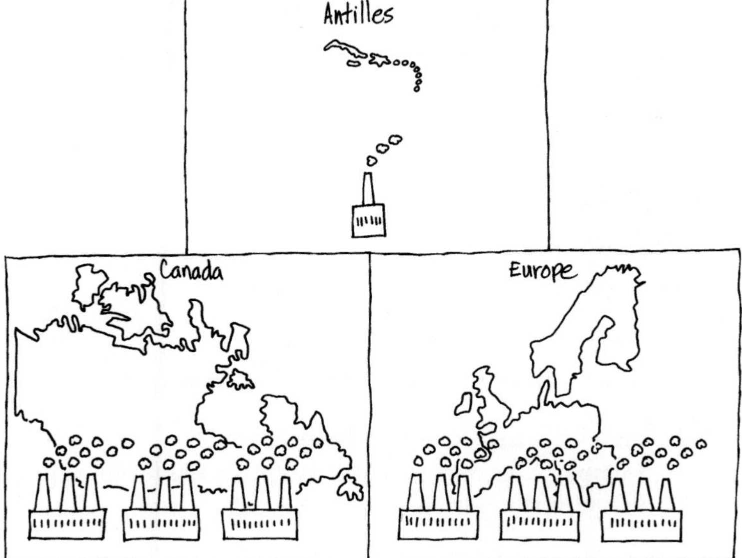

Le Canada est **aussi industrialisé que** l'Europe mais les Antilles sont **moins industrialisées.**

La ville de Monte-Carlo est **plus internationale que** la ville de Limoges.

Quelques questions utiles

Pour demander une comparaison

Est-ce que New York est très différente de Los Angeles ?

Est-ce que Montréal est comme Paris ?

Est-ce que les pays francophones de l'Afrique sont semblables ?

Quelles sont les différences entre Genève et Zurich ?

Est-ce que votre région est plutôt urbaine ou rurale ?

Activité 8 : Vrai ou faux.

Répondez vrai ou faux aux phrases suivantes et corrigez les réponses fausses.

1. Le Zaïre est plus touristique que Tahiti.
2. La Belgique est moins montagneuse que la Suisse.
3. Le Rhode Island est aussi grand que la France.
4. La Suisse est aussi développée que la France.
5. Le Canada est plus vaste que Haïti.
6. La Martinique est moins tropicale que le Luxembourg.

Activité 9 : Testez-vous sur la géographie.

Comparez les pays suivants en utilisant la forme appropriée des adjectifs entre parenthèses.

Modèle : le climat de la France, le climat de la Tunisie (chaud)

Le climat de la France est moins chaud que le climat de la Tunisie.

1. le Mali, la Suisse (petit)
2. la France, le Sénégal (industrialisé)
3. le climat de Montréal, le climat d'Ouagadougou (froid)
4. les Antilles, le Maghreb (aride)
5. la Suisse, la Belgique (développé)
6. la Suisse, le Canada (agricole)
7. la Martinique, la Guadeloupe (tropical)
8. les Alpes françaises, les Alpes suisses (célèbre)

Activité 10 : Comparez les villes chez vous.
Suivez le modèle pour interviewer vos camarades de classe sur les différences entre leur ville d'origine et votre ville universitaire. Décrivez :

la ville — les bâtiments, les parcs, les restaurants
la géographie — les activités culturelles
le climat — la qualité de la vie
les habitants

Adjectifs : grand/petit; beau/laid; calme/animé; agricole/industrialisé; rural/urbain, pauvre/riche; cosmopolite/provincial; moderne/historique/touristique/connu; plat/montagneux

Modèle : D'où viens-tu ?

— Je viens de Dallas.

Quelles sont les différences entre Dallas et Austin ?

— Dallas est plus grande et plus plate. Austin est plus belle et plus calme que Dallas.

Est-ce que le climat est semblable ?

— Non, le climat d'Austin est meilleur.

Comment sont les habitants ?

— Les habitants d'Austin sont moins conformistes que les habitants de Dallas.

Les vacances de vos rêves

Structure 7.4 Les verbes *savoir* et *connaître*

In French you need to distinguish between the verb **savoir,** *to know* such things as dates, addresses, and times, and the verb **connaître,** *to know* or *be acquainted with* places or people. These two verbs are presented on page 220.

Un vacancier français sur huit (12%) passe ses vacances à l'étranger. Où va-t-on ? Par ordre décroissant, en Espagne et au Portugal, en Europe de l'Ouest, en Afrique du Nord et dans les pays lointains° (dans le reste de l'Afrique, sur le continent américain, en Asie, en Océanie).

° *faraway*

INSEE in *Francoscopie,* 1995.

Voici des extraits d'interviews avec quatre jeunes gens au sujet de leurs vacances idéales.

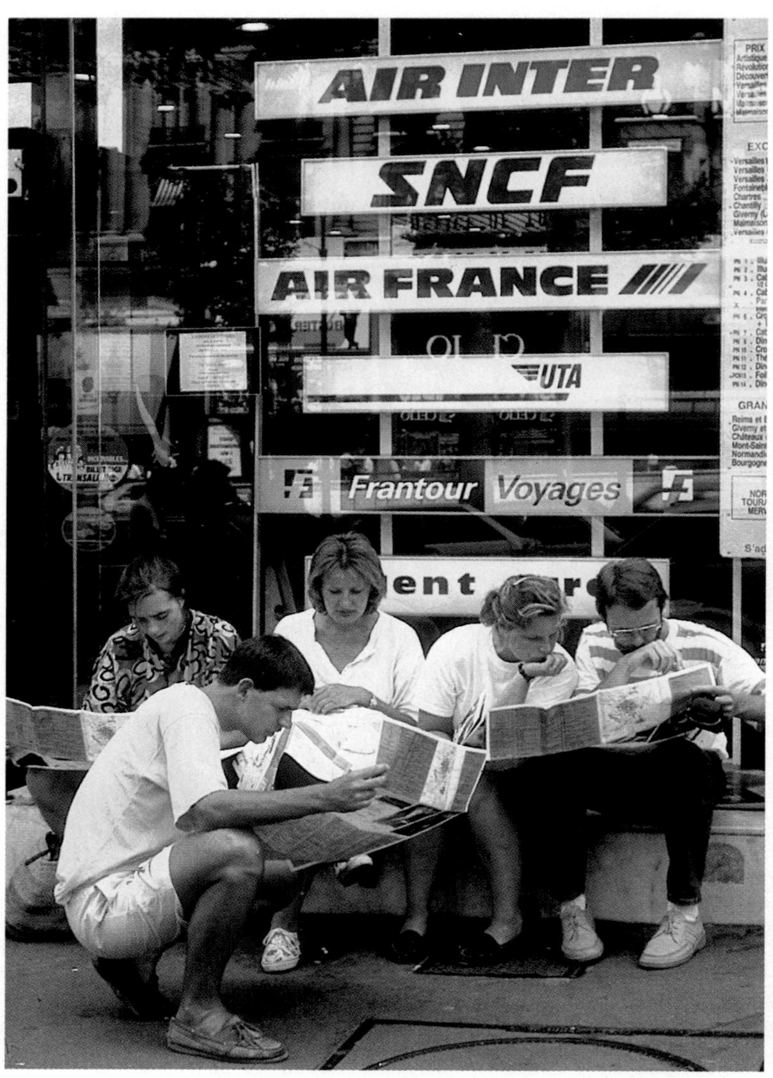

ANNE : Les vacances de mes rêves ? C'est simple—faire le tour du monde pour ma lune de miel *(honeymoon).* En bateau, peut-être, ou en avion... **Je sais** que ce n'est pas très pratique mais c'est un rêve, n'est-ce pas ?

BOURAMA : Les vacances de luxe, ce n'est pas mon style. Moi, je préfère l'aventure. J'aimerais aller à la montagne faire du rafting, du canoë et de la marche avec mes copains. **Nous ne savons pas** faire du ski alors nous y allons en été.

BÉATRICE : Moi, je rêve de passer les vacances à la plage. **Je connais** l'endroit idéal : Eze. C'est un petit village où on n'a pas besoin de voiture; on peut aller partout à pied, en vélo ou en moto.

JULIEN : Euh... **Je ne sais pas.** Il y a trop de possibilités pour en choisir une. L'été prochain je vais en Espagne avec mon meilleur ami. Nous allons prendre le train jusqu'à Madrid. Puis à la campagne, on va faire de l'auto-stop. Ce n'est pas cher et puis en plus on peut faire la connaissance de jeunes Espagnols.

Activité 11 : Compréhension.

Complétez ce schéma avec les informations qui manquent.

nom	destination	transport	compagnon(s)	objectif
Anne	tour du monde			connaître le monde
Bourama	à la montagne		un/deux copains	
Béatrice		à pied...		s'amuser
Julien				

Activité 12 : Une introduction au monde francophone.

Posez ces questions à un(e) camarade de classe en utilisant *savoir* ou *connaître.*

Modèle : <u>**Connais-tu**</u> Ouagadougou ?

— Non, je ne connais pas Ouagadougou.

1. ____________ quelle est la capitale du Canada ?
2. ____________ un bon restaurant marocain ?
3. ____________ la Nouvelle-Orléans ?
4. ____________ si Kinshasa est la capitale du Zaïre ?
5. ____________ s'il y a un métro à Montréal ?
6. ____________ qui est le président de la France ?
7. ____________ où se trouve la Belgique ?
8. ____________ la ville de Québec ?

Activité 13 : Fana de sport ?

Voici la liste des activités à 3 stations de sports. Interviewez un(e) autre étudiant(e) pour voir quels sports il/elle sait faire. Ensuite dites à la classe si votre camarade est fana de sport *(crazy about sports)* et indiquez dans lequel de ces endroits il/elle aimerait passer ses vacances d'hiver.

	Saint Moritz Suisse	Fort-de-France Martinique	Dakar Sénégal
Ski alpin			
Ski de fond			
Patin à glace			
Musculation			
Natation			
Tennis			

	Saint Moritz Suisse	Fort-de-France Martinique	Dakar Sénégal
Golf			
Aérobic			
Voile			
Planche à voile			
Vélo, Équitation			
Plongée libre, Plongée			

Modèle : Sais-tu faire du ski alpin ?

— Je sais (je ne sais pas) faire du ski alpin.

Activité 14 : Interaction.

Répondez aux questions suivantes.

1. D'habitude, est-ce que tu passes tes vacances en famille ou avec des amis ?
2. Est-ce que tu préfères les vacances d'été ou les vacances d'hiver ? Pourquoi ?
3. Qu'est-ce que tu aimes faire quand tu es en vacances ?
4. Est-ce que tu connais un endroit idéal pour passer les vacances ?
5. Est-ce que tu rêves de faire le tour du monde ? Voudrais-tu aller à l'étranger ? Comment sont les vacances de tes rêves ?
6. Est-ce que tu sais où tu vas passer tes grandes vacances cette année ?

Comment demander des renseignements à l'agence de voyages

Quelques expressions utiles pour vous renseigner

Je voudrais aller à Grenoble.
faire des réservations pour Grenoble.
réserver une place sur un vol° pour Grenoble. — *a flight*
acheter un billet Québec-Paris.
partir le 10 décembre et revenir le 30.

Y a-t-il un autre vol (train) plus tard (tôt) ?
Vous avez quelque chose de moins cher ?
Merci, mais je vais réfléchir un peu.

Quelques questions posées par l'agent de voyage

Comment voulez-vous voyager, en train ou en avion ?
Quand voulez-vous partir ?
revenir ?
Préférez-vous voyager en première classe ?
en classe affaires ?
en classe touriste ?
Voulez-vous être en section fumeur° ? — *smoking section*
en section non-fumeur ?
Voulez-vous un (billet) aller-retour° ? — *round trip ticket*
un (billet) aller simple° ? — *one-way ticket*

Activité 15 : Chez l'agent de voyage.

Complétez le dialogue avec les expressions de la liste.

un aller-retour	partir	revenir
un aller simple	plus tard	s'il vous plaît
aider	quelle	le vol
bonjour	réserver	

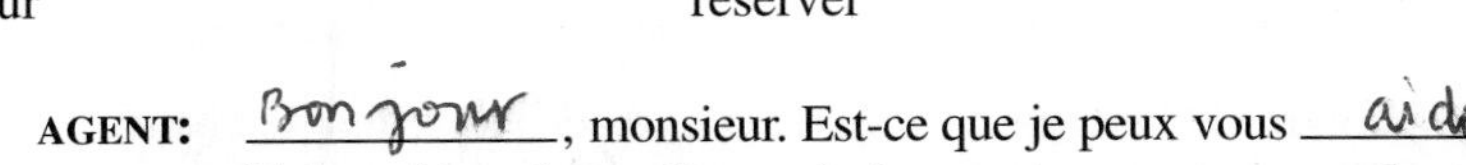

AGENT: ____________, monsieur. Est-ce que je peux vous ____________ ?

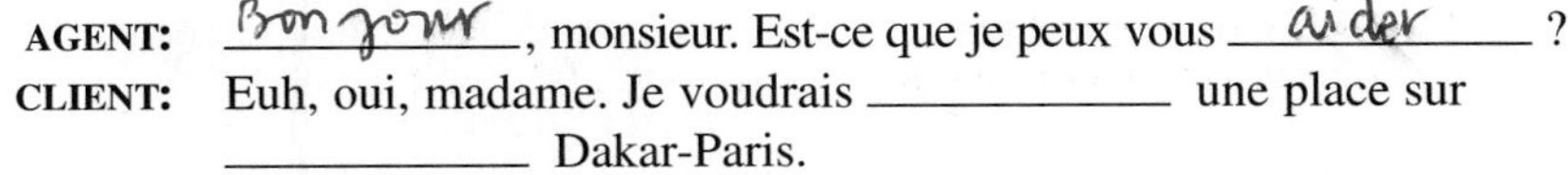

CLIENT: Euh, oui, madame. Je voudrais ____________ une place sur ____________ Dakar-Paris.

AGENT: Quand désirez-vous __________ ?
CLIENT: Le 15 novembre.
AGENT: Il y a un vol direct Air France Dakar-Paris Orly Sud qui part à 13 h 30.
CLIENT: Il y a un autre vol __________ ?
AGENT: Non, monsieur. Désirez-vous __________ ou un aller-retour ?
CLIENT: __________. Je voudrais __________ le 29 novembre.
AGENT: À __________ heure voulez-vous revenir ?
CLIENT: Le matin, __________.
AGENT: Le vol de 10 h 10 ? Bien. Et voilà, la réservation est faite.

Structure 7.5 Les pronoms d'objet direct *le, la* et *les*

In the following activities, you will learn to use the pronouns **le, la,** and **les** to avoid repeating the names of people, places, and things. These direct object pronouns are explained on page 222.

Activité 16 : Faisons connaissance de La Réunion.

Vous cherchez des renseignements sur La Réunion à l'agence de voyages. Demandez à l'agent de voyages où se trouvent les endroits suivants. Il/Elle vous répond en vous montrant du doigt. Jouez les deux rôles.

Modèle : La Réunion

Où se trouve La Réunion ?

— La voilà. *(pointing to map)*

1. la capitale
2. l'aéroport de la Réunion
3. le Grand Hôtel
4. l'océan Indien
5. le volcan de la Fournaise
6. les cascades du Piton des Neiges
7. la ville St-Gilles
8. les trois cirques

Activité 17 : Que voir dans le monde francophone ?

Vous êtes à l'agence de voyages avec un(e) ami(e) où vous voyez ces photos dans des brochures touristiques. Demandez à votre ami(e) s'il (elle) voudrait voir les sites indiqués. Si oui, dites dans quel pays il faut aller. Si non, votre ami(e) doit expliquer pourquoi.

Modèles : le casino de Monte-Carlo

Est-ce que tu voudrais voir le casino de Monte-Carlo ?

— Oui, je voudrais le voir.

Alors, il faut aller à Monaco.

Est-ce que tu voudrais voir le Carnaval d'hiver à Québec ?

— Non, je ne veux pas le voir parce que je n'aime pas le froid.

1. le musée Gauguin
2. le centre de la CEE
3. le marché aux fleurs à Pointe-à-Pitre
4. les gorilles du parc national Kahuzi-Biega

Musée Gauguin (Tahiti)

Centre de la Communauté Économique Européenne (CEE) à Bruxelles (Belgique)

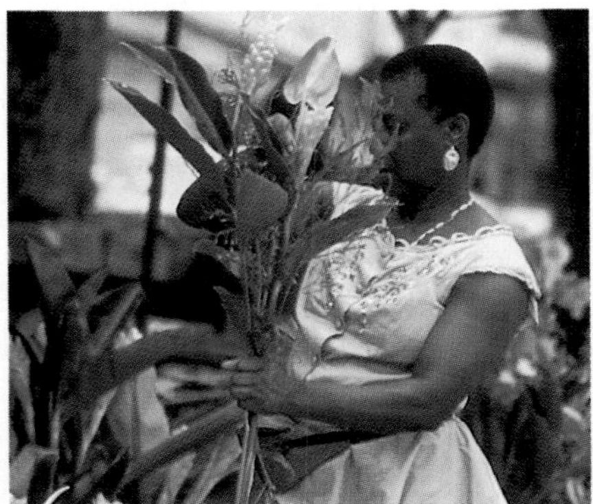

Marché aux fleurs à Pointe-à-Pitre (Guadeloupe)

Gorilles du parc national Kahuzi-Biega (Zaïre)

Musée de l'Impératrice Joséphine à Trois Islets (Martinique)

Carnaval d'hiver à Québec (Canada)

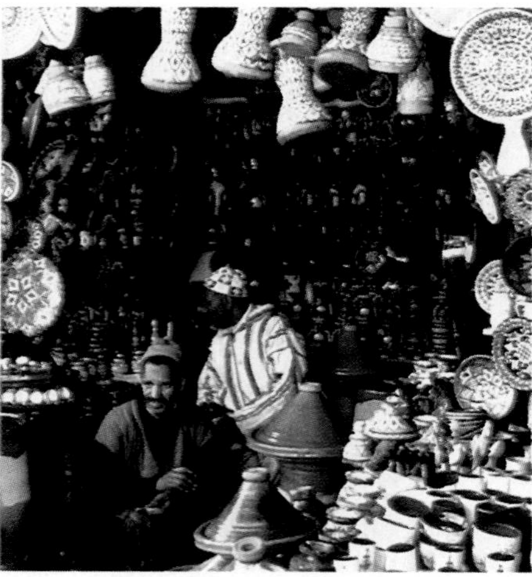

Souk traditionnel à Marrakech (Maroc)

Casino de Monte-Carlo (Monaco)

5. le musée de l'Impératrice Joséphine
6. le Carnaval d'hiver à Québec
7. le souk traditionnel à Marrakech
8. le casino de Monte-Carlo

Activité 18 : Vacances à La Réunion.

Jeu de rôles à l'agence de voyages : l'agent de voyages propose à son client des vacances à La Réunion, au Grand Hôtel des Mascareignes (voir brochure p. 209). Le client est très difficile. Il/Elle veut tout savoir sur l'île et sur l'hôtel. Avec un(e) autre étudiant(e), jouez la scène.

Modèle :

AGENT : Bonjour, monsieur (madame, mademoiselle). Est-ce que je peux vous aider ?

CLIENT : Je voudrais passer mes vacances sur une île tropicale.

AGENT : La Réunion est une île exceptionnelle. Et je recommande le Grand Hôtel des Mascareignes.

CLIENT : Est-ce qu'on y parle français ?
Est-ce qu'il faut un passeport ?
Quel temps fait-il en août ?
etc.

GRAND HOTEL DES MASCAREIGNES

Sur la côte Ouest de l'île, à une trentaine de kilomètres de St-Denis, le Grand Hôtel des Mascareignes domine la plage de Boucan Canot à St-Gilles. Etagé en arc de cercle, à flanc de colline, sur 5 niveaux, c'est le dernier né des hôtels de La Réunion, et le seul 4 étoiles balnéaire.
Ses 156 chambres font toutes face à la mer. Elles sont spacieuses, avec air conditionné, télévision-vidéo, téléphone, mini-bar, salle de bains complète, coffre individuel. Les chambres de catégorie luxe sont équipées d'un balcon privé.

Services : salon, salle de bridge, coiffeur, 1 bar près de la piscine, et 2 restaurants : le Souimanga, snack au bord de la piscine et les Longanes, restaurant gastronomique. Galerie marchande à proximité.

Repas : petit déjeuner proposé sous forme de buffet. Dîner servi à table au restaurant. Animation chaque soir : jazz et variétés.

Loisirs gratuits : très grande piscine (la plus grande de l'île), ping-pong, billard, jeux de société, tennis éclairé, à proximité plage de sable.

Loisirs payants : à proximité, casino et night-club, pêche au gros.

Enfants : bassin pour enfants, aire de jeux, baby-sitting sur demande.

Cartes de crédits acceptées : American Express - Visa - Diners - Mastercard.

Notre avis : fleuron de l'hôtellerie réunionnaise, son emplacement, le confort luxueux et la décoration de ses chambres, satisferont les plus exigeants.

RENSEIGNEMENTS PRATIQUES

Langue : La langue officielle est le français.

Heure : heure française + 3 en hiver et + 2 en été.

Climat : Tropical tempéré par les vents venant de l'Océan et l'altitude qui déterminent une multitude de microclimats. Il y a deux saisons : de mai à novembre, la saison fraîche est synonyme de beau temps pour les Réunionais. Saison chaude et humide de décembre au mois d'avril.

Formalités : Pour les Français, carte nationale d'identité en cours de validité. Les ressortissants étrangers sont invités à se renseigner pour connaître les dispositions particulières propres à leur entrée dans le pays.

Change : Monnaie locale : le franc français. Les chèques de voyages sont acceptés partout, de même que certaines cartes de crédit. La carte de paiement de dépannage des chèques postaux permet d'effectuer des retraits dans tous les bureaux de poste.

Lecture

Anticipation

1. Sur les plaques d'immatriculation *(car license plates),* on trouve souvent une devise *(motto)* appropriée à chaque état ou province. Quelle est la devise de votre état ? Qu'est-ce que cela signifie pour vous ? Au Québec, on lit la devise « Je me souviens » *(I remember).* À quoi cette devise fait-elle référence ?

2. Le titre de ce poème est « Mon Pays. » Est-ce que vous habitez dans le pays/l'état/la ville où vous êtes né(e) ? Si non, à quel(le) pays/état/ville est-ce que vous vous identifiez ? Expliquez.

Mon Pays

Gilles Vigneault

Mon pays ce n'est pas un pays c'est l'hiver
Mon jardin ce n'est pas un jardin c'est la plaine
Mon chemin ce n'est pas un chemin c'est la neige
Mon pays ce n'est pas un pays c'est l'hiver
Dans la blanche cérémonie
Où la neige au vent se marie
Dans ce pays de poudrerie
Mon père a fait bâtir une maison
Et je m'en vais être fidèle
À sa manière à son modèle

La chambre d'amis sera telle
Qu'on viendra des autres saisons
Pour se bâtir à côté d'elle

Mon pays ce n'est pas un pays c'est l'hiver
Mon refrain ce n'est pas un refrain c'est rafale° *gust of wind or snow flurry*
Ma maison ce n'est pas ma maison c'est froidure
Mon pays ce n'est pas un pays c'est l'hiver

Compréhension et intégration

1. L'auteur de ce poème est canadien mais ses ancêtres sont français. Est-ce que son pays est la France ou le Canada ? Quelles indications trouvez-vous dans le texte ? Comment le poète montre-t-il sa fidélité à ses origines ?
2. Dans le premier refrain (lignes 1 à 4), quels mots évoquent l'image (a) de la géographie et (b) du climat du Canada ?
3. Quelle couleur domine ce poème ? Pourquoi ?
4. Le poète décrit le mariage de la neige et du vent. Quelle autre sorte de mariage y a-t-il au Canada ?

Expansion de vocabulaire

Faites une liste des mots associés au climat.

Maintenant à vous

Comment est votre pays ? Complétez la phrase tirée du poème et ajoutez quelques détails descriptifs. Les membres de votre groupe vont deviner le nom de votre pays.

Mon pays ce n'est pas un pays c'est ____________

Un pas en avant

À jouer ou à discuter

1. **Jeu des capitales.** Divide into teams and quiz each other on capitals of francophone countries.
2. Prepare a brief description of a francophone country or an American state (its climate and geographic features). Read your description to the class for the students to identify.

3. **Découvrez l'Afrique.** What are the countries that are missing from this map? Fill in the names by asking your partner appropriate questions such as **Quel pays est au nord du Zaïre ?** Your partner may refer to the map on page v but you must not look until your map is complete.

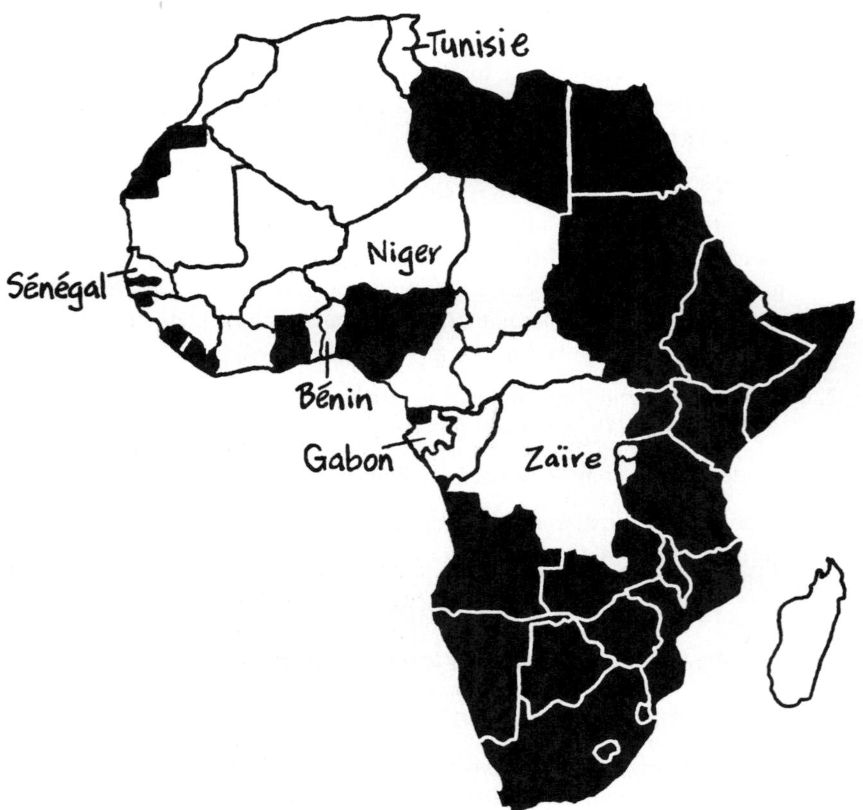

4. How good is your memory? The first player begins by saying, **Je vais faire un voyage. Dans ma valise, je vais mettre...** and she or he names one item to put in the suitcase. Player 2 repeats what the first player said and then adds a second item. The third player also begins with **Je vais faire un voyage,** and must repeat the items mentioned by players 1 and 2 before adding a third item of his or her choice. If a player incorrectly lists the items, she or he goes to the end of the line, the most challenging position because that person must recount all the items selected for the suitcase.

5. With a partner, act out the following scenes.

   a. You and a friend have decided to plan a vacation together. Discuss what you would like to do on vacation and settle on a destination. Decide how and when you will travel.

   b. You need reservations for a flight to the destination of your choice. The travel agent finds a seat available for the day and time you requested, but the ticket costs too much. Adjust your plans to get a less expensive ticket.

À écrire

You are taking a trip to La Réunion, the island described in the brochure on page 209 (map, page 206). In the steps that follow, you will get to know the island better, plan your trip, and write a postcard home.

Première étape

Write down three facts about the island you did not know before reading the brochure.

Deuxième étape

Write out three reasons why you would like to visit this island.

Troisième étape

What activities would you like to take part in? Write down three that sound interesting to you.

Quatrième étape

Describe what the weather is like at the time you are going to be there.

Cinquième étape

Imagine you've just arrived at La Réunion. Write a post card to your best friend. In your note, describe the island (interesting facts, scenery, weather, lodging, etc.) and tell him or her what you plan to do there. Begin your note as in the sample here.

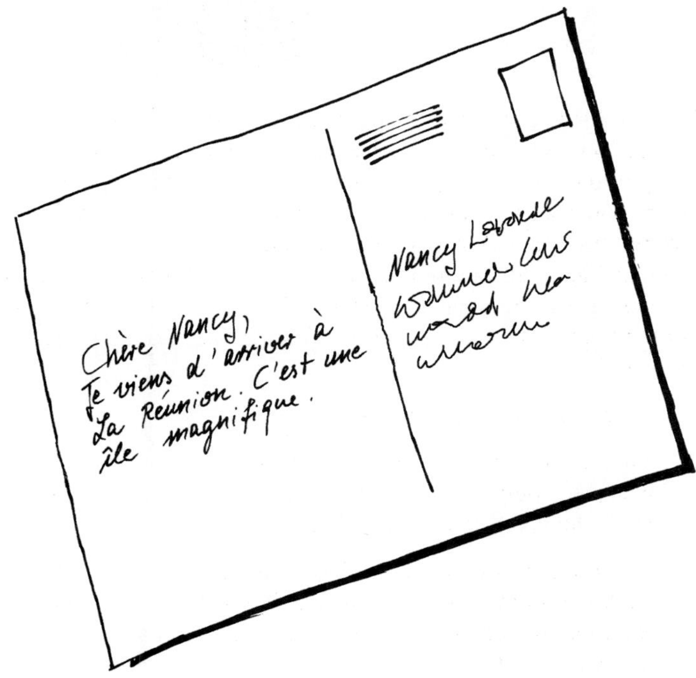

Structures

Structure 7.1 Les prépositions et la géographie

The names of most cities are considered proper nouns and do not require definite articles.

J'adore Genève. *I love Geneva.*

Où se trouve Bruxelles ? *Where is Brussels?*

A few cities have the definite article as a part of their name.

la Nouvelle-Orléans

le Havre

If you wish to describe a city, it is preferable to use **La ville de...** with feminine adjectives.

La ville de Genève est très belle. *Geneva is very pretty.*

Names of states, countries, and continents are feminine if they end in **-e** and masculine if they end otherwise. Use the article **le (l')** with masculine names, **la (l')** with feminine names, and **les** for plural.

masculin	feminin	pluriel
le Texas	la Californie	les Antilles
le Sénégal	la France	les États-Unis
l'Irak *(m)*	l'Europe *(f)*	les Pays-Bas

La France est le centre du monde francophone. *France is the center of the French-speaking world.*

Le Mexique, le Canada et les États-Unis sont en Amérique du Nord. *Mexico, Canada, and the United States are in North America.*

Note the following exceptions:

le Mexique, le Zaïre, le Maine

Some island countries like Cuba and Haïti do not require articles.

Haïti se trouve près de Cuba. *Haiti is located near Cuba.*

When you wish to express movement *to, at or in a place,* or *from a place,* the choice of the preposition varies as shown in the following chart.

	Cities	States, countries, and continents		
		feminine names and masculine names that begin with a vowel	**masculine names**	**plural names**
to, at, in	**à** Paris	**en** France en Israël	**au** Canada	**aux** États-Unis
from	**de** Paris	**de** France d'Israël	**du** Canada	**des** États-Unis

to, at, in

Nous arrivons à Montréal.	*We arrive in/at Montréal.*
Nous allons en Allemagne à Noël.	*We are going to Germany at Christmas.*
Marc voyage aux Pays-Bas.	*Marc is traveling to/in the Netherlands.*

from

Il arrive d'Athènes.	*He is arriving from Athens.*
Nous partons du Canada.	*We are leaving Canada.*
Ses parents sont des Antilles.	*Her/His parents are from the Antilles.*

The pattern for states is less fixed. Feminine names follow the pattern above **(en, de),** but for masculine names, **dans le** is generally preferred in place of **au** (except for **au Texas** and **au Nouveau Mexique).** For any state, you may use **dans l'état de.**

Il travaille	{ **dans le** / **dans l'état de** }	Maryland.	*He works in Maryland.*
Veux-tu aller	{ **en** / **dans l'état de** }	Californie ?	*Do you want to go to California?*

For islands and some other small countries or principalities, usage varies.

Sa famille est de Cuba.	*His family is from Cuba.*
Elle habite à Monaco.	*She lives in Monaco.*
Nous voyageons à la Martinique.	*We're traveling to Martinique.*

In locating places on a map, it is often useful to refer to the compass directions.

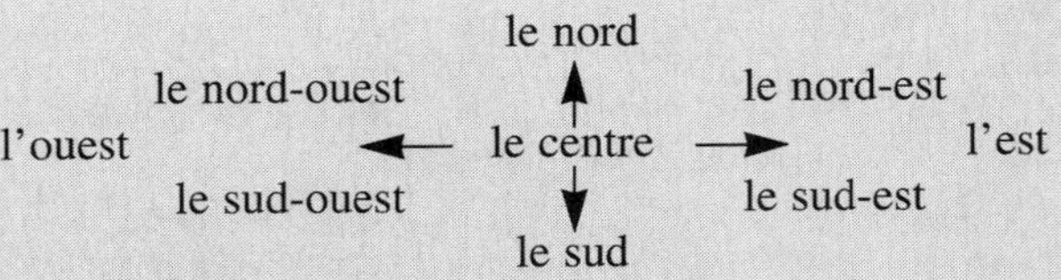

Il habite dans le nord.	*He lives in the North.*
Le sud de la France a un climat doux.	*Southern France has a mild climate.*

To indicate that a location is to the north/south/etc. *of* somewhere, use the following patterns. Note the preposition **de** (or **d'**) with a city name and **de + article** with other geographical locations.

Lubumbashi est au sud-est **de** Kinshasa.	*Lubumbashi is southeast of Kinshasa.*
L'Andorre est au sud **de la** France.	*Andorra is south of France.*
Le Laos est à l'ouest **du** Vietnam.	*Laos is west of Vietnam.*
Le Canada est au nord **des** États-Unis.	*Canada is north of the United States*

Exercice 1.

Vous donnez une petite leçon de géographie à votre classe de français. Complétez les espaces vides avec les informations appropriées. Utilisez la carte à la page vi.

1. ___________ est la capitale du Canada.
2. ___________ se trouvent au sud du Canada.
3. La province francophone qui se trouve dans l'est du Canada s'appelle ___________ .
4. ___________ est une île à l'est du Canada qui appartient à la France.
5. ___________ est la province qui se trouve entre la Saskatchewan et l'Ontario.
6. L'Alaska se trouve ___________ Canada.

Exercice 2.

Vous travaillez comme réceptionniste dans une agence internationale qui donne des renseignements aux jeunes qui veulent étudier à l'étranger. Expliquez d'où les étudiants viennent et où ils veulent faire leurs études. Complétez les phrases suivantes avec la préposition/l'article convenable.

1. Maïmouna vient ____________ Côte d'Ivoire. Elle veut faire ses études ____________ France.
2. Heinrich vient ____________ Munich. Il veut faire ses études ____________ Genève.
3. José vient ____________ Brésil. Il veut faire ses études ____________ Mexique.
4. Mishiku vient ____________ Japon. Elle veut faire ses études ____________ États-Unis.
5. Ilke vient ____________ Amsterdam. Elle veut faire ses études ____________ Bruxelles.
6. Paolo vient ____________ Rome. Il veut faire ses études ____________ Canada.

Exercice 3.

Vous êtes avec un groupe d'étudiants internationaux. Ils parlent de leurs situations. Complétez les vides avec la préposition ou l'article convenable.

1. Je m'appelle Tran. Je suis vietnamien. J'habite ____________ Chicago avec mes parents depuis dix ans. Mes grands-parents sont toujours ____________ Vietnam. Ils habitent dans un petit village au nord ____________ Hô-chi-minh. Nous, nous aimons beaucoup ____________ États-Unis mais je voudrais aller voir mes grands-parents.
2. Je suis Ntumba et je viens ____________ Zaïre. Je fais mes études ici ____________ Caroline du Nord mais je compte retourner ____________ Kinshasa pour travailler. Avant de partir, j'aimerais aller ____________ Canada parce que là, comme ____________ Zaïre, le français est une langue officielle.
3. Je m'appelle Sophie et je suis ____________ Luxembourg, la capitale ____________ Luxembourg, un petit pays juste au nord ____________ France, entre ____________ France et ____________ Belgique. ____________ Luxembourg, on parle français.

Structure 7.2 Le pronom *y*

Pronouns are used to avoid repeating nouns that have already been mentioned. The pronoun **y** is used to replace phrases that begin with a variety of prepositions such as **à, chez, dans, sur,** and **en** (except **de**).

When the prepositional phrase names a location, **y** is roughly the equivalent of the English *there.*

Mousassa est **en Afrique ?**	*Is Mousassa in Africa?*
— Oui, il **y** est.	*— Yes, he is* ***there.***
Ton ami arrive **à l'aéroport Orly-Ouest ?**	*Is your friend arriving at Orly-West?*
— Oui, il **y** arrive.	*— Yes, he is arriving* ***there.***

Tu vas **chez tes parents** pour Noël ?	*Are you going to your parents' house for Christmas?*
— Non, je n'**y** vais pas.	*— No, I'm not going **(there).***

Y may replace the phrase **à** + inanimate noun. The English equivalent in this case is likely to be *it.* Verbs often followed by **à** + noun include **penser à, réfléchir à** and **répondre à.**

Pascal pense **à son voyage ?**	*Is Pascal thinking about his trip?*
— Oui, il **y** pense.	*Yes, he is thinking about **it.***
L'agent de voyages répond **à la question.**	*The travel agent answers the question.*
L'agent de voyages **y** répond.	*The travel agent answers **it.***

Place the pronoun **y** in sentences according to these guidelines:

1. before the conjugated verb in simple tenses

J'y vais.	*I'm going (there).*
Tu n'y vas pas.	*You are not going there.*

2. between the conjugated verb and an infinitive

Je voudrais **y** aller. *I would like to go there.*

Place **y** in commands **(l'impératif)** according to these guidelines:

1. for affirmative commands, **y** goes after the verb and is connected to it in writing by a hyphen. Do not drop the **-s** of the **tu** imperative verb form.

Vas-y.	*Go ahead.*
Répondez-y.	*Answer.*

2. for negative commands, place **y** before the verb.

N'y va pas seul.	*Don't go there alone.*
N'y pensez pas.	*Don't think about it.*

Exercice 4.

Choisissez de la liste les antécédents logiques pour le pronom *y* dans chaque phrase. Il y a plusieurs réponses possibles.

Modèle : J'y vais.
y = b, d, f

1. Elle y est.
2. Vous n'y habitez pas.
3. Tu vas y réfléchir.
4. Allons-y à pied.

Antécedents possibles :

a. dans le train
b. en Louisiane
c. à la situation économique
d. chez Nambé
e. à la possibilité de voyager en train
f. au café

Exercice 5.

Cette conversation n'est pas très naturelle parce qu'il y a beaucoup de répétitions. Récrivez les phrases numérotées en employant le pronom *y* pour éviter la répétition des mots en italiques.

CHRISTOPHE Je vais au parc. (1) Tu veux aller *au parc* avec moi ?
SERGE (2) Euh, je ne peux pas aller *au parc* parce que je dois aller à l'université.
CHRISTOPHE À l'université ? (3) Pourquoi est-ce que tu vas *à l'université* aujourd'hui ? C'est samedi après-midi.
SERGE (4) Eh bien, je ne vais pas normalement *à l'université* le samedi après-midi, mais j'ai un examen important lundi. Je préfère étudier à la bibliothèque.
CHRISTOPHE (5) À quelle heure est-ce que tu vas *à la bibliothèque ?*
SERGE Vers deux heures.
CHRISTOPHE Ouf, tu penses trop à tes notes.
SERGE (6) Non, je ne pense pas trop *à mes notes.* (7) Il faut que je pense *à mes notes* pour pouvoir devenir médecin.
CHRISTOPHE D'accord. Étudie bien.
SERGE Merci. Et amuse-toi bien *(have fun)* au parc.

Structure 7.3 Le comparatif (introduction)

The following structures are used in descriptions that compare people and things.

+	plus... (adjectif)... que
−	moins... (adjectif)... que
=	aussi... (adjectif)... que

La Suisse est plus montagneuse que l'Algérie. — *Switzerland is more mountainous than Algeria.*

L'Afrique équatoriale est moins aride que le Maghreb. — *Equatorial Africa is less arid than Northwest Africa.*

Les lycées sénégalais sont aussi difficiles que les lycées français. — *Senegalese high schools are as difficult as French high schools.*

The irregular adjective **bon** has these comparative forms:

+	meilleur(e)(s) que	*better than*
–	moins bon(ne)(s) que/pire que	*worse than*
=	aussi bon(ne)(s) que	*as good as*

Fatima pense que le thé au Maroc est meilleur que le thé en Europe.	*Fatima thinks that tea in Morocco is better than tea in Europe.*
Cette agence de voyages est moins bonne que l'autre.	*This travel agency is worse than the other one.*

Exercice 6.

Comparez les éléments suivants avec l'adjectif donné entre parenthèses. Attention à la forme de l'adjectif.

Modèle : le pain français/le pain américain (+ bon)

Le pain français est meilleur que le pain américain.

1. la cuisine française/la cuisine allemande (+ célèbre)
2. les Alpes suisses/les Alpes françaises (= célèbre)
3. les autoroutes allemandes/les autoroutes espagnoles (+ bon)
4. les plages sénégalaises/les plages françaises (= beau)
5. les casinos de Monte-Carlo/les casinos de Las Vegas (+ élégant)
6. le chocolat belge/le chocolat suisse (= bon)
7. la bière française/la bière allemande (– bon)
8. la Côte d'Ivoire/le Zaïre (– grand)

Structure 7.4 Les verbes *savoir* et *connaître*

In French, knowing is expressed by either the verb **savoir** or the verb **connaître,** depending on the context.

The verb **savoir** means *to know information or facts* or *to know how to do something.*

savoir *(to know (facts), know how)*	
je sais	nous savons
tu sais	vous savez
il, elle, on sait	ils, elles savent

Savoir may be used with a noun or pronoun, an infinitive, a question word, or a clause with **que** or **si.** However, **savoir** is not used to refer to a person.

Nous savons la date.	*We know the date.*
Il sait faire du ski.	*He knows how to ski.*
Nous ne savons pas quand le train part.	*We don't know when the train leaves.*
Nous savons que le train arrive à 13 h 00.	*We know that the train arrives at 1:00 P.M.*
Savez-vous s'il est à l'heure ?	*Do you know if it is on time?*

The **tu** and **vous** forms of **savoir** may also be used as conversational fillers.

Il aime voyager, tu sais.	*He likes to travel, you know.*
Mais, vous savez, il déteste prendre l'avion.	*But, you know, he hates to take planes.*

Connaître means *to know,* in the sense of being acquainted or familiar with something or someone.

connaître *(to know, be familiar with)*	
je connais	nous connaissons
tu connais	vous connaissez
il, elle, on connaît	ils, elles connaissent

The verb **connaître** is only used with a noun or a pronoun.

Nous connaissons Montréal.	*We're familiar with Montreal.*
Vous connaissez les Dubois.	*You're acquainted with the Dubois family.*
Je ne connais pas ce parc.	*I'm not familiar with that park.*

Exercice 7.

Trouvez l'élément qui peut compléter les phrases.

1. Je viens de recevoir une carte postale de mon cousin Paul.

Tu sais	Paul, n'est-ce pas ?
Tu connais	que Paul est en Egypte, n'est-ce pas ?
	quand il pense revenir ?

2. L'agent de voyage va téléphoner.

Elle sait	que nous préférons un billet moins cher.
Elle connaît	bien la Suisse.
	trouver les meilleurs prix.

3. Les vacances arrivent bientôt.

Vous savez	moi, je suis très impatiente.
Vous connaissez	les meilleurs centres de vacances.
	la date de mon départ ?

4. Nous cherchons un bon hôtel pas cher.

Nous savons	le numéro de téléphone de l'Hôtel d'Or.
Nous connaissons	où se trouve l'Hôtel Roc.
	tous les hôtels de cette région.

5. Rome. Quelle ville magnifique !

Sais-tu	parler italien ?
Connais-tu	les catacombes ?
	une bonne pizzeria ?

Exercice 8.

Tout le monde aime parler des vacances. Complétez ces bribes de conversation avec la forme convenable de *savoir* ou *connaître.*

1. Je ____________ bien ma tante. Elle ne va pas passer ses vacances à la plage parce qu'elle ne ____________ pas nager.
2. ____________-vous le Louvre ?

   — Oui, c'est un musée d'art.

   ____________-vous l'adresse ?

   — Pas exactement, mais je ____________ que vous pouvez la trouver facilement dans un guide.
3. Pendant les vacances, nous allons en Suisse. ____________-tu Neuchâtel ? C'est une petite ville adorable sur un lac magnifique. Tu ____________, nous préférons les petites villes... Nos amis ____________ là un hôtel qui est extraordinaire. Et c'est là que nous allons passer deux semaines.

Structure 7.5 Les pronoms d'objet direct *le, la* et *les*

One basic sentence structure common to French and English is the following:

subject + verb + direct object

Vous connaissez **l'agent de voyages.**	*You know* ***the travel agent.***
Marc a **ses billets.**	*Marc has* ***his tickets.***

The boldface words are direct objects because they answer the question "whom?" or "what?" about the verb (You know *whom?* Marc has *what?*).

In the following examples, questions are answered replacing the direct objects with direct object pronouns to avoid repetition.

Vous connaissez **l'agent de voyages ?**	*Do you know the travel agent?*
Oui, je **le** connais.	*Yes, I know him.*
Marc a **ses billets ?**	*Does Marc have his tickets?*
Oui, il **les** a.	*Yes, he has them.*

The direct object pronouns in French include the following forms:

	singular	plural
masculine	le (l')	les
feminine	la (l')	

Note that **le** and **la** contract to **l'** before a vowel or a vowel sound.

Tu ne **l'**aimes pas. *You don't love him/her/it.*

Place direct object pronouns in sentences according to these guidelines:

1. in front of the conjugated verb or **voilà**

Ma valise ? Oui, je **la** fais.	*My suitcase? Yes, I'm packing it.*
Son passeport ? Non, il ne **l'**a pas.	*His passport? No, he doesn't have it.*
Mes lunettes de soleil ? **Les** voilà.	*My sunglasses? There they are.*

2. between the conjugated verb and an infinitive

La plage ? Oui, elle veut **la** voir.	*The beach? Yes, she wants to see it.*
Mais nous n'allons pas **la** voir.	*But we are not going to see it.*

Place direct object pronouns in commands **(l'impératif)** according to these guidelines:

1. for affirmative commands, the pronoun goes after the verb and is connected to it in writing by a hyphen

Le billet ? Donne-le à l'agent.	*The ticket? Give it to the agent.*
Quelles belles plages ! Regardez-les.	*What beautiful beaches! Look at them.*

2. for negative commands, place the pronoun before the verb

Le train de 10 h 00 ? Ne le prends pas.	*The 10 o'clock train? Don't take it.*
Les cascades ? Ne les visitez pas.	*The falls? Don't visit them.*

Some common verbs used with direct objects include the following: apporter, chanter, connaître, faire, finir, mettre, montrer, payer, prendre, savoir, vendre.

Unlike English, the following verbs take direct objects in French.

attendre *(to wait for)*	Je l'attends.	*I'm waiting for him.*
chercher *(to look for)*	Cherche-la.	*Look for it/her.*
écouter *(to listen to)*	Ne les écoutez pas.	*Don't listen to them.*
regarder *(to look at)*	Il les regarde.	*He is looking at them.*

Exercice 9.

Ne vous répétez pas ! Remplissez les vides avec le pronom convenable.

1. Mon ami veut voir les plages de Normandie. Il va ____________ visiter pendant son voyage en Europe.
2. Pendant ses vacances, Daniel ne veut pas aller voir sa cousine. Il ne ____________ aime pas beaucoup.
3. Voilà l'autobus. Vous devez ____________ prendre pour aller en ville.
4. Où est le guide Michelin ? Je veux ____________ lire.
5. Ma tante habite à Trois-Rivières. On va ____________ voir pendant nos vacances au Québec.
6. Où est le lac Léman ? ____________ voilà.

Exercice 10.

Que faites-vous quand vous êtes en voyage ? Répondez aux questions suivantes en remplaçant les mots en italiques par un pronom.

1. Visitez-vous *les musées de la région ?*
2. Apportez-vous *votre appareil-photo ?*
3. Perdez-vous *votre passeport ?*
4. Étudiez-vous *les brochures touristiques ?*
5. Prenez-vous *le petit déjeuner* au restaurant de l'hôtel ?
6. Regardez-vous *la télévision* dans votre chambre ?

Vocabulaire

Vocabulaire fondamental

Noms

La géographie *geography*

la campagne *the country*
une carte *map*
une côte *coast*
un désert *desert*
un endroit *place*
l'est *east*
un état *state*
un fleuve *river (major)*
une forêt *forest*
une frontière *border*
une île *island*
un lac *lake*
une mer *sea*
le monde *world*
une montagne *mountain*
le nord *north*
un océan *ocean*
l'ouest *west*
un pays *country*
le sud *south*
une ville *city*

Mots apparentés : une capitale, un centre, un continent, un port, une région, un village

Le climat *climate*

une averse *shower*
un bulletin météorologique (*fam* la météo) *weather report*
le ciel *sky*
le climat *climate*
en été (automne, hiver) *in the summer (fall, winter)*
un orage *storm*
la pluie *rain*
au printemps *in the spring*
la saison (sèche, des pluies) *(dry, rainy) season*
des températures (froides, douces, moyennes, chaudes) *(cold, cool, mild, hot) temperatures*

Les activités de vacances *vacation activities*

l'aérobic *aerobics*
l'équitation *horseback riding*
la musculation *weight lifting*
le patin à glace *ice skating*
la plongée libre *snorkeling*
la plongée sous-marine *scuba diving*
le ski alpin *downhill skiing*
le ski de fond *cross-country skiing*
la voile *sailing*

Mots apparentés : le canoë, le golf, le rafting

Les transports *transportation*

un autobus *bus*
un avion *airplane*
un bateau *boat*
un métro *subway*
une motocyclette (*fam.* une moto) *motorcycle*
une voiture *car*

Mots apparentés : un taxi, un train, le transport public

Le tourisme *tourism*

une agence de voyages *travel agency*
un(e) agent de voyages *travel agent*
un billet *ticket*
un (billet) aller simple *one-way ticket*
un (billet) aller-retour *round trip ticket*
un chèque de voyage *traveler's check*
un passeport *passport*
des renseignements *information*
une réservation *reservation*
une section (non-)fumeur *(non-)smoking section*
les (grandes) vacances *(fpl) (summer) vacation*
une valise *suitcase*
un vol *flight*

Verbes

comparer *to compare*
connaître *to know, be acquainted with, familiar with*
continuer *to continue*
faire des projets *to make plans*
faire le tour du monde *to travel around the world*
faire sa valise *to pack*
penser à *to think about*
savoir *to know (information), to know how*
se trouver *to be located*
visiter *to visit (a place)*

Adjectifs

agricole *agricultural*
ancien(ne) *former, old*
autre *other*
couvert(e) *cloudy (sky)*
développé(e) *developed*
ensoleillé(e) *sunny*
francophone *French-speaking*
haut(e) *high*
industrialisé(e) *industrialized*
lourd(e) *heavy, humid*
meilleur(e) *better*
pauvre *poor*
pire *worse*
semblable *similar*

Mots apparentés : différent(e), exceptionnel(le), extraordinaire, historique, idéal(e), magnifique, moderne, rapide, touristique, tropical(e)

Mots divers

aussi... que *as. . . as*
comme *like, as*
une différence *difference*
à l'étranger *abroad*
grosses bises *hugs and kisses (in a letter)*
moins... que *less. . . than*
plus... que *more. . . than*
plutôt *rather, somewhat*

Vocabulaire

Expressions utiles

Comment comparer *How to compare*

(See pp. 199–200 for additional expressions.)

La France est moins grande que le Zaïre mais elle est plus grande que les autres pays francophones d'Europe. *France is not as large as Zaire but larger than the other French-speaking countries of Europe.*
Le Canada est aussi industrialisé que l'Europe. *Canada is as industrialized as Europe.*
Est-ce que New York est très différente de Los Angeles ? *Is New York very different from Los Angeles?*
Quelles sont les différences entre Genève et Zurich ? *How are Geneva and Zurich different?*

Comment demander des renseignements touristiques à l'agence de voyages *How to ask for tourist information at the travel agency*

(See p. 205 for additional expressions.)

Je voudrais réserver une place sur un vol pour Grenoble. *I would like to reserve a seat on a flight to Grenoble.*
Voulez-vous un billet aller-retour ou un aller simple ? *Do you want a round trip ticket or a one way?*
Préférez-vous voyager en classe touriste (classe affaires, première classe) ? *Do you prefer to travel in tourist class (business class, first class)?*

Vocabulaire supplémentaire

Noms

La géographie *geography*

une cascade *waterfall*
une chute *waterfall*
un habitant *inhabitant*
une plaine *plain*
une principauté *principality*
une savane *savannah*

Mots apparentés : une colonie, une destination, l'équateur *(m)*, une province, un volcan

Adjectifs

incertain(e) *variable, uncertain (weather)*
montagneux(euse) *mountainous*
plat(e) *flat*
sec (sèche) *dry*
tempéré(e) *temperate*
vaste *vast, big*
volcanique *volcanic*

Mots apparentés : aride, cosmopolite, dense, éternel(le), fréquent(e), provincial(e), rural(e), urbain(e)

Verbes

briller *to shine*
faire de l'auto-stop *to hitchhike*
geler (il gèle) *to freeze (it's freezing)*
rêver (de) *to dream (about)*

Mots divers

une autoroute *highway*
un climat continental (désertique, équatorial, méditerranéen, océanique, tropical) *continental, (desert, equatorial, Mediterranean, oceanic, tropical) climate*
un ouragan *hurricane*
un rêve *dream*
un souk *Arab market*

Mots apparentés : une antilope, une brochure, un casino, un éléphant, une girafe, un gorille, une hyène, un léopard, un lion, un zèbre

8

Module 8
Qu'est-ce qui s'est passé ?

Thèmes et pratiques de conversation

Hier
Comment raconter une histoire (introduction)
Les informations
Personnages historiques
Les années 80

Culture

Comment les Français s'informent
Napoléon I

Lecture

Jacques Brel : Chanteur en rébellion

Structures

8.1 Le passé composé avec **avoir**
8.2 Les expressions de temps au passé
8.3 Le passé composé avec **être**
8.4 Les verbes comme **finir**
8.5 Les verbes comme **venir** et **venir de** + infinitif

Thèmes et pratiques de conversation

Hier soir, les Mauger ont dîné en famille.

Hier

Structure 8.1 **Le passé composé avec *avoir*** Structure 8.2 **Les expressions de temps au passé**	The **thème Hier** highlights the **passé composé**, a verb tense used for telling what happened and recounting past events. See page 249 for a discussion of this tense. Time expressions used with the **passé composé** appear on page 251.

Angèle a étudié pour un examen.

M. et Mme Montaud ont joué aux cartes.

Yvette a travaillé à l'ordinateur.

Serge a regardé son émission favorite à la télévision.

Marthe et Joëlle ont parlé au téléphone pendant des heures.

Mme Ladoucette a fait une promenade dans le parc avec son chien.

Stéphane a lu un roman de Flaubert.

Véronique a pris des photos du coucher de soleil.

Activité 1 : Interaction.

Qu'est-ce que les étudiants dans la classe ont fait hier soir ? Posez les questions suivantes à un(e) camarade.

Modèle : As-tu écouté la radio ?

— Oui, j'ai écouté la radio.

1. As-tu regardé la télé ? À quelle heure ? Où ? Quelle(s) émission(s) ?
2. As-tu parlé au téléphone ? Quand ? Avec qui ?
3. As-tu travaillé ? Quand ? Où ?
4. As-tu mangé ? Avec qui ? Quand ? Où ?
5. As-tu rencontré des amis ? Qui ? Où ? Quand ?
6. As-tu étudié ? Pendant combien de temps ?

Activité 2 : Routines logiques ?

Arrangez les activités en ordre chronologique et lisez vos solutions oralement à la classe. Utilisez *puis, ensuite, alors* et *enfin.*

1. Une soirée entre amis. Le week-end dernier, j'ai invité des amis chez moi pour une soirée. D'abord j'ai...
   a. préparé le dîner.
   b. fait les présentations.
   c. envoyé les invitations.
   d. acheté les provisions.

2. Un examen. Vendredi dernier Manuel avait un examen d'histoire. D'abord il a...
   a. rencontré un groupe d'amis pour étudier ensemble.
   b. passé l'examen pendant deux heures dans l'amphithéâtre.
   c. révisé les notes de classe.
   d. beaucoup dormi après l'examen.

3. Un match de tennis. Samedi dernier tu as joué au tennis. D'abord tu as...
   a. réservé un court au stade municipal.
   b. pris une douche avant de rentrer.
   c. joué deux sets de tennis.
   d. acheté des balles en route vers le match.

4. Une soirée au cinéma. Le week-end dernier nous avons vu un film avec des amis. D'abord nous avons...
   a. regardé le film.
   b. pris le métro jusqu'au cinéma Rex.
   c. mangé dans un restaurant qui reste ouvert jusqu'à minuit.
   d. cherché un bon film dans *Pariscope.*

5. Pour louer un appartement. D'abord Marianne a...
   a. regardé dans les petites annonces pour trouver un studio pas cher.
   b. décidé de le louer.
   c. téléphoné à la propriétaire pour prendre rendez-vous.
   d. visité le studio.

6. La fin de la journée. D'abord j'ai...
   a. fait mes devoirs.
   b. décidé d'aller au lit.
   c. commencé à regarder un mauvais film.
   d. allumé la télévision pour regarder les actualités.

Activité 3 : Vous êtes curieux !

Qu'est-ce que votre professeur a fait le week-end dernier ? Posez-lui dix questions pour obtenir le plus d'informations possibles. Il/elle peut seulement répondre par *oui* ou *non*. Ensuite, faites la même activité avec un(e) camarade de classe.

Activité 4 : La dernière fois...

Dites la dernière fois que vous avez fait les activités suivantes.

Modèle : parler anglais en classe

Quelle est la dernière fois que tu as parlé anglais en classe ?

— J'ai parlé anglais en classe ce matin.

1. écouter la radio
2. manger dans un restaurant
3. faire les courses
4. téléphoner à tes parents
5. perdre tes clés
6. sécher un cours

Vocabulaire utile : hier, hier soir, hier matin, la semaine dernière, le week-end dernier, mardi dernier, il y a (une semaine)

Activité 5 : Un voyage mal commencé.

Regardez les images et écoutez l'histoire racontée par votre professeur. Ensuite, essayez de recomposer l'histoire vous-même.

Expressions utiles : chercher les affaires de camping, amener le chat, fermer les volets, dire au revoir, arranger les bagages dans le coffre, accrocher la caravane, chercher les clés, trouver, démarrer, entendre un bruit.

Comment raconter une histoire (introduction)

Structure 8.3 Le passé composé avec *être*	You have just learned to form the **passé composé** with the auxiliary verb **avoir**. French also has a small number of verbs conjugated with **être** in the **passé composé**. Many of them involve movement. For a complete discussion of the **passé composé** with **être** see page 252.

Expressions utiles

Si vous écoutez une histoire

Pour commencer

Qu'est-ce qui s'est passé ?	*What happened?*
Racontez-moi ce qui s'est passé.	*Tell me what happened.*

Pour réagir

Et alors ?	*And then (what)?*
Oui ?	*Yes? (Go on . . .)*
Vraiment ?	*Really?*
Oh là là !	*Wow!*

Si vous racontez une histoire

Pour commencer

Voilà ce qui s'est passé.	*Here's what happened.*
Bon, je commence. Voilà.	
Euh, c'est comme ça.	*Uh, it's like this.*

Pour continuer

Et puis...	
Alors...	*(and) then . . .*
Ensuite...	
Euh...	*Uh, um . . .*
Enfin...	*Finally . . .*

Activité 6 : La Route des Montaud.

(En groupes de 4) Deux personnes jouent le rôle de Monsieur et Madame Montaud qui racontent l'histoire de leur voyage. Les deux autres—les auditeurs *(listeners)*—réagissent à l'histoire avec les expressions appropriées. Verbes utiles : entrer, passer, arriver, perdre, sortir, revenir, aller, tomber.

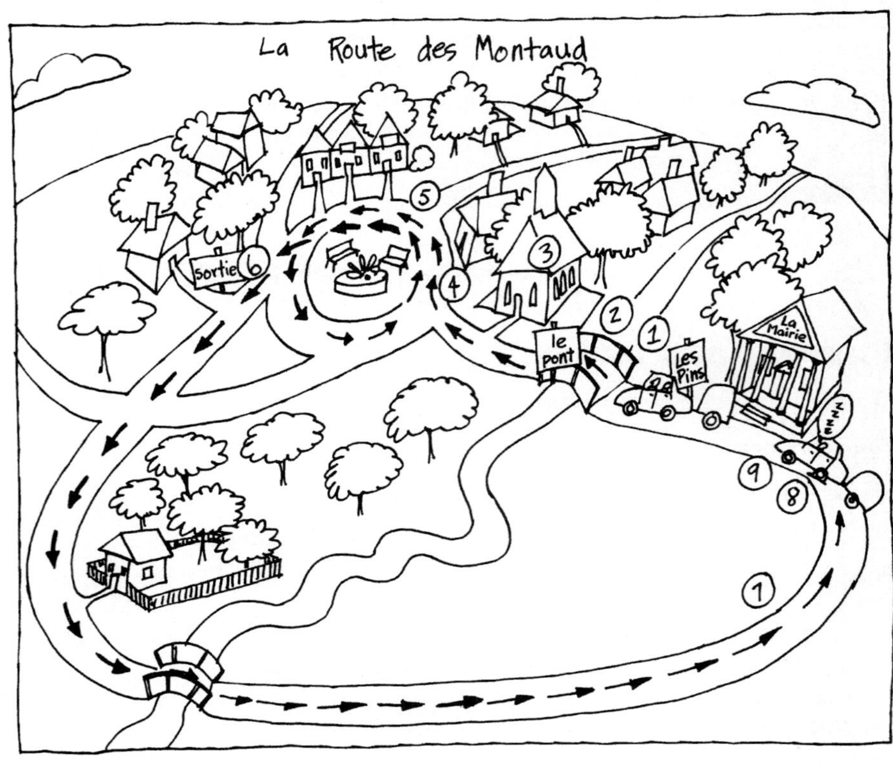

Activité 7 : Des vacances ratées ou réussies ?

Est-ce que vos dernières vacances ont été merveilleuses, désastreuses ou médiocres ? Dites pourquoi en utilisant les éléments des deux colonnes. Commencez avec le modèle.

Modèle : Avez-vous passé de bonnes vacances ?

— Oui et non.

Comment ? Qu'est-ce qui s'est passé ?

— Bon, voilà, je commence...

Des vacances ratées

1. J'ai perdu mon argent.
2. Il a plu.
3. Les hôtels ont coûté trop cher.
4. Ma voiture est tombée en panne.
5. J'ai eu un accident.
6. J'ai manqué mon avion.
7. Je suis tombé(e) malade.
8. ?

Des vacances réussies

1. J'ai rencontré des gens très sympathiques.
2. J'ai trouvé de bons restaurants.
3. Mes parents ont payé le voyage.
4. Je suis sorti(e) dans des clubs super !
5. Il a fait beau.
6. Je suis toujours arrivé(e) à l'aéroport à l'heure.
7. J'ai trouvé une plage exotique.
8. ?

Activité 8 : Interaction.

Posez les questions suivantes à un(e) camarade. Ensuite, racontez sa réponse la plus intéressante à la classe.

1. Où as-tu passé tes meilleures vacances ?
2. Comment as-tu voyagé ?
3. Avec qui es-tu allé(e) ?
4. Combien de temps y es-tu resté(e) ?
5. Qu'est-ce que tu as vu d'intéressant ?
6. Qu'est-ce que tu as fait pendant la journée ? La nuit ?
7. Aimerais-tu y retourner l'année prochaine ?

Activité 9 : Toujours des excuses !

Vous êtes toujours prêt(e) à vous trouver des excuses. Élaborez les excuses suivants avec les expressions pour raconter une histoire (pp. 233–234). Votre camarade va réagir. Puis changez de rôle.

Modèle : Pourquoi êtes-vous arrivé à l'école en retard ?

— Euh, et bien... d'abord je suis allé(e) au lit très tard parce que j'ai travaillé jusqu'à une heure du matin.

Oui, et alors... ?

1. Pourquoi êtes-vous arrivé à l'école en retard ?
   a. je / aller au lit très tard hier soir parce que je / beaucoup / travailler
   b. je / ne pas entendre le réveil ce matin
   c. je / ne pas trouver mes clés
   d. je / décider de prendre le bus / mais je / arriver trop tard à la station d'autobus
   e. je / être à l'heure demain / je vous promets
2. Vous n'avez pas rendu votre composition !
   a. je / passer / toute la nuit / à préparer la composition
   b. je / taper la composition à l'ordinateur
   c. on / couper le courant *(the power went off)* / et donc / je / perdre tout mon travail
   d. mon ami / retrouver mon travail
   e. mon imprimante *(printer)* / tomber en panne
3. Tu n'as pas répondu à ma lettre. Qu'est-ce qui s'est passé ?
   a. ta lettre / arriver / quand j'étais en vacances
   b. je / répondre à la lettre tout de suite
   c. je / perdre / ton adresse
   d. je / trouver / l'adresse dans l'annuaire
   e. ma secrétaire / oublier / d'envoyer la lettre, désolé(e)

Activité 10 : L'inquisition d'un parent possessif.

Un parent possessif veut tout connaître sur la soirée de sa fille. Avec un(e) camarade, jouez le rôle du parent et de la fille.

Modèle : Avec qui es-tu sortie ?

— Je suis sortie avec des copains.

1. Avec qui es-tu sortie ?
2. Où es-tu allée ?
3. Combien de copains sont venus avec toi ?
4. Comment y es-tu allée ?
5. Par où es-tu passée après ?
6. Pendant combien de temps y es-tu restée ?
7. À quelle heure es-tu rentrée ?

Les informations

Structure 8.4 Les verbes comme *finir*

You have already learned to conjugate a number of irregular **-ir** verbs. **Les informations** introduces regular **-ir** verbs. For a list of these verbs and their conjugation see page 253.

Comment les Français s'informent

Les Français font plus confiance à la presse qu'à la télévision ou à la radio pour leurs informations. Traditionnellement, ils s'informent en lisant un quotidien, un journal publié chaque° jour. Cependant, de plus en plus, le journal télévisé du soir et les informations écoutées à la radio le matin remplacent la lecture d'un quotidien. Pour ceux qui veulent une analyse plus profonde il y a les hebdomadaires—les magazines qui paraissent chaque semaine. Ces magazines sont souvent plus agréables à lire avec leurs belles photos et images. Le prix des journaux est un autre facteur derrière la désaffection pour les quotidiens. Un Français paie 7 F pour *Le Monde,* comparé à 1 F 80 que le New Yorkais paie pour le *New York Times,* un journal semblable.

° *each*

En se promenant dans une ville française, l'Américain remarque tout de suite les kiosques où se vendent une multitude de magazines destinés à plaire à tous les goûts. Parmi les hebdomadaires d'actualité générale, *Paris-Match* a le plus grand nombre de lecteurs. C'est un magazine avec beaucoup de photos en couleurs—style *Life Magazine.* Il est rare de ne pas y trouver un article sur une grande personnalité américaine telle que Madonna, Hillary Clinton ou Michael Jackson. Les magazines d'information *L'Express* et *Le Point* ressemblent à *Time* et *Newsweek.* Ils contiennent toujours des analyses politiques. Récemment, la vente des magazines d'information a diminué, mais il y a une expansion des magazines spécialisés dans tous les domaines : de l'aventure à l'informatique. Les hommes sont plus concernés par les revues de loisirs : sport, automobile, bricolage. Les femmes s'intéressent davantage° aux magazines féminins et de décoration tels que *Marie-Claire, Vogue, Maison française* et *Femme actuelle.*

° *more*

Avez-vous compris ?

1. Les Français font-ils plus confiance aux informations qui se trouvent dans la presse écrite ou à la télévision ?
2. Qu'est-ce qu'on regarde à la télévision pour les informations ?
3. Comment s'appelle un journal qui sort tous les jours ?
4. Comment s'appelle un magazine qui sort toutes les semaines ?

5. Est-ce qu'un New Yorkais ou un Parisien paie plus pour son quotidien ?
6. Pourquoi *Paris-Match* est-il si populaire ?
7. *L'Express* et *Le Point* ressemblent à quels magazines américains ?
8. Où peut-on acheter des journaux en France ?

Activité 11 : Interaction.

1. Est-ce que tu choisis de t'informer à travers la presse ou la télévision ? Pourquoi ?
2. Réussis-tu à lire le journal tous les jours ? Quel journal préfères-tu ?
3. Est-ce que tu réagis contre la violence à la télévision ?
4. La télévision réussit-elle à nous instruire ou seulement à nous amuser ?
5. Est-ce qu'il y a une émission de télévision que tu regardes avant de te coucher ? À quelle heure finit-elle ?
6. Est-ce que les gens réfléchissent quand ils regardent la télévision ou sont-ils plutôt passifs ?

Activité 12 : Classez les informations.

(À deux) Vous travaillez pour un magazine avec un(e) assistant(e). Lisez les informations suivantes à votre assistant(e). Il/elle va les classer sous la rubrique appropriée sans regarder le texte.

Rubriques : sport, politique, économie, culture, monde, société, crime, mode

Modèle : Monica Seles a remporté la victoire à Wimbledon.

— *sport*

1. Un film français a gagné la palme d'or à Cannes.
2. Bull, l'entreprise d'informatique, a perdu 15 millards de francs.
3. Les socialistes ont perdu les élections nationales.
4. On a massacré des civils en Bosnie.
5. La police a arrêté des traffiquants de drogues à Marseille.
6. Une femme a tué son mari avant de se suicider.
7. Un Espagnol a gagné le Tour de France.
8. La nouvelle collection Chanel a fait sensation à Paris.

sommaire n° 1172

Éditorial de Claude Imbert page **5**

L A S E R

D O S S I E R S

Alors qu'il s'apprête à fêter son quarantième anniversaire, Bill Gates, l'homme le plus riche des Etats-Unis, est, selon l'expression américaine, « assis sur le toit du monde ». Son entreprise, Microsoft, contrôle 34,7 % du marché mondial des logiciels. Histoire d'un visionnaire de génie.

C U L T U R E

LE POINT
140, RUE DE RENNES, 75280 PARIS CEDEX 06.
TEL. (16) (1) 45.44.39.00 - Fax : 45.44.43.38
Service abonnements B608, 60732 Sainte-Geneviève Cedex 9
Tél. (16) 44.03.31.83 et (16) 44.03.36.97

Président Directeur Général, Directeur de la publication : Bernard Wouts

Le Point, fondé en 1972, est édité par la Société d'exploitation de l'hebdomadaire Le Point - Sebdo. Société anonyme au capital de 5 760 000 francs, 140, rue de Rennes, 75280 Paris Cedex 06. R.C.S. Paris B 312 408 784
Associés principaux : Générale Occidentale - Gaumont

Dépôt légal : à parution - n° de commission paritaire 53 049, n° ISSN 0242-6005

Impression : Groupe JL : Avenir Graphique, Sima (77200 TORCY). Diffusion : N.M.P.P.

"Le Point" (USPS = 007886) is published weekly for $ 200 per year at 100 Walnut Str. Champlain, NY 12919. Second-class postage paid at Champlain, NY, and additional mailing offices. POSTMASTER : send address changes to IMS of New York, PO Box 1518, Champlain, NY, 12919-1518, IMS 1-800-428-3003.

Photo de couverture : SMITH/OUTLINE/OROPL Photo de sommaire : MCVAY/SABA/REA

Personnages historiques

Structure 8.5 Les verbes comme *venir* et *venir de* + infinitif

This **thème** presents a set of irregular **-ir** verbs conjugated like **venir.** You will also be working with **venir de** followed by the infinitive to talk about what has just taken place. See page 254 for further information.

Napoléon I

Né en 1769, Napoléon Bonaparte **provient** d'une famille corse. Après une éducation militaire en France, il **devient** soldat. En 1796 il **obtient** le commandement de l'armée d'Italie où il a des victoires. Le gouvernement l'envoie au Moyen-Orient où il organise l'Égypte et bat les Turcs en Syrie. Après ses campagnes militaires, il **revient** en France où les modérés dans le gouvernement l'aident dans un coup d'état. Napoléon **devient** premier consul et **obtient** de plus en plus de pouvoir° grâce à la constitution autoritaire qu'il impose. Il gagne beaucoup de territoire en conquérant des pays voisins et amasse un empire européen. Napoléon **tient à** la gloire et il se proclame empereur des Français en 1804. Hélàs, Napoléon ne réussit pas à maintenir son Grand Empire. Après plusieurs défaites militaires qui finissent par l'invasion de la France, Napoléon doit abdiquer et il vit en exil à l'île d'Elbe. En 1815 il **revient** en France où il reste pendant cent jours. Mais son armée est battue à Waterloo et il doit abdiquer une seconde fois. Les Anglais l'envoient à Sainte-Hélène, une île où il meurt en exil.

° *power*

Avez-vous compris ?

1. D'où vient Napoléon ?
2. Qu'est-ce qu'il obtient en 1796 ?
3. Comment devient-il premier consul ?
4. Est-ce un homme de paix ou de guerre ?
5. Reste-t-il sur l'île d'Elbe après son premier exil ?
6. Quel est le lieu célèbre où son armée a été vaincue *(defeated)* ?

Activité 13 : Une biographie historique.

Faites un bref portrait des personnages présentés aux pages 241–242 en répondant aux questions suivantes :

1. Où est-il/elle né(e) ? En quelle année ?
2. Où a-t-il/elle grandi ?
3. Qu'est-ce qu'il/elle est devenu(e) (quelle a été sa profession) ?
4. Comment a-t-il/elle contribué à l'histoire ?
5. Quand est-il/elle mort(e) ?

Mini-portraits historiques

Nom : Marie Joseph Gilbert Motier, Marquis de La Fayette
Lieu et date de naissance : 1757, château de Chavaniac
Jeunesse : Auvergne
Profession : général et homme politique
Contribution : Il a aidé dans la guerre d'indépendance en Amérique.
Mort : 1834

Nom : Jean-Paul Sartre
Date et lieu de naissance : 1905, Paris
Jeunesse : Paris
Profession : écrivain, philosophe
Contribution : Il a développé la philosophie appelée « existentialisme ». Ses livres *Huis clos* et *La Nausée* ont beaucoup influencé la pensée intellectuelle de son époque.
Mort : 1980

Nom : Marie Curie
Date et lieu de naissance : 1867, Varsovie
Jeunesse : Pologne
Profession : savante, chercheuse
Contribution : Avec son mari Pierre Curie, elle a découvert le radium.
Mort : 1934 par exposition au radium

Nom : Charles de Gaulle
Date et lieu de naissance : 1890, Lille
Jeunesse : Lille
Profession : général et président
Contribution : Général et homme d'état français, il a refusé l'armistice pendant la seconde guerre mondiale. De Londres il a lancé un appel à la résistance et a mené la France Libre (*Free France*). En 1944 il est devenu président de la République française.
Mort : Il a démissioné en 1969 et est mort en 1970.

Activité 14 : Histoire personnelle.

Répondez aux questions suivantes et ensuite utilisez les questions pour interviewer votre camarade.

1. D'où viennent tes ancêtres ?
2. Pourquoi sont-ils venus aux États-Unis ?
3. Où tes grands-parents sont-ils nés ?
4. Combien d'enfants ont-ils eus ?
5. Où tes parents ont-ils grandi ?
6. Est-ce que quelqu'un dans ta famille est célèbre ? Explique.

Activité 15 : Étapes importantes.

Dites quand vous avez fait les choses suivantes.

Note: To avoid giving your age, you may use the indefinite expression **il y a longtemps** *(a long time ago).*

Modèle : Quand est-ce que vous avez appris à conduire ?

— J'ai appris à conduire à l'âge de seize ans, il y a quatre ans.

1. Quand est-ce que vous avez appris à lire ?
2. Quand est-ce que vous avez commencé à travailler ?
3. Quand est-ce que vous avez commencé à apprendre le français ?
4. Quand est-ce que vous avez commencé à boire du café ou du thé ?
5. Quand est-ce que vous avez commencé à conduire ?
6. Quand est-ce que vous avez fini le lycée ?

Et maintenant pour le passé récent

Activité 16 : Qu'est-ce qu'on vient de faire ?

Lisez les descriptions suivantes et imaginez ce que ces personnages viennent de faire.

Modèle : Jean-Marc est couvert de sueur *(perspiration).*

Il vient de courir 10 kilomètres.

1. Étienne rentre de la bibliothèque.
2. Les Dupuis défont *(unpack)* leurs valises.
3. Nous quittons le cinéma.
4. Tu attends tes boissons au café.
5. Maurice raccroche *(hangs up)* le téléphone.
6. Les garçons rentrent tout contents du stade municipal.

Les années 80

Activité 17 : Qu'est-ce qui s'est passé dans les années 80 ?

Lisez les informations, et ensuite, posez des questions à vos camarades de classe sur les événements de cette époque.

Modèle : — Qu'est-ce qui s'est passé en 1981 ?

— François Mitterrand est devenu président de la République française.

1989 On a fêté le bicentenaire de la Révolution française.
Les premiers sextuplés français sont nés.
L'Exxon *Valdez* a créé une marée noire *(oil spill)* en Alaska.

1988 On a fêté la construction de la pyramide de Pei au cœur du Louvre.
George Bush est devenu président des États-Unis.
Florence Griffith-Joyner a gagné la médaille d'or aux jeux Olympiques de Seoul.

1987 Madonna a enflammé le parc de Sceaux à Paris.
19 octobre : C'est le krach à Wall Street. La Bourse américaine a perdu beaucoup de valeur.
Mathias Rust a atterri *(landed)* sur la Place rouge à Moscou.

1986 Le Challenger a explosé en vol.
Le musée d'Orsay consacré à l'art du 19e siècle a ouvert ses portes.
Boris Becker est devenu le nouveau roi du tennis.

1985 Un tremblement de terre a secoué Mexico.
Mikhail Gorbachev est monté à la tête du Parti communiste soviétique.
Une équipe française a retrouvé le *Titanic*.

1984 Les footballeurs français ont remporté le championnat d'Europe.
Un assassin a tué Indira Gandhi, « la mère de l'Inde ».
Plus de 2 000 personnes sont mortes pendant la catastrophe de l'Union Carbide de Bhopal en Inde.
Brigitte Bardot a eu 50 ans.

1983 À Beyrouth deux camions suicides ont explosé provoquant la mort de 169 soldats américains.
Le tennisman Yannick Noah a remporté la victoire à Roland-Garros, le premier Français à gagner le championnat depuis 1946.
Léopold Sédar Senghor est devenu le premier noir à être élu à l'Académie française.

1982 La princesse Grace de Monaco est morte.
Le 22 avril, des terroristes ont fait exploser une bombe à Paris. Une personne est morte, soixante-trois ont été blessées.
On a libéré Lech Walesa, l'ancien président du syndicat polonais, de prison.

1981 L'actrice Isabelle Adjani a reçu la palme d'or à Cannes pour *Quartet*.
François Mitterrand est devenu président de la République française.
Le prince Charles a épousé Lady Diana.

1980 Mark David Chapman a assassiné John Lennon.
Ronald Reagan a été élu le 40e président des États-Unis.
Marguerite Yourcenar est devenue la première femme admise à l'Académie française.

Activité 18 : Triviale poursuite. Catégorie : les années 80.

1. Quel pays a eu un tremblement de terre désastreux ? En quelle année ?
2. Quel rocker célèbre a été assassiné ? Qui l'a assassiné ?
3. Quelle légende *(superstar)* française a eu 50 ans en 1984 ?
4. Où l'Union Carbide a-t-il provoqué un accident avec plus de 2 000 morts ?
5. Où l'Exxon *Valdez* a-t-il créé une marée noire, un accident écologique de proportions énormes ?
6. En quelle année Ronald Reagan est-il devenu président ?
7. L'équipe de plongeurs français a retrouvé quel bateau célèbre ?
8. D'autres questions ?

Lecture

Anticipation

1. Les années 60 ont été une période de rébellion des jeunes contre l'autorité en France comme aux États-Unis. À Paris, les étudiants ont manifesté *(protested)* contre le gouvernement. Quelle université américaine associez-vous aux manifestations américaines des années 60 ?
2. D'après le titre, est-ce que Jacques Brel a été un chanteur conformiste ou non-conformiste ?
3. La bourgeoisie est une catégorie sociale de gens relativement aisés *(well off)* qui ne font pas de travail manuel. Certaines valeurs sociales *(social values)* sont traditionnellement associées à la bourgeoisie. Quels adjectifs associez-vous à la bourgeoisie : riche, pauvre, conservatrice, traditionnelle, confortable, ouverte, fermée, conformiste, anti-conformiste, capitaliste, socialiste, scandaleuse ?
4. On dit qu'avec sa chanson *(song)* « Les bourgeois », Jacques Brel est devenu le « porte-parole » *(spokesperson)* de sa génération. Quel chanteur a été le porte-parole des années 60 aux États-Unis ? Quel chanteur est le porte-parole de votre génération ?

Activités de lecture

1. La chronologie des événements est souvent importante dans une biographie. Parcourez le texte pour repérer toutes les dates et leur importance.
2. Parcourez le texte pour trouver ses chansons les plus célèbres.

Jacques Brel : Chanteur en rébellion

Jacques Brel, auteur et compositeur, est né en 1929 en Belgique. Il a quitté l'usine° familiale pour aller chanter avec sa guitare dans les cabarets de Paris. Ses chansons les plus célèbres, souvent sur le rythme d'une valse, sont « Quand on n'a que l'amour », « Ne me quitte pas », reprise par Nina Simone, « Le port d'Amsterdam » et « Les amants ».

factory

Il parle de la solitude, de la vie quotidienne, de l'amour, de la mort et de la bêtise° des gens. Mais il a surtout décrit et critiqué la classe bourgeoise française et ce qu'elle a représenté dans les années 60 : la peur° du changement et de tout risque, l'étroitesse° d'esprit, le conformisme et le désir de maintenir le pouvoir° par l'argent.

stupidity
fear
narrowness
power

Il a fait beaucoup de portraits satiriques. Avec sa chanson « Les bourgeois » qui dit que la liberté est le contraire de la sécurité, il est devenu le porte-parole de la rébellion de beaucoup de jeunes contre l'autorité et les contraintes de toutes sortes. Contre la guerre,° il a chanté la force et la violence de l'amour, de la jeunesse, de l'espoir.

war

En 1966, fatigué de son succès, il a arrêté de tourner° pour vivre ses passions : il a appris à piloter, et il a navigué autour du monde. L'Amérique en 1972 l'a invité à fêter sa carrière. Il a écrit ses dernières chansons sur la mort et a fini sa vie à Tahiti en 1978, atteint d'un cancer, à 49 ans.

° *touring*

Expansion de vocabulaire

1. Utilisez le contexte et les mots apparentés pour trouver l'équivalent anglais des mots en italiques.
   a. Ses chansons célèbres, souvent sur le rythme d'une *valse,* sont...
   b. La classe bourgeoise a représenté la peur du *changement* et de tout *risque...*
   c. Il a critiqué son désir de *maintenir* son pouvoir par l'argent.
   d. « *Les bourgeois* » disait que la liberté était le *contraire* de la sécurité.
   e. Une rébellion contre l'autorité et les *contraintes* de toutes sortes...
2. Dans ce texte il y a beaucoup de mots comme l'**autorité** qui se terminent en **ité** ou **été.** Ces mots représentent souvent une idée abstraite.
   a. Trouvez tous les mots qui se terminent en **-té** et notez leur genre.
   b. Traduisez les mots suivants en français : *society, fraternity, quality, maturity, identity, complexity.*

Compréhension et intégration

1. Où Jacques Brel est-il né ?
2. Quelle a été sa nationalité ?
3. Quel a été son premier acte de rébellion ?
4. De quoi parlait-il dans ses chansons ?
5. Quel groupe a-t-il critiqué et pourquoi ?
6. Qu'est-ce qu'il a fait en 1966 ?
7. Comment et où est-il mort ?

Maintenant à vous

1. Choisissez un(e) étudiant(e) pour jouer le rôle d'un musicien célèbre. La classe va l'interviewer pour trouver : où il/elle est né(e), où il/elle a grandi, où il/elle est allé(e) au lycée, quand il/elle a commencé à jouer ou chanter, ce qu'il/elle pense de l'amour, la vie, la société, la musique, etc.
2. D'après ce texte, quel chanteur ou chanteuse contemporain(e) ressemble le plus à Jacques Brel ? Faites une liste de chanteurs qui ressemblent à Brel et une autre liste de chanteurs qui ne lui ressemblent pas. Trouvez des adjectifs pour chaque chanteur. Ensuite, en groupes de trois ou quatre, échangez vos idées et présentez vos listes à la classe.

Oui	adjectifs	Non	adjectifs
Bob Dylan	anti-conformiste		

Un pas en avant

À jouer et à discuter

1. Write down something interesting you did last weekend. Your partner will try to guess what it is by asking you yes/no questions.
2. **20 questions.** Students divide into two teams. One team pins the name of a famous person on the back of a representative of the opposing team. That player can ask up to 20 yes/no questions to figure out his/her identity.

Modèle : Est-ce que je suis mort ?

À écrire

With your classmates you will create a student newspaper « **Échos** » by completing the following steps.

Première étape

In a brainstorming session with your class, select the kinds of stories you wish to include in the student paper: **sports, météo, santé, économie, monde, société, gens, arts/spectacles,** and so forth. Think together about the events you might want to include in these categories.

Deuxième étape

In groups of three select a topic area: each member may develop his/her own "slant" to write up for homework.

Troisième étape

Read over your drafts to your reporting team. They will make suggestions, additions, clarifications, and corrections. Submit the corrected drafts to your instructor. Finally, news teams will present their stories to the class.

Quatrième étape

Your instructor will edit your work; your group will retype your column to be included in the student newspaper and published for the class.

Structures

Structure 8.1
Le passé composé avec *avoir*

The **passé composé** *(compound past)* is used to talk about past events. Its English equivalent will depend on the context.

	I read a good book.
J'ai lu un bon livre.	*I have read a good book.*
	I did read a good book.

The **passé composé** has two parts: a helping or auxiliary verb, **l'auxiliaire,** and a past participle, **le participe passé.** The verb **avoir** is the most common auxiliary. Here is a chart of **voyager** conjugated in the **passé composé.**

j'ai voyagé	nous avons voyagé
tu as voyagé	vous avez voyagé
il/elle/on a voyagé	ils/elles ont voyagé

The past participle is formed by adding an ending to the verb stem.
Regular verbs take the following endings:

Regular past participles

-er verbs take **-é** : parler → parlé
-ir verbs take **-i** : partir → parti; finir → fini
-re verbs take **-u** : perdre → perdu; répondre → répondu

Many verbs have irregular past participles.

Irregular past participles

Infinitive	Past participle
avoir	eu
boire	bu
être	été
faire	fait
mettre	mis
pleuvoir	plu
prendre	pris
recevoir	reçu
voir	vu

For negative sentences place the **ne... pas** around the auxiliary verb; then add the past participle.

J'ai trouvé mes chèques de voyage.	*I found my traveler's checks.*
Je **n**'ai **pas** trouvé mes chèques de voyage.	*I didn't find my traveler's checks.*

For inversion questions, invert the pronoun and the auxiliary.

Tu as trouvé la clé ?	*You found the key?*
As-tu trouvé la clé ?	*Did you find the key?*

Exercice 1.

Écrivez le participe passé des verbes suivants.

1. parler	4. voir	7. prendre	10. choisir
2. voyager	5. jouer	8. dormir	11. finir
3. faire	6. mettre	9. recevoir	12. prendre

Exercice 2.

Écrivez le participe passé du verbe approprié pour compléter les phrases suivantes : *prendre, perdre, finir, téléphoner, trouver, parler, recevoir, voir, faire, répondre.*

1. As-tu ______________ le dernier film de Tom Hanks ?
2. J'ai ______________ mes clés; as-tu ______________ des clés par hasard ?
3. Est-ce que vous avez ______________ vos devoirs ?
4. Hélène a ______________ la lettre, mais elle n'y a pas encore ______________.
5. J'ai ______________ à ma famille et nous avons ______________ pendant une heure.

Exercice 3.

Racontez le voyage en Amérique d'Arnaud et de son copain Renaud en écrivant les phrases au passé.

1. Arnaud et Renaud saluent leurs copains à l'aéroport.
2. Ils voyagent pendant huit heures.
3. Dans l'avion, Renaud regarde deux films, mais Arnaud écoute de la musique, puis il dort.
4. Arnaud appelle un taxi pour aller à l'hôtel.
5. Renaud prend beaucoup de mauvaises photos en route pour l'hôtel.
6. Après un petit repos, ils boivent une bière au restaurant de l'hôtel et regardent les gens.

Structure 8.2 Les expressions de temps au passé

The adverbial expressions in the following list often accompany the **passé composé.** They generally appear at the beginning or end of sentences.

hier (matin, soir)	*yesterday (morning, evening)*
ce matin	*this morning*
le week-end dernier	*last weekend*
le mois dernier	*last month*
la semaine dernière	*last week*
l'année dernière	*last year*

Il y a + time expression

Il y a un an	A year ago
Il y a deux jours	Two days ago

La semaine dernière j'ai vu un ancien ami.
J'ai commencé mes études **il y a un an.**

The preposition **pendant** expresses duration and can be used with any verb tense. Use **pendant** and not **pour** when you are talking about a length of time.

Pendant combien de temps avez-vous regardé le film ?	*How long did you watch the film?*
Hier soir j'ai travaillé **pendant** deux heures.	*Last night I studied for two hours.*

Most one- and two-syllable adverbs precede the past participle in the **passé composé.**

beaucoup	*a lot*	mal	*badly, poorly*	trop	*too much*
bien	*well*	pas encore	*not yet*		
déjà	*already*	peu	*little*		

Avez-vous **déjà** mangé ?
— Non, je n'ai **pas encore** commencé.

Exercice 4.

Remplacez les vides par l'adverbe approprié : ***mal, bien, beaucoup, déjà, trop, encore.***

1. Yannick Noah a perdu le match parce qu'il a ______________ joué.
2. Répétez, s'il vous plaît, je n'ai pas ______________ compris.

3. Le candidat a ______________ voyagé pendant la campagne éléctorale.

4. J'ai grossi; j'ai ______________ mangé.

5. Elles ont ______________ visité Paris; maintenant elles veulent voir Londres.

6. Tu veux aller au cinéma ? Je n'ai pas ______________ vu ce film.

7. Tu as dix-huit ans; as-tu ______________ appris à conduire ?

Structure 8.3
Le passé composé avec *être*

A small group of verbs is conjugated with the auxiliary **être** instead of **avoir.** Here is a list of the most common verbs conjugated with **être.** Irregular past participles are indicated in parentheses.

aller	partir
arriver	rentrer
descendre	rester
entrer	retourner
monter	sortir
mourir *(mort)*	tomber
naître *(né)*	venir, revenir, devenir *(venu, revenu, devenu)*

The past participle of verbs conjugated with **être** agrees in gender and number with the subject.

feminine singular : add **-e**	Elle est allé**e**.
masculine plural : add **-s**	Ils sont descendu**s**.
feminine plural : add **-es**	Elles sont parti**es**.

Exercice 5.

Nicolas écrit une composition sur sa visite d'un château avec des copains le week-end dernier. Mettez les verbes entre parenthèses au passé composé avec *être.* Attention à l'accord du participe passé.

Dimanche on (aller) (1) ______________ visiter un château. D'abord, nous (arriver) (2) ______________ dans un parc magnifique. Puis, nous (entrer) (3) ______________ dans le hall du château. Des guides (venir) (4) ______________ nous chercher pour la visite. On (monter) (5) ______________ dans la tour par un escalier étroit. Céline (rester) (6) ______________ au premier étage à admirer les tapisseries. Son frère Jean-Guillaume (tomber) (7) ______________ dans l'escalier. Ensuite Céline (descendre) (8) ______________ aux oubliettes *(dungeon).* Beaucoup de prisoniers y (9) ______________ (mourir) ! Céline avait peur, et elle (remonter) (10) ______________ très vite ! Nous (ressortir) (11) ______________ par une grande porte. À la fin de la visite, nous (remonter) (12) ______________ dans l'autocar et je (repartir) (13) ______________ pour ma modeste maison.

Exercice 6.

Complétez cette description d'une randonnée en montagne au passé composé. Choisissez entre l'auxiliaire *avoir* ou *être*.

La semaine dernière nous (aller) (1) ______________ en montagne. On (prendre) (2) ______________ les sacs à dos et on (emprunter) (3) ______________ la tente aux voisins. Nous (quitter) (4) ______________ la ville très tôt le matin. En route, nous (passer) (5) ______________ par un magasin où Jean (sortir) (6) ______________ acheter des boissons. Nous (rouler) (7) ______________ toute la journée. Enfin, quand nous (arriver) (8) ______________ au camping, Jean et moi, nous (installer) (9) ______________ la tente tout de suite et on (dormir) (10) ______________. Nous (partir) (11) ______________ en randonnée le matin.

Structure 8.4 Les verbes comme *finir*

You have already learned one type of irregular **-ir** verb (**dormir, sortir,** etc.). **Finir** *(to finish)* follows a slightly different pattern.

finir *(to finish)*	
je finis	nous finissons
tu finis	vous finissez
il/elle/on finit	ils/elles finissent

passé composé : j'ai **fini**

Ma classe de français **finit** à onze heures.

A number of regular **-ir** verbs conjugated like **finir** are derived from adjectives, as in the examples shown here.

adjective	**verb**	**meaning**
brun(e)	brunir	*to become brown, to tan*
grand(e)	grandir	*to grow (up)*
rouge	rougir	*to redden, to blush*
pâle	pâlir	*to turn pale*
maigre	maigrir	*to lose weight*
gros(se)	grossir	*to gain weight*

Tu ne manges pas assez, tu maigris ! — *You aren't eating enough, you're getting thin!*

Est-ce que vous rougissez de colère ? — *Do you blush when you're angry?*

Other regular **-ir** verbs include **réfléchir** *(to think),* **obéir** *(to obey),* **réagir** *(to react),* **choisir** *(to choose),* and **réussir** *(to succeed).*

Je ne réussis pas à faire obéir mon chien. Quand je dis « assieds-toi », il finit par faire exactement ce qu'il veut. — *I'm not successful at making my dog obey. When I say, "sit down," he ends up doing exactly what he wants.*

Exercice 7.

Complétez les phrases suivantes avec la forme correcte des verbes entre parenthèses.

1. Est-ce que vous ______________ (maigrir) ou ______________ (grossir) quand vous êtes stressé(e) ?
2. Je suis impulsive. Je ne ______________ (réfléchir) pas assez avant d'agir.
3. Vous ______________ (choisir) de rester ici, n'est-ce pas ?
4. Nous ______________ (finir) nos devoirs, et puis nous sortons.
5. Les enfants ______________ (grandir) trop vite !
6. Nous les roux, nous ______________ (rougir) de colère.

Exercice 8.

Monique, à table chez elle, se plaint de *(is complaining about)* M. Eluard, son professeur d'anglais. Complétez le passage ici avec les verbes suivants : *agir, rougir, réussir, finir, choisir, obéir.*

Je ne comprends pas pourquoi M. Eluard (1) ______________ *(passé composé)* d'être professeur. Il ne (2) ______________ pas à maintenir l'ordre en classe parce qu'il n' (3) ______________ pas avec autorité. Ses étudiants ne (4) ______________ pas à ses ordres. Ils ne (5) ______________ jamais leurs devoirs, et ils ne (6) ______________ pas à leurs examens. Le pauvre professeur est timide, et il (7) ______________ quand il parle à la classe.

Structure 8.5 Les verbes comme *venir* et *venir de* + infinitif

You learned the verb **venir** in Module 3. Here are some other useful verbs conjugated like **venir.** Derivations of **venir** are conjugated with **être** in the **passé composé.** Derivations of **tenir** are conjugated with **avoir.**

venir *(to come)*	
je viens	nous venons
tu viens	vous venez
il/elle/on vient	ils/elles viennent

passé composé : je suis **venu(e)**

être auxiliary	**avoir** auxiliary
devenir *(to become)*	tenir *(to hold, to keep),* tenir à *(to want to)*
revenir *(to come back)*	appartenir à *(to belong to)*
	maintenir *(to maintain)*
	obtenir *(to obtain)*

Après huit ans d'études universitaires, Paul **est devenu** professeur de chimie.	*After eight years of university study, Paul became a chemistry professor.*
Est-elle **revenue** en train ?	*Did she come back by train?*
Les enfants **tiennent** la main de leur mère.	*The children are holding their mother's hand.*

Tiens and **tenez** can be used idiomatically in conversation to attract the listener's attention.

— **Tiens**, Jacques est à l'heure !	— *Well (hey), John's on time!*
— Tu n'as pas de nouvelles de Claude ? **Tiens,** je te donne sa dernière lettre.	— *You don't have any news from Claude? Here, I'll give you his last letter.*

Venir de + infinitive (passé récent)

Just as **aller** combined with the infinitive (**futur proche**) expresses an action that is going to take place, **venir de** combined with the infinitive (**passé récent**) expresses an action that has just taken place.

Avez-vous faim ?	*Are you hungry?*
— Non, je **viens de** manger.	*— No, I just ate.*
Nous sommes fatigués. Nous **venons de** courir cinq kilomètres.	*We're tired. We just ran five kilometers.*

Exercice 9.

Complétez ce profil à propos de Marjan. Choisissez entre les verbes et mettez-les au temps correct : *devenir, venir, tenir, obtenir, maintenir, appartenir, revenir.*

Marjan (1) ______________ de finir ses études universitaires à Aix-en-Provence. Elle (2) ______________ son diplôme universitaire il y a un mois. Maintenant, elle cherche à trouver un bon poste dans le gouvernement. Mais elle n'a rien trouvé à Aix, donc Marjan (3) ______________ habiter chez ses parents à Lyon. Elle travaille chez M. Forestier qui (4) ______________ au club de football de son père. Cet ami (5) ______________ une petite boutique en ville. Marjan est contente d'avoir du travail, mais elle (6) ______________ folle *(crazy)* en travaillant avec cet ami de son père qui adore parler de football avec elle toute la journée.

Vocabulaire

Vocabulaire fondamental

Noms

un accident *accident*
les actualités *(f)* *current events*
un(e) adulte *adult*
un bruit *sound*
un château *château, castle*
un coup de téléphone *telephone call*
un événement *event*
une guerre *war*
une histoire *story*
les informations *the news*
un journal *newspaper*
un magazine *magazine*
un pont *bridge*
la presse *the press*
les provisions *food*

Verbes conjugués avec l'auxiliaire *avoir*

allumer *to light, turn on*
amener *to bring*
brunir *to tan, get brown*
choisir *to choose*
décider *to decide*
finir *to finish*
grandir *to grow, to grow up*
grossir *to gain weight*
informer *to inform*
maigrir *to lose weight*
manquer *to miss*
obéir *to obey*
réagir *to react*
réfléchir *to think, consider*
réussir *to succeed*
rougir *to blush, to turn red*
tenir *to hold*
tenir à *to want*
vivre (p.p. vécu) *to live*

Verbes conjugués avec l'auxiliare *être*

devenir (p.p. devenu) *to become*
monter *to go up*
mourir (p.p. mort) *to die*
naître (p.p. né) *to be born*
passer *to pass (by)*
rentrer *to return (home)*
revenir (p.p. revenu) *to come back*
tomber *to fall*
tomber en panne *to have a breakdown*

Expressions de temps au passé

la dernière fois *the last time*
hier matin *yesterday morning*
hier soir *last night, yesterday evening*
il y a six ans (mois, jours) *six years (months, days) ago*
longtemps *a long time*
le mois dernier *last month*
la semaine dernière *last week*
le week-end dernier *last weekend*

Mots divers

jusqu'à *until*
pendant *during, for*

Expressions utiles

Comment raconter une histoire *How to tell a story*

(See other expressions on pp. 233–234.)

d'abord *first*
enfin *finally*
ensuite *then*
Et alors ? *And then?*
puis *then*
Qu'est-ce qui se passe ? *What's happening? What's going on?*
Qu'est-ce qui s'est passé ? *What happened?*
Racontez-moi ce qui s'est passé. *Tell me what happened.*
Vraiment ? *Really?*

Vocabulaire supplémentaire

Noms

une caravane *trailer, caravan*
un(e) chercheur(euse) *scientist*
un coffre *car trunk*
le coucher de soleil *sunset*
un hebdomadaire *weekly*
un quotidien *daily (publication)*
une rubrique *heading, news column*
les volets *shutters*

Verbes

accrocher *to hook; to hitch on*
accueillir *to welcome*
appartenir à *to belong to*
découvrir (p.p. découvert) *to discover*
démarrer *to start*
éteindre (p.p. éteint) *to extinguish, turn off*
exploser *to explode*
maintenir *to maintain*
obtenir *to obtain*
ouvrir (p.p. ouvert) *to open*
recevoir (p.p. reçu) *to receive*
sécher un cours *to skip class*

Module 9 La maison et la routine quotidienne

Thèmes et pratiques de conversation

La vie de tous les jours
Les pièces et les meubles
Les tâches domestiques
Comment trouver le mot juste
Comment se plaindre

Culture

La maison française

Lecture

Premier conte pour enfants de moins de trois ans, d'Eugène Ionesco

Structures

9.1 Les verbes pronominaux (introduction)
9.2 Les verbes comme **mettre**
9.3 Les verbes de communication : **lire, dire** et **écrire**
9.4 Les pronoms d'objet indirect **lui** et **leur**
9.5 Les expressions négatives

Thèmes et pratiques de conversation

La vie de tous les jours

Structure 9.1 Les verbes pronominaux (introduction)

In this **thème,** you will be talking about your daily routine, a topic that requires the use of **verbes pronominaux,** reflexive verbs. To learn more about these verbs, see page 280.

1.

2.

3.

4

5.

6.

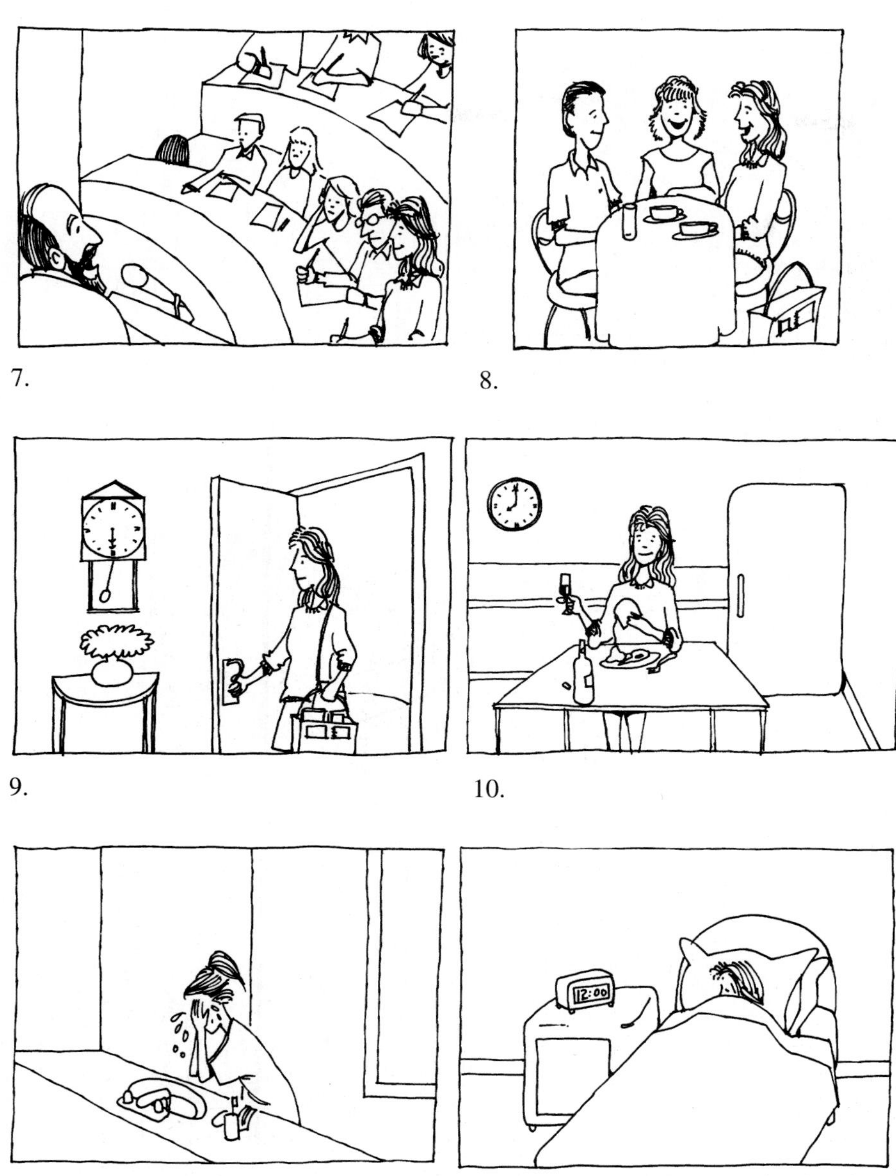

7. 8. 9. 10. 11. 12.

Une journée typique

Eh ben, d'habitude le matin, **je me réveille** à 8 h 00, et j'écoute la radio pendant quelques minutes. Puis **je me lève,** et je fais du café. Je **me douche** et **je me lave** les cheveux. **Je m'habille** et après je prends le petit déjeuner. Ensuite, **je me brosse** les dents, **je me maquille** et puis je pars pour la fac. J'ai cours toute la journée. L'après-midi je retrouve mes amis au café et nous bavardons jusqu'à six heures. Je rentre chez moi vers six heures et demie. Le soir, je prépare quelque chose à manger et je regarde les informations à la télé ou je lis un magazine. Vers minuit **je me lave** la figure et **je me couche.** Quelle vie tranquille, n'est-ce pas ?

1.
2.
1:00
3.
4.
5.
Le Métro
6.
7.
8.

Une journée pas comme les autres

Dimanche dernier, je suis sortie avec des amis et **nous nous sommes bien amusés** jusqu'à trois heures du matin. Alors, **je me suis couchée** très tard et j'ai fait la grasse matinée jusqu'à une heure de l'après-midi ! Quand **je me suis** finalement **levée,** je n'avais même pas le temps de **me doucher.** J'ai dû **me dépêcher** pour mon rendez-vous chez le dentiste. J'y suis arrivée une demi-heure en retard et malheureusement le dentiste n'avait plus le temps de me voir. Calmée, j'ai pris le métro pour rentrer chez moi. En route **je me suis endormie** et j'ai manqué ma station. Et pour couronner le tout, je dois retourner chez le dentiste parce que j'ai une carie *(cavity)*. Que la vie est dure !

Activité 1 : La vie de Chantal.
Répondez aux questions.

D'habitude...

1. Est-ce que Chantal se réveille à 10 h 00 ?
2. Est-ce qu'elle se lève immédiatement ?
3. Que fait-elle avant de prendre le petit déjeuner ?
4. Est-ce qu'elle se brosse les dents le matin ?
5. Comment est-ce qu'elle passe ses soirées ?

Une journée pas comme les autres...

1. Avec qui est-ce que Chantal s'est amusée dimanche dernier ?
2. À quelle heure est-elle rentrée chez elle ?
3. Est-ce qu'elle s'est réveillée de bonne heure ?
4. Qu'est-ce qu'elle n'a pas eu le temps de faire ?
5. Où s'est-elle dépêchée d'aller ?
6. Pourquoi a-t-elle manqué sa station de métro ?

Activité 2 : Les choses de tous les jours.
Pourquoi est-ce qu'on se sert des choses suivantes ?

Modèle : un sèche-cheveux

On se sert d'un sèche-cheveux pour se sécher les cheveux.

1. du rouge à lèvres
2. un rasoir électrique

3. une brosse à dents
4. du shampooing
5. un réveil
6. une serviette de bain
7. des vêtements
8. une brosse

Activité 3 : La routine.

Que faites-vous d'habitude aux heures indiquées le lundi ? Le samedi ? Est-ce que votre routine est la même le lundi et le samedi ? Quel jour préférez-vous ?

	le lundi	le samedi
7 h 00		
8 h 00		
9 h 00		
12 h 00		
13 h 00		
18 h 00		
23 h 00		

Activité 4 : Interaction.

Posez les questions suivantes à un(e) camarade de classe.

D'habitude

1. Est-ce que tu te lèves de bonne heure le matin ?
2. Est-ce que tu te laves les cheveux tous les jours ?
3. Est-ce que tu te promènes régulièrement? Promènes-tu ton chien ?
4. Qu'est-ce que tu fais pour t'amuser ?

Hier

1. Est-ce que tu t'es rasé(e)/t'es maquillé(e) hier matin ?
2. Est-ce que tu t'es endormi(e) en classe ?
3. Est-ce que tu t'es amusé(e) avec des amis ?
4. À quelle heure est-ce que tu t'es couché(e) ?

Demain

1. Tu vas te réveiller de bonne heure demain matin ?
2. Tu vas t'habiller en short demain ?
3. Qu'est-ce que tu vas faire pour t'amuser ?

Les pièces et les meubles

La maison française

La maison française est plus fermée au regard du monde que la maison américaine. Les activités familiales qui se passent à l'intérieur d'une maison américaine sont souvent visibles de la rue tandis qu'en France des rideaux et des persiennes° bloquent la vue. Le soir, on ne voit pas la lumière chaleureuse à travers les fenêtres parce qu'on ferme la maison totalement avec des volets° en métal.

blinds
shutters

À l'intérieur de la maison, il y a des nuances de comportement qui dépendent des rapports entre les gens. Chez les étudiants, qui ont en général un studio ou un petit appartement, l'atmosphère est très relaxe et toutes les pièces sont accessibles. À part dans ce milieu étudiant, le mouvement des invités dans une maison est plus limité. Si on n'appartient pas au cercle de la famille (membres et amis intimes), on reste principalement dans la salle de séjour et dans la salle à manger. La cuisine est plutôt inaccessible : pas de self-service ! Même avant d'y entrer pour aider l'hôtesse, il faut demander. Naturellement, on n'entre pas librement dans les chambres à coucher et on n'ouvre pas les tiroirs° ou les placards. Il faut interpréter « faites comme chez vous » à la française.

drawers

Avez-vous compris ?

Voici une liste d'activités dans un foyer. Indiquez si ces activités se font dans une maison française ou non.

probable	pas probable	
○	○	1. On laisse les rideaux ouverts le soir.
○	○	2. On ferme les rideaux et les volets le soir.
○	○	3. Entre étudiants, les règles de comportement sont moins strictes.
○	○	4. L'invité va chercher quelque chose à boire dans le réfrigérateur.
○	○	5. On entre dans la cuisine sans demander à l'hôtesse si elle a besoin d'aide.
○	○	6. Tout le monde se retrouve sur le lit des parents pour regarder une vidéo.
○	○	7. Un très bon ami ouvre un tiroir pour chercher un stylo.
○	○	8. On prend l'expression « Faites comme chez vous » tout à fait au sérieux.

- 57% des Français habitent dans une maison individuelle.
- 55% des familles françaises sont propriétaires de leur maison; 40% sont locataires.
- Une pièce qui a beaucoup changé récemment est la cuisine. Elle tend à être plus grande (on y prend les repas quotidiens) et mieux équipée (lave-vaisselle, cafetière électrique, grille-pain électrique, four à micro-ondes, mixer, etc.).

Francoscopie 1995

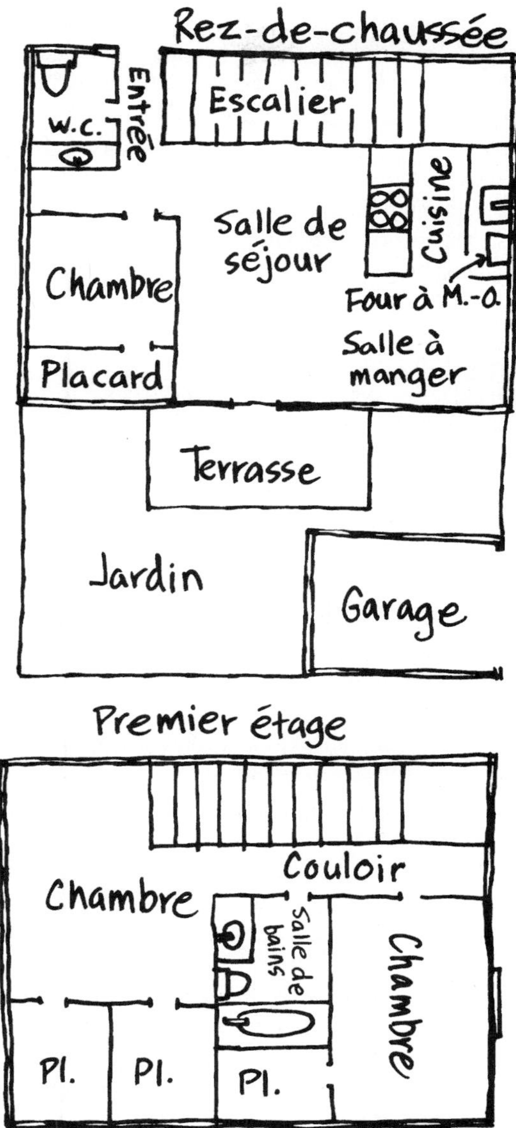

Activité 5 : La maison parfaite.

L'agent immobilier *(real estate agent)* téléphone à son client pour décrire la maison que vous voyez ici. Complétez la description avec les mots qui manquent en vous servant du plan.

Monsieur Laclos ? Ici Béatrice Meillet. Je vous téléphone parce que j'ai trouvé une maison qui est parfaite pour vous et pour votre famille... Oui, elle est jolie et le prix est assez raisonnable... Bien sûr, elle a trois (1) ______________ avec une (2) ______________ au premier étage et les (3) ______________ au rez-de-chaussée. Oui, oui, le (4) ______________ est derrière la maison à côté de la terrasse. Et il y a aussi un beau (5) ______________. Eh bien, au rez-de-chaussée, il y a une (6) ______________ qui ouvre sur la (7) ______________. Puis on passe par la (8) ______________ pour arriver à la

(9) ______________. Il y a un (10) ______________ qui monte au premier étage... Qu'est-ce que la maison a de spécial ? La chambre à coucher a deux grands (11) ______________. Et la cuisine est très moderne; elle est équipée d'un réfrigérateur, d'une (12) ______________ et même d'un (13) ______________ à micro-ondes. Je suis sûre que Madame l'aimerait ! Et votre fils va adorer jouer sur (14) ______________. Le prix ? Vous voulez savoir le prix ? Voyons... Ah oui, le voilà. C'est 17 000 F au mètre carré. Comment ? Cela vous semble cher ? Oui, mais après tout, on n'est pas en province. Oui, monsieur, je vois, mais si vous changez d'avis *(change your mind)*...

Structure 9.2 Les verbes comme *mettre*

The verb **mettre,** *to put* or *to place,* is particularly useful in the context of home and daily life. You put things in their place, put on clothes, put time into activities, and so on. An explanation of **mettre** and other verbs like it is found on page 283.

Activité 6 : Où mettre... ?

Jeu de rôles. Les déménageurs *(movers)* ne savent pas où mettre vos meubles. Avec un(e) autre étudiant(e), jouez les rôles comme dans le modèle.

Modèle : la lampe

Où est-ce qu'on met la lampe ?

— Mettez-la/On la met dans la chambre, sur la table de nuit.

1. le canapé
2. la table basse
3. les fauteuils
4. la table de nuit
5. le four à micro-ondes
6. le buffet

Activité 7 : Bien organisé.

Où est-ce qu'on met les choses suivantes ? Demandez à un(e) autre étudiant(e).

Modèle : toi/ton vélo

Où est-ce que tu mets ton vélo ?

— Je le mets dans le garage.

1. toi/les adresses de tes amis
2. le professeur/son stylo rouge
3. ton (ta) meilleur(e) ami(e)/ses clés *(keys)*
4. toi/ton manteau
5. toi et tes camarades de chambre/le courrier

Horloge astrologique dans la cathédrale de Strasbourg.

Activité 8 : Le temps de vivre.

En groupes de trois, répondez aux questions suivantes. Qui est la personne qui met le plus de temps à faire chaque activité ?

1. Combien de temps est-ce que tu mets chaque jour à faire les activités suivantes ?

Modèle: à te maquiller/raser

Je mets cinq minutes à me maquiller/raser.

a. à te doucher

b. à préparer ton cours de français

c. à faire la cuisine

d. à parler au téléphone

e. à faire des activités sportives

2. Combien de temps as-tu mis à faire les choses suivantes ?

Modèle : à faire ton lit ce matin

J'ai mis deux minutes à faire mon lit.

a. à ranger ta chambre cette semaine

b. à faire le marché la semaine passée

c. à écrire ta dernière lettre à tes parents

d. à lire le journal ce matin

e. à apprendre à conduire

Les tâches domestiques

Structure 9.3 **Les verbes de communication : *lire, dire* et *écrire*** Structure 9.4 **Les pronoms d'objet indirect *lui* et *leur***	Verbs involving communication such as **lire** *(to read),* **dire** *(to tell),* and **écrire** *(to write)* are usually used with indirect objects. In this **thème,** you will learn to use communication verbs with the indirect object pronouns **lui** and **leur. Lire, dire,** and **écrire** are presented on page 285. An explanation of the indirect object pronouns **lui** and **leur** is found on page 287.

La maison est en désordre et tout le monde doit se mettre à faire des tâches domestiques. Quand quelqu'un oublie ses tâches, les autres naturellement **lui** disent ce qu'il faut faire.

M. Martin passe la tondeuse.

Qu'est-ce qu'il demande aux enfants de faire ?

Il **leur** dit de...

Mme Martin passe l'aspirateur.

Qu'est-ce qu'elle demande à son fils de faire ?

Elle **lui** dit de...

Activité 9 : À vous.

Avec un(e) camarade, classez les tâches domestiques dans les catégories suivantes.

1. ce que j'aime faire
2. ce que je déteste faire
3. ce que je fais souvent (une fois par semaine)
4. ce que je fais rarement (une fois par mois)
5. ce que je dois faire quand j'invite des amis chez moi

Activité 10 : Un matin fou.

Ce matin votre ménage est en confusion et c'est à vous de prendre de la situation en main. Qu'est-ce que vous dites aux personnes suivantes ?

Modèle : Les enfants dorment encore.

Je leur dis de se réveiller.

1. Il est tard mais votre mari/femme veut rester au lit.
2. Votre fille a faim.
3. Votre fils vous apporte une chemise qu'il faut repasser.
4. Les enfants passent trop de temps à prendre leur petit déjeuner.
5. Votre mari/femme annonce qu'il faut vider la poubelle.
6. Les enfants ont oublié de se brosser les dents.
7. Votre mari/femme laisse la chambre en désordre.

Activité 11 : Communications.

Qui aime communiquer avec les autres ? Préparez une feuille numérotée de 1 à 8 et trouvez quelqu'un qui répondra oui à vos questions. La personne qui dit oui doit signer votre feuille.

Trouvez quelqu'un qui...

1. a écrit une lettre hier ________________
2. a lu le journal aujourd'hui ________________
3. a écrit une rédaction cette semaine ________________
4. a dit bonjour à un professeur aujourd'hui ________________
5. a téléphoné à un(e) ami(e) ce matin ________________
6. a répondu récemment à une annonce dans le journal ________________
7. a écrit un poème récemment ________________
8. veut écrire un grand roman *(novel)* ________________

Activité 12 : Interaction.

Répondez aux questions suivantes.

1. À quelle heure est-ce que tu te couches pendant la semaine ? Et le week-end ? Est-ce que tu es un lève-tôt ou un couche-tard ?
2. Qui fait la cuisine et la vaisselle chez toi ? Chez tes parents ?
3. Est-ce que tu es maniaque (une personne qui tient toujours sa chambre bien rangée) ? Et ton/ta camarade de chambre ?
4. Est-ce que tu téléphones souvent à tes parents ? Tu te sers d'un ordinateur pour leur écrire des lettres ou des e-mail ?
5. Quand tu es chez tes parents, qu'est-ce que tu leur demandes de faire ? Est-ce qu'ils te disent aussi de faire quelque chose ?

Comment trouver le mot juste

Quelques expressions utiles

Pour féliciter

Félicitations !

Bravo !

Chapeau !

Pour souhaiter quelque chose

À quelqu'un qui fête son anniversaire	Bon anniversaire.
À quelqu'un avant de manger	Bon appétit.
À quelqu'un qui a une tâche difficile	Bon courage.
	Bonne chance.
À quelqu'un qui sort	Amuse-toi bien.
À quelqu'un qui va au travail ou à l'école	Travaille bien.
À quelqu'un qui est fatigué	Repose-toi bien.
À quelqu'un qui va en vacances	Bonnes vacances.
	Bon voyage.

À quelqu'un qui va dormir	Bonne nuit. Fais de beaux rêves.
À quelqu'un qui est malade	Remets-toi vite.
À quelqu'un avec qui on veut rester en contact	Écris-moi Téléphone-moi.
À quelqu'un qu'on n'a pas vu depuis longtemps	Tu me manques.

Pour donner des ordres

Pourrais-tu m'aider à faire la vaisselle ?	
Tu veux mettre la table ?	
Dépêche-toi.	
Arrête de faire ça.	*Stop doing that!*
Je t'ai dit de ranger ta chambre.	
Ça suffit.	*That's enough!*

Activité 13 : L'anniversaire de Sophie.

La voisine des Martin parle à Mme Martin. Complétez la conversation avec l'expression de la liste qui convient.

amusez-vous bien   bon anniversaire   dépêche-toi   téléphone-moi   travaille bien

MME MARTIN : C'est l'anniversaire de Sophie aujourd'hui.
LA VOISINE : ______________, Sophie. Quel âge as-tu maintenant ?
SOPHIE : J'ai 9 ans. Nous allons fêter mon anniversaire au cinéma. Il faut partir, maman.
MME MARTIN : Oui, c'est vrai. Pierre, ______________.
LA VOISINE : Eh bien, ______________ au cinéma. Moi, je vais faire un peu de jardinage. Hélène, ______________ demain, d'accord ?
MME MARTIN : D'accord. Et ______________.

Activité 14 : Que dit-on... ?

Qu'est-ce que vous dites dans les situations suivantes ?

1. Vos parents partent pour deux semaines en Europe.
2. Votre camarade de chambre a une présentation orale à faire en classe de français.
3. Vous n'avez pas reçu de message de votre correspondant depuis longtemps.
4. Vous n'avez pas vu votre petite sœur depuis le début du semestre.
5. Vous avez préparé un grand dîner pour la famille. On se met à table.
6. Un copain est malade. Il va au centre médical pour consulter un médecin.
7. Votre meilleure amie annonce qu'elle vient d'obtenir un nouveau travail.

Activité 15 : Le baby-sitting.
Vous faites du baby-sitting pour Benjamin, un petit garçon de quatre ans. Que lui dites-vous dans les situations suivantes ?

Modèle : Il joue avec ses spaghettis.

— Ne joue pas avec tes spaghettis./Arrête de jouer avec tes spaghettis./Je t'ai dit de ne pas jouer avec tes spaghettis !

1. Il a les mains sales *(dirty).*
2. Il écrit sur les murs.
3. Il tire la queue *(tail)* du chat.
4. Il remet ses jouets *(toys)* dans le placard.
5. Il ne veut pas se brosser les dents.
6. Il met son pyjama et va au lit.

Comment se plaindre

Structure 9.5 Les expressions négatives	In this **thème,** you will learn several negative expressions that are particularly useful when complaining. **Les expressions négatives** are fully explained on page 289.

Quelques expressions utiles

Pour se plaindre

Mon petit ami **ne** fait **jamais** son travail.	
Ma petite amie **ne** m'aime **plus.**	
Personne ne me comprend.	*Nobody understands me.*
Mon ami(e) **ne** fait **que** regarder la télé.	*My friend does nothing but watch TV.*
Rien ne va.	*Nothing's going well.*
Je suis débordé(e) de travail.°	*overworked*
J'en ai assez.	*I've had enough.*
J'en ai marre !	*I'm fed up!*
Je **n'**en peux **plus.**	*I can't take it any longer.*
Je **n'**ai **ni** le temps **ni**° l'argent.	*neither . . . nor*

Pour réagir

Mon/ma pauvre.
Oh là là.
Mon Dieu.
Tu n'as vraiment pas de chance.

Pour rassurer

Tout va s'arranger.	*Everything will work out.*
Ça arrive à tout le monde.	*That happens to everyone.*
Allez, du courage.	
Ne t'inquiète pas. Ne t'en fais pas.	*Don't worry.*
Ce n'est pas grave.	

Activité 16 : Un étudiant déprimé.

Rien ne va pour Marc à l'université. Son meilleur ami Julien lui parle. Complétez les expressions négatives du dialogue.

JULIEN : Est-ce que tu as beaucoup d'amis ?

MARC : Non, je ne connais (1) ______________.

JULIEN : Tu vois souvent nos amis de lycée ?

MARC : Non, je ne les vois (2) ______________.

JULIEN : Tu es toujours dans l'équipe de foot ?

MARC : Non, je ne fais (3) ______________ partie de l'équipe.

JULIEN : Mais pourquoi ?

MARC : Mes cours sont difficiles et je ne fais (4) ______________ travailler.

JULIEN : Ah, mon pauvre vieux, tu ne t'amuses même pas le week-end ?

MARC : Tu sais, le week-end, je ne fais (5) ______________. Je suis débordé de travail. Je n'en peux (6) ______________.

JULIEN : Et alors, est-ce que tu as déjà acheté un billet pour rentrer chez tes parents ?

MARC : Non, je n'ai (7) ______________ acheté de billet.

JULIEN : Allez, du courage. Tu vas voir, tout va s'arranger.

Activité 17 : Le couple typique.

Jean et Patricia reçoivent des invités chez eux ce soir. Jean est l'époux français typique; il réagit toujours comme la majorité des hommes qui ont participé au sondage ci-dessous. Que répond-il aux questions de sa femme ? Choisissez dans la liste : *Oui..., Non, ne... jamais, pas encore, personne, plus, que, rien.*

Qui fait quoi ?

Répartition des tâches domestiques dans les couples (en %) :

	Homme	Femme	Les deux également
Tâches « féminines »			
• laver le linge à la machine	2,6	94,2	1,3
• repasser	2,2	89,3	0,9
• recoudre un bouton	2,0	93,3	0,9
• faire les sanitaires	4,4	89,7	1,9
Tâches « masculines »			
• rentrer du bois, du charbon, du mazout	74,1	20,2	2,2
• laver la voiture	71,3	12,3	2,3
Tâches négociables			
• faire la cuisine	8,3	84,0	5,1
• passer l'aspirateur, le balai	13,5	75,3	5,5
• faire la vaisselle à la main	16,4	73,7	6,8
• remplir et vider le lave-vaisselle	21,9	63,0	6,3
• faire les courses	19,9	67,4	10,6
• mettre la table	23,5	52,0	8,4

Adapté d'INSEE.

Modèle : As-tu déjà vidé le lave-vaisselle ?

— Non, je n'ai pas encore vidé le lave-vaisselle.

1. Chéri, as-tu déjà passé l'aspirateur ?
2. Jean, as-tu acheté quelque chose pour le dessert ?
3. Écoute, as-tu rentré du bois pour la cheminée ?
4. Dis, Jean, quelqu'un a mis la table ?
5. Tu as lavé la vaisselle et la voiture, n'est-ce pas ?
6. Tu vas faire la cuisine ?
7. Quand tu étais jeune, tu passais le balai chez ta mère. Veux-tu le faire maintenant ?

Lecture

Anticipation

1. Quelles sortes de contes est-ce que les parents racontent à leurs enfants ? Pourquoi est-ce qu'on raconte des histoires aux enfants ?
2. Quand les parents sont occupés, qu'est-ce qu'ils disent aux enfants de faire ?

Activités de lecture

Lisez le titre et la première phrase du texte et répondez aux questions suivantes.

1. Quand est-ce que l'histoire a lieu ?
2. Où se passe l'histoire ?
3. Qui est Josette ?
4. Quel âge a-t-elle ?

Premier conte pour enfants de moins de trois ans

Eugène Ionesco

Ce matin, comme d'habitude, Josette frappe° à la porte de la chambre à coucher de ses parents. Papa n'a pas très bien dormi. Maman est partie à la campagne pour quelques jours. Alors papa a profité de cette absence pour manger beaucoup de saucisson, pour boire de la bière, pour manger du pâté de cochon,° et beaucoup d'autres choses que maman l'empêche° de manger parce que c'est pas bon pour la santé.° Alors, voilà, papa a mal au foie,° il a mal à l'estomac, il a mal à la tête, et ne voudrait pas se réveiller. Mais Josette frappe toujours à la porte. Alors papa lui dit d'entrer. Elle entre, elle va chez son papa. Il n'y a pas maman. Josette demande :

knocks · *pork* · *won't allow* · *health* · *liver*

— Où elle est maman ?

Papa répond : Ta maman est allée se reposer à la campagne chez sa maman à elle.

Josette répond : Chez Mémée° ?

grandma

Papa répond : Oui, chez Mémée.

— Écris à maman, dit Josette. Téléphone à maman, dit Josette.

Papa dit : Faut pas téléphoner. Et puis papa dit pour lui-même : parce qu'elle est peut-être autre part°...

somewhere else

Josette dit : Raconte une histoire avec maman et toi, et moi.

— Non, dit papa, je vais aller au travail. Je me lève, je vais m'habiller.

Et papa se lève. Il met sa robe de chambre rouge, par-dessus son pyjama, il met les pieds dans ses « poutoufles ».° Il va dans la salle de bains. Il ferme la porte de la salle de bains. Josette est à la porte de la salle de bains. Elle frappe avec ses petits poings,° elle pleure.°

slippers / *fists* / *cries*

Josette dit : Ouvre-moi la porte.

Papa répond : Je ne peux pas. Je suis tout nu,° je me lave, après je me rase.

nude

— Tu rases ta barbe avec du savon, dit Josette. Je veux entrer. Je veux voir.

Papa dit : Tu ne peux pas me voir, parce que je ne suis plus dans la salle de bains.

Josette dit (derrière la porte) : Alors, où tu es ?

Papa répond : Je ne sais pas, va voir. Je suis peut-être dans la salle à manger, va me chercher.

Josette court° dans la salle à manger, et papa commence sa toilette. Josette court avec ses petites jambes, elle va dans la salle à manger. Papa est tranquille, mais pas longtemps. Josette arrive de nouveau° devant la porte de la salle de bains, elle crie à travers la porte :

runs / *again*

Josette : Je t'ai cherché. Tu n'es pas dans la salle à manger.

Papa dit : Tu n'as pas bien cherché. Regarde sous la table.

Josette retourne dans la salle à manger. Elle revient.

Elle dit : Tu n'es pas sous la table.

Papa dit : Alors va voir dans le salon. Regarde bien si je suis sur le fauteuil, sur le canapé, derrière les livres, à la fenêtre.

Josette s'en va. Papa est tranquille, mais pas pour longtemps.

Josette revient.

Elle dit : Non, tu n'es pas dans le fauteuil, tu n'es pas à la fenêtre, tu n'es pas sur le canapé, tu n'es pas derrière les livres, tu n'es pas dans la télévision, tu n'es pas dans le salon.

Papa dit : Alors, va voir si je suis dans la cuisine.

Josette court à la cuisine. Papa est tranquille, mais pas pour longtemps.

Josette revient.

Elle dit : Tu n'es pas dans la cuisine.

Papa dit : Regarde bien, sous la table de la cuisine, regarde bien si je suis dans le buffet, regarde bien si je suis dans les casseroles, regarde bien si je suis dans le four avec le poulet.

Josette va et vient. Papa n'est pas dans le four, papa n'est pas dans les casseroles, papa n'est pas dans le buffet, papa n'est pas sous le paillasson,° papa n'est pas dans la poche° de son pantalon, dans la poche du pantalon, il y a seulement le mouchoir.°

doormat; pocket; handkerchief

Josette revient devant la porte de la salle de bains.

Josette dit : J'ai cherché partout. Je ne t'ai pas trouvé. Où tu es ?

Papa dit : Je suis là. Et papa, qui a eu le temps de faire sa toilette, qui s'est rasé, qui s'est habillé, ouvre la porte.

Il dit : Je suis là. Il prend Josette dans ses bras,° et voilà aussi la porte de la maison qui s'ouvre, au fond du couloir, et c'est maman qui arrive. Josette saute des bras de son papa, elle se jette° dans les bras de sa maman, elle l'embrasse, elle dit :

arms; throws herself

— Maman, j'ai cherché papa sous la table, dans l'armoire, sous le tapis, derrière la glace, dans la cuisine, dans la poubelle, il n'était pas là.

Papa dit à maman : Je suis content que tu sois revenue. Il faisait beau à la campagne ? Comment va ta mère ?

Josette dit : Et Mémée, elle va bien ? On va chez elle ?

Compréhension et intégration

1. Que fait la petite Josette tous les matins ?
2. Où est sa mère ?
3. Pourquoi Papa a-t-il mal ?
4. Pourquoi Papa ne veut-il pas téléphoner à Maman ?
5. Où Papa va-t-il pour faire sa toilette ?
6. Que veut faire Josette ?
7. Comment Josette s'occupe-t-elle pendant que son père fait sa toilette ?
8. Pourquoi Papa est-il content que Maman soit revenue ?
9. Ionesco écrit cette histoire dans un style d'enfant, avec des répétitions et des expressions enfantines. Trouvez quelques exemples.

Expansion de vocabulaire

1. Faites une liste des mots associés à la maison.
2. Faites une liste des ordres (a) que le père donne à Josette et (b) que Josette donne à son père.

Maintenant à vous

1. Écrivez un résumé de la routine quotidienne de Papa.
2. Avec un(e) camarade, écrivez un résumé de cette histoire.
3. Maintenant que Maman est arrivée, imaginez la suite de l'histoire. Qu'est-ce qui va se passer ?

Un pas en avant

À jouer ou à discuter

1. **Qu'est-ce qui ne va pas ?** Can you find the ten errors in this drawing? You have two minutes to list them.

2. **Scènes à jouer.** With a partner, reenact the following scenes.

   a. A friend invites you to spend the weekend at his/her parents' house. You would really like to go but you're planning to move into a new apartment. Explain why you can't go and tell your friend about your new apartment.

   b. You and your roommate have had a very busy month full of exams and did not have any time to do housework. Discuss what needs to be done and in what order and decide who will do what.

   c. After your math exam, you see a classmate who is terribly upset and depressed and looks awful. She/he complains about the exam, her/his teachers, her/his social life, and so on. React to what is said and give her/him some advice.

À écrire

In this writing assignment, after identifying characteristics of good and bad roommates, you will write a letter to a friend describing your present roommate. This friend will then respond with comments and suggestions.

Première étape

In the chart provided, describe your ideal roommate. In the first column, include adjectives that describe him/her. In the second column, describe what he/she does or doesn't do that you like and appreciate.

Comment est-il (elle) ?	Qu'est-ce qu'il (elle) fait ou ne fait pas ?
______________	______________
______________	______________
______________	______________
______________	______________

Deuxième étape

Put a check mark beside the characteristics that are most important to you.

Troisième étape

Now imagine the worst roommate possible. She/he probably has characteristics opposite of those you already listed. Fill in the chart with a description of your most dreaded roommate.

Comment est-il (elle) ?	Qu'est-ce qu'il (elle) fait ou ne fait pas ?
______________	______________
______________	______________
______________	______________
______________	______________

Quatrième étape

Write a letter to a friend describing your (real or imaginary) roommate. Be sure to mention specific things your roommate does that annoy you in addition to the things you like.

Cinquième étape

Exchange your letter with a classmate and read about each other's roommate. Then write a short note back with your reactions, comments, and advice.

Modèles : Il faut lui dire de ne plus mettre tes vêtements.

Quelle chance ! Ton camarade de chambre est super !

Structures

Structure 9.1 Les verbes pronominaux (introduction)

Verbs that are accompanied by a reflexive pronoun are called pronominal verbs, or **verbes pronominaux.** Often the action of the verb is reflected back on the subject or, in other words, the action is done *to oneself.*

Elle se lève.	*She gets (herself) up.*
Ils s'habillent.	*They are getting dressed (dressing themselves).*
Nous nous amusons.	*We're having fun (amusing ourselves).*

Although in English the reflexive pronoun ("self") is usually not stated, it is required in French. The French reflexive pronouns are boldfaced in the following table.

se réveiller *(to wake up)*	
je **me** réveille	nous **nous** réveillons
tu **te** réveilles	vous **vous** réveillez
il, elle, on **se** réveille	ils, elles **se** réveillent

passé composé : je **me** suis réveillé(e)

The pronouns **me, te,** and **se** become **m', t',** and **s'** before a vowel sound.

Tu t'amuses.	*You are having fun.*
Elle se promène.	*She is taking a walk.*

When forming the negative, the **ne (n')** precedes the reflexive pronoun; **pas** follows the conjugated verb.

Il **ne** se lève **pas** tôt.	*He doesn't get up early.*
Vous **ne** vous couchez **pas** avant minuit.	*You don't go to bed before midnight.*
Nous **ne** nous endormons **pas** en classe.	*We don't fall asleep in class.*

In the **passé composé,** pronominal verbs require the use of the auxiliary verb **être.** Agreement rules for the past participle of reflexives are complex. For the purpose of simplification, the past participle will agree with the subject as it does with other verbs conjugated with **être.** An exception is made when the reflexive verb is followed by a direct object, such as a part of the body; in this case, there is no agreement.

Marie-Thérèse s'est levée tôt.	(with agreement)
Elle s'est brossé les dents.	(no agreement due to direct object **les dents**)
Les enfants se sont baignés.	(with agreement)
Puis, ils se sont séché les cheveux.	(no agreement due to direct object **les cheveux**)

Note that when parts of the body are mentioned with pronominal verbs, the definite article is used instead of the possessive adjective.

Il se lave **les** mains. *He washes **his** hands.*

For questions, use the **est-ce que** form or invert as shown in the example. Notice that the reflexive pronoun always precedes the verb.

Est-ce qu'il se réveille avant 7 h 00 ? Se réveille-t-il avant 7 h 00 ?	*Does he wake up before 7 o'clock?*
Est-ce qu'il s'est réveillé avant 7 h 00 ? S'est-il réveillé avant 7 h 00 ?	*Did he wake up before 7 o'clock?*

When using the infinitive form of reflexives, the reflexive pronoun must agree with the subject.

J'aime **me** lever tard.	*I like to get up late.*
Tu ne veux pas **te** baigner avant de partir ?	*Don't you want to bathe before leaving?*
Nous n'allons pas **nous** promener.	*We are not going to go for a walk.*

In the **impératif** (command form), the reflexive pronoun precedes the verb in the negative command.

Ne vous endormez pas !	*Don't fall asleep!*
Ne te dépêche pas.	*Don't hurry.*

In the affirmative command, the reflexive pronoun follows the verb and is connected to it with a hyphen.

Réveillez-vous ! *Wake up!*

The pronoun **te (t')** becomes **toi** in this final position.

Lève-toi ! *Get up!*

Many pronominal verbs can also be used without the reflexive pronouns when the action is directed to someone or something else. Compare the following reflexive and nonreflexive pairs.

Je me réveille à 8 h 00. Ensuite je réveille mon camarade de chambre.

I wake up at 8 o'clock. Then I wake my roommate up.

Daniel lave la voiture. Ensuite il se lave.

Daniel washes the car. Then he washes up.

Exercice 1.

Complétez ce paragraphe sur la vie d'étudiant avec la forme convenable du verbe donné entre parenthèses.

Tous les matins, le réveil sonne à 6 h 45 mais je (1) ______________ (ne pas se lever) avant 7 h 00. Puis Paul, mon camarade de chambre, (2) ______________ (se lever) et (3) ______________ (se doucher). Je (4) ______________ (se raser), (5) ______________ (se brosser) les dents. À 7 h 30, nous (6) ______________ (s'habiller) vite parce que nos amis nous attendent pour aller manger à 8 h 00. La journée est très longue à l'université, mais le soir nous (7) ______________ (s'amuser) beaucoup au centre de sport. À 22 h 00 je fais mes devoirs et une heure après, fatigué, je vais (8) ______________ (se coucher). Oh là là. Heureusement dans deux mois, c'est les vacances.

Exercice 2.

Vos copains vous parlent de leurs problèmes personnels. Donnez-leur des instructions logiques en utilisant les verbes pronominaux entre parenthèses.

Modèle : Nous sommes très fatigués après cette longue promenade. *(se reposer)*

— Reposez-vous.

1. Nous arrivons toujours en retard à notre classe de 9 h 00. *(se lever)*
2. Ma petite amie adore ma barbe. *(se raser)*
3. J'ai réparé ma voiture et j'ai les mains très sales. *(se laver les mains)*
4. Je suis toujours très fatiguée le matin. *(se coucher)*
5. Il pleut et nous sommes tout mouillés (*wet*). *(se sécher)*
6. On a mangé des épinards au déjeuner. Nous avons rendez-vous chez le dentiste dans une heure. *(se brosser les dents)*

Exercice 3.

Votre frère passe deux semaines dans un camp d'ados *(teen camp)*. Voici la lettre qu'il vous écrit. Complétez-la avec le passé composé des verbes sur la liste.

avoir	se coucher	déjeuner	se dépêcher	écouter
jouer	se lever	prendre	se promener	se reposer

Cher David,

Un grand bonjour de Passy. Ici tout va bien et il fait un temps magnifique. Je vais te raconter ce qu'on a fait hier puisque tu m'avais demandé de te l'expliquer. Hier matin, on (1) ______________ vers 7 h 00 et on (2) ______________ le petit déjeuner. Ensuite, nous (3) ______________ un cours d'informatique et après nous (4) ______________ au lac pour faire du canotage. À midi on (5) ______________ : du poulet et du riz avec une salade et du yaourt, et comme d'habitude, toujours aussi mauvais ! Ensuite nous (6) ______________ dans nos tentes pendant une demie heure. L'après-midi, nous (7) ______________ jusqu'en ville (4 km). Le soir, après le dîner, nous (8) ______________ de la musique et moi, j(e) (9) ______________ au ping-pong avec mes copains. Vers 22 h 00, tous fatigués, nous (10) ______________ ! Et voilà comment je passe mon temps !

Grosses bises,

Gérard

Structure 9.2
Les verbes comme *mettre*

The verb **mettre,** *to put (on)* or *to place,* is an irregular verb.

mettre *(to put, to place)*	
je mets	nous mettons
tu mets	vous mettez
il, elle, on met	ils, elles mettent

passé composé : j'ai **mis**

M. Jacob met son portefeuille sur le bureau.	*Mr. Jacob puts his wallet on the desk.*
Brigitte a mis son t-shirt bleu.	*Brigitte put on her blue T-shirt.*

Several common expressions include the verb **mettre** or its reflexive form **se mettre.**

mettre la table	*to set the table*
se mettre à table	*to sit down at the table*
mettre en colère	*to make (someone else) angry*
se mettre en colère	*to get angry*
mettre (+ time) à (+ infinitif)	*to spend time doing something*
se mettre à (+ infinitif)	*to begin to do something*

Maurice met la table ce soir.	*Maurice is setting the table tonight.*
Je me mets en colère quand je perds mes clés.	*I get angry when I lose my keys.*
Mon père met cinq minutes à se raser.	*My father spends five minutes shaving.*
L'enfant s'est mis à crier.	*The child started screaming.*

Other verbs conjugated like **mettre** are **permettre** *(to permit),* **promettre** *(to promise),* **remettre** *(to put back),* and **se remettre** *(to get well).*

Il ne permet pas à sa sœur d'entrer dans sa chambre.	*He doesn't allow his sister to go in his room.*
J'ai promis à ma camarade de chambre de faire la cuisine.	*I promised my roommate I'd cook.*
Remets tes jouets dans le placard.	*Put your toys back in the closet.*
Remets-toi vite.	*Get well soon.*

Exercice 4.

Quels vêtements mettent les gens suivants ? Utilisez les éléments donnés pour former des phrases logiques.

1.	Quand il fait froid	je	mettre	un imperméable
2.	Quand il pleut	tu		un short
3.	Quand il fait chaud	il		un pull-over
4.	Quand il fait du vent	nous		un manteau
5.	Quand il fait du soleil	vous		des bottes
6.	Quand il neige	elles		des lunettes de soleil

Exercice 5.

Sylvie parle de sa petite sœur. Utilisez le présent des verbes de la liste pour compléter le paragraphe.

mettre se mettre se mettre à permettre promettre

Je (1) ______________ rarement en colère contre ma petite sœur mais parfois elle m'agace *(annoys me).* Je ne lui (2) ______________ pas d'entrer dans ma chambre mais elle adore y entrer en secret pour (3) ______________ mes nouveaux vêtements. Quand je lui dis de sortir, elle me répond : « Moi ? Pourquoi moi ? » Quand je commence à regarder mon émission préférée, elle (4) ______________ parler et je ne peux plus l'arrêter. Elle me (5) ______________ toujours de ne pas écouter mes conversations avec mon petit ami mais je sais qu'elle nous espionne discrètement de son téléphone. Oh, les sœurs, quelles pestes !

Exercice 6.

Jim et sa petite amie se sont disputés. Il raconte ce qui lui est arrivé à son ami. Complétez la conversation avec la forme convenable du verbe *mettre, se mettre, remettre* ou *promettre.* Utilisez le passé composé.

JIM : Celeste m(e) (1) ______________ d'être à l'heure hier soir et elle est arrivée chez moi 20 minutes en retard.

SON AMI : Elle est souvent en retard, n'est-ce pas ?

JIM : Oui, mais quand je lui ai dit que je n'en étais pas content, elle (2) ______________ en colère. Ensuite nous (3) ______________ à nous disputer. C'était horrible.

SON AMI : Et après ?

JIM : Bon, elle (4) ______________ son manteau et elle est partie ! Nous n'avons même pas pris le dîner que tu m'avais aidé à préparer. Tu (5) ______________ la table en vain ! Et moi, je n'avais pas faim. J(e) (6) ______________ tout le repas dans le réfrigérateur.

Structure 9.3 Les verbes de communication : *lire, dire et écrire*

The verbs **lire** *(to read),* **dire** *(to say, tell),* and **écrire** *(to write)* have similar conjugations with the exceptions highlighted in the charts here.

lire *(to read)*	
je lis	nous lisons
tu lis	vous lisez
il, elle, on lit	ils, elles lisent

passé composé : j'ai **lu**

Nous lisons le journal tous les jours.	*We read the newspaper every day.*
As-tu lu le journal ce matin ?	*Did you read the paper this morning?*

dire *(to say, to tell)*	
je dis	nous disons
tu dis	vous **dites**
il, elle, on dit	ils, elles disent

passé composé : j'ai **dit**

Vous dites toujours la vérité.	*You always tell the truth.*
Comment dit-on « rug » en français ?	*How do you say "rug" in French?*
Qu'est-ce que vous avez dit ?	*What did you say?*
Dis, tu es libre maintenant ?	*Say, are you free now?*

écrire *(to write)*	
j'écris	nous écrivons
tu écris	vous écrivez
il, elle, on écrit	ils, elles écrivent

passé composé j'ai **écrit**

Elle écrit régulièrement à son petit ami.	*She writes her boyfriend regularly.*
Il a écrit un poème d'amour.	*He wrote a love poem.*

The verb **décrire** *(to describe)* is conjugated like its base verb **écrire,** and **relire** *(to read again)* follows the pattern of **lire.** The verb **conduire** *(to drive)* is similar to **dire** in the present tense (**je conduis, nous conduisons,** etc.), but the **passé composé** is **j'ai conduit.**

Exercice 7.

Marc reste en contact avec les membres de sa famille par le courrier *(mail)* et il adore recevoir leurs lettres. Complétez ce qu'il dit à propos du courrier avec la forme convenable de *dire, lire* ou *écrire* au présent.

1. Ma cousine Fatima ______________ qu'elle va visiter Paris.
2. Nous ______________ une lettre à notre arrière-grand-père une fois par mois.
3. Tante Marilyn explique qu'elle vient de ______________ le nouveau livre de Stephen King.
4. Et oncle Patrice, qu'est-ce qu'il ______________ ? Un récit historique, comme toujours ?
5. Pour son anniversaire, j(e) ______________ une longue lettre à mon cousin.
6. Nous ______________ immédiatement toutes les lettres que nous recevons.
7. Mes parents m(e) ______________ une fois par semaine.
8. ______________-vous des lettres à vos parents ?

Exercice 8.

Comment les gens suivants ont-ils commencé la journée ? Employez le passé composé de *dire, écrire, lire* ou *conduire* pour compléter les phrases.

1. Tu ______________ le journal.
2. Nous ______________ « bonjour » à notre camarade de chambre.
3. J(e) ______________ une liste des choses que je dois faire aujourd'hui.

4. Caroline ______________ son horoscope.
5. Mes parents m(e) ______________ de me réveiller.
6. Vous ______________ trop vite et vous avez reçu une contravention *(speeding ticket).*

Structure 9.4 Les pronoms d'objet indirect *lui* et *leur*

Indirect objects are easily recognized in French because they are preceded by the preposition **à.** To avoid repeating these nouns, use indirect object pronouns.

Est-ce que tu écris **à Alain ?**	*Do you write (to) Alan?*
— Oui, je **lui** écris.	*Yes, I write (to) him.*

The third person forms of the indirect object pronouns are presented in the following chart:

singular (masculine and feminine)	**lui**	Je **lui** réponds.	*I'm answering (responding to) him/her.*
plural (masculine and feminine)	**leur**	Je **leur** parle.	*I'm talking to them.*

Tu vas parler **au professeur ?**	*Are you going to talk to the professor?*
— Oui, je vais **lui** parler tout de suite.	*—Yes, I'm going to talk **to him** right away.*
Écrivez-vous des lettres **à vos parents ?**	*Do you write letters to your parents?*
— Non, nous **leur** téléphonons.	*—No, we phone **them.***

Note: as in the preceding examples, most communication verbs such as **dire, téléphoner, parler, demander, répondre,** and **écrire** take indirect objects.

The indirect object pronoun precedes the main verb. It precedes the auxiliary verb in the **passé composé.**

Elle **leur** écrit de longues lettres.	*She writes them long letters.*
Ils vont **lui** répondre.	*They are going to answer her.*
Nous **lui** avons déjà écrit.	*We already wrote her.*

In negative commands, the indirect object pronoun precedes the verb. In affirmative commands, the pronoun follows the verb with a hyphen.

Ne **leur** demandez pas de faire la cuisine.	*Don't ask them to do the cooking.*
Dis-**lui** de faire la lessive.	*Tell him/her to do the laundry.*

Indirect object pronouns are frequently used in indirect speech. When you speak about what you tell or ask someone to do, the following structure is useful:

(dire, demander, promettre) + de + infinitif

Le professeur lui dit de faire ses devoirs.	*The teacher tells him to do his homework.*

When making the infinitive negative, **ne pas** precedes the verb.

Il lui demande de ne pas s'endormir en classe.	*He asks him not to fall asleep in class.*

Exercice 9.

Après ses classes, Jacqueline a beaucoup de choses à faire. Complétez ce paragraphe où elle décrit ses projets avec le pronom *lui* ou *leur* selon le cas.

D'abord, je vais aller chez Roger. Je vais (1) ______________ apporter un livre. Ensuite, je vais rendre visite à ma sœur et à son mari. Je (2) ______________ ai promis de passer chez eux pour voir leur nouvelle voiture (je voudrais (3) ______________ demander de me la prêter ce week-end...). Plus tard ce soir, il faut que je téléphone à ma meilleure amie. Quand je (4) ______________ ai téléphoné hier, elle m'a dit qu'elle s'était mise en colère contre son petit ami. Je veux savoir si elle (5) ______________ a parlé aujourd'hui ! Et puis, il y a ma mère, la pauvre. Je (6) ______________ ai offert de l'aider à faire la lessive et la vaisselle. Peut-être que vers 21 h 00 je vais pouvoir faire mes devoirs !

Exercice 10.

Les personnes suivantes ont décidé de changer leurs mauvaises habitudes. Dites ce qu'elles promettent à leurs amis de faire.

Modèle : Marc / à son camarade de chambre / faire la vaisselle

Marc lui promet de faire la vaisselle.

1. Charles / à sa petite amie / passer plus de temps avec elle
2. Nous / à notre professeur de maths / rendre les devoirs à temps
3. Tu / à tes parents / écrire une fois par semaine
4. Michel et Jean Luc / à leur entraîneur de basket / faire du jogging tous les jours
5. Vous / à votre dentiste / utiliser régulièrement du fil dentaire *(dental floss)*
6. Je / à mes copines / ne pas oublier leur anniversaire

Vocabulaire

Vocabulaire fondamental

Noms

La maison *the house*

un couloir *hallway*
une cuisine *kitchen*
un escalier *staircase*
un garage *garage*
une pièce *room*
un placard *closet*
le premier étage *first floor (American second floor)*
le rez-de-chaussée *ground floor (American first floor)*
une salle de bains *bathroom*
une salle de séjour *living room*
une terrasse *courtyard, patio*
les WC *half bath*

Les meubles et les appareils ménagers *furniture and appliances*

un buffet *buffet*
un canapé *couch, sofa*
une cheminée *fireplace*
un fauteuil *armchair*
un four (à micro-ondes) *(microwave) oven*
une lampe *lamp*
un réfrigérateur *refrigerator*
une table basse *coffee table*
une toilette *toilet*

Les parties du corps *parts of the body*

les dents *(f)* *teeth*
la figure *face*
la main *hand*

Les expressions affirmatives *affirmative expressions*

encore *still*
toujours *always, still*

Les expressions avec ne *expressions with ne*

ne... jamais *never*
ne... pas encore *not yet*
ne... personne *no one*
ne... plus *not any longer*
ne... que *only*
ne... rien *nothing*

Verbes

La routine quotidienne *daily routine*

s'amuser *to have fun, to enjoy oneself*
se brosser (les dents) *to brush (one's teeth)*
se coucher *to go to bed*
se dépêcher *to hurry*
se disputer (avec) *to argue, quarrel (with)*
se doucher *to shower*
s'endormir *to fall asleep*
s'habiller *to get dressed*
se laver *to wash up*
se lever *to get up*
se maquiller *to put on makeup*
se préparer *to prepare oneself, to get ready*
promener (le chien) *to walk (the dog)*
se promener *to go for a walk*
se raser *to shave*
se reposer *to rest*
se réveiller *to wake up*
se servir de *to use*

Les tâches ménagères *household chores*

faire la lessive *to do the laundry*
faire le lit *to make the bed*
faire la vaisselle *to do the dishes*
laver le linge *to do the wash*
passer l'aspirateur *to vacuum*
passer le balai *to sweep*
ranger *to straighten up, organize*
vider la poubelle *to empty the garbage*

Verbes divers

décrire *to describe*
dire *to say, tell*
écrire *to write*
lire *to read*
mettre *to put, to set*
se mettre en colère *to get angry*
permettre *to permit*
promettre *to promise*
remettre *to put back*

Adjectifs

chaque *each*
sale *dirty*

Mots divers

de bonne heure *early*
une fois *one time, once*
une journée *day*
même *even*

Mots apparentés : une lettre, un problème

Expressions utiles

Comment trouver le mot juste *How to say the right thing*

(See other expressions on pp. 270–271.)

Bonne chance. *Good luck.*
Félicitations. *Congratulations.*
Je t'ai dit de ranger ta chambre. *I told you to straighten your room.*
Pourrais-tu m'aider à faire la vaisselle ? *Could you help me with the dishes?*
Repose-toi. *Rest up.*
Tu veux passer l'aspirateur ? *Do you want to vacuum?*

Comment se plaindre *How to complain*

(See other expressions on pp. 272–273.)

Il ne fait jamais son travail. *He never does his work.*
Je n'en peux plus. *I can't take it any longer.*
Personne ne me comprend. *Nobody understands me.*
Rien ne va. *Nothing is going right.*

Vocabulaire

Vocabulaire supplémentaire

Noms

une barbe *beard*
une brosse (à dents) *(tooth)brush*
une cuisinière *stove*
un évier *kitchen sink*
un rasoir (électrique) *(electric) razor*
le rouge à lèvres *lipstick*
un sèche-cheveux *hair dryer*
une serviette *towel*
une station (de métro) *(metro) stop*

Verbes

s'arranger *to work out*
arrêter de *to stop (doing something)*
arriver *to happen*
conduire *to drive*
se déshabiller *to get undressed*
faire sa toilette *to wash up, to get dressed*
s'installer *to settle down, to move in*
se mettre à *to begin to (do something)*
passer la tondeuse *to mow*
se remettre *to get well*
repasser le linge *to iron clothes*
se sécher *to dry (oneself) off*
soupçonner *to suspect*

Adjectifs

prêt(e) *ready*
quotidien(ne) *daily*
rangé(e) *organized*
relaxe *relaxed*

Mots divers

à l'extérieur *outside*
à l'intérieur *inside*
le courrier *mail*
eh ben *(fam.)* *well (used as a conversation filler)*
en désordre *untidy, disorderly*
en ordre *tidy, orderly*
un(e) maniaque *person who keeps everything orderly*

Module 10
Souvenirs

Thèmes et pratiques de conversation

Souvenirs d'enfance
L'album de photos
Comment parler des souvenirs
Comment comparer (suite)
Souvenirs d'une époque

Culture

Un survol du 20e siècle

Lecture

Alceste a été renvoyé, de Sempé et Goscinny

Structures

10.1 L'imparfait
10.2 Les pronoms relatifs **qui, que** et **où**
10.3 Les pronoms d'objets directs et indirects **me, te, nous, vous**
10.4 Le comparatif (suite) et le superlatif
10.5 Le passé composé et l'imparfait (introduction)

Thèmes et pratiques de conversation

Souvenirs d'enfance

Structure 10.1 L'imparfait	The **thème Souvenirs d'enfance** highlights the imperfect, **l'imparfait**. This past tense verb form is suited for talking about memories because it describes how things were. Whereas the **passé composé** tells what happened, the **imparfait** is descriptive. For further information on the **imparfait**, see page 313.

Quand j'étais petit(e)...

Ma mère ne **travaillait** pas. Elle restait à la maison avec nous les enfants.

Nous **habitions** une petite maison à la campagne.

Je **dormais** dans une chambre avec ma sœur.

Mes parents n'**avaient** pas de télévision. Ils **écoutaient** la radio.

Nous **avions** une vieille Renault.

Les hommes **jouaient** aux boules sur la place.

Après l'école je **jouais** à la poupée ou je **chassais des papillons** avec mon frère.

L'été nous **allions** à la mer.

Activité 1 : Interaction. Quand tu étais petit(e)...
Posez les questions suivantes à vos camarades de classe.

1. Où est-ce que tu habitais ?
2. Avais-tu une télévision ? Qu'est-ce que tu regardais ?
3. Ta mère travaillait-elle ?
4. Partageais-tu ta chambre avec un frère ou une sœur ?
5. Que faisais-tu après l'école ? Avec qui ?
6. Est-ce que tu allais en vacances avec ta famille ? Où ?
7. Qu'est-ce que tu n'aimais pas manger ?
8. Avais-tu beaucoup de copains dans le voisinage ?

Régine raconte ses souvenirs d'école

Régine Montaut, 39 ans, raconte ses souvenirs de l'école primaire dans un village français pendant les années 50.

L'information scolaire de Doisneau

Est-ce que l'école primaire en France a beaucoup changé depuis votre jeunesse ?

RM : Oui, beaucoup. Par exemple, quand j'**étais** jeune il y **avait** une école pour les filles et une autre école pour les garçons. Il n'y **avait** pas d'école mixte. À cette époque-là les filles ne **portaient** pas de pantalon à l'école.

Les élèves portaient-ils des uniformes ?

RM : Seulement dans les écoles privées. Mais pour protéger leurs vêtements les filles **portaient** un tablier° rose, et les garçons, une blouse noire ou grise. *smock*

Est-ce que le bâtiment ressemblait à une école américaine ?

RM : Non, pas du tout ! Mon école **était** dans un vieux bâtiment autour d'une cour; il n'y **avait** pas de pelouse,° pas de terrain de sport. Mais il y **avait** quatre arbres plantés au milieu de la cour. Toujours les quatre arbres. *grass*

Et à l'intérieur ?

RM : Il y **avait** des pupitres en rang. Sur les murs, il y **avait** une carte de France.

Et comment une journée typique commençait-elle ? Est-ce qu'on saluait le drapeau ?

RM : Non, la première leçon du matin **était** l'instruction civique ce qu'on **appelait** « la leçon de morale ». L'instituteur **écrivait** un proverbe au tableau que nous **copiions** dans nos cahiers. En France les étudiants **copiaient** beaucoup dans leurs cahiers.

Et la discipline ?

RM : La discipline ? Oh là là ! C'**était** sévère. Il fallait lever le doigt pour parler. Et comme punition, il y **avait** le châtiment corporel. La maîtresse **tirait** les oreilles°, elle **tapait** sur les doigts° avec une règle, on **allait** au coin; et souvent elle **envoyait** les élèves chez la directrice. Il y **avait** aussi le chapeau d'âne.° Et l'institutrice **critiquait** beaucoup. *pulled their ears; hit their fingers; dunce cap*

Je suppose que vous étiez toujours très sage ?

RM : Moi ? Oh non ! Vous savez, en France l'écriture, c'est très important, et moi, je n'**écrivais** pas bien. Un jour, je suis arrivée à l'école avec mon devoir plein de taches.° L'institutrice a attaché mon cahier ouvert sur mon dos. Pendant la récréation j'ai dû° marcher autour de la cour pendant que toutes les petites filles **riaient**. Je **voulais** pleurer.° Ça a été une expérience humiliante ! *smudges; had to; to cry*

Activité 2 : Vrai ou faux ?

Répondez vrai ou faux aux phrases suivantes et corrigez les réponses fausses.

1. Quand Régine était jeune elle étudiait dans une école mixte.
2. Pendant la récréation les enfants jouaient sur le terrain de sport.

3. Pour commencer la journée, les élèves se mettaient debout *(stood up)* pour saluer le drapeau.
4. Il y avait toujours une carte de France dans la salle de classe.
5. Régine était bonne en écriture.
6. L'humiliation était une forme de punition.

L'album de photos

Structure 10.2 **Les pronoms relatifs *qui, que* et *où***	The following activities introduce relative pronouns, **pronoms relatifs,** which are used for joining clauses to form complex sentences. To read more about relative pronouns see page 315.

Voilà la maison **où** nous habitions à Châtillon.

C'est une petite fille **qui** habitait près de chez nous.

Et voilà le vélo **que** je prenais pour aller à l'école.

Activité 3 : Le hit parade de votre enfance.

Posez des questions à un(e) camarade en suivant le modèle.

Modèle : Est-ce qu'il avait...

un chanteur que tu écoutais ?

— Oui, Charles Trénet.

1. un lieu où tu aimais aller ?
2. un film qui était populaire ?
3. une chanson qui passait toujours à la radio ?
4. une émission de télévision que tu regardais ?
5. une activité que tu n'aimais pas faire ?

Activité 4 : L'album de photos.

Marc montre son album de photos à un ami qui lui pose des questions. Complétez par *qui, que* ou *où.*

UN AMI : Qui est ce petit garçon en short ?

MARC : C'est Serge, le voisin ________ chassait les papillons avec moi.

UN AMI : Et le jeune homme à côté de lui ?

MARC : C'est un garçon ________ sortait avec ma sœur. L'homme ________ tu vois à côté de lui est mon grand-père.

UN AMI : Où a-t-on pris cette photo ?

MARC : Sur la place du village ________ les hommes âgés jouaient aux boules et les vieilles femmes bavardaient.

UN AMI : Et le vieux bâtiment ? Qu'est-ce que c'est ?

MARC : C'est la mairie ________ il y avait une salle de cinéma. J'adorais tous les films ________ venaient dans notre village. L'autre bâtiment est l'église ________ nous allions à la messe.

À chaque génération ses prénoms

Un prénom suit la mode : il naît, grandit, culmine et décline. Les enfants nés dans les années 70 s'appellent le plus souvent Stéphane, Céline, Sébastien et Nicolas. Leurs parents s'appellent Martine, Françoise, Michel et Alain. Et quels sont les grands classiques ? Pierre, Jean, Marie et Jeanne.

Comment parler des souvenirs

Quelques expressions utiles

Pour parler des souvenirs

Je me souviens Je ne me souviens pas	**DE** **(D')**	mon arrivée ici. mon premier match de foot. mon premier jour à l'école. lui, elle(s), eux.
J'ai de (très) bons souvenirs J'ai de mauvais souvenirs	**DE**	ma visite chez vous. ma première visite chez le dentiste.
Je me rappelle		notre vieux chien. les repas du dimanche chez mes grands-parents. mon premier vélo.

Je n'oublierai jamais		la première fois que vous avez voyagé en avion !
Est-ce que tu te souviens	**DE**	ton premier meilleur ami ?
Qu'est-ce que tu te rappelles		à propos de l'accident ?
Est-ce que tu te souviens	**DE**	la première fois que tu as quitté tes parents ?

Activité 5 : Est-ce que tu te souviens de... ?

Employez les éléments suivants pour poser des questions à vos camarades de classe.

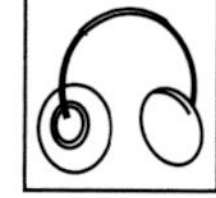

Modèles : Est-ce que tu te souviens d'une activité qui était interdite ?

— Oui, je ne pouvais pas sortir pendant la semaine.

Est-ce que tu te rappelles une personne qui était toujours très gentille envers toi ?

— Oui, la mère de mon meilleur ami était très gentille envers moi.

un président	qui	tu admirais
un pays	que	tu voulais aller
un(e) musicien(ne)	où	tes parents écoutaient
un écrivain		était toujours très gentil(le) envers toi
un lieu		tout le monde critiquait
un film		a influencé ta vie
un acteur/une actrice		tu ne pouvais pas aller
une chose		tu ne pouvais pas faire
une personne		tes parents répétaient

Activité 6 : Vos souvenirs.

Travaillez en petits groupes pour apprendre autant que possible sur les souvenirs de vos camarades.

Modèle : Parle-moi un peu de tes copains. Est-ce que tu te rappelles ton premier meilleur copain ? Comment s'appelait-il ? Est-ce qu'il habitait près de chez toi ? Comment était-il ? Qu'est-ce que vous faisiez ensemble ?

1. copains
2. anniversaires
3. vacances
4. animaux domestiques
5. passe-temps

Structure 10.3 Les pronoms d'objets directs et indirects : *me, te, nous, vous*

You have already learned how to use the third person direct and indirect object pronouns: **le, la, les, lui,** and **leur**. Here you will learn the other forms. For a full explanation of **me, te, nous,** and **vous,** see page 316.

Jules écrit **à ses parents**. Il **leur** écrit pour **leur** demander de l'argent.

Ne **me** regarde pas comme ça quand je **te** parle.

Nous **vous** souhaitons un bon voyage.

Hélène pense **à la voiture** qu'elle veut acheter. Elle **y** pense souvent.

Nos grands-parents **nous** gâtaient quand nous restions chez eux.
Ils **nous** donnaient tout ce que nous voulions.

Activité 7 : Associations rapides.
Répondez aussi vite que possible.

Modèle : énerver bother

Qui t'énerve ?

— Ma camarade de chambre m'énerve.

1. ennuyer
2. comprendre
3. écouter
4. trouver difficile
5. téléphoner souvent
6. aimer
7. impressionner
8. aider

Activité 8 : Un père inquiet.
Le jeune Ladret qui part pour un camp d'été doit rassurer son père inquiet. Comment va-t-il répondre à son père ?

Modèle : Tu ne vas pas parler aux gens que tu ne connais pas ?

— Non, je ne vais pas leur parler.

1. Tu vas me téléphoner demain ?
2. Tu vas nous laisser ton numéro de téléphone ?
3. Tu vas nous écrire souvent ?
4. Tu vas obéir aux moniteurs ?

5. Tu vas suivre tous les règlements ?
6. Tu vas acheter des souvenirs pour tes cousins ?
7. Tes moniteurs vont te donner une carte d'identité ?
8. Tu vas prendre tes vitamines le matin ?

Activité 9 : Interview avec Jean-Luc Moncourtois, metteur en scène.

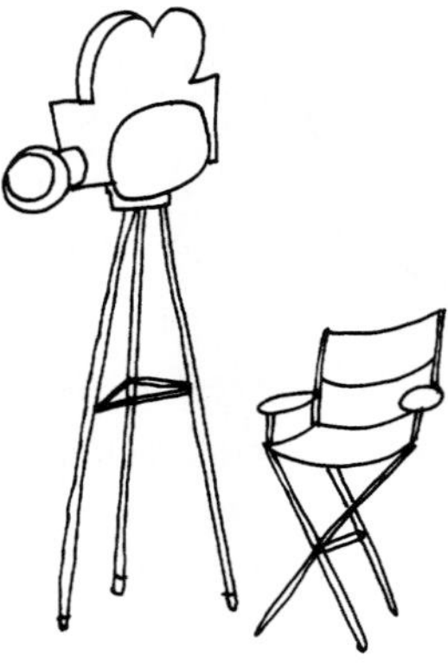

Avec un(e) camarade, associez les questions et réponses pour reconstruire l'interview.

1. Vous aimiez beaucoup les films quand vous étiez jeune ?
2. Et vous alliez souvent au cinéma ?
3. Vos parents comprenaient votre passion pour les films ?
4. Donc, vous ne leur parliez pas de votre fascination ?
5. Est-ce que vous aviez une idole ?
6. Êtes-vous content de votre nouveau film ?
7. Qu'est-ce que vous dites aux jeunes qui veulent faire du cinéma ?
8. Je peux vous parler de votre nouvelle copine Brigitte ?
9. Pourquoi avez-vous choisi de quitter Hollywood et de revenir en France ?
10. Merci, M. Moncourtois de nous avoir accordé cette entrevue.

a. Je leur dis de ne jamais abandonner.
b. Non, ils ne me comprenaient pas. Ils étaient trop occupés par leurs propres affaires.
c. Oui, c'était Belmondo. Je l'adorais.
d. Non. Je ne veux pas vous parler de ma vie privée.
e. J'y allais tous les samedis.
f. Oui, je les adorais ! C'était une affaire de cœur. J'étais un vrai fana !
g. Comment répondre ? C'est mon meilleur travail jusqu'ici, mais je ne suis jamais satisfait. Je suis perfectionniste.
h. Non, je ne pouvais pas leur en parler. De toute façon on se parlait peu chez moi.
i. Ce retour, j'y ai réfléchi pendant des années. Après tout, je suis un metteur en scène français !
j. Je vous en prie. C'était un plaisir.

Comment comparer (suite)

Structure 10.4 Le comparatif (suite) et le superlatif

In Module 7 you learned how to use the comparative forms of adjectives. Here you will learn how to compare quantities and performance. You will also learn how to use the superlative. See page 318 for further discussion of the comparative. The superlative is explained on pages 319–320.

Quand j'étais petit, je ne recevais jamais **autant de** cadeaux **que** mon cousin Alceste.

Il jouait **mieux que** moi au football, mais **moins bien** au basket.

J'avais **plus de** copains que lui, parce que franchement, c'était un casse pieds *(pain in the neck)*.

Son père avait **la plus grosse** voiture de notre petite ville.

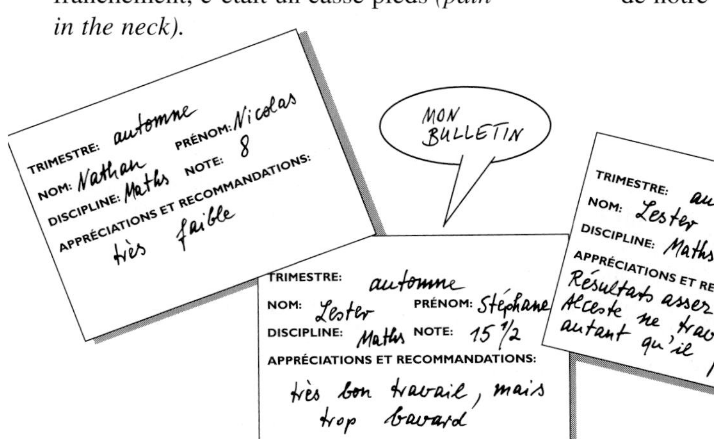

Mais à l'école parmi tous mes cousins, j'étais toujours **le meilleur** en maths.

Activité 10 : Votre vie actuelle.

Comparez votre vie actuelle à votre vie de jeune adolescent(e) en suivant le modèle. Choisissez entre *plus, moins* et *autant.*

Modèle : jouer

Quand j'avais quatorze ans je jouais plus que maintenant.

1. sortir
2. essayer d'impressionner les autres
3. avoir des soucis *(worries)*
4. avoir du temps libre
5. faire des bêtises *(do stupid things)*
6. s'amuser

Activité 11 : Et dans votre famille ?

Posez les questions suivantes à un(e) camarade.

Dans votre famille, qui...

1. chantait le mieux ?
2. écoutait le plus attentivement ?
3. mangeait le moins ?
4. travaillait le plus ?
5. conduisait le plus vite ?
6. était le (la) plus paresseux(euse) ?

Activité 12 : Et vos goûts ?

Dites ce que vous aimez le mieux et le moins.

Modèle : La saison que j'aime le mieux c'est l'été; l'hiver est la saison que j'aime le moins.

1. la saison
2. la couleur
3. le jour de la semaine
4. la ville
5. le sport
6. l'acteur

Activité 13 : Une opinion tranchée !

Donnez une opinion exagérée sur les éléments suivants en utilisant le superlatif.

Modèle : Qu'est-ce que tu penses de la langue française ?

— C'est la plus belle langue du monde !

Qu'est-ce que tu penses du président ?

— C'est l'homme le plus important de notre pays.

Adjectifs utiles : bon, mauvais, drôle, ennuyeux, beau, intéressant, haut, terrifiant, utile, important, prestigieux

1. Comment est ton université ?
2. Que penses-tu de Tom Cruise ?
3. Qu'est-ce que tu penses de la bande dessinée (b.d.) Calvin et Hobbes ?
4. Que penses-tu des livres de Stephen King ?
5. Que sais-tu sur l'Everest ?
6. Comment sont les 49ers ?
7. Est-ce que le *Wall Street Journal* est prestigieux ?
8. Que penses-tu de Paris ?

Souvenirs d'une époque

Structure 10.5
Le passé composé et l'imparfait (introduction)

In the following activities you will begin to use the **imparfait** and the **passé composé** together. Remember to use the **imparfait** for description and background information and to use the **passé composé** to talk about specific events. For further comparison of these two tenses, see page 322.

Paris, les années 20

Un survol du 20e siècle

1925–1927 : Les années folles

Dans les cafés de Paris, on retrouvait tous les nouveaux riches et les profiteurs de guerre,° avec des femmes aux cheveux coupés à la garçonne.° On rencontrait Hemingway, Fitzgerald, Cocteau et Aragon au Jockey, une boîte à la mode.

war profiteers/ bobbed hairstyle of the twenties

1930–1940 : Les années troublées

C'était le krach boursier,° il y avait beaucoup de chômage,° mais Paris s'amusait aux Folies bergères et écoutait du jazz et Maurice Chevalier.

stock market crash/ unemployment

1947–1950 : Les années après la libération

La fin de la guerre. Juliette Gréco chantait dans les caves.° Jean-Paul Sartre était l'écrivain le plus vénéré des Français.

cellar nightclubs

1955–65 : Les années prospères

C'était le début du rock 'n roll avec le célèbre Elvis Presley. En 1956 Brigitte Bardot est devenue célèbre avec le film *Et Dieu créa la femme* de Roger Vadim.

1965–1972 : Les années révolutionnaires

Tout explosait. C'étaient les années de la pilule et de « l'amour libre », une époque politisée. Après la révolution de mai 68 le général de Gaulle a démissionné. La génération yéyé° écoutait les Beatles et les Rolling Stones.

from Beatle refrain, "yeah, yeah, yeah"

1973–1976 : Les années de crise

La crise du pétrole a arrêté la croissance° économique. Avec l'angoisse du chômage, les jeunes étaient moins idéalistes. Les terroristes ont attaqué Munich, Rome et Paris.

growth

1977–1985 : Les années américaines

Chacun pour soi !° Mitterrand, un socialiste, a été élu président, mais tout le monde voulait jouer en bourse.°

Everyone for himself
stockmarket

1985–1990 : Les années cocooning

Les années de la vidéocassette, du téléviseur où on restait chez soi.

Avez-vous compris ?

1. Pendant quelle époque Hemingway et Fitzgerald fréquentaient-ils les cafés de Paris ?
2. Qu'est-ce qui a causé la grande crise des années 30 ?
3. Juliette Gréco était-elle écrivain ?
4. Quel mythe français reignait pendant les années 50–60 ?

Manifestation à Paris, Mai 68

5. À quelle époque les étudiants parisiens manifestaient-ils *(demonstrated)* contre le statu quo ? Qu'est-ce qui se passait aux États-Unis à cette époque ?
6. Est-ce que le terrorisme était un problème dans les années 60 ?
7. Est-ce que les années 80 sont connues pour la compassion ou l'égoïsme ? Quelle expression décrit cette époque ?

Activité 14 : Testez-vous !

De quelle époque êtes-vous ?

1. Quand mes parents étaient au lycée ils écoutaient ______________ .

   a. John Lennon b. Bob Dylan c. Frank Sinatra
   d. Stevie Wonder e. Elvis Presley

2. Après l'école, je regardais ______________ à la télévision.

   a. *Leave it to Beaver* b. *Oprah Winfrey* c. *le Brady Bunch*
   d. *Sesame Street* e. *Full House*

3. Quand ma mère était au lycée les ______________ faisaient très chic.

   a. mini-jupes b. vêtements hippie c. socquettes *(bobby socks)*
   d. chemises polo e. tennis Adidas

4. Quand mon père avait vingt ans les ______________ étaient à la mode pour les hommes.

   a. barbes b. moustaches c. cheveux longs
   d. cheveux courts e. pantalons à pattes d'éléphant *(bell bottoms)*

5. Quand ma mère avait vingt ans, ______________ était le mythe le plus connu.

   a. Marilyn Monroe b. Madonna c. Brigitte Bardot
   d. Tina Turner e. Claudia Schiffer

Activité 15 : Quel âge aviez-vous quand... ?

Modèle : le Challenger a explosé ?

J'avais quatorze ans quand le Challenger a explosé.

1. Charles et Diana se sont séparés ?
2. vous avez conduit pour la première fois ?
3. Jacques Chirac est devenu président de la République française ?
4. Nelson Mandela est devenu président de l'Afrique du Sud ?
5. Kurt Cobain s'est suicidé ?
6. le mur de Berlin est tombé ?

Activité 16 : L'arrivée à la fac.

Lisez le passage suivant et identifiez les verbes qui décrivent *(describe)* et ceux qui racontent *(say what happened).*

Vous souvenez-vous de votre premier jour à la fac ici aux États-Unis ?

— Oui, **c'était**[1] le mois de septembre et il **faisait**[2] très chaud. Je **portais**[3] une robe d'été. **J'avais**[4] peur parce que mon anglais n'**était**[5] pas très bon, et je me **sentais**[6] très seule. Quand je **suis arrivée**[7] dans ma chambre, j'**ai vu**[8] une blonde assise sur le lit qui **remplissait**[9] une fiche. Elle **m'a dit**[10] « bonjour » avec un bel accent texan. Nous **sommes parties**[11] ensemble pour aller à la caféteria où j'**ai rencontré**[12] ses amis.

Activité 17 : Une anecdote.

Élaborez une anecdote en répondant aux questions. Vous pouvez collaborer ainsi à une composition avec la classe.

Votre dernière sortie au cinéma

1. C'était quel jour de la semaine ?
2. Quel temps faisait-il dehors ?
3. Étiez-vous seul(e) ?
4. Où était le film ?
5. Comment y êtes-vous allé(e)(s) ?
6. Êtes-vous arrivé(e)(s) à l'heure, en avance ou en retard ?
7. Avez-vous payé ? C'était combien ?
8. Avez-vous acheté du popcorn ou une boisson ?
9. Comment était le film ?
10. Qu'est-ce que vous avez fait après le film ?

Anticipation

1. Un élève qui se comporte mal à l'école est parfois renvoyé *(suspended)* de l'école pendant quelques jours. Imaginez les raisons pour renvoyer un élève de l'école.
2. Dans ce texte, les enfants appellent le surveillant, la personne responsable de la discipline, « le Bouillon ». Quand vous étiez jeune, aviez-vous un nom spécial pour les adultes que vous n'aimiez pas ? Expliquez.

Alceste a été renvoyé

Jean-Jacques Sempé et Goscinny

Il est arrivé une chose terrible à l'école : Alceste a été renvoyé !

Ça s'est passé pendant la deuxième récré du matin. Nous étions tous là à jouer à la balle au chasseur, vous savez comment on y joue : celui qui a la balle, c'est le chasseur; alors, avec la balle il essaie de taper° sur un copain et puis le copain pleure et devient chasseur à son tour. C'est très chouette.° Les seuls qui ne jouaient pas, c'étaient Geoffroy, qui est absent; Agnan, qui repasse toujours ses leçons pendant la récré; et Alceste, qui mangeait sa dernière tartine à la confiture du matin. Alceste garde toujours sa plus grande tartine pour la deuxième récré, qui

taper° *tries to hit*
chouette° *neat*

est un peu plus longue que les autres. Le chasseur, c'était Eudes, et ça n'arrive pas souvent : comme il est très fort, on essaie toujours de ne pas l'attraper avec la balle, parce que quand c'est lui qui chasse, il fait drôlement mal.° Et là, Eudes a visé° Clôtaire, qui s'est jeté par terre avec les mains sur la tête; la balle est passée au-dessus de lui, et bing ! elle est venue taper dans le dos d'Alceste qui a lâché° sa tartine, qui est tombée du côté de la confiture. Alceste, ça ne lui a pas plu;° il est devenu tout rouge et il s'est mis à pousser des cris; alors, le Bouillon — c'est notre surveillant — il est venu en courant pour voir ce qui s'est passé, ce qu'il n'a pas vu, c'est la tartine, et il a marché dessus, il a glissé et il y est presque° tombé. Il a été étonné,° le Bouillon, il avait tout plein de confiture sur sa chaussure. Alceste, ça a été terrible, il a agité les bras et il a crié,

it really hurts; aimed at · *let go of* · *he didn't like it* · *almost; shocked*

— *Nom d'un chien, zut ! Pouvez pas faire attention où vous mettez les pieds ? C'est vrai, quoi, sans blague° !*

no kidding

Il était drôlement en colère, Alceste; il faut dire qu'il ne faut jamais faire le guignol° avec sa nourriture, surtout quand c'est la tartine de la deuxième récré. Le Bouillon, il n'était pas content non plus.

play around

— *Regardez-moi bien dans les yeux, il a dit à Alceste : qu'est-ce que vous avez dit ?*

— *J'ai dit que nom d'un chien, zut, vous n'avez pas le droit de marcher sur mes tartines ! a crié Alceste.*

Alors, le Bouillon a pris Alceste par le bras et il l'a emmené avec lui. Ça faisait chouic,° chouic, quand il marchait, le Bouillon, à cause de la confiture qu'il avait au pied.

squish

Et puis le directeur a dit à Alceste de prendre ses affaires. Alceste y est allé en pleurant, et puis il est parti, avec le directeur et le Bouillon.

Nous, on a tous été très tristes. La maîtresse aussi.

Adapté de Sempé et Goscinny: « Alceste a été renvoyé », *Les récrés du petit Nicolas. © Editions Denoël.*

Expansion de vocabulaire

1. **La balle au chasseur** ressemble à notre jeu de

   a. hide and seek b. freeze tag c. dodge ball d. keep away

2. En anglais le mot **chasseur** se dit

   a. it b. out c. the referee d. hunter

3. L'occupation favorite d'Alceste est de

   a. manger b. jouer avec ses copains c. repasser ses devoirs d. aller à l'école

4. Quelle action ne se fait pas avec une balle ?

   a. jouer b. pleurer c. attraper d. lâcher

5. On ne **vise** pas avec

   a. un revolver b. une balle c. un appareil-photo d. une télévision

6. Agnan doit toujours **repasser** ses leçons pendant la récré parce qu'...

   a. il ne prépare pas assez ses leçons b. il n'aime pas jouer avec ses amis c. il est trop sérieux d. son instituteur ne l'aime pas

7. Alceste était **drôlement** en colère. Un synonyme pour **drôlement** est

   a. un peu b. souvent c. très d. jamais

8. Ce que le Bouillon n'a pas vu, c'est la tartine. Il a marché dessus, il a **glissé** et il y est presque tombé. On peut **glisser** sur...

   a. un arbre b. la glace c. une voiture d. du chewing gum

Compréhension et intégration

1. Geoffroy, Agnan et Alceste ne jouaient pas pendant la récréation. Que faisaient-ils ?
2. Pourquoi a-t-on peur quand Eudes est le chasseur ?
3. Pour quelle raison Alceste a-t-il laissé tomber sa tartine ?
4. Qui marche sur la tartine d'Alceste ?
5. Que dit Alceste au surveillant ?
6. Quelles sont les indications qui montrent que c'est un enfant qui raconte l'histoire ? Parlez du langage, du point de vue, etc.

Maintenant à vous

Racontez une anecdote de votre expérience où un enfant a eu des ennuis *(got into trouble)* à l'école.

Un pas en avant

À jouer ou à discuter

Bring in an old photograph to class and describe an earlier period of your life. Who/what is in the picture? What year was it? How old were you? Where were you living? Whom were you with? What were you wearing? What were you (or the people in the picture) like? Compare the people in the picture to each other or to yourself. If it is a picture of you, compare yourself at the time the picture was taken to how you are today.

You run into an old friend whom you haven't seen since high school. Find out about each other's lives. *Ah, bonjour Robert; ça fait longtemps ! Qu'est-ce que tu fais maintenant ? Tu travailles ? Quand as-tu fini tes études ?,* etc. Feel free to embroider on your life experience.

À écrire

In this assignment you will write about your arrival as a new student on campus.

Première étape

Using the *imparfait,* answer the following questions elaborating whenever possible.

1. What time of year was it?
2. What was the weather like?
3. Who were you with?
4. What were you wearing?
5. What were your first impressions of the campus?
6. How did you feel?

Deuxième étape

Answer the following questions in detail using the *passé composé.*

1. What is the first thing you did upon your arrival?
2. Whom did you meet?
3. What happened after your arrival? (What did you see? Where did you go? What did you do?) How did you feel at the end of the day?

Troisième étape

Now using the material in the lists, develop your composition. You may want to share your work in groups of three by reading your work out loud and asking for feedback.

Structures

Structure 10.1 L'imparfait

In Module 8 you studied the **passé composé,** a verb tense used for discussing what happened in the past. The **imparfait** is another past tense, but it serves a different function. It is used:

- to describe how things were in the past:

J'habitais en ville avec ma mère et mon père. Mes parents **étaient** très indulgents envers moi, leur enfant unique.	*I lived in town with my mother and father. My parents were very indulgent towards me, their only child.*

- to describe what people used to do:

Quand je **rentrais** de l'école je **prenais** le goûter devant la télé et puis je **retrouvais** mes amis. Avant le dîner je **faisais** mes devoirs.	*When I returned from school I would have my snack in front of the TV and then I would join my friends. Before dinner I would do my homework.*

- to describe feelings and attitudes:

Je me **sentais** triste parce que je **savais** que ma meilleure amie **allait** déménager.	*I felt sad because I knew that my best friend was going to move.*

To form the **imparfait,** remove the **-ons** ending from the first-person plural (**nous** form) of the present tense and add the following endings to this stem:

-ais	-ions
-ais	-iez
-ait	-aient

parler (imparfait)	
je parlais	nous parlions
tu parlais	vous parliez
il, elle, on parlait	ils, elles parlaient

finir (imparfait)	
je finissais	nous finissions
tu finissais	vous finissiez
il, elle, on finissait	ils, elles finissaient

vendre (imparfait)	
je vendais	nous vendions
tu vendais	vous vendiez
il, elle, on vendait	ils, elles vendaient

The verb **être** has an irregular stem in the imperfect.

être (imparfait)	
j'étais	nous étions
tu étais	vous étiez
il, elle, on était	ils, elles étaient

Quand j'**avais** quinze ans je **voulais** conduire, mais j'**étais** trop jeune. — *When I was fifteen, I wanted to drive, but I was too young.*

To form the **imparfait** of verbs whose infinitives end in **-cer,** you must add a cedilla **(cédille)** to the **-c** before an **a.**

commencer (imparfait)	
je commen**ç**ais	nous commencions
tu commen**ç**ais	vous commenciez
il, elle, on commen**ç**ait	ils, elles commen**ç**aient

For infinitives ending in **-ger,** you add an **-e** before an **a.**

manger (imparfait)	
je mang**e**ais	nous mangions
tu mang**e**ais	vous mangiez
il, elle, on mang**e**ait	ils, elles mang**e**aient

Pronunciation hint: Except for the **nous** and **vous** forms, all the imperfect endings sound alike.

Exercice 1.

Aurélie raconte ses souvenirs de sa grand-mère. Mettez les verbes entre parenthèses à l'imparfait.

Quand j'étais jeune je passais le week-end chez ma grand-mère qui (habiter) (1) ____________ une petite maison entourée de fleurs. La maison (être) (2) ____________ blanche avec des volets bleus. Mamie y (vivre) (3) ____________ seule avec ses chats et ses oiseaux. Elle avait une passion pour son jardin. Quand elle y (travailler) (4) ____________, elle (porter) (5) ____________ toujours un grand chapeau de paille. Je (rester) (6) ____________ toujours à côté d'elle et *(enlever/pulled)* (7) ____________ les mauvaises herbes *(weeds).* Mes parents (arriver) (8) ____________ le dimanche. Ils l'(aider) (9) ____________ à préparer le repas du dimanche pendant que nous les enfants (jouer) (10) ____________ dehors. Et puis on (manger) (11) ____________ tous ensemble autour d'une grande table.

Structure 10.2 Les pronoms relatifs *qui, que et où*

Relative pronouns enable you to create complex sentences and avoid repetition by combining two sentences or clauses. The information referred to by a relative pronoun is called its antecedent **(antécédent).**

Qui (subject)

Qui is used to replace the subject of a sentence—a person, idea, or thing. The English equivalent of **qui** is *who, which,* or *that.*

J'ai un chien. Le chien adore courir.	⇨	J'ai un chien **qui** adore courir.
Nous avons une tante. Notre tante habite au Canada.	⇨	Nous avons une tante **qui** habite au Canada.
J'ai une voiture. Elle roule très vite.	⇨	J'ai une voiture qui roule très vite.

Que (object)

Que refers to the direct object of a sentence: a person, thing, or idea. The English equivalent of **que** is *who, whom, which,* or *that.* When **que** is followed by a word beginning with a vowel sound, the **e** is dropped.

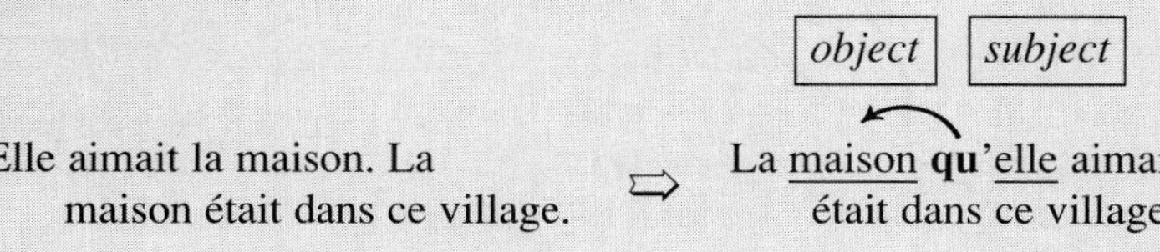

object
subject
Elle aimait la maison. La maison était dans ce village.
La maison qu'elle aimait était dans ce village.

		object	subject
Tu connais cet étudiant. L'étudiant est ici.	⇨	L'étudiant **que** tu connais est ici.	

Où

Où refers to places or expressions of time. Its English equivalent is *where, that,* or *when.* Although it can sometimes be omitted in English, it is obligatory in French.

Voilà le café **où** j'ai rencontré Serge.	*There's the café where I met Serge.*
C'était l'année **où** il a commencé l'école.	*It was the year (that) he started school.*

Exercice 2.

Remplacez les tirets par *qui, que* ou *où* pour écrire des phrases logiques à propos d'événements français.

1. 1974 est l'année ___________ la crise économique en France a commencé.
2. Edith Piaf était une chanteuse française ___________ a séduit le monde entier.
3. La télévision est un appareil ___________ a changé la vie de famille.
4. La 4CV était la voiture ___________ on préférait pendant les années 1960.
5. Le café « Aux Deux Magots » est un lieu ___________ les jeunes intellectuels se rencontraient.
6. La tour Eiffel est le monument ___________ on voit sur beaucoup de marchandises touristiques.
7. St.Tropez était l'endroit ___________ Brigitte Bardot passait ses vacances pendant les années 1960.

Structure 10.3 Les pronoms objets directs et indirects : *me, te, nous, vous*

You have already learned the third person direct and indirect object pronouns **(le, la, les, lui, leur).** As you recall, direct objects answer the question *What?* and *Who(m)?;* they immediately follow the verb with no intervening preposition. Indirect objects answer the question *To whom?* They are preceded by a preposition, generally **à.** In the first and second persons **(me, te, nous, vous),** the indirect and direct object pronouns are identical; they are only different in the third person.

direct object pronouns		indirect object pronouns	
singular	**plural**	**singular**	**plural**
me (m')	nous	me (m')	nous
te (t')	vous	te (t')	vous
le, la	**les**	**lui**	**leur**

The following sentences contain direct object pronouns.

— Est-ce que tu **m**'aimes ?	*Do you love/like me?*
— Oui, bien sûr je **t**'aime !	*Yes, of course I love/like you!*
— Est-ce que je **vous** ennuie ?	*Do I bore you?*
— Mais non, pas du tout ! Nous aimons **vous** écouter.	*Not at all. We like to listen to you.*

Verbs that involve transferring objects or information generally take indirect objects.

Verbs involving communication	**Verbs involving giving**
demander à	donner à
dire à	emprunter à
écrire à	envoyer à
expliquer à	montrer à
poser à	offrir à
	payer à
	prêter à
	rendre à

Le journaliste **t**'a posé des questions ?	*Did the journalist ask you questions?*
Elle **vous** donne son opinion.	*She's giving you her opinion.*
Il **nous** a parlé de ses ambitions.	*He spoke to us about his ambitions.*
Je vais **te** téléphoner ce soir.	*I'm going to telephone you this evening.*

Exercice 3.

Indiquez si les pronoms soulignés représentent des pronoms d'objects directs ou indirects en mettant « d » ou « i ».

1. Vous m'irritez avec vos histoires ! ______________
2. Tu nous as déjà posé cette question. ______________
3. Elle m'a répondu tout de suite. ______________

4. Est-ce que tu me comprends ? ______________
5. Quand je te dis « non » c'est « non » ! ______________
6. J'arrive. Je ne t'ai pas oublié. ______________
7. Elle m'a vu dans le train. ______________
8. Est-ce que la fumée *(smoke)* vous irrite ? ______________
9. Je t'ai déjà vu. ______________
10. Veux-tu nous prêter dix francs ? ______________

Exercice 4.

Chantal va quitter la Martinique pour aller en France. Ses meilleurs amis lui parlent à l'aéroport. Associez questions et réponses.

1. Est-ce que tu vas m'écrire ?
2. Tu vas nous donner ton adresse ?
3. Quand est-ce que je peux te téléphoner ?
4. Est-ce que nous t'ennuyons avec toutes nos questions ?
5. Nous pouvons te rendre visite à Noël ?

a. J'aimerais vous voir à Noël, mais je serai chez des amis en Espagne.
b. Non, vous me posez toujours des questions. J'y suis habituée.
c. Je vous l'ai déjà donnée.
d. Oui, je t'écrirai chaque semaine.
e. Tu peux me téléphoner le soir avant 10 h.

Structure 10.4 Le comparatif (suite) et le superlatif

Adverb comparisons are patterned after those you learned for adjectives.

plus / moins / aussi	+ adverbe/adjectif + que

Philippe court **plus vite que** son frère.	*Philippe runs faster than his brother.*
Thérèse parle anglais **moins couramment que** Louise.	*Thérèse speaks English less fluently than Louise.*
Il conduit **aussi lentement que** sa femme.	*He drives as slowly as his wife.*

The adverb **bien** has the following irregular comparative forms:

	+	mieux
bien	=	aussi bien
	−	moins bien

Michel parlait français **moins bien que** les autres.	*Michel spoke French less well than the others.*
Serge nageait **aussi bien que** Paul.	*Serge swam as well as Paul.*
Céline chante **mieux que** ses sœurs.	*Céline sings better than her sisters.*

Comparing quantities and amounts

To compare quantities, use the following pattern:

plus / moins / autant	de + nom + que

Je faisais **plus de devoirs qu**'elle.	*I did more homework than she.*
Julien a **moins d'argent que** nous.	*Julien has less money than we (do).*
Claire **avait autant de soucis** que sa sœur.	*Claire had as many worries as her sister.*

Le superlatif

The superlative is used for expressing extremes: *big-the biggest; important-the least important.* It is formed as follows:

le / la / les	+	plus / moins	+	adjective	+	(de)

C'est **le plus grand** concert de l'année.	*It's the biggest concert of the year.*
Elle a choisi la solution **la plus difficile.**	*She chose the hardest solution.*

Adjectives that normally follow the noun maintain this position in the superlative. In this case, the definite article is repeated in the superlative construction.

C'est la décision **la plus importante** de ma vie.

Adjectives that normally precede the noun require only one article.

C'est **la plus longue** route qui va à la maison.

Bon and **mauvais** have irregular superlative forms similar to their forms in the comparative.

C'est une **bonne** idée. En fait c'est la **meilleure** idée.

C'est **le pire** moment pour perdre son travail.

To express superlative quantities use **le plus de** and **le moins de.**

C'est elle qui a **le plus de** talent de sa famille.

Before adverbs, the definite article **le** is invariable. The superlative forms of the adverb **bien** are **le mieux** and **le moins bien.**

Eric est celui qui parle **le moins** dans notre famille, mais il s'exprime avec éloquence quand il décide de parler.

Le gagnant a répondu **le mieux** à la dernière question.

Exercice 5.

Deux vieux amis comparent leur enfance. Complétez les comparaisons en utilisant *plus... que, moins... que, aussi... que* ou *mieux (que).*

1. Je n'étais pas sportive; tu courais ______________ vite ______________ moi.
2. Jules était très timide; il parlait ______________ fort ______________ les autres en classe.
3. Moi, j'étais fort en maths et toi en français; je travaillais ______________ (bien) ______________ toi en maths, mais je travaillais ______________ (bien) en littérature.
4. Nous allions régulièrement en classe. Tu y allais ______________ régulièrement ______________ moi.
5. Chantal était trop sérieuse. Nos amis ne travaillaient pas ______________ dur ______________ elle.

Exercice 6.

Modifiez les comparaisons en utilisant *plus de, moins de* ou *autant de.*

Modèle : Ma mère avait quatre enfants. Ta mère en avait six.

Ma mère avait **moins d**'enfants **que** ta mère.

1. Notre maison avait sept pièces. Ta maison en avait cinq.
2. Ton frère avait peu de succès avec les filles. Tu en avais beaucoup.
3. Ma grand-mère avait beaucoup de chats. Ta grand-mère en avait beaucoup aussi.
4. Je jouais toujours; tu jouais beaucoup aussi.
5. Ton jardin avait beaucoup de fleurs. Ma mère n'aimait pas planter des fleurs.
6. Quand j'étais petit, je n'avais pas de soucis. Maintenant j'en ai beaucoup.

Exercice 7.

Employez des phrases au superlatif pour décrire un cours d'anglais en France.

Modèle : Paul répond lentement.

C'est celui qui répond **le plus lentement de** la classe.

Danièle est sympathique.

Danièle est l'étudiante **la plus sympathique de** la classe.

1. Hervé est doué en langues.
2. Simone finit vite ses devoirs.
3. Stéphane est ennuyeux.
4. Henri ne travaille pas sérieusement.
5. Jean-Guillaume est enthousiaste.
6. Agnan et Rashid sont intello *(brainy).*
7. Carla est réservée.

Exercice 8.

Employez le superlatif pour comparer Hawaï, la Floride, l'Alaska, la Californie et l'Oklahoma.

1. Hawaï et la Floride ont ______________ touristes.
2. L'Alaska a ______________ parcs nationaux.
3. La Floride a ______________ montagnes.
4. La Floride et la Californie ont ______________ parcs d'attraction.
5. Hawaï et la Floride ont ______________ pétrole.
6. La Californie a ______________ habitants.

Structure 10.5 Le passé composé et l'imparfait (introduction)

As you have seen, the **passé composé** and the **imparfait** are both used for talking about the past, but they serve different functions. The **imparfait** sets the scene by describing what things and people were like, as in a stage setting before the action has begun. The **passé composé** moves the story forward. It recounts events. The guidelines here will help you decide which tense to use.

Passé composé

In general you will use the **passé composé** to:

- Tell what happened: Hier, j'**ai eu** un accident en allant à l'école.

  Les États-Unis **ont déclaré** leur indépendance en 1776.

- Narrate a sequence of events: Ce matin je **me suis réveillé** de bonne heure; j'**ai pris** une douche et puis je **suis parti** pour l'école.

Imparfait

In general, you will use the **imparfait** to talk about:

- Feelings and thoughts: J'**étais** très malade quand le médecin est arrivé.

  Paul **avait** froid parce qu'il ne portait pas de chapeau.

- Age: Jean-Luc **avait** seize ans quand il a appris à conduire.

- Weather: Il **faisait** beau quand nous sommes sortis pour faire une promenade.

- Time: Il **était** déjà six heures quand le train est arrivé.

Exercice 9.

Read the following passage, paying careful attention to the verb tenses used. Then retell the story in English in response to the prompts provided. Identify the French verb tense associated with each prompt.

C'était une nuit d'hiver à Grenoble; il faisait très froid et la neige tombait à gros flocons *(flakes)*. Dans la maison, j'écoutais du Beethoven et j'écrivais une lettre à Maurice, mon copain qui étudiait à Cambridge. Soudain, j'ai entendu du bruit. C'était comme si un arbre battait contre le mur de la maison. J'ai ouvert la porte mais il n'y avait rien. J'ai recommencé ma lettre. Après quelques minutes, boum !

une boule de neige a explosé contre la fenêtre. J'ai regardé à travers les rideaux et là dans le jardin j'ai aperçu un homme. Je voulais téléphoner à la police mais, quand il s'est tourné vers moi, j'ai reconnu le visage de Maurice ! Il était de retour.

Verb Tense

1. What kind of night was it?
2. What was going on inside the house?
3. What happened to break up the activity that was taking place?
4. How did the narrator respond?
5. What happened next?
6. What did the narrator do? What did she see?
7. What was she thinking of doing when she saw the man?
8. Then what happened?

Vocabulaire

Vocabulaire fondamental

Le monde de l'école

le bâtiment *building*
la cour *courtyard*
le directeur, la directrice *principal*
la discipline *discipline*
le drapeau *flag*
l'école maternelle *kindergarten*
l'école primaire *elementary school*
l'écriture *writing, penmanship*
l'élève *pupil (pre–high school)*
l'enfance *(f)* *childhood*
l'institutrice *(f)* (eur) *(m)* *elementary school teacher*
la jeunesse *youth*
la pelouse *lawn*
la récréation (la récré *fam.*) *recess*
une règle *ruler, rule*
un souvenir *memory*
le terrain de sport *sports field*

Verbes

avoir des soucis *to have worries*
chasser *to chase*
critiquer *criticize*
donner *to give*
emprunter *to borrow*
ennuyer *to bother*
irriter *to irritate*
jouer à la poupée *to play with dolls*
  aux billes *to play marbles*
  aux boules *to play boules*
  à cache-cache *to play hide and seek*
partager *to share*
prêter *to loan, lend*
ramasser *to collect, pick up*
se rappeler *to remember*
se souvenir de *to remember (conjugated like venir)*

Mots divers

autant *as many*
une chanson *song*
courramment *fluently*
en rang *in a row*
envers *toward*
une époque *an era*
à l'époque *at that time*
sage *well behaved*
sans blague *no kidding*
un souci *worry*
vite *fast*

Vocabulaire supplémentaire

Noms

une ardoise *writing slate*
un bulletin scolaire *report card*
un cahier à carreaux *graph-lined notebook used in French schools*
un chapeau d'âne *dunce cap*
le châtiment corporel *corporal punishment*
le conformisme *conformism*
une drogue *drug*
un gang *gang*
un papillon *butterfly*
une punition *punishment*
le snobisme *snobbery*
le surveillant *person in charge of discipline*
le voisinage *neighborhood*

Verbes

démissionner *to resign*
glisser *to slide*
gronder *to scold*
lâcher *to release*
offrir *to offer*
pousser un cri *to shout*
renvoyer *to expel (from school)*

Module 11 Voyager en France

Thèmes et pratiques de conversation

Paris, j'aime !
Voyager pas cher
Comment réserver une chambre d'hôtel
Comment se repérer en ville
L'identité française

Culture

Paris
La culture française face à l'Amérique

Lecture

« Le message », de Jacques Prévert

Structures

11.1 Le futur
11.2 **Avoir besoin de** et les mots interrogatifs (suite)
11.3 L'accord du participe passé avec l'auxiliaire **avoir**
11.4 Les verbes **croire** et **voir**

Thèmes et pratiques de conversation

Paris, j'aime !

Paris

Depuis des siècles, la France et sa capitale Paris exercent une attraction mythique dans le monde entier. L'importance et le prestige de Paris dépassent ceux des autres capitales. Grâce à une longue tradition de centralisation, la capitale domine tous les aspects de la vie française : culturels, économiques et politiques. Pour le touriste qui y arrive pour la première fois, Paris est une ville-musée, pleine de monuments et de bâtiments anciens, une ville imaginée à travers les livres, les publicités et les cartes postales. Mais c'est aussi une ville tournée vers l'avenir. Sa perspective moderne est évidente dans son architecture contemporaine qui apparaît à côté de vieux bâtiments dans ses quartiers historiques. Paris, c'est le parfait équilibre entre la tradition et le modernisme.

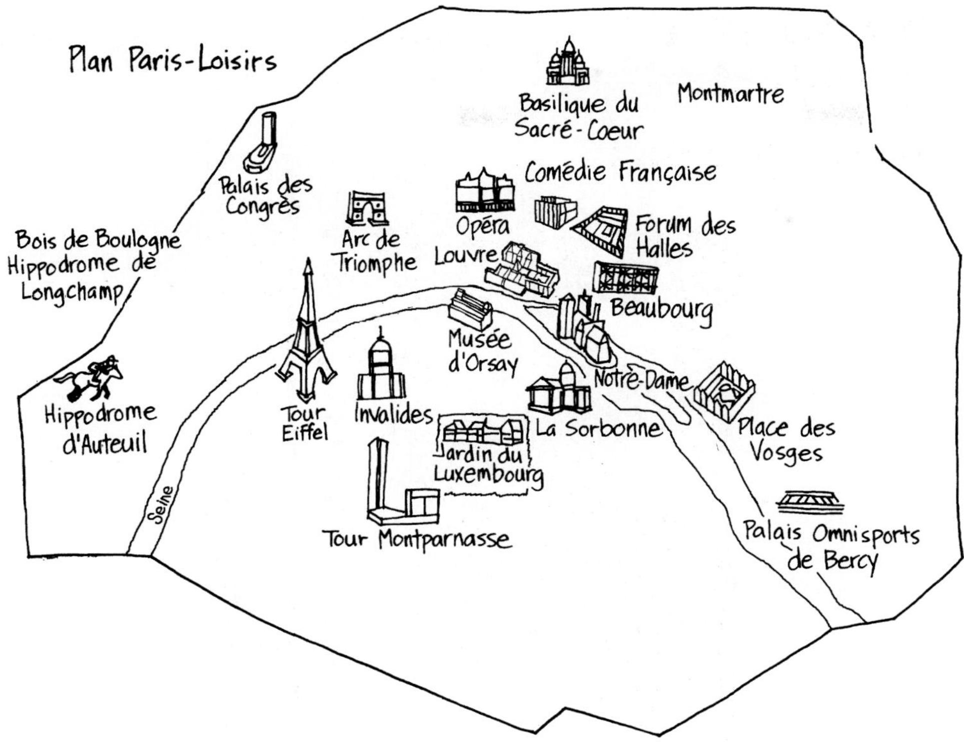

Quand vous serez à Paris...

Structure 11.1 Le futur	You have already learned to use the **futur proche**. This **thème** introduces the **futur,** another future tense. See page 350 for further information on this tense and its forms.

Le musée d'Orsay possède des œuvres de la seconde moitié du XIXe siècle de 1848 à 1914. Vous y **verrez** la plus grande collection d'art impressionniste du monde.

Le Quartier latin avec ses cafés, ses boutiques d'antiquités et ses librairies est le centre étudiant. Si vous vous asseyez dans un café du boulevard Saint-Germain vous **observerez** toutes sortes de gens intéressants qui passent dans la rue.

Passez un moment agréable devant le centre culturel Pompidou appelé Beaubourg. Cette place est pleine de mimes, d'acrobates, de cracheurs de feu *(fire eaters)* qui vous **amuseront.**

N'oubliez pas de visiter le musée du Louvre où vous **trouverez** la Joconde *(Mona Lisa)*. Il y **aura,** sans doute, une foule de gens assemblée devant ce petit tableau.

Faites une balade dans l'avenue des Champs-Élysées. Au bout de cette grande avenue avec ses cafés et ses restaurants élégants, vous **aurez** une perspective depuis l'Arc de Triomphe jusqu'à la pyramide du Louvre. Ne soyez pas choqué par la présence de McDonald's, de Burger King et même de Pizza Hut.

Si vous êtes à Paris pour un congrès *(conference)* international, vous **irez** sans doute au Palais des Congrès, le centre d'affaires de la Défense.

Flânez le long des quais de la Seine, le nez dans les « boîtes » des bouquinistes. Ici vous **pourrez** feuilleter des éditions rares et des collections de gravures de toutes sortes, estampes, affiches.

Si vous vous intéressez aux technologies de pointe *(state of the art),* vous **aimerez** visiter la Cité des sciences et de l'industrie au Parc de la Villette.

Activité 1 : Itinéraire touristique.

En vous aidant du plan à la page 327, indiquez où iront les touristes suivants.

1. M. et Mme Schtroump veulent visiter la tour qui est devenue le symbole de Paris. Ils monteront à...
2. Mme Tanaka adore les peintres impressionnistes. Elle visitera...
3. Ses enfants Yuki et Noriko préfèrent jouer au parc. Ils iront...
4. Vous voulez voir une pièce de Molière. Vous pourrez assister à une représentation à...
5. Je n'aime pas tellement les musées et les monuments. Je préfère me détendre dans le quartier des étudiants. Je passerai la journée au...
6. Geraldo aime le théâtre de rue. Il regardera les mimes et les musiciens devant...
7. Ma mère veut se promener sur les grands boulevards. Elle passera la journée dans l'avenue des...
8. Nous ne voulons pas quitter Paris sans voir la Joconde. Cet après-midi, nous visiterons...

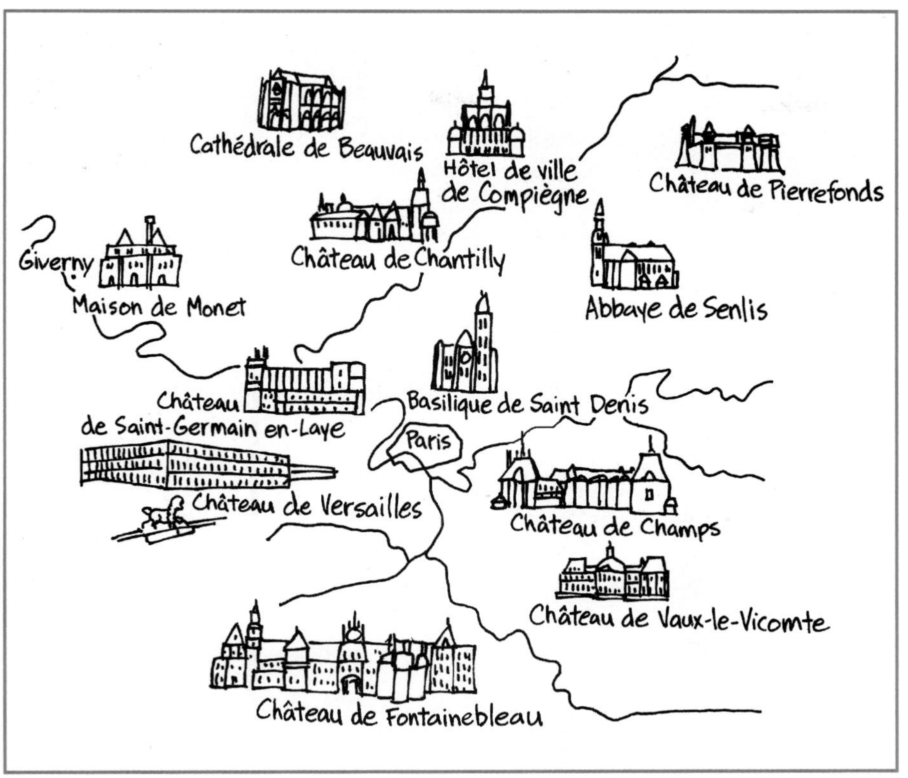

Activité 2 : Une semaine dans la région parisienne.
Avec un(e) camarade, choisissez votre itinéraire dans la région parisienne. Où irez-vous ? Qu'est-ce que vous y ferez ?

Suggestions : **assister à, admirer, regarder, voir, visiter, acheter, faire, rester**

Modèle : Où iras-tu jeudi ?

— J'irai à Giverny.

Qu'est-ce que tu y feras ?

— Je visiterai la maison de Monet; j'admirerai les beaux jardins.

Paris	le musée du Louvre	la Joconde	lundi
	le Quartier latin	une promenade	mardi
	le musée d'Orsay	l'art impressionniste	mercredi
	Roland-Garros	un match de tennis	jeudi
	la Villette	les dernières inventions	vendredi
Giverny	la maison de Monet	ses beaux jardins	samedi
Versailles	le château	la galerie des Glaces	dimanche

La France est la première destination touristique du monde, devant les États-Unis et l'Espagne : 60 millions de touristes étrangers sont venus visiter la France en 1993. En tête sont les Allemands, suivis par les Britanniques.

Francoscopie, 1995

Activité 3 : Un voyage idéal.

Interviewez votre camarade sur son voyage idéal.

1. Où iras-tu ?
2. Avec qui voyageras-tu ? Comment ?
3. Pendant quelle saison est-ce que tu voyageras ? Pourquoi ?
4. Qu'est-ce que tu y feras ?
5. Pendant combien de temps y resteras-tu ?
6. Logeras-tu à l'hôtel ? En auberges de jeunesse ? Feras-tu du camping ?

Activité 4 : Soyez prêt à tout !

Complétez les phrases suivantes en disant ce que vous ferez pendant votre voyage dans les situations données.

Modèle : Si tous les musées sont fermés le lundi...

Si tous les musées sont fermés le lundi, je passerai la journée dans les cafés du Quartier latin.

1. S'il pleut...
2. Si les restaurants sont trop chers...
3. Si vous êtes invité(e) chez une famille française...
4. S'il fait très chaud...
5. S'il y a beaucoup de touristes...
6. Si vous perdez vos chèques de voyages...
7. Si vous ne pouvez pas trouver votre hôtel...

Voyager pas cher

Structure 11.2 *Avoir besoin de* et les mots interrogatifs (suite)

The expression **avoir besoin de** is introduced here in the context of travel needs. See page 353 for an explanation of this structure and a presentation of interrogative pronouns.

De quoi a-t-on **besoin** pour voyager en France ?

— On a **besoin d'un** passeport, d'un visa et bien sûr on a toujours **besoin d'**argent. Si vous restez dans un hôtel à Paris en été, vous aurez **besoin de** réservations.

Est-ce qu'il est nécessaire de savoir parler français ?

— On n'a pas **besoin de parler** français, mais c'est un grand avantage.

Le transport

Le métro

Avec la formule *Paris Visite* vous pouvez voyager cinq jours en métro. Si vous comptez rester un mois à Paris, achetez une carte Orange. Ces cartes sont aussi valables dans les autobus.

Le train

Profitez de votre jeunesse ! Achetez un Eurailpass étudiant à votre agence de voyages aux États-Unis pour obtenir des prix réduits dans les trains. Il y a aussi la carte Jeune et la carte Inter-Rail, mais elles sont réservées aux Européens.

Le vélo

Le vélo est un excellent moyen de transport pour le touriste qui veut avoir le temps d'apprécier la nature. C'est aussi parfait pour rencontrer des gens et pour visiter les coins impraticables en voiture. D'autres avantages : ça ne consomme pas d'essence, et ce n'est pas cher.

L'hébergement

Les auberges de jeunesse

La carte de la Fédération unie des auberges de jeunesse vous permet de fréquenter 5 000 auberges dans plus de cinquante pays. Le prix ? Moins de 60 F par nuit. Apportez votre sac de couchage ou vos draps. L'atmosphère est généralement assez austère mais on y rencontre beaucoup de jeunes voyageurs du monde entier.

Les pensions

Si les hôtels vous semblent trop chers, consultez le bureau de tourisme pour une liste de pensions de famille. Vous y trouverez du confort et de la chaleur. Mais il faut « prendre pension » pendant au moins une semaine.

Le camping

La France vous offre un grand nombre de terrains de camping aménagés. Ils se trouvent près des centres urbains aussi bien qu'à la campagne. Venez en caravane ou apportez votre tente et votre sac de couchage. Si vous trouvez un endroit agréable, demandez l'autorisation au propriétaire qui sera généralement enchanté d'accueillir de jeunes aventuriers américains.

Les repas

Les restau-U

Pour des repas à des prix très modestes, essayez les restaurants universitaires. Le ticket repas coûte environ 20 F (12 F pour les étudiants). Renseignez-vous au CROUS (Centre régional des œuvres universitaires et scolaires).

Les croissanteries

Pour un sandwich, c'est pratique d'aller dans une croissanterie, version française d'un restaurant fast-food américain. Ou bien, achetez une baguette et du jambon et installez-vous dans un parc.

Guide
1994

FRANCE

des Auberges
de Jeunesse
en France

YOUTH HOSTELS • OSTELLI PER LA GIOVENTU
JUGENDHERBERGEN • ALBERGUES JUVENILES

Guide pratique de l'hébergement en Auberge de Jeunesse
Supplément à Objectif Jeunesse n° 88

les Auberges, c'est tout un monde !

FUAJ : 27, RUE PAJOL 75018 PARIS
TEL (1) 44 89 87 27 • FAX (1) 44 89 87 10 • MINITEL 3615 CODE FUAJ

Les activités

Les musées

Une carte d'étudiant internationale vous donne droit à des réductions dans beaucoup de musées. Au Louvre, par exemple, le tarif normal est 31 F; les jeunes entre 18 et 25 ans paient 16 F.

Le cinéma

Le tarif est réduit pour les étudiants tous les jours sauf le vendredi, le samedi et les jours fériés.

Activité 5 : Pour voyager pas cher on a besoin de...

Complétez les phrases qui suivent avec les informations données.

1. Pour voyager en train à prix réduits on a besoin d'un ______________.
2. Pour voyager en métro pendant un mois, on a besoin d'une ______________.
3. Les touristes sportifs qui aiment la nature et la tranquillité peuvent voyager ______________.
4. Pour faire du camping en France on a besoin d'une ______________ ou d'une caravane.
5. Pour loger dans une auberge de jeunesse on a besoin d(e) ______________. C'est aussi une bonne idée d'apporter ______________.
6. Les repas dans les restau-U ne sont pas chers, mais on a besoin d'acheter un ______________ à 20 F.

Activité 6 : À discuter.

Répondez aux questions suivantes.

1. Quels sont les avantages de voyager à vélo ?
2. Quelles sont les options pour le voyageur qui ne veut pas payer cher pour un hôtel ?
3. Quels sont les avantages et les inconvénients de prendre pension dans une famille ?
4. Combien coûtent les auberges de jeunesse ? Quels sont les avantages et les inconvénients d'y loger ?
5. Quels sont les tarifs spéciaux pour les étudiants ou les jeunes ?
6. À qui est-ce que vous pouvez écrire pour obtenir des renseignements sur les auberges de jeunesse en France ?

Activité 7 : Des renseignements.

Un ami qui part en vacances vous pose des questions sur le voyage que vous venez de faire. Trouvez la bonne réponse pour chaque question.

1. Avec qui est-ce vous avez voyagé ?
2. Où est-ce que vous avez obtenu votre carte d'auberge de jeunesse ?
3. De quoi a-t-on besoin pour payer moins cher dans les musées ?
4. À qui avez-vous téléphoné quand vous avez perdu votre porte-monnaie ?
5. Pendant ce mois de voyage vous ne vous êtes jamais senti dépaysé ?
6. Vous restez donc sur place maintenant ou pensez-vous repartir bientôt ?

a. À mon père. Il m'a envoyé de l'argent à Londres. Et j'ai dû annuler ma carte bancaire.
b. Euh, j'aimerais bien repartir, mais pour le moment je suis fauché *(broke)*.
c. Avec personne. Je préfère voyager seul. On rencontre plus facilement des gens en route.
d. On a besoin d'une carte d'étudiant internationale.
e. À la Fédération des auberges de jeunesse à Paris.
f. Pas du tout. Voyager c'est ma passion !

Activité 8 : À l'auberge de jeunesse.

Faites un dialogue logique entre le voyageur et le réceptionniste à l'auberge de jeunesse en utilisant les éléments de chaque colonne.

voyageur

1. Bonjour, est-ce qu'il y a encore de la place ?
2. Deux... C'est combien pour une nuit ?
3. Non, pas encore.
4. Très bien.
5. Oui, oui, nous avons le nécessaire.
6. Euh oui. À quelle heure ferme-t-on les portes ?

réceptionniste

a. On ferme les portes à une heure du matin.
b. Avez-vous des sacs de couchage ou des draps ?
c. Avez-vous d'autres questions ?
d. Êtes-vous membres des auberges de jeunesse ?
e. Alors ce sera 50 F pour la carte et 20 F pour le lit.
f. Certainement. Pour combien de personnes ?

Structure 11.3 L'accord du participe passé avec l'auxiliaire *avoir.*

You have already learned agreement rules for past participles of verbs conjugated with **être.** Here you will learn agreement rules for past participles of verbs conjugated with **avoir.**

Des touristes blasés

HÔTE : Il faut visiter les grottes dans le Périgord.
TOURISTES : Nous **les** avons déjà visit**ées**.
HÔTE : Je recommande les châteaux de la Loire.
TOURISTES : Nous **les** avons déjà vu**s**.
HÔTE : Et le Mont Saint-Michel ?
TOURISTES : Je **l'**ai visité pendant mon dernier voyage.
HÔTE : Et les plages **que** vous avez vu**es** sur la côte d'Azur. Elle sont belles, n'est-ce pas ?
TOURISTES : Oui, mais pas plus belles que les plages de Californie.

Activité 9 : Oui, Madame...

Les résidents d'une auberge de jeunesse sont parfois obligés de participer aux tâches ménagères. Suivez le modèle.

Modèle : débarrasser les tables dans la cantine.

Avez-vous débarrassé les tables dans la cantine ?

— Oui, madame, nous les avons déjà débarrassées.

1. faire la vaisselle.
2. faire votre lit.
3. aider les autres à ranger le dortoir.
4. nettoyer la salle de bains.
5. remettre votre clé à la réception.

Activité 10 : A-t-on oublié quelque chose ?

Un groupe commence une randonnée dans les Alpes. Chacun porte quelque chose pour l'excursion dans son sac à dos. Lemuel, un peu nerveux, veut être sûr qu'on n'a rien oublié de la liste. Suivez le modèle.

Modèle : la boussole *(compass)*

Qui a pris la boussole ?

Lila l'a prise.

a. Lila/boussole
b. Harmut/cartes topographiques
c. Renate/sandwichs
d. Dagmar/crème solaire
e. Kristen/lampes èlèctriques
f. Lemuel/allumettes *(f)*
g. Jean/couteau suisse
h. Rainer/jumelles *(f)* *(binoculars)*
i. Sheila/eau

Liste

1. la boussole
2. la crème solaire
3. l'eau
4. les sandwichs
5. les lampes électriques
6. les cartes topographiques
7. les allumettes
8. le couteau suisse
9. les jumelles

La France produit une variété incomparable de fromages, de vins et d'autres produits agricoles de renommée mondiale. Chaque produit est identifié à la région ou la ville d'où il vient. Le vrai champagne, par exemple, est fabriqué en Champagne. Ce que nous appelons le champagne est souvent du vin mousseux *(sparkling wine).*

Activité 11 : La France gastronomique.

Regardez le plan gastronomique pour terminer les phrases suivantes. Utilisez les verbes *manger, acheter* et *boire* et les adjectifs *délicieux, authentique, bon, excellent.*

Modèle : les crêpes

Les crêpes qu'on a mangées en Bretagne étaient délicieuses.

le chablis

Le chablis qu'on a bu à Chablis était formidable.

1. le champagne
2. le pâté de foie gras
3. le cognac
4. la quiche
5. la salade niçoise
6. le roquefort

Comment réserver une chambre d'hôtel

Quelques expressions utiles

Le touriste

Je voudrais une chambre pour deux personnes avec { un grand lit. / salle de bains. / douche. / W.C. }

C'est combien la nuit ?

Avez-vous { une chambre qui coûte moins cher ? / une chambre qui donne sur la cour ? / quelque chose d'autre ? }

Est-ce que le petit déjeuner est compris ?

Bon, je la prends.

Y a-t-il un autre hôtel près d'ici ?

Le réceptionniste

Nous avons une chambre au deuxième étage avec salle de bains.

Je suis désolé. L'hôtel est complet.

Le petit déjeuner est compris.

Il y a un supplément de 20 francs pour le petit déjeuner.

Prenez l'ascenseur jusqu'au troisième étage.

Activité 12 : Complétez la conversation.

Vous arrivez à l'hôtel du Vieux Manoir.

LE RÉCEPTIONNISTE : Bonjour, mademoiselle (monsieur). Est-ce que je peux vous aider ?

VOUS : ______________________________

LE RÉCEPTIONNISTE : Il reste la chambre 23 qui donne sur la rue. Combien de nuits comptez-vous rester ?

VOUS : ______________________________

LE RÉCEPTIONNISTE : 240 francs par nuit.

VOUS : ______________________________

LE RÉCEPTIONNISTE : Oui, le petit déjeuner est compris.

VOUS : ____

LE RÉCEPTIONNISTE : Voici la clé. Prenez l'ascenseur jusqu'au deuxième étage.

VOUS : ____

Comment se repérer en ville

Quelques expressions utiles

Pour demander son chemin

Pourriez-vous me dire où se trouve le Louvre ?
S'il vous plaît, où se trouve le Louvre ?
Pardon, monsieur, le Louvre, s'il vous plaît ?
Dans quelle direction est le Louvre ?
C'est loin/près d'ici ?

Pour indiquer le chemin

Vous quittez la gare et vous allez vers le centre ville.

Prenez le Boulevard ______________.

Continuez tout droit.° *straight ahead*

Tournez { à gauche sur le boulevard ______________.
à droite dans la rue ______________.

Vous allez { jusqu'au bout de la rue.
jusqu'à la rue ______________.

Vous traversez la place et l'Opéra Bastille est en face de vous.

Le voilà !

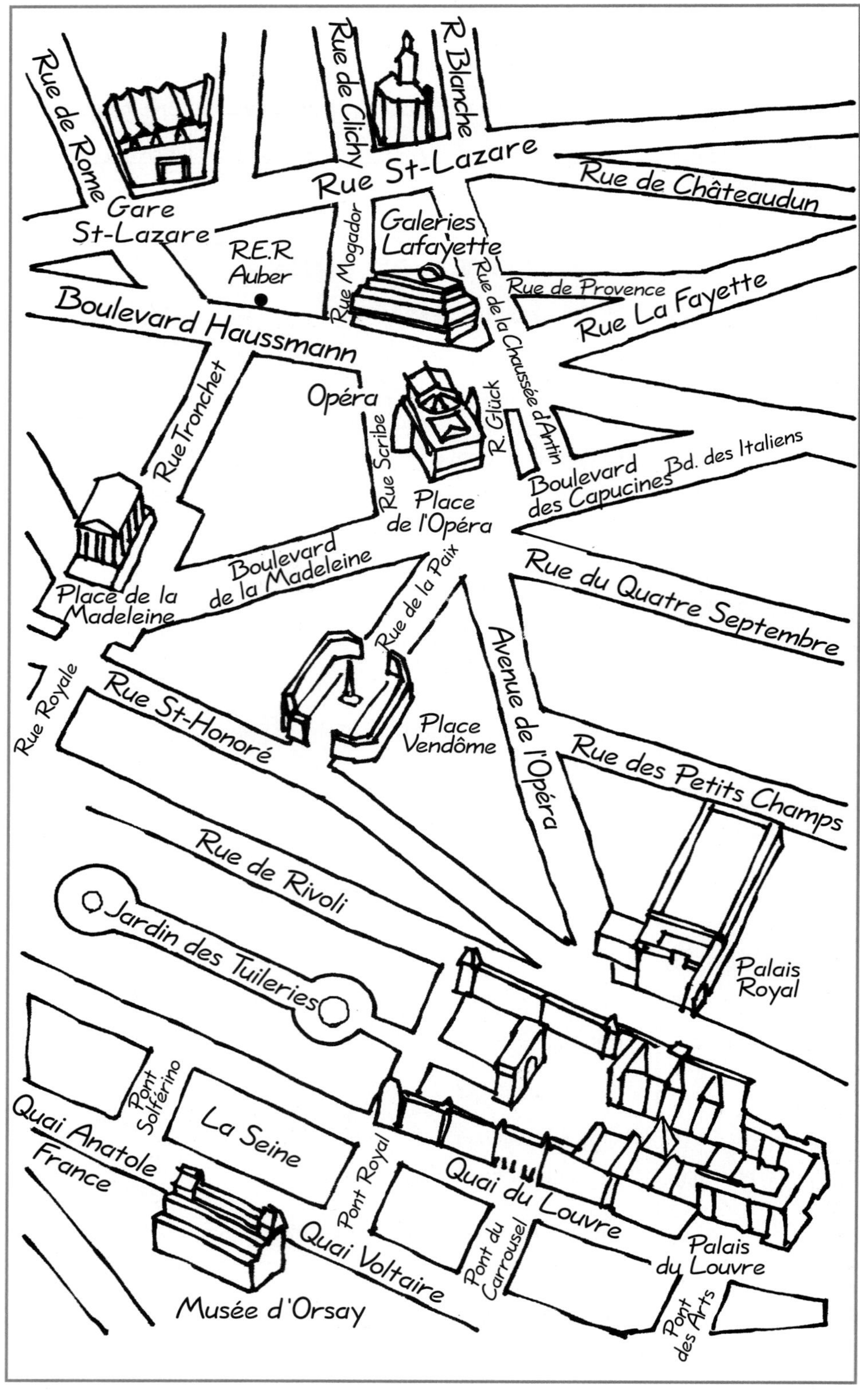
Rue de Rome
Rue de Clichy
R. Blanche
Rue St-Lazare
Rue de Châteaudun
Gare
St-Lazare
R.E.R
Auber
Rue Mogador
Galeries
Lafayette
Rue de la Chaussée d'Antin
Rue de Provence
Rue La Fayette
Boulevard Haussmann
Rue Tronchet
Opéra
Rue Scribe
R. Glück
Boulevard
des Capucines
Bd. des Italiens
Place
de l'Opéra
Boulevard
de la Madeleine
Place de la
Madeleine
Rue de la Paix
Rue du Quatre Septembre
Rue Royale
Rue St-Honoré
Place
Vendôme
Avenue de l'Opéra
Rue des Petits Champs
Rue de Rivoli
Jardin des Tuileries
Palais
Royal
Pont
Solférino
La Seine
Quai Anatole
France
Pont Royal
Quai du Louvre
Quai Voltaire
Pont du
Carrousel
Palais
du Louvre
Pont
des Arts
Musée d'Orsay

Activité 13 : Comment fait-on pour aller au Louvre ?

Vous êtes arrivé(e) à la gare St-Lazare et vous voulez aller au Louvre. Regardez le plan et mettez les indications dans le bon ordre.

1. Prenez la rue de Rome et tournez à gauche sur le boulevard Haussmann.
2. Traversez la place de l'Opéra.
3. D'abord sortez de la gare. Puis traversez la rue St-Lazare.
4. À la rue de Rivoli, vous allez voir le Palais Royal à votre gauche.
5. Passez devant les Galeries Lafayette et l'Opéra sera sur votre droite.
6. Continuez tout droit dans l'avenue de l'Opéra et le Louvre est juste devant vous.

Activité 14 : Jouez la scène.

Demandez à l'agent de police devant le musée d'Orsay comment aller aux endroits indiqués. Suivez le modèle.

Modèle : le Jardin des Tuileries

Pourriez-vous me dire où se trouve le Jardin des Tuileries ?

— Bien sûr, mademoiselle. Prenez le quai Anatole France jusqu'au pont Solferino. Tournez à droite et traversez le pont. Continuez tout droit et le jardin est juste devant vous.

1. le palais Royal
2. l'église de la Madeleine
3. la place Vendôme
4. la gare St-Lazare
5. le Louvre

L'identité française

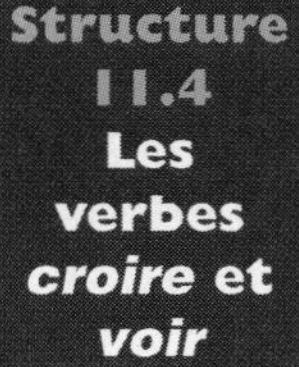

The irregular verbs **croire** and **voir** are introduced here in the context of cultural beliefs. See page 357 for their forms.

M. et Mme Manot discutent de leur réaction à Euro-Disney avec un ami.

L'AMI : Qu'est-ce que vous pensez de Euro-Disney ?
M. ET MME : Nous **croyons** que c'est encore une autre invasion culturelle américaine.

L'AMI : Oui ? Vous **croyez** ? Je ne suis pas d'accord.
M. : Pourquoi ?
L'AMI : Parce que les thèmes de Disney « Blanche-neige et les sept nains », « La belle au bois dormant », « Pinocchio » viennent tous d'Europe. Vous **voyez** ce que je veux dire ?
MME : Oui, je **vois.** Mais Disney déforme ces vieux contes.
L'AMI : Vous voulez donc boycotter Disney ? Vous **croyez** alors **au** protectionnisme culturel ?
MME : Non, peut-être pas. Mais, de toute façon, les médias américains ont trop d'influence ici.

Activité 15 : Qu'est-ce que vous croyez ?

Élaborez vos réponses.

Modèle : Est-ce que la France est le plus beau pays d'Europe ? Je crois que oui./Je crois que non./Je ne sais pas.

Je sais que c'est un très beau pays, mais je ne connais pas bien les autres pays.

1. Est-ce que les Français ressemblent beaucoup aux Américains ?
2. Est-ce que le marketing influence les goûts culturels ?
3. Est-ce que la culture française est très admirée dans le monde ?
4. Est-il important de préserver les traditions culturelles ?
5. Est-ce que la culture populaire est dominée par le Japon ?
6. Est-ce que l'argent est essentiel au bonheur ?

La culture française face à l'Amérique

Pendant des siècles la France a dominé la culture occidentale° dans les arts, la littérature, la philosophie, les sciences, la diplomatie, la gastronomie et la mode. La culture et la langue françaises jouissent toujours d'un grand prestige culturel dans le monde contemporain, mais l'anglais et la culture populaire américaine jouent un rôle de plus en plus important. La France se trouve débordée de restaurants MacDo, de coca-cola et de blue jeans. Peut-être l'aspect le plus menaçant° de cette invasion américaine est la « corruption » de la langue par le « franglais ». On parle du « look », des « livings », du « Coca light », des « Walkmans » et du « hit-parade des stars ». Un grand nombre de Français sont ambivalents envers la culture populaire dominée par les États-Unis. Ils ne veulent pas que cette culture uniforme produite à Hollywood détruise l'individualité des traditions et des goûts proprement français. La présence de l'Euro-Disney à Marne-la-Vallée près de Paris représente, ainsi, pour certains Français, une invasion culturelle dangereuse.

Western · *menacing*

Avez-vous compris ?

Discutez avec la classe.

1. Croyez-vous que Disneyland représente la culture américaine ?
2. Quels aspects de la culture américaine représente-t-il ?
3. Quand vous irez en France, visiterez-vous Euro-Disney ? Pourquoi ou pourquoi pas ?
4. Dans quels domaines est-ce que la culture française influence le monde ?
5. Quels éléments de la culture américaine dominent la culture populaire du monde ?
6. Comparez votre image culturelle de la France avec celle d'un autre pays. D'où viennent-elles ces images culturelles ?

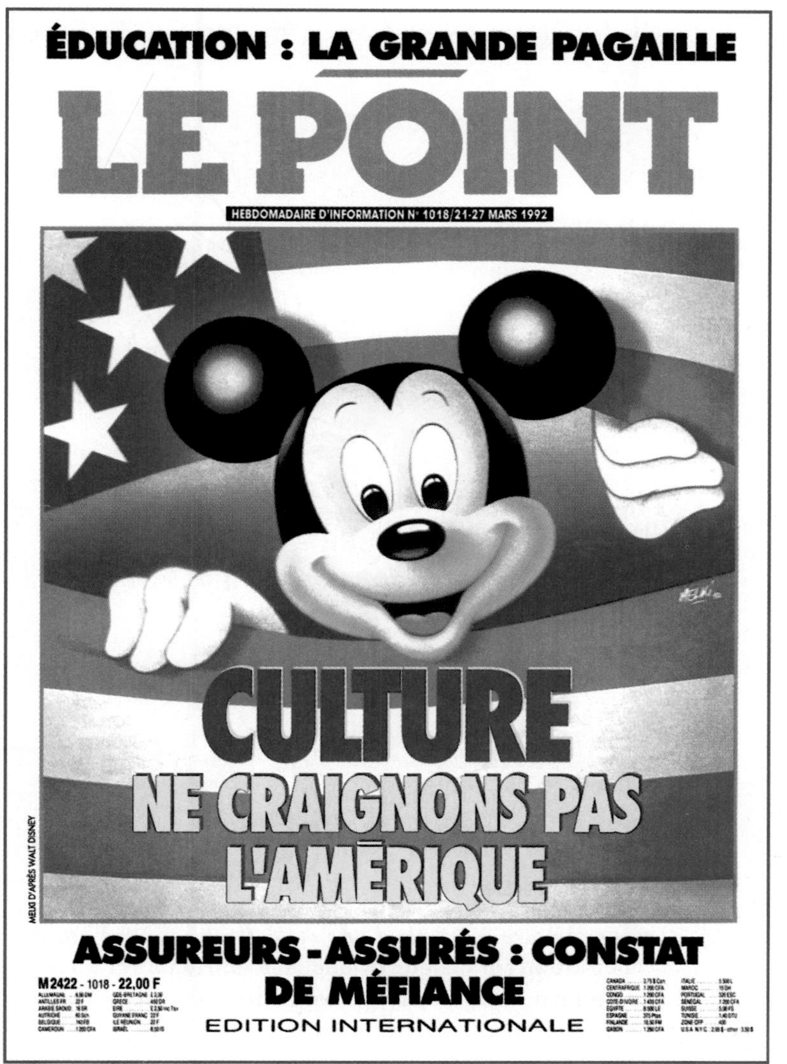

L'ouverture en 1992 d'Euro-Disneyland a fait trembler certains prophètes culturels. Une Amérique conquérante prête à coloniser l'Europe ?

- 66% des Français déclarent croire en Dieu.
- 24% croient au diable et à l'enfer.
- 66% des Français croient à l'astrologie.
- 9 sur 10 connaissent leur signe du zodiaque.
- 40% des Français croient à la télépathie.

Francoscopie, 1991

Activité 16 : Interaction.

Interviewez votre camarade sur ses croyances.

Modèle : Croyez-vous aux OVNI *(UFOs)* ?

— Oui, j'y crois. *ou* — Non, je n'y crois pas. *ou* — Je ne sais pas.

1. le destin
2. l'astrologie
3. le grand amour
4. le paradis
5. l'enfer
6. l'amitié
7. les miracles
8. la télépathie
9. les extra-terrestres

Lecture

Anticipation

Dans l'histoire *« Boucle d'or » (Goldilocks and the Three Bears)* les ours rentrent de leur promenade dans la forêt pour trouver leurs affaires en désordre. C'est la preuve *(evidence)* que quelqu'un est entré dans la maison. Mettez leurs observations dans l'ordre correct.

Ils observent :
un lit où quelqu'un dort encore
un lit où quelqu'un s'est couché
une porte que quelqu'un a ouverte
une chaise que quelqu'un a cassée
un bol de céréales que quelqu'un a mangé

Dans le poème que vous allez lire, les objets sont aussi les témoins *(witnesses)* de l'histoire.

Le Message

Jacques Prévert

La porte que quelqu'un a ouverte
La porte que quelqu'un a refermée
La chaise où quelqu'un s'est assis
Le chat que quelqu'un a caressé
Le fruit que quelqu'un a mordu° *bit into*
La lettre que quelqu'un a lue
La chaise que quelqu'un a renversée° *overturned*
La porte que quelqu'un a ouverte
La route où quelqu'un court encore
Le bois que quelqu'un traverse
La rivière où quelqu'un se jette
L'hôpital où quelqu'un est mort.

Compréhension

1. Imaginez ce « quelqu'un » mystérieux. Est-ce un homme ou une femme ?
2. Comment est-il/elle ?
3. Est-ce que cette personne était agité(e) quand il/elle est entré(e) dans la maison ? Expliquez.
4. Quel est le message dans la lettre ?
5. Comment réagit-il/elle à la lettre ?

Maintenant à vous

1. Développez l'histoire suggérée par le poème.
2. Composez un essai selon le modèle du poème : l'objet/que; où/quelqu'un/un verbe au passé composé.

Un pas en avant

À jouer ou à discuter

1. À l'hôtel

   a. Vous voulez passer quelques jours dans les Alpes. Téléphonez à l'hôtel le Grand Cœur à Méribel pour vous renseigner et faire des réservations. Le/la réceptionniste répondra à vos questions. Utilisez la brochure pour guider votre conversation.

	Français	English	Deutsch	Español	Italiano
	prix des repas	menu price	Preis einer Mahlzeit	precio de las comidas	prezzo dei pasti
	nombre de chambres	number of rooms	Anzahl der Zimmer	número de habitaciones	numero di camere
	prix pour deux personnes	price for two people	Preis für jwei Personen	precio para dos personas	prezzo per due persone
	nombre d'appartements	number of suites	Anzahl der Appartements	número de apartamentos	numero di appartamenti
	prix pour deux personnes	price for two people	Preis für jwei Personen	precio para dos personas	prezzo per due persone
	prix du petit déjeuner	price of breakfast	Frühstückspreis	precio del desayuno	prezzo della colazione
S.C.	service compris	service included	Bedienung inbegriffen	servicio incluido	servizio compreso
	chiens autorisés ?	are dogs allowed?	Hunde erlaubt?	¡se autorizan los perros ?	i cani sono ammessi ?
	ascenseur	lift	Fahrstuhl	ascensor	ascensore
*	chambres de plain-pied	ground floor rooms	Zimmer im Erdgeschoß	habitaciones en planta baja	camere al pianterreno
	aéroport de ligne	nearest commercial airport	Flugplatz für Linienverkehr	aeropuerto de linea	aeroporto di linea
	piscine privée ou à proximité	hotel swimming-pool or nearest available	Hoteleigenes oder nahegelegenes Schwimmbad	piscina privada o en las cercanias	piscina privatao nelle vicinanze
	tennis privé ou à proximité	hotel tennis court or nearest available	Hoteleigener oder nahegelegener Tennisplatz	tenis privado o en las cercanias	tennis privato o nelle vicinanze
	golf	golf	Golf	golf	golf
	garage	garage	Garage	garaje	garage
P	parking	car park	Parkplatz	aparcamiento	parcheggio
	possibilités de séminaire	seminar facilities	Tagungsmöglich-keiten	posibilidad de seminarios	possibilità di seminari
	visite de la cave	visit the cellar	Kellerbesichtigung	visita de la bodega	visita della cantina
	visite de la cuisine	visit the kitchen	Küchenbesichtigung	visita de la cocina	visita della cucina
F.H.	fermeture hebdomadaire	weekday closing	Wöchentlicher Ruhetag	cerrado semanalmente	chiusura settimanale
F.A.	fermeture annuelle	annual closing	Jahresurlaub	cerrado annualmente	chiusura annuale
CC	Cartes de crédit Credit cards	AE American Express	VISA Carte Visa	Diner's Club	E Eurocard Mastercard

Centre d'information : Relais & Châteaux
9, avenue Marceau - 75116 Paris - Tél. : (1) 47.23.41.42
Télex : 651 213 ou 651 214 RCG - Fax : (1) 47.23.38.99

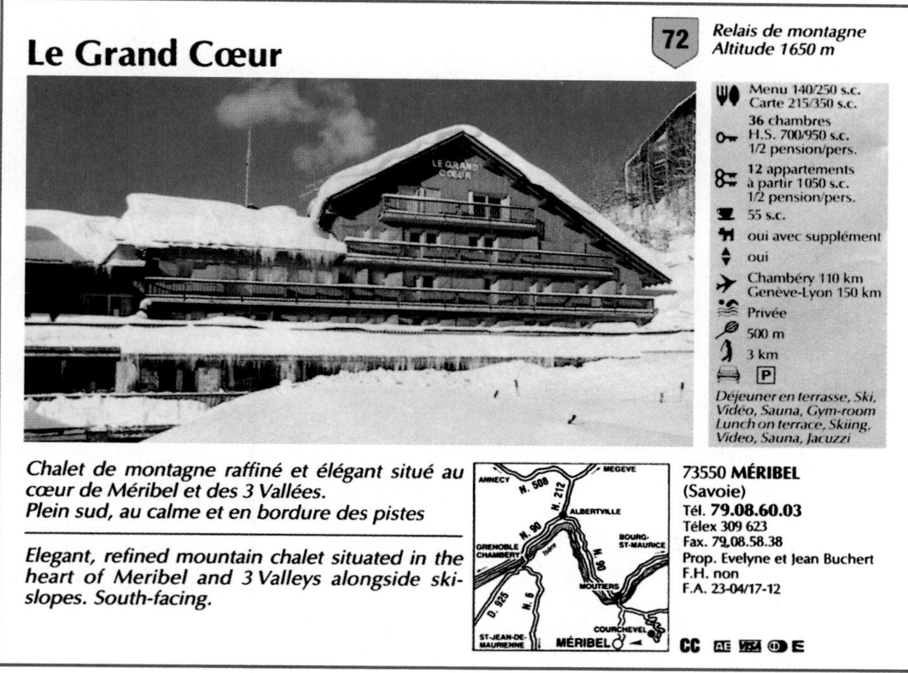

b. Vos amis et vous préparez un voyage en France. Vous n'avez pas beaucoup d'argent à dépenser. Décidez où vous voyagerez, où vous logerez, où vous mangerez et ce que vous ferez. Utilisez le futur.

2. Demandez le chemin

   a. Invitez votre camarade chez vous. Il/elle vous demandera comment s'y rendre en partant de l'université.

   b. Un(e) touriste vous demande de recommander un bon restaurant. Faites une recommandation et expliquez comment y aller. Le(la) touriste vous posera des questions de clarification.

À écrire

Vous allez faire un exposé sur une région française que vous aimeriez visiter. Renseignez-vous sur votre région en vous servant d'un guide, d'une encyclopédie, etc. L'exposé devrait répondre aux questions suivantes.

1. Où se trouve cette région ? Quelles sont ses caractéristiques géographiques ?
2. Quel temps y fera-t-il pendant votre visite ?
3. Quelle est la base économique de cette région ? Pour quelle(s) raison(s) est-elle connue ?
4. Qu'est-ce que vous aimeriez y voir ? (Nommez trois choses.)
5. Comment y voyagerez-vous, avec qui ?

Structures

Structure 11.1 Le futur

You have already learned to use the **futur proche (aller + infinitif)** for talking about the future. In this chapter you will learn another future tense, **le futur.**

Ce week-end je **vais voyager** à la Nouvelle-Orléans.

This weekend I'm going to travel to New Orleans.

Je **voyagerai** en France cet été.

I will travel to France this summer.

The future stem of regular **-er** and **-ir** verbs is the infinitive. Use the infinitive minus the final **-e** for **-re** verbs. The future endings are always regular.

-ai, -as, -a, -ons, -ez, -ont

parler *(to speak)*	
je parlerai	nous parlerons
tu parleras	vous parlerez
il, elle, on parlera	ils, elles parleront

partir *(to leave)*	
je partirai	nous partirons
tu partiras	vous partirez
il, elle, on partira	ils, elles partiront

rendre *(to return, give back)*	
je rendrai	nous rendrons
tu rendras	vous rendrez
il, elle, on rendra	ils, elles rendront

On partira pour Calais à 9 h 00. — *We will leave for Calais at 9 o'clock.*

À l'hôtel, parlera-t-on anglais ? — *Will they speak English at the hotel?*

Nous rendrons la voiture à la gare. — *We will return the car at the train station.*

The following verbs have irregular future stems:

infinitive	stem	future
être	ser-	je serai
avoir	aur-	j'aurai
aller	ir-	j'irai
faire	fer-	je ferai
pouvoir	pourr-	je pourrai
venir	viendr-	je viendrai
voir	verr-	je verrai
vouloir	voudr-	je voudrai
savoir	saur-	je saurai

Vous serez président un jour. *You will be president one day.*

Il y aura un concert dans la cathédrale. *There will be a concert in the cathedral.*

Stem changing **-er** verbs such as **acheter, appeler,** and **essayer** use the third person form (**il, elle, on**) rather than the infinitive as the future stem.

infinitive	stem	future
acheter	il/elle achète	j'achèterai
appeler	il/elle appelle	j'appellerai
essayer	il/elle essaie	j'essaierai

However, verbs like **préférer** are regular in the future (based on the infinitive).

If and *when* clauses

The future tense is used in hypothetical sentences. When the *if clause* is in the present tense, the result is stated in the future.

if clause	*result*
Si + presént	futur

S'il neige ce week-end, nous **ferons** du ski. *If it snows this weekend, we'll go skiing.*

The order of the two clauses may be reversed.

result	*if clause*
futur	**si** + présent

Nous nous promènerons s'il fait beau.	*We will go for a walk if it's nice.*

Unlike English, French uses the future after **quand** when the main verb is in the future.

	quand	
futur...	aussitôt que	+ futur
	lorsque	

Nous **partirons** quand je **trouverai** mes clés.	*We'll leave when I find my keys.*
Quand il **arrivera,** nous **mangerons.**	*When he arrives, we'll eat.*
Je vous **téléphonerai aussitôt que j'aurai** des nouvelles.	*I'll call you as soon as I get some news.*

Exercice 1.

Comment sera l'an 2025 ? Complétez les phrases avec les verbes au futur.

1. Je ______________ (avoir) quarante-cinq ans.
2. Le président des États-Unis ______________ (être) une femme.
3. Nous ______________ (trouver) des solutions à nos problèmes écologiques.
4. Tout le monde ______________ (parler) deux langues.
5. Nous ______________ (faire) des voyages interplanétaires.
6. Les États-Unis ______________ (fabriquer) des voitures électriques.
7. On ______________ (pouvoir) travailler à la maison avec l'aide de l'autoroute électronique.
8. Washington, D.C. ______________ (être) un état.

Exercice 2.

Chaque ville française est connue pour certaines choses spéciales. Complétez les phrases suivantes pour expliquez ce que les touristes feront pendant leur voyage en France.

Modèle : Quand mes parents ______________ à Paris, ils ______________ (voir) la tour Eiffel.

Quand mes parents *seront* à Paris, ils *verront* la tour Eiffel.

1. Quand le président des États-Unis et sa femme _______________ à Paris, ils _______________ (visiter) l'Élysée, palais du président français.
2. Lorsque Robert Redford _______________ à Cannes, il _______________ (aller) au festival du cinéma.
3. Quand nous _______________ à Strasbourg, nous _______________ (prendre) un bon vin blanc.
4. Quand tu _______________ à Versailles, tu _______________ (faire) le tour du Palais et des jardins.
5. Quand je _______________ à Évian, je _______________ (se baigner) dans les eaux du lac.

Exercice 3.

Il y a toujours des conditions à considérer. Finissez les phrases suivantes à l'aide de la liste.

1. Tu auras de bonnes notes si...	tomber malade
2. Si vous ne mangez pas mieux...	vouloir, pouvoir
3. Ma mère viendra au campus quand...	étudier, faire les devoirs
4. Je resterai chez moi ce soir si...	ne pas se dépêcher
5. Nous serons en retard si...	se mettre en colère
6. Mes parents ne seront pas contents si...	avoir besoin d'étudier
7. Si mon (ma) petit(e) ami(e) oublie mon anniversaire...	rater *(fail)* mes cours

Structure 11.2 *Avoir besoin de* et les mots interrogatifs (suite)

Avoir besoin de

A useful expression with **avoir** is **avoir besoin de** *(to need).* This expression can be followed by an infinitive or a noun.

	+ un(e) + noun	J'ai besoin d'un passeport.
avoir besoin d(e)	+ plural noun	Nous avons besoin de réservations.
	+ abstract noun	Elle a besoin d'argent.
	+ infinitive	As-tu besoin d'étudier ?

Les mots interrogatifs (suite)

To ask a general question with **avoir besoin de,** move **de** to the front of the question followed by **qui** for people and **quoi** for things.

De qui avez-vous besoin ?	*Whom do you need?*
— J'ai besoin de mes amis.	*— I need my friends.*
De quoi avez-vous besoin ?	*What do you need?*
— J'ai besoin de l'addition, s'il vous plaît.	*— I need the check, please.*

To make a question with any verb that is followed by a preposition in its declarative form, begin your question with the preposition, followed by the question word. Remember to use an appropriate question form such as **est-ce que** or **inversion.**

À qui est-ce qu'ils parlent ?	*Whom are they speaking to?*
— Ils parlent **au** guide.	*—They're speaking to the guide.*
Avec qui voyages-tu ?	*Whom are you traveling with?*
— Je voyage **avec** Anne.	*—I'm traveling with Anne.*
À quoi réfléchissez-vous ?	*What are you thinking about?*
— Je réfléchis **à** mes vacances.	*—I'm thinking about my vacation.*
À quoi est-ce qu'ils jouent ?	*What are they playing?*
— Ils jouent **au** football.	*—They're playing soccer.*
De qui est-ce que tu parles ?	*Whom are you talking about?*
— Je parle **de** mon mari.	*—I'm talking about my husband.*

Exercice 4.

Quand on voyage, il y a certaines nécessités qui se présentent. Complétez les commentaires de ces touristes en remplaçant les vides par *de, d', d'un* ou *d'une*.

1. Ma mère n'aime pas voyager en groupe; elle a besoin ______________ solitude.
2. Quelles belles images ! J'ai besoin ______________ appareil photo.
3. J'ai faim; nous avons besoin ______________ trouver un bon restaurant.
4. On a besoin ______________ courage pour voyager seul.
5. Si tu as besoin ______________ cartes postales, tu peux aller à la librairie.
6. On a besoin ______________ arriver à la gare à l'heure.

Exercice 5.

Un touriste un peu sourd *(deaf)* n'entend pas assez bien la première fois. Formulez ses questions basées sur les éléments soulignés.

Modèles : Nous avons besoin d'une banque.

De quoi avez-vous besoin ?

Elle paie avec sa carte de crédit.

Avec quoi est-ce qu'elle paie ?

1. Je voyage avec mon meilleur ami.
2. Vous pouvez demander des renseignements à la réceptionniste.
3. Le guide parle à un groupe de touristes italiens.
4. Nous avons besoin de trouver un camping.
5. Elle a besoin de ses parents.
6. Elle pense à un jeune homme qu'elle a rencontré en Grèce.

Structure 11.3 L'accord du participe passé avec l'auxiliaire *avoir*

You have learned that the past participles of verbs conjugated with **être** in the **passé composé** agree with the subject.

Fatima est retourné**e** en Algérie après ses études en France.

Fatima returned to Algeria after her studies in France.

Ma mère et moi, nous sommes parti**es** hier.

My mother and I left yesterday.

The past participle of verbs conjugated with **avoir** in the **passé composé** agrees with the direct object when it *precedes* the verb. This occurs in three instances:

1. When a direct object pronoun precedes the verb:

   La cassette? Je **l'**ai déjà écouté**e**.

   Il y a deux nouvelles filles dans ma classe. Je **les** ai vu**es** ce matin.

2. In sentences with the relative pronoun **que :**

   Les **touristes que** nous avons rencontrés aujourd'hui étaient sympathiques.
   antecedent

   Je n'aime pas les **robes qu'**elle a achetées.
   antecedent

The past participle agrees with the noun that **que** has replaced, its antecedent.

3. In sentences with the interrogative adjective **quel**:

   Quelles régions ont-ils visit**ées ?**

   Quelle route as-tu suivi**e ?**

Pronunciation note:
Past participle agreement with **avoir** is primarily a written phenomenon. It only changes pronunciation with past participles ending in a consonant.

Où sont mes chaussures ?	*Where are my shoes?*
— Je les ai mis**es** dans ta chambre.	*—I put them in your room.*
As-tu déjà écrit ta composition ?	*Have you already written your composition?*
— Oui, je l'ai écri**te** pendant le week-end.	*—Yes, I wrote it over the weekend.*

Exercice 6.

Avez-vous fait les choses suivantes le week-end dernier ?

Modèle : regarder la télé

— Oui, je l'ai regardée. *ou* — Non, je ne l'ai pas regardée.

1. regarder les actualités à la télé
2. faire vos devoirs
3. écouter la radio
4. voir vos amis
5. prendre le petit déjeuner
6. arroser (*water*) vos plantes
7. faire votre lit
8. lire les bandes dessinées (*cartoons*) de Reiser

Exercice 7.

Un groupe de touristes parlent de leurs expériences. Complétez leurs observations avec la forme correcte du participe passé des verbes entre parenthèses. Attention à l'accord !

1. J'ai bien aimé les escargots que nous avons (manger) _______________ à l'hôtel.
2. Les œuvres *(f)* de Renoir qu'on a (voir) _______________ au musée d'Orsay étaient magnifiques !
3. Nous voulons revoir les touristes allemands que nous avons (rencontrer) _______________.
4. As-tu trouvé les clés que j'ai (laisser) _______________ sur la table ?
5. Où se trouvent les billets de train que vous avez (acheter) _______________?
6. Acceptera-t-on ces réservations qu'on a (faire) _______________ de Rome ?

Structure 11.4 Les verbes *croire* et *voir*

croire *(to believe)*	
je crois	nous croyons
tu crois	vous croyez
il, elle, on croit	ils, elles croient

passé composé: j'ai **cru**

Je ne **crois** pas cette histoire.	*I don't believe this story.*
Il **a cru** entendre un bruit étrange.	*He thought he heard a strange noise.*

The expression **croire à** means *to believe in.*

Je **crois** au Père Noël.	*I believe in Santa Claus.*
Tu **crois** aux extra-terrestres ?	*Do you believe in extra-terrestrials?*
— Oui, j'y crois.	*—Yes, I believe in them.*

However, **croire en** is used to express one's belief in God.

Je **crois** en Dieu.	*I believe in God.*

Some common expressions with **croire** include the following:

Est-ce qu'il va pleuvoir aujourd'hui ?	*Is it going to rain today?*
— Je **crois** que oui.	*—I think so.*
Il y a un examen demain ?	*Is there a test tomorrow?*
— Non, je ne **crois** pas.	*—No, I don't think so.*
Il va se marier.	*He's going to get married.*
—Tu **crois** ?	*—Really? (You think so?)*

voir *(to see)*	
je vois	nous voyons
tu vois	vous voyez
il, elle, on voit	ils, elles voient

passé composé: j'ai **vu**
futur: je **verrai**

Tu **vois** la tour Eiffel ?	*Do you see the Eiffel Tower?*
Nous **avons vu** une belle peinture de Monet.	*We saw a beautiful painting by Monet.*

Voir can also be used figuratively as a synonym for **comprendre.**

Il ne **voit** pas pourquoi il doit arriver si tôt.	*He doesn't see why he has to arrive so early.*
Est-ce que tu comprends ?	*Do you understand?*
—Oui, je **vois.**	*—Yes, I see.*
Voyons...	*Let's see . . .*

Revoir *(to see again)* is conjugated like **voir.**

J'adore ce ballet. Je le **revois** chaque année.	*I adore this ballet. I see it again every year.*

Exercice 8.

Deux jeunes gens parlent de leurs projets de travail au Corps de la paix. Complétez leur conversation avec les verbes *croire* et *voir.*

Où voulez-vous travailler avec le Corps de la paix ?

— Je (1) _______________ que j'aimerais aller au Togo.

Mais où est le Togo ? Je ne le (2) _______________ pas sur la carte.

— Regardez l'Afrique de l'ouest. Est-ce que vous (3) _______________ le petit pays entre le Ghana et le Bénin ? C'est le Togo.

Ah oui, je le (4) _______________ maintenant.

— Moi, j'aimerais aussi aller en Afrique, mais mes parents ne (5) _______________ pas que ce soit une bonne idée. Ils ne (6) _______________ pas pourquoi je veux aller si loin.

Je (7) _______________ que vos parents sont trop protecteurs. Moi, je suis jeune et je veux (8) _______________ le monde.

Vocabulaire

Vocabulaire fondamental

Noms

La ville

l'avenir *(m)* *future*
le centre-ville *downtown*
le coin *corner*
une place *(town) square*
un plan *map*
un renseignement *information*
la rue *street*

mots apparentés : l'avenue *(f)* le boulevard, un(e) réceptionniste

Voyages

une auberge *inn*
une auberge de jeunesse *youth hostel*
un chèque de voyage *traveler's check*
la Côte d'Azur *Riviera*
un dortoir *dormitory*
l'essence *(f)* *gasoline*
la gare *train station*
les heures de pointe *rush hour*
un inconvénient *disadvantage*
un itinéraire *itinerary*
un parc d'attractions *amusement park*
un sac de couchage *sleeping bag*
un supplément *extra charge*
un terrain de camping *campground*

Mots apparentés : l'atmosphère *(m)*, une attraction, un avantage, le camping, le confort, une excursion, la nature, une tente, la tradition

Verbes

apporter *to carry, to bring*
avoir besoin de *to need*
compter *to intend to*
courir *to run*
croire *to believe*
donner sur (la cour) *to overlook (the courtyard)*
fabriquer *to fabricate, make*
faire du camping *to go camping*
loger *to lodge or stay at a hotel, pension, etc.*
tourner *to turn*
traverser *to cross*
voir *to see*

Mots apparentés : admirer, apprécier, consulter, influencer

Adjectifs

contemporain(e) *contemporary*
dépaysé(e) *disoriented*
entier (entière) *entire, whole*
fauché(e) *broke, out of money*
gastronomique *gourmet*
occidental (le monde occidental) *western (the western world)*
réduit(e) *reduced*
valable *valid*

Mots apparentés : essentiel, impressionniste, mythique

Mots divers

à droite *to the right*
à gauche *to the left*
aussitôt que *as soon as*
une chanson *song*
lorsque *when*
quand *when*
sauf *except*
si *if*

Expressions utiles

Comment se repérer en ville *How to find one's way in town*

(See page 341 for additional expressions)

L'Opéra Bastille, s'il vous plaît. *The Bastille Opera, please.*
Pourriez-vous me dire où se trouve la gare ? *Could you tell me where the train station is?*
Allez tout droit et puis tournez à gauche. *Go straight ahead, and then turn left.*
Allez jusqu'au bout de la rue. *Go to the end of the street.*
De quoi avez-vous besoin ? *What do you need?*

Comment réserver une chambre d'hôtel *How to reserve a hotel room*

(See page 340 for additional expressions)

Je voudrais une chambre pour deux personnes avec douche. *I would like a room for two with a shower.*
Désolé, madame, l'hôtel est complet. *Sorry ma'am, the hotel is full.*
Le petit déjeuner est compris. *Breakfast is included.*
Prenez l'ascenseur jusqu'au quatrième étage. *Take the elevator to the fifth floor.*
Vous pouvez entrer à prix/tarif réduit. *You can get in at a reduced price.*
Il y a un supplément pour le petit déjeuner. *There's an extra charge for breakfast.*

Vocabulaire supplémentaire

Noms

une allumette *match*
l'amitié *(f)* *friendship*
le bonheur *happiness*
un(e) bouquiniste *bookseller*
une boussole *compass*
un congrès *convention*
un palais des congrès *convention center*
les draps *bedsheets*
le droit *right, permission*
l'équilibre *balance*
une formule de vacances *vacation package*

Vocabulaire

une foule *crowd*
une grotte *grotto, cave*
les jumelles *(f)* *binoculars*
une lampe électrique *flashlight*
une location de voitures *car rental agency*
un peintre *painter*
un(e) randonneur(se) *hiker, biker*
une réduction *reduction (in price)*
la technologie de pointe *state-of-the-art technology*

Croyances *beliefs*

le destin *fate*
le diable *the devil*
Dieu *God*
l'enfer *(m)* *hell*
un extra-terrestre *extra-terrestrial*
un miracle *miracle*
les OVNI *UFOs*
le paradis *paradise, heaven*
la télépathie *telepathy*

Verbes

accueillir *to greet*
balader *to stroll*
débarrasser *to clear or remove*
se détendre *to relax*
dominer *to dominate*
feuilleter *to leaf through pages*
flâner *to stroll*
revoir *to see again*
se repérer *to find one's way*

Module 12
Les achats

Thèmes et pratiques de conversation

Les magasins et l'argent
Les vêtements (suite)
Comment faire les achats
Les cadeaux
La publicité

Culture

Les petits commerçants et les grandes surfaces
Ils ont conquis le monde

Lecture

« Avoir 20 ans en 1992 », de *Madame Figaro*

Structures

12.1 Les verbes comme **payer**
12.2 **Lequel** et les adjectifs démonstratifs **ce, cette** et **ces**
12.3 L'ordre des pronoms
12.4 **Tout** et les expressions indéfinies

Thèmes et pratiques de conversation

Les magasins et l'argent

Structure 12.1 Les verbes comme *payer*	To talk about money and going shopping you will be using the verb **payer,** which undergoes a slight spelling change in its root form. For the forms of **payer** and a list of other verbs that follow this pattern, see page 386.

Les magasins

Aimez-vous faire des achats ?

Quels magasins fréquentez-vous ?

Activité 1 : Veux-tu m'accompagner ?

Vous n'aimez pas faire des achats seul(e). Demandez à un(e) ami(e) de vous accompagner pour faire des achats en suivant le modèle.

Modèle : une raquette de tennis

Je vais m'acheter une raquette de tennis. Veux-tu m'accompagner au magasin de sport?

— Oui, je veux bien t'accompagner.

ou

— Non, je ne peux pas t'accompagner. Je dois... (étudier, travailler, etc.).

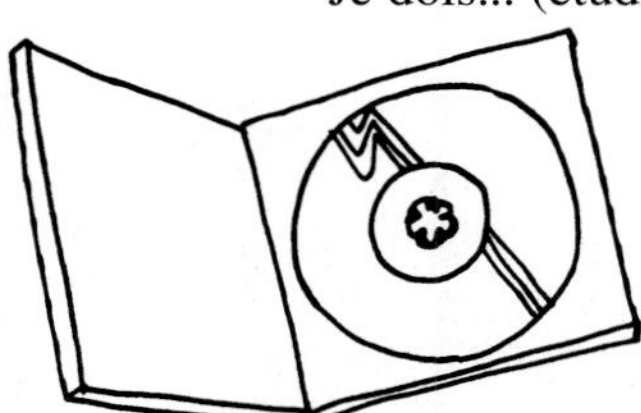

1. un disque compact

2. du shampooing

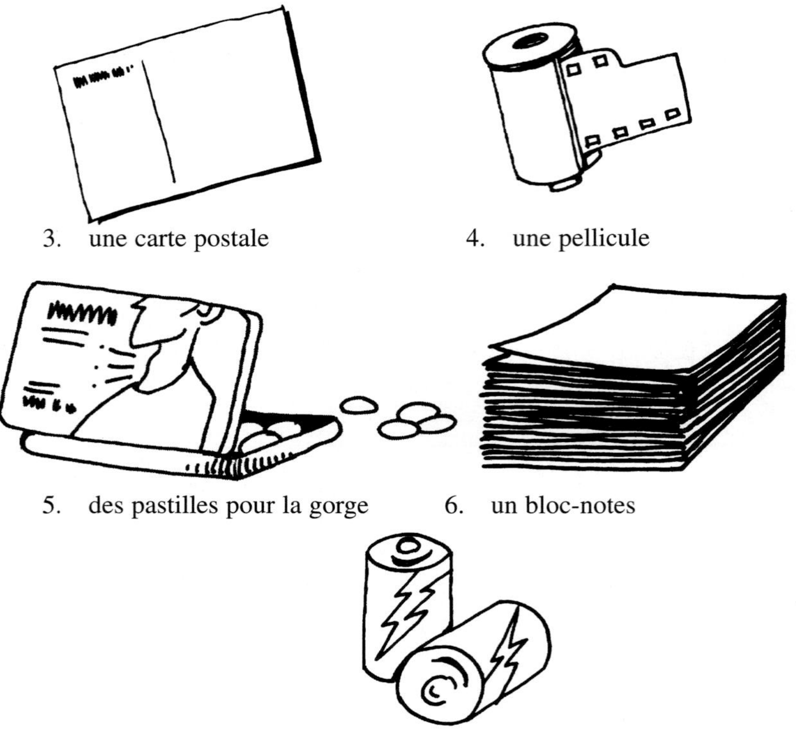

3. une carte postale
4. une pellicule
5. des pastilles pour la gorge
6. un bloc-notes
7. des piles

Les petits commerçants et les grandes surfaces

Quand on se promène dans une ville ou un village français, on passe devant de nombreux petits magasins et boutiques spécialisés : la pharmacie, le bureau de tabac, le fleuriste, la boutique de prêt-à-porter, la confiserie. Les marchandises étalées° dans les vitrines séduisent le piéton° et s'ajoutent au spectacle de la rue. Traditionnellement, ouvrir un magasin pour un Français prêt à travailler de longues heures est un moyen de gagner un peu d'indépendance économique. Pour le client, faire ses achats dans les petits magasins est une activité sociale : c'est le moment d'échanger les nouvelles du quartier.

Mais, depuis les années 80, le système de vente français s'est transformé. On abandonne le magasin du coin pour les grandes surfaces. Les supermarchés et les hypermarchés comme Casino, Carrefour et Mammouth se multiplient. Des centres commerciaux° qui regroupent des détaillants° et des restaurants fast-food attirent beaucoup de clients. Tous ces grands magasins qui achètent et vendent en grandes quantités permettent au consommateur d'acheter à meilleur prix. Les soldes et les promotions diverses de ces nouveaux magasins et leur vaste sélection attirent les Français de leurs modes d'achats traditionnels. Quel est l'avenir des petits magasins si° importants pour le caractère dynamique de la ville ? Vont-ils être capables de faire concurrence° aux grandes surfaces ou sont-ils en voie de disparition ?°

displayed/pedestrian

shopping malls/retailers

so

compete/going extinct

Avez-vous compris?

Répondez vrai ou faux, et corrigez les réponses fausses.

1. Les petits commerçants font partie de la vie traditionnelle française.
2. Les petits commerçants offrent une grande sélection.
3. Casino est un magasin à grande surface.
4. Les grandes surfaces offrent de meilleurs prix.
5. Les Français restent fidèles aux petits commerçants de quartier.
6. Les grandes surfaces sont personnalisées.

L'argent

Le franc est l'unité monétaire en France. Un dollar équivaut à peu près à 5 francs. Sur les billets en couleurs on trouve des portraits d'hommes célèbres. Par exemple, l'écrivain et aviateur Antoine de Saint-Exupéry est représenté sur le nouveau billet de 50 francs avec le Petit Prince. On trouve aussi des pièces, de 5 centimes à 20 francs.

On écrit	On dit
0,30 F	trente centimes
46,95 F	quarante-six francs quatre-vingt-quinze
50 000 F	cinquante mille francs

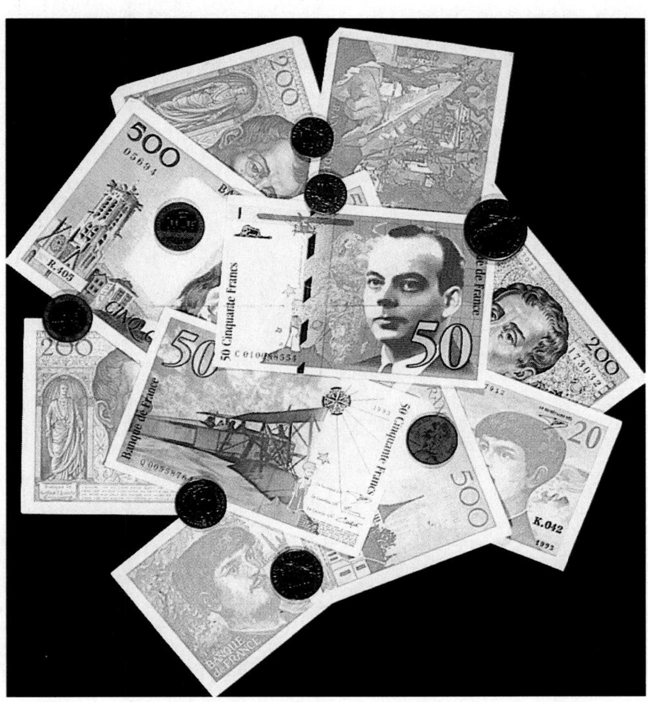

Activité 2 : Combien faut-il payer ?

Consultez la brochure du magasin de sport Décathlon et indiquez le prix normal des articles et combien ils coûtent en solde. Suivez le modèle.

Modèle : un parapluie tente

Normalement il faut payer 669 F pour un parapluie tente.

En solde, on ne paie que 319 F.

1. des chaussures de ski
2. des baskets
3. des chaussures multisports
4. un blouson polaire
5. des gants de ski
6. une raquette de squash

- 20 millions de Français, ou un Français sur deux, possèdent au moins une carte bancaire.

Francoscopie, 1993

Les dépenses et l'épargne

La tradition d'économie est associée à l'image des Français.

« Mettez-vous de l'argent de côté ? »

	Dépense tout	En met de côté	Ne peut pas dire
Adultes	28%	64%	9%
17–18 ans	20%	70%	10%
19–20 ans	40%	52%	8%

« Pour quelle sorte de dépense ? »
adolescents de 18 ans

Garçons	Filles
Sorties ciné, restau : 57,5%	Sorties ciné, restau : 37,5%
Cigarettes : 32,5%	Vêtements : 30%
Café, jeux* : 25%	Cigarettes : 27,5%
Vêtements : 20%	Café, jeux* : 22,5%
Essence : 17,5%	Nourriture : 17,5%
Disques : 15%	Livres, journaux : 12,5%
Livres, journaux : 10%	Beauté : 12,5%
Transports : 5%	Cadeaux : 10%

*La rubrique Café, jeux indique les dépenses dans les cafés pour boire et jouer aux jeux électroniques (flipper...).

Juniorscopie 1986

Activité 3 : L'épargne des Français.

Regardez le tableau sur les habitudes d'épargne des Français et répondez aux questions.

1. Est-ce que la plupart des adultes français dépensent tout leur argent ou est-ce qu'ils épargnent ?
2. Qui dépense plus au café ?
3. Est-ce que les jeunes s'achètent des cigarettes ?

4. Est-ce que les jeunes filles s'achètent autant de disques que les garçons ?
5. Quelle est la plus grande dépense des deux groupes ?
6. Trouvez une dépense qui n'est pas commune aux deux groupes.

Activité 4 : Interaction.

Posez les questions suivantes à votre camarade en consultant le tableau si nécessaire.

1. Dépenses-tu tout ton argent ou mets-tu de l'argent de côté ?
2. Quelle est ta plus grande dépense ?
3. Qu'est-ce que tu aimes acheter le plus ? Où est-ce que tu vas pour l'acheter ? Pourquoi ?
4. Cherches-tu des soldes ou ne fais-tu pas attention aux promotions ?
5. Est-ce que tu paies généralement en liquide, par chèque ou par carte de crédit ?
6. Tu préfères les boutiques individuelles ou les magasins à succursales *(chain)* ?

Les vêtements (suite)

Structure 12.2
Lequel* et les adjectifs démonstratifs *ce, cette* et *ces

Lequel (*which one*) and demonstrative adjectives (**ce, cette,** and **ces**) are used for asking about choices and referring to specific people and things. They are introduced here in the context of window shopping. See page 387 for a full explanation of these forms.

- Pierre Cardin est le premier couturier élu à l'Académie des Beaux-Arts.
- Dans les villes du Québec les gens dépensent plus pour maintenir une certaine image, même les ouvriers portent vestes de cuir et gants de peau. En Ontario, par contre, la mode masculine consiste plutôt en casquettes de baseball, chemises de chasse et grosses bottes délacées.

Au défilé de mode

Vous aimez cette robe ?

— **Laquelle ?**

Cette robe marron en coton.

— Non, ce n'est pas mon style.

Que pensez-vous de ce mannequin ?

— **Lequel ?**

Cette grande brune-**là** en petite robe transparente.

— Je la trouve exotique, mais elle est trop mince.

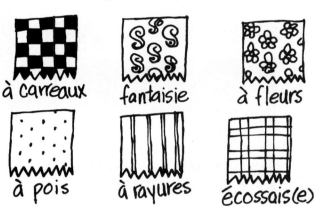

Les Couleurs

bleu clair

vert(e) foncé(e)

multicolore

pâle/clair(e)

vif(vive)

Activité 5 : Faisons du lèche-vitrines.

Vous faites du lèche-vitrines avec un(e) ami(e). Demandez-lui ce qu'il (elle) pense des vêtements que vous voyez. Expressions utiles pour parler du style : style habillé *(dressy),* élégant, style vieux jeu *(outdated, dowdy),* style BCBG *(yuppie, clean-cut conservative),* style babacool *(60s-hippy style).*

Modèle : la jupe

Que penses-tu de cette jupe ?

— Laquelle ?

La jupe rouge en coton.

— C'est trop BCBG. Je ne l'aime pas beaucoup.

1. la veste
2. le blouson

3. les chaussures
4. le pantalon
5. le complet
6. la chemise

Activité 6 : C'est qui ?

Observez ce que portent les autres personnes de la classe (y compris le professeur). Maintenant, décrivez quelqu'un. La classe va deviner qui vous avez choisi.

Modèle : Cette personne porte un blue jean délavé *(stonewashed, faded)*, un tee shirt blanc et une grande chemise à carreaux en coton. Elle porte aussi des baskets noirs.

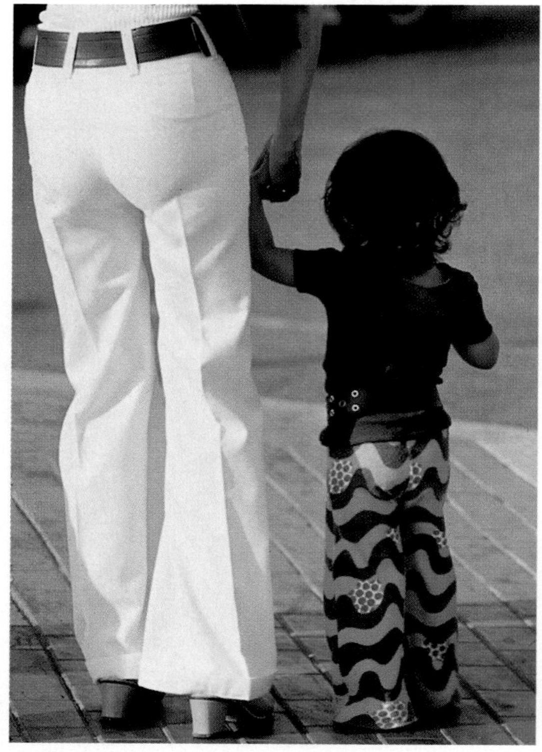

Défilé de mode en 1973. Le jean est roi. Les pantalons sont à pattes d'éléphant, les couleurs sont vives et gaies. Les filles portent souvent des chaussures très découpées et à talons très hauts.

Activité 7 : À chaque génération son style.

En groupes de trois, regardez les vêtements sur la photo et répondez aux questions suivantes.

1. Qu'est-ce qu'on porte ?
2. À quelle époque s'habillait-on ainsi ?
3. Qu'est-ce que vous associez à cette génération (musique, danses, habitudes, voitures, films, émissions de télévision, gens célèbres) ?
4. Connaissez-vous quelqu'un qui s'habillait comme ça ?
5. Est-ce que ce « look » est populaire dans une version rétro ?

Comment faire les achats

Quelques expressions utiles

Pour commencer

Je peux vous renseigner ?	Oui, je cherche un pantalon.
Vous désirez, Madame/Monsieur ?	Je cherche ce modèle en bleu.
	Euh, je regarde (tout) simplement.

Quelle taille faites-vous ?	Je fais du 40.
Quelle est votre pointure ?	Je chausse du 38.

Pour demander le prix et réagir

C'est combien cette chemise ?	Elle est en solde pour 180 francs. C'est une très bonne affaire.
Combien coûtent ces bottes ?	Elles coûtent 825 francs.
C'est très cher !	Mais regardez un peu, Madame. La qualité est superbe !

Pour demander un avis et prendre une décision

Je peux l'esssayer ?	Bien sûr. Voilà la cabine.
Est-ce que ça me va ? Franchement.	Ça vous va très bien. Ça vous va comme un gant.
	C'est peut-être un peu serré. Esssayez la taille au dessus.
Qu'est-ce que vous en pensez ? Vous le prenez ?	Je ne sais pas. C'est un peu trop cher/grand/juste.
	Ce n'est pas exactement ce que je cherchais.
	Non, je dois réfléchir.
	Oui, je le prends.

TABLE DE COMPARAISON DE TAILLES

Robes, chemisiers et tricots femmes							
F	**36**	**38**	**40**	**42**	**44**		
USA	**6**	**8**	**10**	**12**	**14**		
Chaussures femmes							
F	**36 1/2**	**37**	**37 1/2**	**38**	**39**	**40**	
USA	**5**	**5 1/2**	**6**	**6 1/2**	**7**	**8**	
Chemises hommes							
F	**36**	**37**	**38**	**39**	**40**	**41**	**42**
USA	**14**	**14 1/2**	**15**	**15 1/2**	**16**	**16 1/2**	**17**
Chaussures hommes							
F	**40**	**41**	**42**	**43**	**44**	**45**	**46**
USA	**7**	**7 1/2**	**8**	**9**	**10**	**11**	**12**

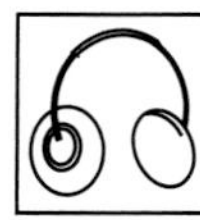

Activité 8 : Au rayon des chaussures.

Complétez cette conversation entre un client et un vendeur.

VENDEUR : Bonjour, monsieur. Je peux ______________?

CLIENT : Oui, j'aime les chaussures dans la vitrine.

VENDEUR : Les tennis ou les mocassins?

CLIENT : Les mocassins. Vous avez ______________ en 38 ?

VENDEUR : Allons voir... Oui, les voici.

CLIENT : Hmm. Ils sont assez confortables, mais un peu trop ______________. Vous ne les avez pas en 39 ?

VENDEUR : Non, mais je peux vous montrer ______________.

CLIENT : Bien, quelque chose en daim.

VENDEUR : Très bien. Je reviens. J'ai trouvé ça en ______________.

CLIENT : Euh... ce n'est pas exactement ______________.

VENDEUR : Ce modèle est ______________ pour 219 francs. C'est une ______________ !

CLIENT : Essayons-le. Euh. C'est pas mal.

VENDEUR : Ça vous va ______________.

CLIENT : Vous avez raison. Eh bien, ______________.

wardrobe

Depuis 1982 les dépenses vestimentaires diminuent et la garde-robe° continue à évoluer. Les femmes, comme les hommes, achètent de plus en plus de vêtements de sport et de vêtements décontractés : jeans, pantalons, vestes, blousons et pulls.

INSEE 1990

Les cadeaux

Structure 12.3 L'ordre des pronoms

When talking about gift giving, two object pronouns are sometimes used in the same sentence. One represents the object being offered, the other represents the recipient. See page 389 for an explanation of pronoun order.

David aime ce CD. Je veux **le lui** offrir.

Je vais offrir ce magnétoscope à Paul.

— Ne **le lui** achète pas. Il en a déjà un.

Achetons ce jeu vidéo pour les enfants.

— Je **leur en** ai déjà acheté deux. Achète-**leur** plutôt un petit ballon de foot.

Je pensais **t'**offrir ce baladeur.

— C'est gentil, mais ne **me l'**achète pas. Il est trop cher !

Activité 9 : Qu'est-ce qu'on a dit ?

Imaginez une question logique pour chacune des réponses.

Modèle : Oui, elle m'en parle.

— Est-ce qu'Aurélie te parle de sa famille ?

1. Oui, ils me la prêtent.
2. Non, je ne leur en demande jamais.
3. Oui, elle m'en achète de temps en temps.
4. Non, je ne vais pas vous le donner !
5. Oui, ils m'en donnent toujours.
6. Non, ils ne pensent plus y aller.

Activité 10 : Soyons raisonnables !

Votre ami est généreux mais il n'a pas vraiment de bon sens. Donnez-lui vos conseils.

Modèle : Je pense offrir ce nœud papillon à carreaux à mon père.

— Ne le lui achète pas. Il est un peu vif. Achète-lui plutôt une cravate en soie.

1. Je pense offrir cet appareil-photo à mon petit frère.
2. Je pense offrir ce costume à mon camarade.
3. Je pense offrir ces vélos de montagne à mes grands-parents.
4. Je pense offrir cette plante en plastique à ma petite amie.
5. Je pense offrir cette montre en or *(gold)* à mon professeur de maths.

Activité 11 : Comment réagir ?

Qu'est-ce qu'il faut faire dans les situations suivantes ? Remplacez les mots en italiques par un pronom.

1. Votre ami vous invite à un pique-nique au bord du lac. Allez-vous lui acheter *du vin ?*
2. Une personne que vous n'aimez pas beaucoup vous a invité(e) à dîner. Dites-vous *à cette personne* pourquoi vous refusez *l'invitation ?*
3. La St.-Valentin arrive. Est-ce que vous allez acheter *une jolie carte* pour *votre petit(e) ami(e) ?* Allez-vous aussi *lui* acheter *des chocolats ?*
4. Vous organisez une surprise-partie pour vos parents. Allez-vous être capable de garder *le secret ?*
5. Vous n'aimez pas la couleur du manteau que votre grand-mère vous a acheté. Est-ce que vous allez *le lui* dire ou pas ?

On offre un cadeau

Voilà un petit cadeau pour toi.
— Oh, mais il ne fallait pas.
Ce n'est pas grande chose.

Tiens, j'ai apporté un petit quelque chose pour toi.
— Vraiment, c'est trop gentil.
Ça me fait plaisir.

C'est pour vous.
— Merci.
Je vous en prie.

Activité 12 : C'est trop gentil.

Vous allez dîner chez les parents d'un(e) ami(e). Qu'est-ce que vous allez leur offrir comme petit cadeau ? Avec un(e) camarade jouez le rôle des parents et de l'invité(e). Ensuite, changez de rôles.

La publicité

Structure 12.4 *Tout* et les expressions indéfinies

Commercials paint pictures of lifestyles that target and generalize about specific groups. In the following activities you will learn how to generalize using indefinite adjectives such as **tout** and **certain.** For further discusssion of these indefinite expressions see page 391.

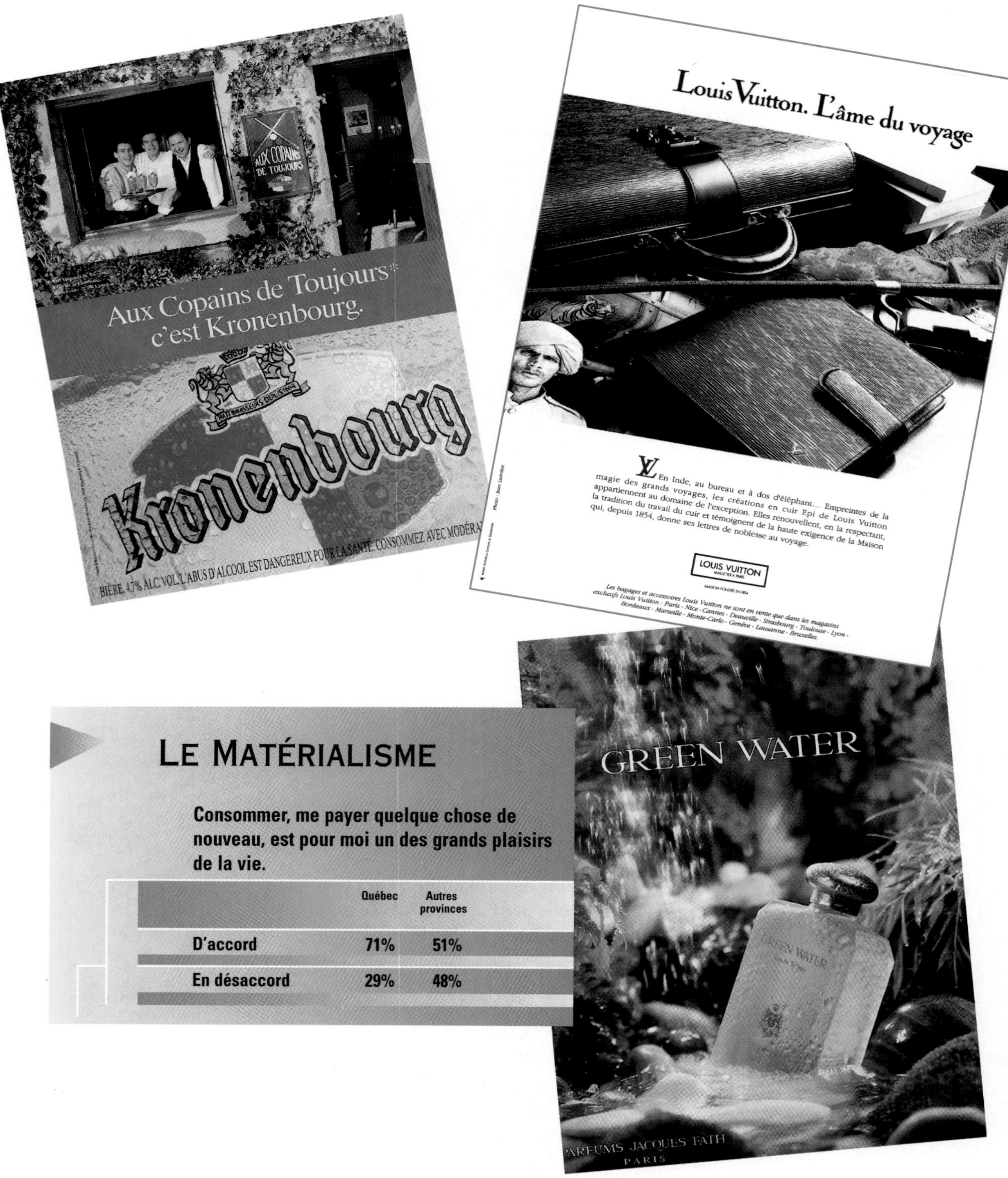

LE MATÉRIALISME

Consommer, me payer quelque chose de nouveau, est pour moi un des grands plaisirs de la vie.

	Québec	Autres provinces
D'accord	71%	51%
En désaccord	29%	48%

Est-ce que tous ceux qui boivent de la bière trouvent de bons copains ? Est-ce que la plupart des gens qui achètent une valise Vuitton sont riches et cultivés ?

Quels sont les produits français aussi bien connus de Hawaï à Hong Kong que de Sydney à Djeddah ? Ce sont les marques qui font partie de l'univers magique du luxe, les produits qui représentent l'art de vivre à la française : le parfum Trésor de Lancôme, les carrés Hermès, les bouteilles d'Évian ou encore la chemise Lacoste. Leur exportation ne rivalise pas avec celles des gros constructeurs automobiles ou des gros bâtisseurs, mais ils sont les meilleurs ambassadeurs de la France. Prenons par exemple le cas des produits suivants :

Ils ont conquis le monde

Ils portent les couleurs de la France, parfois de façon inattendue. Du foulard de soie à la poêle à frire, des skis au yaourt, inventaire.

Vuitton, toile de maître

31 PAYS
NC*

Les mauvaises langues prédisaient l'extinction de la célèbre toile aux initiales LV entrelacées, née en 1886. Elles se sont trompées. Un siècle plus tard, c'est le best-seller mondial de la maison Vuitton, avec 3,6 milliards de francs de chiffre d'affaires en 1993, dont 90% à l'export. Les malles créées pour l'impératrice Eugénie par l'artisan Louis Vuitton, « emballeur » de son état, au milieu du XIXe siècle, ont toujours beaucoup voyagé. La marque est aujourd'hui vendue dans 177 boutiques réparties sur tous les continents, de Hawaii à Koweit-City, en passant par Moscou ou Pékin. Les lignes Epi et Taïga sont venues rejoindre leur ancêtre. Pour la grande joie des Japonais, premiers clients de Vuitton. □

(*) Non communiqué.

N° 5 de Chanel : Coco... rico!

MONDE
Plus de 6 millions de flacons par an

Marilyn Monroe assura sa renommée. Depuis que Mademoiselle Chanel le créa en 1921, ce parfum, célèbre entre tous, a la senteur du succès. Si elle prônait, dans sa maison de couture, une élégante simplicité, en revanche, elle inventa là l'un des parfums fleuris les plus riches et les plus complexes qui soient. Une subtile combinaison de rose, de jasmin, de santal, de vétiver, d'ylang-ylang. Que Coco Chanel enferma dans un flacon de verre carré ou rectangulaire, dépouillé, juste rehaussé d'un bouchon taillé et au col orné de quatre tours de soie perlée noire scellés d'un cachet de cire. Le vrai luxe est intemporel... □

Rossignol en forme olympique

50 PAYS
1,1 million de paires de skis par an

Aux jeux Olympiques de Lillehammer, Rossignol a raflé plus de 60 % des médailles en ski alpin. Apparu pour la première fois en 1907, le ski Rossignol équipe depuis plus de trente ans les champions. Hier, Emile Allais, les sœurs Goitschel, Jean-Claude Killy, Erika Hess. Aujourd'hui, Franck Piccard, Marc Girardelli ou Alberto Tomba. On ne s'étonnera pas que la marque soit leader mondial, avec 31 % du marché. Elle est même présente dans certains pays plus surprenants comme le Liban, la Turquie, l'Iran ou Israël □

Avez-vous compris ?

Répondez aux questions.

1. La France est connue pour quelles sortes de produits ?
2. Quels produits associez-vous à la France ?
3. En quelle année la maison Vuitton a-t-elle commencé à vendre des malles *(trunks)* ?
4. Où la marque Vuitton est-elle vendue et dans quel pays fait-elle le plus gros chiffre d'affaires ?
5. Que vend Rossignol ? Est-ce que cette marque fait de bonnes affaires ?
6. Quelle actrice américaine a fait de la publicité pour Chanel No. 5 ?
7. Quand Coco Chanel a-t-elle créé ce parfum ?

Activité 13 : Réagissez !

Suivez le modèle pour réagir aux généralisations suivantes. Utilisez ces mots: *tout(es), certain(e)s, quelque(s), la plupart des, plusieurs, bien des, beaucoup de, peu de.*

Modèle : Tous les Américains ont une télévision.

— Il est vrai que la plupart des Américains ont une télévision, mais il y a certains Américains qui refusent d'en avoir une. Par exemple, mon professeur d'histoire dit qu'il n'a pas de télévision.

1. Tous les Américains mangent des hamburgers.
2. Tout le monde porte des jeans sur le campus.
3. Tous les hommes sportifs boivent de la bière.
4. Tous les professeurs sont distraits *(absent-minded).*
5. Toutes les belles femmes sont égoïstes.
6. Tous les gens riches sont conservateurs.

Activité 14.

Généralisez! Faites une remarque sur les gens, les lieux et les objets en utilisant les mots suivants : *tout, quelques, certain(e)s, la plupart des, bien des, beaucoup de, peu de.*

Modèle : une machine à écrire

— Peu de gens utilisent encore une machine à écrire. La plupart des gens utilisent un ordinateur.

1. le football
2. la France
3. Gérard Depardieu
4. les cigarettes
5. les cafés
6. le président

Lecture

Anticipation

Dans la rédaction suivante, l'écrivain essaie de caractériser la génération des jeunes nés en 1972 en se basant sur un sondage récent. Elle compare cette génération à la sienne *(hers).*

1. Quels objets et événements associez-vous à votre génération : émissions de télévision, jeux, gadgets, couleurs, événements politiques, nourriture, films, musique, etc. ?
2. Est-ce que votre génération est classifiée par un nom ? (génération yéyé, les années soixante, d'après-guerre, etc.)

Expansion de grammaire

Dans cet article, l'écrivain utilise la répétition d'une structure pour dresser une liste de souvenirs spécifiques qui seront partagés par ses lecteurs, des jeunes de vingt ans environ.

Regardez la phrase clé et sa traduction en anglais.

Avoir 20 ans en 1992, c'est avoir empilé des Lego avec des copains.

Being 20 years old in 1992 is to have put together Legos with friends.

Maintenant traduisez les phrases suivantes.

1. Avoir 50 ans en 1995, c'est avoir connu la guerre du Vietnam.
2. Avoir 20 ans en 1995, c'est avoir regardé le *Cosby Show* à la télévision.
3. Avoir 70 ans en 1995, c'est avoir dansé sur la musique de Frank Sinatra.

Avoir 20 ans en 1992

Avoir vingt ans en 1992, c'est avoir été bercé° par un air des Beatles dans un couffin d'osier° posé sur une moquette° orange, avoir poussé° en regardant Casimir et Goldorak à la télévision, empilé des Lego, joué avec Barbie ou Action Joe, appris à lire avec Lucky Luke° et Astérix, collectionné les jeux électroniques et les autocollants°, su téléphoner à deux ans, manipuler un magnétoscope à quatre ans et un ordinateur à huit ans, avoir acheté ses jeans et ses baskets dans les hypermarchés, tapissé ses murs de dessins des Triplés° ou de photos de James Dean, petit déjeuné de corn flakes et goûté de Chocos BN°. Avoir vingt ans en 1992, c'est avoir eu une enfance qui ressemble aux films de

rocked
wicker basket/ carpet/ grown up
cartoon character/ stickers
famous triplets
chocolate cookies

Claude Sautet et de Pascal Thomas avec des parents tout droit sortis d'un film de Truffaut, avoir su, trop tôt, que tous les parents, les siens ou ceux des autres, peuvent divorcer, et les familles éclater° pour se recomposer avec plus ou moins de bonheur, mais qu'on peut tout de même y trouver son équilibre. Avoir vingt ans en 1992, c'est ne pas entendre son réveil le matin, aimer les pizzas, les hamburgers, le Coca Light, les boîtes et les dîners de copains, posséder un Walkman, une chaîne hi-fi et des disques compacts, téléphoner des heures allongé par terre dans un désordre exaspérant (pour les autres), dire (les jours de colère°) « J'ai pas demandé à naître » ou, comme Valérie Lemercier, « 3615 code° j'existe », mais prendre sa mère pour meilleure amie, estimer que se coucher le samedi avant l'aube° c'est « totalement nul », jouer au petit couple avec quelqu'un que les parents finissent par adopter, se sentir si cool à la maison qu'on n'a pas vraiment envie de partir, et y retourner le plus souvent possible si, par nécessité, plus que par goût, on possède une chambre en ville. Avoir vingt ans en 1992, c'est se sentir très adulte et par moments comme un enfant pas loin des larmes, se trouver au bord d'un gouffre° où tourbillonnent dans le désordre les questions d'ordre universel et personnel : « sida,° chômage, mariage, examens, écologie, guerre », et éprouver une peur terrible en même temps qu'une folle excitation à l'idée de plonger dans la vie active. Avoir vingt ans en 1992, ce n'est pas toujours très amusant. Mais on le sait depuis Nizan, vingt ans n'est, pas plus qu'un autre, le plus bel âge de la vie. Pourtant, nous n'allons pas vous plaindre. Nous avons eu vingt ans, nous aussi. Ça passe vite, vous verrez. Quant à la peur, on s'habitue, ce sentiment ne date pas d'aujourd'hui. Paul Morand écrivait déjà : « La peur a détruit plus de choses en ce monde que la joie n'en a créé. Notre époque est asphyxiée par la peur. » Méfiez-vous°. À en croire les médias, vous êtes terrorisés. Nous n'avons pas eu cette impression en vous interrogeant : vos espoirs priment° sur vos craintes. Vous avez envie de réussir votre vie de famille comme votre vie professionnelle. Vous rêvez d'un monde meilleur sans trop savoir comment vous y prendre pour le changer. Vous nous êtes apparus sympathiques, optimistes, tout en étant raisonnablement inquiets, parfois pleins d'initiatives. Un seul regret à nos yeux ; McLuhan a définitivement triomphé de Gutenberg, soit en clair : vous lisez peu ou pas du tout. Vous reconnaîtrez-vous dans le miroir que vous tend ce numéro spécial de «Madame Figaro » ? Le conserverez-vous pour faire rire vos enfants, dans les années 2012 ?

Avoir vingt ans en 1992, c'est, selon les dernières statistiques publiées par l'INSEE°, coûter très cher à ses parents. Mais aucun ordinateur ne pourra, heureusement, calculer ceci : à vos vingt ans de 1992, vos parents doivent, par les joies et les soucis que vous leur avez donnés, d'être meilleurs, et plus vivants qu'ils ne l'étaient à vingt ans, et cela n'a pas de prix !

split up
angry days
Minitel dating bulletin board/
dawn
abyss
AIDS
Beware
outweigh
national statistics bureau

Madame Figaro

Compréhension et intégration

1. Selon l'auteur, quelle musique écoutaient les parents des enfants nés en 1972 ?
2. Quelle couleur était populaire pendant les années 70 ?
3. Quels étaient les jeux favoris des enfants nés en 1972 ?
4. Quels gadgets ces enfants savaient-ils manipuler ?
5. Où faisaient-ils leurs achats et qu'est-ce qu'ils y achetaient ?
6. Comment leurs chambres étaient-elles décorées ?
7. Qu'est-ce qu'ils mangaient et buvaient ?
8. Comment était leur vie de famille ?
9. Quelles sont les difficultés de cette génération maintenant ?

Maintenant à vous

1. Dressez une liste d'objets et d'activités mentionnés dans l'article qui sont communs aux jeunes Américains et Français.

   Objets **Activités**

2. Les Barbies de Mattel se vendent dans le monde entier. Y a-t-il d'autres produits qui se vendent partout ? Lesquels ? Qu'est-ce que vous pensez de cette internationalisation du marché ?

Un pas en avant

À jouer ou à discuter

1. Vous venez d'acheter de nouveaux vêtements pour aller à une fête avec un(e) ami(e). Montrez les vêtements à votre ami(e) (vous pouvez utiliser une photo de mode). Demandez-lui ce qu'il/elle en pense.
2. C'est l'anniversaire de votre ami(e) et vous venez de lui acheter un petit cadeau. Offrez-le-lui. Il/Elle vous remercie et vous invite chez lui/elle pour une petite soirée. Demandez-lui quelques renseignements : l'heure de la fête, où il/elle habite, s'il faut s'habiller *(dress formally).*
3. (En groupes de six à huit) Est-ce que nos possessions révèlent quelque chose sur notre caractère ou notre mode de vie ? Sur une feuille de papier notez un de vos objets chéris. Passez la feuille à droite. La personne à votre droite va écrire quelque chose sur votre caractère ou vos habitudes, basé sur l'objet que avez noté. Puis, il/elle plie *(folds)* le papier pour cacher *(hide)* ses commentaires et le passe à la personne à droite qui va écrire quelque chose aussi. Continuez ainsi jusqu'à ce que tout le monde dans le groupe reçoive son papier avec des commentaires.

Modèle : un vélo de montagne : 1. Vous êtes sportif et vous aimez la nature.
2. Vous aimez la solitude.

À écrire

Vous allez écrire une composition qui dépeint *(depicts)* votre génération. « Avoir 20 ans en 1992 » sera le point de départ de votre rédaction. Titre : Avoir _____ ans en 19_____ . Structure et organisation : premier paragraphe, votre enfance; deuxième paragraphe, votre vie actuelle *(current)* ; troisième paragraphe, vos sentiments maintenant sur la vie et vos espoirs pour l'avenir *(future)*.

Première étape

Afin de préparer chaque paragraphe de l'essai, dressez les listes suivantes et puis comparez vos listes avec celles de vos camarades de classe.

A. Premier paragraphe (votre enfance)

Notez...

1. 5 jouets que vous aviez
2. 3 marques *(brands)* de vêtements (ou 3 modes) qui étaient populaires
3. 2 ou 3 émissions de télé que vous regardiez
4. 2 films que vous avez beaucoup aimés
5. ?

B. Deuxième paragraphe (votre vie actuelle)

Notez...

1. 3 musiciens, disques ou groupes que vous appréciez
2. 1 ou 2 émissions de télévision que vous regardez
3. 2 personnages célèbres que vous respectez
4. 3 activités que vous devez faire régulièrement
5. 3 activités que vous faites pour vous amuser
6. 3 choses qui vous gênent *(get on your nerves)*
7. ?

C. Troisième paragraphe (conclusion)

Notez...

1. quelques sentiments que vous avez et qui sont sans doute partagés par beaucoup de votre génération à propos de la vie.
2. vos espoirs pour l'avenir.

Deuxième étape

Maintenant écrivez votre essai en utilisant les structures suivantes comme modèle.

Modèle : A. Premier paragraphe : Avoir ________ ans en 19 __ c'est avoir joué avec des dinosaures. C'est avoir collectionné des cartes de baseball avec mon frère. C'est avoir vu *The Princess Bride* en vidéo pour la quatrième fois.

B. Deuxième paragraphe : Avoir ________ ans en 19 __ c'est étudier toute la semaine et puis travailler le week-end pour gagner de l'argent.

C. Troisième paragraphe : Avoir ________ ans en 19 __ c'est vouloir une vraie carrière mais avoir peur aussi de quitter l'université.

Structures

Structure 12.1 Les verbes comme *payer*

Verbs with the infinitive ending **-yer** change **-y-** to **-i-** in all but the **nous** and **vous** forms.

payer *(to pay or pay for)*	
je paie	nous payons
tu paies	vous payez
il, elle, on paie	ils, elles paient

participe passé : payé
imparfait : payais

Elle **paie** son loyer.	*She pays her rent.*
Combien as-tu **payé** cette voiture ?	*How much did you pay for that car?*

Some common **-yer** verbs are **nettoyer** *(to clean),* **employer** *(to use),* **essayer** *(to try),* **envoyer** *(to send),* **ennuyer** *(to bore* or *to annoy),* and **s'ennuyer** *(to be bored).*

Il **essaie** le pantalon avant de l'acheter.	*He's trying on the pants before buying them.*
Taisez-vous. **J'essaie de** me concentrer.	*Be quiet. I'm trying to concentrate.*
Ils **envoient** la carte postale.	*They're sending the postcard.*
Ce film m'a **ennuyé.**	*That film bored me.*

The verb **dépenser** *(to spend)* is frequently used as a synonym for **payer.**

Combien as-tu **payé** ce jeu ?	*How much did you pay for this game?*
Combien as-tu **dépensé** pour ce jeu ?	*How much did you spend for this game?*

Exercice 1.

Complétez ces bribes de conversation que vous entendez en faisant vos courses.

1. Je ______________ (s'ennuyer) ! Je n'aime pas faire les achats !
2. Paul, tu ______________ (payer) toujours trop d'argent pour tes affaires. Il faut attendre les promotions !

3. Je ______________ (essayer) de trouver un cadeau pour la fête des mères. Vous pouvez me recommander un petit quelque chose ?
4. Ma grand-mère m' ______________ (envoyer) de l'argent pour mon anniversaire; maintenant donc, j'ai 100 F à ______________ (dépenser).
5. — « Où est Claire ? » — « Elle ______________ (essayer) une robe. »
6. Nous ______________ (payer) un peu plus, mais nous préférons acheter chez les petits commerçants du coin.
7. Charles, tu ______________ (dépenser) trop d'argent pour des bêtises !

Exercice 2.

Un jeune homme parle des dépenses de sa famille. Complétez avec *essayer, payer, dépenser, envoyer, ennuyer, épargner, employer.*

Mes parents sont très économes. Ils (1) ______________ une partie de leur salaire tous les mois. En plus ils (2) ______________ de l'argent à des organisations charitables comme la Croix-Rouge. Ils n'aiment pas trop (3) ______________ sur les produits de consommation. Mes frères et moi, nous (4) ______________ d'épargner comme eux, mais c'est difficile. Moi, par exemple, je (5) ______________ 1 000 F par mois pour mon loyer. L'année dernière mes parents m'ont acheté une voiture, mais je (6) ______________ l'essence et l'assurance. Mon frère aîné et sa femme travaillent, mais ils (7) ______________ une nourrice pour garder leur bébé. Nos parents nous demandent toujours : « Et votre bas de laine *(nest egg)* ? » Cela nous (8) ______________! Nous sommes incapables de faire des économies.

Structure 12.2 *Lequel* et les adjectifs démonstratifs *ce, cette* et *ces*

Lequel (*which one?*) is frequently used to ask about a choice between people or objects. It can replace the adjective **quel** (*which? what?*) and the noun it modifies. Here are its forms:

	singulier	pluriel
Masculin	lequel	lesquels
Féminin	laquelle	lesquelles

Serge, regarde ces chemises. **Laquelle** préfères-tu ?	*Serge, look at these shirts. Which one do you prefer?*
Je vois plusieurs téléviseurs ici. **Lesquels** sont en solde ?	*I see several TVs here. Which ones are on sale?*

Demonstrative adjectives

The demonstrative adjectives (**ce, cette,** and **ces**) are equivalent to *this (that)* and *these (those)* and are used to refer to specific objects or people.

Ce magasin est ouvert.	*This store is open.*
Ces disques compacts coûtent cher.	*These compact discs are expensive.*

Like all other adjectives, they agree with the noun they modify.

ce magasin	*this store*	or	*that store*
ces hommes	*these men*	or	*those men*
cette robe	*this dress*	or	*that dress*
ces femmes	*these women*	or	*those women*

Cet is used before masculine singular nouns beginning with a vowel or a silent **h.**

Je ne comprendrai jamais **cet** homme !	*I'll never understand that man!*

To emphasize the distinction between *this* and *that,* attach the suffix **-ci** *(here)* and **-là** *(there)* to the noun.

Regarde **ce** baladeur.	*Look at that Walkman.*
— Lequel ?	*Which one?*
Ce baladeur-**là,** en solde.	*That one, on sale.*

Exercice 3.

Votre copain (copine) ne peut pas se décider ! Il (elle) vous demande votre avis. Complétez ses questions avec la forme correcte de l'adjectif démonstratif *(ce, cet, cette, ces).*

1. Je devrais acheter ______________ bottes ou ______________ sandales ?
2. Préfères-tu ______________ chemise en coton ou ______________ chemiser en soie ?
3. Est-ce que tu préfères ______________ veste écossaise ou ______________ blouson en cuir ?
4. J'aime beaucoup ______________ pull-là, mais je trouve ______________ chemise trop chère.
5. Est-ce que tu aimes mieux ______________ cravate à rayures ou ______________ nœud papillon ?

Exercice 4.

Le vendeur vous encourage à acheter tout ce que vous regardez. Complétez les phrases en utilisant l'adjectif démonstratif convenable.

1. _______________ jupe plissée vous va à la perfection.
2. _______________ escarpins vous vont à merveille.
3. _______________ sweat est en solde.
4. _______________ pulls sont en promotion.
5. _______________ pantalon à pinces vous va comme un gant.
6. _______________ anorak est fabriqué ici en France.

Exercice 5.

La femme de Marc l'aide à décider de ce qu'il devrait mettre dans sa valise. Complétez les questions de Marc en suivant le modèle.

Modèle : Apporte des chaussettes en coton.

— Lesquelles ? Ces chaussettes-ci ou ces chaussettes-là ?

1. Prends un jean.
2. Il te faut une chemise.
3. Prends un pullover.
4. N'oublie pas d'emporter un bon livre.
5. Il te faut des baskets.

Structure 12.3 L'ordre des pronoms

You have already learned how to use direct and indirect object pronouns individually. Occasionally, two object pronouns are used in the same sentence. The chart here summarizes the required order when more than one pronoun is used.

Order of Object Pronouns					
me (m')	le/l'	lui	y	en	verb
te (t')	la/l'	leur			
nous	les				
vous					

As the chart shows, the third person indirect object pronouns (**lui** and **leur**) always follow the direct object pronouns (**le, la,** and **les).** The other indirect object pronouns (**me, te, nous,** and **vous**) precede the direct object pronouns.

This means that when the person receiving the object is in the third person, the indirect object pronoun follows the direct object pronoun.

Est-ce que tu donnes ce cadeau à Jean ?
d.o. *i.o.*

— Oui, je **le lui** donne.
d.o. *i.o.*

A-t-il reçu le message ?

— Oui, le réceptionniste **le lui** a donné.

As-tu donné le chien aux enfants ?

— Non, je ne **le leur** ai pas donné.

However, when you (first person) or the person with whom you are speaking (second person) is on the receiving end, the indirect object pronoun precedes the direct object pronoun.

Est-ce que tu me donnes ce cadeau ?

— Oui, je **te le** donne.

Ils **te l'**achètent. *They're buying it for you.*

Tu **me l'**as donné ? *You gave it to me?*

The pronouns **y** and **en** always come last.

Il **y en** a deux. *There are two (of them).*

Je vais **lui en** offrir. *I'm going to offer him some.*

Commands

Pronoun Order for Affirmative Commands			
verbe +	-le	-moi (m')	-en/y
	-la	-lui	
	-les	-nous	
		-leur	

In **affirmative commands,** the direct object pronoun always precedes the indirect as in the chart shown here. **Y** and **en** always come last.

Achète-le-moi. *Buy it for me.*

Donnez-les-lui. *Give them to him.*

Achète-m'en. *Buy me some.*

Negative commands follow the normal order for declarative sentences.

Ne **le lui** achète pas. *Don't buy it for him.*

Ne **m'en** parlez pas. *Don't speak about it to me.*

Exercice 6.

Les collègues de Géraldine veulent fêter sa quarantaine *(40th birthday)* en lui donnant une surprise-partie. Son amie Madeleine demande nerveusement si tout est préparé. Trouvez la réponse appropriée à ses questions.

1. Tu vas me donner la liste des invités ?	a. Je suis déjà allé(e) le chercher.
2. Est-ce que Feza t'a parlé du musicien qu'on a embauché *(hired) ?*	b. Oui, je les y ai vus; ils viennent demain à une heure.
3. Avons-nous assez de temps pour préparer la table ?	c. Mais, je te l'ai déjà donnée.
4. Est-ce que tu as vu les autres invités au bureau ?	d. Écoute, Madeleine. Personne ne lui en a parlé !
5. Vas-tu aller chercher le gâteau ?	e. Non, elle ne m'en a rien dit. Mais c'est une excellente idée.
6. Tu es sûr que personne n'a rien dit à Géraldine ?	f. Oui, nous en avons bien assez.
7. Donc, elle ne s'attend pas à la fête.	g. Je te le promets; elle n'en sait rien. On ne lui en a rien dit.

Exercice 7.

C'est la veille de Noël *(Christmas Eve)* et la famille Poitier essaie de finir ses préparatifs pour la fête. C'est Mme Poitier qui s'en occupe. Utilisez des pronoms dans les réponses pour éviter la répétition des mots en italiques.

Modèle : Chérie, offrons-nous *ces cadeaux aux Martin ?* (oui)

Oui, offrons-les-leur.

1. Maman, je peux offrir *ces chaussures de ski à Hélène ?* (oui)
2. Maman, est-ce que je dois envoyer *ce paquet à grand-père ?* (non)
3. Chérie, est-ce qu'on donne *ces photos à nos parents ?* (non)
4. Maman, allons-nous écrire *une lettre à tante Simone ?* (oui)
5. Chérie, est-ce qu'on donne *ce panier de fruits aux voisins ?* (oui)

Structure 12.4 *Tout* et les expressions indéfinies

Several indefinite expressions such as **tout, certain,** and **autre** can be used as adjectives or pronouns.

When **tout** *(all)* is used as an adjective, it agrees in number and gender with the noun it modifies.

	singulier	pluriel
masculin	tout	tous
féminin	toute	toutes

J'ai vu **tous** les films de Chabrol.	*I've seen all of Chabrol's films.*
Est-ce que **toutes** les petites filles aiment les poupées ?	*Do all young girls like dolls?*
J'ai lu **tout** le livre et je ne le comprends pas.	*I've read the whole book and I don't understand it.*

When **tout** is used as a pronoun it means *everything*.

Tout est en solde dans ce magasin.	***Everything** is on sale in this store.*
J'ai **tout** fait.	*I've done **everything.***

The following idiomatic expressions include **tout :**

tout le monde	*everyone*
tout de suite	*immediately*
tout à fait	*completely, quite*
tout à coup	*suddenly*

Tout le monde takes a singular verb.

Tout le monde **a** bien mangé.	*Everyone ate well.*

The adjective **certain(es)** (*some, certain*) before a noun refers to an indefinite number.

Certains étudiants sont sérieux.	*Some students are serious.*
Certaines classes sont déjà pleines.	*Some (certain) classes are already full.*

Certains and **certaines** can be used as pronouns as in the following examples.

Certains disent oui.	*Some say yes.*
La plupart des filles sont parties, mais **certaines** sont restées.	*Most of the girls left, but some stayed.*

Quelques *(a few)* and **plusieurs** *(several)* also refer to an indefinite number.

J'ai déjà **plusieurs** choses à faire.	*I already have several things to do.*

La plupart de(s) *(most)* is conjugated with a plural verb.

La plupart des femmes travaillent.	*Most women work.*

Autre *(other)* is frequently used to mark a contrast.

Des autres contracts to **d'autres**. **Les autres** doesn't contract.

Certaines personnes aiment la mer; **d'autres** préfèrent les montagnes.	*Some people like the sea; others prefer the mountains.*
Avez-vous **d'autres** questions ?	*Do you have any other questions?*
Certaines robes sont plus chères que **d'autres.**	*Some dresses are more expensive than others.*
Deux magasins sont fermés. **Les autres** sont ouverts.	*Two stores are closed. The others are open.*

Exercice 8.

François et Gérard sont des touristes français à New York. Complétez leur dialogue avec la forme appropriée de *tout*.

FRANÇOIS : — Est-ce que tu as lu __________ la lettre de Jérôme ? Il veut nous rencontrer ici à New York dans quelques jours. Qu'est-ce que tu en penses ? Moi, je suis __________ à fait content de l'attendre ici.

GÉRARD : — Moi, je veux partir. J'ai déjà __________ vu. J'ai visité __________ les bonnes discothèques et __________ les musées.

FRANÇOIS : — « Je m'ennuie, je m'ennuie », tu répètes __________ le temps la même chose. Et je dois écouter ça __________ la journée. Tu es impossible !

GÉRARD : — Mais __________ le monde s'ennuie comme moi. Demande-leur.

FRANÇOIS : — Mais comment est-ce possible de s'ennuyer ici ? On trouve un peu de __________ à New York !

Vocabulaire

Vocabulaire fondamental

Noms

Les magasins et les achats *stores and purchases*

une bijouterie *jewelry store*
un billet (de banque) *bank bill (paper money)*
la boutique de prêt-à-porter *clothing store*
un bureau de tabac *newsstand*
un cadeau *gift*
un centre commercial *shopping mall*
un franc *franc*
un hypermarché *superstore*
une librairie-papeterie *bookstore/office supplies*
un magasin de disques *record store*
à grande surface *superstore*
d'électronique *electronics store*
de photos *camera store*
de sport *sporting goods store*
une pharmacie *pharmacy*
une pièce *coin*
un pressing *dry cleaners*

Les achats *purchases*

un appareil-photo *camera*
un baladeur *Walkman*
des bottes *boots*
une carte de crédit *credit card*
un gant *glove*
un jeu vidéo *video game*
un lecteur laser de compacts *CD player*
un magnétoscope *VCR*
la monnaie *coin(s), change*
le parfum *perfume*
un prix *price*
un produit *product*
la publicité (*fam* la pub) *advertising*
le shampooing *shampoo*
des soldes *(m. pl.)* *sale*
un timbre *postage stamp*

Les vêtements

des bijoux *(m)* *jewelry*
des chaussettes *(f)* *socks*
des collants *(m)* *hosiery; tights*
un complet *man's suit*
une cravate *tie*
un ensemble *outfit*
des escarpins *(m)* *high-heeled shoes*
un imperméable *raincoat*
une jupe (tube, droite, plissée) *(tube, straight, pleated) skirt*
des mocassins *(m)* *loafers*
la mode *fashion*
un pantalon jogging *warm-up pants*
un survêtement *warm-up suit*
la taille *size*
un tailleur *woman's suit*
une veste *jacket, sport coat*

Les matières *materials*

en coton *cotton*
en cuir *leather*
en laine *wool*
en or *gold*
en plastique *plastic*
en soie *silk*

Verbes

accompagner *to accompany*
conseiller *to advise, recommend*
dépenser *to spend (money)*
emmener *to take (someone) along*
employer *to use*
s'ennuyer *to get bored*
envoyer *to send*
épargner *to save*
essayer *to try (on)*
faire des économies *to save*
s'inquiéter *to worry*
marchander *to bargain*
montrer *to show*
nettoyer *to clean*
offrir *to give, to offer*
payer (en liquide, par chèque, par carte de crédit) *to pay (in cash, by check, with a credit card)*
penser de *to think about (opinion)*
prêter *to lend*

Mots divers

ce, cette, ces *this, those*
certain(es) *certain, some*
franchement *frankly, honestly*
habillé(e) *dressed (up)*
lequel, laquelle, lesquels, lesquelles *which one(s)*
la plupart de *most*
plusieurs *several*
quelques *some*
tout(es), tous *all*
tout à coup, tout d'un coup *suddenly*
tout à fait *completely, quite*
tout de suite *right away*
tout le monde *everyone*

Expressions utiles

Comment faire les achats

(For additional expressions see p. 372)

Je peux l'essayer ? *Can I try it on?*
Tu aimes ce modèle-ci ou ce modèle-là ? *Do you like this style or that style?*
Je ne fais que regarder. *I'm just looking.*
Je fais du 40. *I'm size 40.*
Je chausse du 37. *I wear shoe size 37.*
Ça vous va très bien. *That looks very good on you.*
Ça te va comme un gant. *That fits you like a glove.*
C'est une bonne affaire. *It's a good buy.*
Il est en solde. *It's on sale.*
Il est trop serré/large/juste. *It's too tight/big/close a fit.*
On fait des économies. *We are economizing.*
Je vous en prie. *You're welcome.*
Quelle est votre pointure ? *What is your shoe size?*

Vocabulaire

Vocabulaire supplémentaire

Noms

Les achats *purchases*

un bloc-notes *notepad*
une cabine d'essayage *fitting room*
la caisse *cash register*
un caméscope *camcorder*
la consommation *consumption*
un distributeur de billets automatique *bank machine (ATM)*
un fleuriste *florist*
une pastille pour la gorge *throat lozenge*
une pellicule *film (for camera)*
une pile *battery*
une promotion *sales promotion*
une quincaillerie *hardware store*
une vitrine *shop window*

La couture *fashion*

un blazer *blazer*
des chaussures à talons plats/hauts *flats, high-heeled shoes*
un couturier *fashion designer*
une jupe écossaise *plaid skirt*
un nœud papillon *bow tie*
un pantalon pattes d'éléphant *bell-bottoms*
un pullover à col roulé *turtleneck*
à col en V *V-neck*

Les matières *materials*

en daim *suede*
en jersey *stretch jersey*
en nylon *nylon*
en polyester *polyester*
en velour *velvet*
en velours côtelé *corduroy*

13

Module 13 La Santé et le bonheur

Joggeurs dans le jardin du Luxembourg

Thèmes et pratiques de conversation

Les parties du corps
Les maladies et les remèdes
Comment parler au médecin
Pour se sentir bien dans sa peau
Comment conseiller

Culture

Comment les Français se soignent

Lecture

« Je suis malade » de Sempé et Goscinny

Structures

- **13.1** Expressions idiomatiques avec **avoir** (récapitulation)
- **13.2** L'emploi de **depuis**
- **13.3** Le pronom relatif **dont**
- **13.4** Le subjonctif (introduction)

Thèmes et pratiques de conversation

Les parties du corps

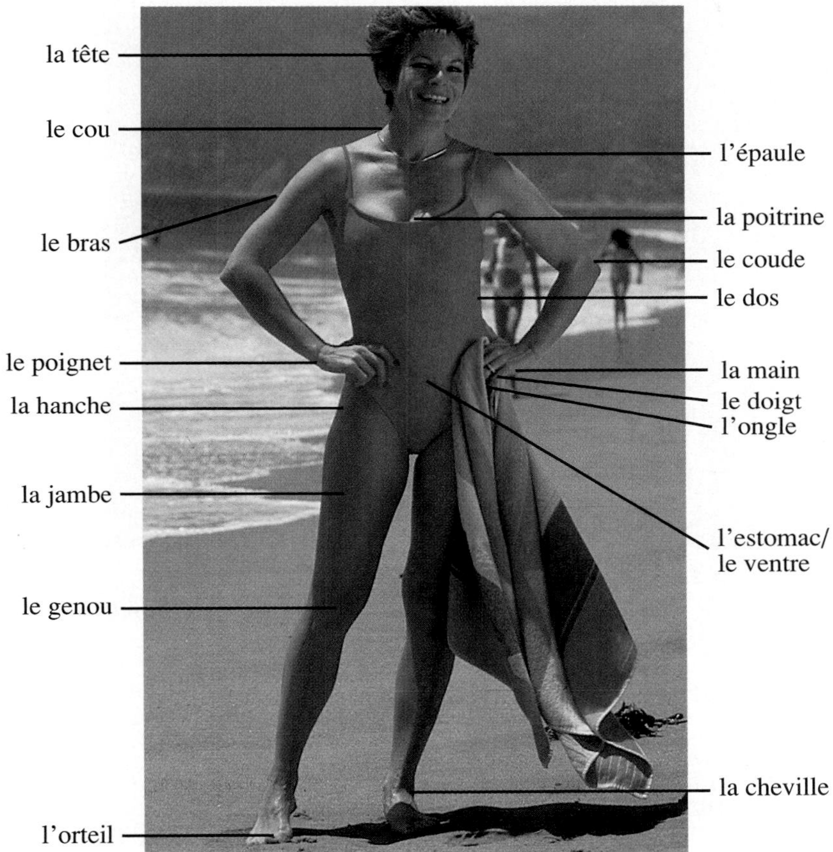

Le corps humain

Activité 1 : Les activités du corps.

Trouvez l'intrus. Quelle action n'est pas associée aux parties du corps suivantes ?

1. la main
   a. gesticuler
   b. écrire
   c. tenir
   d. caresser
   e. respirer
2. les yeux
   a. voir
   b. lire
   c. fermer
   d. toucher
   e. regarder
3. la gorge
   a. avaler
   b. parler
   c. écrire
   d. respirer
   e. manger
4. les genoux
   a. plier
   b. courir
   c. marcher
   d. s'agenouiller
   e. écouter
5. la bouche
   a. parler
   b. manger
   c. avaler
   d. courir
   e. chanter

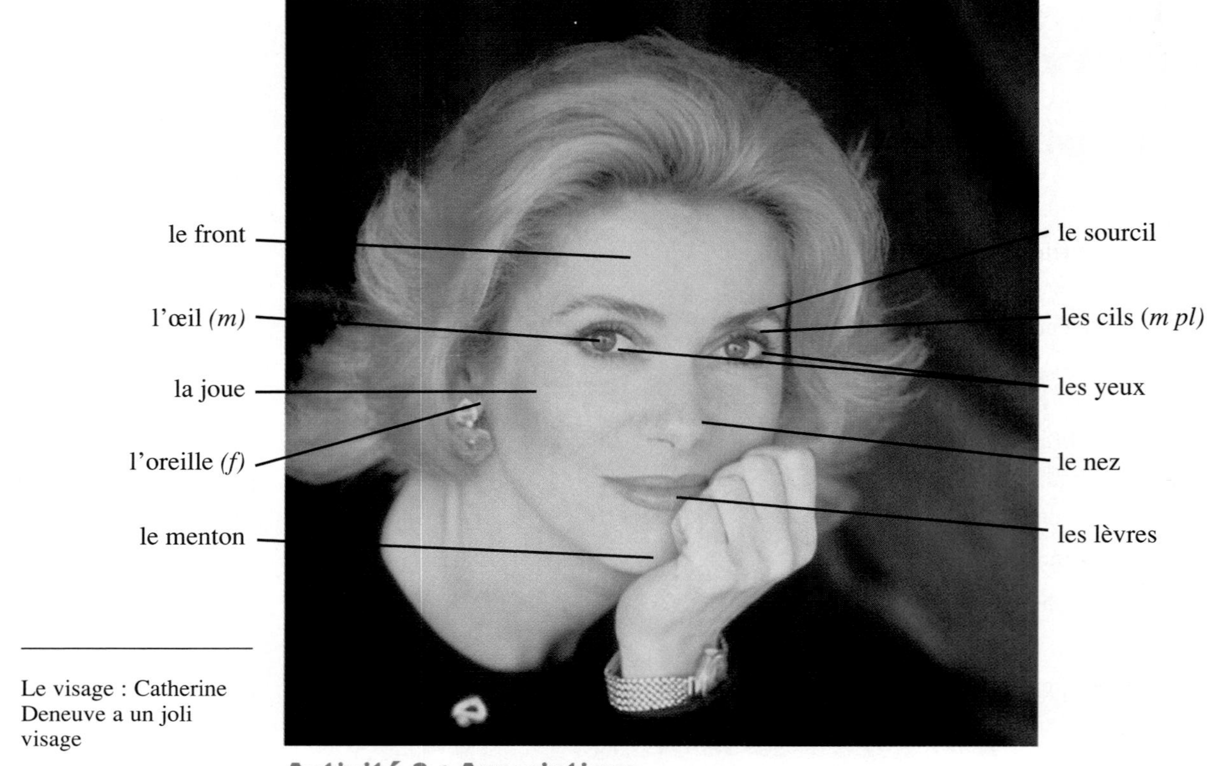

Le visage : Catherine Deneuve a un joli visage

Activité 2 : Associations.

Trouvez les autres parties du corps associées à la partie du corps donnée.

Modèle : la bouche : les lèvres, les dents, la langue

1. les yeux	4. le pied
2. les jambes	5. la main
3. le bras	6. la tête

Les maladies et les remèdes

Structure 13.1 Expressions idiomatiques avec *avoir* (récapitulation)

You have already learned a number of idiomatic expressions with the verb **avoir,** for example, **avoir faim, avoir soif, avoir dix ans.** Here you will learn other **avoir** expressions used for talking about feelings and sensations. Turn to page 420 for a complete review of **avoir** expressions.

Qu'est-ce qu'ils ont ?

Le côté physique

Ils se sentent malades.

Marc a mal à la tête. M. Fabius a mal à l'estomac. Armand a mal à la gorge.

Qu'est-ce qui s'est passé ?

Stéphane a eu un accident. Il s'est blessé.

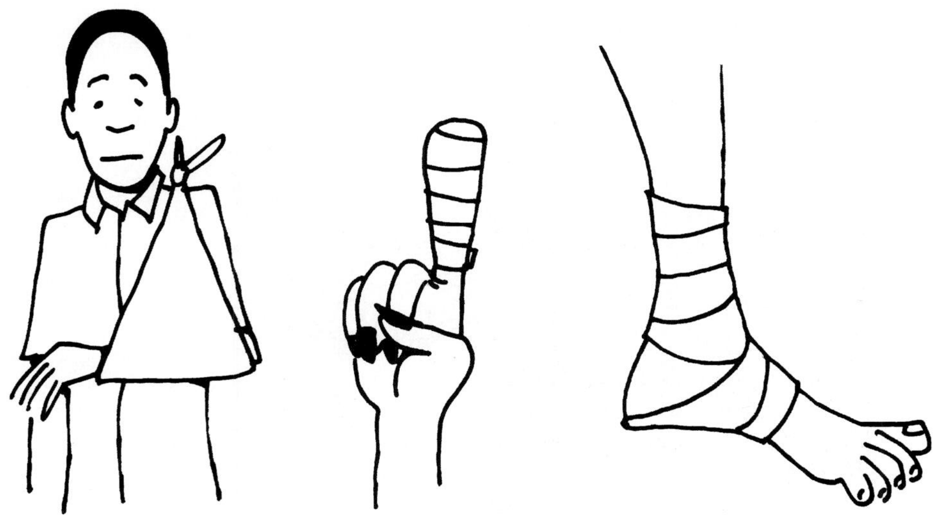

Il s'est cassé le bras. Elle s'est coupé le doigt. Elle s'est foulé la cheville.

Aujourd'hui en France, quatre femmes de moins de 25 ans sur cinq fument ou ont déjà fumé.

Francoscopie, 1995

Le côté psychologique et affectif

Jean-Guillaume **a peur** des animaux. Quand il voit un chien, il se met à pleurer et à crier pour appeler sa mère.

Charlotte **a** toujours **sommeil.** Elle **a envie de** dormir en classe et au travail.

Nicolas **a honte** d'avoir triché *(cheated)* pendant un examen. Il sait qu'il **a eu tort.**

Claudine **a l'air** triste et déprimée. Elle est isolée à l'école et ne sort jamais avec des amis. Elle **a du mal à** sourire ou à s'amuser.

Activité 3 : Interaction.

Posez les questions suivantes à un(e) camarade.

1. Qu'est-ce que tu fais quand tu veux dormir mais tu n'as pas sommeil ?
2. Qu'est-ce que tu as envie de faire ce week-end ?
3. Qui dans la classe a l'air content (sportif, fatigué) aujourd'hui ?
4. As-tu honte de parler devant la classe ? Pourquoi ?
5. As-tu peur des animaux ? Connais-tu quelqu'un qui a peur des animaux ? Pourquoi ?
6. As-tu du mal à étudier devant la télévision ? Avec la radio ?
7. Quand tu as tort, est-ce que tu l'admets facilement ?
8. Connais-tu quelqu'un qui doit toujours avoir raison ? Qui ?
9. As-tu besoin d'étudier ce soir ? Quelles matières ?

Activité 4 : Vos sentiments.

Mettez-vous par deux ou en groupes pour compléter les phrases.

1. Nous avons envie de...
2. Nous avons tous besoin de...
3. Nous avons honte de...
4. Nous avons peur de...
5. Nous avons du mal à...

Pourquoi ne sont-ils pas au travail ?

Jean-Claude (la grippe)

Ce matin Jean-Claude reste au lit avec la grippe. Sa température est élevée, et il a la tête qui brûle. Un moment il a froid, et un autre moment il a chaud. Quand il a froid il a souvent des frissons. Sa femme lui a donné de la soupe, mais il n'a pas pu l'avaler parce qu'il a mal à la gorge. Il n'a pas envie de manger. Tout son corps lui fait mal; il souffre de courbatures *(achiness)*. Ce matin sa femme va téléphoner au médecin pour lui demander conseil.

Nathalie (un rhume)

Nathalie n'est pas au travail non plus. Mais elle n'a pas de fièvre; elle n'a qu'un petit rhume. Elle tousse, elle éternue de temps en temps et elle a le nez qui coule. Elle se mouche constamment et sa boîte de mouchoirs en papier n'est jamais très loin d'elle. Elle n'aime pas aller au travail enrhumée.

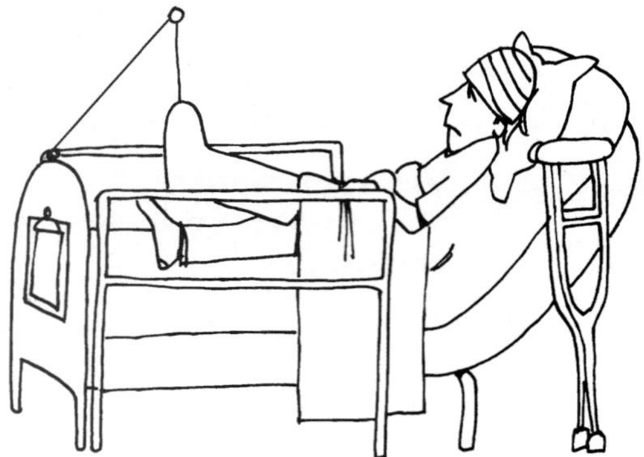

Christophe (un accident de vélo)

Le pauvre Christophe est au service des urgences de l'hôpital parce qu'il a eu un accident de vélo ce matin. On l'a amené à l'hôpital parce qu'il ne pouvait pas marcher et parce qu'il avait quelques blessures à la tête. D'abord, une infirmière lui a mis un pansement *(bandage)* sur les blessures qui n'étaient pas graves, puis elle lui a fait une piqûre *(shot)*. Christophe, fier de sa belle mine, espère que la plaie *(wound)* ne laissera pas de cicatrice *(scar)*. Enfin, le médecin a fait une radio *(x-ray)* de sa jambe. Christophe a une fracture compliquée. Le médecin va mettre sa jambe dans le plâtre. Christophe doit marcher avec des béquilles pendant quelques semaines.

Laurent (dépression)

Laurent reste chez lui. Il est un peu déprimé, de mauvaise humeur, et ce matin il a le cafard. Hier il s'est fâché contre son patron et aujourd'hui il n'a pas envie de se retrouver avec lui.

Isabelle (enceinte)

Isabelle, enceinte de sept mois, est chez son obstétricien pour des tests. Son accouchement est dans deux mois, et elle est déjà un peu nerveuse parce que sa meilleure amie a eu un accouchement difficile. Ce matin, son médecin réserve la salle d'accouchement *(birthing room)* pour elle.

Activité 5 : Les symptômes.

Trouvez l'intrus.

1. Quand on est enrhumé...
   a. on se mouche.
   b. on éternue.
   c. on tousse.
   d. on a des blessures.
   e. on a le nez bouché.
2. Quand on a la grippe...
   a. on frissonne.
   b. on se foule la cheville.
   c. on a la tête qui brûle.
   d. on a les glandes enflées.
   e. on a mal à la tête.
3. Quand on a le cafard...
   a. on a un bleu.
   b. on est de mauvaise humeur.
   c. on pleure facilement.
   d. on est mélancolique.
   e. on n'est pas content.
4. Quand on a une blessure grave...
   a. on perd du sang.
   b. on a un bleu.
   c. on a le nez bouché.
   d. on a mal.
   e. on s'évanouit.
5. Quand on est enceinte...
   a. on accouche.
   b. on a des contractions.
   c. on grossit.
   d. on a souvent des nausées.
   e. on éternue.

Activité 6 : Les symptômes et les remèdes.

Qu'est-ce qu'il faut faire dans les situations suivantes ?

Modèle : se couper le doigt

Qu'est-ce qu'il faut faire si on se coupe le doigt ?

— Il faut mettre un pansement.

1. tousser
2. avoir mal à la gorge
3. avoir un rhume
4. avoir mal à la tête
5. avoir mal au dos
6. être de mauvaise humeur
7. vouloir maigrir
8. être gravement malade
9. avoir une carie

a. appeler le médecin
b. sortir avec des amis
c. se faire masser
d. manger moins de matière grasse et faire plus d'exercice
e. prendre du sirop contre la toux
f. faire des gargarismes
g. aller chez le dentiste
h. prendre de la vitamine C
i. prendre de l'aspirine

Activité 7 : Où Paul a-t-il mal ?
Devinez où Paul a mal.

Modèle : Il a trop mangé.

Il a mal au ventre.

1. Il passe des heures devant l'écran de son ordinateur.
2. Il est tombé en faisant du ski.
3. Il a une migraine.
4. Il passe des heures à jouer au tennis.
5. C'est un célèbre lanceur de baseball.
6. Il a mangé trop de bonbons et d'autres cochonneries *(junk food)*.

Comment parler au médecin

Structure 13.2 L'emploi de *depuis*

A doctor will commonly ask patients how long they have had a particular complaint. « **Depuis quand êtes-vous malade ?** » French uses **depuis** with the present tense to express conditions that began in the past and are still in effect. For additional information on the use of **depuis,** see page 422.

Quelques expressions utiles

Le patient

Je ne me sens pas bien du tout.	**Je me sens très bien.**
J'ai mal à la tête.	Je me porte très bien.
Les yeux me font mal.	Je suis en (pleine) forme.
J'ai du mal à avaler.	Je suis bien dans ma peau.
Je fais une dépression.	

Le médecin

Qu'est-ce qui ne va pas ?

Vous avez mauvaise mine. Qu'est-ce que vous avez ? *(You don't look well.)*

Où avez-vous mal ?

Quels sont vos symptômes ?

Depuis quand êtes-vous malade ?

C'est grave/ce n'est pas grave.

Je vous fais une ordonnance *(prescription)* contre la migraine.

Comment les Français se soignent

Parmi les pays de la communauté européenne, c'est la France qui consacre la plus grande partie de son budget aux dépenses de santé. La sécurité sociale paie 74% des dépenses médicales de ses citoyens y compris les médicaments. Et ce n'est pas tout; 84% des Français disposent d'une assurance maladie complémentaire. Il n'est pas surprenant, alors, que les Français détiennent le record dans la consommation de médicaments. Ils vont aussi le plus régulièrement chez le médecin, le psychiatre et le pharmacien. De quelles maladies souffrent-ils ? Les médecins font souvent le diagnostic d'anxiété et de dépression en prescrivant des tranquillisants et des somnifères. Le foie est peut-être l'organe qui donne le plus d'inquiétude aux Français. Selon la sagesse médicale populaire, un mauvais foie peut entraîner une multitude de complications telles que les dépressions nerveuses, le stress et l'insomnie.

Récemment, en France comme ailleurs, pour des rémèdes aux maladies bénignes comme les allergies et les problèmes gastriques, on se tourne de plus en plus vers les médecines « douces » : l'homéopathie, l'acuponcture, la phytothérapie (l'usage des plantes médicinales) et l'hypnose. Face à la médecine moderne ou conventionnelle avec sa technologie qui sépare le médecin de son patient, la médecine douce se préoccupe de l'esprit du patient : son contexte social, son état psychologique. Cette forme de traitement n'est pas tout à fait nouvelle. En France, il y a une longue tradition de remèdes doux : une infusion de tilleul° pour calmer les nerfs ou de camomille pour aider la digestion. L'eau minérale ne s'achète pas en France pour faire chic, mais pour sa vertu curative contre les problèmes gastriques, les rhumatismes et même les maladies nerveuses. Les bains thermaux où l'on va pour « prendre les eaux » offrent une autre « cure douce » dont les Français jouissent depuis des siècles, et on n'a plus besoin d'être riche pour en profiter. La sécurité sociale aide même les petits employés à passer une semaine aux bains thermaux. Quelle manière agréable de se soigner !

lime-blossom tea

Avez-vous compris ?

Répondez vrai ou faux et corrigez les réponses fausses.

1. Beaucoup de Français n'ont pas d'assurances médicales.
2. Les Français prennent moins de médicaments que les Allemands.
3. Les médecins français prescrivent beaucoup de tranquillisants.
4. La médecine douce traite le corps comme une machine séparée de l'esprit.
5. En France, on boit de l'eau minérale parce que c'est bon pour la digestion.

Activité 8 : Interaction.

Posez des questions avec *depuis quand* ou *depuis combien de temps* aux camarades de classe.

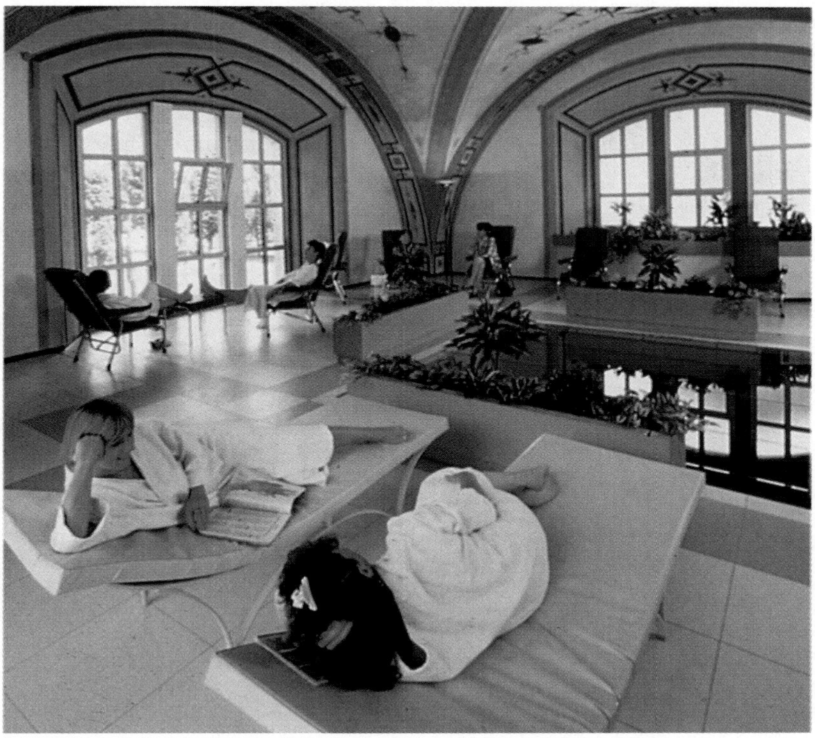

Modèle : savoir lire

Depuis quand sais-tu lire ?

— Je sais lire depuis l'âge de 5 ans.

1. être en cours aujourd'hui
2. habiter dans cette ville
3. être étudiant(e) à l'université
4. étudier le français
5. connaître ton(ta) meilleur(e) ami(e)
6. savoir conduire

Activité 9 : Dialogue chez le médecin.

Maintenant vous êtes chez le médecin. Complétez le dialogue suivant.

DOCTEUR : Bonjour, Monsieur Lefèvre. Comment allez-vous ?
PATIENT : ______________________________
DOCTEUR : Qu'est-ce qui ne va pas ?
PATIENT : Je crois que j'ai ______________. Mais je ne sais pas.
DOCTEUR : Quels sont vos symptômes ?
PATIENT : J'ai mal à ______________, j'ai mal à la ______________ et j'ai mal au ______________.

DOCTEUR : Depuis quand êtes-vous malade ?

PATIENT : Depuis _______________.

DOCTEUR : Ouvrez la _______________ et dites « ah ». Je voudrais examiner la _______________. Oui, vous avez les glandes enflées et votre _______________ est rouge. Avez-vous des frissons ?

PATIENT : ____

DOCTEUR : Je veux prendre votre _______________. Ouvrez la bouche encore... Vous avez _______________ élevée. Retroussez votre manche un peu s'il vous plaît. Je vais prendre votre tension... Normale. Ce n'est pas grave. Vous avez _______________. Je vais vous donner une _______________ pour des antibiotiques. Prenez ces pilules _______________ fois par jour s'il vous plaît.

Pour se sentir bien dans sa peau

Structure 13.3 Le pronom relatif *dont*

You have already learned how to link phrases with the relative pronouns **qui, que,** and **où. Dont** is the relative pronoun that replaces nouns preceded by **de** such as those following **avoir besoin de, se souvenir de, avoir peur de.** See page 423 for the relative pronoun **dont.**

Activité 10 : Votre bien-être.

Indiquez les éléments dont vous avez besoin pour votre bien-être mental et physique et ceux dont vous pouvez vous passer *(do without).*

Modèles : la télévision ?

— Non, ce n'est pas quelque chose dont j'ai besoin. Je peux me passer de la télévision. Passer trop de temps devant la télé est une perte de temps.

les fêtes ?

— Oui, c'est quelque chose dont j'ai besoin pour être heureux. J'aime m'entourer d'amis. Je ne peux pas me passer des fêtes.

1. le sommeil profond ?
2. un bon équilibre entre l'activité et le repos ?
3. les fêtes le week-end ?
4. le chocolat ?
5. une tasse de café le matin ?
6. la méditation ou le silence ?
7. la musique ?

Activité 11 : Leurs recettes de bonheur.

Quelques Français célèbres discutent de leur concept du bonheur. Lisez ce qu'ils disent et puis complétez les phrases qui suivent.

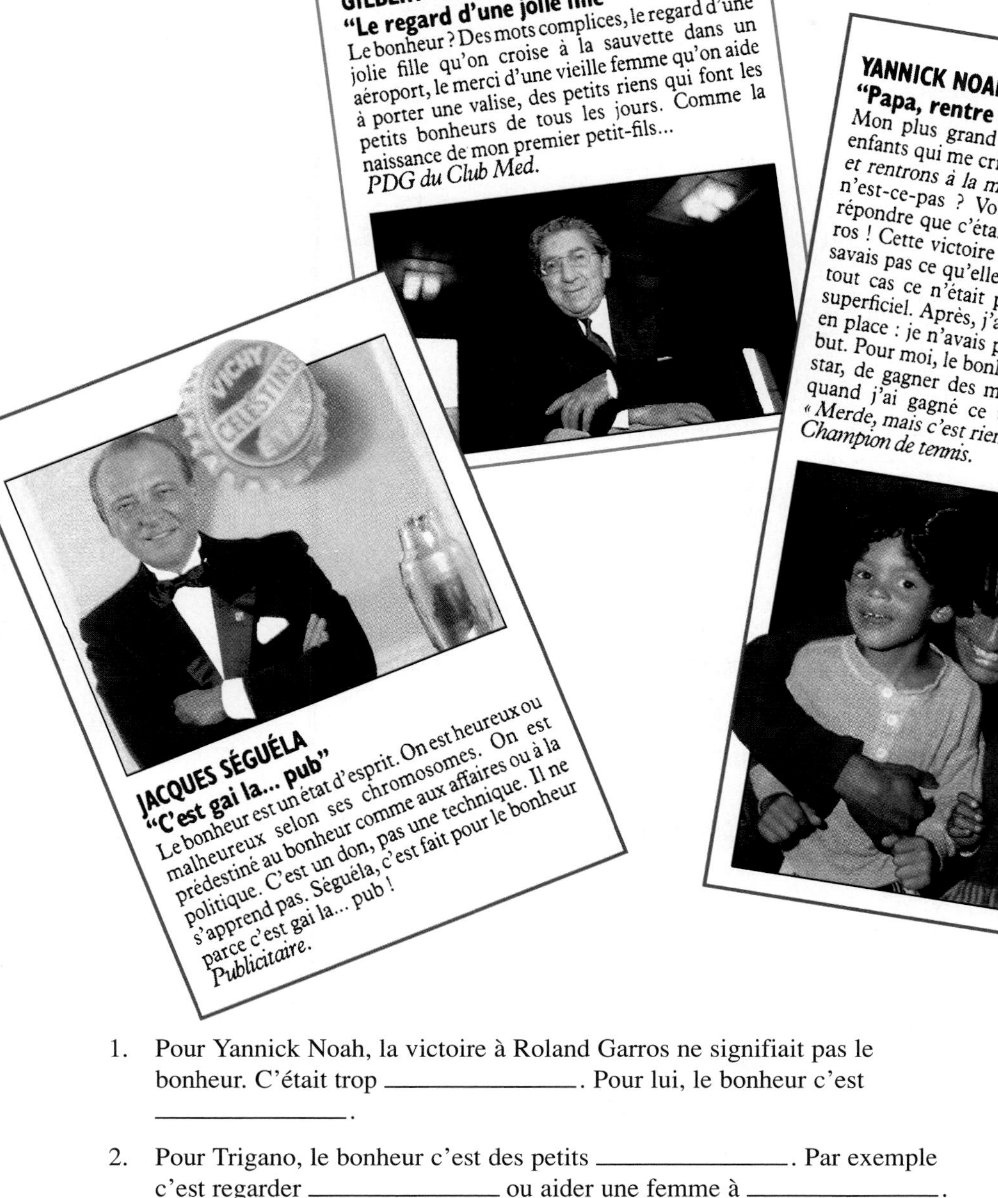

GILBERT TRIGANO
"Le regard d'une jolie fille"
Le bonheur ? Des mots complices, le regard d'une jolie fille qu'on croise à la sauvette dans un aéroport, le merci d'une vieille femme qu'on aide à porter une valise, des petits riens qui font les petits bonheurs de tous les jours. Comme la naissance de mon premier petit-fils...
PDG du Club Med.

YANNICK NOAH
"Papa, rentre à la maison..."
Mon plus grand bonheur ? Jouer devant mes enfants qui me crient : *« Papa ! Papa ! Perds vite et rentrons à la maison ! »* Cela vous surprend, n'est-ce-pas ? Vous croyiez que j'allais vous répondre que c'était ma victoire à Roland-Garros ! Cette victoire était un rêve de gosse, je ne savais pas ce qu'elle signifiait vraiment, mais en tout cas ce n'était pas le bonheur, c'était trop superficiel. Après, j'ai eu du mal à remettre tout en place : je n'avais plus de motivation, plus de but. Pour moi, le bonheur, c'était de devenir une star, de gagner des matches, des tournois... Et quand j'ai gagné ce truc-là, je me suis dit : *« Merde, mais c'est rien »*...
Champion de tennis.

JACQUES SÉGUÉLA
"C'est gai la... pub"
Le bonheur est un état d'esprit. On est heureux ou malheureux selon ses chromosomes. On est prédestiné au bonheur comme aux affaires ou à la politique. C'est un don, pas une technique. Il ne s'apprend pas. Séguéla, c'est fait pour le bonheur parce c'est gai la... pub !
Publicitaire.

1. Pour Yannick Noah, la victoire à Roland Garros ne signifiait pas le bonheur. C'était trop ______________. Pour lui, le bonheur c'est ______________.

2. Pour Trigano, le bonheur c'est des petits ______________. Par exemple c'est regarder ______________ ou aider une femme à ______________.

3. Pour Jacques Séguéla, le bonheur n'est pas un événement spécifique. C'est un état d'esprit.

4. Est-ce que ces hommes ont raison ? Qu'est-ce qui représente le bonheur pour vous ?

Activité 12 : À quoi rêvent les Français ?

Lisez les résultats du sondage et répondez aux questions suivantes.

En ce qui concerne votre situation personnelle, quels sont vos trois souhaits les plus chers pour 1995 ?

	18 à 24 ans	25 à 34 ans	35 à 49 ans	50 à 64 ans	65 ans et plus
Rester en bonne santé	78	82	84	92	97
Entretenir de bonnes relations avec votre famille	41	35	39	58	57
Gagner davantage d'argent	52	55	53	35	27
Trouver un emploi ou garder celui que vous avez	53	42	37	13	2
Avoir plus de temps libre	20	22	23	11	2
Vous occuper davantage de vos enfants ou petits-enfants	3	12	18	20	17
Avoir un meilleur logement	16	17	8	7	5
Etre moins pris par les tâches ménagères	2	3	6	3	5
Arrêter de travailler	0	1	3	7	2
Sans opinion	1	1	1	1	0

Le total des pourcentages est supérieur à 100, les personnes interrogées ayant pu donner trois réponses.

1. Quelle est la première priorité pour chaque génération ?
2. Pourquoi les plus de 50 ans sont-ils si obsédés par les relations familiales ?
3. Quel groupe s'inquiète surtout des problèmes d'emploi ?
4. Trouvez-vous des différences entre les priorités des Français et celles des Américains ?

Comment conseiller

Structure 13.4 Le subjonctif (introduction)

In the following activities you will learn several ways to give advice. French requires a special verb form called the subjunctive after expressions of obligation, desire, and necessity commonly used for influencing others. For information on how to form and use the subjunctive, see page 424.

Si vous voulez mener une vie saine...

il faut
il vaut mieux } faire de l'exercice chaque jour et dormir suffisament.

il ne faut pas fumer.

il faut que il est essentiel que je voudrais que	vous buviez assez d'eau pour rester en bonne forme. vous fassiez un régime en surveillant votre alimentation.
il est nécessaire de je vous conseille de	courir à votre rythme.
je vous déconseille de	boire beaucoup d'alcool.

Respirez profondément !

Prenez le temps de vous détendre.

Si vous voulez mener une vie saine, il ne faut pas fumer.

Activité 13 : Des conseils.

Donnez des conseils aux personnes suivantes.

1. Je prends des bains de soleil régulièrement.
2. Je me mets en colère facilement.
3. Je m'endors pendant mon premier cours le matin.
4. Je suis obsédé par le travail. J'ai besoin de réussir à tout prix.
5. J'ai besoin de perdre 10 kilos.
6. Je me soûle *(get drunk)* d'habitude le week-end.
7. J'ai une mauvaise toux, mais je ne peux pas m'empêcher de fumer.

a. Il faut que vous buviez avec modération.

b. Il faut que vous vous arrêtiez de fumer tout de suite.

c. Il est nécessaire que vous vous détendiez plus souvent avec vos amis.

d. Il est essentiel que vous buviez une tasse de café avant votre premier cours.

e. Il est nécessaire que vous mettiez de la crème solaire.

f. Il est essentiel que vous suiviez votre régime.

g. Il vaut mieux que vous comptiez jusqu'à dix avant de répondre.

Activité 14 : C'est embêtant !

On est très exigeant envers vous. Suivez le modèle.

Modèles : Ma mère veut que j'aie de bons résultats dans mes cours.

Mes copains souhaitent que je sorte plus souvent.

mes copains	vouloir	dépenser moins d'argent pour...
ma mère	désirer	lui écrire plus souvent
mon père	souhaiter	être plus ponctuel(le)
mon patron	exiger	rester à la maison
mon/ma meilleur(e) ami(e)	préférer	leur confier mes secrets
mes parents		partir en vacances
		me détendre davantage
		avoir de bons résultats
		sortir plus souvent
		devenir expert(e) à l'ordinateur

Activité 15 : Comme les parents peuvent être casse-pieds !

Est-ce que vos parents vous ont embêté(e) avec leurs ordres quand vous étiez jeune ? Dites combien de fois ils vous ont dit les phrases suivantes : jamais, rarement, souvent, toujours.

Modèles : Mes parents m'ont rarement dit de me couvrir la tête.

Ma mère m'a toujours demandé de me brosser les dents.

1. Couvre-toi la tête !
2. Brosse-toi les dents !
3. Ne mange pas la bouche ouverte !
4. Brosse-toi les cheveux !
5. Couche-toi de bonne heure !
6. Mange des fruits et des légumes !
7. Tiens-toi droit !

Activité 16 : Au secours !

Lisez la lettre et puis répondez aux questions qui suivent.

1. Quel est le problème de la correspondante ?
2. Qu'est-ce qu'elle a essayé de faire pour surmonter son problème ?
3. Qu'est-ce que vous lui conseillez de faire ?

La main tendue

Vous pouvez les aider

Ces lectrices ont un problème et demandent du réconfort. Si vous pensez pouvoir les aider, écrivez-leur par notre intermédiaire. Nous leur ferons parvenir vos lettres.

"Une très grande timidité m'empêche d'être heureuse"

Bientôt, j'aurai 26 ans et je suis d'une timidité telle que cela m'empêche d'être heureuse et d'évoluer normalement dans la vie. Ce handicap me rend parfois agressive et je peux être très méchante. Parce que j'ai l'impression que tout le monde se moque de moi, et je me sens rabaissée. Pourtant, je fais beaucoup d'efforts. J'essaie de sortir, de rencontrer des gens. Je fais du rock acrobatique, de la gym, je vais à la piscine, mes semaines sont bien remplies. Il est rare que je n'aie rien de prévu le samedi.

Mais je manque de conversation, je ne parviens pas à parler devant plusieurs personnes. Mes yeux regardent partout, sauf les gens devant moi, et il m'arrive de bégayer, de rougir. Je suis allée voir des psychologues, ils ne m'ont rien apporté. J'habite avec ma sœur, qui a quatre ans de plus que moi. Cette année, j'avais décidé de prendre un appartement, mais mon père n'a pas voulu. Je ne gagne que le Smic.

J'ai eu un copain avec qui je m'entendais bien. J'avais tout pour être heureuse, mais au fond ça n'allait pas, comme si je n'avais pas droit au bonheur. Il me disait : « Parle, je t'écoute », mais rien à faire... Parfois, je me demande si je n'ai pas peur d'aimer et d'être aimée. Dites-moi si l'on peut guérir de la timidité. Je voudrais pouvoir me dire un jour que la vie est belle et qu'elle ne sera plus un calvaire... Merci à vous. Ça m'a fait du bien de communiquer.

Evelyne
Réf. 509. 02

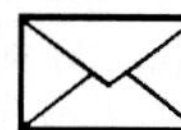

Femme Actuelle

m'empêche : *prevents*
rabaissée : *put down*
begayer : *stutter*
le Smic : *minimum wage*

Lecture

Anticipation

1. Quand vous étiez petit(e) et que vous restiez à la maison avec une maladie, qu'est-ce que vous faisiez pour vous amuser ?
2. Qui restait avec vous ? Est-ce que vous l'embêtiez parfois ? Comment ? (Par exemple, vous ne restiez pas au lit, vous étiez très exigeant(e), vous refusiez de prendre vos médicaments, vous gâchiez l'atmosphère à la maison, vous étiez désobéissant(e), etc.)
3. Est-ce que vous aviez un médecin de famille ? Si oui, comment était-il/elle ? Aviez-vous peur du médecin ? Pourquoi ou pourquoi pas ?

Activité de lecture

Vous avez fait la connaissance du Petit Nicolas au module 10. Dans cette histoire, il raconte encore une expérience vue par un petit enfant. En lisant le texte, soulignez les phrases qui expriment la logique d'un petit enfant.

Je suis malade

Sempé et Goscinny

Je me sentais très bien hier, la preuve, j'ai mangé des tas de caramels, de bonbons, de gâteaux, de frites et de glaces, et, dans la nuit, je me demande pourquoi, comme ça, j'ai été très malade.

Le docteur est venu ce matin. Quand il est entré dans ma chambre, j'ai pleuré, mais plus par habitude que pour autre chose, parce que je le connais bien, le docteur, et il est rudement gentil. Et puis ça me plaît quand il met la tête sur ma poitrine, parce qu'il est tout chauve° et je vois son crâne° qui brille juste sous mon nez et c'est amusant. Le docteur n'est pas resté longtemps, il m'a donné une petite tape sur la joue et il a dit à maman : « Mettez-le à la diète et surtout, qu'il reste couché, qu'il se repose. » Et il est parti.

bald/skull

Maman m'a dit : « Tu as entendu ce qu'a dit le docteur. J'espère que tu vas être très sage et très obéissant. » Moi, j'ai dit à maman qu'elle pouvait être tranquille. C'est vrai, j'aime beaucoup ma maman et je lui obéis toujours. Il vaut mieux, parce que, sinon, ça fait des histoires.

J'ai pris un livre et j'ai commencé à lire, c'était chouette avec des images partout et ça parlait d'un petit ours qui se perdait dans la forêt où il y avait des chasseurs.° Moi j'aime mieux les histoires de cow-boys, mais tante Pulchérie, à tous

hunters

mes anniversaires, me donne des livres pleins de petits ours, de petits lapins,° de petits chats, de toutes sortes de petites bêtes.° Elle doit aimer ça, tante Pulchérie.

rabbits/animals

J'étais en train de lire, là où le méchant loup allait manger le petit ours, quand maman est entrée suivie d'Alceste. Alceste c'est mon copain, celui qui est très gros et qui mange tout le temps. « Regarde, Nicolas, m'a dit maman, ton petit ami Alceste est venu te rendre visite, n'est-ce pas gentil ? — Bonjour, Alceste, j'ai dit, c'est chouette d'être venu. » Maman a commencé à me dire qu'il ne fallait pas dire « chouette » tout le temps, quand elle a vu la boîte qu'Alceste avait sous le bras. « Que portes-tu là, Alceste ? » elle a demandé. « Des chocolats », a répondu Alceste. Maman, alors, a dit à Alceste qu'il était très gentil, mais qu'elle ne voulait pas qu'il me donne les chocolats, parce que j'étais à la diète. Alceste a dit à maman qu'il ne pensait pas me donner les chocolats, qu'il les avait apportés pour les manger lui-même et que si je voulais des chocolats, je n'avais qu'à aller m'en acheter, non mais sans blague.° Maman a regardé Alceste, un peu étonnée, elle a soupiré° et puis elle est sortie en nous disant d'être sages. Alceste s'est assis à côté de mon lit et il me regardait sans rien dire, en mangeant ses chocolats. Ça me faisait drôlement envie. « Alceste, j'ai dit, tu m'en donnes de tes chocolats ? — T'es pas malade ? » m'a répondu Alceste. « Alceste, t'es pas chouette », je lui ai dit. Alceste m'a dit qu'il ne fallait pas dire « chouette » et il s'est mis deux chocolats dans la bouche, alors on s'est battus.°

no kidding
sighed
fought

Maman est arrivée en courant et elle n'était pas contente. Elle a dit à Alceste de partir. Moi, ça m'embêtait de voir partir Alceste, on s'amusait bien, tous les deux, mais j'ai compris qu'il valait mieux ne pas discuter avec maman, elle n'avait vraiment pas l'air de rigoler. Alceste m'a serré la main° il m'a dit à bientôt et il est parti. Je l'aime bien, Alceste, c'est un copain.

shook hands

Maman, quand elle a regardé mon lit, elle s'est mise à crier. Il faut dire qu'en nous battant, Alceste et moi, on a écrasé° quelques chocolats sur les draps, il y en avait aussi sur mon pyjama et dans mes cheveux. Maman m'a dit que j'étais insupportable et elle a changé les draps, elle m'a emmené à la salle de bains, où elle m'a frotté° avec une éponge et de l'eau de Cologne et elle m'a mis un pyjama propre, le bleu à rayures. Après, maman m'a couché et elle m'a dit de ne plus la déranger. Je suis resté seul et je me suis remis à mon livre et j'avais de plus en plus faim. J'ai pensé à appeler maman, mais je n'ai pas voulu me faire gronder,° elle m'avait dit de ne pas la déranger, alors je me suis levé pour aller voir s'il n'y aurait pas quelque chose de bon dans la glacière.°

crushed
rubbed
get into trouble
icebox

Il y avait des tas de bonnes choses dans la glacière. On mange très bien à la maison. J'ai pris dans mes bras une cuisse de poulet, c'est bon froid, du gâteau à la crème et une bouteille de lait. « Nicolas ! » j'ai entendu crier derrière moi. J'ai eu très peur et j'ai tout lâché. C'était maman qui était entrée dans la cuisine et qui ne s'attendait sans doute pas à me trouver là. J'ai pleuré à tout hasard, parce que maman avait l'air fâchée comme tout. Alors, maman n'a rien dit, elle m'a emmené dans la salle de bains, elle m'a frotté avec l'éponge et l'eau de Cologne et elle m'a changé de pyjama, parce que, sur celui que je portais, le lait et le gâteau à la crème avaient fait des éclaboussures.° Maman m'a mis le pyjama rouge à carreaux et elle m'a envoyé coucher en vitesse, parce qu'il fallait qu'elle nettoie la cuisine.

stains

De retour dans mon lit, je n'ai pas voulu reprendre le livre avec le petit ours que tout le monde voulait manger. J'en avais assez de cette espèce d'ours qui me faisait faire des bêtises. Mais il ne m'amusait pas de rester comme ça, sans rien faire, alors j'ai décidé de dessiner. Je suis allé chercher tout ce qu'il me fallait dans le bureau de papa. Je n'ai pas voulu prendre les belles feuilles de papier blanc avec le nom de papa écrit en lettres brillantes dans le coin, parce que je me serais fait gronder, j'ai préféré prendre des papiers où il y avait des choses écrites d'un côté et qui ne servaient sûrement plus. J'ai pris aussi le vieux stylo de papa, celui qui ne risque plus rien.

Vite, vite, vite, je suis rentré dans ma chambre et je me suis couché. J'ai commencé à dessiner des trucs formidables : des bateaux de guerre que se battaient à coups de canon° contre des avions qui explosaient dans le ciel, des châteaux forts avec des tas de monde qui attaquaient et des tas de monde qui leur jetaient des choses sur la tête pour les empêcher d'attaquer. Comme je ne faisais pas de bruit depuis un moment, maman est venue voir ce qui se passait. Elle s'est mise à crier de nouveau. Il faut dire que le stylo de papa perd un peu d'encre, c'est pour ça d'ailleurs que papa ne s'en sert plus. C'est très pratique pour dessiner les explosions, mais je me suis mis de l'encre partout et aussi sur les draps et le couvre-lit.° Maman était fâchée et ça ne lui a pas plu les papiers sur lesquels je dessinais, parce qu'il paraît que ce qui était écrit de l'autre côté du dessin, c'était des choses importantes pour papa.

cannon shots

bedspread

Maman m'a fait lever, elle a changé les draps du lit, elle m'a emmené dans la salle de bains, elle m'a frotté avec une pierre ponce, l'éponge et ce qui restait au fond de la bouteille d'eau de Cologne et elle m'a mis une vieille chemise de papa à la place de mon pyjama, parce que, de pyjama propre, je n'en avais plus.

Le soir, le docteur est venu mettre sa tête sur ma poitrine, je lui ai tiré° la langue, il m'a donné une petite tape sur la joue et il m'a dit que j'étais guéri et que je pouvais me lever.

stuck out

Mais on n'a vraiment pas de chance avec les maladies, à la maison, aujourd'hui. Le docteur a trouvé que maman avait mauvaise mine et il lui a dit de se coucher et de se mettre à la diète.

Expansion de vocabulaire

Utilisez le contexte pour interpréter les mots suivants. Les expressions marquées par un astérisque sont surtout utilisées par des enfants ou dans la langue parlée.

1. J'ai mangé **des tas de*** caramels, de bonbons, de gâteaux, de frites...

   a. un peu de b. beaucoup de c. quelques d. assez de

2. Je le connais bien le docteur, et il est **rudement*** gentil.

   a. vulgaire b. probablement c. jamais d. très

3. Ça me plaît quand il met la tête sur ma poitrine, parce qu'il est **tout** chauve.

   a. complètement b. un peu c. très d. toujours

4. Il a dit à maman : « Mettez-le **à la diète*** et surtout, qu'il reste couché... »

   a. au lit b. à la maison c. au régime d. à l'hôpital

5. J'ai pris un livre et j'ai commencé à lire, c'était **chouette*** avec des images partout...

   a. stupide b. amusant c. triste d. difficile

6. Maman, **elle n'avait pas l'air de rigoler.***

   a. elle était contente c. elle toussait

   b. elle était malade d. elle n'était pas contente

7. Après maman m'a couché et elle m'a dit de ne plus la **déranger.***

   a. troubler b. parler c. pleurer d. battre

8. J'en avais assez de cette espèce d'ours qui me faisait **faire des bêtises.***

   a. dessiner des animaux c. rigoler

   b. manger d. faire quelque chose de stupide

Compréhension et intégration

Répondez aux questions suivantes.

1. Pourquoi Nicolas est-il tombé malade ?
2. Quelles sortes de livres préfère-t-il ?
3. Est-ce qu'Alceste est très poli ? Expliquez.
4. Quand Alceste est parti, qu'est-ce que maman a trouvé sur les draps de Nicolas ?
5. Pourquoi Nicolas a-t-il eu peur quand sa mère a crié « Nicolas ! » ?

6. Qu'est-ce que Nicolas a pris du bureau de son père ? Pourquoi le stylo était-il très pratique pour dessiner des explosions ?

7. Pourquoi maman a-t-elle mauvaise mine à la fin de l'histoire ?

Maintenant à vous

1. (Un débat en équipe). En équipes de quatre à cinq étudiants, préparez quatre arguments pour débattre *(debate)* l'assertion suivante : **Nicolas est vraiment innocent, il ne comprend pas ce qu'il fait.**

2. (Jeu de rôle entre deux personnes : Papa et Maman). Papa rentre du travail. Il demande à sa femme pourquoi elle a mauvaise mine. Elle lui raconte les ennuis de sa journée et il lui pose des questions.

Un pas en avant

À jouer ou à discuter

1. (Discussion en groupes). Les Français sont connus pour leur capacité à transformer la vie en art. Beaucoup de Français pensent qu'il est important de prendre le temps de se réjouir des petits moments intimes de la vie : un long repas partagé en famille, une conversation entre amis, une promenade dans la nature, un après-midi passé à la terrasse d'un café. Est-ce que vous aimez le rythme rapide de la vie américaine ? Aimeriez-vous ralentir *(slow down)* et goûter les petits plaisirs de la vie ? Qu'est-ce que vous faites pour vous détendre ou pour mener une vie moins stressante ?

Mots utiles : **fainéanter** (*to be lazy*), **se détendre, un manque de temps, le rythme de la vie, prendre le temps de... , vivre à son rythme**

2. Depuis quelques jours vous avez un problème qui vous inquiète. Vous êtes silencieux(euse) et vous avez l'air déprimé(e). Votre ami(e) veut savoir ce que vous avez, pourquoi vous êtes si silencieux(euse) et solitaire. D'abord vous lui dites qu'il n'y a rien, mais finalement, votre ami(e) vous convainc de lui faire confiance. Il/elle essaiera de vous conseiller.

À écrire

Les étapes présentées ici vous mèneront à écrire un essai sur le mouvement anti-tabac aux États-Unis.

Introduction : Aux États-Unis, on passe de plus en plus de lois *(laws)* anti-tabac. On ne peut plus fumer pendant les vols intérieurs, dans les bureaux de travail ou dans les stades et salles de sport. Dans certaines grandes villes, on passe même des lois qui interdisent les cigarettes dans les bars.

Première étape

Discutez les questions suivantes en petits groupes ou avec toute la classe.

Vocabulaire utile : section fumeur/non-fumeur, la fumée, respirer, le cancer des poumons *(lung cancer),* qui crée une accoutumance *(habit),* la liberté, l'industrie du tabac, une drogue, les droits des autres *(the rights of others)*

1. Quel était l'attrait des cigarettes quand elles étaient très populaires ?
2. Pourquoi a-t-on changé d'attitude à propos de cette habitude ?
3. Quelle est la situation actuelle pour les fumeurs ?
4. Que pensez-vous de la campagne anti-tabac : est-ce qu'on a tout à fait raison de passer des lois strictes contre les fumeurs, d'augmenter les impôts sur les cigarettes, etc., ou est-ce qu'on va trop loin en réduisant les libertés individuelles ?

Deuxième étape

Utilisez les questions posées ci-dessus comme guide de votre composition. Structures utiles : Pour donner votre opinion, utilisez *à mon avis, je crois que, il est nécessaire que, il faut,* etc. Pour exprimer deux points de vue utilisez *d'un côté... de l'autre.*

Modèle :

D'un côté on ne veut pas contrôler les habitudes des autres, mais de l'autre il n'est pas juste que les non-fumeurs doivent respirer de la fumée.

Structures

Structure 13.1 Expressions idiomatiques avec *avoir* (récapitulation)

The verb **avoir** is used in many idiomatic expressions describing physical states and emotions. You are already familiar with several of them.

avoir cinq ans; *to be five years old*

avoir besoin de; *to need*

avoir faim; *to be hungry*

avoir soif; *to be thirsty*

Here are some additional expressions with **avoir.**

avoir sommeil; *to be sleepy*	Elle va se coucher. Elle a sommeil.
avoir peur de; *to be afraid of*	Il a peur de voyager seul.
avoir honte de; *to be ashamed of*	Il a honte de ses actions.
avoir raison; *to be right*	Ma mère dit qu'elle a toujours raison.
avoir tort; *to be wrong*	Tu as tort de ne pas dire la vérité.
avoir mal à; *to have an ache in*	J'ai mal à la tête.
avoir du mal à; *to have difficulty*	Nous avons du mal à parler français.
avoir envie de; *to want to or feel like*	J'ai envie d'aller en Europe.
avoir l'occasion de; *to have the opportunity to*	Il a l'occasion d'aller à Paris.
avoir de la patience; *to be patient*	L'institutrice doit avoir de la patience.
avoir de la chance; *to be lucky*	Marie a gagné à la loterie; elle a de la chance !
avoir lieu; *to take place*	Le concert a lieu à l'église St. Paul.
avoir froid; *to be cold*	J'ai toujours froid en hiver.
avoir chaud; *to be hot*	Tu n'as pas chaud dans ce manteau ?

Avoir l'air is used to describe how people and things appear. The adjective can agree either with the subject or **air** (masculine). Use **avoir l'air de** with an infinitive.

Elle a l'air heureuse. Elle a l'air heureux.	*She looks happy.*
Il a l'air de pleurer.	*He looks like he's crying.*

Exercice 1.

Décrivez les sentiments des personnes suivantes en remplissant les vides par une expression avec *avoir.*

Modèle : Kavimbi pense que New York est la capitale des États-Unis, mais il a tort.

1. L'enfant ______________, mais il refuse de dormir.
2. Elle prend de l'aspirine quand elle ______________ à la tête.
3. Qu'est-ce que tu as ? Tu ______________ malade !
4. Je n'aimerais pas être avocate; j(e) ______________ à être aggressive.
5. Où est-ce que l'examen ______________? Je ne veux pas arriver en retard.
6. Julie ______________ d'aller en France avec sa meilleure amie.
7. Mustafa, qui ne boit pas d'alcool, n'a pas ______________ d'aller au bar.
8. Lucille ______________ des grands animaux.
9. Il faut ______________ pour gagner à la loterie.
10. Camille ______________ de montrer ses mauvaises notes à ses parents.
11. Vous travaillez bien avec les enfants parce que vous ______________.
12. Je pensais que tu étais sincère mais j'avais ______________!

Exercice 2.

Vous observez les gens dans le parc avec un copain. Suivez le modèle.

Modèle : Cet homme / nerveux

Cet homme a l'air nerveux.

1. Ces femmes / très jeune
2. Ces garçons / bien s'amuser
3. Cet homme / attendre quelqu'un
4. La mère sur le banc / très ennuyé
5. La petite blonde / malheureux
6. L'homme au chapeau / chercher quelque chose

Structure 13.2 L'emploi de *depuis*

French does not have a special verb tense to describe actions that began in the past and are still in effect; it relies on the preposition **depuis** combined with the present tense to express this concept. Compare the following French and English sentences.

Merrick **est** au lit **depuis** deux jours.	*Merrick **has been** in bed **for** two days.*
Jean **est** au travail **depuis** ce matin.	*Jean **has been** at work **since** this morning.*

This contrast is a frequent source of errors for both French and English speakers as illustrated by a typical French speaker's error : "I am studying English for two years."

Depuis combien de temps/depuis quand

Depuis quand *(since when)* is used to find out when a condition or activity began; **depuis combien de temps** *(for how long)* is used to inquire about the length of its duration.

Depuis combien de temps sont-ils ensemble ?	*How long have they been together?*
— Ils sont ensemble depuis deux mois.	*— They have been together for two months.*
Depuis quand est-il malade ?	*How long has he been sick?*
— Il est malade depuis hier.	*— He's been sick since yesterday.*

Depuis que is followed by a clause containing a subject and a verb.

Georges est absent **depuis** qu'il est tombé malade.	*George **has been absent** since he got sick.*
Il te **regarde depuis** que tu es arrivé.	*He **has been watching** you since you arrived.*

In negative sentences, use the **passé composé** with **depuis.**

Je **n'ai pas vu** Jules **depuis** longtemps.	*I haven't seen Jules for a long time.*
Il **n'a pas plu depuis** cinq mois.	*It hasn't rained for five months.*

Exercice 3.

Un psychiatre décrit les problèmes de ses patients. Utilisez *depuis* et le temps du verbe approprié en suivant les modèles.

Modèles : Monsieur Hamed (parler au mur / cinq mois)

Monsieur Hamed parle au mur depuis cinq mois.

Raoul (refuser de manger / il a perdu sa sœur)

Raoul refuse de manger depuis qu'il a perdu sa sœur.

Serge (ne pas manger / hier)

Serge n'a pas mangé depuis hier.

1. Anne (avoir de terribles migraines / l'âge de 10 ans)
2. Simone (répéter la même phrase / dix ans)
3. Agnès (avoir peur de l'eau / son accident de bateau)
4. Sophie (avoir horreur des hôpitaux / son enfance)
5. Monsieur Monneau (avoir peur de monter dans un avion / son parachute ne s'est pas ouvert)
6. Jeanne (faire une dépression / son chien est mort)
7. Madame Leclerc (ne pas conduire / son accident il y a cinq ans)
8. Guy (ne pas parler / ses parents ont divorcé)

Structure 13.3 Le pronom relatif *dont*

As you recall, the relative pronouns **qui, que,** and **où** link clauses into a single sentence by referring to a word already mentioned. The relative pronoun **qui** refers to a subject, **que** refers to an object, and **où** to a place or time. **Dont** is another relative pronoun that refers to an object preceded by the preposition **de** as in **avoir besoin de, se souvenir de, avoir peur de.**

Le livre **dont** j'ai besoin est à la bibliothèque.	*The book I need is at the library.*
Ce n'est pas le chien **dont** j'ai peur.	*It's not the dog I'm afraid of.*
Est-ce l'homme **dont** tu m'as parlé ?	*Is this the man you talked to me about?*

Exercice 4.

Alex a l'habitude de se répéter. Combinez ses phrases en utilisant *dont*.

Modèle : As-tu retrouvé le stylo ? J'ai besoin de ce stylo.

As-tu trouvé le stylo dont j'ai besoin ?

1. Ma mère va m'acheter le médicament. J'ai besoin de ce médicament.
2. Regardons ce film. Tout le monde parle de ce film.
3. Je te remercie de tes conseils. J'ai profité de tes conseils.
4. Sais-tu où je peux trouver le livre ? J'ai envie de ce livre.
5. On parle de cet accident de voiture. Tout le monde se souvient de cet accident.
6. Je veux oublier cette note. J'ai honte de cette note.

Exercice 5.

Thierry écrit à un copain. Complétez la lettre avec les pronoms *qui, que, où* et *dont.*

J'habite cette année dans un petit appartement pas cher (1) ______________ se trouve dans le quartier universitaire. Il est près de la résidence (2) ______________ tu m'as rendu visite l'année dernière. Mon camarade de chambre, Hector, (3) ______________ je t'ai déjà parlé, est un peu difficile. C'est lui (4) ______________ aime écouter de la musique très fort toute la nuit. Il a aussi un gros chien, Rex, (5) ______________ aboit *(barks)* tout le temps et (6) ______________ tous les enfants du bâtiment ont peur. Mais Hector a des qualités aussi. Il fait, par exemple, des repas (7) ______________ tout le monde aime bien. C'est un vrai excentrique (8) ______________ je me souviendrai longtemps. Tu vois alors ? C'est une situation (9) ______________ je peux supporter *(bear)* au moins cette année. La dernière lettre (10) ______________ tu m'as envoyée est arrivée en trois jours. Pas mal !

Structure 13.4 Le subjonctif (introduction)

French uses several structures for giving advice and expressing obligation. You have already seen the impersonal expression **il faut** combined with an infinitive used for this purpose.

Monique, **il faut faire** tes devoirs avant de sortir.	*Monica, you have to do your homework before going out.*

French commonly uses a special verb form called the subjunctive for expressing *obligation* and *giving strong advice*. The subjunctive mood is required in clauses following **il faut que.**

Monique, **il faut que** tu **fasses** tes devoirs avant de sortir.

Il faut que Jean **finisse** l'examen.

The subjunctive is also used following other expressions of *obligation and necessity* shown here.

Il est essentiel que	*It's essential that*
Il est nécessaire que	*It's necessary that*
Il est important que	*It's important that*
Il vaut mieux que	*It's preferable/better that*
Je préfère que	*I prefer that*
Je veux que	*I want*
Je souhaite que	*I wish that*

Notre professeur veut que nous **parlions** français en classe.	*Our professor wants us to speak French in class.*

Il est important que vous **répondiez** à la question.	*It's important that you answer the question.*
Il est essentiel que vous **fassiez** attention.	*It's essential that you pay attention.*
Il vaut mieux que tu **prennes** tes médicaments.	*It's better that you take your medicine.*

Regular subjunctive forms

To form the subjunctive of most verbs, start with the third person plural verb stem **(ils, elles)** of the present indicative tense and add the endings: **-e, -es, -e, -ions, -iez, -ent** as shown in the chart here.

Third person plural	subjunctive stem	subjunctive
vendent	vend-	que je vende
disent	dis-	que tu dises
finissent	finiss-	que vous finissiez
sortent	sort-	que nous sortions
étudient	étudi-	que nous étudiions

Irregular subjunctive forms

The verbs **être** and **avoir** have irregular stems and endings.

être		avoir	
que je sois	que nous soyons	que j'aie	que nous ayons
que tu sois	que vous soyez	que tu aies	que vous ayez
qu'il soit	qu'ils soient	qu'il ait	qu'ils aient

Several verbs have a second subjunctive stem for the **nous** and **vous** forms derived from the **nous** and **vous** form of the present indicative.

boire		prendre		venir	
boive	buvions	prenne	prenions	vienne	venions
boives	buviez	prennes	preniez	viennes	veniez
boive	boivent	prenne	prennent	vienne	viennent

Other verbs that follow this pattern are **croire, devoir,** and **voir.**

The following five verbs have an irregular subjunctive stem. Note that **aller** and **vouloir** have a different stem in the **nous** and **vous** forms.

pouvoir	savoir	faire
puisse	sache	fasse
puisses	saches	fasses
puisse	sache	fasse
puissions	sachions	fassions
puissiez	sachiez	fassiez
puissent	sachent	fassent

aller	vouloir
aille	veuille
ailles	veuilles
aille	veuille
allions	voulions
alliez	vouliez
aillent	veuillent

Pronunciation

Pronunciation of regular **-er** verbs in the subjunctive and the present indicative is the same for **je, tu, il/elle/on,** and **ils/elles. Nous** and **vous** forms of regular verbs sound the same as the **imparfait.**

Avoiding the subjunctive

It is possible to avoid the subjunctive when giving advice by using an indirect object + verb + **de +** *infinitive* as shown here.

Je **vous conseille de travailler** plus dur. — *I advise you to work harder.*

Mon médecin **me conseille de faire** de l'aérobic. — *My doctor advises me to do aerobics.*

Son professeur **lui a dit de parler** plus en classe. — *His professor told him to speak more in class.*

Ma mère **me suggère de me lever** plus tôt. — *My mother suggests that I get up earlier.*

For negative sentences, use the negative infinitive:

verb + de ne pas + infinitve

Mon entraîneur **me recommande de ne pas fumer.** — *My coach tells me not to smoke.*

Exercice 6.

Vos amis vous demandent conseil. Répondez en commençant par *Il faut que tu (vous).*

Expressions utiles : **se détendre sur une île déserte / faire de la musculation / mettre de la crème solaire pour protéger la peau / faire un régime et brûler des calories avec de l'exercice chaque jour / se laver le visage régulièrement avec du savon hygiénique / se brosser les dents après chaque repas / dormir davantage**

1. Je ne veux pas attraper de coup de soleil *(sunburn).*
2. Nous voulons maigrir.
3. Je manque d'énergie.
4. Je veux me développer les muscles.
5. Nous avons beaucoup de stress.
6. J'ai des caries.
7. Je veux avoir une belle peau.

Exercice 7.

On exige beaucoup de vous. Choisissez parmi les verbes suivants pour compléter les phrases : *répondre, écrire, avoir, inviter, faire, suivre, aller, finir.*

1. Ma mère veut que je lui ______________ une fois par semaine.
2. Le patron veut que vous ______________ le projet avant la fin du mois.
3. Mon copain souhaite que nous ______________ le même cours d'anglais.
4. Tes parents insistent que tu ______________ de bonnes notes.
5. Le professeur exige que les étudiants ______________ en classe.
6. Ma mère veut que j(e) ______________ avec elle chez mes grands-parents.
7. Mon camarade de chambre veut que nous ______________ des amis chez nous ce week-end.
8. Le médecin conseille que nous ______________ de l'exercice régulièrement.

Exercice 8.

Complétez les phrases suivantes avec le subjonctif.

Le médecin ordonne...

1. que je me ______________ au régime.
2. que nous ______________ six verres d'eau par jour.
3. que vous ______________ de la vitamine C tous les jours.

4. que la patiente ______________ de l'aérobic.
5. que vous ______________ de la patience.
6. que vous ______________ un chapeau au soleil.

Exercice 9.

Savez-vous éviter le subjonctif ? Transformez les phrases suivantes selon les modèles.

Modèles : Le médecin veut qu'il prenne des vitamines.

Elle lui conseille de prendre des vitamines.

Le dentiste veut que je me brosse les dents régulièrement.

Il me dit de me brosser les dents régulièrement.

1. Mes parents voudraient que je dépense moins d'argent.
2. Mon père veut que je conduise plus lentement.
3. Votre professeur aimerait que vous étudiiez davantage.
4. Notre tante voudrait que nous lui rendions visite plus souvent.
5. Leurs amis aimeraient qu'ils soient moins sérieux.
6. Ma petite amie veut que je perde des kilos.
7. Ton moniteur aimerait que tu fasses de la musculation.
8. Notre camarade de chambre veut que nous fassions moins de bruit.

Vocabulaire

Vocabulaire fondamental

Noms

Les parties du corps *parts of the body*

la bouche *mouth*
le bras *arm*
le cœur *heart*
le cou *neck*
le doigt *finger*
le dos *back*
l'épaule *(f)* *shoulder*
l'estomac *(m)*, le ventre *stomach*
le genou *knee*
la gorge *throat*
la jambe *leg*
la joue *cheek*
la langue *tongue*
les lèvres *(f)* *lips*
le muscle *muscle*
le nez *nose*
le pied *foot*
la tête *head*
le visage *face*
les yeux *(m)* *eyes*

Les blessures, les maladies et les remèdes

l'assurance médicale *medical insurance*
une blessure *injury*
le bonheur *happiness*
un conseil *advice*
une fièvre *fever*
la grippe *flu*
un médicament *medicine*
un mouchoir *handkerchief*
une ordonnance *prescription*
un remède *cure*
un rhume *cold*
le sang *blood*
la santé *health*

Mots apparentés : une aspirine, une opération, un symptôme, une vitamine

Verbes

blesser *to hurt, injure*
se casser (la jambe) *to break (a leg)*
se détendre *to relax*
exiger *to demand*
guérir *to heal*
pleurer *to cry*
se sentir *to feel*
soigner *to take care of, nurse*
souffrir *to suffer*
souhaiter *to wish*
tousser *to cough*

Adjectifs

bouché(e) *stopped up*
déprimé(e) *depressed*
élevé(e) *high*
enceinte *pregnant*
enrhumé(e) *congested*
grave *serious*
malade *sick*
sain(e) *healthy (food, habits)*

Expressions avec *avoir*

avoir chaud *to be hot*
avoir de la chance *to be lucky*
avoir de la patience *to be patient*
avoir du mal à *to have difficulty*
avoir envie de *to desire, feel like*
avoir froid *to be cold*
avoir honte *to be ashamed*
avoir l'air *to seem, look*
avoir le cafard *to be down in the dumps*
avoir lieu *to take place*
avoir l'occasion *to have the opportunity*
avoir peur de *to be afraid*
avoir raison *to be right*
avoir sommeil *to be sleepy*
avoir tort *to be wrong*

Mots divers

davantage *more*
depuis *for, since*

Expressions utiles

Comment parler au médecin

(See other expressions on page 405)

Je suis bien dans ma peau. *I feel comfortable with myself.*
Je ne me sens pas bien du tout. *I really don't feel well.*
Elle s'est cassé la jambe. *She broke her leg.*
Il est en pleine forme. *He's in top shape.*
Il est de très mauvaise/bonne humeur. *He's in a very bad/good mood.*
Qu'est-ce qui ne va pas ? *What's wrong?*
Tu as mauvaise mine. *You look sick.*

Vocabulaire supplémentaire

un accouchement *delivery (of a baby)*
une allergie *allergy*
les béquilles *(f)* *crutches*
un bleu *bruise*
un cancer *cancer*
une carie *cavity*
la cheville *ankle*
une cicatrice *scar*
le cil *eyelash*
le coude *elbow*
enflé(e) *swollen*
le foie *liver*
un frisson *shiver, chill*
le front *forehead*
une grossesse *pregnancy*
la hanche *hip*
le menton *chin*
l'ongle *(m)* *fingernail*
l'orteil *(m)* *toe*
un pansement *bandage*
un physique *physical appearance*
une pilule *pill*
une piqûre *shot*
un plâtre *cast*
le poignet *wrist*
une radio(graphie) *X-ray*

Vocabulaire

le service des urgences *emergency room*
le sourcil *eyebrow*
une suture *stitch*
un symptôme *symptom*
un tranquillisant *tranquilizer*

Verbes

s'agenouiller *to kneel*
avaler *to swallow*
avoir le nez qui coule *to have a runny nose*
brûler *to burn*
caresser *to caress*
déconseiller *to advise against*
éternuer *to sneeze*
s'évanouir *to faint*
faire de la musculation *to lift weights*
se faire masser *to get a massage*
se fouler la cheville *to twist one's ankle*
gesticuler *to gesture*
mâcher *to chew*
se moucher *to wipe one's nose*
paraître *to seem*
se passer de *to do without*
râler *to complain*
respirer *to breathe*

Module 14
La vie sentimentale

Thèmes et pratiques de conversation

L'amour et l'amitié
Les valeurs
Comment dire qu'on est d'accord ou qu'on n'est pas d'accord
Comment exprimer ses sentiments
Que feriez-vous si... ?

Culture

Le couple en transition

Lecture

« L'affaire du collier » extrait des *Femmes du Prophète* de Magali Morsi

Structures

14.1 Les verbes pronominaux (suite)
14.2 Les pronoms démonstratifs: **celui, celle(s), ceux**
14.3 Le subjonctif (suite)
14.4 Le conditionnel

Thèmes et pratiques de conversation

L'amour et l'amitié

Structure 14.1 Les verbes pronominaux (suite)

You have already learned to use pronominal verbs reflexively. In this **thème** you will be exposed to a large number of pronominal verbs used reciprocally and idiomatically to talk about how people relate to each other. For further discussion of these verbs, see page 449.

« Le baiser à l'Hôtel de ville » de Doisneau

Un feuilleton d'amour en trois épisodes

Une rencontre amoureuse

Emmanuelle, coiffeuse de Poitiers, en vacances à Saint-Tropez, se bronze sur la plage lorsqu'elle aperçoit un jeune homme brun qui est venu s'asseoir près d'elle. Ils se regardent discrètement, mais ils ne se parlent pas. « Vous allez attraper un coup de soleil », lui dit-il finalement. Elle se méfie de lui *(is wary of him),* mais ne peut pas s'empêcher de regarder dans ses yeux verts fixés sur elle. C'est le coup de foudre ! Ils se parlent, ils s'embrassent. Le jeune homme, Alain, lui propose une promenade à Saint-Raphaël. Elle ne refuse pas. Restaurant, boîte de nuit, et trois jours plus tard, il lui offre une bague de fiançailles et ils se fiancent. Trois mois plus tard ils achètent des alliances et ils se marient.

La vie conjugale

Après un mariage traditionnel suivi d'une nuit de noces et d'une lune de miel splendides passées en Grèce, les nouveaux époux s'installent dans un appartement à Paris. Au début tout va bien pour le jeune ménage; ils s'aiment. Alain se dépêche après son travail pour retrouver sa femme; ils rentrent ensemble. Mais au bout de quelques mois, ils se voient de moins en moins. Elle s'ennuie à la maison le soir pendant qu'il retrouve ses vieux amis au bar. Les amoureux se disputent toujours. Ils ne s'entendent plus. Elle se demande si son mari la trompe avec une autre femme.

La rupture

Une nuit Alain ne rentre pas. Le lendemain, Emmanuelle n'est plus là. Il se rend compte qu'elle l'a quitté. Elle lui dit qu'elle veut se séparer de lui, divorcer. Mais il ne veut pas rompre avec elle; il l'aime toujours et décide de lui faire la cour comme avant...

Activité 1 : Avez-vous compris ?

Une rencontre amoureuse

1. Où Emmanuelle et Alain se rencontrent-ils ?
2. Comment se regardent-ils ? Pourquoi ?
3. Qui parle le premier ?
4. Pourquoi se méfie-t-elle de lui ? A-t-elle raison ?
5. Où sortent-ils ensemble ?
6. Quand se fiancent-ils et se marient-ils ?

La vie conjugale

1. Où passent-ils leur lune de miel ?
2. Est-ce qu'ils se voient souvent pendant les premiers mois de leur mariage ? Expliquez.
3. Pourquoi Emmanuelle est-elle déçue ?
4. Qu'est-ce qu'elle se demande ?

La rupture

1. Pourquoi Emmanuelle quitte-t-elle son mari ? A-t-elle raison ?
2. Est-il content de la rupture ?
3. Qu'est-ce qu'il pense faire pour regagner sa femme ?

Activité 2 : Terminez le feuilleton.

Travaillez en groupes pour terminer cette histoire. Écrivez un bon paragraphe au présent.

Quelques suggestions : Ils se réconcilient; ils divorcent; ils partent en voyage à Venise; elle rentre chez sa mère; ils ont un enfant; il lui offre un diamant; elle part pour les États-Unis; elle reprend ses études et devient femme d'affaires; leur vie est remplie d'un bonheur infini *(They lived happily ever after).*

Avant de décider ou non d'officialiser leur union, beaucoup de jeunes préfèrent tester les avantages et les inconvénients de la vie à deux dans l'union libre ou un « mariage à l'essai ».

Francoscopie, 1995

Activité 3 : Trouvez l'intrus.

Encerclez le mot qui ne correspond pas au mot clé.

1. divorcer
   a. s'entendre c. se battre e. rompre
   b. se disputer d. se séparer
2. se rencontrer
   a. se connaître c. faire la cour
   b. se demander d. faire connaissance
3. s'entendre bien
   a. se disputer c. se voir
   b. s'aimer d. se comprendre
4. se marier
   a. une cérémonie religieuse c. se méfier de e. la lune de miel
   b. s'installer ensemble d. acheter une alliance
5. se rendre compte
   a. s'apercevoir c. saisir
   b. comprendre d. ignorer

Activité 4 : Les grands classiques.

Résumez ces films ou pièces classiques en mettant les phrases dans l'ordre correct.

Dans le film *Casablanca...*

1. ils se séparent finalement sur un terrain d'aviation.
2. ils se retrouvent à Casablanca.
3. ils se quittent la première fois sur le quai d'une gare.
4. Bogart et Bergman se rencontrent à Paris.

Dans le film *Autant en emporte le vent (Gone with the Wind)...*

1. ils s'installent dans une grande maison somptueuse.
2. Rhett Butler et Scarlett O'Hara se rencontrent pendant un bal juste avant la guerre civile.
3. ils se séparent à la fin, mais pour toujours ?
4. ils se retrouvent à Atlanta pendant la guerre civile.
5. ils se marient.

Dans la pièce *Roméo et Juliette...*

1. Juliette se tue *(kills herself)* en voyant Roméo mort.
2. ils tombent amoureux tout de suite.
3. les deux amoureux se marient en secret.
4. leurs familles se disputent; donc, elles refusent le mariage.
5. Juliette prend du poison pour faire semblant *(pretend)* de mourir.
6. Roméo et Juliette se rencontrent à un bal.
7. en voyant Juliette qu'il croit morte, Roméo se suicide.

Le couple en transition

La révolution culturelle des années 70 a beaucoup changé la vie de couple en France. D'abord, le bouleversement° des anciens tabous et la disponibilité de la pilule a abouti à° l'euphorie de l'amour physique et de la sexualité. Mais avec les années 90, on observe un retour aux qualités affectives de l'amour : la tendresse, la séduction, le romantisme et la fidélité. Ce n'est pas, cependant, un retour aux mœurs° des années 50 car la femme d'aujourd'hui joue un rôle égalitaire. Voici quelques changements :

overthrow
resulted in
social customs

- La femme des années 90 est confiante d'avoir les mêmes capacités que celles de l'homme.
- Elle ne se contente plus de rester chez elle. La femme au travail remplace l'ancienne norme de la femme au foyer. Son activité professionelle est aussi importante que celle de son partenaire.
- Avec une femme qui travaille, les hommes aident davantage aux tâches domestiques. Faire la cuisine, laver la vaisselle et faire les courses sont des travaux moins féminisés qu'auparavant.
- Le Français d'aujourd'hui se marie plus tard que celui d'il y a vingt ans. La période traditionnelle de fiançailles se remplace de plus en plus souvent par un mariage à l'essai où le couple peut tester la vie à deux.
- Les couples se contentent de vivre ensemble sans se marier. Pour certains couples l'union libre est devenue un choix de vie sans les contraintes des papiers officiels.

Pour les rencontres, cependant, la tradition dure. Ceux qui viennent de la même classe sociale se marient. Le prince se marie rarement avec la bergère.°

shepherdess

Avez-vous compris ?

Répondez vrai ou faux et corrigez les réponses fausses.

1. Pour le couple des années 90, la fidélité est une valeur démodée.
2. Les Françaises d'aujourd'hui aiment mieux rester au foyer que celles d'autrefois.
3. Le couple moderne doit partager plus de travaux ménagers que celui d'autrefois.
4. Les Français d'aujourd'hui se marient plus tard qu'auparavant.
5. Les adolescents français d'aujourd'hui sont moins romantiques que ceux d'il y a dix ans.
6. On se marie très souvent avec celui/celle qui vient du même milieu social.

Les valeurs

Structure 14.2 Les pronoms démonstratifs : *celui, celle(s), ceux*	Demonstrative pronouns are used to avoid repetition by replacing a previously specified noun. They are often used in comparisons as in the examples shown here. For further explanation of **celui, celle(s),** and **ceux,** see page 452.

Les jeunes d'aujourd'hui s'intéressent moins à la politique que **ceux** d'autrefois.

Les familles sont plus égalitaires et ouvertes que **celles** d'autrefois.

Chez les jeunes, le désir de réussir sa carrière est souvent plus important que **celui** de fonder une famille.

L'individualisme ou le bien-être de l'individu devient plus important que **celui** du groupe.

L'église et la religion n'occupent pas une place importante pour la plupart des Français.

Pour beaucoup, l'amitié est une valeur suprême.

Activité 5 : Les valeurs d'aujourd'hui.

Comparez la vie d'aujourd'hui à celle d'autrefois. Utilisez *celui, celle(s)* ou *ceux*.

Modèle : Les femmes / indépendantes

Les femmes d'aujourd'hui sont plus indépendantes que **celles** d'autrefois.

1. les jeunes / conservateurs
2. les mariages / durables
3. les problèmes / complexes
4. les rôles sexuels / distincts
5. les femmes / ambitieuses
6. le style de vie / actif
7. les rencontres / difficiles
8. la famille / stable

Dans l'évolution de la société française, au cours des vingt dernières années, quelles sont, selon vous, les valeurs qui ont **perdu** en importance ? (%)		Au cours des vingt dernières années, quelles sont, selon vous, les valeurs qui ont **gagné** en importance dans l'évolution de la société française ? (%)		Quelles sont, aujourd'hui, les valeurs qu'il vous paraît important et même nécessaire, de **sauvegarder** ou de **restaurer** pour l'avenir ? (%)	
- La politesse	64	- La réussite matérielle	60	- La justice	71
- L'honnêteté	56	- La compétitivité	59	- L'honnêteté	59
- Le respect du bien commun	49	- L'esprit d'entreprise	34	- La politesse	53
- La justice	44	- La liberté	20	- La liberté	52
- L'esprit de famille	42	- La solidarité	18	- L'esprit de famille	50
- Le respect de la tradition	40	- Le sens du beau	17	- Le respect du bien commun	47
- Le sens du devoir	37	- La responsabilité	14	- L'egalité	45
- L'honneur	34	- Le sens de la fête	14	- Le sens du devoir	45
- La solidarité	29	- L'autorité	14	- La solidarité	41
- L'égalité	25	- L'égalité	8	- La responsabilité	33
- Le sens de la fête	24	- L'esprit de famille	5	- L'hospitalité	31
- L'autorité	24	- L'hospitalité	5	- L'honneur	30
- La responsabilité	23	- La justice	4	- Le respect des traditions	22
- L'hospitalité	22	- Le sens du devoir	3	- La compétitivité	22
- Le pardon	14	- Le pardon	2	- L'esprit d'entreprise	20
- La liberté	12	- L'honneur	2	- Le sens du beau	19
- La compétitivité	12	- Le respect du bien commun	2	- L'autorité	19
- Le sens du beau	9	- Le respect de la tradition	2	- Le sens de la fête	18
- L'esprit d'entreprise	8	- La politesse	2	- Le pardon	17
- La réussite matérielle	3	- L'honnêteté	1	- La réussite matérielle	8

Le Pèlerin magazine/Sofres, octobre 1991

Activité 6 : Valeurs d'hier, d'aujourd'hui et de demain.

Regardez le tableau et discutez les questions suivantes avec un(e) camarade. Puis partagez vos réponses avec la classe.

1. Selon la majorité, quelles sont les deux valeurs qui ont perdu le plus en importance ?
2. Quelles sont les deux valeurs qui ont gagné le plus en importance ?
3. Est-ce qu'il y a un lien *(connection)* entre ces deux valeurs ?
4. À votre avis, est-ce que le désir de la réussite matérielle est compatible avec l'honnêteté ?
5. Est-ce que la réussite matérielle est importante pour votre génération ?
6. Quelles sont les valeurs dans cette liste qui préoccupent les Américains maintenant ?

Activité 7 : Interaction.

Posez les questions suivantes sur l'amitié à votre camarade.

1. Pour vous est-ce que l'amitié est une valeur importante ? Quelles sont les qualités de votre meilleur(e) ami(e) : un bon sens de l'humour, la fidélité, l'honnêteté, un esprit ouvert, la gentillesse, l'intelligence, etc. ?
2. Est-ce que vos parents connaissent votre meilleur(e) ami(e) ? Est-il/elle comme un membre de votre famille ? Est-ce que vos parents sont critiques envers vos ami(e)s ?
3. Est-ce qu'entre amis vous avez le droit de vous critiquer ?
4. Est-ce que vous et vos meilleur(e)s ami(e)s vous prêtez facilement de l'argent ?
5. Est-ce que vous vous confiez vos secrets ?
6. Qu'est-ce qui détruit une amitié : la jalousie des autres, l'opinion des parents, un manque de temps, les déménagements ?

Comment dire qu'on est d'accord ou qu'on n'est pas d'accord

Quelques expressions utiles

Oui	**Non**	**L'incertitude**
Ah, ça oui !	Ah, non alors !	C'est bien possible.
C'est vrai, ça !	Je ne suis pas d'accord.	Ça se peut.
Absolument !	Ce n'est pas vrai.	Peut-être.
Tout à fait	Absolument pas.	Bof !
Je suis tout à fait d'accord !	Pas du tout !	Tu crois ? Vous croyez ?
C'est sûr !		

Pour toi est-ce que les amis sont essentiels ?
— Absolument !
Tu confies tout à ton meilleur ami ?
— Pas du tout ! À mon avis, les amis, ce n'est pas fait pour ça.

Activité 8 : Quelques propos et proverbes sur l'amour.

Que pensez-vous de ces propos sur l'amour ? Dites si vous êtes d'accord ou pas en utilisant une des expressions utiles. Expliquez pourquoi.

1. On a peur des rencontres qui se déroulent sous le regard attentif des autres. À la boîte *(office)* un cadre dit, **« une liaison c'est mauvais pour la carrière. En plus, on ne sait pas comment elle peut finir. »**
2. **Qui se ressemble s'assemble** *(birds of a feather flock together).* Il faut se marier avec quelqu'un de sa classe sociale.
3. La différence d'âge n'est pas importante. **L'amour est éternellement jeune.**
4. Les mariages mixtes ne posent pas de problèmes. **L'amour n'a pas de frontières.**
5. L'amour est ce qui est le plus important. **L'amour n'a pas de prix.**

Seize pour cent des couples mariés se sont rencontrés dans un bal, 13% dans un lieu public, 12% au travail, 9% chez des particuliers, 8% dans des associations, 8% pendant leurs études.

Francoscopie, 1993

Activité 9 : Qu'est-ce qui favorise les unions ?

En groupes de trois, mettez les lieux de rencontres dans votre ordre de préférence.

les concerts de rock	une faculté
les vacances	un club ou une association
les sorties de l'église	un centre commercial
les transports collectifs	un café
les agences matrimoniales	un dîner entre amis
le lieu de travail	une fête
un bal	un lavomatic *(laundromat)*

Activité 10 : Opinions et valeurs.

Lisez les opinions oralement et dites si vous êtes d'accord, pas d'accord ou incertain. Utilisez les expressions données à la page 439.

Modèle : La vie sans passion n'est pas la vie.
— Oui, peut-être pour certaines personnes. Mais pour moi ce n'est pas vrai.
— Absolument !

1. La vie sans passion n'est pas la vie.
2. Il est possible de rester meilleur(e) ami(e) avec un(e) ancien(ne) petit(e) ami(e) ou un(e) ex-époux(se).
3. Il faut se marier avec quelqu'un qui vient de la même classe sociale, de la même religion.
4. Une séparation, une rupture complète sont la seule solution à l'infidélité.
5. Cette génération est beaucoup moins romantique que les générations précédentes.
6. Il faut se méfier du coup de foudre. Il faut le temps de développer une relation, une amitié, une vraie complicité.

Comment exprimer ses sentiments

Structure 14.3 Le subjonctif (suite)

You have already learned to use the subjunctive following expressions of necessity and obligation. It is also used with expressions of feeling and doubt as in the examples shown here. For further information, see page 453.

Je suis triste / content(e) / ravi(e) / furieux(euse) / désolé(e) / surpris(e)	que	vous vous sépariez.
J'ai peur	qu'	elle ne soit pas honnête.
Je ne crois pas / Je ne pense pas / Je doute	que	vous fassiez un grand effort.
Il est impensable / incroyable / étonnant / triste / excellent / bon/mauvais	que	vous lui donniez de l'argent.
Je crois / Il est clair	que	vous avez raison.

Activité 11 : Réagissez !

Que pensez-vous des opinions et faits suivants ? Réagissez avec une expression de sentiment.

Modèle : Les femmes d'aujourd'hui sont plus indépendantes.

Je suis ravi(e) que les femmes d'aujourd'hui soient plus indépendantes.

1. Les pères d'aujourd'hui s'occupent davantage de leurs enfants.
2. Beaucoup de mariages se terminent par un divorce.
3. Les hommes se marient souvent avec une femme beaucoup plus jeune.
4. Beaucoup d'enfants habitent avec un seul parent.
5. Avant 1910 les amoureux français ne pouvaient pas s'embrasser dans la rue. Parfois les règles sociales sont vraiment strictes !
6. Une famille française reçoit une « allocation familiale » (de l'argent du gouvernement) pour chaque enfant.

Activité 12 : Vos sentiments, vos certitudes, vos doutes.

Finissez les phrases suivantes en utilisant le subjonctif, l'indicatif ou l'infinitif.

Modèles : Mes parents sont contents que je sois à l'université.

— Je pense que je vais réussir.

1. Ma mère a peur que je...
2. Ma petite amie croit que...
3. Je pense que...
4. Je suis sûr(e) que...
5. Mes amis doutent que...
6. Je suis étonné(e) que...
7. Je suis content(e) de...

Activité 13 : Rubrique conseils : Ils cherchent votre aide !

Lisez cette lettre. Ensuite, utilisez les notes qui la suivent pour y répondre.

Prince charmant recherche Cendrillon désespérément

Ma vie est devenue absolument inutile. Je pense même au suicide. Je me suis marié trop jeune avec un amour de vacances. Après huit années de vie de couple et d'incompréhension, est venu le divorce : dépression, séparation d'avec les enfants, tentative de suicide. Depuis un an, je suis complètement seul. Pourtant, j'ai un physique plutôt plaisant, genre Al Pacino et je ne suis pas un reclus. Je fais du sport, j'ai des loisirs. Je suis sensible, pas trop timide. Seulement je suis trop sérieux, romantique. Je crois encore au coup de foudre, mais il faut croire que c'est démodé. Je pense que la fidélité est essentielle pour un couple, alors qu'autour de moi, je ne vois que l'adultère. N'existe-t-il plus de jeunes filles sérieuses ? Le romantisme est-il mort ? Je suis la preuve qu'il reste encore des hommes fidèles, sérieux et voulant vivre une grande passion en fin du XXe siècle. Que pensez-vous de ma conception de la vie ? Suis-je démodé et ridicule ? Merci de tout cœur pour vos lettres.

Patrick

Adapté de « Femme Actuelle »

Répondez à Patrick en vous servant des notes suivantes.

1. Il est dommage / vous / être / si seul
2. Je suis triste / vous / vouloir / vous suicider
3. Ce n'est pas juste / vous / ne pas pouvoir / vivre avec vos enfants
4. Je suis étonné(e) / vous / ne pas trouver / de femme sérieuse comme vous
5. Je suis content(e) / il y avoir encore / des hommes romantiques
6. Il est bon / vous / faire du sport
7. Il est possible / vous / être / un peu rigide
8. Je suis sûr(e) que / le grand amour / exister toujours

Que feriez vous si... ?

Structure 14.4 Le conditionnel

You have already used the conditional in a few polite forms such as « Je **voudrais** un menu. » Conditional forms are also used to hypothesize, following clauses with **si** *(if)*. For further discussion of the conditional and its forms, see page 455.

Hypothèses	**Réponses**
Si vous aviez vingt mille dollars, que feriez-vous ?	J'achèterais une nouvelle voiture.
Que feriez-vous si votre ami n'avait pas assez d'argent pour payer le loyer ?	Je l'inviterais à vivre chez moi.
Où serais-tu s'il n'y avait pas de classe aujourd'hui ?	Je serais dans mon lit.

Activité 14 : Êtes-vous un(e) vrai(e) ami(e) ?

Que feriez-vous dans les situations suivantes ? Lisez vos phrases oralement.

1. Si mon ami(e) n'avait pas assez d'argent pour partir en vacances avec moi,
   a. je partirais tout(e) seul(e).
   b. je payerais son voyage.
   c. je lui prêterais de l'argent.
   d. je choisirais un voyage moins cher.
2. S'il/elle avait un meilleur travail que moi,
   a. je serais très content(e) pour lui/elle.
   b. je serais jaloux(ouse).
   c. je râlerais (protesterais fort) contre mon sort *(misfortune)*.
   d. j'essaierais de trouver le même travail que lui/elle.

3. S'il/elle n'aimait pas mon petit ami (ma petite amie),
    a. je lui demanderais pourquoi.
    b. je serais fâché(e) contre lui/elle.
    c. je quitterais mon/ma petit(e) ami(e).
    d. je comprendrais pourquoi.
4. Si sa voiture tombait en panne,
    a. je l'emmènerais chez le garagiste.
    b. je lui prêterais la mienne.
    c. je le/la conduirais.
    d. je paierais les réparations.
5. S'il/elle avait le cafard,
    a. je l'inviterais à sortir avec moi.
    b. je lui donnerais un cadeau.
    c. je l'éviterais *(avoid).*
    d. je lui demanderais de m'en parler.
6. S'il/elle habitait loin de moi,
    a. je lui écrirais chaque semaine.
    b. je lui téléphonerais chaque semaine.
    c. je trouverais un(e) autre meilleur(e) ami(e) plus proche.
    d. j'attendrais ses visites avec impatience.

Activité 15 : Que feriez-vous pour trouver l'homme ou la femme idéale ?

Faites des phrases logiques avec les éléments suivants. (En français familier on utilise l'adjectif comme un substantif. Par exemple « un sportif » est un homme sportif.)

D'abord, choisissez un bon lieu de rencontre.

Si je cherchais un(e)...	
sportif(ve),	j'assisterais à un concert de musique sous les étoiles.
intellectuel(le),	j'irais dans un club privé où va le « tout Paris ».
macho,	j'irais dans les casinos de Deauville.
riche,	j'irais dans une librairie près de la Sorbonne.
chic,	j'irais sur les plages.
romantique,	je ferais une croisière *(cruise).*
	je ferais du jogging au stade.

Et maintenant pour l'approche.

Je lui	demanderais l'heure.
	offrirais une cigarette.
	parlerais du temps.
	donnerais ma place dans le métro.
	prêterais mon parapluie.
	sourirais.
	demanderais un renseignement.

Si vous aviez rendez-vous, où iriez-vous ?

S'il/elle...	
était cinéphile,	nous irions dans un club de jazz.
aimait la nature,	nous n'irions pas chez McDo.
était sportif(ve),	nous irions voir un vieux film de Bogart.
appréciait la bonne cuisine,	nous nous promènerions dans un parc.
aimait la musique,	nous ferions une randonnée en montagne.

Et s'il ou elle ne vous rappelait pas ?

Je lui téléphonerais.
J'abandonnerais *(give up)*.
Je pleurerais.
J'attendrais à côté du téléphone.
Je sortirais avec son/sa meilleur(e) ami(e).
J'obtiendrais des informations de ses amis.

Activité 16 : Sujets controversés.

Lisez les phrases suivantes et dites si vous êtes d'accord ou si vous n'êtes pas d'accord. Utilisez les expressions données à la page 439.

1. Les enfants ne devraient pas regarder la violence à la télévision.
2. La peine de mort devrait être la punition pour le meurtre.
3. L'éducation sexuelle devrait être la responsabilité des parents et non pas des écoles.
4. L'avortement est un acte de meurtre que l'on devrait interdire.
5. L'euthanasie devrait être une option pour les malades incurables.
6. Les nouvelles mères devraient recevoir six mois de congés payés *(paid leave)* à la naissance de leur bébé.

Activité 17 : Si je pouvais changer le monde...

Mettez les phrases suivantes au conditionnel.

Modèle : Il n'y a plus de faim.
Si je pouvais changer le monde,
il n'y aurait plus de faim.

1. Il n'y a plus de racisme.
2. Les gens sans abri *(homeless)* habitent leur propre maison.
3. On ne voit plus de misère.
4. Tout le monde peut lire.
5. Personne n'a faim.
6. Il n'y a plus de guerre.
7. L'air et l'eau redeviennent purs.
8. Il y a un remède contre le cancer.

Un HLM (Habitation à loyer modéré)

Lecture

Anticipation

Vous allez lire une histoire à propos d'une femme du prophète Mohammed.

1. Encerclez la religion dont Mohammed est le prophète : le christianisme, le judaïsme, l'islam, le bouddhisme.
2. Choisissez les adjectifs que vous associez à une femme islamique du septième siècle : timide, fière, obéissante, chaste, forte, faible, courageuse, religieuse, indépendante.

Expansion de vocabulaire

Utilisez votre connaissance des familles de mots pour trouver la définition des mots suivants.

1.	affectionner	a.	dire merci
2.	la perte	b.	prouver l'innocence
3.	la froideur	c.	les membres intimes de la famille
4.	un remerciement	d.	une légende célèbre
5.	innocenter	e.	avoir de l'affection pour, aimer
6.	reprendre	f.	qualité froide
7.	une légende dorée	g.	retourner
8.	patiemment	h.	recommencer
9.	les proches parents	i.	opinion négative dont on n'est pas certain
10.	un soupçon	j.	avec de la patience
11.	ramener	k.	action de perdre

L'affaire du collier

C'est en 627 qu'il faut situer l'affaire du collier. Aïcha, qui était la deuxième femme du prophète Mohammed, accompagnait son mari dans une de ses expéditions, lorsque, au campement, elle s'est aperçue de la perte de son collier précieux qu'elle affectionnait. Elle est partie le chercher et pendant ce temps-là, la caravane a repris la route sans s'apercevoir que la frêle Aïcha n'était plus dans la litière° qui la transportait. Retrouvant le campement désert quand elle y est retournée, Aïcha s'est assise et a attendu patiemment.

litter

Un beau jeune homme est passé et ici l'histoire prend l'aspect d'une légende dorée. C'était Safwan ibn al-Muattal qui, apercevant l'épouse du prophète, est descendu de son chameau sur lequel il a placé Aïcha, et, conduisant le chameau par la bride°, a ramené la jeune femme auprès de sa famille.

bridle

L'affaire a fait du bruit. Aïcha a tout de suite remarqué la froideur de son mari. La rumeur est vite devenue scandale. Le

prophète a interrogé Aïcha et ses proches parents qui, pour la plupart, n'ont pas pris la défense de la jeune épouse. Il y avait même la menace du divorce.

N'oublions pas qu'Aïcha n'avait que 13 ans à cette époque mais la bien-aimée° avait un esprit extrêmement fort. Elle a refusé de se justifier devant son mari ou devant sa famille, disant qu'elle ne devait demander qu'à Dieu de l'innocenter. Et, en effet, peu après, elle a vu son mari revenir à elle avec le sourire : « Dieu », a-t-il dit, « l'avait lavée de tout soupçon. » Une fois de plus, Aïcha a montré son caractère fier. À sa mère qui lui disait de remercier le prophète de son indulgence, Aïcha a répondu qu'elle n'avait de remerciements à rendre qu'à Dieu.

beloved

Et Aïcha est redevenue la bien-aimée de Mohammed.

extrait des *Femmes du Prophète,* Magali Morsi

Compréhension et intégration

1. Pourquoi Aïcha n'a-t-elle pas pris la caravane pour rentrer chez elle ?
2. Quel était le scandale ?
3. À votre avis, pourquoi la famille d'Aïcha n'a-t-elle pas pris sa défense ?
4. Aïcha a-t-elle demandé pardon à son mari ? Pourquoi ou pourquoi pas ?
5. Qu'est-ce que vous apprenez sur cette culture en lisant cette histoire ?
6. Quelle serait l'importance de cette légende pour le peuple qui vivait à cette époque ?

Maintenant à vous

Imaginez la conversation entre Aïcha et sa mère ou son père à son retour au campement. Utilisez les expressions suivantes : *Il faut que, je ne veux pas que, tu devrais, je ne crois pas que, ce n'est pas vrai que, c'est un scandale que, si j'étais toi, je...*

Un pas en avant

À jouer ou à discuter

1. Votre ami(e) français(e) qui vous rend visite veut sortir avec un(e) Américain(e). Avec un(e) camarade, dressez une liste de suggestions à suivre pour rencontrer quelqu'un. Où devrait-il/elle aller, qu'est-ce qu'il/elle devrait faire ? Employez les structures suivantes : **Il faut que, tu devrais, si j'étais toi, je + conditionnel, ce serait une bonne idée de + infinitif.**

2. Vous avez des valeurs très traditionnelles, tandis que votre camarade est beaucoup moins conservateur(trice). Vous aimeriez vous connaître mieux, mais quand vous essayez d'avoir une conversation profonde sur vos attitudes sur la vie, la condition féminine, le partage des tâches ménagères, etc., vous recommencez à vous disputer.

À écrire

Vous avez un problème; vous demandez du réconfort ? Si vous en éprouvez le besoin, écrivez-nous. Vos lettres resteront anonymes. Utilisez des expressions telles que **Je doute que, je suis furieux que, il est impensable que, j'ai peur de, je ne pense pas que.** Voir la lettre à la page 442 pour un modèle.

Première étape

Écrivez une lettre à propos d'un problème imaginaire ou réel.

Deuxième étape

Échangez votre lettre avec un(e) camarade de classe et écrivez une réponse qui offre des conseils, des suggestions. Utilisez des expressions telles que **Je doute que, il est impensable que, j'ai peur que, je ne pense pas que.**

Troisième étape

Rendez la lettre et la réponse au professeur.

Structures

Structure 14.1 Les verbes pronominaux (suite)

Les verbes pronominaux à sens réfléchi

In Module 9 you learned a number of pronominal verbs used reflexively such as **se laver, s'habiller,** and **se coucher.** The verbs **se marier** and **se fiancer** are additional examples of reflexive verbs.

Quand le Prince Charles **s'est marié avec** la Princesse Diana, des millions de téléspectateurs ont regardé les noces.	*When Prince Charles married Princess Diana, millions of TV viewers watched their wedding.*
Je **me suis fiancée** avec Dan pendant l'été; **nous nous marierons** dans un an.	*I got engaged to Dan during the summer; we will get married in a year.*

Les verbes pronominaux à sens réciproque

Many common French verbs can be used pronominally to express reciprocal action between two or more people.

Jules et moi, **nous nous disputons** rarement; **nous nous comprenons** très bien.	*Jules and I rarely argue (with each other); we understand each other very well.*

In some cases the context alone indicates whether a verb is used reciprocally or reflexively.

Elles **se parlent.** *They're talking to each other./They're talking among themselves.*

These verbs are commonly used with a reciprocal meaning:

s'admirer	se disputer
s'adorer	s'écouter
s'aimer	se parler
se comprendre	se téléphoner
se détester	se voir

Les verbes pronominaux à sens idiomatique

A large number of pronominal verbs are neither reflexive nor reciprocal. The following verbs have a special idiomatic meaning in the pronominal form, and therefore do not translate word for word.

s'amuser; *to enjoy oneself, to have fun*

se décider à; *to decide*

se demander; *to wonder*

se dépêcher de; *to hurry*

s'en aller; *to leave, to go away*

s'ennuyer; *to be bored*

s'entendre; *to understand one another* (s'entendre bien; *to get along)*

se fâcher contre; *to get angry with*

s'intéresser à; *to be interested in*

se méfier de; *to be suspicious of*

se mettre à; *to begin*

se moquer de; *to tease*

s'occuper de; *to look after, to take care of*

se rendre compte de/que; *to realize*

se servir de; *to use*

se souvenir de; *to remember*

Louis et Anne **se demandent** s'ils se reverront un jour.	*Louis and Anne wonder if they'll see each other again one day.*
Je **me suis rendu compte** qu'elle mentait.	*I realized she was lying.*

Au *passé composé*

When the reflexive pronoun represents an **indirect object** there is no past participle agreement. Most communication verbs such as **se dire, se téléphoner, se parler, se répondre, se demander,** and **s'écrire** have indirect objects.

Nous ne nous sommes pas dit la vérité.	*We didn't tell each other the truth.*
Elles se sont écrit tous les mois.	*They wrote each other every month.*

Exercice 1.

Complétez les phrases suivantes avec un des verbes entre parenthèses au présent.

1. Jeanne et sa sœur n(e) ______________ (s'écrire / écrire) pas souvent, mais elles ______________ (se téléphoner / téléphoner) chaque samedi.
2. Ils travaillent dans le même bureau, mais ils ne ______________ (se voir / voir) pas souvent.
3. Je suis végétarienne, mais mon frère, il ______________ (se détester / détester) les légumes.
4. Au début le jeune couple ______________ (s'entendre / entendre) très bien, mais au bout de cinq années de mariage, ils ont commencé à ______________ (se disputer / disputer).
5. Le roi voulait ______________ (se marier / marier) sa fille à un homme riche.
6. Nous ______________ (se revoir / revoir) tous les ans pendant une grande réunion de famille.
7. Les étudiants ______________ (se demander / demander) des renseignements sur la France à leur professeur.

Exercice 2.

Choisissez un verbe pour chaque phrase. Utilisez le temps correct : *se décider, se fâcher, s'occuper, se rendre compte, se demander, se dépêcher, s'en aller.*

1. Mme Bernaud ______________ de ses petits enfants pendant que sa fille est au travail.
2. Est-ce que vous ______________ que l'examen est dans deux jours ?
3. Marchez vite ! Il faut ______________ pour arriver à l'heure.
4. Qu'est-ce que j'ai fait ? Pourquoi est-ce que vous ______________ contre moi ?
5. Il n'y a plus de travail à faire ici. Tu peux ______________.
6. Je ______________ pourquoi elle s'est mariée avec lui.

Exercice 3.

Ajoutez les terminaisons appropriées pour accorder les participes passés si c'est nécessaire.

1. Nous nous sommes bien amusé ______________ ensemble.
2. Valérie s'est brossé ______________ les cheveux avant de partir.
3. Nous nous sommes parlé ______________ au café pendant des heures.
4. Mon mari et moi nous sommes rencontré ______________ dans une soirée à Londres; je suis partie pour la France, mais nous nous sommes écrit ______________ . L'année suivante, nous nous sommes retrouvé ______________ à Paris.

5. Elle s'est dépêché ______________ à l'aéroport.
6. Elles se sont vu ______________, mais elles ne se sont pas parlé ______________.

Structure 14.2 Les pronoms démonstratifs : *celui, celle(s), ceux*

	masculin	féminin
singulier	**celui**	**celle**
pluriel	**ceux**	**celles**

Demonstrative pronouns are used to refer to a previously mentioned person or object, without repeating the noun.

Ce dernier crime est plus violent que **celui** qui a été commis à Seattle.	*This last crime is more violent than the one that was committed in Seattle.*
Préférez-vous les tableaux de Van Gogh à **ceux** de Renoir ?	*Do you prefer the paintings of Van Gogh to those of Renoir?*
Les plages de Californie sont moins encombrées que **celles** de la côte d'Azur.	*California beaches are less crowded than those of the Riviera.*

You have already learned to use demonstrative adjectives to point things out; demonstrative pronouns serve the same purpose.

Préférez-vous ces chaussures-ci ou ces chaussures-là ?	*Do you prefer these shoes or those shoes?*
— Je préfère **celles-ci.**	*— I prefer these.*

Exercice 4.

Remplissez les vides avec un pronom démonstratif *(celui, celle(s), ceux).*

1. Je m'entends assez bien avec mes professeurs, surtout avec ______________ qui sont patients, vifs et compréhensifs.
2. Je préfère mon emploi du temps ce semestre à ______________ du semestre dernier.
3. Je n'apprécie pas tellement les égoïstes, ______________ qui pensent toujours à eux-mêmes.
4. Elle aimerait revoir l'homme qu'elle a rencontré au concert, ______________ qui portait un drôle de chapeau.
5. Dînerons-nous dans ce restaurant-ci ou dans ______________- là ?

6. De tous les livres de Victor Hugo, *Les Misérables* est ______________ que je préfère.
7. Vos idées sont si différentes de ______________ de vos parents !
8. Mes notes dans ce cours sont meilleures que ______________ que j'ai reçues le trimestre dernier.

Structure 14.3 Le subjonctif (suite)

You have already learned to use the subjunctive after expressions of obligation and necessity.

Il faut que vous **restiez** ici ce soir.	*You have to stay here tonight.*

The subjunctive is also used following expressions of feeling and emotion.

Je suis contente qu'il **vienne** ce soir.	*I'm happy he's coming this evening.*

Here are some common expressions of sentiment that are followed by the subjunctive.

Je suis { content(e) / heureux(euse) / ravi(e) *(delighted)* / étonné(e) *(astonished)* / surpris(e) / désolé(e) *(sorry)* / triste / malheureux(euse) } que vous partiez aujourd'hui.

J'ai peur / Je regrette / Il est surprenant } que vous n'ayez pas assez d'argent.

The subjunctive is also used after expressions of doubt and uncertainty. Some of these expressions are shown here.

Je **doute** qu'il **pleuve** aujourd'hui.	*I doubt it will rain today.*
Elle **n'est pas certaine** que sa mère **comprenne** la situation.	*She isn't sure her mother understands the situation.*
Il est **possible** qu'elle ne **vienne** pas.	*It's possible she won't come.*

Il **se peut** que le train **soit** en retard.	*It might be that the train is late.*
Il est **douteux** qu'elle **ait** assez d'argent.	*It's doubtful she has enough money.*

The verbs **penser** and **croire** are used with the indicative in affirmative sentences.

Je **crois** que tu **comprends** ce chapitre.	*I think you understand this chapter.*
Vous **pensez** qu'il **est** gentil.	*You think he is nice.*
Je ne pense pas qu'il **soit** à l'heure.	*I don't think he'll be on time.*

Positive assertions **(il est certain que, il est clair que, il est sûr que, il est évident que, je suis sûr(e) que)** are also followed by the indicative mood.

Il est évident qu'il **peut** bien jouer.	*It's obvious he can play well.*

If the subject of the main clause and the subordinate clause is the same, an infinitive is used rather than the subjunctive.

Marc est content que Marie **soit** revenue.	*Marc is happy that Marie returned.*
mais	
Marc est content **d'être** revenu.	*Marc is happy to be back.*

Exercice 5.

Écrivez des phrases complètes au subjonctif avec les éléments donnés.

1. Je / regretter / tu / ne pas faire / de sport.
2. Nous / être / contents / vous / arriver / demain.
3. François / être / triste / Jeanne / ne pas vouloir / le revoir.
4. Nous / avoir / peur / elle / perdre / son argent.
5. Ma mère / être / furieuse / je / sortir / avec Pierre.
6. Je suis heureux / tu / pouvoir / venir / tout de suite.
7. Anne-Marie / être / désolée / son ami / être malade.
8. Nous sommes surpris / vous / aimer / ce film.

Exercice 6.

Choisissez la forme correcte.

1. Il est évident qu'elle ne ________________ (sache / sait) pas la réponse.
2. Je crois que les autres ________________ (soient / sont) perdus.
3. Elle ne pense pas que son frère ________________ (vienne / vient).

4. Il est clair que votre mère ______________ (a / ait) raison.
5. Il n'est pas sûr qu'elle ______________ (dise / dit) la vérité.
6. Nous ne pensons pas que vous ______________ (fassiez / faites) de votre mieux.

Exercice 7.

Choisissez entre les verbes suivants pour compléter le passage. Utilisez le subjonctif, l'indicatif ou l'infinitif. Attention au temps.

rejoindre, réussir, décider, avoir, revenir, réfléchir, rester

Pour Nkulu, une Zaïroise de 17 ans, les études sont plus importantes que l'amour. Elle est déçue que sa copine Ntumba (1) ______________ de se marier et de rester au village. Elle doute que Ntumba (2) ______________ à ce qu'elle fait. Le père de Nkulu est fier que sa fille (3) ______________ une bourse pour étudier la médecine à Montpellier. Il sait qu'elle (4) ______________ dans ses études comme toujours. Lui et sa femme doutent que Nkulu et son frère Mongo (5) ______________ vivre au village. Il est probable que leurs enfants (6) ______________ en France. Les parents seraient contents de les (7) ______________ en Europe un jour.

Structure 14.4 Le conditionnel

You have already used **le conditionnel de politesse,** or polite conditional for softening demands or requests. The polite conditional is most often used with the verbs **aimer, vouloir,** and **pouvoir.**

Je **voudrais** un café.

J'**aimerais** t'accompagner.

J'ai froid. **Pourrais-**tu fermer la fenêtre ?

The conditional is also used to express the consequences of a hypothetical situation using this structure:

si + imparfait + conditionnel

Si vous **étiez** moins égoïste, vous **auriez** plus d'amis.	*If you weren't so selfish, you would have more friends.*

Note that the imperfect is always used in the **si** clause and the conditional is used in the consequence clause.

Si **j'étais** moins timide, je lui **demanderais** de sortir avec moi.	*If I were less shy, I would ask her/him to go out with me.*
Nous **serions** contents si vous **veniez** nous voir.	*We would be happy if you could come see us.*
S'il **faisait** plus chaud, j'**irais** à la plage.	*If it were hotter, I'd go to the beach.*

The conditional of the verb **devoir** *(should)* is frequently used for giving advice.

Vous **devriez** parler à Richard. — *You should speak to Richard.*

Si j'étais toi, je le **quitterais.** — *If I were you, I would leave him.*

Ce **serait** une bonne idée d'étudier. — *It would be a good idea to study.*

The conditional is formed by adding the **imparfait** endings to the future stem.

parler	
je parler**ais**	nous parler**ions**
tu parler**ais**	vous parler**iez**
il/elle/on parler**ait**	ils/elles parler**aient**

Je **prendrais** l'avion s'il ne coûtait pas plus cher. — *I would take a plane if it weren't any more expensive.*

Verbs that have an irregular stem in the future tense have the same irregular stem in the conditional mode.

Infinitif	Conditionnel
avoir	j'aurais
être	tu serais
aller	il irait
devoir	elles devraient
savoir	on saurait

Infinitif	Conditionnel
faire	vous feriez
pouvoir	nous pourrions
venir	je viendrais
voir	ils verraient
vouloir	tu voudrais

Exercice 8.

Utilisez le conditionnel pour rendre les phrases plus polies.

1. Tu dois m'aider à faire les courses.
2. Nous préférons regarder la télé.
3. Nous voulons aller au cinéma.
4. Pouvez-vous m'amener au match de football ?
5. Est-il possible de partir tout de suite ?
6. Vous devez faire vos devoirs.

Exercice 9.

Complétez ces hypothèses en mettant les verbes au conditionnel ou à l'imparfait.

1. S'il ______________ (pleuvoir) plus en Afrique, le problème de la famine serait résolu.
2. S'il y avait moins de voitures à L.A., il y ______________ (avoir) moins de pollution.
3. Si je pouvais recommencer mes études, je ______________ (étudier) la microbiologie.
4. Nous ______________ (avoir) un meilleur travail si nous avions notre diplôme.
5. Si j'étais riche, j(e) ______________ (offrir) une maison à mes parents.
6. Elle ______________ (passer) les vacances chez nous si elle avait le temps.
7. Si les universités américaines étaient gratuites, les étudiants ne ______________ (devoir) pas travailler autant.
8. Tu répondrais si tu ______________ (savoir) la réponse.

Vocabulaire

Vocabulaire fondamental

L'amour et l'amitié

un(e) amant(e) *lover*
un baiser *kiss*
le coup de foudre *love at first sight*
un(e) époux(ouse) *spouse*
un(e) fiancé(e) *fiancé(e)*
la fidélité *fidelity*
une lune de miel *honeymoon*
le romantisme *romanticism*
la tendresse *tenderness*
une valeur *value*

Mots apparentés : un couple, un divorce, un mariage, la passion, une rupture, une séparation

Verbes

se décider à *to come to a decision*
se demander *to wonder*
s'embrasser *to kiss each other*
divorcer *to divorce*
embrasser *to kiss*
s'entendre bien *to get along*
se fâcher contre *to get angry with*
faire la cour *to court*
faire semblant *to pretend*
se fiancer *to get engaged*
fonder une famille *to start a family*
s'installer *to set up residence, move in*
s'intéresser à *to be interested in*
se marier (avec) *to marry*
se mettre à *to begin*
s'occuper de *to take care of, watch out for*
se rendre compte *to realize*
se retrouver *to meet again*
se séparer *to separate*
tomber amoureux(euse) *to fall in love*

Adjectifs

confiant(e) *confident*
déçu(e) *disappointed*
démodé(e) *old fashioned*
douteux(euse) *doubtful*
étonnant(e) *astonishing*
évident(e) *obvious*
impensable *unthinkable*
ravi(e) *delighted*
romantique *romantic*

Expressions utiles

Laissez-moi tranquille. *Leave me alone.*
Je suis tombée amoureuse de lui. *I fell in love with him.*
C'était le coup de foudre. *It was love at first sight.*
Nous avons rompu au bout de deux semaines. *We broke up after two weeks.*
Ça se peut. *It's possible.*
Je suis tout à fait d'accord. *I completely agree.*

Vocabulaire supplémentaire

l'adultère *(m)* *adultery*
une alliance *wedding ring*
un avortement *abortion*
une bague de fiançailles *engagement ring*
le célibat *celibacy*
un chic *(fam.)* *chic, elegant style*
l'euthanasie *(f)* *euthanasia*
l'incompréhension *misunderstanding*
un macho *(fam.)* *(macho) male*
le mauvais sort *bad luck*
un mec *(fam.)* *a guy*
le meurtre *murder*
les mœurs *(m)* *social customs*
les noces *(f)* *wedding*
la peine de mort *death penalty*
un reclus *recluse*
un romantique *a romantic person*
les sans-abri *homeless*
la vie conjugale *married life*

Verbes

s'apercevoir *to notice*
convaincre *to convince*
dépendre de *to be dependent on*
draguer *(fam.)* *to pick up (girls)*
s'empêcher de *to stop oneself*
s'en aller *to leave, go away*
se rejoindre *to meet again*
se suicider *to commit suicide*
rompre (avec) *to break up with*
tromper *to be unfaithful*

Mots divers

auparavant *before*
autrefois *in the past*
celui, celle *this, that (one)*
ceux, celles *these, those*

15

Module 15
Il était une fois...

Thèmes et pratiques de conversation

Comment raconter une histoire (suite)
Les animaux et les contes
Le septième art
Comment parler de la littérature
Cinq personnages de la littérature française

Culture

Les Français et leurs animaux domestiques

Lecture

« Le Pagne noir », de Bernard Dadié

Structures

15.1 Le passé composé et l'imparfait (suite)
15.2 Le plus-que-parfait
15.3 Les adverbes de manière
15.4 Comment reconnaître le passé simple

Thèmes et pratiques de conversation

Comment raconter une histoire (suite)

Structure 15.1 Le passé composé et l'imparfait (suite) Structure 15.2 Le plus-que-parfait	To recount a story in the past, you will need to use **le passé composé, l'imparfait,** and **le plus-que-parfait.** To review the two past tenses you have previously studied see page 481. The **plus-que-parfait,** which is used to refer to past events that occurred prior to another past action, is explained on pages 482–483.

La Belle au bois dormant

Blanche neige et les sept nains

La Belle et la bête

La Petit Chaperon rouge

Cendrillon

Les Chevaliers de la table ronde

La Barbe-bleue

Le Magicien d'Oz

Alice aux pays des merveilles

Jacques et le haricot magique

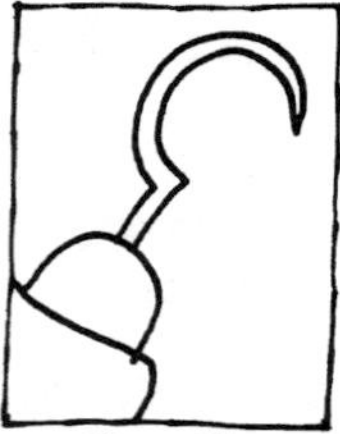
Peter Pan

Quelques expressions utiles

Pour analyser un récit

L'introduction situe le récit ou donne un résumé bref de l'intrigue.

Pour raconter une histoire

Il était une fois... *Once upon a time . . .*

Le déroulement, organisé de façon chronologique, raconte les faits importants.	D'abord Ensuite Puis	
La conclusion ou **le dénouement** donne le résultat, un résumé ou les conséquences.	Enfin... Finalement... À la fin... En somme... Par conséquent... Ils vécurent heureux et eurent beaucoup d'enfants.	 *They lived happily ever after and had lots of children.*

Activité 1 : Quel conte ?

Quel conte associez-vous aux éléments suivants ?

1. une méchante sorcière qui vole sur un balai
2. un beau prince qui réveille une belle princesse quand il l'embrasse
3. un géant qui compte ses pièces d'or
4. une fée qui transforme une citrouille en carrosse avec sa baguette *(wand)* magique
5. un chevalier courageux avec une épée
6. un bol de bouillie *(porridge)* trop chaud
7. un panier plein de bonnes choses à manger
8. un pirate qui a un crochet *(hook)* à la place de la main

Activité 2 : Quelle partie de quel conte ?

Voici des extraits de contes. Indiquez si c'est l'introduction, le déroulement ou le dénouement de l'histoire. Identifiez le conte.

1. Il était une fois un gentilhomme qui épousa, en secondes noces, une femme hautaine. Elle avait deux filles qui lui ressemblaient en toutes choses.
2. Ma grand-mère, que vous avez de grands yeux ! — C'est pour mieux te voir, mon enfant !
3. Il était une fois un homme qui avait de belles maisons, de la vaisselle d'or et des carrosses dorés. Mais, par malheur, cet homme avait la barbe bleue.
4. ... , qui était aussi bonne que belle, fit loger ses deux sœurs au palais, et les maria à deux grands seigneurs de la cour.
5. Et, en disant ces mots, le méchant Loup se jeta sur... et la mangea.
6. Ensuite, la fée lui dit : « Va dans le jardin, tu y trouveras six lézards derrière l'arrosoir; apporte-les-moi. »

Activité 3 : Contes enfantins.

Vous rappelez-vous des événements dans des contes enfantins ? Complétez les phrases pour indiquer ce qui était arrivé avant.

donner s'endormir manger perdre prendre se piquer tuer

Modèle : Dorothée a mis les pantoufles rouges que la bonne fée lui **avait données.**

1. Quand les trois ours sont rentrés chez eux, Boucles d'or ______________ dans le lit du bébé ours.
2. Blanche Neige s'est évanouie parce qu'elle ______________ une pomme empoisonnée.
3. Quand le Petit Chaperon rouge est arrivée chez sa grand-mère, le loup ______________ la pauvre vieille femme.
4. Le Prince a pu retrouver Cendrillon parce qu'elle ______________ sa pantoufle en vair *("glass" slipper).*
5. La Bête s'est fâchée contre le père de Belle parce qu'il ______________ une rose de son jardin.
6. La Belle au bois dormant s'est endormie parce qu'elle ______________ le doigt avec un fuseau *(spindle).*

Activité 4 : Mouton vole.

Racontez une anecdote basée sur cette bande dessinée. Expliquez le titre. Quelle est la morale ?

Mots utiles :

1 : arriver à la porte d'embarquement, attendre, être assis

2 : se lever, faire la queue

3 : attendre, être debout

4 : se mettre à se plaindre, critiquer

5 : dire, se rasseoir

6 : ne pas bouger, rester

MOUTON VOLE

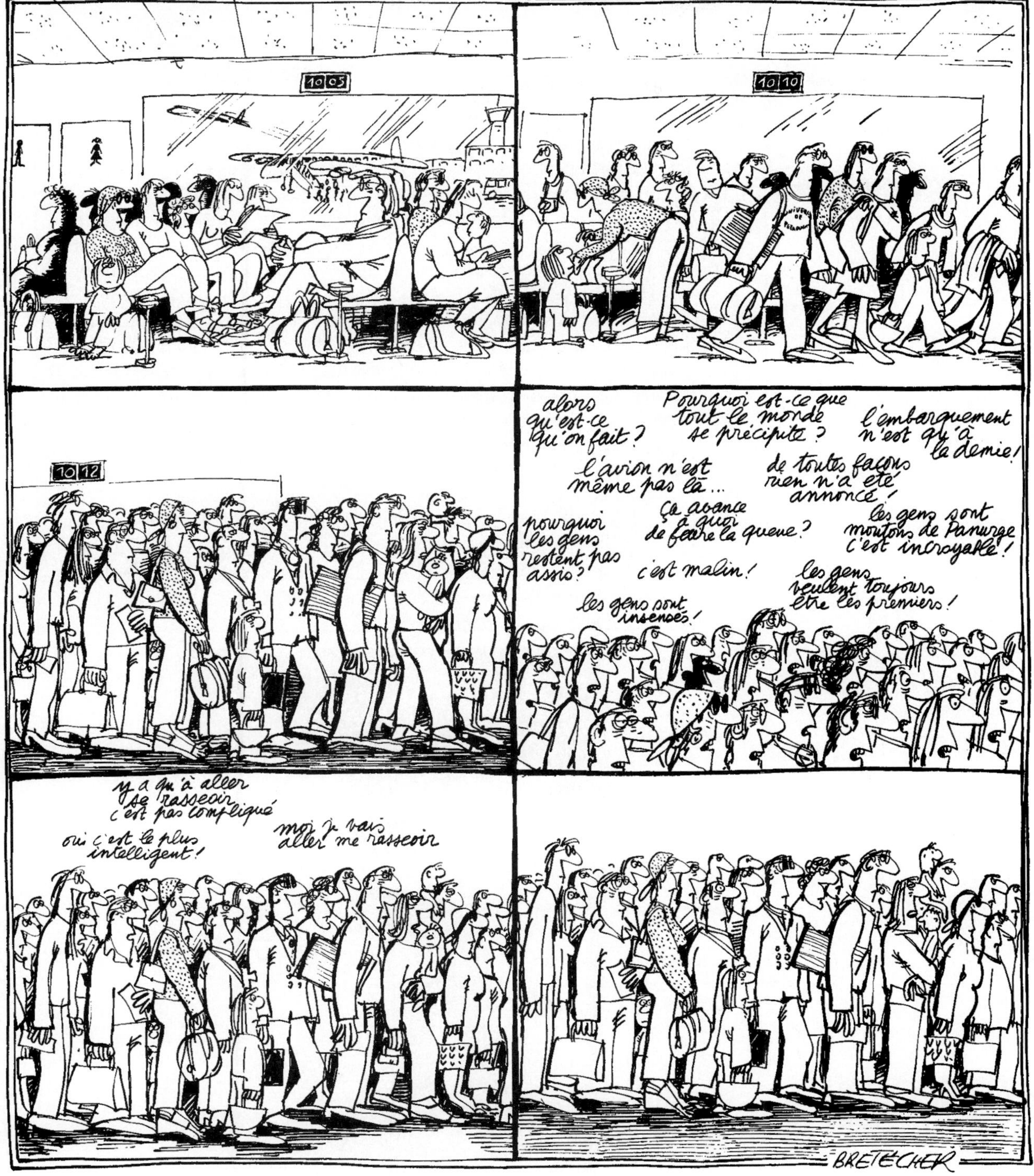
10 05
10 10
10 12
alors qu'est-ce qu'on fait ?
Pourquoi est-ce que tout le monde se précipite ?
l'embarquement n'est qu'à la demie !
l'avion n'est même pas là...
de toutes façons rien n'a été annoncé !
pourquoi les gens restent pas assis ?
Ça avance à quoi de faire la queue ?
les gens sont moutons de Panurge c'est incroyable !
c'est malin !
les gens veulent toujours être les premiers !
les gens sont insensés !
y a qu'à aller se rasseoir c'est pas compliqué
oui c'est le plus intelligent !
moi je vais aller me rasseoir
BRETÉCHER

Les animaux et les contes

Les Français et leurs animaux domestiques

En Europe, les Français détiennent le record : 55% des foyers français possèdent un animal familier. Quel animal est le plus populaire ? Le chien (10 millions au total), qui partage la vie d'un foyer sur trois. Il est suivi de près par le chat (7 millions), dans un foyer sur quatre. Il y a aussi 9 millions d'oiseaux, 8 millions de poissons et 2 millions de lapins, hamsters, singes,° tortues, etc. Évidence du passé rural de la France ? Peut-être, mais aussi un refuge contre l'isolement de la société moderne impersonnelle, une source de réconfort et aussi de sécurité.

° *monkeys*

La popularité des animaux familiers est très évidente : il y a deux fois plus d'animaux domestiques que d'enfants en France ! Et ces animaux sont bien gâtés. On les emmène au salon de toilettage, on leur achète des accessoires et des aliments spéciaux. Il y a même des gens qui contractent une assurance pour leur animal de compagnie.

En ville où il faut sortir les chiens des appartements et studios, on voit ces animaux et leurs maîtres se promener un peu partout. Ne soyez pas surpris(e) de les voir au café ou au restaurant. Heureusement, la grande majorité des chiens sont très obéissants (grâce aux écoles de dressage) et ne dérangent pas (ou presque pas) les clients humains. Mais avec tous ces chiens en ville, le résultat naturel est la pollution canine ! Les maîtres et les villes partagent la responsabilité de contrôler les nuisances.

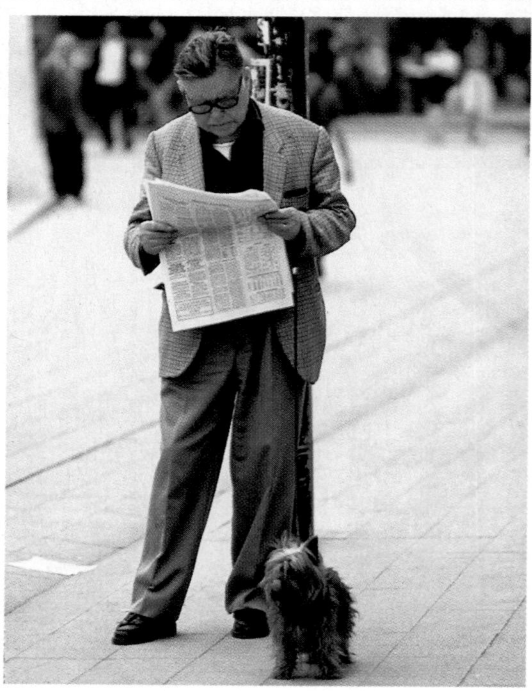

Avez-vous compris ?

Choisissez le mot qui complète le mieux chaque phrase.

1. Les Français ont (plus, autant, moins) d'animaux domestiques que les autres Européens.
2. Comme animal domestique, le chat est (plus, aussi, moins) populaire que le chien.
3. Les animaux domestiques sont (plus, aussi, moins) nombreux que les enfants en France.
4. En général, les Français contrôlent (bien, mal) leur chien.
5. En France, ce n'est pas (normal, rare) de voir un chien dans un café ou dans un restaurant.
6. Un problème causé par les chiens auquel il faut trouver une solution est (le bruit, la pollution, les accidents de voiture).

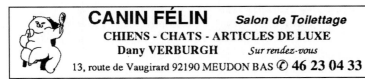

Saviez-vous que... ?

- le requin exprime son affection pour sa compagne en la mordant *(biting)* ?
- le gorille qui peut peser jusqu'à 200 kilos est le plus grand primate ?
- le chameau peut vivre pendant 10 mois sans boire d'eau ?
- dix abeilles doivent travailler toute leur vie pour produire 0,5 kilo de miel ?
- le crocodile ne mâche *(chew)* rien ? Il avale des pierres *(stones)* qui écrasent ce qu'il mange.

Activité 5 : Quels animaux ?

Faites des listes selon les indications.

1. des animaux domestiques
2. des animaux qui habitent dans les régions froides
3. des animaux qui habitent dans la jungle
4. des animaux vedettes de la télé ou du cinéma

Depuis la Révolution, le coq est l'emblème de la France. Quels emblèmes connaissez-vous ? Qu'est-ce qu'ils représentent ?

Activité 6 : Personnification.

Quelle caractéristique humaine associez-vous aux animaux suivants ? Choisissez parmi les éléments de la liste.

Modèle : La gazelle   La gazelle représente l'agilité.

1.	le renard	a.	l'indépendance
2.	l'agneau	b.	l'agilité
3.	l'éléphant	c.	la naïveté
4.	l'aigle	d.	la mémoire
5.	la tortue	e.	la prévoyance
6.	l'écureuil	f.	la fidélité
7.	l'ours	g.	la ruse
8.	le chien	h.	la paresse
		i.	la persévérance

Structure 15.3 Les adverbes de manière

Using adverbs will help make your stories more vivid. Guidelines for forming and using adverbs of manner are found on page 484.

Activité 7 : Les animaux de notre enfance.

Ajoutez un adverbe à chaque phrase pour mieux décrire les actions de ces animaux d'enfance. Formez les adverbes à partir des adjectifs de la liste ou ajoutez votre propre adverbe.

délicat   énergique   féroce   fidèle   fréquent
joyeux   méchant   régulier   vorace

1. Les Aristochats jouent.
2. Bugs Bunny adore les grosses carottes et il en mange.

3. Lassie suit son maître.
4. Titi *(Tweetie Bird)* trompe le gros Minet.
5. Garfield mange.
6. Hobbes attaque Calvin.

Le septième art

La Belle et la bête

1947. France. De Jean Cocteau. Avec Josette Day (la Belle) et Jean Marais (la Bête). Scénario : D'après le conte de fées de Marie Leprince de Beaumont. Photo : Henri Alekan. Musique : Georges Auric. Version originale en noir et blanc. Durée : 1 h 33.

Le sujet

Une belle jeune fille, forcée de vivre au palais d'un monstre hideux à cause des mauvaises actions de son père, découvre à l'intérieur de ce monstre une bonne âme et tombe amoureuse de lui.

Le réalisateur

Poète, peintre, dramaturge, Jean Cocteau a lancé sa carrière de cinéaste en 1930 avec *Le Sang d'un poète.* Pendant les années 40, il a réalisé *L'Éternel retour, La Belle et la bête* et *Les Parents terribles.* Connu surtout pour sa vision surréaliste lyrique, c'est son individualisme qui a inspiré la nouvelle génération de cinéastes qui le suivait.

Les comédiens

En 1937, Cocteau rencontre un beau jeune homme blond et lui offre un rôle dans sa pièce de théâtre *Œdipe-Roi.* Jean Marais devient ensuite ami intime de Cocteau et joue dans presque tous ses films. Pendant les années 40 et 50, Marais est connu comme une des principales vedettes du cinéma français. Josette Day, actrice élégante d'une beauté éthérée, qui interprète le rôle de la Belle, joue plus tard dans *Les Parents terribles.*

Activité 8 : Résumé d'un film.

Connaissez-vous un autre film classique ou un très bon film récent ? Préparez un résumé de ce film.

Activité 9 : Box office 94.

Voici par ordre décroissant les films de 1994 qui ont attiré le plus de spectateurs en France et aux États-Unis.

France	États-Unis
Le Roi Lion	Forrest Gump
4 Mariages et 1 Enterrement	Le Roi Lion
Madame Doubtfire	True Lies
Léon	The Flintstones
The Mask	The Santa Clause
Philadelphia	Danger immédiat
Forrest Gump	Speed
Un Indien dans la ville	The Mask
La Liste de Schindler	Maverick
Rasta Rockett	Entretien avec un vampire

Trouvez le nom d'un film...

1. dont le réalisateur est Steven Spielberg.
2. dont la vedette a reçu un Oscar.
3. dont le personnage principal est une femme.
4. animé.
5. qui a été tourné en noir et blanc.
6. français.
7. dont vous connaissez le metteur en scène.
8. qui a lancé la carrière d'un acteur.

Activité 10 : Interaction.

Posez les questions à un(e) autre étudiant(e).

1. Quel(s) film(s) est-ce que tu as vu(s) récemment ? L'as-tu vu au cinéma, à la télé ou en vidéo ?
2. Quand il faut choisir un film, qu'est-ce qui compte pour toi ? Le scénario ? Les vedettes ? Le genre du film ? Le réalisateur ? La mise en scène ? La musique du film ? La photographie ? Les critiques favorables ?
3. Aimes-tu les films étrangers ? Est-ce que tu préfères voir la version originale ou une version sous-titrée ou doublée ? Pourquoi ?

4. Quel est ton film favori ? Quand est-ce que ce film est sorti ? Qui est le metteur en scène ? Où est-ce que le film a été tourné ? Pourquoi est-ce que tu l'aimes ?

5. Est-ce que tu as déjà vu un film français ? Lequel ? Quelles différences as-tu remarquées entre les films français et les films américains ?

Comment parler de la littérature

- Malgré la popularité de la télé et des vidéocassettes, le nombre de Français qui ne lisent jamais de livre a diminué depuis 1986 (35% en 1986 comparé à 27% en 1992).
- 49% des Français lisent plus de cinq livres par an.
- Leurs genres préférés (par ordre décroissant) : roman, récit historique, roman policier, santé/médecine, politique, bande dessinée, sciences/techniques.

SOFRES

Librairie bilingue (français/basque) à Bayonne

Que lisez-vous, monsieur ?

— Euh, c'est un **roman** de John Grisham, un **auteur** américain.

Quel est le titre ?

— C'est *L'Affaire pélican.*

Vous aimez ?

— Ah oui, c'est une **histoire politique et policière.** Grisham sait développer les **personnages,** et le **héros** est très vivant. Et l'**intrigue** est toujours passionnante.

Et vous, mademoiselle, que lisez-vous là ?

— Eh bien, c'est le dernier de Bretécher. Moi, j'adore les **BD.** Ça me fait rire, et ça me permet de prendre du recul *(escape).*

Et... monsieur ?

— Moi, il faut dire, je préfère les **analyses politiques** ou les **récits historiques.**

Vous ne lisez jamais de BD alors ?

— Si. Parfois je m'accorde le plaisir de lire *Astérix* à mes enfants.

Activité 11 : Oeuvres littéraires.

Complétez le schéma.

Titre	Genre	Auteur	Personnages	Thème
1. *Cendrillon*				
2. *Roméo et Juliette*				
3. *L'Odyssée*				
4. *Les Misérables*				
5. *De la démocratie en Amérique*				

Activité 12 : Interaction.

Posez les questions suivantes à un(e) autre étudiant(e).

1. Combien de livres lis-tu par an ?
2. Quel genre de lecture est-ce que tu préfères ?
3. As-tu un auteur préféré ? Lequel ? Quelles sortes de livres écrit-elle/il ?
4. Quel est le dernier livre que tu as lu ? L'as-tu aimé ? Me le recommanderais-tu ? Pourquoi ou pourquoi pas ?
5. Comment est-ce que tu choisis un livre ? Pour l'auteur ? Pour le sujet ? En fonction des critiques ? Sur les conseils d'un ami ?

Structure 15.4 Comment reconnaître le passé simple

In formal written texts, the **passé simple** is often used instead of the **passé composé.** You need to be able to recognize verbs in this tense. The **passé simple** is explained in greater detail on page 485.

Voici un extrait du *Petit Prince* écrit par Antoine de Saint-Exupéry. Notez les verbes en caractères gras.

> Mais il **arriva** que le petit prince, ayant longtemps marché à travers les sables, les rocs et les neiges, **découvrit** enfin une route. Et les routes vont toutes chez les hommes.
>
> — Bonjour, **dit**-il.
>
> C'était un jardin fleuri de roses.
>
> — Bonjour, **dirent** les roses.
>
> Le petit prince les **regarda.** Elles ressemblaient toutes à sa fleur.
>
> — Qui êtes-vous ? leur **demanda**-t-il, stupéfait.
>
> — Nous sommes des roses, **dirent** les roses.
>
> — Ah ! **fit** le petit prince...

Activité 13 : Racontez.

Voici une autre version de cette scène. Pour la compléter, changez les verbes de la version originale au passé composé.

Le petit prince (1) ___________ une route qui menait vers les hommes. À côté, il y avait un jardin de roses. Les fleurs (2) ___________ bonjour. Le petit prince (3) ___________ les fleurs et, parce qu'il n'en avait jamais vu autant, il (4) ___________ qui elles étaient. Les fleurs (5) ___________ qu'elles étaient des roses. Réfléchissant à cette réponse, le petit prince (6) ___________ une expression de compréhension.

Activité 14 : Une fable de la Fontaine.

Voici le résumé de la fable « Le Corbeau et le renard ». Identifiez l'infinitif de chaque verbe et ensuite racontez l'histoire en changeant les verbes soulignés au passé composé.

Le corbeau, fier animal, se tenait sur une branche, un fromage dans le bec. Un beau jour, le renard (1) passa près de lui et (2) fut alléché *(was enticed)* par l'odeur du fromage du corbeau. Il (3) essaya donc d'imaginer un stratagème pour l'obtenir. Il (4) flatta le corbeau et lui (5) demanda de chanter pour faire entendre sa belle voix. Le corbeau, très fier, (6) voulut chanter, (7) ouvrit le bec et (8) laissa tomber son fromage. Le renard (9) s'en saisit, (10) s'en alla.

Cinq personnages de la littérature française

Tristan et Iseut (Moyen Âge)

Tristan, chevalier courageux, et Iseut la Blonde, belle princesse d'Irlande, sont unis par un amour fatal et éternel. Après avoir vaincu un géant et un dragon en Irlande, Tristan amène Iseut avec lui afin qu'elle épouse son oncle, le roi de Cornouailles. Pendant le voyage, ils boivent par erreur un philtre magique *(magic potion)* qui les unit en amour. Iseut épouse le roi mais les deux amants ne peuvent pas s'empêcher de se revoir en secret. Le roi découvre leur amour illicite et les banit. Tristan s'exile et lors d'une bataille, il est blessé à mort *(mortally wounded)*. Iseut essaie de le retrouver mais, trop tard. Tristan est déjà mort. Iseut meurt, elle aussi, et le roi les fait enterrer *(bury)* dans deux tombes voisines.

Tartuffe (XVIIe siècle)

Tartuffe est un faux dévot *(religious hypocrite)* qui arrive à gagner la confiance du bourgeois Orgon. Aveuglé *(blinded)* par la fausse dévotion de Tartuffe, Orgon l'invite à vivre dans sa famille, lui confie le contrôle de sa fortune et lui offre la main de sa fille qui avait pourtant l'intention d'épouser un autre homme. Mais on découvre la vérité sur Tartuffe quand il entre dans la chambre de la femme d'Orgon pour lui faire la cour. Orgon, déçu et en colère, chasse son faux ami de la maison. Tartuffe se croit pourtant maître de la situation à cause des documents compromettants qu'il a en sa possession. Mais grâce à l'intervention du roi, il est mis en prison.

Madame Bovary (XIXe siècle)

Emma, fille d'un paysan riche, élevée dans un couvent *(convent)*, accepte d'épouser Charles Bovary, un homme simple qui est médecin dans un petit village normand. Il l'adore mais ne la comprend pas. C'est une femme romantique qui rêve de bals luxueux, d'hommes aristocratiques et d'amour idéal. Elle vit à travers sa lecture. Pour échapper à son existence banale et à son ennui, elle tombe dans le mensonge *(lies)*, l'adultère et les dettes. Elle finit par se suicider.

Maigret (XXe siècle)

Le commissaire Maigret, de la Police judiciaire, arrive rapidement sur la scène du crime. Il l'examine de près, interroge le témoin *(witness)* en fumant sa pipe et fait une analyse psychologique de l'assassin. Ce héros, Français typique et âgé d'une cinquantaine d'années, a son côté humain : il aime un bon dîner au restaurant du coin *(neighborhood restaurant)* ou préparé chez lui par sa femme, Mme Maigret. Trouvera-t-il la solution de ce crime ? Sans doute, comme il l'a fait maintes fois *(many times)* auparavant, avec patience, intuition et une très bonne mémoire pour les détails.

Activité 15 : Qui est-ce ?

Identifiez les personnages suivants. Si possible, nommez un personnage semblable d'une autre œuvre littéraire.

1. un héros de roman policier
2. le héros d'une légende
3. une héroïne qui meurt aux côtés de son bien-aimé
4. une héroïne qui rêve d'une vie luxueuse
5. un héros qui trompe son ami

Activité 16 : Personnages littéraires favoris.

Qui est votre personnage littéraire favori ? Écrivez une description de lui (environ cinq lignes) et lisez-la à la classe. Vos camarades vont deviner le nom de ce personnage.

Lecture

Anticipation

1. *Le Pagne noir* est un conte africain. C'est un genre que vous connaissez depuis longtemps, depuis votre jeunesse quand vous lisiez des contes comme *Cendrillon* et *La Belle au bois dormant.* Indiquez d'un √ les éléments de la liste que vous associez à ce genre.

______________ un héros ou une héroïne
______________ un contexte historique
______________ un élément surnaturel
______________ des personnages réalistes et complexes
______________ des animaux
______________ un personnage qui aide le héros/l'héroïne
______________ une fin triste
______________ des obstacles à traverser
______________ un personnage méchant

2. Beaucoup de contes de fées présentent une tâche très difficile que le personnage principal doit accomplir. Nommez un conte de ce genre et expliquez la tâche du héros ou de l'héroïne. Quels sont les obstacles ?
3. Dans plusieurs contes traditionnels, un personnage qui joue un rôle important est la marâtre, la deuxième femme du père. Donnez un synonyme en français pour **la marâtre** et nommez un conte où une marâtre jalouse joue un rôle principal.
4. Les contes oraux ont souvent un refrain qui se répète. Pensez par exemple au refrain de *Jacques et le haricot magique* en anglais : « *Fee-fi-fo-fum, I smell the blood of an Englishman. Be he alive or be he dead, I'll grind his bones to make my bread.* » Le rythme est aussi important que le sens. Trouvez le refrain dans *Le Pagne noir* et lisez-le à haute voix.

Expansion de vocabulaire

A. Dans ce texte, le décor africain joue un rôle important. Lisez les phrases avec le nouveau vocabulaire et choisissez l'image qui correspond.

____________ 1. Un morceau de tissu c'est **un pagne.**
____________ 2. **Le kaolin** c'est de la porcelaine blanche.
____________ 3. Une petite rivière c'est **un ruisseau.**
____________ 4. Un endroit où l'eau sort de la terre c'est **une source.**
____________ 5. Une petite maison qu'on trouve souvent en Afrique est **une case.**

_____________ 6–7. En Afrique et dans d'autres pays tropicaux, on trouve des arbres comme **le bananier** et **le fromager.**

_____________ 8. Des fleurs qu'on trouve dans l'eau sont **des nénuphars.**

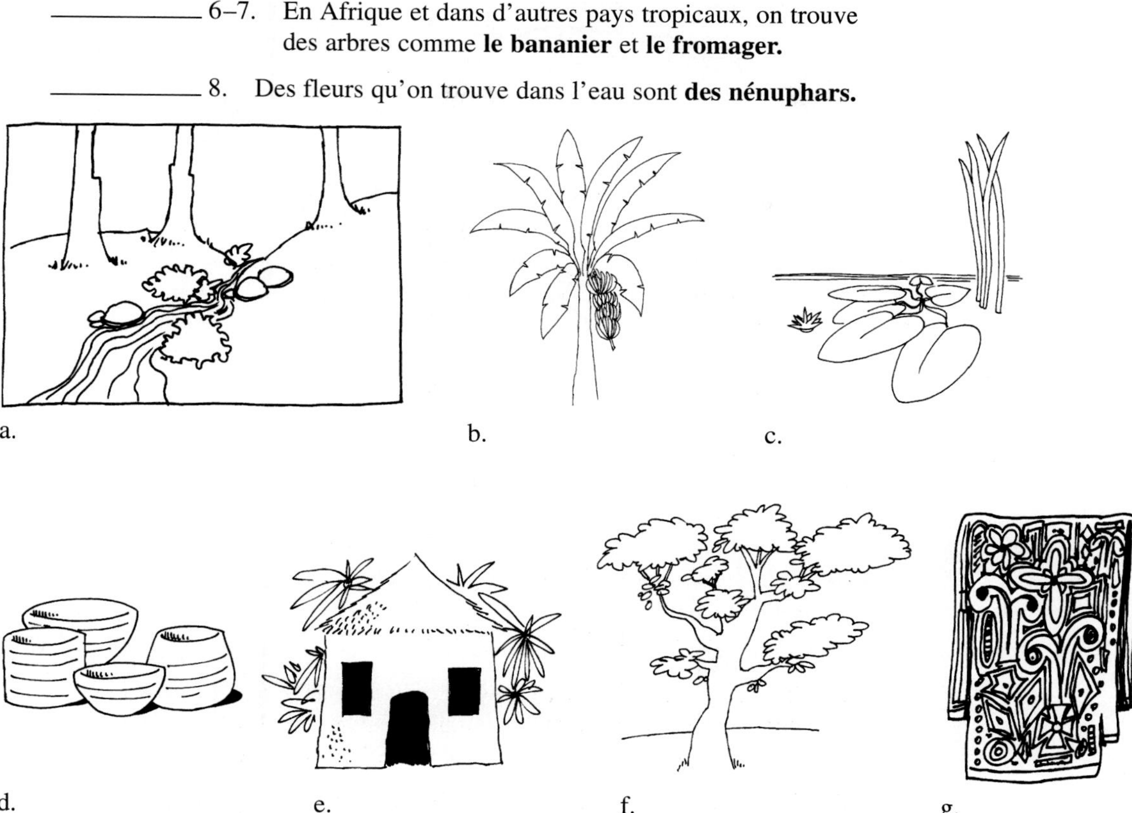

a. b. c.

d. e. f. g.

B. La répétition est une technique qu'on trouve souvent dans la littérature orale. Voici deux exemples que vous allez voir dans ce conte.

1. Parfois on trouve une série d'expressions où chaque élément veut dire plus ou moins la même chose. Dans ces cas, essayez plutôt de saisir le sens général; il n'est pas nécessaire de comprendre chaque mot. Par exemple, « De ce jour commence le calvaire de la petite Aïwa. Pas de privations et d'affronts qu'elle ne subisse; pas de travaux pénibles qu'elle ne fasse ! » Quelle est l'idée générale de ces lignes ?

   a. Aïwa était contente. c. Aïwa était malade.

   b. Aïwa souffrait. d. Aïwa aimait sa belle-mère.

2. Le préfixe **re-** s'attache souvent aux verbes pour indiquer que l'action est répétée. De cette manière, se **re**marier veut dire « se marier encore une fois ». Cochez les verbes où **re-** veut dire « encore une fois ».

_____________ reprendre _____________ rester
_____________ repartir _____________ replonger
_____________ refuser _____________ reconnaître
_____________ remettre _____________ retrouver

Le Pagne noir

Bernard Dadié

Il était une fois une jeune fille qui avait perdu sa mère. Elle l'avait perdue, le jour même où elle venait au monde.

Le premier cri de la fille coïncida avec le dernier soupir° de la mère.

sigh

Le mari, à sa femme, fit des funérailles grandioses. Puis le temps passa et l'homme se remaria. De ce jour commence le calvaire de la petite Aïwa. Pas de privations et d'affronts qu'elle ne subisse; pas de travaux pénibles qu'elle ne fasse ! Elle souriait° tout le temps. Et son sourire irritait la marâtre qui l'accablait de quolibets.°

smiled
jeers

* * * * *

Elle était belle, la petite Aïwa, plus belle que toutes les jeunes filles du village. Et cela encore irritait la marâtre qui enviait cette beauté resplendissante, captivante.

* * * * *

Plus elle multipliait les affronts, les humiliations, les corvées,° les privations, plus Aïwa souriait, embellissait, chantait — et elle chantait à ravir, cette orpheline.° Et elle était battue° à cause de sa bonne humeur, à cause de sa gentillesse. Elle était battue parce qu'[elle était] courageuse, la première à se lever, la dernière à se coucher. Elle se levait avant les coqs, et se couchait lorsque les chiens eux-mêmes s'étaient endormis.

household chores
orphan/beaten

La marâtre ne savait vraiment plus que faire pour vaincre cette jeune fille. Elle cherchait ce qu'il fallait faire, le matin, lorsqu'elle se levait, à midi, lorsqu'elle mangeait, le soir, lorsqu'elle somnolait.° Et ces pensées, par ses yeux, jetaient des lueurs fauves.° Elle cherchait le moyen de ne plus faire sourire la jeune fille, de ne plus l'entendre chanter, de freiner° la splendeur de cette beauté.

slept
wild lights
to put an end to

Elle chercha ce moyen avec tant de patience, tant d'ardeur, qu'un matin, sortant de sa case, elle dit à l'orpheline :

— Tiens ! va me laver ce pagne noir où tu voudras. Me le laver de telle sorte qu'il devienne aussi blanc que le kaolin.

Aïwa prit le pagne noir qui était à ses pieds et sourit. Le sourire, pour elle, remplaçait les murmures, les plaintes, les larmes, les sanglots.°

sobs

* * * * *

Aïwa prit le linge noir et partit. Après avoir marché pendant une lune, elle arriva au bord d'un ruisseau. Elle y plongea le pagne. Le pagne ne fut point mouillé.° Or l'eau coulait bien, avec dans son lit, des petits poissons, des nénuphars. Sur ses berges, les crapauds° enflaient leur voix comme pour effrayer° l'orpheline qui souriait toujours. Aïwa replongea le linge noir dans l'eau et l'eau refusa de le mouiller. Alors elle reprit sa route en chantant.

not moistened at all
toads/to frighten

Ma mère, si tu me voyais sur la route,
Aïwa-ô ! Aïwa !
Sur la route qui mène au fleuve,
Aïwa-ô ! Aïwa !
Le pagne noir doit devenir blanc
Et le ruisseau refuse de le mouiller,
Aïwa-ô ! Aïwa !
L'eau glisse comme le jour,
L'eau glisse comme le bonheur,
O ma mère, si tu me voyais sur la route,
Aïwa-ô ! Aïwa !

* * * * *

Elle repartit. Elle marcha pendant six autres lunes.

Devant elle, un gros fromager couché en travers de la route et dans un creux du tronc,° de l'eau, de l'eau toute jaune et bien limpide, de l'eau qui dormait sous la brise, et tout autour de cette eau de gigantesques fourmis° aux pinces énormes, montaient la garde. Et ces fourmis se parlaient. Elles allaient, elles venaient, se croisaient, se passaient la consigne. Sur la maîtresse branche qui pointait un doigt vers le ciel, un doigt blanchi, mort, était posé un vautour° phénoménal dont les ailes,° voilaient° le soleil. Ses yeux jetaient des flammes, des éclairs, et les serres,° traînaient° à terre. Et il avait un de ces becs° !

a hole in the trunk
ants
vulture/wings/veiled/claws
dragged/a terrible beak

Dans cette eau jaune et limpide, l'orpheline plongea son linge noir que l'eau refusa de mouiller.

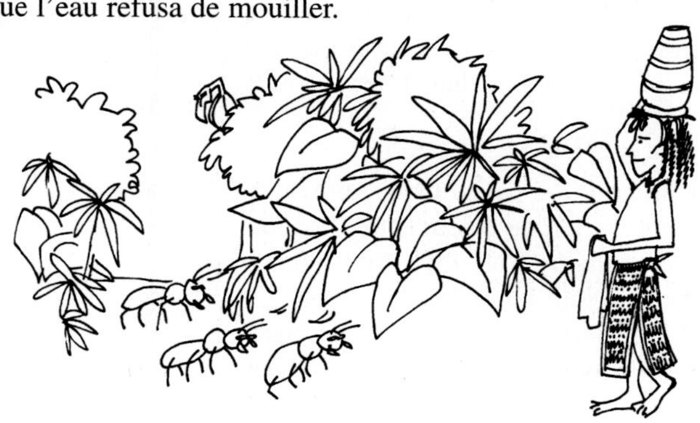

Ma mère, si tu me voyais sur la route,
Aïwa-ô ! Aïwa !
La route de la source qui mouillera le pagne noir,
Aïwa-ô ! Aïwa !
Le pagne noir que l'eau de fromager refuse de mouiller,
Aïwa-ô ! Aïwa !

* * * * *

Et toujours souriante, elle poursuivit son chemin.

Elle marcha pendant des lunes et des lunes, tant de lunes qu'on ne s'en souvient plus.

Elle était maintenant dans un lieu vraiment étrange. La voie° devant elle s'ouvrait pour se refermer derrière elle. Les arbres, les oiseaux, les insectes, la terre, les feuilles mortes, les feuilles sèches, les lianes, les fruits, tout parlait. Et dans ce lieu, nulle trace de créature humaine. Elle était bousculée,° hélée,° la petite Aïwa ! qui marchait, marchait et voyait qu'elle n'avait pas bougé depuis qu'elle marchait. Et puis, tout d'un coup, comme poussée par une force prodigieuse, elle avançait davantage dans la forêt où régnait un silence angoissant.

path
shoved/called out to

Devant elle, une clairière° et au pied d'un bananier, une source. Elle s'agenouille,° sourit. L'eau frissonne. Et elle était si claire, cette eau, que là-dedans se miraient le ciel, les nuages, les arbres.

clearing
kneels

Aïwa prit de cette eau, la jeta sur le pagne noir. Le pagne noir se mouilla. Agenouillée sur le bord de la source, elle mit deux lunes à laver le pagne noir qui restait noir. Elle regardait ses mains pleines d'ampoules° et se remettait à l'ouvrage.

blisters

Ma mère, viens me voir !
Aïwa-ô ! Aïwa !
Me voir au bord de la source,
Aïwa-ô ! Aïwa !
Le pagne noir sera blanc comme kaolin,
Aïwa-ô ! Aïwa !
Viens voir ma main, viens voir ta fille !
Aïwa-ô ! Aïwa !

* * * * *

À peine avait-elle fini de chanter que voilà sa mère qui lui tend un pagne blanc, plus blanc que le kaolin. Elle lui prend le linge noir et sans rien dire, fond° dans l'air.

melts

* * * * *

Lorsque la marâtre vit le pagne blanc, elle ouvrit des yeux stupéfaits. Elle trembla, non de colère cette fois, mais de peur; car elle venait de reconnaître l'un des pagnes blancs qui avait servi à enterrer° la première femme de son mari.

bury

Mais Aïwa, elle, souriait. Elle souriait toujours.

Elle sourit encore du sourire qu'on retrouve sur les lèvres des jeunes filles.

Compréhension et intégration

1. Pourquoi Aïwa chante-t-elle ? Que représente son sourire ?
2. Pourquoi est-ce que la marâtre est si méchante envers Aïwa ? Pourquoi a-t-elle peur à la fin du conte ?
3. Trouvez trois éléments surnaturels dans le texte.
4. Quels obstacles est-ce que Aïwa doit surmonter pour accomplir sa tâche ?
5. Quelle est la morale de ce conte ?

Maintenant à vous

1. Comparez Aïwa à Blanche Neige. Qu'est-ce qu'elles ont en commun ? Quelles différences y a-t-il ?
2. Imaginez la suite de l'histoire. Qu'est-ce qui s'est passé après le retour d'Aïwa ?

Un pas en avant

À jouer ou à discuter

1. Un(e) camarade de classe vous demande de recommander un livre (un film). Parlez-lui de quelque chose que vous avez lu (vu) récemment : l'auteur (le réalisateur), le titre et l'intrigue. Mais, attention ! Ne révélez pas le dénouement.
2. Si vous pouviez être un animal, lequel seriez-vous ? Expliquez.

À écrire

Dans ce module, vous avez parlé de beaucoup de contes classiques. À vous maintenant d'écrire un nouveau classique : un conte de fée modernisé !

Première étape

Préparez-vous.

1. Choisissez le conte que vous voudriez reformuler.

   Exemple : *Le Petit Chaperon rouge*

2. Choisissez le décor.

   Exemple : la forêt → Central Park de New York

3. Recréez les personnages.

   Exemple : le Petit Chaperon rouge → une jeune fille innocente de l'Iowa

   la grand-mère → une collègue qui est malade

   le loup → un homme menaçant

4. Situez la scène.

   Exemple : Le Petit Chaperon rouge prépare et apporte des biscuits avec des pépites de chocolat à sa collègue. Son amie habite dans un immeuble à l'ouest du Central Park, etc.

5. Imaginez la suite. Il y a une morale ?

Deuxième étape

Écrivez votre conte.

Troisième étape

Avant d'écrire la version finale, il faut réviser. Utilisez ce guide pour réagir au conte écrit par un(e) camarade de classe.

Guide de commentaire

a. Trouvez l'introduction, le déroulement et le dénouement de ce conte. Dans la marge, mettez des crochets *(brackets)* pour diviser le conte en trois parties.

b. Ajoutez deux ou trois adverbes dans le texte pour améliorer la description de l'action.

c. À la fin, écrivez votre version de la morale de ce conte.

d. Soulignez les formes verbales qui vous semblent problématiques.

Quatrième étape

En vous servant des commentaires de votre camarade de classe, faites les changements nécessaires et écrivez la version finale de votre conte. Ensuite, lisez-le à la classe. Vos camarades vont identifier l'origine de votre conte modernisé.

Structures

Structure 15.1 Le passé composé et l'imparfait (suite)

Both the **passé composé** and the **imparfait** are needed to narrate past events in French. Which tense you choose depends on how you view the past action or situation.

Here are the general guidelines for differentiating between the two past tenses. Use the **imparfait** to

1. describe past conditions or states, including weather, age, feelings, and time.
2. describe what used to happen (past habits).
3. describe what was going on when something else happened.

Use the **passé composé** to tell what happened, including a series of completed events.

Certain adverbs and time expressions are frequently used with either the **passé composé** or the **imparfait.**

1. **imparfait : souvent, toujours, d'habitude, normalement, pendant que, autrefois, chaque jour, l'été** (*summer*), **quand j'étais jeune, quand j'avais x ans, etc.**
2. **passé composé : hier, ce matin, l'année dernière, cet été, le week-end passé, puis, ensuite, soudain, enfin, il y a dix minutes, etc.**

For a small number of verbs, the **imparfait** and the **passé composé** communicate slightly different meanings.

savoir, connaître

Je **savais** que son frère habitait à Boston.	***I knew*** *his brother lived in Boston.*
J'**ai su** que son frère habitait à Boston.	***I found out*** *his brother lived in Boston.*
Je **connaissais** son frère.	***I knew*** *his brother.*
J'**ai connu** son frère.	***I met*** *his brother.*

devoir

Il **devait** me téléphoner.	*He* ***was supposed*** *to call me.*
Il **a dû** me téléphoner.	*He* ***had*** *to call me.* *He* ***must have*** *called me.*

avoir

Il **avait** du travail.	*He* ***had*** *work.*
Il **a eu** la promotion.	*He* ***got*** *the promotion.*

Exercice 1.

Voici de bons et de mauvais souvenirs. Pour les compléter, choisissez le temps du verbe qui convient (passé composé ou imparfait) selon le contexte.

1. Quand j'(étais, ai été) plus jeune, j'(adorais, ai adoré) les chiens. Un jour un gros berger allemand *(German shepard)* qui (avait, a eu) l'air gentil m(e) (mordait, a mordu) *(bit)*. À ce moment, j(e) (savais, ai su) pourquoi mon père m'avait toujours dit de ne pas jouer avec les animaux perdus.

2. L'été, nous (partions, sommes partis) toujours à la mer et nous (revenions, sommes revenus) bien bronzés. Mais l'année dernière, nous (devions, avons dû) rester en ville chez nous.

3. Mes copains (allaient, sont allés) en France en mai. Ils (visitaient, ont visité) la vallée de la Loire où ils (voyaient, ont vu) de très beaux châteaux. Pendant le voyage, ils (connaissaient, ont connu) beaucoup de jeunes Français. J(e) (savais, ai su) qu'ils (allaient, sont allés) s'amuser !

Exercice 2.

Robert se souvient de sa vie à l'université. Complétez ce paragraphe avec la forme appropriée du verbe donné entre parenthèses.

La vie de père de famille n'est pas des plus faciles. J'ai beaucoup de responsabilités et peu de temps libre. Quand j'(1) ___________ (être) étudiant, j(e) (2) ___________ (voir) la vie en rose. Mes copains et moi, nous (3) ___________ (sortir) tous les week-ends et je (4) ___________ (faire) du sport trois fois par semaine. Bien sûr, il (5) ___________ (falloir) étudier. J(e) (6) ___________ (avoir) des rédactions à écrire et des examens à passer. Il faut dire que j'(7) ___________ (apprendre) beaucoup, ce qui m(e) (8) ___________ (permettre) de trouver un bon travail après mes études.

Il y a un an, je (9) ___________ (se marier). Avec mon nouvel emploi et mon rôle de nouveau-marié, je (10) ___________ (savoir) que ma vie allait changer. Le mois passé ma femme et moi nous (11) ___________ (avoir) notre premier enfant, un fils. Je ne regrette rien, mais en ce temps-là, je n'(12) ___________ (avoir) pas tant de problèmes et je (13) ___________ (s'amuser) tout le temps. Qu'est-ce que ma vie (14) ___________ (changer) ! Ah, le bon vieux temps.

Structure 15.2 Le plus-que-parfait

The **plus-que-parfait** helps establish a chronology of past events by identifying what action precedes another.

Bob est tombé malade hier. Il **avait mangé** quelque chose de mauvais.	*Bob got sick yesterday. He had eaten (ate) something that didn't agree with him.*

This tense is formed like the **passé composé,** with the auxiliary **avoir** or **être** in the imperfect tense.

passé composé		**plus-que-parfait**	
il a mangé	*he ate*	il **avait** mangé	*he had eaten*
il est allé	*he went*	il **était** allé	*he had gone*
il s'est levé	*he got up*	il s'**était** levé	*he had gotten up*

The **plus-que-parfait** is frequently required in French in sentences where it is optional in English.

Je suis allé voir la pièce de théâtre que **tu** m'**avais suggérée.** — *I went to see the play you suggested (had suggested) to me.*

Rules for making the agreement of the past participle, which are the same as for the **passé composé,** are summarized here.

- The past participle agrees with the subject when **être** is the auxiliary:

  Elles étaient sorties ensemble. — *They had gone out together.*

- The past participle also agrees with the subject when the reflexive pronoun is the direct object of the verb:

  Elles s'étaient réveillées tard. — *They had woken up late.*

- The past participle agrees with the direct object when **avoir** is the auxiliary *and* the direct object precedes the verb:

  Claire a lu la lettre que sa tante lui avait écrite. — *Claire read the letter that her aunt (had) written her.*

Exercice 3.

En utilisant la liste donnée, dites ce que Charlotte avait déjà fait (et n'avait pas fait) avant d'aller en classe ce matin. Utilisez le plus-que-parfait.

Avant d'aller en classe, Charlotte...

1. faire son lit
2. ne pas faire la vaisselle
3. repasser sa chemise
4. se maquiller
5. s'habiller
6. lire le journal
7. prendre le petit déjeuner
8. ne pas aller au bureau de poste

Exercice 4.

Michèle raconte un souvenir d'anniversaire. Complétez son histoire avec les formes appropriées des verbes donnés entre parenthèses. Choisissez entre le passé composé et le plus-que-parfait selon l'ordre des événements au passé.

Je me souviens de mon anniversaire quand j'ai eu sept ans. Mes parents (1) ____________ (organiser) une surprise-partie. Quand je (2) ____________ (rentrer) de l'école, ils (3) ____________ (décorer) toute la maison avec des ballons et des guirlandes en papier. Ils (4) ____________ (inviter) mes meilleurs amis du quartier et de l'école. Quand j(e) (5) ____________ (voir) tout ça, j(e) (6) ____________ (être) vraiment contente. Mes amis et moi, nous (7) ____________ (jouer) dehors et puis nous (8) ____________ (regarder) des vidéos amusantes que ma grand-mère (9) ____________ (apporter). Enfin, mes parents m(e) (10) ____________ (offrir) mon cadeau, une boîte bizarre qui n'était pas emballée. Je l(e) (11) ____________ (ouvrir) et devinez ce que c'était ! Le petit chat noir et blanc dont j(e) (12) ____________ (rêver). Il était si doux ! Voilà pourquoi cet anniversaire est un souvenir inoubliable.

Structure 15.3
Les adverbes de manière

Adverbs of manner describe how actions are accomplished. These adverbs end in **-ment,** the equivalent of *-ly* in English.

Most **-ment** adverbs are formed by adding **-ment** to the feminine form of the adjective.

sérieux → sérieuse → sérieusement *serious → seriously*

lent → lente → lentement *slow → slowly*

If the masculine form of the adjective ends in a vowel, add **-ment** to the masculine adjective.

probable → probablement *probable → probably*

vrai → vraiment *true → truly*

If the masculine adjective ends in **-ant** or **-ent,** drop the **-nt** and add **-mment.**

constant → constamment *constant → constantly*

évident → évidemment *evident → evidently*

Adverbs in **-ment** usually follow the verb.

Mon chat ronronne constamment. *My cat purrs constantly.*

Le sénateur parlait très élégamment. *The senator was speaking very elegantly.*

L'escargot a traversé lentement le trottoir. *The snail slowly crossed the sidewalk.*

When the adverb modifies the entire sentence, it may be placed at the beginning or the end.

Malheureusement, l'avion n'est pas arrivé à l'heure. *Unfortunately, the plane didn't arrive on time.*

Il n'en était pas content apparemment. *He wasn't happy about it apparently.*

Exercice 5.

Écrivez l'adjectif qui correspond aux adverbes suivants.

1. franchement	4. naturellement	7. constamment
2. absolument	5. vaguement	8. doucement
3. différemment	6. silencieusement	

Exercice 6.

Patricia décrit sa chatte. Complétez la description avec la forme adverbiale de chaque adjectif entre parenthèses.

Ma chatte Milou me fascine. Dans la maison, elle se promène (insolent) (1) ___________. Elle s'assoit sur mes genoux et s'endort (indifférent) (2) ___________. Quand elle se réveille, elle regarde (fixe) (3) ___________ par la fenêtre et décide de sortir. Une fois à l'extérieur, elle se cache (silencieux) (4) ___________ derrière un arbre puis soudain, elle chasse (énergique) (5) ___________ un oiseau ou un écureuil. Toute cette activité l'ennuie au bout de quelques minutes et elle reprend sa place sur l'escalier. Là, elle attend (patient) (6) ___________ que je lui ouvre la porte.

Structure 15.4 Comment reconnaître le passé simple

The **passé simple** is the past tense used in formal literary and journalistic texts in place of the **passé composé,** its conversational equivalent. Although you will not be asked to use the **passé simple,** you will need to be able to recognize and understand verbs in this tense when you read them.

Because the **passé simple** is frequently used for narration, it is commonly found in the third person. When reading literary texts, you will generally recognize **passé simple** verbs by their stem.

Look at the following regular verbs in the third person singular and plural in the **passé simple.**

écouter	elle écout**a**	ils écout**èrent**
attendre	il attend**it**	elles attend**irent**
finir	il fin**it**	elles fin**irent**

Here are some common irregular verbs in the third person **passé simple:**

avoir	eut	eurent
croire	crut	crurent
dire	dit	dirent
être	fut	furent
faire	fit	firent
prendre	prit	prirent
venir	vint	vinrent
voir	vit	virent

The meaning of the passé simple is equivalent to the **passé composé.**

Le méchant Loup se jeta (s'est jeté) sur la petite fille et la mangea (l'a mangée).	*The evil wolf pounced on the little girl and ate her.*

Exercice 7.

Voici la version française du conte *Le Petit Chaperon rouge.* Donnez l'infinitif de chaque verbe au passé simple et ensuite, répondez vrai ou faux aux questions. Si la phrase est fausse, corrigez-la.

Il était une fois une jolie petite fille que tout le monde aimait. Un jour, sa mère (1) l'*envoya* chez sa grand-mère malade pour lui apporter une galette et un petit pot de beurre. Elle (2) *partit* donc vers la forêt où habitait sa grand-mère. En chemin, elle (3) *rencontra* le loup qui lui (4) *demanda* : « Où vas-tu comme ça, Petit Chaperon rouge ? » Celle-ci (5) *répondit* : « Je vais chez ma grand-mère qui est malade, pour lui apporter une bonne galette et un petit pot de beurre. » Sur ce, ils se (6) *quittèrent* et le chaperon rouge (7) *continua* son chemin. Le loup (8) *se mit* à courir de toutes ses forces vers la maison de la grand-mère. Il (9) *frappa* à la porte, (10) *entra,* et (11) *dévora* la pauvre grand-mère.

Peu de temps après, le Petit Chaperon rouge (12) *arriva* à la maison de la grand-mère et (13) *frappa* à la porte. « Qui est-ce ? » (14) *demanda* le loup,* déguisé en grand-mère. « C'est moi, grand-mère, » (15) *répondit* le Petit Chaperon rouge. La petite fille (16) *entra* dans la maison et ne (17) *reconnut* pas le loup dans le lit. Celui-ci lui (18) *dit,* « Viens te coucher près de moi, ma petite. » Le Petit Chaperon rouge (19) *vint* près de lui et (20) *se coucha* dans le lit. Cependant, elle (21) *remarqua* quelque chose d'étrange. « Grand-mère, que vous avez de grandes jambes », (22) *s'exclama*-t-elle.* « C'est pour mieux marcher, mon enfant », (23) *expliqua*-t-il. « Que vous avez de grandes oreilles ! » « C'est pour mieux entendre, mon enfant. » « Que vous avez de grands yeux. » « C'est pour mieux te voir, mon enfant. » « Que vous avez de grandes dents. » « C'est pour mieux te manger ! » (24) *s'écria*-t-il.

La fin de cette histoire est bien triste. Le loup (25) *mangea* ce pauvre petit chaperon rouge qu'il (26) *dégusta* avec la galette et le petit pot de beurre.

1. Le Petit Chaperon rouge apportait des fruits et du pain à sa grand-mère.
2. Sa grand-mère habitait une maison en ville.
3. Le loup a rencontré la petite fille quand elle est arrivée à la porte de la maison de sa grand-mère.
4. Quand le Petit Chaperon rouge est entrée chez sa grand-mère, le loup avait déjà tué la pauvre grand-mère.
5. Le loup a pu tromper la petite fille parce qu'il portait les vêtements de la grand-mère.
6. Le loup s'est caché dans la cuisine.
7. Le Petit Chaperon rouge s'est rendu compte de la situation avant d'être dévoré.
8. À la fin, le loup est tué et on a pu sauver le Petit Chaperon rouge et sa grand-mère.

*Note the inversion of the subject and the verb when reporting what was said. This is a stylistic technique common in storytelling.

Vocabulaire

Vocabulaire fondamental

Noms

Les animaux *animals*

une abeille *bee*
un animal familier/domestique *house pet*
un corbeau *crow*
un lapin *rabbit*
un loup *wolf*
un mouton *sheep*
un ours *bear*

Mots apparentés : un crocodile, un éléphant, un gorille, un lézard, un lion, un serpent, un tigre, un zèbre

Les contes *stories*

un chevalier *knight*
un conte de fées *fairy tale*
une fée *fairy*
un prince (une princesse) *prince (princess)*
un roi (une reine) *king (queen)*
un sorcier (une sorcière) *witch*

Le cinéma *film*

un cinéaste *film maker*
un(e) comédien(ne) *actor*
la durée *length*
un metteur en scène *director*
la mise en scène *setting*
un prix *award*
un réalisateur (une réalisatrice) *director*
un scénario *script*
une vedette *star*
la version originale *original version*
une version sous-titrée (doublée) *subtitled (dubbed) version*

La littérature *literature*

un auteur *author*
une bande dessinée (BD, *fam)* *cartoon strip*
un dénouement *ending*
un déroulement *plot*
un genre *literary genre*
une héroïne *heroine, main female character*
le héros *hero, main male character*
une intrigue *story line*
un personnage (principal) *(main) character*
une pièce de théâtre *play*
un roman *novel*

Mots apparentés : une fable, un narrateur, un poème, un thème, un titre

Les adverbes

constamment *constantly*
évidemment *evidently*
finalement *finally*
heureusement *fortunately*
lentement *slowly*
probablement *probably*

Les adjectifs

courageux(euse) *brave*
lent(e) *slow*
littéraire *literary*
méchant(e) *mean*
passionant(e) *exciting*

Les verbes

attaquer *to attack*
épouser *to marry*
sauver *to save*
tourner *to film*
transformer *to transform*
tromper *to trick*
tuer *to kill*
voler *to fly*

Expressions utiles

Comment raconter une histoire *How to tell a story*

(See pp. 460–461 for additional expressions)

Il était une fois... *Once upon a time . . .*
Ils vécurent heureux et eurent beaucoup d'enfants. *They lived happily ever after and had a lot of children.*
Par conséquent... *As a result . . .*

Comment parler de la littérature *How to talk about literature*

(See pp. 469–470 for additional expressions)

Quel est le titre ? *What is the title?*
J'aime la poésie (les romans, les récits historiques, les analyses politiques, les bandes dessinées, etc.). *I like poetry (novels, historical fiction, political analyses, cartoons, etc.).*

Vocabulaire supplémentaire

Noms

Les animaux *animals*

un agneau *lamb*
un aigle *eagle*
un chameau *camel*
un cheval *horse*
un coq *rooster*
un écureuil *squirrel*
un hamster *hamster*
un renard *fox*
un requin *shark*
une tortue *turtle*

Les contes *stories*

un bal *ball, dance*
un carrosse *carriage*
un chasseur *hunter*
un géant *giant*
une marâtre *stepmother*
un(e) paysan(ne) *peasant*
un pirate *pirate*
une prison *prison*

Vocabulaire

Mots divers

la galette *flat cake*
l'indépendance *independence*
la mémoire *memory*
la naïveté *innocence*
la paresse *laziness*
la prévoyance *foresight*
un roman policier *detective novel*
la ruse *trickiness*
le toilettage *(animal) grooming*

Adjectifs

banal(e) *banal*
compromettant(e) *compromising*
empoisonné(e) *poisoned*
insolent(e) *haughty*
luxueux(euse) *luxurious*

Verbes

accomplir *to accomplish*
bannir *to banish*
bouger *to move*
se cacher *to hide*
déguster *to savour*
dévorer *to devour*
échapper à *to escape from*
faire la queue *to stand in line*
flatter *to flatter*
frapper *to knock*
se piquer *to prick*
se rasseoir *to sit back down*
se régaler *to have a delicious meal*
vaincre *to vanquish*

Module 16 Les études et l'avenir

Thèmes et pratiques de conversation

Le système éducatif français
Les études et les métiers
Comment mettre en valeur
Le monde du travail
Les défis de l'avenir

Culture

La sélection et la chasse aux concours
Le bac
Les défis de l'intégration

Lecture

« O voleur, voleur, quelle vie est la tienne ? » adapté de J.-M.G. Le Clézio

Structures

16.1 Le futur (suite) et le futur antérieur
16.2 Les pronoms relatifs **ce qui, ce que** et **ce dont**
16.3 Les verbes et les prépositions
16.4 Le subjonctif (suite)

Thèmes et pratiques de conversation

Le système éducatif français

INSTITUTIONS — **DIPLÔMES ET CONCOURS**

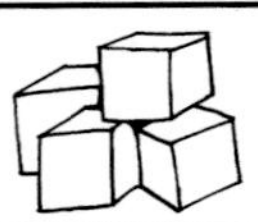

L'école maternelle : 3 ans à 6 ans

L'école primaire : 6 ans à 11 ans

Collège : 11 ans à 15 ans de la 6e à la 3e

Le CAP (Le Certificat d'aptitude professionnelle) trois ans après 5e
for entry-level skilled work

Lycée d'enseignement général : 15 ans à 17 ans de la seconde à la terminale

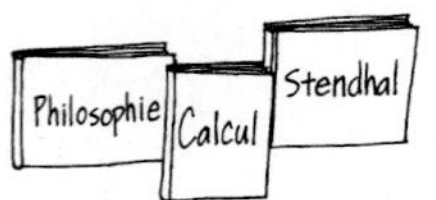

Le BAC (Le baccalauréat)

Lycée d'enseignement professionel (LEP) : deux ans avec un apprentissage

Le BEP (Le Brevet d'études professionnelles)
for higher level trades; generally students will not pursue a university education

---

Institut universitaire de technologie (IUT) : deux ans

Le DUT (Le diplôme universitaire de technologie : études courtes à finalité professionnelle)

Université
- **1ère cycle :** deux ans — **Le DEUG** (Le Diplôme d'études universitaires générales)
- **2e cycle**
  - 3e année — **La license**
  - 4e année — **La maîtrise**
- **3e cycle :** deux à sept ans — **Le doctorat**

Les Grandes Écoles
Entrée par concours après un à trois ans d'études dans une école préparatoire. Les reçus composent l'élite du pays.

- L'École Polytechnique
- L'École Nationale d'Administration (ENA)
- L'École Normale Supérieure : sciences et lettres
- L'École des Hautes Études Commerciales (HEC)

Diplômes et titres divers (Diplôme d'Ingénieur, Diplôme Supérieur de Commerce, etc.)

Activité 1 : Le système éducatif.

Consultez le diagramme à la page 490 pour compléter les phrases suivantes.

1. L'étudiant français commence le _______________ après l'école primaire à l'âge de onze ans.
2. Il commence le collège en 6e et le termine en _______________.
3. À la fin du collège il peut recevoir un diplôme appelé _______________.
4. Après le collège, l'étudiant qui préfère faire des études plus courtes va souvent dans un _______________. Il y suit des cours techniques et fait un apprentissage de mécanicien, de menuisier, de boulanger. Après _______________ ans, il reçoit un BEP ou un CAP.
5. Les étudiants qui continuent leurs études scolaires générales vont au _______________ après le collège. Ils commencent le lycée en _______________ à l'âge de _______________ ans.
6. La dernière année de lycée s'appelle la _______________. C'est une année consacrée à la préparation du _______________, un examen long et difficile.
7. Tout étudiant avec le bac a le droit d'aller dans une _______________ où les études sont payées par le gouvernement.
8. Après le bac, les étudiants les plus forts suivent des cours préparatoires pendant deux ans pour préparer un concours extrêmement difficile qui donne accès aux _______________, les écoles les plus prestigieuses en France.

Le Lycée Henri IV

La sélection et la chasse aux concours

Les concours et la sélection jouent un grand rôle dans la vie scolaire de l'étudiant français. Jusqu'à la fin du collège tous les jeunes suivent des cours ensemble, le fils du boulanger avec la fille du médecin. Mais bien avant la fin du collège, les élèves et leurs parents commencent à s'inquiéter de la sélection pour le lycée. Les meilleurs étudiants poursuivront des études académiques au lycée; les autres seront orientés vers un lycée d'enseignement professionnel (LEP) pour suivre des études pratiques. À la fin du lycée, le bac constitue une deuxième sélection. Seuls les étudiants qui y réussissent ont le droit de poursuivre des études avancées. Pour une petite élite, il y a aussi la possibilité d'étudier dans une des Grandes Écoles, le sommet de l'éducation française. Pour y être admis, il faut « bosser comme un fou° » pendant deux ans dans une école préparatoire avant de passer un concours d'entrée. Une fois reçu au concours,° l'étudiant peut se reposer. Son avenir professionnel est assuré.

Le système éducatif français est assez rigide. Une fois orienté dans une filière,° il est difficile pour l'étudiant de changer de voie, de zigzaguer comme l'étudiant américain. Par conséquent, les parents s'inquiètent beaucoup de la réussite scolaire de leurs enfants. Ils les poussent dans leurs études et les encouragent à choisir une direction à un jeune âge. Le parent français sait que le diplôme est la potion magique dans la vie.

work like crazy

made the cut

course of study

Activité 2 : Comparons nos deux systèmes.

Le système éducatif français est assez différent du système américain. Malgré ces différences, donnez un équivalent approximatif des mots anglais.

1. middle school
2. university
3. Scholastic Aptitude Test
4. senior year (high school)
5. Ivy League schools
6. kindergarten
7. college prep high school
8. elementary school
9. vocational high school
10. bachelor's degree

a. l'école maternelle
b. le baccalauréat
c. les Grandes Écoles
d. l'université
e. le lycée
f. le lycée d'enseignement professionnel (LEP)
g. l'école primaire
h. le collège
i. la terminale
j. le DEUG

MAIRIE DE PARIS
ACADÉMIE DE PARIS
LE LYCÉE INTERNATIONAL DE PARIS
CONSEIL REGIONAL
ILE-DE-FRANCE

Les études et les métiers

Structure 16.1 Le futur (suite) et le futur antérieur	The simple future used in conjunction with the **futur antérieur** establishes a chronology of future events. You can use the **futur antérieur** to explain what you must accomplish in order to realize a long-term goal. See page 515 for further explanation of the **futur antérieur.**

Jean-Pierre est étudiant en terminale. Il **passera** le bac cette année.

Sylvie veut être esthéticienne, mais elle a abandonné ses études avant le CAP. **Trouvera-**t-elle un travail ou sera-t-elle au chômage comme un grand nombre de jeunes filles sans diplôme ?

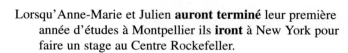

Lorsqu'Anne-Marie et Julien **auront terminé** leur première année d'études à Montpellier ils **iront** à New York pour faire un stage au Centre Rockefeller.

Arnaud n'était pas un étudiant sérieux. Il a souvent séché ses cours, et il n'a pas été reçu au bac. Il doit redoubler la classe de terminale.

Mireille s'est inscrite dans un IUT. *France Télécom* l'**embauchera** comme informaticienne aussitôt qu'elle **aura fini** ses études.

Activité 3 : Que feront-ils ?

Regardez les images et répondez aux questions suivantes.

1. Mireille, sera-t-elle institutrice quand elle aura fini ses études à l'IUT ? Que fera-t-elle ?
2. Arnaud, pourquoi doit-il redoubler la terminale ?
3. Anne-Marie et Julien, que feront-ils quand ils auront fini leur première année à Montpellier ?
4. Sylvie, trouvera-t-elle facilement un travail intéressant ? Expliquez.
5. Pourquoi Jean-Pierre étudie-t-il si dur cette année ?

Activité 4 : Votre avenir.

En l'an 2010 qui dans la classe... ?

1. sera devenu avocat(e), médecin, acteur/actrice, écrivain, homme/femme politique ?
2. aura changé le plus ?
3. aura voyagé le plus ?
4. sera marié(e) depuis longtemps ?
5. sera devenu(e) professeur dans une université ?
6. aura gagné le plus d'argent ?

Activité 5 : Interaction.

Interviewez un(e) camarade.
Quand tu auras terminé tes études...

1. est-ce que tu feras un voyage ? Si oui, où ?
2. est-ce que tu seras joyeux(euse) ou nostalgique ?
3. est-ce que tu resteras ici, où habiteras-tu ailleurs ? Où ?
4. est-ce que tu travailleras tout de suite ? Si oui, quelle sorte de travail chercheras-tu ? Si non, qu'est-ce que tu feras ?
5. feras-tu des études avancées ? Si oui, dans quelle discipline ?
6. est-ce que tu te marieras aussitôt ?

Activité 6 : Mettez en avant les choses essentielles !
Utilisez le futur et le futur antérieur pour composer des phrases avec les éléments suivants.

1. Agnès / pouvoir / enseigner à / l'université / lorsqu'elle / recevoir / son doctorat.
2. Nous / être / plus / à l'aise / quand / nous / finir / l'interview.
3. J(e) / n(e) / avoir / plus d'argent / quand / je / payer / ce voyage.
4. Lorsque / vous / remplir / ce formulaire / une conseillère / vous / parler.
5. Ma mère / être / plus contente / quand / je / quitter / la maison.
6. Tu / être / prête pour l'examen / quand / tu / relire / tes notes.
7. Dès que / tu / trouver / travail / tu / pouvoir / payer tes dettes.

Le bac

« Si tu n'as pas ton bac, tu n'es plus rien ! »
(une mère à son fils)

Le 8 juin, c'est le jour J° pour les lycéens français. Près de 530 000 candidats bacheliers, l'angoisse au cœur, commencent le bac. On ne peut pas surestimer ce rite de passage dont les résultats, publiés dans le journal, déterminent l'entrée aux études supérieures. Il n'y a pas un seul bac; on peut le préparer dans plusieurs disciplines. Voici les sujets traditionnels :

D Day

le bac série L : philosophie, littérature, langues
ES : sciences économiques et sociales
S : mathématiques, avec options physique, biologie et technologie

Parmi ces options, le bac S est le plus prestigieux. En conséquence, les étudiants les plus doués° sont souvent orientés vers les maths au lycée où les étudiants commencent à se spécialiser.

bright

C'est grâce à l'uniformité du programme d'études que tous les étudiants peuvent passer le même examen. À cause de son énorme importance, des magazines tels que *Le Monde de l'Éducation* et *Jeune Étudiant* publient des numéros spéciaux consacrés au bac où l'on offre des exemples de questions et thèmes fréquemment posés ou anticipés afin d'aider l'étudiant dans son bachotage.° Nous vous en offrons ici quelques exemples.

cramming and intensive study

Économie

Uniquement pour les élèves qui ont choisi la terminale ES.
Thèmes le plus fréquemment proposés :

— La crise° dans les pays développés à économie de marché°

— Inégalités sociales et nouvelle pauvreté

economic crisis/ market economies

Géographie

Les États-Unis

Thèmes le plus fréquemment proposés :

— L'agriculture aux États-Unis et ses problèmes

— Le poids° et le rôle du Sun Belt dans la géographie contemporaine des États-Unis

importance

Littérature

Thèmes le plus fréquemment proposés :

— Dans quelle mesure le roman vous semble-t-il être un miroir du monde ?

— La culture est-elle, selon vous, facteur de division ou d'union entre les hommes ?

— « Longtemps j'ai pris ma plume pour une épée° », écrit Jean-Paul Sartre. Pensez-vous que la littérature soit un instrument de combat ?

sword

Philosophie

Thèmes le plus fréquemment proposés :

— La science connaît-elle la réalité ?

— La science peut-elle sauver l'homme de lui-même ?

— Une œuvre d'art est-elle utile ?

Avez-vous compris ?

Discutez avec la classe.

1. Si vous passiez le bac, quel sujet choisiriez-vous ? Pourquoi ? Quel sujet vous semble le plus difficile ?
2. Est-ce que les thèmes proposés du bac sont pareils au thèmes du SAT ? Expliquez.
3. On parle du besoin d'un examen national pour les États-Unis. Que pensez-vous de cette idée ?

Activité 7 : Un micro-bac, allez-y !

Répondez aux questions suivantes.

1. Donnez un exemple d'une économie de marché.
2. Donnez un exemple d'une inégalité sociale.
3. Quels états sont dans le Sun Belt ? Nommez deux produits de ces états.
4. Connaissez-vous un autre écrivain qui, comme Sartre, a pris sa plume pour une épée ?
5. Pouvez-vous penser à une invention scientifique qui pourrait sauver l'homme de lui-même ?

Un sondage sur la culture générale des Français a révélé que...

- 69% des Français ne savent pas qui était le père de Caïn et Abel (Adam : 21%)
- 60% ne savent pas qui a peint La Joconde (Léonard de Vinci : 33%)
- 14% ne savent pas combien font 7 fois 6 (42 : 86%)

Quels seraient les résultats dans votre classe de français ?

Francoscopie, 1993

Comment mettre en valeur

Structure 16.2 Les pronoms relatifs *ce qui, ce que et ce dont*

Ce qui, ce que, and **ce dont** are indefinite relative pronouns. In English they all mean *what.* In spoken French they are used with **c'est** for adding emphasis and for focusing attention as shown in the examples here. See page 516 for further explanation.

Des programmes d'échanges

Chaque année des centaines de jeunes Français se rendent aux États-Unis, grâce à des bourses pour étudier dans les high schools et dans les universités. Voilà quelques remarques de ces étudiants.

LAURENT : **Ce que** j'apprécie aux États-Unis, **c'est** la beauté des campus.

CAMILLE : La vie sociale, les clubs et le sport, **voilà ce qui** est important dans les high schools, contrairement aux lycées.

ANDRÉ : **Ce qui me plaît, c'est** l'ambiance décontractée dans les salles de classe.

BÉATRICE : **Ce qui me manque, ce sont** mes copains. Ici je trouve les étudiants superficiels. Il y a moins de discussions animées.

RACHEL : **Ce que** j'aimerais faire **c'est** voir tout le pays avant de rentrer en France.

ARMAND : **Ce dont** j'avais vraiment besoin c'était d'une meilleure préparation en anglais.

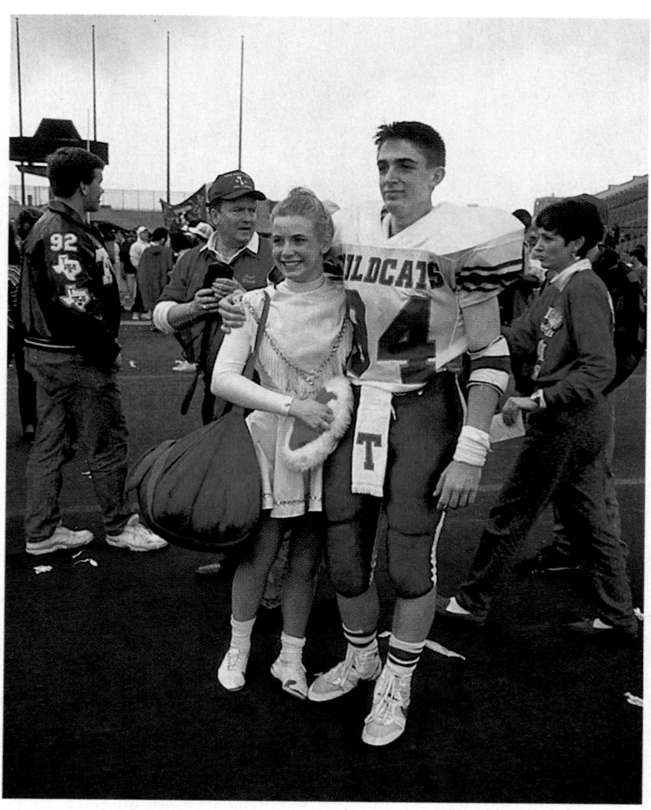

Austin, Texas

Activité 8 : Les étudiants parlent.

Répondez aux questions suivantes en utilisant la structure : *ce qui, ce que, ce dont... c'est.*

1. Qu'est-ce que Laurent apprécie à propos des écoles américaines ?
2. Qu'est-ce qui est important dans les high schools selon Camille ?
3. Qu'est-ce qui plaît à André ?
4. Qu'est-ce qui manque à Béatrice ?
5. Qu'est-ce que Rachel aimerait faire ?
6. De quoi Armand avait-il besoin avant de venir aux États-Unis ?

Activité 9 : Entrevue à la télévision.

Des étudiants américains parlent de leurs impressions à propos du système éducatif français. Répondez pour eux en suivant le modèle.

Modèle : Dawn, qu'est-ce qui vous a frappé le plus au lycée ?
(Le travail et le niveau des cours)

DAWN : Ce qui m'a frappé le plus, c'est le travail et le niveau des cours.

Jeff, quel aspect de la vie sociale as-tu apprécié le plus ?

JEFF : ______________________________

(Les discussions dans les cafés. Nous allions toujours dans le même café à cinq heures. On plaisantait, on parlait des profs, on faisait de la politique et de la philosophie. C'était sympa !)

Qu'est-ce qui était difficile pour vous ?

JEFF : ______________________________

(Les cours le samedi matin. Le mercredi après-midi libre n'était pas une vraie récompense.)

Jeff, quel aspect de l'organisation des classes était le plus différent ?

JEFF : ______________________________

(La spécialisation des étudiants. Dans mes cours on préparait tous le Bac terminal ES, sciences économiques et sociales.)

Alex, qu'est-ce qui est problématique pour un étudiant américain ?

ALEX : ______________________________

(Le manque de tests, de devoirs et de thèses à écrire. Comment évaluer ses progrès ?)

Dawn, de quoi l'étudiant a-t-il besoin pour avoir une bonne expérience ?

DAWN : ______________________________

(Une bonne préparation en français.)

Activité 10 : À vous !

Terminez les phrases suivantes avec un(e) camarade.

1. Ce que j'ai remarqué tout de suite quand je suis arrivé(e) sur le campus ici, c'était...
2. Ce qui me plaît le plus ici, c'est...
3. Ce qui me manque ici, c'est...
4. Ce que je trouve amusant, c'est...
5. ... voilà ce que je trouve insupportable.
6. Ce dont j'ai vraiment envie, c'est...

Le monde du travail

Structure 16.3 Les verbes et les prépositions

A number of French verbs must be followed by **à** or **de** before an infinitive. Some of the more common examples of these are shown here, and on page 518.

Max est extraverti. Il **rêve de** travailler à la vente.

Anne-Marie a fini ses études à l'École Nationale d'Administration; alors, elle **s'attend à** trouver un bon poste dans le gouvernement.

Le syndicat qui représente les travailleurs d'Air France **refuse d'**accepter une réduction de salaire. Est-ce qu'ils **choisiront de** faire la grève ?

Louis, qui a cinquante ans, a **oublié de** mettre de l'argent de côté pour sa retraite. Maintenant il **cherche à** faire des économies parce qu'il ne veut pas dépendre exclusivement d'une pension de la sécurité sociale.

Feza travaille pour une agence intérimaire, mais elle n'aime pas l'instabilité de son travail. Elle **tient à** être embauchée comme salariée par une filière du Crédit Agricole.

Cette entreprise **risque de** faire faillite *(go bankrupt)* si elle ne licencie *(let go)* pas un grand nombre d'employés.

Jean-François **hésite à** changer de travail avec l'incertitude économique.

Activité 11 : À la récherche d'un bon boulot.

Complétez le passage suivant avec *à* ou *de* où c'est nécessaire.

J'ai un petit job pas du tout intéressant dans un Quick *(fast food français)* mais je ne m'attendais jamais (1) ______________ travailler dans la restauration rapide. Ce n'est pas du tout ce que je cherchais (2) ______________ faire. Après deux années d'études à l'université de commerce, je mérite (3) ______________ être embauché(e) comme salarié(e) dans une banque. Récemment, en lisant les petites annonces, j'ai vu une offre de travail qui m'a intéressé(e) mais j'ai oublié (4) ______________ envoyer mon CV. Franchement, j'arrive difficilement (5) ______________ écrire des lettres officielles. Je n'ai pas réussi (6) ______________ finir mon programme d'études, et sans diplôme universitaire, il y a des offres d'emploi pour lesquelles je ne peux pas postuler. Mon oncle m'a offert quelque chose dans son bureau, mais je tiens (7) ______________ trouver mon propre boulot; je n'accepte pas (8) ______________ dépendre des autres. Le problème c'est que je commence (9) ______________ perdre confiance.

Activité 12 : À vous de finir.

Complétez ces phrases avec un(e) camarade et puis présentez vos résultats à la classe.

1. Quand je ne suis pas préparé(e) pour une classe, j'hésite à...
2. Mme Armand a licencié son secrétaire parce qu'il oubliait constamment de...
3. Avec ses résultats excellents à l'examen d'entrée, Jacques s'attend à...
4. Ces travailleurs paresseux ne méritent pas de...
5. J'ai envoyé une lettre de demande d'emploi à cette société mais je commence à...
6. Si vous ne travaillez pas plus dur, vous risquez de...

Les défis de l'avenir

Structure 16.4 **Le subjonctif (suite)**	The subjunctive is required after certain conjunctions that link complex phrases. The focus here is on the meaning of these conjunctions. See page 519 for a further discussion of these forms and their use.

En ce qui concerne l'autoroute électronique, la France est déjà bien avancée. En 1995, toutes les villes moyennes seront reliées en fibres optiques.

L'Express, 6 octobre 1994

À l'époque de l'autoroute électronique le voyage entre Paris et New York ne dure que quelques secondes, **pourvu qu**'on **ait** internet.

Harlem Désir a fondé SOS racisme **afin que** les Français agissent contre le racisme.

Il faut arrêter l'immigration clandestine **avant qu'**une catastrophe ne se produise.

Nous détruirons notre planète **à moins que** nous ne **conservions** l'énérgie.

Il y aura de la pauvreté **jusqu'à ce qu'**on **mette** fin à la surpopulation.

Bien que nous **parlions** de la paix, nous faisons la guerre.

Une manifestation organisée par SOS racisme de Harlem Désir

Soldats dans une ville déserte de Bosnie

Activité 13 : Est-ce logique ?

Dites si les phrases suivantes sont logiques ou illogiques.

1. Le président sera réélu **pourvu que** l'économie soit forte.
2. La mortalité infantile restera élevée **à moins que** les soins prénatals ne soient accessibles à toutes les femmes.
3. On dit que les immigrés prennent le travail des Français **bien qu'**ils fassent les tâches que les Français ne veulent pas faire.
4. Les Québecois parlent français **bien que** le Québec soit francophone.
5. On achète un ordinateur afin de communiquer via internet.
6. Les Québecois français lutteront pour l'indépendance du Québec **jusqu'à ce que** leur identité française soit assurée.

- Les problèmes d'environnement les plus ressentis par les Français sont la pollution de l'air (58%); la pollution de l'eau (51%); les déchets industriels et domestiques (37%); le bruit (35%); le manque d'espaces verts (19%); les difficultés de circulation automobile (18%); la dégradation des immeubles (15%).
- 65% des Français estiment qu'un accident analogue à celui de Tchernobyl est toujours possible (29% non).

Francoscopie, 1995

Activité 14 : Vous disiez ?

Avec un(e) camarade trouvez une terminaison logique aux phrases suivantes. N'oubliez pas d'utiliser le subjonctif.

1. Nous arriverons à l'heure pourvu que...
2. J'aime bien mes cours bien que...
3. Mes parents me donnent de l'argent afin que...
4. Je dois étudier jusqu'à ce que...
5. La surpopulation sera un problème à moins que...

Activité 15 : Êtes-vous écolo ?

Avec un(e) camarade , décidez quels sacrifices vous êtes prêts à faire pour sauver l'environnement. Si vous avez d'autres suggestions, donnez-les.

Est-ce que vous...

1. utiliseriez les transports en commun tous les jours ?
2. acheteriez seulement du papier recyclé ?

3. refuseriez d'acheter des produits aérosols pour ne pas détruire la couche d'ozone ?
4. vous limiteriez à un seul enfant ?
5. donneriez de l'argent à une organisation écologique ?
6. aideriez à enlever les déchets de la plage ?

Les défis de l'intégration

Le débat sur l'immigration monte en France où l'on constate une radicalisation des positions : celle de l'extrême droite qui propose l'exclusion des immigrés avec le slogan « La France aux Français ! » et celle de la gauche qui propose leur intégration.

Les principales vagues d'immigration en France ont eu lieu en 1931, 1946 et 1962. En France comme ailleurs pendant les périodes de croissance économique,° on accueille les travailleurs étrangers. Cependant, pendant les périodes de crise,° les immigrés deviennent le bouc émissaire° pour tous les problèmes du pays surtout le chomâge et la délinquance. En France, lors de la crise économique de 1973, une réaction contre la présence des étrangers s'est déclenchée. Récemment, cette réaction s'est aggravée à cause du chômage.

economic growth
recession/scapegoat

La réaction la plus forte parmi les Français est contre les immigrés maghrébins due en partie aux différences culturelles. L'assimilation dans la culture française est moins facile pour les étrangers qui viennent d'Afrique du Nord et d'Afrique noire où les différences culturelles sont plus marquées. La culture musulmane, non-occidentale° des Maghrébins présente un défi à l'intégration. Pour beaucoup de Français, la laïcité° fondamentale de la société française et les préceptes de l'Islam ne peuvent pas coéxister. Certains Français ont peur que l'identité française se dissolve progressivement dans un pays qui devient de plus en plus pluriculturel.

non-Western
laicism, non-religious nature

Le plus grand défi même pour les intégrationistes est l'arrivée d'immigrés clandestins ou illégaux. La majorité des Français pensent que leur gouvernement ne doit pas payer les allocations familiales° aux immigrés clandestins. Ces dernières années, avec l'instabilité en Europe de l'Est, il y a un nouveau groupe d'immigrés européens, venus de l'ex-Yougoslavie, de Pologne, de Roumanie et de Bulgarie. Le débat sur l'immigration ne semble pas près de diminuer de si tôt.

aid to families

Qu'est-ce qui fait de toi un(e) Français(e) ?

Un collégien, Basile repond à cette question posée par son professeur.

« Je m'appelle Basile, je suis Ivoirien et je suis né en Côte d'Ivoire. Il y a deux ans je me suis senti comme un Français, c'est lorsque je devais participer à une compétition d'athlétisme contre une ville d'Allemagne.

« Je me sentais vivant, je m'imaginais français et je me disais dans la tête : *" Basile, tu dois gagner pour toi et pour la France".* »

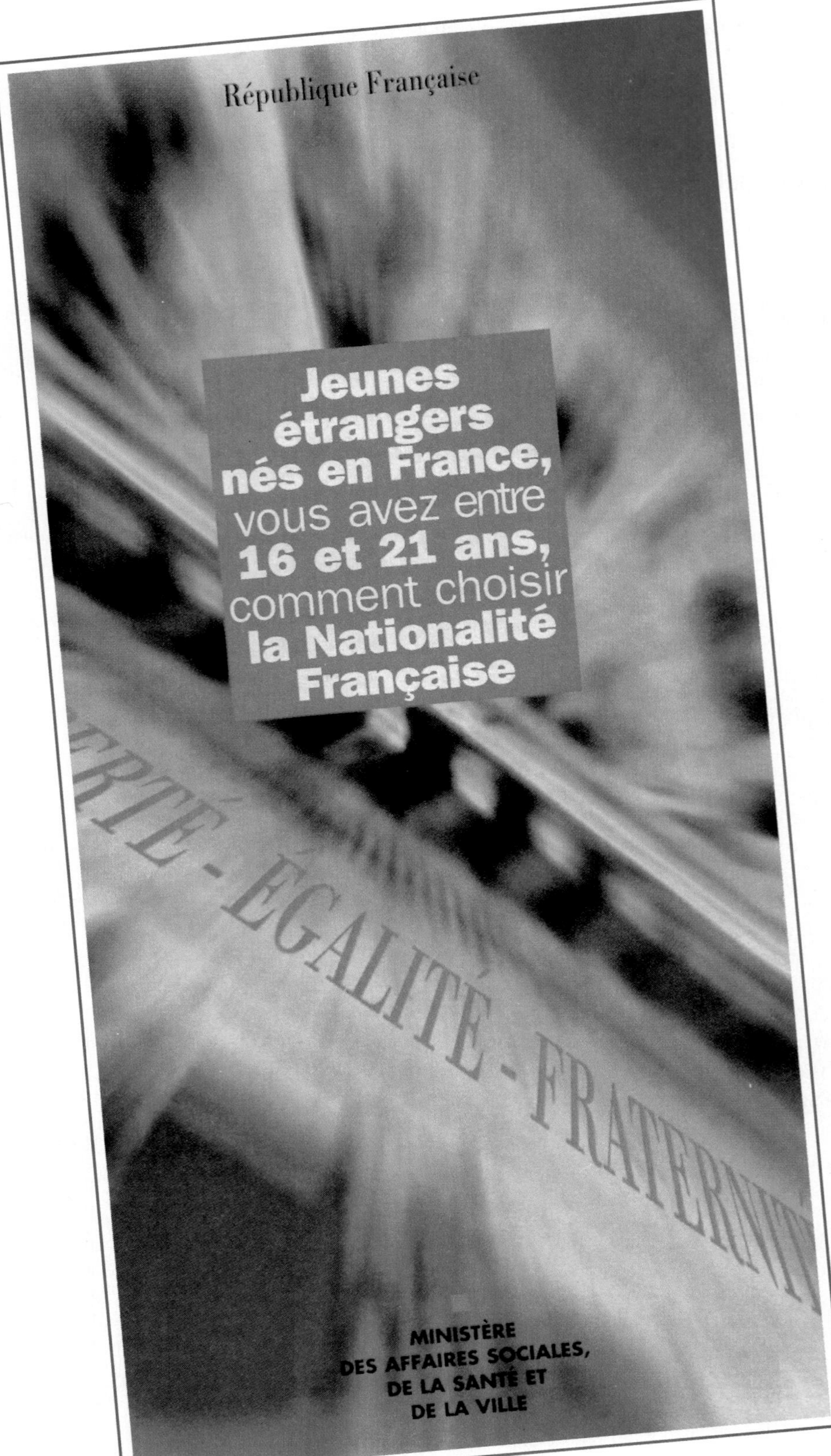
République Française
Jeunes étrangers nés en France, vous avez entre 16 et 21 ans, comment choisir la Nationalité Française
…RTÉ - ÉGALITÉ - FRATERNIT…
MINISTÈRE DES AFFAIRES SOCIALES, DE LA SANTÉ ET DE LA VILLE

Avez-vous compris ?

1. Dans quelles circonstances les travailleurs immigrés deviennent-ils le bouc émissaire du pays d'accueil ?
2. Quel événement a produit la réaction contre la présence des étrangers en 1973 ?
3. Qu'est-ce qui cause la tension entre les Français et les Algériens ?
4. Qu'est-ce qui présente un défi pour la France ?
5. Pour Basile quand est-ce qu'il s'est senti français ?

Activité 16 : Minidialogue.

Une étudiante française d'origine marocaine et une étudiante américaine se parlent. Complétez leur dialogue.

FEZA : Est-ce que tes parents paient tes études ici ?
LISA : Oui, ils paient mes études afin que je...

FEZA : Vas-tu rester ici toute l'année ?
LISA : Oui, pourvu que...

FEZA : Je pense voyager au Maroc pendant les vacances de Noël. Tu aimerais m'accompagner ?
LISA : Oui, à moins que...
FEZA : Je suis née à Marseille, mais mes parents viennent de Casablanca et ma grand-mère y habite toujours. Je veux la voir avant que...
LISA : Est-ce que tu te sens plutôt française ou marocaine ?
FEZA : Euh, c'est difficile à dire, bien que...

Lecture

Anticipation

Vous allez lire une histoire à propos d'un immigré portugais qui mène la vie d'un petit criminel en France.

D'après le contexte, trouvez le sens des mots en italique tirés du texte.

1. « Je n'ai plus souvenir du temps maintenant, c'est la vie que je *mène.* »

   a. aime b. ai c. déteste d. oublie

2. « C'était un village de *pêcheurs.* » Un pêcheur gagne sa vie en attrapant des...

   a. criminels b. poissons c. prisoniers d. arbres

3. « Après cela j'ai travaillé comme *apprenti maçon* avec mon père. »
   Les apprentis maçons apprennent à travailler avec

   a. le bois b. l'électricité c. les briques d. les voitures

4. « Ce qui est terrible, c'est que ça s'est passé d'un seul coup, quand j'ai perdu mon travail. » Quelque chose qui se passe *d'un seul coup* se passe

   a. lentement b. soudain c. difficilement d. jamais

5. « J'ai perdu mon travail parce que l'entreprise avait *fait faillite.* » Une entreprise qui fait *faillite*

   a. gagne beaucoup d'argent
   b. ne peut plus payer ses dettes
   c. a de gros revenus
   d. embauche de nouveaux employés

6. « Ma femme ne pouvait pas travailler, elle avait des *ennuis* de santé. »

   a. problèmes b. médicaments c. traitements d. qualités

7. « Je fais ça pour eux, pour que ma femme et mes *gosses* aient de quoi manger. » En français familier le mot *gosses* veut dire

   a. amis b. parents c. collègues d. enfants

8. « Qu'est-ce que ça te fait, quand tu penses que tu es devenu un voleur ? »... « Ça me fait quelque chose, ça *me serre la gorge* et ça m'accable. » Quand quelque chose vous serre la gorge vous vous sentez...

   a. tranquille b. neutre c. plein d'émotion d. malade

O voleur,° voleur, quelle vie est la tienne ?

thief

adapté de J.-M.G. Le Clézio

Dis-moi comment tout a commencé.

Je ne sais pas, je ne sais plus, il y a si longtemps, je n'ai plus souvenir du temps maintenant, c'est la vie que je mène. Je suis né au Portugal, à Ericeira, c'était en ce temps-là un petit village de pêcheurs pas loin de Lisbonne, tout blanc au-dessus de la mer. Ensuite mon père a dû partir pour des raisons politiques, et avec ma mère et ma tante on s'est installés en France, et je n'ai jamais revu mon grand-père. C'était juste après la guerre, je crois qu'il est mort à cette époque-là. Mais je me souviens bien de lui, c'était un pêcheur, il me racontait des histoires, mais maintenant je ne parle presque plus le portugais. Après cela, j'ai travaillé comme apprenti maçon avec mon père, et puis il est mort, et ma mère a dû travailler aussi, et moi je suis entré dans une entreprise, une affaire de rénovation de vieilles maisons, ça marchait bien. En ce temps-là, j'étais content avec le monde, j'avais un travail, j'étais marié, j'avais des amis, je ne pensais pas au lendemain, je ne pensais pas à la maladie, ni aux accidents, je travaillais beaucoup et l'argent était rare, mais je ne savais pas que j'avais de la chance. Après ça je me suis spécialisé dans l'électricité. C'est moi qui refaisais les circuits électriques, j'installais les appareils ménagers, l'éclairage, je faisais les branchements. Ça me plaisait bien, c'était un bon travail. Je ne savais pas que j'avais de la chance.

Et maintenant ?

Ah, maintenant, tout a changé. Ce qui est terrible, c'est que ça s'est passé d'un seul coup, quand j'ai perdu mon travail parce que l'entreprise avait fait faillite. Au début j'ai cru que tout allait s'arranger, j'ai cru que j'allais retrouver du travail facilement, mais il n'y avait rien. Et pour l'électricité, je n'avais pas de CAP, personne ne m'aurait confié un travail comme ça. Alors les mois sont passés et je n'avais toujours rien, et c'était difficile de manger, de payer l'éducation de mes fils, ma femme ne pouvait pas travailler, elle avait des ennuis de santé, on n'avait même pas d'argent pour acheter les médicaments. On allait mourir de faim, ma femme, mes enfants. C'est comme ça que je me suis décidé. Au début, je me suis dit que c'était provisoire, le temps de trouver un peu d'argent, le temps d'attendre. Maintenant ça fait trois ans que ça dure, je sais que ça ne changera plus.

Tu sors toutes les nuits ?

Ça dépend. Ça dépend des endroits. Il n'y a pas de règles. En général, je ne veux pas faire ça le jour, j'attends la nuit, même le petit matin, tu sais, vers trois-quatre heures, c'est le meilleur moment. Mais je n'entre jamais dans une maison quand il y a quelqu'un.

Est-ce qu'ils savent ?

Mes enfants ? Non, non eux ne savent rien, on ne peut pas leur dire, ils sont trop jeunes, ils ne comprendraient pas que leur père est devenu un voleur. Non, je ne voudrais pas que mes enfants apprennent cela, ils sont trop jeunes. Ils croient que je travaille comme avant. Maintenant je leur dis que je travaille la nuit, et que c'est pour ça que je dois partir la nuit, et que je dors une partie de la journée.

Tu aimes cette vie ?

Non, au début je n'aimais pas ça du tout, mais qu'est-ce que je peux faire ? Je fais ça pour vivre, pour que ma femme et mes gosses aient de quoi manger, des vêtements, pour que mes gosses aient une éducation, un vrai métier.

Si je retrouvais demain du travail, je m'arrêterais tout de suite de voler, je pourrais de nouveau rentrer chez moi tranquillement, le soir, je m'allongerais sur le lit avant de dîner.

Qu'est-ce que ça te fait, quand tu penses que tu es devenu un voleur ?

Si ça me fait quelque chose, ça me serre la gorge et ça m'accable, tu sais, quelquefois, le soir, je rentre à la maison à l'heure du dîner, et ce n'est plus du tout comme autrefois, il y a juste des sandwiches froids, et je mange en regardant la télévision, avec les gosses qui ne disent rien. Alors je vois que ma femme me regarde, elle ne dit rien elle non plus, mais elle a l'air si fatigué, elle a les yeux gris et tristes, et je me souviens de ce qu'elle m'a dit, la première fois, quand elle m'a demandé s'il n'y avait pas de danger. Moi, je lui ai dit non, mais ça n'était pas vrai, parce que je sais bien qu'un jour, c'est fatal, il y aura un problème. Peut-être que les flics° m'attraperont, et je ferai des années en prison, ou bien peut-être que je ne pourrai pas courir assez vite quand on me tirera dessus,° et je serai mort. Mort. C'est à elle que je pense, à ma femme, pas à moi, moi je ne vaux rien, je n'ai pas d'importance. C'est à elle que je pense, et à mes enfants aussi, que deviendront-ils, qui pensera à eux, sur cette terre ?

cops (flics°) · *shoot at* (tirera dessus°)

Adapté de J.-M.G. Le Clézio: « Ô voleur, voleur, quelle vie est la tienne », La ronde et autres faits divers. *Editions GALLIMARD.*

Compréhension et intégration

1. Où le voleur est-il né ? Pourquoi est-il venu en France ?
2. Comment a-t-il gagné sa vie ?
3. Pourquoi a-t-il perdu son travail ?
4. Quel est le nouveau métier de cet homme ?
5. Pourquoi ne dit-il rien à ses enfants ?
6. Quand entre-t-il dans les maisons et pourquoi ?
7. Avec qui parle-t-il dans ce texte ?

Expansion de vocabulaire

Qu'est-ce qui a mené le voleur à sa vie tragique ? Essayez de parler des causes et des effets en utilisant les conjonctions suivantes : *pour, afin de, puisque, car, jusqu'à ce que, à moins que, bien que, à cause de, donc, comme.*

1. Il fallait que la famille quitte le Portugal ______________ activités politiques du père.
2. ______________ son grand-père soit mort, le narrateur se souvient bien de lui et des histoires qu'il lui racontait.
3. ______________ il soit né au Portugal, il ne parle presque plus le portugais.
4. Il travaillait comme apprenti maçon ______________ son père soit mort.
5. L'entreprise où il travaillait a fait faillite, et il se trouvait ______________ sans travail et sans argent.
6. ______________ il n'avait pas de CAP, c'était difficile de trouver du travail avec une autre entreprise.
7. ______________ sa femme était malade, elle ne pouvait pas travailler.

8. Il a commencé à voler ______________ nourrir sa famille.
9. Il continuera à voler ______________ il trouve un travail légal.
10. Il ne veut pas dire la vérité à ses enfants ______________ il a honte de ce qu'il fait.

Maintenant à vous

En groupes de quatre, discutez de ce que vous pensez du voleur. Comment est-il ? Quels sont ses qualités et ses défauts ? Est-ce un criminel, une victime ou les deux ? À votre avis « le voleur » pourrait-il changer sa vie ? En considérant tout ce qu'il nous a dit, proposez ce qu'il devrait faire ou aurait dû faire.

Un pas en avant

À jouer ou à discuter

1. Jeu de rôle (trois à cinq personnes) : Un journaliste d'Antenne 2 vous interviewe au sujet de vos impressions sur le système éducatif français par rapport au système américain. Utilisez les structures de focalisation pour mettre vos impressions en valeur (Ce que je trouve différent c'est... etc.).
2. Interviewez votre professeur ! Demandez-lui (1) quel a été son premier travail; (2) quel emploi il/elle a aimé le mieux, le moins; (3) s'il/elle a travaillé à l'étranger (si oui, demandez ce qu'il/elle a fait, où, pendant combien de temps); (4) comment il/elle a décidé de devenir professeur; et (5) quels sont ses projets pour l'avenir.
3. Discussion en groupe. Avec un groupe de quatre ou cinq personnes, discutez de ce que vous feriez face à deux des problèmes suivants :

   a. La surpopulation
   b. L'abus de drogue
   c. L'immigration
   d. La séparation des races, des classes et des groupes ethniques
   e. La déforestation

À écrire

Vous allez rédiger une lettre de demande d'emploi.

Première étape

Lisez les offres d'emploi à la page 514 et choisissez le job qui vous intéresse le plus.

Deuxième étape

Faites une liste des qualités requises.

Troisième étape

Suivez le modèle au module 16 dans le cahier pour rédiger votre lettre.

Quatrième étape

Relisez votre lettre pour vérifier que vous avez inclu:

a. une introduction où vous indiquez comment vous vous êtes renseigné(e) sur l'offre d'emploi.

b. vos qualifications (expériences et études préparatoires) et la raison pour laquelle ce travail vous intéresse.

c. la formule de politesse au début et les salutations finales.

Offres d'emploi

cours particuliers

Aider les enfants en difficulté scolaire. Il s'agit de leur faire faire leurs devoirs et de leur donner des cours de rattrapage. On cherche surtout des précepteurs en maths, anglais et informatique. Un minimum de patience et beaucoup d'énergie. 50 F pour les enfants du primaire et 100 F pour le secondaire. Heures flexibles. Candidature à adresser à Valérie Guillemot, L'école des cracks, 24, ave Victor Hugo, 75006 Paris.

chauffeur

Cherche chauffeur pour homme d'affaires. Étudiant dynamique pour travailler 18 h par semaine. Permis de conduire demandé, nécessité contacts faciles, responsable. Bonne présentation, photo. Salaire intéressant. Écrire Ets. Vespi, 18, bd St-Germain 75006 Paris

vacances

La société Rimbaud cherche un animateur pour centre de vacances à Toulon, pour deux mois (juillet-août). Profil souhaité : étudiant dynamique 19–25 ans, avec des compétences en planche à voile, tennis et animation de jeux. Anciens GO de Club Med préférés. Rémunération : de 7 500 à 8 200 F. Contacter Maurice Jourdan, société Rimbaud, 24, rue de la Canebière Marseille 13000.

Structures

Structure 16.1 Le futur (suite) et le futur antérieur

The **futur antérieur** *(future perfect)* helps establish a chronology of future events. In cases where one action in the future precedes another, the first action is expressed in the **futur antérieur** and the subsequent action is expressed in the **futur simple.**

Quand la lettre arrivera, elle **sera déjà partie.**
2e action — 1e action
When the letter arrives, she will already have left.

Je vous téléphonerai aussitôt que **j'aurai reçu** sa réponse.
2e action — 1e action
I will call you as soon as I have received his answer.

Form the **futur antérieur** by combining the future of the auxiliary **(avoir** or **être)** and the past participle of the main verb.

aller		trouver	
je serai allé(e)	nous serons allé(e)s	j'aurai trouvé	nous aurons trouvé
tu seras allé(e)	vous serez allé(e)(s)	tu auras trouvé	vous aurez trouvé
il/elle/on sera allé(e)	ils/elles seront allé(e)s	il/elle/on aura trouvé	ils/elles auront trouvé

The **futur antérieur** is frequently used after the conjunctions **quand, lorsque, aussitôt que,** and **après que.**

Quand j'aurai reçu mon diplôme, je chercherai un travail. — *When I have received my diploma, I will look for a job.*

Jeanne achètera une voiture **aussitôt qu'**elle **aura épargné** assez d'argent. — *Jeanne will buy a car as soon as she has saved enough money.*

Lorsque vous arriverez, le train **sera déjà parti.** — *When you arrive the train will already have left.*

Exercice 1.

Insistez sur la chronologie logique de ces activités en choisissant entre le futur et le futur antérieur.

1. Je (sortir) _______________ quand je (finir) _______________ mon travail.
2. Nous (comprendre) _______________ ce film lorsque le professeur nous l(e) (expliquer) _______________.
3. Est-ce que tu (partir) _______________ aussitôt que les joueurs (finir) _______________ ce match ?
4. Vous (changer) _______________ d'opinion lorsque vous (lire) _______________ cet article.
5. Aussitôt que leur professeur (quitter) _______________ la classe, les étudiants (commencer) _______________ à faire des bêtises.
6. Lorsque le directeur du personnel (regarder) _______________ mon CV, il me (offrir) _______________ le travail.
7. Quand il (avoir) _______________ le bac, il (s'inscrire) _______________ dans une université.

Structure 16.2 Les pronoms relatifs *ce qui, ce que et ce dont*

Ce qui, ce que, and **ce dont** are indefinite relative pronouns that mean *what* in English. **Ce qui** replaces a subject, **ce que** replaces an object, and **ce dont** replaces an object preceded by the preposition **de.**

Je ne sais pas **ce que** je ferai après mes études.	*I don't know* ***what*** *I'll do after my studies.*
Ma mère veut savoir **ce qui** se passe ici.	*My mother wants to know* ***what****'s going on here.*
Dites-moi **ce qui** est arrivé à votre sœur.	*Tell me* ***what*** *happened to your sister.*
Je veux savoir **ce dont** tu as besoin.	*I want to know* ***what*** *you need.*

Ce qui, ce que, and **ce dont** are frequently used for emphasis in conversation as shown in the following examples.

Cette classe m'ennuie.	*This class bores me.*
Ce qui m'ennuie **c'est** cette classe.	*What bores me is this class.*

Je veux voir un film.	*I want to see a film.*
Ce que je veux faire **c'est** voir un film.	*What I want to do is see a film.*
J'avais besoin de pratiquer.	*I needed to practice.*
Ce dont j'avais besoin **c'était** pratiquer.	*What I needed was to practice.*

Ce qui and **ce que** are also used in indirect questions, a polite way of seeking information.

Direct questions

Qu'est-ce qui se passe ? *What's happening?*

Qu'est-ce qu'il fait ?

Qu'est-ce que tu as vu ?

Indirect questions

J'aimerais savoir **ce qui** se passe. *I would like to know what is happening.*

Je voudrais savoir **ce qu'**il fait.

Je me demande **ce que** tu as vu.

Exercice 2.

Des jeunes discutent de leurs études et du travail. Remplissez les vides avec *ce qui* ou *ce que*.

1. Je ne comprends pas ______________ il faut faire pour trouver un travail d'été en France.
2. Dites-moi ______________ est arrivé à Jean pendant l'interview. Savez-vous ______________ s'est passé ? A-t-il été embauché par le restaurant ?
3. Nous aimerions savoir ______________ nous devrions étudier pour réussir le concours.
4. ______________ j'ai apprécié pendant mon stage à Renault c'était les longs déjeuners avec les autres stagiaires de toutes nationalités.

Exercice 3.

Des étudiants étrangers parlent de leurs expériences aux États-Unis. Mettez en valeur les éléments soulignés en utilisant *ce qui* ou *ce que*.

Modèle : Je n'aime pas le froid.

Ce que je n'aime pas c'est le froid.

1. Les examens m'ennuient.
2. J'apprécie l'attitude des professeurs envers les étudiants.
3. Je trouve l'anglais très difficile.

4. Les restaurants français me manquent.
5. Nous voulons étudier l'informatique.
6. Ce campus me plaît.

Structure 16.3 Les verbes et les prépositions

You have already used verbs followed by infinitives, for example, **j'aime écouter de la musique.** You have also used verbs that require the preposition **à** or **de** before the infinitive. Here we review how verbs fit into phrases.

Verbe + infinitif

These verbs are directly followed by an infinitive.

adorer	préférer
aimer	souhaiter
détester	vouloir
espérer	

Elle **aimait danser** toute la nuit.
Je **préfère étudier** chez moi.
Ma mère **veut voir** mon fiancé.

Verbe + à + infinitif

Many verbs require the preposition **à** before an infinitive. A number of them express feelings; some are idiomatic.

s'amuser à	hésiter à
s'attendre à	penser à
chercher à	réussir à
s'habituer à	tenir à

Est-ce que tu **t'attends à** trouver un job dans les petites annonces ?	*Do you expect to find a job in the want ads?*
Claude **est habitué à** travailler toute la nuit.	*Claude is used to working all night.*
Je **pense à** vous accompagner.	*I'm thinking of going with you.*
Moustafa **cherche à** réserver une place sur le vol pour Alger.	*Moustafa is trying to reserve a seat on the flight to Algiers.*

Verbe + de + infinitif

Here are some common verbs followed by **de** before an infinitive:

choisir de	promettre de	décider de
oublier de	négliger de	
rêver de	risquer de	

Vous **risquez de** perdre votre argent.

Nous **rêvons de** visiter San Francisco.

Ils ont **oublié de** fermer la porte à clé.

Leur patron a **promis d'**augmenter leur salaire.

Exercice 4.

Complétez ce passage en remplissant les vides avec *à* ou *de* où c'est nécessaire.

M. Poirot était dentiste à Lyon, mais il ne s'amusait pas (1) ______________ regarder dans les bouches de ses clients. Il négligeait même parfois (2) ______________ venir à son cabinet, et il risquait (3) ______________ perdre des clients. M. Poirot hésitait (4) ______________ le dire, mais il tenait (5) ______________ devenir écrivain. Il avait déjà écrit cinq chapitres d'un roman et il s'attendait (6) ______________ finir son chef d'œuvre bientôt. Il cherchait (7) ______________ trouver une maison d'édition *(publishing house)* qui le publierait. Pendant que M. Poirot bavardait avec ses patients, il rêvait (8) ______________ recevoir le prix Goncourt (un prix littéraire). Il n'avait jamais choisi (9) ______________ être dentiste. C'était son père qui avait insisté qu'il travaille avec lui dans son cabinet. Et le jeune Poirot n'avait pas voulu (10) ______________ décevoir son père.

Structure 16.4 Le subjonctif (suite)

The following conjunctions are always followed by the subjunctive. They are presented here primarily for you to learn their meaning.

Conjunctions of purpose

afin que, pour que *so (that)*

Mes parents épargnent de l'argent **afin que/pour que** je **puisse** aller à l'université.	*My parents are saving money so that I can go to university.*

Conjunctions of concession

bien que, quoique *although*

Bien qu'elle **soit** timide, elle a beaucoup de bons amis.	*Although she's shy, she has a lot of good friends.*

Conjunctions of restriction or limitation

pourvu que — *provided that*

Nous ferons du ski **pourvu qu'**il y **ait** de la neige. — *We will go skiing provided that there's snow.*

jusqu'à ce que — *until*

Il faut rester ici **jusqu'à ce que** vous **compreniez** la leçon. — *We have to stay here until you understand the lesson.*

à moins que — *unless*

Je viendrai demain **à moins que** je **ne tombe** malade. — *I will come tomorrow unless I get sick.*

avant que — *before*

Nous voulons partir **avant que** la pluie **ne commence.** — *We want to leave before the rain begins.*

Note that after **avant que** and **à moins que,** the verb in the subordinate clause may be preceded by a **ne** that has no negative value.

When the subject in the first and second clause is the same, use **afin de** or **pour** followed by the infinitive.

Il a épargné son salaire pour envoyer ses enfants à l'université.

Il a épargné son salaire pour que ses enfants puissent aller à l'université.

Exercice 5.

Choisissez entre *pour que/pour* et *afin que/afin de* pour compléter les phrases.

1. Il faut partir de bonne heure ______________ arriver à l'heure. (pour/pour que)
2. Mes parents ont fait des sacrifices ______________ notre vie soit meilleure que la leur. (afin de/afin que)
3. J'aimerais étudier à Genève ______________ devenir traductrice. (pour/pour que)
4. Elle a choisi de travailler pour Air France ______________ voir le monde. (afin de/afin que)
5. Il garde son vélo dans sa chambre ____________ il ne soit pas volé. (pour que/pour)

Exercice 6.

Comment faire face aux défis de l'avenir ? Écrivez des phrases logiques avec *afin que, à moins que, bien que, jusqu'à ce que, pourvu que, avant que.*

1. Il faut arrêter de polluer ______________ nous ne détruisions la planète.
2. Nous n'aurons pas la paix ______________ on apprenne la tolérance.
3. L'Europe aura une monnaie commune en 1999 ______________ rien d'imprévu *(unexpected)* n'arrive.
4. ______________ l'URSS n'existe plus, ses armes nucléaires posent un danger au monde.
5. ______________ le Canada ait un vaste territoire, sa population est assez peu nombreuse.
6. Il faut lutter contre la famine, ______________ les gens du monde aient une vie saine.

Vocabulaire

Vocabulaire fondamental

Noms

Les études, les diplômes et les matières

un apprentissage *an apprenticeship*
une augmentation de salaire *raise*
le baccalauréat *French secondary school program of study; examination required for university admission; diploma*
un boulot *a job (fam.)*
une bourse *scholarship*
un CV (curriculum vitae) *résumé*
le collège *middle school (in France)*
un diplôme *diploma*
un doctorat *doctorate*
une offre d'emploi *a job announcement*
les petites annonces *classified ads*
un programme d'études *program of study*
la retraite *retirement*
un salaire *salary*

L'écologie

Mots apparentés : *l'énergie nucléaire, l'environnement, l'immigration, la pollution, la surpopulation*

Adjectifs

angoissé(e) *anxious*
animé(e) *excited*
assuré(e) *assured*
décontracté(e) *relaxed*
embauché(e) *hired*
insupportable *unbearable*

Verbes

abandonner *to abandon or give up on*
s'attendre à *to expect to*
augmenter *to increase*
bachoter *to cram (for an exam)*
chercher à *to try to*
diriger *to lead; direct*
embaucher *to hire*
être au chômage *to be out of work*
faire la grève *to be on strike*
faire un stage *to do an apprenticeship*
hésiter à *to hesitate*
lutter *to fight*
passer (un examen) *to take (an exam)*
plaisanter *to joke*
poser sa candidature *to apply for a job*
recycler *to recycle*
refuser de *to refuse*
risquer de *to risk*

Conjonctions et adverbes

afin que *so that*
à moins que *unless*
bien que *although*
car *because*
jusqu'à ce que *until*
pourvu que *provided that*

Expressions utiles

See page 499 for additional expressions.

Comment mettre en valeur

Ce qui me frappe c'est le manque de discipline. *What strikes me is the lack of discipline.*
Ce qui me manque ce sont mes copains. *What I miss is my friends.*
Je sais ce qui me plaît. *I know what I like.*
Je suis diplômé en (lettres, sciences, etc.). *I have a degree in (humanities, science, etc.).*

Vocabulaire supplémentaire

Noms

une agence intérimaire *temporary work agency*
l'angoisse *anguish*
l'autoroute électronique *information highway*
un concours *competitive exam*
un conflit *conflict*
un défi *challenge*
une demande d'emploi *job application*
un destinataire *receiver (of letter)*
une épreuve *test*
un expéditeur *sender (of letter)*
une filière *course of study, branch of business*
un formulaire *form*
une Grande École *elite university requiring difficult entrance exam*
la licence *diploma awarded after passage of third year university exams*
un logiciel *computer software*
un voleur *thief*

Verbes

être en terminale *to be a senior*
être reçu(e) à un examen *to pass a test*
faire faillite *to go bankrupt*
mettre en valeur *to emphasize*
redoubler *to repeat (a class, a grade)*

Mots divers et expressions

ailleurs *elsewhere*
au bout de *at the end of*
les avantages secondaires *fringe benefits*
une carte verte *green card (for immigration purposes)*
les classes préparatoires *two-year course of study leading to the entrance exam for the Grandes Écoles*

Vocabulaire

un programme d'échanges *exchange program*
une unité de valeur *course unit*

Sigles *(abbreviations pronounced as anagrams)*

CAP (Certificat d'aptitude professionnelle) *basic certificate*

DEUG (Diplôme d'études universitaires générales) *awarded after the completion of two years of university study*

LEP (Lycée d'enseignement professionnel) *vocational high school for students who will not pursue university degree*

APPENDIX A

VERBES AUXILIAIRES: AVOIR et ÊTRE

Infinitif Participe passé	Présent	Passé composé	Imparfait	Passé simple
avoir	ai	ai eu	avais	
	as	as eu	avais	
eu	a	a eu	avait	eut
	avons	avons eu	avions	
	avez	avez eu	aviez	
	ont	ont eu	avaient	eurent
être	suis	ai été	étais	
	es	as été	étais	
été	est	a été	était	fut
	sommes	avons été	étions	
	êtes	avez été	étiez	
	sont	ont été	étaient	furent

Verbes conjugués avec être au passé composé

aller	entrer	partir	revenir
arriver	monter	rentrer	sortir
descendre	mourir	rester	tomber
devenir	naître	retourner	venir

Indicatif			Présent du conditionnel	Présent du subjonctif	Impératif
Plus-que-parfait	**Futur**	**Futur antérieur**			
avais eu	aurai	aurai eu	aurais	aie	
avais eu	auras	auras eu	aurais	aies	aie
avait eu	aura	aura eu	aurait	ait	
avions eu	aurons	aurons eu	aurions	ayons	ayons
aviez eu	aurez	aurez eu	auriez	ayez	ayez
avaient eu	auront	auront eu	auraient	aient	
avais été	serai	aurai été	serais	sois	
avais été	seras	auras été	serais	sois	sois
avait été	sera	aura été	serait	soit	
avions été	serons	aurons été	serions	soyons	soyons
aviez été	serez	aurez été	seriez	soyez	soyez
avaient été	seront	auront été	seraient	soient	

VERBES RÉGULIERS

Infinitif Participe passé	Présent	Passé composé	Imparfait	Passé simple
parler	parle	ai parlé	parlais	
	parles	as parlé	parlais	
parlé	parle	a parlé	parlait	parla
	parlons	avons parlé	parlions	
	parlez	avez parlé	parliez	
	parlent	ont parlé	parlaient	parlèrent
dormir (partir, sortir)	dors	ai dormi	dormais	
	dors	as dormi	dormais	
dormi	dort	a dormi	dormait	dormit
	dormons	avons dormi	dormions	
	dormez	avez dormi	dormiez	
	dorment	ont dormi	dormaient	dormirent
finir (choisir, grossir, réfléchir, réussir)	finis	ai fini	finissais	
	finis	as fini	finissais	
fini	finit	a fini	finissait	finit
	finissons	avons fini	finissions	
	finissez	avez fini	finissiez	finirent
	finissent	ont fini	finissaient	
vendre (attendre, rendre, répondre)	vends	ai vendu	vendais	
	vends	as vendu	vendais	
vendu	vend	a vendu	vendait	vendit
	vendons	avons vendu	vendions	
	vendez	avez vendu	vendiez	
	vendent	ont vendu	vendaient	vendirent

VERBES PRONOMINAUX

Infinitif Participe passé	Présent	Passé composé	Imparfait	Passé simple
se laver	me lave	me suis lavé(e)	me lavais	
	te laves	t'es lavé(e)	te lavais	
lavé	se lave	s'est lavé(e)	se lavait	se lava
	nous lavons	nous sommes lavé(e)s	nous lavions	
	vous lavez	vous êtes lavé(e)(s)	vous laviez	
	se lavent	se sont lavé(e)s	se lavaient	se lavèrent

Indicatif			Présent du conditionnel	Présent du subjonctif	Impératif
Plus-que-parfait	**Futur**	**Futur antérieur**			
avais parlé avais parlé avait parlé avions parlé aviez parlé avaient parlé	parlerai parleras parlera parlerons parlerez parleront	aurai parlé auras parlé aura parlé aurons parlé aurez parlé auront parlé	parlerais parlerais parlerait parlerions parleriez parleraient	parle parles parle parlions parliez parlent	parle parlons parlez
avais dormi avais dormi avait dormi avions dormi aviez dormi avaient dormi	dormirai dormiras dormira dormirons dormirez dormiront	aurai dormi auras dormi aura dormi aurons dormi aurez dormi auront dormi	dormirais dormirais dormirait dormirions dormiriez dormiraient	dorme dormes dorme dormions dormiez dorment	dors dormons dormez
avais fini avais fini avait fini avions fini aviez fini avaient fini	finirai finiras finira finirons finirez finiront	aurai fini auras fini aura fini aurons fini aurez fini auront fini	finirais finirais finirait finirions finiriez finiraient	finisse finisses finisse finissions finissiez finissent	finis finissons finissez
avais vendu avais vendu avait vendu avions vendu aviez vendu avaient vendu	vendrai vendras vendra vendrons vendrez vendront	aurai vendu auras vendu aura vendu aurons vendu aurez vendu auront vendu	vendrais vendrais vendrait vendrions vendriez vendraient	vende vendes vende vendions vendiez vendent	vends vendons vendez

Indicatif			Présent du conditionnel	Présent du subjonctif	Impératif
Plus-que-parfait	**Futur**	**Futur antérieur**			
m'ais lavé(e) t'étais lavé(e) s'était lavé(e) nous étions lavé(e)s vous étiez lavé(e)(s) s'étaient lavé(e)s	me laverai te laveras se lavera nous laverons vous laverez se laveront	me serai lavé(e) te seras lavé(e) se sera lavé(e) nous serons lavé(e)s vous serez lavé(e)(s) se seront lavé(e)s	me laverais te laverais se laverait nous laverions vous laveriez se laveraient	me lave te laves se lave nous lavions vous laviez se lavent	lave-toi lavons-nous lavez-vous

VERBES AVEC CHANGEMENTS ORTHOGRAPHIQUES

Infinitif Participe passé	Présent	Passé composé	Imparfait	Passé simple
acheter (se lever, se promener) acheté	achète achètes achète achetons achetez achètent	ai acheté as acheté a acheté avons acheté avez acheté ont acheté	achetais achetais achetait achetions achetiez achetaient	acheta achetèrent
appeler (jeter) appelé	appelle appelles appelle appelons appelez appellent	ai appelé as appelé a appelé avons appelé avez appelé ont appelé	appelais appelais appelait appelions appeliez appelaient	appela appelèrent
commencer (prononcer) commencé	commence commences commence commençons commencez commencent	ai commencé as commencé a commencé avons commencé avez commencé ont commencé	commençais commençais commençait commencions commenciez commençaient	commença commencèrent
manger (changer, nager, voyager) mangé	mange manges mange mangeons mangez mangent	ai mangé as mangé a mangé avons mangé avez mangé ont mangé	mangeais mangeais mangeait mangions mangiez mangeaient	mangea mangèrent
payer (essayer, employer) payé	paie paies paie payons payez paient	ai payé as payé a payé avons payé avez payé ont payé	payais payais payait payions payiez payaient	paya payèrent
préférer (espérer, répéter) préféré	préfère préfères préfère préférons préférez préfèrent	ai préféré as préféré a préféré avons préféré avez préféré ont préféré	préférais préférais préférait préférions préfériez préféraient	préféra préférèrent

Indicatif			Présent du conditionnel	Présent du subjonctif	Impératif
Plus-que-parfait	**Futur**	**Futur antérieur**			
avais acheté avais acheté avait acheté avions acheté aviez acheté avaient acheté	achèterai achèteras achètera achèterons achèterez achèteront	aurai acheté auras acheté aura acheté aurons acheté aurez acheté auront acheté	achèterais achèterais achèterait achèterions achèteriez achèteraient	achète achètes achète achetions achetiez achètent	achète achetons achetez
avais appelé avais appelé avait appelé avions appelé aviez appelé avaient appelé	appellerai appelleras appellera appellerons appellerez appelleront	aurai appelé auras appelé aura appelé aurons appelé aurez appelé auront appelé	appellerais appellerais appellerait appellerions appelleriez appelleraient	appelle appelles appelle appelions appeliez appellent	appelle appelons appelez
avais commencé avais commencé avait commencé avions commencé aviez commencé avaient commencé	commencerai commenceras commencera commencerons commencerez commenceront	aurai commencé auras commencé aura commencé aurons commencé aurez commencé auront commencé	commencerais commencerais commencerait commencerions commenceriez commenceraient	commence commences commence commencions commenciez commencent	commence commençons commencez
avais mangé avais mangé avait mangé avions mangé aviez mangé avaient mangé	mangerai mangeras mangera mangerons mangerez mangeront	aurai mangé auras mangé aura mangé aurons mangé aurez mangé auront mangé	mangerais mangerais mangerait mangerions mangeriez mangeraient	mange manges mange mangions mangiez mangent	mange mangeons mangez
avais payé avais payé avait payé avions payé aviez payé avaient payé	paierai paieras paiera paierons paierez paieront	aurai payé auras payé aura payé aurons payé aurez payé auront payé	paierais paierais paierait paierions paieriez paieraient	paie paies paie payions payiez paient	paie payons payez
avais préféré avais préféré avait préféré avions préféré aviez préféré avaient préféré	préférerai préféreras préférera préférerons préférerez préféreront	aurai préféré auras préféré aura préféré aurons préféré aurez préféré auront préféré	préférerais préférerais préférerait préférerions préféreriez préféreraient	préfère préfères préfère préférions préfériez préfèrent	préfère préférons préférez

VERBES IRRÉGULIERS

Infinitif / **Participe passé**	**Présent**	**Passé composé**	**Imparfait**	**Passé simple**
aller	vais	suis allé(e)	allais	
allé	vas	es allé(e)	allais	
	va	est allé(e)	allait	alla
	allons	sommes allé(e)s	allions	
	allez	êtes allé(e)(s)	alliez	
	vont	sont allé(e)s	allaient	allèrent
boire	bois	ai bu	buvais	
bu	bois	as bu	buvais	
	boit	a bu	buvait	but
	buvons	avons bu	buvions	
	buvez	avez bu	buviez	
	boivent	ont bu	buvaient	burent
conduire	conduis	ai conduit	conduisais	
conduit	conduis	as conduit	conduisais	
	conduit	a conduit	conduisait	conduisit
	conduisons	avons conduit	conduisions	
	conduisez	avez conduit	conduisiez	
	conduisent	ont conduit	conduisaient	conduisirent
connaître (paraître)	connais	ai connu	connaissais	
connu	connais	as connu	connaissais	
	connaît	a connu	connaissait	connut
	connaissons	avons connu	connaissions	
	connaissez	avez connu	connaissiez	
	connaissent	ont connu	connaissaient	connurent
courir	cours	ai couru	courais	
couru	cours	as couru	courais	
	court	a couru	courait	courut
	courons	avons couru	courions	
	courez	avez couru	couriez	
	courent	ont couru	couraient	coururent
croire	crois	ai cru	croyais	
cru	crois	as cru	croyais	
	croit	a cru	croyait	crut
	croyons	avons cru	croyions	
	croyez	avez cru	croyiez	
	croient	ont cru	croyaient	crurent
devoir	dois	ai dû	devais	
dû	dois	as dû	devais	
	doit	a dû	devait	dut
	devons	avons dû	devions	
	devez	avez dû	deviez	
	doivent	ont dû	devaient	durent

Indicatif			Présent du conditionnel	Présent du subjonctif	Impératif
Plus-que-parfait	**Futur**	**Futur antérieur**			
étais allé(e)	irai	serai allé(e)	irais	aille	
étais allé(e)	iras	seras allé(e)	irais	ailles	va
était allé(e)	ira	sera allé(e)	irait	aille	
étions allé(e)s	irons	serons allé(e)s	irions	allions	allons
étiez allé(e)(s)	irez	serez allé(e)(s)	iriez	alliez	allez
étaient allé(e)s	iront	seront allé(e)s	iraient	aillent	
avais bu	boirai	aurai bu	boirais	boive	
avais bu	boiras	auras bu	boirais	boives	bois
avait bu	boira	aura bu	boirait	boive	
avions bu	boirons	aurons bu	boirions	buvions	buvons
aviez bu	boirez	aurez bu	boiriez	buviez	buvez
avaient bu	boiront	auront bu	boiraient	boivent	
avais conduit	conduirai	aurai conduit	conduirais	conduise	conduis
avais conduit	conduiras	auras conduit	conduirais	conduises	
avait conduit	conduira	aura conduit	conduirait	conduise	conduisons
avions conduit	conduirons	aurons conduit	conduirions	conduisions	conduisez
aviez conduit	conduirez	aurez conduit	conduiriez	conduisiez	
avaient conduit	conduiront	auront conduit	conduiraient	conduisent	
avais connu	connaîtrai	aurai connu	connaîtrais	connaisse	
avais connu	connaîtras	auras connu	connaîtrais	connaisses	connais
avait connu	connaîtra	aura connu	connaîtrait	connaisse	
avions connu	connaîtrons	aurons connu	connaîtrions	connaissions	connaissons
aviez connu	connaîtrez	aurez connu	connaîtriez	connaissiez	connaissez
avaient connu	connaîtront	auront connu	connaîtraient	connaissent	
avais couru	courrai	aurai couru	courrais	coure	
avais couru	courras	auras couru	courrais	coures	cours
avait couru	courra	aura couru	courrait	coure	
avions couru	courrons	aurons couru	courrions	courions	courons
aviez couru	courrez	aurez couru	courriez	couriez	courez
avaient couru	courront	auront couru	courraient	courent	
avais cru	croirai	aurai cru	croirais	croie	
avais cru	croiras	auras cru	croirais	croies	crois
avait cru	croira	aura cru	croirait	croie	
avions cru	croirons	aurons cru	croirions	croyions	croyons
aviez cru	croirez	aurez cru	croiriez	croyiez	croyez
avaient cru	croiront	auront cru	croiraient	croient	
avais dû	devrai	aurai dû	devrais	doive	
avais dû	devras	auras dû	devrais	doives	dois
avait dû	devra	aura dû	devrait	doive	
avions dû	devrons	aurons dû	devrions	devions	devons
aviez dû	devrez	aurez dû	devriez	deviez	devez
avaient dû	devront	auront dû	devraient	doivent	

Infinitif **Participe passé**	**Présent**	**Passé composé**	**Imparfait**	**Passé simple**
dire	dis	ai dit	disais	
	dis	as dit	disais	
dit	dit	a dit	disait	dit
	disons	avons dit	disions	
	dites	avez dit	disiez	
	disent	ont dit	disaient	dirent
écrire (décrire)	écris	ai écrit	écrivais	
	écris	as écrit	écrivais	
écrit	écrit	a écrit	écrivait	écrivit
	écrivons	avons écrit	écrivions	
	écrivez	avez écrit	écriviez	
	écrivent	ont écrit	écrivaient	écrivirent
envoyer	envoie	ai envoyé	envoyais	
	envoies	as envoyé	envoyais	
envoyé	envoie	a envoyé	envoyait	envoya
	envoyons	avons envoyé	envoyions	
	envoyez	avez envoyé	envoyiez	
	envoient	ont envoyé	envoyaient	envoyèrent
faire	fais	ai fait	faisais	
	fais	as fait	faisais	
fait	fait	a fait	faisait	fit
	faisons	avons fait	faisions	
	faites	avez fait	faisiez	
	font	ont fait	faisaient	firent
falloir fallu	faut	a fallu	fallait	fallut
lire	lis	ai lu	lisais	
	lis	as lu	lisais	
lu	lit	a lu	lisait	lut
	lisons	avons lu	lisions	
	lisez	avez lu	lisiez	
	lisent	ont lu	lisaient	lurent
mettre (permettre, promettre, remettre)	mets	ai mis	mettais	
	mets	as mis	mettais	
mis	met	a mis	mettait	mit
	mettons	avons mis	mettions	
	mettez	avez mis	mettiez	
	mettent	ont mis	mettaient	mirent
mourir	meurs	suis mort(e)	mourais	
	meurs	es mort(e)	mourais	
mort	meurt	est mort(e)	mourait	mourut
	mourons	sommes mort(e)s	mourions	
	mourez	êtes mort(e)(s)	mouriez	
	meurent	sont mort(e)s	mouraient	moururent

Indicatif			Présent du conditionnel	Présent du subjonctif	Impératif
Plus-que-parfait	**Futur**	**Futur antérieur**			
avais dit	dirai	aurai dit	dirais	dise	
avais dit	diras	auras dit	dirais	dises	dis
avait dit	dira	aura dit	dirait	dise	
avions dit	dirons	aurons dit	dirions	disions	disons
aviez dit	direz	aurez dit	diriez	disiez	dites
avaient dit	diront	auront dit	diraient	disent	
avais écrit	écrirai	aurai écrit	écrirais	écrive	
avais écrit	écriras	auras écrit	écrirais	écrives	écris
avait écrit	écrira	aura écrit	écrirait	écrive	
avions écrit	écrirons	aurons écrit	écririons	écrivions	écrivons
aviez écrit	écrirez	aurez écrit	écririez	écriviez	écrivez
avaient écrit	écriront	auront écrit	écriraient	écrivent	
avais envoyé	enverrai	aurai envoyé	enverrais	envoie	
avais envoyé	enverras	auras envoyé	enverrais	envoies	envoie
avait envoyé	enverra	aura envoyé	enverrait	envoie	
avions envoyé	enverrons	aurons envoyé	enverrions	envoyions	envoyons
aviez envoyé	enverrez	aurez envoyé	enverriez	envoyiez	envoyez
avaient envoyé	enverront	auront envoyé	enverraient	envoient	
avais fait	ferai	aurai fait	ferais	fasse	
avais fait	feras	auras fait	ferais	fasses	fais
avait fait	fera	aura fait	ferait	fasse	
avions fait	ferons	aurons fait	ferions	fassions	faisons
aviez fait	ferez	aurez fait	feriez	fassiez	faites
avaient fait	feront	auront fait	feraient	fassent	
avait fallu	faudra	aura fallu	faudrait	faille	
avais lu	lirai	aurai lu	lirais	lise	
avais lu	liras	auras lu	lirais	lises	lis
avait lu	lira	aura lu	lirait	lise	
avions lu	lirons	aurons lu	lirions	lisions	lisons
aviez lu	lirez	aurez lu	liriez	lisiez	lisez
avaient lu	liront	auront lu	liraient	lisent	
avais mis	mettrai	aurai mis	mettrais	mette	
avais mis	mettras	auras mis	mettrais	mettes	mets
avait mis	mettra	aura mis	mettrait	mettes	
avions mis	mettrons	aurons mis	mettrions	mettions	mettons
aviez mis	mettrez	aurez mis	mettriez	mettiez	mettez
avaient mis	mettront	auront mis	mettraient	mettent	
étais mort(e)	mourrai	serai mort(e)	mourrais	meure	
étais mort(e)	mourras	seras mort(e)	mourrais	meures	meurs
était mort(e)	mourra	sera mort(e)	mourrait	meure	
étions mort(e)s	mourrons	serons mort(e)s	mourrions	mourions	mourons
étiez mort(e)(s)	mourrez	serez mort(e)(s)	mourriez	mouriez	mourez
étaient mort(e)s	mourront	seront mort(e)s	mourraient	meurent	

Infinitif **Participe passé**	**Présent**	**Passé composé**	**Imparfait**	**Passé simple**
naître	nais	suis né(e)	naissais	
	nais	es né(e)	naissais	
né	naît	est né(e)	naissait	naquit
	naissons	sommes né(e)s	naissions	
	naissez	êtes né(e)(s)	naissiez	
	naissent	sont né(e)s	naissaient	naquirent
offrir (souffrir)	offre	ai offert	offrais	
	offres	as offert	offrais	
offert	offre	a offert	offrait	offrit
	offrons	avons offert	offrions	
	offrez	avez offert	offriez	
	offrent	ont offert	offraient	offrirent
ouvrir (couvrir, découvrir)	ouvre	ai ouvert	ouvrais	
	ouvres	as ouvert	ouvrais	
ouvert	ouvre	a ouvert	ouvrait	ouvrit
	ouvrons	avons ouvert	ouvrions	
	ouvrez	avez ouvert	ouvriez	
	ouvrent	ont ouvert	ouvraient	ouvrirent
pleuvoir				
plu	pleut	a plu	pleuvait	plut
pouvoir	peux	ai pu	pouvais	
	peux	as pu	pouvais	
pu	peut	a pu	pouvait	put
	pouvons	avons pu	pouvions	
	pouvez	avez pu	pouviez	
	peuvent	ont pu	pouvaient	purent
prendre (apprendre,	prends	ai pris	prenais	
comprendre)	prends	as pris	prenais	
pris	prend	a pris	prenait	prit
	prenons	avons pris	prenions	
	prenez	avez pris	preniez	
	prennent	ont pris	prenaient	prirent
recevoir	reçois	ai reçu	recevais	
	reçois	as reçu	recevais	
reçu	reçoit	a reçu	recevait	reçut
	recevons	avons reçu	recevions	
	recevez	avez reçu	receviez	
	reçoivent	ont reçu	recevaient	reçurent
savoir	sais	ai su	savais	
	sais	as su	savais	
su	sait	a su	savait	sut
	savons	avons su	savions	
	savez	avez su	saviez	
	savent	ont su	savaient	surent

Indicatif			Présent du conditionnel	Présent du subjonctif	Impératif
Plus-que-parfait	**Futur**	**Futur antérieur**			
étais né(e) étais né(e) était né(e) étions né(e)s étiez né(e)(s) étaient né(e)s	naîtrai naîtras naîtra naîtrons naîtrez naîtront	serai né(e) seras né(e) sera né(e) serons né(e)s serez né(e)(s) seront né(e)s	naîtrais naîtrais naîtrait naîtrions naîtriez naîtraient	naisse naisses naisse naissions naissiez naissent	nais naissons naissez
avais offert avais offert avait offert avions offert aviez offert avaient offert	offrirai offriras offrira offrirons offrirez offriront	aurai offert auras offert aura offert aurons offert aurez offert auront offert	offrirais offrirais offrirait offririons offririez offriraient	offre offres offre offrions offriez offrent	offre offrons offrez
avais ouvert avais ouvert avait ouvert avions ouvert aviez ouvert avaient ouvert	ouvrirai ouvriras ouvrira ouvrirons ouvrirez ouvriront	aurai ouvert auras ouvert aura ouvert aurons ouvert aurez ouvert auront ouvert	ouvrirais ouvrirais ouvrirait ouvririons ouvririez ouvriraient	ouvre ouvres ouvre ouvrions ouvriez ouvrent	ouvre ouvrons ouvrez
avait plu	pleuvra	aura plu	pleuvrait	pleuve	
avais pu avais pu avait pu avions pu aviez pu avaient pu	pourrai pourras pourra pourrons pourrez pourront	aurai pu auras pu aura pu aurons pu aurez pu auront pu	pourrais pourrais pourrait pourrions pourriez pourraient	puisse puisses puisse puissions puissiez puissent	
avais pris avais pris avait pris avions pris aviez pris avaient pris	prendrai prendras prendra prendrons prendrez prendront	aurai pris auras pris aura pris aurons pris aurez pris auront pris	prendrais prendrais prendrait prendrions prendriez prendraient	prenne prennes prenne prenions preniez prennent	prends prenons prenez
avais reçu avais reçu avait reçu avions reçu aviez reçu avaient reçu	recevrai recevras recevra recevrons recevrez recevront	aurai reçu auras reçu aura reçu aurons reçu aurez reçu auront reçu	recevrais recevrais recevrait recevrions recevriez recevraient	reçoive reçoives reçoive recevions receviez reçoivent	reçois recevons recevez
avais su avais su avait su avions su aviez su avaient su	saurai sauras saura saurons saurez sauront	aurai su auras su aura su aurons su aurez su auront su	saurais saurais saurait saurions sauriez sauraient	sache saches sache sachions sachiez sachent	sache sachons sachez

Infinitif Participe passé	Présent	Passé composé	Imparfait	Passé simple
suivre	suis	ai suivi	suivais	
	suis	as suivi	suivais	
suivi	suit	a suivi	suivait	suivit
	suivons	avons suivi	suivions	
	suivez	avez suivi	suiviez	
	suivent	ont suivi	suivaient	suivirent
venir (devenir, revenir, tenir)	viens	suis venu(e)	venais	
	viens	es venu(e)	venais	
	vient	est venu(e)	venait	vint
venu	venons	sommes venu(e)s	venions	
	venez	êtes venu(e)(s)	veniez	
	viennent	sont venu(e)s	venaient	vinrent
vivre	vis	ai vécu	vivais	
	vis	as vécu	vivais	
vécu	vit	a vécu	vivait	vécut
	vivons	avons vécu	vivions	
	vivez	avez vécu	viviez	
	vivent	ont vécu	vivaient	vécurent
voir	vois	ai vu	voyais	
	vois	as vu	voyais	
vu	voit	a vu	voyait	vit
	voyons	avons vu	voyions	
	voyez	avez vu	voyiez	
	voient	ont vu	voyaient	virent
vouloir	veux	ai voulu	voulais	
	veux	as voulu	voulais	
voulu	veut	a voulu	voulait	voulut
	voulons	avons voulu	voulions	
	voulez	avez voulu	vouliez	
	veulent	ont voulu	voulaient	voulurent

Indicatif			Présent du conditionnel	Présent du subjonctif	Impératif
Plus-que-parfait	**Futur**	**Futur antérieur**			
avais suivi avais suivi avait suivi avions suivi aviez suivi avaient suivi	suivrai suivras suivra suivrons suivrez suivront	aurai suivi auras suivi aura suivi aurons suivi aurez suivi auront suivi	suivrais suivrais suivrait suivrions suivriez suivraient	suive suives suive suivions suiviez suivent	suis suivons suivez
étais venu(e) étais venu(e) était venu(e) étions venu(e)s étiez venu(e)(s) étaient venu(e)s	viendrai viendras viendra viendrons viendrez viendront	serai venu(e) seras venu(e) sera venu(e) serons venu(e)s serez venu(e)(s) seront venu(e)s	viendrais viendrais viendrait viendrions viendriez viendraient	vienne viennes vienne venions veniez viennent	viens venons venez
avais vécu avais vécu avait vécu avions vécu aviez vécu avaient vécu	vivrai vivras vivra vivrons vivrez vivront	aurai vécu auras vécu aura vécu aurons vécu aurez vécu auront vécu	vivrais vivrais vivrait vivrions vivriez vivraient	vive vives vive vivions viviez vivent	vis vivons vivez
avais vu avais vu avait vu avions vu aviez vu avaient vu	verrai verras verra verrons verrez verront	aurai vu auras vu aura vu aurons vu aurez vu auront vu	verrais verrais verrait verrions verriez verraient	voie voies voie voyions voyiez voient	vois voyons voyez
avais voulu avais voulu avait voulu avions voulu aviez voulu avaient voulu	voudrai voudras voudra voudrons voudrez voudront	aurai voulu auras voulu aura voulu aurons voulu aurez voulu auront voulu	voudrais voudrais voudrait voudrions voudriez voudraient	veuille veuilles veuille voulions vouliez veuillent	veuille veuillons veuillez

Appendix B

Answers to Structure Exercises

MODULE 1

1.1 Exercice 1

1. vous 2. tu 3. vous 4. tu 5. tu 6. vous 7. vous

1.2 Exercice 2

1. f 2. g 3. c 4. a 5. d 6. b 7. e

Exercice 3 (Answers in parentheses will vary.)

1. Est-ce que c'est (une table) ? 2. Est-ce qu'il s'appelle (Jacques) ? 3. Qu'est-ce que c'est ? 4. Qui est-ce ? 5. Est-ce que c'est une chaise ?

1.3 Exercice 4

1. des professeurs 2. des étudiants 3. des pupitres 4. des portes 5. des cahiers 6. des fils

Exercice 5

1. un 2. des 3. un 4. une 5. des 6. une 7. un 8. des

1.4 Exercice 6

1. tu 2. elle 3. ils 4. nous 5. elles 6. vous

Exercice 7

1. êtes 2. suis 3. est 4. sommes 5. est 6. est 7. sont 8. sont 9. es

1.5 Exercice 8

1. blonde 2. intelligente 3. charmante 4. vieille; verte 5. beau 6. grande

Exercice 9

1. belle 2. intelligente 3. blonds 4. courts 5. bruns 6. fort 7. contents

MODULE 2

2.1 Exercice 1

1. aimes 2. préfères; écouter 3. chante 4. cherchent; préfèrent 5. regardez 6. habitons

Exercice 2

1. Il aime *bien* danser. 2. ... J'aime *beaucoup* les films classiques. 3. ... Elle n'aime pas *du tout* la musique classique. 4. J'aime *un peu* la musique brésilienne... 5. Marc aime *assez* les films.

2.2 Exercice 3

1. Vous ne regardez pas la télévision. 2. Joëlle et Martine aiment le cinéma. 3. Tu n'habites pas à Boston. 4. Nous fermons la porte. 5. Marc et moi, nous n'écoutons pas la radio. 6. Tu n'étudies pas l'anglais. 7. J'écoute le professeur.

2.3 Exercice 4

1. la 2. les 3. la 4. l' 5. le 6. l' 7. la 8. le 9. les 10. le 11. le 12. le

Exercice 5

1. le 2. la 3. la 4. les 5. le 6. le 7. le 8. la 9. le 10. le 11. les 12. le

2.4 Exercice 6

1. un 2. de 3. un 4. de 5. une 6. de 7. une 8. de

2.5 Exercice 7

1. ai, a 2. avez, avons 3. as, ai 4. ont, a, a

Exercice 8

1. le, le, le 2. le 3. de, des 4. un 5. les, l'

MODULE 3

3.1 Exercice 1

1. mes 2. sa 3. mon 4. ta 5. ma; mon; leur 6. nos

Exercice 2

1. ta 2. ma 3. ma 4. mon 5. mon 6. tes 7. mes 8. leur 9. tes 10. mes

3.2 Exercice 3

1. venons 2. viens 3. viennent 4. viens 5. venez 6. vient

3.3 Exercice 4

1. de la, du 2. des 3. du 4. de la 5. de l' 6. de

3.4 Exercice 5

1. pessimiste 2. ennuyeuse 3. compréhensive 4. enthousiastes 5. paresseuses 6. gâtées 7. têtues 8. désagréable 9. mignonnes

Exercice 6

1. optimiste 2. active 3. compréhensif 4. optimiste 5. travailleuse 6. généreuse 7. bien élevée 8. gentille 9. indépendantes 10. agressives

Exercice 7

1. C'est une *petite* chambre *claire.* 2. Je préfère la *jolie* robe *blanche.* 3. Voilà un *jeune* étudiant *énergique.* 4. J'aime les *vieux* films *américains.* 5. Le sénateur est un *vieil* homme *ennuyeux.* 6. Marc est un *bel* homme *riche et charmant.* 7. Le Havre est un *vieux* port *important.* 8. Paris est une *belle* ville *magnifique.*

Exercice 8

1. vieille photo 2. petite plante 3. draps sales 4. vieilles cassettes 5. jolie fille blonde 6. chemise bleue 7. gros sandwich 8. mauvaise odeur 9. chambre agréable

3.5 Exercice 9

1. près du 2. devant 3. sur 4. entre 5. devant

Exercice 10

1. de la 2. de l' 3. du 4. des 5. de la 6. de 7. d' 8. de la 9. de

MODULE 4

4.1 Exercice 1

1. musicienne 2. employée 3. cuisinière 4. vendeuse 5. médecin 6. serveuse 7. femme d'affaires

Exercice 2

1. C'est 2. Elle est 3. Ils sont 4. C'est 5. Elle est 6. Ce sont

4.2 Exercice 3

1. à l' 2. à l' 3. à la 4. au 5. au 6. aux 7. au 8. à l'

Exercice 4

1. Vous allez à la montagne. 2. Ils vont au court de tennis. 3. Nous allons à la bibliothèque. 4. Il va à l'église. 5. Tu vas à la librairie. 6. Je vais au café.

4.3 Exercice 5 (Answers will vary.)

1. Martine, qu'est-ce qu'elle fait ? Elle fait du ski. 2. Jean Claude et

moi, qu'est-ce que nous faisons ? Nous jouons aux cartes. 3. Philippe, qu'est-ce qu'il fait ? Il fait de la planche à voile. 4. Tante Hélène, qu'est-ce qu'elle fait ? Elle fait le ménage. 5. Les gosses, qu'est-ce qu'ils font ? Ils jouent au football. 6. Papa, qu'est-ce qu'il fait ? Il fait du travail.

Exercice 6

1. Vous faites de la planche à voile à la plage. 2. Évelyne fait le ménage quand sa camarade de chambre est au bureau. 3. Philippe et moi faisons une randonnée à la campagne. 4. Les frères Thibaut jouent au football. 5. Tu joues au basketball. 6. Je fais du piano après mes cours.

4.4 Exercice 7

1. Ils vont aller au cinéma. 2. Nous allons faire la cuisine. 3. Il ne va pas sortir avec ses amis. 4. Tu ne vas pas aller au match. 5. Vous allez danser. 6. Je ne vais pas être en retard.

Exercice 8

1. ne vais pas aller 2. vais rester 3. vais retrouver 4. allons faire 5. va apporter 6. allons faire 7. allons écouter 8. allons jouer 9. allez faire 10. allez étudier

4.5 Exercice 9

1. Est-ce que tu aimes danser ? 2. Est-ce que tu es nerveux (nerveuse) quand tu es avec mes parents ? 3. Est-ce que tes parents sont compréhensifs ? 4. Est-ce que tu aimes passer du temps devant la télévision ? 5. Est-ce que ton(ta) meilleur(e) ami(e) est bavard(e) ? 6. Est-ce que tu as un secret dans ton placard ?

Exercice 10

1. D'où êtes-vous ? 2. Enseignez-vous les sciences politiques ? 3. Est-ce votre première visite aux États-Unis ? 4. Votre famille, est-elle avec vous ? 5. Avez-vous des enfants ? 6. Votre mari, est-il professeur aussi ? 7. Parle-t-il anglais ? 8. Pensez-vous rester aux États-Unis ?

MODULE 5

5.1 Exercice 1

1. veux 2. veux 3. peux 4. dois 5. voulez 6. pouvons 7. fait 8. peut 9. doit 10. veux

Exercice 2

1. pouvons 2. veux 3. pouvez 4. peux 5. veut 6. voulez

5.2 Exercice 3

1. dormons 2. sortez 3. part 4. sortent 5. sers 6. sortons

Exercice 4

1. sortez 2. partir 3. laisser 4. quitte 5. pars

5.3 Exercice 5

1. lui, nous, toi 2. moi, vous 3. moi, toi 4. eux 5. elles, elles 6. lui

5.4 Exercice 6

1. prenez 2. prends 3. prends 4. prenons 5. prend

Exercice 7

1. attends 2. perd 3. prend 4. descends 5. rendent 6. attendons 7. vend 8. apprenez

Exercice 8

1. attends 2. attends 3. entends 4. descend 5. prenez 6. prends 7. est 8. comprenons

5.5 Exercice 9

1. Comment 2. Où 3. Qui 4. Pourquoi 5. Qu'est-ce que 6. Comment 7. D'où 8. Combien de 9. Quels 10. Quoi (Comment ?) 11. Que 12. quoi

Exercice 10

1. Qu'est-ce que 2. Où 3. Quelle 4. Pourquoi 5. Quand (À quelle heure) 6. Que

MODULE 6

6.1 Exercice 1

1. préférez préfère préfère préfèrent 2. achetez achètent achetons achète 3. mangez mangeons manger mange mange 4. commencer commençons espère

6.2 Exercice 2

1. du, du, de la, du, du, de 2. de la, du, des 3. de, de la, de la, des, du, des, des, des, des, de la, de

Exercice 3

1. de l' 2. du 3. le 4. du 5. de 6. du 7. des 8. les 9. du 10. de la 11. une 12. de

6.3 Exercice 4

1. M. Laurent achète <u>un</u> sac <u>de</u> pommes de terre; <u>un</u> kilo <u>d'</u>oignons; <u>une</u> douzaine <u>d'</u>œufs; 200 gammes <u>de</u> fromage et <u>un</u> litre <u>de</u> lait. Il va préparer une omelette au fromage. 2. Paulette achète <u>un</u> litre <u>d'</u>huile d'olive; <u>une</u> bouteille <u>de</u> vinaigre; <u>un</u> demi-kilo <u>de</u> tomates et <u>une</u> laitue. Elle va préparer une salade aux tomates. 3. Jacques achète trois tranches <u>de</u> pâté; <u>un</u> morceau <u>de</u> fromage; <u>une</u> baguette et <u>une</u> bouteille <u>de</u> vin. Il va préparer un pique-nique. 4. Mme Pelletier achète <u>un</u> peu <u>d'</u>ail; 250 grammes <u>de</u> beurre; et <u>une</u> douzaine <u>d'</u>escargots. Elle va préparer des escargots. 5. Nathalie achète <u>un</u> melon; <u>un</u> ananas; trois bananes et <u>une</u> boîte <u>de</u> fraises. Elle va préparer une salade de fruits.

Exercice 5

1. assez 2. d' 3. des 4. de la 5. du 6. de la 7. 100 g de 8. une douzaine 9. du 10. de

6.4 Exercice 6

1. Attendez 2. Passe 3. ne mange pas 4. prends 5. Va 6. Sois 7. aidez 8. Bois

Exercice 7

1. Oui, invitons Jérôme. 2. Non, ne faisons pas de pique-nique. 3. Oui, allons dîner dans un restaurant. 4. Oui, rentrons chez nous après. 5. Oui, achetons un gros gâteau. 6. Non, n'achetons pas de glace. 7. Oui, prenons du champagne.

6.5 Exercice 8

1. Oui, j'en veux. 2. Non, je ne vais pas en prendre. 3. Oui, ils en prennent. 4. Non, je n'en prends pas. 5. Oui, j'en prends. 6. Oui, j'en mange souvent. 7. Oui, je vais en prendre.

Exercice 9

1. Oui, il y en a. 2. Non, il n'y en a pas beaucoup. 3. Non, on n'en prend pas. 4. Non, on n'en mange pas beaucoup. 5. Oui, il y en a. 6. Oui, les jeunes Américains en mangent beaucoup. 7. Oui, on en trouve. 8. Non, il n'y en a pas.

MODULE 7

7.1 Exercice 1

1. Ottawa 2. Les États-Unis 3. le Québec 4. St.-Pierre-et-Miquelon 5. Le Manitoba 6. au nord-ouest du

Exercice 2

1. de, en 2. de, à 3. du, au 4. du, aux 5. d', à 6. de, au

Exercice 3

1. à, au, d'(de), les 2. du, en, à, au, au 3. de, du, de la, le, Au

7.2 Exercice 4

1. a,b,d,f 2. b,d 3. c,e 4. b,d,f

Exercice 5

1. Tu veux y aller avec moi ? 2. Euh, je ne peux pas y aller... 3. Pourquoi est-ce que tu y vas aujourd'hui ? 4. Eh bien, je n'y vais pas normalement... 5. À quelle heure est-ce que tu y vas ? 6. Non, je n'y pense pas trop. 7. Il faut que j'y pense...

7.3 Exercice 6

1. La cuisine française est plus célèbre que la cuisine allemande. 2. Les Alpes suisses sont aussi célèbres que les Alpes françaises. 3. Les autoroutes allemandes sont meilleures que les autoroutes espagnoles. 4. Les plages sénégalaises sont aussi belles que les plages françaises. 5. Les casinos de Monte-Carlo sont plus élégants que les casinos de Las Vegas. 6. Le chocolat belge est aussi bon que le chocolat suisse. 7. La bière française est moins bonne (pire) que la bière allemande. 8. La Côte d'Ivoire est moins grande que le Zaïre.

7.4 Exercice 7

1. Tu connais Paul, n'est-ce pas ? Tu sais que Paul est en Egypte, n'est-ce pas ? Tu sais quand il pense revenir ? 2. Elle sait que nous préférons un billet moins cher. Elle connaît bien la Suisse. Elle sait trouver les meilleurs prix. 3. Vous savez, moi, je suis très impatiente. Vouz connaissez les meilleurs centres de vacances. Vouz savez la date de mon départ ? 4. Nous savons le numéro de téléphone de l'Hôtel d'Or. Nous savons où se trouve l'Hôtel Roc. Nous connaissons tous les hôtels de cette région. 5. Sais-tu parler italien ? Connais-tu les catacombes ? Connais-tu une bonne pizzeria ?

Exercice 8

1. connais, sait 2. Connaissez, savez, sais 3. Connais, sais, connaissent

7.5 Exercice 9

1.les 2. l' 3. le 4. le 5. la 6. Le

Exercice 10

1. Oui, je les visite (Non, je ne les visite pas). 2. Oui, je l'apporte (Non, je ne l'apporte pas). 3. Non, je ne la perds pas. 4. Oui, je les étudie (Non, je ne les étudie pas). 5. Oui, je le prends au restaurant de l'hôtel (Non, je ne le prends pas au restaurant de l'hôtel). 6. Non, je ne la regarde pas dans ma chambre (Oui, je la regarde dans ma chambre).

MODULE 8

8.1 Exercice 1

1. parlé 2. voyagé 3. fait 4. vu 5. joué 6. mis 7. pris 8. dormi 9. reçu 10. choisi 11. fini 12. eu

Exercice 2

1. vu 2. perdu; trouvé 3. fait (fini) 4. reçu, répondu 5. téléphoné; parlé

Exercice 3

1. Arnaud et Renaud ont salué à leurs copains à l'aéroport. 2. Ils ont voyagé pendant huit heures. 3. Dans l'avion, Renaud a regardé deux films, mais Arnaud a écouté de la musique puis il a dormi. 4. Arnaud a appelé un taxi pour aller à l'hôtel. 5. Renaud a pris beaucoup de mauvaises photos en route pour l'hôtel. 6. Après un petit repos, ils ont bu une bière au restaurant de l'hôtel, et ils ont regardé les gens.

8.2 Exercice 4

1. mal 2. bien 3. beaucoup 4. trop 5. déjà 6. encore 7. déjà

8.3 Exercice 5

1. est allé(s) 2. sommes arrivés 3. sommes entrés 4. sont venus 5. est monté(s) 6. est restée 7. est tombé 8. est descendue 9. sont morts 10. est remontée 11. sommes ressortis 12. sommes remontés 13. suis reparti

Exercice 6

1. sommes allés 2. a pris 3. a emprunté 4. avons quitté 5. sommes passés 6. est sorti 7. avons roulé 8. sommes arrivés 9. avons installé 10. a dormi 11. sommes partis

8.4 Exercice 7

1. maigrissez; grossissez 2. réfléchis 3. choisissez 4. finissons 5. grandissent 6. rougissons

Exercice 8

1. a choisi 2. réussit 3. agit 4. obéissent 5. finissent 6. réussissent 7. rougit

8.5 Exercice 9

1. vient 2. a obtenu 3. est revenue 4. appartient 5. maintient 6. devient

MODULE 9

9.1 Exercice 1

1. ne me lève pas 2. se lève 3. se douche 4. me rase 5. me brosse 6. nous habillons 7. nous amusons 8. me coucher

Exercice 2 (Answers may vary.)

1. Levez-vous plus tôt ! 2. Ne te rase pas ! 3. Lave-toi les mains ! 4. Couche-toi avant minuit ! 5. Séchez-vous 6. Brossez-vous les dents !

Exercice 3

1. s'est levé(s) 2. a pris 3. avons eu 4. nous sommes dépêchés 5. a déjeuné 6. nous sommes reposés 7. nous sommes promenés 8. avons écouté 9. ai joué 10. nous sommes couchés

9.2 Exercice 4 (Answers may vary.)

1. Quand il fait froid je mets un manteau. 2. Quand il pleut tu mets un imperméable. 3. Quand il fait chaud il met un short. 4. Quand il fait du vent nous mettons un pull-over. 5. Quand il fait du soleil vous mettez des lunettes de soleil. 6. Quand il neige elles mettent des bottes.

Exercice 5

1. me mets 2. permets 3. mettre 4. se met à 5. promet

Exercice 6

1. a promis 2. s'est mise 3. nous sommes mis 4. a mis 5. as mis 6. ai remis

9.3 Exercice 7

1. dit (écrit) 2. écrivons 3. lire 4. lit 5. écris 6. lisons 7. écrivent 8. écrivez

Exercice 8

1. as lu 2. avons dit 3. ai écrit 4. a lu 5. ont dit 6. avez conduit

9.4 Exercice 9

1. lui 2. leur 3. leur 4. lui 5. lui 6. lui

Exercice 10

1. Charles lui promet de passer plus de temps avec elle.

2. Nous lui promettons de rendre les devoirs à temps.

3. Tu leur promets d'écrire une fois par semaine.

4. Michel et Jean Luc lui promettent de faire du jogging tous les jours.

5. Vous lui promettez d'utiliser régulièrement du fil dentaire.

6. Je leur promets de ne pas oublier leur anniversaire.

9.5 Exercice 11

1. ... n'est jamais bien rangée. 2. ... personne ne téléphone à Emmanuelle. 3. ... n'y habite plus. 4. ... ne gagne rien. 5. ... n'a pas encore de rendez-vous. 6. ... n'a que 17 ans. 7. ... Moi non plus. 8. Mais si...

MODULE 10

10.1 Exercice 1

1. habitait 2. était 3. vivait 4. travaillait 5. portait 6. restais 7. enlevais 8. arrivaient 9. aidaient 10. jouions 11. mangeait

10.2 Exercice 2

1. où 2. qui 3. qui 4. qu' 5. où 6. qu' 7. où

10.3 Exercice 3

1. d 2. i 3. i 4. d 5. i 6. d 7. d 8. d 9. d 10. i

Exercice 4

1. d. 2. c. 3. e. 4. b. 5. a.

10.4 Exercice 5

1. plus... que 2. moins... que 3. mieux que, moins bien 4. aussi... que 5. aussi... qu'

Exercice 6

1. Notre maison avait plus de pièces que ta maison. 2. Ton frère avait moins de succès avec les filles que toi. 3. Ma grand-mère avait autant de chats que ta grand-mère. 4. Je jouais autant que toi. 5. Ton jardin avait plus de fleurs que le jardin de ma mère. 6. Quand j'étais petit, je n'avais pas autant de soucis que j'en ai maintenant.

Exercice 7

1. Hervé est l'étudiant le plus doué en langues de la classe. 2. Simone finit ses devoirs le plus vite de la classe. 3. Stéphane est l'étudiant le plus ennuyeux de la classe. 4. Henri travaille le moins sérieusement de la classe. 5. Jean-Guillaume est l'étudiant le plus enthousiaste de la classe. 6. Agnan et Rachid sont les étudiants les plus intellos de la classe. 7. Carla est l'étudiante la plus réservée de la classe.

Exercice 8

1. le plus de 2. le plus de 3. le moins de 4. le plus de 5. le moins de 6. le plus d'

10.5 Exercice 9 (English retelling will vary.)

1. imparfait 2. imparfait 3. passé composé 4. passé composé 5. passé composé 6. passé composé 7. imparfait 8. passé composé

MODULE 11

11.1 Exercice 1

1. aurai 2. sera 3. trouverons 4. parlera 5. ferons 6. fabriqueront 7. pourra 8. sera

Exercice 2

1. seront, visiteront 2. sera, ira 3. serons, prendrons 4. seras, feras 5. serai, me baignerai

Exercice 3 (Answers may vary.)

1. tu fais tes devoirs 2. vous tomberez malade 3. elle pourra 4. j'ai besoin d'étudier 5. nous ne nous dépêchons pas 6. je rate mes cours 7. je me mettrai en colère

11.2 Exercice 4

1. de 2. d'un 3. de 4. de 5. de 6. d'

Exercice 5 (Answers may vary.)

1. Avec qui est-ce que tu voyages ? 2. À qui est-ce que nous pouvons demander des renseignements ? 3. À qui est-ce que le guide parle ? 4. De quoi est-ce que vous avez besoin ? 5. De qui est-ce qu'elle a besoin ? 6. À qui est-ce qu'elle pense ?

11.3 Exercice 6

1. Oui, je les ai regardées (Non, je ne les ai pas regardées). 2. Oui, je les ai faits (Non, je ne les ai pas faits). 3. Oui, je l'ai écoutée (Non, je ne l'ai pas écoutée). 4. Oui, je les ai vus (Non, je ne les ai pas vus). 5. Oui, je l'ai pris (Non, je ne l'ai pas pris). 6. Oui, je les ai arrosées (Non, je ne les ai pas arrosées). 7. Oui, je l'ai fait (Non, je ne l'ai pas fait). 8. Oui, je les ai lues (Non, je ne les ai pas lues).

Exercice 7

1. mangés 2. vues 3. rencontrés 4. laissées 5. achetés 6. faites

11.4 Exercice 8

1. crois 2. vois 3. voyez 4. vois 5. croient 6. voient 7. crois 8. voir

MODULE 12

12.1 Exercice 1

1. m'ennuie 2. paies 3. essaie 4. m'a envoyé; dépenser 5. essaie 6. payons 7. dépenses

Exercice 2

1. épargnent 2. envoient 3. dépenser 4. essayons 5. dépense 6. paie 7. emploient 8. ennuie

12.2 Exercice 3

1. ces, ces 2. cette, ce 3. cette, ce 4. ce, cette 5. cette, ce

Exercice 4

1. Cette 2. Ces 3. Ce 4. Ces 5. Ce 6. Cet

Exercice 5

1. Lequel ? Ce jean-ci ou ce jean-là ? 2. Laquelle ? Cette chemise-ci ou cette chemise-là ? 3. Lequel ? Ce pull-over-ci ou ce pull-over-là ? 4. Lequel ? Ce livre-ci ou ce livre-là ? 5. Lesquels ? Ces baskets-ci ou ces baskets-là ?

12.3 Exercice 6

1. c 2. e 3. f 4. b 5. a 6. d 7. g

Exercice 7

1. Oui, offre-les-lui. 2. Non, ne le lui envoie pas. 3. Non, ne les leur donne (donnons) pas. 4. Oui, écrivons-lui. 5. Oui, donne (donnons)-le-leur.

12.4 Exercice 8

1. toute 2. tout 3. tout 4. toutes 5. tous 6. tout 7. toute 8. tout 9. tout

MODULE 13

13.1 Exercice 1

1. a sommeil 2. a mal 3. as l'air 4. ai du mal 5. a lieu 6. a envie 7. envie 8. a peur 9. avoir de la chance 10. a honte 11. avez de la patience 12. tort

Exercice 2

1. Cette femme à l'air très jeune. 2. Ces garçons ont l'air de bien s'amuser. 3. Cet homme a l'air

d'attendre quelqu'un. 4. La mère sur le banc a l'air très ennuyé(e). 5. La petite blonde a l'air malheureux (malheureuse). 6. L'homme au chapeau a l'air de chercher quelque chose.

13.2 Exercice 3

1. Anne a de terribles migraines depuis l'âge de 10 ans. 2. Simone répète la même phrase depuis dix ans. 3. Agnès a peur de l'eau depuis son accident de bateau. 4. Sophie a horreur des hôpitaux depuis son enfance. 5. M. Monneau a peur de monter dans un avion depuis que son parachute ne s'est pas ouvert. 6. Jeanne fait une dépression depuis que son chien est mort. 7. Mme Leclerc ne conduit pas depuis son accident il y a cinq ans. 8. Guy ne parle pas depuis que ses parents ont divorcé.

13.3 Exercice 4

1. Ma mère va m'acheter le médicament dont j'ai besoin. 2. Regardons le film dont tout le monde parle. 3. Je te remercie de tes conseils dont j'ai profité. 4. Sais-tu où je peux trouver le livre dont j'ai envie ? 5. On parle de l'accident de voiture dont tout le monde se souvient. 6. Je veux oublier la note dont j'ai honte.

Exercice 5

1. qui 2. où 3. dont 4. qui 5. qui 6. dont 7. que 8. dont 9. que 10. que

13.4 Exercice 6 (Answers may vary.)

1. Il faut que tu mettes de la crème solaire. 2. Il faut que vous fassiez un régime. 3. Il faut que tu dormes davantage. 4. Il faut que tu fasses de la musculation. 5. Il faut que vous vous détendiez sur une île déserte. 6. Il faut que tu te brosses les dents après chaque repas. 7. Il faut que tu te laves le visage régulièrement.

Exercice 7

1. écrive 2. finissiez 3. suivions 4. aies 5. répondent 6. aille 7. invitions 8. fassions

Exercice 8

1. mette 2. buvions 3. preniez 4. fasse 5. ayez 6. portiez

Exercice 9 (Answers may vary.)

1. Ils me conseillent de dépenser moins d'argent. 2. Il me dit de conduire plus lentement. 3. Il vous conseille d'étudier davantage. 4. Elle nous dit de lui rendre visite plus souvent. 5. Ils leur conseillent d'être moins sérieux. 6. Elle me conseille de perdre des kilos. 7. Il te dit de faire de la musculation. 8. Il nous dit de faire moins de bruit.

MODULE 14

14.1 Exercice 1

1. s'écrivent, se téléphonent 2. se voient 3. déteste 4. s'entend (s'entendent), se disputer 5. marier 6. nous revoyons 7. demandent

Exercice 2

1. s'occupe 2. vous rendez compte 3. se dépêcher 4. vous fâchez 5. t'en aller 6. me demande

Exercice 3

1. s 2. Ø 3. Ø 4. s, Ø, s 5. e 6. es, Ø

14.2 Exercice 4

1. ceux 2. celui 3. ceux 4. celui 5. celui 6. celui 7. celles 8. celles

14.3 Exercice 5

1. Je regrette que tu ne fasses pas de sport. 2. Nous sommes contents que vous arriviez demain. 3. François est triste que Jeanne ne veuille pas le revoir. 4. Nous avons peur qu'elle perde son argent. 5. Ma mère est furieuse que je sorte avec Pierre. 6. Je suis heureux que tu puisses venir tout de suite. 7. Anne-Marie est désolée que son ami soit malade. 8. Nous sommes surpris que vous aimiez ce film.

Exercice 6

1. sait 2. sont 3. vienne 4. a 5. dise 6. fassiez

Exercice 7

1. décide 2. réfléchisse 3. ait 4. réussira 5. reviennent 6. restent 7. rejoindre

14.4 Exercice 8

1. Tu devrais 2. Nous préférerions 3. Nous voudrions 4. Pourriez-vous 5. Serait-il 6. Vous devriez

Exercice 9

1. pleuvait 2. aurait 3. étudierais 4. aurions 5. offrirais 6. passerait 7. devraient 8. savais

MODULE 15

15.1 Exercice 1

1. étais, adorais, avait, a mordu, ai su 2. partions, revenions, avons dû 3. sont allés, ont visité, ont vu, ont connu, savais, allaient

Exercice 2

1. étais 2. voyais 3. sortions 4. faisais 5. fallait 6. avais 7. ai beaucoup appris 8. a permis 9. me suis marié 10. savais 11. avons eu 12. avais 13. m'amusais 14. a changé

15.2 Exercice 3

1. avait fait son lit. 2. n'avait pas fait la vaisselle. 3. avait repassé sa chemise. 4. s'était maquillée. 5. s'était habillée. 6. avait lu le journal. 7. avait pris le petit déjeuner. 8. n'était pas allée au bureau de poste.

Exercice 4

1. avaient organisé 2. suis rentrée 3. avaient décoré 4. avaient invité 5. ai vu 6. ai été 7. avons joué 8. avons regardé 9. avait apportées 10. ont offert 11. ai ouvert 12. avais rêvé

15.3 Exercice 5

1. franc 2. absolu 3. différent 4. naturel 5. vague 6. silencieux 7. constant 8. doux

Exercice 6

1. insolemment 2. indifféremment 3. fixement 4. silencieusement 5. énergiquement 6. patiemment

15.4 Exercice 7

A. 1. envoyer 2. partir 3. rencontrer 4. demander 5. répondre 6. quitter 7. continuer 8. se mettre 9. frapper 10. entrer 11. dévorer 12. arriver 13. frapper 14. demander 15. répondre 16. entrer 17. reconnaître 18. dire 19. venir 20. se coucher 21. remarquer 22. s'exclamer 23. expliquer 24. s'écrier 25. manger 26. déguster

B. 1. faux. Le Petit Chaperon rouge apportait une galette et un petit pot de beurre à sa grand-mère. 2. faux. Sa grand-mère habitait dans la forêt. 3. faux. Le loup a rencontré la petite fille en chemin. 4. vrai 5. vrai 6. faux. Le loup s'est caché dans le lit. 7. faux. Le Petit Chaperon rouge ne s'est pas rendu compte de la situation avant d'être dévoré. 8. faux. À la fin, le loup a mangé le Petit Chaperon rouge.

MODULE 16

16.1 Exercice 1

1. sortirai, aurai fini 2. comprendrons, aura expliqué 3. partiras, auront fini 4. changerez, aurez lu 5. aura quitté, commerceront 6. aura regardé, offrira 7. aura eu, s'inscrira

16.2 Exercice 2

1. ce qu' 2. ce qui, ce qui 3. ce que 4. Ce que

Exercice 3

1. Ce qui m'ennuie, c'est (ce sont) les examens. 2. Ce que j'apprécie, c'est l'attitude des professeurs envers les étudiants. 3. Ce que je trouve très difficile, c'est l'anglais. 4. Ce qui me manque c'est (ce sont) les restaurants français. 5. Ce que nous voulons étudier c'est l'informatique. 6. Ce qui me plaît c'est ce campus.

16.3 Exercice 4

1. à 2. de 3. de 4. à 5. à 6. à 7. à 8. de 9. d' 10. Ø

16.4 Exercice 5

1. pour 2. afin que 3. pour 4. afin de 5. pour qu'

Exercice 6

1. avant que 2. à moins qu' (jusqu'à ce qu') 3. pourvu que 4. Bien que 5. Bien que 6. afin que

Vocabulaire français-anglais

This list contains the words and expressions actively taught in *Motifs,* including the **Vocabulaire fondamental** and other frequently used supplemental words. The number references indicate the chapter where the words are introduced; *s* following the number indicates that the word appears within the **Vocabulaire supplémentaire.** To facilitate study at home, words used in exercise directions are also listed. In subentries, the symbol — indicates the repetition of the key word.

Nouns are presented with their gender, irregular plural forms, and familiar forms. Adjectives are listed in the masculine form with regular feminine endings and irregular feminine forms following in parentheses. Verb irregularities such as spelling changes and irregular past participles are also included. Words marked with * begin with an **h-aspiré.**

The following abbreviations are used:

adv. adverb
conj. conjunction
f. feminine
fam. familiar
m. masculine
pl. plural
p.p. past participle

A

à to, at, in; **— côté (de)** next to, by 3; **— droite (de)** to the right (of) 11; **— gauche (de)** to the left (of) 11; **— l'étranger** abroad 7; **— moins que** unless 16; **— pied** on foot 4; **au bout de** at the end of 16 s; **au dessous (de)** underneath 3; **au dessus (de)** above 3; **au printemps** in spring 7
abandonner to abandon, give up on 16
abeille *f.* bee 13 s, 15
accident *m.* accident 8
accompagner to accompany 12
accord *m.* agreement; **d'—** OK, all right 5
accueillir to welcome, greet 8 s, 11 s
achat *m.* purchase 12
acheter (j'achète) to buy 6
acteur (actrice) *m., f.* actor 4
actif (active) active 3
activité *f.* activity 1
actualités *f. pl.* current events 8
addition *f.* check, tab (at a restaurant) 5
admirer to admire 11
adorer to love, adore 2
adresse *f.* address 2
adulte *m., f.* adult 8
aérobic *f.* aerobics; **faire de l'—** to do aerobics 7
aéroport *m.* airport 4
affaire *f.* affair, business; *pl.* business studies 2; **une bonne —** a bargain 12 s; **homme (femme) d'affaires** *m., f.* businessman (businesswoman) 4
affectueux (affectueuse) affectionate 3 s
affiche *f.* poster 3
afin que so that 16
africain(e) African
Afrique *f.* Africa
âge *m.* age 2; **quel — avez-vous ?** how old are you? 2
âgé(e) old, elderly (person) 1
agence *f.* agency; **— de voyages** travel agency 7; **— intérimaire** temporary employment agency 16 s
agenda *m.* personal datebook 4
agent *m.* agent 4; **— de police** *m., f.* policeman/woman 4; **— de voyages** *m., f.* travel agent 7
agité(e) restless, fidgety 3 s
agneau *m.* lamb 6 s, 15 s
agréable likeable 3
agricole agricultural 7
agriculteur (agricultrice) *m., f.* agriculturalist, farmer 4
aider to help 4
ail *m.* garlic 6 s
ailleurs elsewhere 16 s
aimer to like, love 2; **— bien** to like 2; **— mieux** to prefer 2
aîné(e) older (brother/sister) 3 s
ainsi thus
air *m.* air; **avoir l'— de** to seem, look 13; **en plein —** outdoors 6
ajouter to add 6 s
alimentation *f.* food, diet 6 s
allégé(e) reduced fat/calories 6 s
allemand(e) German; *m.* German language 2
aller to go 4; **comment allez-vous ?** how are you? 1; **s'en —** to go away 14 s
allô hello (on the telephone) 5
allumer to light, turn on (electricity) 8
alors then, therefore; **et — ?** and then? 8
amant(e) *m., f.* lover 14
amener (j'amène) to bring, take along (a person) 8
américain(e) American
Amérique *f.* America, the Americas; **— du Nord** North America; **— du Sud** South America
ami(e) *m., f.* friend 1; **petit(e) —** boyfriend/girlfriend
amitié *f.* friendship 11 s, 14
amour *m.* love 14
amoureux (amoureuse) in love; **tomber — de** to fall in love with 14
amphithéâtre *m.* amphitheater, lecture hall 2 s
amusant(e) funny 1
amuser to amuse; **s'—** to have fun, enjoy oneself 2, 9
an *m.* year 2; **avoir (dix-huit) ans** to be (18) years old 2
ananas *m.* pineapple 6 s
anchois *m.* anchovies 6 s
ancien(ne) former, old 7
anglais(e) English; *m.* English language 2
angoissé(e) anxious 16
animal *m.* animal; **— familier, — domestique** house pet 15
animé(e) excited 16
année *f.* year 2
anniversaire *m.* birthday 2
annonce *f.* announcement; **petites annonces** *pl.* classified ads 16
anthropologie *f.* anthropology 2
août August 2
appareil *m.* appliance 9; **—-photo** *m.* camera 12
appartement *m.* apartment 3
appartenir à to belong to 8 s
appeler (j'appelle) to call 6; **comment vous appelez-vous ?** what is your name? 1; **s'—** to be named 6
appétit: bon — enjoy your meal 9
apporter to bring, carry 11

apprécier to appreciate 11
apprendre *(p.p.* **appris***)* to learn 5
apprentissage *m.* apprenticeship 16
approprié(e) appropriate
après after 5
après-midi *m.* afternoon 4
architecte *m., f.* architect 4
argent *m.* money 4
s'arranger to resolve itself, work out 9 s
arrêt *m.* stop 9 s; **— de métro** metro stop 9 s
arrêter to stop; **— (de)** to stop (doing something) 9 s
arriver to arrive 4; to happen 9 s
artisan(e) *m., f.* artisan, craftsperson 4
artiste *m., f.* artist 4
ascenseur *m.* elevator 11
Asie *f.* Asia
asperges *f.pl.* asparagus 6
aspirateur *m.* vacuum cleaner 9; **passer l'—** to vacuum 9
aspirine *f.* aspirin 13
asseoir *(p.p.* **assis***)* to seat; **asseyez-vous** sit down 1; **s'—** to sit down
assez somewhat, sort of 1; **— bien** fairly well 2; **— de** enough of 6
assiette *f.* plate 6
assurance *f.* insurance 13
assuré(e) assured 16
atmosphère *m.* atmosphere 11
attaquer to attack 15
attendre to wait (for) 5; **s'— à** to expect to 16
attention *f.* attention; **faire —** to pay attention 4 s
attraction *f.* attraction 11
auberge *f.* inn 11; **— de jeunesse** youth hostel 11
augmentation de salaire *f.* salary raise 16
augmenter to increase 16
aujourd'hui today 2
auparavant previously 14
aussi also; **— ... que** as . . . as 7; **moi** — me too 1
aussitôt que as soon as 16
Australie *f.* Australia
autant as much, as many 10; **—de (travail) que...** as much (work) as . . . 10
auteur *m.* author 15
autobus *m.* bus 7
automne *m.* autumn 2; **en —** in autumn 7
autoroute *f.* highway 7 s; **— électronique** information highway 16 s
autre other, another 7
autrefois formerly, in the past 14
avance: en — early 4
avant before 5
avantage *m.* advantage 11; **avantages secondaires** *m. pl.* fringe benefits 16 s
avec with 5
avenir *m.* future 11
avenue *f.* avenue 11
averse *f.* rain shower 5 s, 7
avion *m.* airplane 7
avis *m.* opinion; **à mon —** in my opinion 14
avocat(e) *m., f.* lawyer 4
avoir *(p.p.* **eu***)* to have 2; **— besoin de** to need 11; **— chaud** to be hot 13; **— de la chance** to be lucky 13; **— de la patience** to be patient 13; **— du mal à** to have difficulty 13; **— envie de** to desire, feel like 13; **— faim** to be hungry 6; **— froid** to be cold 13; **— honte** to be ashamed 13; **— l'air** to seem, look 13; **— l'occasion de** to have the opportunity 13; **— le cafard** to have the blues, be depressed 13; **— lieu** to take place 13; **— mauvaise mine** to look ill 13; **— peur (de)** to be afraid 13; **— raison** to be right 13; **— soif** to be thirsty 6; **— sommeil** to be sleepy 13; **— tort** to be wrong 13
avril April 2

B

baby-sitter *m., f.* babysitter 4 s
baccalauréat *m. (fam.* **bac***)* French secondary school program of study; examination required for university admission; diploma 16
bachoter to cram (for an exam) 16
baguette *f.* loaf of French bread 6
baigner to bathe; **se —** to take a bath 9
bain *m.* bath; **salle de bains** *f.* bathroom
baiser *m.* kiss 14
balader to stroll 11 s
baladeur *m.* Walkman, personal stereo 3 s, 12
balai *m.* broom 9; **passer le —** to sweep 9
balle *f.* small ball 2 s, 3
ballon *m.* (inflatable) ball 3
banane *f.* banana 6
banc *m.* bench 2 s
bande dessinée *f. (fam.* **B.D.***)* cartoon strip 15
banque *f.* bank 4
barbe *f.* beard 9 s
bas(se) low; **table basse** coffee table 9
basketball *m. (fam.* **basket***)* basketball 4; **jouer au basket** to play basketball 4
bateau *m.* boat 7
bâtiment *m.* building 2s, 10
bavard(e) talkative 3
bavarder to chat 4 s
beau (bel, belle) *(pl.* **beaux, belles***)* handsome, beautiful 1; **il fait —** it's nice weather 5
beaucoup a lot 2; **— de** a lot of 6
bébé *m.* baby 3
beige beige 1
bénévole voluntary, unpaid; **faire du travail —** to do volunteer work 4
béquilles *f. pl.* crutches 13 s
besoin *m.* need; **avoir — de** to need 11
bête stupid 3
beurre *m.* butter 6
bibliothèque *f.* library 2
bicyclette *f.* bicycle 3
bien well 2; **— élevé(e)** well-mannered 3 s; **— que** although 16; **— sûr** of course
bientôt soon; **à —** see you soon 1
bière *f.* beer 5
bijouterie *f.* jewelry store 12
bijoux *m. pl.* jewelry 12
bille *f.* marble 10; **jouer aux billes** to play marbles 10
billet *m.* ticket 7; **— de banque** bill (paper money) 12; **— aller simple** one-way ticket 7; **— aller-retour** round trip ticket 7
biologie *f.* biology 2
biscuit *m.* cookie 6 s
bise *f. (fam)* kiss; **grosses bises** hugs and kisses (in a letter) 7
blague *f.* joke 10; **sans —** no kidding 10
blanc(he) white 1
blesser to hurt, injure 13
blessure *f.* injury 13
bleu(e) blue 1; *m.* bruise 13 s
blond(e) blond 1
blouson *m.* jacket 1
blue-jean *m. (fam.* **jean***)* jeans 1
bœuf *m.* beef 6
boire *(p.p.* **bu***)* to drink 5
boisson *f.* drink 5
boîte *f.* box, can 6; **— de nuit** *f.* night-club 5; **aller en —** to go to a club 5
bon(ne) good, correct 2
bonbon *m.* candy 6
bonheur *m.* happiness 11 s, 13
bonjour hello 1
bon marché inexpensive 3
bonsoir good evening 1
botte *f.* boot 12
bouche *f.* mouth 13
bouché(e) stopped up 13
boucherie *f.* butcher shop 6
boulangerie *f.* bakery (for bread) 6
boulevard *m.* boulevard 11
boulot *m. (fam.)* job 16
bouquiniste *m., f.* bookseller 11 s
bourgeois(e) middle class 8
bourse *f.* scholarship 16
boussole *f.* compass 11 s
bouteille *f.* bottle 6
boutique *f.* boutique, small shop 4
bras *m.* arm 13
bricolage *m.;* **faire du —** to do do-it-yourself projects 4
bricoler to do do-it-yourself projects 4 s
brosse *f.* brush 9 s; chalkboard eraser 1 s; **— à dents** toothbrush 9 s

brosser to brush; **se — les cheveux (les dents)** to brush one's hair (teeth) 9
brouillard *m.* fog 5 s; **il y a du —** it's foggy 5 s
bruit *m.* sound, noise 8
brûler to burn 13 s
brun(e) brown, brunette 1
brunir to tan, get brown 8
bulletin *m.* bulletin; **— météorologique** *(fam. f.* **météo***)* weather report 7 s; **— scolaire** report card 10 s
bureau *m.* desk 1; office 4; **— de poste** post office 4; **— de tabac** newsstand/tobacco store 12

C

ça that; **— va ?** how's it going? 1
se cacher to hide 15 s
cache-cache *m.;* **jouer à —** to play hide-and-seek 10
cadeau *m.* gift 12
cadet(te) younger brother/sister 3 s
cadre *m.* executive 4
café *m.* coffee, coffee shop 5; **— au lait** coffee with milk 5; **— crème** *(fam.* **un crème***)* coffee with cream 5
cafétéria *f.* cafeteria 2
cahier *m.* notebook 1
caisse *f.* cash register 12 s
calculatrice *f.* calculator 3
calendrier *m.* calendar 2
calme calm 3
camarade *m., f.* friend; **— de chambre** roommate 2; **— de classe** classmate 1
campagne *f.* country 7
camping *m.* camping 11; **faire du —** to go camping 11
campus *m.* campus 2
canapé *m.* couch, sofa 9
capitale *f.* capital 7
car because 16
carotte *f.* carrot 6
carte *f.* card 4; map 7; menu 5; **— de crédit** credit card 12; **— postale** postcard 8; **jouer aux cartes** to play cards 4
casser to break; **se — (la jambe)** to break (one's leg) 13
cassette *f.* cassette 3
caution *f.* deposit 3 s
ce(t) (cette) *(pl.* **ces***)* this/that; these/those 12
célèbre famous 1
célibataire unmarried 3
celui (celle) *(pl.* **ceux, celles***)* this one; that one; those 14
cent one hundred 3; **deux cents** two hundred 3
centime *m.* 1/100 of a franc 12
centre *m.* center 7; **— commercial** *m.* shopping mall 12; **— culturel** *m.* cultural center 2s; **—-ville** *m.* downtown 4
cependant however
céréales *f. pl.* cereal, grain 6
cerise *f.* cherry 6 s
certain(e)s certain ones, some 12
chaîne-stéréo *f.* stereo system 3
chaise *f.* chair 1
chambre *f.* bedroom 3
champ *m.* field 4 s
champignon *m.* mushroom 6 s
champion(ne) *m., f.* champion 4 s
chance *f.* luck; **avoir de la —** to be lucky 13; **bonne —** good luck 9
chanson *f.* song 10
chanter to sing 2
chanteur (chanteuse) *m., f.* singer 4
chapeau *m.* hat 1
chaque each 9
charcuterie *f.* delicatessen, cold cuts 6
charges *f. pl.* utility bills 3 s
charmant(e) charming 1
chasser to hunt, chase 10
chat *m.* cat 3
château *m.* chateau, castle, palace 8
chaud(e) hot 5; **il fait —** it's hot 5
chauffeur de taxi *m.* taxi driver 4 s
chaussettes *f. pl.* socks 12
chaussures *f. pl.* shoes 1; **— à talons plats/hauts** flats/high heels 12 s
chef d'entreprise *m.* company president 4 s
cheminée *f.* fireplace 9
chemise *f.* shirt 1
chemisier *m.* blouse 1
chèque m. check; **— de voyage** *m.* traveler's check 11; **payer par —** pay by check 12
cher (chère) expensive 3; dear 4 s
chercher to look for 3; **— à** to try to 16
cheval *m.* horse 15 s
chevalier *m.* knight 15
cheveux *m. pl.* hair 1; **— blonds (bruns, gris, roux)** blond (brown, gray, red) hair 1; **— courts (longs)** short (long) hair 1
cheville *f.* ankle 13 s
chez at the house or place of 3; **— moi** at my place 5
chien *m.* dog 1
chimie *f.* chemistry 2
chocolat chaud *m.* hot chocolate 5
choisir to choose 8
chômeur (chômeuse) *m., f.* unemployed person 4
chose *f.* thing 3; **quelque —** something 5
ciel *m.* sky 7
cinéaste *m., f.* filmmaker 15
cinéma *m.* movies, movie theater 2
citron pressé *m.* lemonade 5 s
clair(e) sunny, light 3 s
classe *f.* class 1; **en —** in class; **en première —** in first class 7; **en deuxième —** in tourist class 7
classer to classify, categorize
classeur *m.* binder 1 s
clé key 11
client(e) *m., f.* client 4
climat *m.* climate 7
coca (light) *m.* (diet) Coca-Cola 5
cœur *m.* heart 13
coffre *m.* car trunk 8 s
coin *m.* corner 11
col *m.* collar; **à — roulé** turtle-neck 12 s; **à — V** V-neck 12 s
colère *f.* anger; **se mettre en —** to get angry 9
collants *m. pl.* hosiery; tights 12
collège *m.* middle school (in France) 16
combien how much 5; **c'est —** how much is it? 3; **— de** how many 5
comédie *f.* comedy 2
comédien(ne) *m., f.* actor 15
commander to order (in a café, restaurant) 5
comme like, as 7
commencer (nous commençons) to begin 5 s, 6
comment how (what) 5
commerçant(e) *m., f.* shopkeeper 4
commerce *m.* business 2
commissariat *m.* police station 4 s
communiquer to communicate
comparer to compare 7
complet (complète) filled, booked 11
complet *m.* man's suit 1 s, 12
compléter (je complète) to complete
compréhensif (compréhensive) understanding 3 s
comprendre *(p.p.* **compris***)* to understand 5
compris(e) included 11; **service —** tip included 6
comptabilité *f.* accounting 2
compter to count 1 s, to intend to 11
concert *m.* concert 5
concombre *m.* cucumber 6 s
concours *m.* competitive exam 16 s
conduire *(p.p.* **conduit***)* to drive 9 s
confiant(e) confident 14
confiture *f.* jam 6
confort *m.* comfort 11
connaissance *f.* knowledge; **faire la —** to make the acquaintance of 5
connaître *(p.p.* **connu***)* to know, be acquainted or familiar with 7
conseil *m.* advice 13
conseiller to recommend, advise 6 s, 12
conservateur (conservatrice) conservative 4 s
consommateur (consommatrice) *m., f.* consumer 12
constamment constantly 15
consulter to consult 11

conte *m.* story 15; **— de fées** fairy tale 15
contemporain(e) contemporary 11
content(e) happy 3
continent *m.* continent 7
continuer to continue 5 s, 7
contraire *m.* opposite
convenable appropriate, proper
copain (copine) *m., f.* friend 2; **petit(e) —** boyfriend/girlfriend 5
coq *m.* rooster 15 s
corbeau *m.* crow 15
corps *m.* body 13
corriger to correct
costume *m.* man's suit 12
côte *f.* coast 7; **— d'Azur** Riviera 11
côté: à — de next to 3
côtelette *f.* meat cutlet 6
coton *m.* cotton; **en —** made of cotton 12
cou *m.* neck 13
coucher to put to bed; **se —** to go to bed 9; **— de soleil** *m.* sunset 8 s
coude *m.* elbow 13 s
couleur *f.* color 1
couloir *m.* hallway 9
coup *m.* blow, hit; **— de foudre** love at first sight 14; **— de soleil** sunburn 14; **— de téléphone** telephone call 8
couper to cut 6 s; **se — le doigt** to cut one's finger 13
couple *m.* couple 14
cour *f.* courtyard 10
courageux (courageuse) brave 3 s, 15
couramment fluently 10
courir *(p.p.* **couru***)* to run 11
courrier *m.* mail 9 s
cours *m.* course 2
course *f.* errand; **faire les courses** to go shopping 4
court de tennis *m.* tennis court 2 s
cousin(e) *m., f.* cousin 3
couteau *m.* knife 6
coûter to cost 3
couturier (couturière) *m., f.* fashion designer 12 s
couvert(e) covered; **le ciel est —** it's cloudy 7
craie *f.* chalk 1
cravate *f.* tie 1 s, 12
crayon *m.* pencil 1
crevette *f.* shrimp 6
critiquer to criticize 10
crocodile *m.* crocodile 15
croire *(p.p.* **cru***)* to believe 11
croissant *m.* croissant (roll) 5
cuillère *f.* spoon 6; **— à café** teaspoon 6; **— à soupe** soup spoon, tablespoon 6
cuir *m.* leather; **en —** made of leather 12
cuisine *f.* food, cooking 6; kitchen 9; **faire la —** to cook 4
cuisinier (cuisinière) *m., f.* cook 4 s
curriculum vitae *(fam.* **C.V.***) m.* résumé 16

D

d'abord first 8
d'accord OK, all right 5
daim *m.* suede; **en —** made of suede 12 s
dans in 3
danse *f.* dance 2
danser to dance 2
danseur (danseuse) *m., f.* dancer 4 s
date *f.* date 2
davantage more 13
de of, from, about 3
se débrouiller to get along, manage 6 s
décembre December 2
décider to decide 8; **se — à** to decide to 14
décontracté(e) relaxed 3 s, 16
découvrir *(p.p.* **découvert***)* to discover 8 s
décrire *(p.p.* **décrit***)* to describe 9
déçu(e) disappointed 14
dégoûtant(e) disgusting 6 s
déjà already 4
déjeuner *m.* lunch 6; to eat lunch 4
délicieux (délicieuse) delicious 6
demain tomorrow 4
demander to ask (for) 4; **se —** to wonder 14
déménager (nous déménageons) to move (house) 9
demi(e) half; **il est une heure et demie** it's one-thirty 4; **un —** *m.* glass of draft beer 5
démissionner to resign 10 s
démodé(e) old-fashioned 14
dénouement *m.* ending 15
dent *f.* tooth 9
dépaysé(e) homesick 11
se dépêcher to hurry 9
dépendre de to be dependent on 14
dépenser to spend (money) 12
déprimé(e) depressed 13
depuis for, since 13; **— combien de temps ?** how long (for how much time)? 13; **— longtemps** for a long time 13; **— quand ?** how long (since when)? 13
dernier (dernière) last, past 8; **la semaine dernière** last week 8; **la dernière fois** last time 8
déroulement *m.* plot 15
derrière behind 3
désagréable unpleasant 3
descendre *(p.p.* **descendu***)* to go down, downstairs; get off (a bus, a plane) 5
désert *m.* desert 7
déshabiller to undress; **se —** to get undressed 9 s
désirer to want, desire 5
désolé(e) sorry 5
dessert *m.* dessert 6
détail *m.* detail
se détendre to relax 11 s, 13
détester to hate 2
deux two 1
deuxième second 2 s
devant in front of 3
développé(e) developed 7
devenir *(p.p.* **devenu***)* to become 8
deviner to guess
devoir *(p.p.* **dû***)* must, to have to 5
devoirs *m. pl.* homework 2; **faire les —** to do homework 4
d'habitude usually 5
dictionnaire *m. (fam.* **dico***)* dictionary 3
dieu *m.* god; **Dieu** God 11 s
différence *f.* difference 7
différent(e) different 7
difficile difficult 2
dimanche Sunday 2
dîner *m.* dinner 6; to eat dinner 4
diplôme *m.* diploma 16
dire *(p.p.* **dit***)* to say, tell 9
directeur (directrice) *m., f.* director, school principal 10
diriger to lead, direct 16
discipline *f.* discipline 10
discuter (de) to discuss 5
se disputer (avec) to argue, quarrel (with) 9
disque compact *m. (fam.* **CD***)* compact disc 3
distraction *f.* entertainment 2
divorce *m.* divorce 14
divorcé(e) divorced 3
divorcer to divorce 14
doctorat *m.* doctorate 16
doigt *m.* finger 13
dommage *m.* damage, pity; **quel—** what a shame; **il est —** it's too bad
donc then, therefore
donner to give 10; **— sur** to open onto, overlook 11
dormir to sleep 5
dortoir *m.* dormitory 11
dos *m.* back 13
se doucher to shower 9
douteux (douteuse) doubtful 14
doux (douce) sweet, gentle 3 s; **il fait —** it's mild weather 5
douzaine *f.* dozen 6
drame *m.* drama 2
drapeau *m.* flag 10
draps *m. pl.* bedsheets 11 s
drogue *m.* drug 10 s
droit *m.* law 2; right, permission 11 s; **tout —** straight ahead 11; **à droite** to the right 11
dur(e) tough 6; **—** *adv.* hard 2
durée *f.* length (of time) 15

E

eau *f.* water 5; **— minérale** mineral water 5

écharpe *m.* scarf 12
échapper (à) to escape (from) 15 s
école *f.* school 4; **— maternelle** kindergarten 10; **— primaire** elementary school 10
écologie *f.* ecology 16
économie *f.* economy; *pl.* savings; **faire des économies** to save money 12
écossais(e) Scottish; plaid 12 s
écouter to listen (to) 2
écrire *(p.p.* **écrit***)* to write 9
écriture *f.* writing, penmanship 10
écrivain *m.* writer 4 s
église *f.* church 4
égoïste selfish 3 s
élaborer to elaborate, develop
élément *m.* element
éléphant *m.* elephant 7 s, 15
élève *m., f.* pupil (pre–high school) 10
élevé(e) high, raised 13
elle she, it 1; **elles** they 1
embauché(e) hired 16
embaucher to hire 16
embrasser to kiss 14; **s'—** to kiss each other 14
emmener (j'emmène) to take (someone) along 12
emploi du temps *m.* schedule 5
employé(e) *m., f.* employee 4
employer (j'emploie) to employ, use 12
emprunter to borrow 10
en at, in, on, to; **— face (de)** facing 3; **— avance** early 4; **— rang** in a row 10; **— retard** late 4; **— solde** on sale 12 s
enceinte pregnant 13
encore still, yet, even more 9
endormir to put to sleep; **s'—** 13 to fall asleep 9
endroit *m.* place 7
énergie nucléaire *f.* nuclear energy 16
énergique energetic 3
enfance *f.* childhood 10
enfant *m.* child 1; **— unique** only child 3 s
enfin finally 8
enflé(e) swollen 10
ennuyer (j'ennuie) to annoy, bother 10; **s'—** to get bored, be bored 13
ennuyeux (ennuyeuse) boring 2
enrhumé(e) congested 13
enseigner to teach 4 s
ensemble together 5; *m.* outfit 12
ensoleillé(e) sunny 7
ensuite then 8
entendre to hear 5; **s'— bien** to get along well 14
entier (entière) entire, whole 11
entre between 3
entrée *f.* entry 9; first course (meal) 6
entreprise *f.* company, business 4
entrer (dans) to enter, go in 8
envers towards 10
environnement *m.* environment 16
envoyer (j'envoie) to send 12
épargner to save 12
épaule *f.* shoulder 13
épice *f.* spice 6 s
épicerie *f.* grocery store 6
époque *f.* era 10; **à l'—** at that time 10
épouser to marry 15
époux (épouse) *m., f.* spouse 3 s, 14
épreuve *f.* test 16 s
équipe *f.* team
équitation *f.* horseback riding 7
erreur *f.* error 6 s
escalier *m.* staircase 9
escarpins *m. pl.* high heeled shoes 12
espace *m.* space 2 s
espagnol(e) Spanish; *m.* Spanish language 2
espérer (j'espère) to hope 6
essayer (j'essaie) to try (on) 12
essence *f.* gasoline 11
essentiel(le) essential 11
est east; **à l'— (de)** to/in the east (of) 7
estomac *m.* stomach 13
et and 1
étage *m.* floor (of a building); **premier —** first floor (American second floor) 9
étagère *f.* bookshelf 3
étape *f.* stage, step
état *m.* state 7
États-Unis *m. pl.* United States; **aux —** in, to the United States
été *m.* summer 2; **en —** in summer 7
étonnant(e) astonishing 14
étranger (étrangère) foreign; **à l'—** abroad 7
être *(p.p.* **été***)* to be 1; **— au chômage** to be unemployed 16; **— au régime** to be on a diet 6; **— de mauvaise humeur** to be in a bad mood 13; **— diplômé en (lettres, sciences, etc.)** to have a degree in (humanities, science, etc.) 16; **— en terminale** to be a senior (in high school) 16 s; **— reçu(e) à un examen** to pass an exam 16 s
études *f. pl.* studies 16
étudiant(e) *m., f.* student 1
étudier to study 2
Europe *f.* Europe
européen(e) European
événement *m.* event, happening 8
évidemment evidently 15
évident(e) obvious 14
éviter to avoid 6 s
exactement exactly 12
examen *m.* exam 2
excellent(e) excellent 2
exceptionnel(le) exceptional 7
excursion *f.* excursion 11
s'excuser to excuse oneself; **excusez-moi** excuse me, pardon me 4
exemple *m.* example; **par —** for example
exiger to demand, insist on 13
expliquer to explain
exploser to explode 8 s
exposition *f.* exhibit 2 s
express *m.* espresso 5
exprimer to express 2
extrait(e) excerpted; *m.* excerpt
extraordinaire extraordinary 7

F

fable *f.* fable 15
fabriquer to fabricate, make 11
face: en — de facing 3
se fâcher (contre) to get angry (with) 14
facile easy 2
faculté *f.* *(fam.* **la fac***)* school of a university 2
faim: avoir — to be hungry 6
faire *(p.p.* **fait***)* to do, make 4; **— attention** to pay attention 4 s; **— bouillir** to bring to a boil 6 s; **— cuire** to cook 6 s; **— de l'auto-stop** to hitch-hike 7 s; **— de l'aérobic** to do aerobics 7 s; **— de la musculation** to lift weights 13 s; **— des économies** to save money 12; **— des projets** to make plans 7; **— du bricolage** to do do-it-yourself projects 4; **— du camping** to go camping 11;**— du français** to study French 4; **— du jogging** to jog 4; **— du piano** to play the piano 4; **— du ski** to go skiing 4; **— du sport** to play a sport 4; **— du travail bénévole** to do volunteer work 4; **— faillite** to go bankrupt 16 s; **— fondre** to melt 6 s; **— la connaissance (de)** to meet 5; **— la cour** to court 14; **— la cuisine** to cook 4; **— la grasse matinée** to sleep late 4; **— la grève** to go on strike 16; **— la lessive** to do the laundry 9; **— la queue** to stand in line 15 s; **— la vaisselle** to do the dishes 9; **— le lit** to make the bed 9; **— le ménage** to do housework 4; **— les courses** to go shopping, to do errands 4; **— les devoirs** to do homework 4; **— le tour du monde** to travel around the world 7; **— revenir** to sauté 6 s; **— sa toilette** to get dressed 9 s; **— sa valise** to pack one's bag 7; **— semblant de** to pretend 14 s; **— une promenade à pied** to take a walk 4; **— une promenade en voiture** to go for a drive 4; **— une promenade en vélo** to ride bikes 4; **— une**

randonnée to take a hike 4; **— un pique-nique** to go on a picnic 4; **— un stage** to do an apprenticeship 16; **— un voyage** to take a trip 4; **se — masser** to get a massage 13 s
fameux (fameuse) famous
famille *f.* family 3
fatigué(e) tired 1
fauché(e) *(fam.)* broke, out of money 11
fauteuil *m.* armchair 9
faux (fausse) false
favori (favorite) favorite 3
fée *f.* fairy 15
félicitations *f. pl.* congratulations 9
féminin(e) feminine
femme *f.* woman 1; wife 3; **— au foyer** homemaker 4; **— d'affaires** business woman 4
fenêtre *f.* window 1
ferme *f.* farm 4
fermer to close 4
fête *f.* holiday, party 2
feuille *f.* leaf, sheet (of paper) 1 s
feuilleton *m.* television series, soap opera 2
feutre *m.* marking pen 1 s
février February 2
fiancé(e) *m., f.* fiancé(e) 14
se fiancer to get engaged 14
fidélité *f.* fidelity 14
fièvre *f.* fever 13
figure *f.* face 9
fille *f.* girl 1; daughter 3
film *m.* movie, film 2; **— d'amour** romantic film 2 s; **— d'horreur** horror movie 2 s; **— de science-fiction** sci-fi movie 2 s; **— d'aventure** adventure movie 2 s
fils *m.* son 3
finalement finally 15
finir to finish 8
fleur *f.* flower 3
fleuve *m.* river (major) 7
foie *m.* liver 13 s
fois *f.* time 9; **deux —** two times; **la dernière —** the last time 8
fondu(e) melted 6 s
football *m. (fam.* **foot***)* soccer 4; **— américain** football 4
forêt *f.* forest 7
formulaire *m.* form 16 s
formule de vacances *f.* vacation package 11 s
fort(e) heavy, stocky 1
fou (folle) crazy 2 s
four *m.* oven 9; **— à micro-ondes** microwave oven 9
fourchette *f.* fork 6
foyer *m.* home; **homme (femme) au —** homemaker 4
frais (fraîche) cool 5; fresh 6; **il fait —** it's cool (weather) 5
fraises *f. pl.* strawberries 6
franc *m.* unit of French currency 12
français(e) French; *m.* French language 2
franchement frankly, honestly 12
francophone French-speaking 7
frère *m.* brother 3
froid(e) cold 5; **avoir —** to be cold 13; **il fait —** it's cold 5
fromage *m.* cheese 6
front *m.* forehead 13 s
frontière *f.* border 7
fruit *m.* fruit 6; **fruits de mer** *m. pl.* seafood 6 s
fumer to smoke 2

G

gagner to earn 4; to win
galette *f.* flat cake 15 s
gant *m.* glove 12
garage *m.* garage 9
garçon *m.* boy 1
gare *f.* train station 11
garni(e) garnished with vegetables 6 s
gastronomique gourmet 11
gâté(e) spoiled 3
gâteau *m.* cake 6 s
gauche left; **à —** to the left 11
geler to freeze; **il gèle** it's freezing 7 s
génération *f.* generation 12
généreux (généreuse) generous 3
génie civil *m.* civil engineering 2
genou *(pl.* **genoux***)* *m.* knee 13
genre *m.* literary genre 15
gens *m. pl.* people 3; **— sans abri** homeless people 14 s
gentil(le) nice 3
géographie *f.* geography 7
gestion *f.* management 2 s
glace *f.* ice cream 6; **faire du patin à —** to go ice skating 7
golf *m.* golf 7
gorge *f.* throat 13
gorille *m.* gorilla 15
goût *m.* taste 2 s, 6
goûter *m.* snack 6
goûter to taste 6 s
graisse *f.* fat, grease 6s
gramme *m.* gram 6
grand(e) big, tall 1
grand-mère *f.* grandmother 3
grand-père *m.* grandfather 3
grandir to grow, grow up 8
grands-parents *m. pl.* grandparents 3
gratiné(e) with melted cheese 6 s
grave serious 13
grillé(e) grilled 6 s
grippe *f.* flu 13
gris(e) gray 1
gronder to scold 10 s
gros(se) large 3
grossir to gain weight 8
grotte *f.* cave, grotto 11 s
groupe *m.* group
guerre *f.* war 8
guitare *f.* guitar 4

H*

habillé(e) dressed up 12
habiller to dress; **s'—** to get dressed 9
habitant *m.* inhabitant 7 s
habiter to live, live in 2
***hanche** *f.* hip 13 s
***haricots (verts)** *m.pl.* (green) beans 6
***haut(e)** high 7
***héros (héroïne)** *m., f.* hero, heroine 15
hésiter (à) to hesitate (to) 16
heure *f.* hour, o'clock 4; **dans une —** in an hour 4; **à l'—** on time 4
heureusement fortunately 15
heureux (heureuse) happy 3
hier yesterday 8; **— matin** yesterday morning 8; **— soir** last night 8
histoire *f.* history 2; story 8
historique historical 7
hiver *m.* winter 2; **en —** in winter 7
***hockey** *m.* hockey 4; **jouer au —** to play hockey 4
homme *m.* man 1; **— au foyer** homemaker 4; **— d'affaires** businessman 4; **— politique** *m.* politician 4
***honte** *f.* shame 13; **avoir —** to be ashamed 13
hôpital *m.* hospital 4
horaire *m.* time schedule 4
horloge *f.* clock 1
horrible horrible 6
***hors-d'œuvre** *m.* appetizer 6
huile *f.* oil 6 s; **— d'olive** olive oil 6 s
humeur *f.* mood; **être de mauvaise (bonne) —** to be in a bad (good) mood 14
hypermarché *m.* superstore 12

I

ici here 2
idéal(e) ideal 7
idéaliste idealistic 1
idée *f.* idea 1 s, 5
identification *f.* identification 2
identifier to identify
il he, it 1; **— y a** there is, there are 2; **— y a** (+ time) ago 8
île *f.* island 7
ils they 1
image *f.* image, picture
immeuble *m.* apartment or office building 3 s
immigration *f.* immigration 16
impensable unthinkable 14
imperméable *m.* raincoat 12
important(e) important 4
impossible impossible 5
impressionniste impressionist 11
incertain(e) uncertain, variable (weather) 7 s
inconvénient *m.* disadvantage, drawback 11

incroyable incredible 2 s; 15
indépendant(e) independent 3 s
indiquer to indicate
individualiste individualistic 4
industrialisé(e) industrialized 7
infirmier (infirmière) *m., f.* nurse 4
informaticien(ne) *m., f.* computer specialist 4 s
informations *f. pl.* news 8
informatique *f.* computer science 2
infusion *f.* herbal tea 5 s
ingénieur *m.* engineer 4 s
ingrédient *m.* ingredient 6
s'inquiéter (je m'inquiète) to worry 12
s'installer to settle in, move in, set up residence 9 s, 14
instituteur (institutrice) *m., f.* elementary school teacher 4 s, 10
insupportable unbearable 16
intellectuel(le) intellectual 1
intelligent(e) intelligent 1
intéressant(e) (*fam.* **intello**) interesting 2
s'intéresser à to be interested in 14
intrigue *f.* story line 15
inutile useless 2
inviter to invite 5
irriter to irritate 10
italien(ne) Italian; *m.* Italian language
italique: en — in italics
itinéraire *m.* itinerary 11

J

jamais never 9
jambe *f.* leg 13
jambon *m.* ham 6
janvier January 2
japonais(e) Japanese; *m.* Japanese language 2
jardin *m.* garden, yard 2
jaune yellow 1
jazz *m.* jazz 2
je I 1
jean *m.* blue jeans 1
jeter to throw 6 s
jeu vidéo *m.* video game 12
jeudi Thursday 2
jeune young 1
jeunesse *f.* youth 10
jogging *m.* jogging 4; **faire du —** to go jogging 4
joli(e) pretty 1
joue *f.* cheek 13
jouer to play 2; **— à** to play a game or sport 4; **— à la poupée** to play with dolls 10; **— aux billes** to play marbles 10; **— aux boules** to play boules 10; **— à cache-cache** to play hide-and-seek 10; **— de** to play a musical instrument 4; **— de la guitare** to play guitar; **— du piano** to play piano 4
jour *m.* day 2
journal *m.* (*pl.* **journaux**) newspaper 8
journaliste *m., f.* journalist 4
journée *f.* day 9
juge *m.* judge 4 s
juillet July 2
juin June 2
jumeau (jumelle) *m., f.* twin 3 s; **jumelles** *f. pl.* binoculars 11 s
jupe *f.* skirt 1; **— tube** tube skirt 12; **— droite** straight skirt 12; **— plissée** pleated skirt 12
jus *m.* juice 5; **— d'orange** orange juice 5; **— de pomme** apple juice 5 s
jusqu'à *prep.* until 8; **— ce que** *conj.* until 16

K

kilo *m.* kilogram 6; **demi-kilo** half kilogram 6

L

là there 2; **là-bas** over there 12
laboratoire *m.* (*fam.* **labo**) laboratory 2
lac *m.* lake 7
laid(e) ugly 1
laine *f.* wool; **en —** made of wool 12
laisser to leave 5
lait *m.* milk 6; **café au —** coffee with milk 5
laitier: produit — *m.* milk product 6
lampe *f.* lamp 9; **— électrique** *f.* flashlight 11 s
langue *f.* language 2; tongue 13
lapin *m.* rabbit 15
latin(e) Latin 2 s; *m.* Latin language 2
lavabo *m.* sink 3
laver to wash; **— le linge** to do the wash 9; **se —** to wash, to wash up 9
leçon *f.* lesson
lecteur laser *m.* CD player 12
lecture *f.* reading
léger (légère) light 6
légume *m.* vegetable 6
lendemain *m.* next day, day after 14 s
lent(e) slow 15
lentement slowly 15
lequel (laquelle) (*pl.* **lesquels, lesquelles**) which one(s) 12
lessive *f.* laundry 9; **faire la —** to do the laundry 9
lettre *f.* letter 9
lever (je lève) to raise; **se —** to get up 9
lèvres *f. pl.* lips 13
lézard *m.* lizard 15
librairie *f.* bookstore 2; **— papeterie** bookstore, office supply store 12
libre free, available 5
lieu *m.* place; **— de travail** workplace 4; **avoir —** to take place 13
limonade *f.* lemon-lime soda 5 s
linge *m.* laundry, linen 9; **laver le —** to do the wash 9
lion *m.* lion 7 s, 15
liquide *f.* liquid; **en —** in cash 12
lire (*p.p.* **lu**) to read 9
liste *f.* list
lit *m.* bed 3; **faire son —** to make one's bed 9
litre *m.* liter 6; **demi-litre** half liter 6
littéraire literary 15
littérature *f.* literature 2
livre *m.* book 1
locataire *m., f.* tenant 3
location *f.* rental 3 s, 11 s
logement *m.* lodging 3
loger to lodge or stay at a hotel 11
logiciel *m.* computer software 16 s
loin (**de**) far (from) 3
loisirs *m.pl.* leisure activities 4
long(ue) long 3
longtemps a long time 8
lorsque when 11
louer to rent 3
loup *m.* wolf 15
lourd(e) heavy, humid 7
loyer *m.* rent 3
lumière *f.* light 1 s
lundi Monday 2
lune de miel *f.* honeymoon 14
lunettes *f. pl.* eyeglasses 1; **— de soleil** sunglasses 1 s
lutter to fight 16
lycée *m.* high school 4

M

madame *f.* **(Mme)** (*pl.* **Mesdames**) ma'am, Mrs.
mademoiselle *f.* **(Mlle)** (*pl.* **Mesdemoiselles**) miss, Miss
magasin *m.* store 12; **— à grande surface** superstore 12; **— de disque** record store 12; **— d'électronique** electronics store 12; **— de photos** camera shop 12; **— de sport** sporting goods store 12
magazine *m.* magazine 8
magnétoscope *m.* VCR 12
magnifique magnificent 7
mai May 2
maigrir to lose weight 8
maillot *m.* jersey, t-shirt 4; **— de bain** swimsuit 1
main *f.* hand 9
maintenant now 4
maire *m.* mayor 4 s
mairie *f.* town hall 4 s
mais but 2
maison *f.* house 3
mal bad, badly; **— élevé(e)** bad-mannered, impolite 3 s; **avoir — à la tête** to have a headache 13
malade sick 13
malheureusement unfortunately 5
manger (nous mangeons) to eat 6
maniaque *m., f.* neatnik 9 s

manière *f.* manner; **les bonnes manières** good manners 6 s
manquer to miss 8
manteau *m.* coat, overcoat 1
se maquiller to put on makeup 9
marâtre *f.* stepmother 15 s
marchander to bargain 12
marché *m.* market 6; **— en plein air** open air market 6; **bon —** inexpensive 3
mardi Tuesday 2
mari *m.* husband 3
mariage *m.* marriage 14
marié(e) married 3
se marier (avec) to marry 14
marron brown 1
mars March 2
masculin(e) masculine
match *m.* game 2
mathématiques *f. pl. (fam.* **maths***)* mathematics 2
matin *m.* morning, in the morning 4
mauvais(e) bad 3; **il fait —** it's bad weather 5
mec *m. (fam.)* guy 14 s
mécanicien(ne) *m., f.* mechanic 4 s
méchant(e) mean, evil 3 s, 15
médecin *m.* doctor 4
médicament *m.* medicine 13
meilleur(e) better 7
mélanger to mix 6 s
même same 9
mémoire *f.* memory 15 s
ménage *m.* housework; **faire le —** to do the housework 4
mentionner to mention
menton *m.* chin 13 s
menu *m.* fixed-price meal 6
mer *f.* sea 7; **fruits de —** *m.pl.* seafood 6; **département d'outre-mer (D.O.M.)** overseas department 7
merci thank you 1
mercredi Wednesday 2
mère *f.* mother 3; **belle-—**stepmother, mother-in-law 3 s; **grand-—** grandmother 3
message *m.* message 5
métier *m.* occupation, profession 4
métro *m.* subway 7
metteur en scène *m., f.* movie director 15
mettre *(p.p.* **mis***)* to put, set 6; **— en valeur** to emphasize 16 s; **— la table** to set the table 6; **se — à** to begin to (do something) 9 s; **se — en colère** to get angry 9
micro-onde *f.* microwave; **four à —** *m.* microwave oven 9
midi noon 4
miel *m.* honey; **lune de —** *f.* honeymoon 14
mieux *adv.* better 2; **aimer —** to prefer 2
mignon(ne) sweet, cute 3 s
mille one thousand 3; **deux —** two thousand 3

mince thin 1
minéral(e) mineral; **eau minérale** *f.* mineral water 5
minuit midnight 4
minute *f.* minute 4
miroir *m.* mirror 3
mise en scène *f.* setting (movie or play) 15
mocassins *m. pl.* loafers 12
moche *(fam.)* ugly 1
mode *f.* fashion 12
modèle *m.* model; style 12
moderne modern 7
modeste modest 1
moi me 5; **— aussi** me too 1; **— non plus** me neither 9
moins... que less . . . than 7
mois *m.* month 2
moment *m.* moment 5
monde *m.* world 7; **tout le —** everyone 12
monnaie *f.* coin(s); change 12
monsieur *m.* **(M.)** *(pl.* **messieurs***)* sir, Mr.
montagne *f.* mountain 2 s, 7
montagneux (montagneuse) mountainous 7 s
monter to climb 8
montre *f.* watch 3
montrer to show 12
monument *m.* monument 11
morceau *m.* piece 6
mort(e) dead 3 s
mot *m.* word; **— apparenté** related word, cognate
motocyclette *f. (fam.* **moto***)* motorcycle 7
mouchoir *m.* handkerchief 13
mourir *(p.p.* **mort***)* to die 8
moutarde *f.* mustard 6
mouton *m.* sheep 15
mur *m.* wall 1
muscle *m.* muscle 13
musculation *f.* weight lifting 3
musée *m.* museum 2
musicien(ne) *m., f.* musician 4 s
musique *f.* music 2; **— classique** classical music 2
mythique mythical 11

N

naître *(p.p.* **né***)* to be born 8
nappe *f.* tablecloth 6
narrateur *m.* narrator 15
natation *f.* swimming 4
nature *f.* nature 11
neige *f.* snow 5; **il —** it's snowing 5
nerveux (nerveuse) nervous 1
nettoyer to clean 12
neveu *m.* nephew 3
nez *m.* nose 13
nièce *f.* niece 3
noces *f.* wedding 14 s
nœud *m.* knot; **— papillon** bow tie 12 s
noir(e) black 1

nom *m.* name 2; **— de famille** last name 2
nombre *m.* number 3
nombreux (nombreuse) numerous; **une famille nombreuse** a big family 3 s
nommer to name
nord north; **au — (de)** to/in the north (of) 7
nourriture *f.* food 6
nous we 1
nouveau (nouvelle) new 3
novembre November 2
nuage *m.* cloud 5
numéro *m.* number 2; **— de téléphone** telephone number 2

O

obéir to obey 8
objet *m.* object 3
obtenir *(p.p.* **obtenu***)* to obtain 8 s
occidental(e) western 11
occupé(e) busy 4
s'occuper de to take care of, watch out for 14
océan *m.* ocean 7
octobre October 2
œuf *m.* egg 6
offre d'emploi *f.* job offer 16
offrir *(p.p.* **offert***)* to give, to offer 10 s, 12
oignon *m.* onion 6
on one, you 1
oncle *m.* uncle 3
ongle *m.* fingernail 13 s
opération *f.* operation 13
optimiste optimistic 1
or *m.* gold; **en —** made of gold 12
orage *m.* storm 5 s, 7
orange orange 1; *f.* orange (fruit) 6
ordinateur *m.* computer 3
ordonnance *f.* prescription 13
ordre *m.* order; **en —** orderly, tidy 9 s
où where 3; **d'où** from where 5
oublier (de) to forget 6
ouest west; **à l'— (de)** to/in the west (of) 7
ouragan *m.* hurricane 7 s
ours *m.* bear 15
ouvert(e) open 3 s
ouvrier (ouvrière) *m., f.* worker 4
ouvrir *(p.p.* **ouvert***)* to open 8 s

P

pain *m.* bread 6; **— complet** whole wheat bread 6 s
pamplemousse *m.* grapefruit 6 s
panne: tomber en — to have a (mechanical) breakdown 8 s
pansement *m.* bandage 13 s
pantalon *m.* pants 1; **— jogging** warm-up pants 12
paquet *m.* packet 6 s
par by, per; **— jour** per day 6

paragraphe *m.* paragraph
paraître *(p.p.* **paru***)* to seem 13 s
parc *m.* park 2; **— d'attactions** amusement park 11
parce que because 5
pardon pardon me 5
parenthèse: entre parenthèses in parentheses
paresseux (paresseuse) lazy 3
parfois sometimes 4
parfum *m.* perfume 12
parler to speak 2
parmi among 10
partager to share 10
partenaire *m., f.* partner
participer to participate
partir to leave 5
pas not 1; **— du tout** not at all 1
passeport *m.* passport 7
passer to spend (time) 3; to pass (by) 8; **— l'aspirateur** to vacuum 9; **— le balai** to sweep 9; **— la tondeuse** to mow 9 s; **— un examen** to take an exam 16; **se —** to happen 8; **se passer de** to do without 13 s
passif (passive) passive 3 s
passion *f.* passion 14
passionnant(e) exciting, thrilling 15
pasteur *m.* preacher 4 s
pastille pour la gorge *f.* throat lozenge 12 s
pâte *f.* pasta, pastry dough 6
pâté *m.* meat spread; **— de campagne** country-style meat spread 6
patient(e) patient 1; **un(e) —** 4
patin à glace *m.* ice skating 7
pâtisserie *f.* pastry; pastry shop 6
pauvre poor 7
payer (je paie) to pay 3, 12
pays *m.* country 7
peintre *m., f.* painter 11 s
pellicule *f.* film (for camera) 12 s
pelouse *f.* grass 10
pendant during 8; **— que** while
penser to think *; **— à** to think about 7; **— de** to think about (opinion) 12
perdre to lose 5
père *m.* father 3; **beau-—** stepfather, father-in-law 3 s
permettre *(p.p.* **permis***)* to permit 9 s
personnage *m.* character 15; **— principal** main character 15
personne *f.* person; nobody 9; **ne... —** not anyone 9
pessimiste pessimistic 3
petit(e) little, small 1; **— déjeuner** *m.* breakfast 6; **petites annonces** classified ads 16
petit-fils *m.* grandson 3 s; **petite-fille** *f.* granddaughter 3 s; **petits enfants** *m. pl.* grandchildren 3 s
peu (de) little 6; **un —** a little 2
peur *f.* fear; **avoir — de** to be afraid 13
peut-être maybe 5
pharmacie *f.* pharmacy 12
philosophie *f.* philosophy 2
photo *f.* photograph 3
photographe *m., f.* photographer 4 s
phrase *f.* sentence
physique *f.* physics 2; *m.* physical appearance 13 s
piano *m.* piano 4
pièce *f.* room 9; **— de théâtre** play 15
pied *m.* foot 13; **à —** on foot 4
pilote *m., f.* pilot 4
pilule *f.* pill 13 s
pique-nique *m.* picnic; **faire un —** to go on a picnic 4
piquer to sting; prick; **se — le doigt** to prick one's finger 15 s
piqûre *f.* shot 13 s
pire worse 7
piscine *f.* swimming pool 2
placard *m.* closet, cupboard 3
place *f.* seat, position 5; town square 11
plage *f.* beach 2
se plaindre *(p.p.* **plaint***)* to complain 15 s
plaisanter to joke 16
plan *m.* map 11
planche à voile *f.* windsurfing 4
plante *f.* plant 3
plastique plastic; **en —** made of plastic 12
plat *m.* course, dish 6; **— principal** main course 6
plat(e) flat 7 s
pleurer to cry 13
pleuvoir *(p.p.* **plu***)* to rain; **il pleut** it's raining 5
plongée libre *f.* snorkeling 7; **plongée sous marine** scuba diving 7
plonger to immerse in water 6 s
pluie *f.* rain 7
plupart *f.* **la — (de)** most of 12
plus more; **—... que** more . . . than 7; **ne... —** not any longer 9; **moi non —** me neither 9
plusieurs several 12
plutôt rather, somewhat 7
poème *m.* poem 15
poète *m., f.* poet 4 s
pointure *f.* shoe size 12
poire *f.* pear 6 s
pois *m.* pea; **petits —** green peas 6
poisson *m.* fish 6
poivre *m.* pepper 6
poivron *m.* bell pepper 6 s
pollution *f.* pollution 16
pomme *f.* apple 6; **— de terre** potato 6; **pommes frites** *f.pl.* *(fam.* **frites***)* french fries 6
pont *m.* bridge 8
populaire popular 2 s, 4
porc *m.* pork 6
port *m.* port 7
porte *f.* door 1
porter to wear 1
poser to pose; **— une question** to ask a question 4; **— sa candidature** to apply for a job 16
possession *f.* possession 3 s
possible possible 3 s, 5
poste *f.* post office 4
pot *m.* ceramic or glass jar 6 s
poubelle *f.* garbage can 9; **vider la —** to empty the garbage 9
poulet *m.* chicken 6
poupée *f.* doll 10; **jouer à la —** to play with dolls 10
pour for 5; **— moi** for me 5
pourboire *m.* tip 6
pourquoi why 5
pourtant however
pourvu que provided that 16
pouvoir *(p.p.* **pu***)* can, to be able to 5
pratique practical, useful 2
pratiquer to practice
préférence *f.* preference 2 s
préférer (je préfère) to prefer 2, 6
premier (première) first 2; **— étage** *m.* first floor 9
prendre *(p.p.* **pris***)* to take 5
prénom *m.* first name 2
préparer to prepare; **se —** to prepare oneself, get ready 9
près (de) near 3
présenter to present, introduce; **se —** to introduce oneself 1
presque almost
presse *f.* press, news media 8
pressing *m.* dry cleaners 12
prestigieux (prestigieuse) prestigious 4 s
prêt(e) ready 9 s
prêter to lend 10
prêtre *m.* priest 4 s
prince (princesse) *m., f.* prince, princess 15
principauté *f.* principality 7 s
printemps *m.* spring 2; **au —** in the spring 7
prison *m.* prison
prix *m.* price 3 s, 12; prize 15
probable probable 14
problème *m.* problem 9
prochain(e) next 4
produit *m.* product 12; **— laitier** milk product 6 s
professeur *m. (fam.* **prof***)* professor, instructor 1
programme *m.* program; **— d'échanges** exchange program 16 s; **— d'études** program of study 16
projets *m.pl.* plans 4; **faire des —** to make plans 7
promenade *f.* walk; **faire une —** to take a walk 4
promener to walk 9; **se —** to go for a walk 9
promettre *(p.p.* **promis***)* to promise 9
prononcer (nous prononçons) to pronounce
propriétaire *m., f.* landlord/landlady 3

province *f.* province 7 s
provisions *f. pl.* food 8
psychologie *f.* psychology 2
publicité *f. (fam.* **la pub***)* advertising 12
puis then 8
pull-over *m. (fam.* **pull***)* pullover sweater 1
pupitre *m.* student desk 1 s

Q

quand when 5
quantité *f.* quantity 6
quartier *m.* neighborhood 3
que what 5; **qu'est-ce —** what 1; **ne... —** only 9
quel(s), quelle(s) which or what 2 s, 5
quelque chose something 5; **— à boire** something to drink 5
quelques some 12
quelqu'un someone 5
question *f.* question; **poser une —** to ask a question 4
qui who 1
quitter to leave 5
quoi what 5
quotidien(ne) daily 9

R

raconter to tell a story 8
radio *f.* radio 2
radio-cassette *f.* portable radio cassette player 3
radiographie *f.* X ray 13 s
rafting *m.* rafting 7
raisin *m.* grapes 6
raison *f.* reason; **avoir —** to be right 13
raisonnable sensible 1
ramasser to collect, pick up 10
randonnée *f.* hike, excursion 4
rangé(e) organized 9 s
ranger (nous rangeons) to straighten 9
rap *m.* rap music 2
rapide fast 7
se rappeler (je me rappelle) to remember 10
raquette de tennis *f.* tennis racket 3 s
rarement rarely 4
raser to shave; **se —** to shave (oneself) 9
rasoir *m.* razor; **— électrique** electric razor 9 s
se rasseoir *(p.p.* **rassis***)* to sit back down 15 s
ravi(e) delighted 14
réagir to react 8
réalisateur (réalisatrice) *m., f.* movie director 15
réaliste realistic 3
récent(e) recent 4 s
réceptionniste *m., f.* receptionist 11
recette *f.* recipe 6
recevoir *(p.p.* **reçu***)* to receive 8 s
réchaud *m.* hot plate 3 s
récit *m.* story, narrative 15
réclame *m.* advertisement 12
recommander to recommend
récréation *f. (fam.* **la récré***)* recess 10
récupérer to pick up, get back 5 s
recycler to recycle 16
réduire *(p.p.* **réduit***)* to reduce 6 s
réduit(e) reduced 11
réfléchir to think, reflect 8
réfrigérateur *m. (fam.* **frigo***)* refrigerator 9
refuser (de) to refuse 16
se régaler to feast on 15 s
regarder to look (at), watch 2
région *f.* region 7
régime *m.* diet 6
règle *f.* ruler 10
régler to pay or settle a bill 6 s
régulièrement regularly 2s
remède *m.* cure 13
remettre *(p.p.* **remis***)* to put back 9; **se —** to get well 9
remplacer (nous remplaçons) to replace
renard *m.* fox 15 s
rencontrer to meet up (with someone you know) 4
rendez-vous *m.* appointment, meeting, date 4
rendre to return (something) 5; **— visite (à)** to visit (someone) 5; **se — compte** to realize 14
renseignements *m. pl.* information 7
rentrer to return home 8
renvoyer to expel (from school) 10 s
réparer to repair 4 s
repas *m.* meal 6
repasser to redo (a school lesson) 10 s; **— le linge** to iron clothes 9 s
se répérer to find one's way 11 s
répéter (je répète) to repeat
répondeur *m.* telephone answering machine 3 s
répondre to respond, answer 5
se reposer to rest 9
requin *m.* shark 15 s
réservation *f.* reservation 7
réservé(e) reserved 3
réserver to reserve 6
résidence universitaire *f.* college dormitory 2
restaurant universitaire *m. (fam.* **restau-U***)* university cafeteria 2
rester to stay 2
résumé *m.* summary; résumé 2 s, 16
retard: en — late 4
retour *m.* return; **aller-retour** round trip 7
retraite *f.* retirement 16
se retrouver to meet each other (by arrangement) 4 s, to meet again 14
réussir to succeed 8; **— à** to succeed at 16
rêve *m.* dream 7 s
réveil *m.* alarm clock 3 s
réveiller to awaken (someone); **se —** to wake (oneself) up 9
revenir *(p.p.* **revenu***)* to return, come back 8
rêver (de) to dream 7 s, 16
revoir *(p.p.* **revu***)* to see again 11 s; **au —** goodbye 1
rez-de-chaussée *m.* ground floor (of a building) (American first floor) 9
rhume *m.* cold 13
riche rich 1
rideaux *m. pl.* curtains 3
rien nothing 9; **ne... —** not anything 9
risquer (de) to risk 16
riz *m.* rice 6
robe *f.* dress 1
rock *m.* rock music, rock 'n roll 2
roi (reine) *m., f.* king, queen 15
rôle *m.* role; **jouer un —** to play a role
roman *m.* novel 15; **— policier** detective novel 15
romantique romantic 14
romantisme *m.* romaticism 14
rompre (avec) to break up with 14 s
rose pink 1
rouge red 1; **— à lèvres** *m.* lipstick 9 s; **un verre de —** *m.* a glass of red wine 5
rougir to blush, turn red 8
routine *f.* routine 9; **— quotidienne** daily routine 9
roux (rousse) red haired
rue *f.* street 11
rupture *f.* split (of a couple) 14 s
rural(e) rural 7 s
russe Russian; *m.* Russian language 2

S

sac *m.* purse 1; sack, bag 6; **— à dos** backpack 3; **— de couchage** *m.* sleeping bag 11
sage well behaved 3 s, 10
sain(e) healthy 13
saison *f.* season 2; **— sèche** dry season 7; **— des pluies** rainy season 7
salade *f.* salad, lettuce 6
salaire *m.* salary 16
sale dirty 9
salle *f.* room; **— de bains** bathroom 9; **— de classe** classroom 1; **— de séjour** living room, den 9; **— d'urgence** *f.* emergency room 13 s
salut hi, bye 1
samedi Saturday 2
sandales *f. pl.* sandals 1
sandwich *m.* sandwich 5; **— jambon beurre** ham sandwich with butter 5
sang *m.* blood 13
sans without; **— blague** *(fam.)* no kidding 10 s
santé *f.* health 13
saucisson *m.* sausage 6

sauf except 11
saumon *m.* salmon 6
sauver to save 15
savoir *(p.p.* **su***)* to know (information), to know how 7
scénario *m.* script 15
science *f.* science 2; **sciences économiques** *f. pl.* economics 2; **sciences politiques** *f. pl.* political science 2
sec (sèche) dry 7 s
sèche-cheveux *m.* hair dryer 9 s
sécher (je sèche) to dry; **— un cours (l' école)** to cut a class (school) 8 s, 10 s; **se —** to dry (oneself) off 9 s
secrétaire *m., f.* secretary 4
section (non)fumeur *f.* (non) smoking section 7
sel *m.* salt 6
sélectionner to select
semaine *f.* week 2
semblable similar 7
semestre *m.* semester 2
sentimental(e) sentimental 14
sentir to sense, smell; **se —** to feel 13
séparation *f.* separation 14
se séparer to separate, break up 14
septembre September 2
série *f.* series
sérieux (sérieuse) serious 1
serpent *m.* snake 15
serré(e) tight 12
serveur (serveuse) *m., f.* waiter, waitress 4
service *m.* service 6; **— compris** tip included 6; **— non-compris** tip not included 6
serviette *f.* napkin 6; towel 9 s
servir to serve; **se — de** to use 9
seul(e) alone 3
sévère severe, strict 3 s
shampooing *m.* shampoo 12
short *m.* shorts 1
si if 11
signer to sign
silencieux (silencieuse) quiet, silent 2 s
ski *m.* skiing 4; **— alpin** downhill skiing 7; **— de fond** cross-country skiing 7; **faire du —** to go skiing 4
skier to ski 4
snobisme *m.* snobbery 10 s
sociable sociable 1
sociologie *f.* sociology 2
sœur *f.* sister 3; **belle-sœur** sister-in-law, stepsister 3 s; **demi-sœur** half sister 3 s
soie *f.* silk; **en —** made of silk 12
soif: avoir — to be thirsty 6
soigner to take care of, nurse 13
soir *m.* evening, in the evening 4; **bon—** good evening 1; **ce —** this evening 5
solde *m.* sale 12
soleil *m.* sun 5; **il fait du —** it's sunny 5
sommeil: avoir — to be sleepy 13
sorcier (sorcière) *m., f.* witch 15
sorte *f.* sort
sortir to go out 5
souffrir *(p.p.* **souffert***)* to suffer 13
souhaiter to wish 13
souligner to underline
soupe *f.* soup 6
sourcil *m.* eyebrow 13 s
sous under, beneath 3
souvenir *m.* memory 10
se souvenir de *(p.p.* **souvenu***)* to remember 10
souvent often 4
spécialisation *f.* academic major 2
sport *m.* sport 4
sportif (sportive) athletic, active in sports 1
stade *m.* stadium 2 s
stressé(e) *(fam.)* stressed 3 s, 4
stricte strict 3 s
studio *m.* studio apartment 2 s, 3
stylo *m.* pen 1
sucré(e) sweetened 5 s, 6
sud south; **au — (de)** to/in the south (of) 7
suffire: *(p.p.* **suffi***)* **ça suffit** that's enough 9 s
suggérer (je suggère) to suggest
se suicider to commit suicide 14 s
suivant(e) next, following
suivre *(p.p.* **suivi***)* to follow
supermarché *m.* supermarket 6
supplément *m.* extra charge 11 s
sur on 3
sûr(e) sure 14; **bien —** of course 2
surpopulation *f.* overpopulation 16
surpris(e) surprised 14
surtout most of all, especially 2 s
survêtement *m.* warm-up suit 12
sweat *m.* sweatshirt 1
sympathique *(fam.* **sympa***)* nice, friendly 1
symptôme *m.* symptom 13 s

T

T-shirt *m.* T-shirt 1
table *f.* table 1; **— basse** coffee table 9; **— de nuit** nightstand 3; **mettre la —** set the table 6
tableau *m.* blackboard 1
tâche ménagère *f.* household chore 9
taille *f.* size 12
tailleur *m.* woman's suit 1 s, 12
tante *f.* aunt 3
taper à l'ordinateur to type on a computer 4 s
tapis *m.* rug 3
tard late 4
tarif *m.* fare, price 11
tarte *f.* tart, pie 6; **tartelette** mini-tart 6
tartine *f.* bread with butter and jam, a typical after-school snack 6 s
tasse *f.* cup 6
taxi *m.* taxi 7
technologie de pointe *f.* state-of-the-art technology 11 s
télécarte *f.* phone card 5 s
téléphone *m.* telephone 3
télévision *f.* *(fam.* **télé***)* television 2
température *f.* temperature 7
tempéré(e) temperate 7 s
temps *m.* weather 5; **quel — fait-il ?** what is the weather? 5; **emploi du —** *m.* schedule 5
tendre tender 6
tendresse *f.* tenderness 14
tenir *(p.p.* **tenu***)* to hold 8; **— à** to be bent on doing something 8
tennis *m.* tennis 4; **des —** *m. pl.* tennis shoes 1; **jouer au —** to play tennis 4
tente *f.* tent 11
terrain *m.* land; **— de camping** campground 11; **— de sport** sports field 10
terrasse *f.* terrace, patio 5 s, 9
tête *f.* head 13; **avoir mal à la —** to have a headache 13
têtu(e) stubborn 3 s
thé (nature) *m.* (plain) tea 5; **— au citron** hot tea with lemon 5; **— au lait** hot tea with milk 5
thème *m.* theme 15
thon *m.* tuna 6
tigre *m.* tiger 15
timbre *m.* postage stamp 12
timide timid 1
titre *m.* title 15
toilette *f.* toilet 9
tomate *f.* tomato 6
tomber to fall 8; **— amoureux** to fall in love 14; **— en panne** to have a (mechanical) breakdown 8
tondeuse *f.* lawnmower 9 s
tort: avoir — to be wrong 13
tortue *f.* turtle 15 s
tôt early 4
toujours always 9
tourisme *m.* tourism 7
touristique tourist, popular with tourists 7
tourner to turn 11; to film 15
tousser to cough 13
tout(e) *(pl.* **tous, toutes***)* all 12; **— à coup** suddenly 12; **— à fait** completely 12; **— droit** straight ahead 11; **— de suite** immediately 12; **— le monde** everyone 12
tradition *f.* tradition 11
train *m.* train 7
tranche *f.* slice 6
tranquille calm 3 s
transformer to transform 15
transport *m.* transportation 7; **moyen de —** *m.* means of

transportation 7; — **public** public transportation 7
travail *m.* *(pl.* **travaux***)* work 2
travailler to work 2
travailleur (travailleuse) hard-working 3
traverser to cross 11
très very 1
trimestre *m.* trimester 2
triste sad 3
troisième third 2
tromper to be unfaithful 14 s; to trick 15
trop (de) too much (of) 6
tropical(e) tropical 7
trouver to find; **se** — to be located 7
tu you 1
tuer to kill 15

U

université *f.* university 2
urbain(e) urban 7 s
usine *f.* factory 4
ustensile *m.* utensil; — **de cuisine** kitchen utensil 6
utiliser to utilize, use

V

vacances *f.pl.* vacation 7
vaincre to vanquish 15 s
vaisselle *f.* dishes 9; **faire la** — to do the dishes 9
valable valid 11
valeur *f.* value 14
valise *f.* suitcase 7; **faire sa** — to pack one's bag 7
vaste vast, big 7 s
vedette *f.* star 15
végétarien(ne) *m., f.* vegetarian 6 s
vélo *m.* bicycle 3
velours *m.* velvet; **en** — made of velvet 12 s; **en — côtelé** made of corduroy 12 s
vendeur (vendeuse) *m., f.* salesperson 4
vendre to sell 5
vendredi Friday 2
venir *(p.p.* **venu***)* to come 3; — **de** to have just 8
vent *m.* wind 5; **il fait du** — it's windy 5
ventre *m.* stomach 13
verre *m.* glass 6; — **à pied** goblet 6 s
vers around (time)
version originale (doublée, sous-titrée) *f.* original (dubbed, subtitled) movie 15
vert(e) green 1
veste *f.* jacket, sport coat 1 s, 12
vêtements *m., pl.* clothes, clothing 1
viande *f.* meat 6
vider to empty; — **la poubelle** to empty the garbage 9
vie *f.* life; — **conjugale** *f.* married life 14 s
vieux (vieille) old, elderly 1
village *m.* town 7
ville *f.* city 7
vin *m.* wine 6
vinaigrette *f.* salad dressing made with oil and vinegar 6 s
violet(te) violet, purple 1
visage *m.* face 13
visiter to visit (a place) 7
vitamine *f.* vitamin 6 s, 13
vite fast, quickly 10
vivant(e) alive 3 s
vivre *(p.p.* **vécu***)* to live 8
vocabulaire *m.* vocabulary
voici here is, here are 2
voilà there is, there are 2
voile *f.* sailing 7
voir *(p.p.* **vu***)* to see 3, 11
voisin(e) *m., f.* neighbor 1 s
voiture *f.* car 7
vol *m.* flight 7
volcan *m.* volcano 7 s
voler to fly 15
volets *m. pl.* shutters 3 s, 8 s, 9
voleur *m.* thief 16 s
vouloir *(p.p.* **voulu***)* to want 5
vous you 1
voyage *m.* trip 7; **faire un** — to take a trip 7
voyager (nous voyageons) to travel 2
vrai(e) true
vraiment really 8

W

W.C. *m. pl.* half bath (abbreviation of water closet) 9
week-end *m.* weekend 2

Y

yaourt *m.* yogurt 6
yeux *m.pl.* eyes 13

Z

zèbre *m.* zebra 7 s, 15
zéro *m.* zero 1

Vocabulaire anglais-français

A

a un(e)
to abandon, give up on abandonner
able: to be — pouvoir
abortion avortement *m.*
about à propos de, au sujet de
above au dessus (de)
abroad à l'étranger
accident accident *m.*
to accompany accompagner
to accomplish accomplir
accounting comptabilité *f.*
to ache avoir mal (à)
across à travers
to act agir
active actif (active)
activity activité *f.*; **leisure activities** loisirs *m.pl.*
actor acteur (actrice) *m., f.* ; comédien(ne) *m., f.*
to add ajouter
address adresse *f.*
to admire admirer
to adore adorer
adult adulte *m., f.*
adultery adultère *m.*
advanced avancé(e)
advantage avantage *m.*
adventure aventure *f.* ; **— movie** film d'aventure *m.*
advertisement réclame *m.*; publicité *f.* (*fam.* la pub)
advice conseil *m.*
to advise conseiller; **— against** déconseiller
aerobics aérobic *f.* ; **to do —** faire de l'aérobic
affectionate affectueux (affectueuse)
afraid: to be — avoir peur (de)
Africa Afrique *f.*
African africain(e)
after après
afternoon après-midi *m.*
age âge *m.*
agency agence *f.* ; **travel —** agence de voyages
agent agent *m., f.*; **travel —** agent de voyages *m.*
aggressive agressif (agressive)
aggressiveness agressivité *f.*
ago il y a (+ time)
to agree être d'accord
agricultural agricole
airplane avion *m.*
airport aéroport *m.*
alarm clock réveil *m.*
alcoholic alcoolisé(e)
alive vivant(e)
all tout(e) (*pl.* tous, toutes)
allergic allergique
allergy allergie *f.*
to allow permettre
almost presque
alone seul(e)
already déjà
also aussi
although bien que
always toujours
American américain(e)
among parmi
anchovies anchois *m.*
and et
angry: to get — se mettre en colère, se fâcher contre; **to make someone —** mettre en colère
anguish angoisse *f.*
anguished angoissé(e)
animal animal *m.*
ankle cheville *f.*
announcement annonce *f.*
to annoy ennuyer
to answer répondre (à)
anthropology anthropologie *f.*
anxious angoissé(e)
apartment appartement *m.*, studio *m.*; **— building** immeuble *m.*
appetite appétit *m.*
appetizer hors-d'œuvre *m.*
apple pomme *f.*
to apply (for a job) poser sa candidature
appointment rendez-vous *m.*
to appreciate apprécier
April avril
architect architecte *m., f.*
to argue (with) se disputer (avec)
arid aride
arm bras *m.*
armchair fauteuil *m.*
around (time) vers; autour
to arrive arriver
artisan artisan *m., f.*
artist artiste *m., f.*
as comme; **— . . . —** aussi... que; **— much, — many** autant ; **— soon —** aussitôt que
Asia Asie *f.*
to ask (for) demander; **— a question** poser une question
asparagus asperges *f.pl.*
aspirin aspirine *f.*
assured assuré(e)
astonishing étonnant(e)
at à, en
athlete athlète *m., f.*
athletic sportif (sportive)
ATM (automatic teller machine) distributeur automatique *m.*
atmosphere atmosphère *m.*
to attack attaquer
attention attention *f.*; **to pay —** faire attention
attraction attraction *f.*
August août
aunt tante *f.*
Australia Australie *f.*
author auteur *m.*
autumn automne *m.*
avenue avenue *f.*
to avoid éviter
to awaken (someone) réveiller

B

baby bébé *m.*; **babysitter** baby-sitter *m., f.*; **to babysit** faire le baby-sitting
back dos *m.*
backpack sac à dos *m.*
bad mauvais(e); **not —** pas mal
badly mal
bag sac *m.*
bakery boulangerie *f.*, pâtisserie *f.*
ball balle *f.*; (inflatable) ballon *m.*; (dance) bal *m.*
banana banane *f.*
bandage pansement *m.*
to banish bannir
bank banque *f.*
bankrupt: to go — faire faillite
to baptize baptiser
bargain bonne affaire *f.*; **to —** marchander
basketball basketball *m.*; **to play —** jouer au basket
to bathe baigner; **to take a bath** se baigner
bathing suit maillot de bain *m.*
bathroom salle de bains *f.*; **half —** les W.C.
battery pile *f.* (for electronic device)
to be être
beach plage *f.*
bean haricot *m.*
bear ours *m.*
beard barbe *f.*
beautiful beau (bel, belle), (*pl.* beaux, belles)
because parce que, car
to become devenir
bed lit *m.*; **to make the —** faire le lit; **to put to —** coucher; **to go to —** se coucher
bedroom chambre *f.*
bedsheets draps *m. pl.*
bee abeille *f.*
beef bœuf *m.*
beer bière *f.*; **glass of draft —** demi *m.*
before avant
to beg prier

to begin commencer; **— to** se mettre à
behind derrière
beige beige
to believe croire
bell pepper poivron *m.*
to belong to appartenir à
bench banc *m.*
better meilleur(e); *adv.* mieux
between entre
bicycle bicyclette *f.*, vélo *m.*
big grand(e); vaste
bill (paper money) billet de banque *m.*
binder classeur *m.*
binoculars jumelles *f. pl.*
biology biologie *f.*
birthday anniversaire *m.; **happy —*** bon anniversaire
black noir(e)
blackboard tableau *m.*
blazer blazer *m.*
blond blond(e)
blood sang *m.*
blouse chemisier *m.*
blue bleu(e)
blue jeans jean *m.*
to blush rougir
boat bateau *m.*
body corps *m.*
to boil faire bouillir
book livre *m.*
bookseller bouquiniste *m., f.*
bookshelf étagère *f.*
bookstore librairie *f.*
boot botte *f.*
border frontière *f.*
boring ennuyeux (ennuyeuse)
born: to be — naître
to borrow emprunter
bottle bouteille *f.*
boulevard boulevard *m.*
boutique boutique *f.*
bowl bol *m.;* **mixing —** saladier *m.*
box boîte *f.*
boy garçon *m.;* **—friend** petit ami *m.*
bread pain *m.;* **whole wheat —** pain complet *m.*
to break casser; **— (one's leg)** se casser (la jambe); **— up with** rompre (avec)
breakfast petit déjeuner *m.*
to breathe respirer
bridge pont *m.*
to bring (person) amener; **(thing)** apporter
broadcast émission *f.*
broccoli brocoli *m.*
brochure brochure *f.*
broom balai *m.*
brother frère *m.;* **brother-in-law, stepbrother** beau-frère *m.*
brown marron; **to get —** brunir
bruise bleu *m.*
brunette brun(e)
brush brosse *f.* ; **to —** brosser; **to — one's hair** se brosser les cheveux
building bâtiment *m.*
to burn brûler
bus autobus *m.*
business commerce *m.;* affaires *f. pl;* **businessman/woman** homme (femme) d'affaires *m., f.*
busy occupé(e)
but mais
butcher shop boucherie *f.*
butter beurre *m.*
to buy acheter
by par

C

cafeteria cafétéria *f.*
café café *m.*
cake gâteau *m.*
calculator calculatrice *f.*
calendar calendrier *m.*
to call appeler; téléphoner (à)
calm calme, tranquille
camel chameau *m.*
camera appareil-photo *m.;* **— shop** magasin de photos *m.*
campground terrain de camping *m.*
camping camping *m.;* **to go —** faire du camping
can boîte *f.*
can pouvoir
cancer cancer *m.*
candy bonbon *m.*
capital capitale *f.*
car voiture *f.*
card carte *f.;* **credit —** carte de crédit; **postcard** carte postale; **to play cards** jouer aux cartes
care: to take — of s'occuper de; **to — for** se soucier de; **to take — of oneself** se soigner
careful: to be — faire attention
carrot carotte *f.*
cartoon bande dessinée *f. (fam.* B.D.*)*
cash register caisse *f.*
cassette cassette *f.*
cast plâtre *m.*
castle château *m.*
cat chat *m.*
cave grotte *f.*
cavity carie *f.*
CD disque compact *m.;* **— player** lecteur laser *m.*
cemetery cimetière *m.*
center centre *m.;* **cultural —** centre culturel *m.*
cereal céréales *f. pl.*
certain certain(e)(s)
chair chaise *f.*
chalk craie *f.*
challenge défi *m.*
champion champion(ne) *m., f.*
character personnage *m.;* **main —** personnage principal *m.*
charge, extra — supplément *m.*
charming charmant(e)
to chase chasser
to chat bavarder
cheap bon marché, pas cher
check chèque *m.;* **restaurant —** addition *f.*
cheek joue *f.*
cheese fromage *m.;* **with melted —** gratiné(e)
chemistry chimie *f.*
cherry cerise *f.*
chicken poulet *m.*
child enfant *m.;* **only —** enfant unique
childhood enfance *f.*
chills frisson *m.*
chin menton *m.*
chocolate chocolat *m.*
to choose choisir
church église *f.*
city ville *f.*
class classe *f.;* **classmate** camarade de classe *m., f.;* **classroom** salle de classe *f.*
classified ads petites annonces *f.pl.*
clean propre; **to —** nettoyer
clear clair(e)
client client (cliente) *m., f.*
climate climat *m.*
to climb monter
clock horloge *f.*
to close fermer
close (to) près (de)
closet placard *m.*
clothes vêtements *m. pl.*
cloud nuage *m.;* **it's cloudy** le ciel est couvert
coast côte *f.*
coat manteau *m.*
Coca-Cola coca *m.;* **diet Coke** coca light
coffee café *m.;* **— with cream** café crème *(fam.* un crème*);* **— table** table basse *f.*
coin(s), change monnaie *f.*
cold froid(e); (illness) rhume *m.* **it's —** il fait froid; **to be —** avoir froid
collar col *m.*
colony colonie *f.*
color couleur *f.*
comb peigne *m.*
to come venir **to — back** revenir
comedy comédie *f.*
comfort confort *m.*
to communicate communiquer
compact disc disque compact, CD *m.*
company entreprise *f.;* **— president** chef d'entreprise *m.*
to compare comparer
compass boussole *f.*
competition concours *m.*
to complain se plaindre
completely complètement, tout à fait
computer ordinateur *m.;* **— science** informatique *f.;* **— software** logiciel *m.;* **— specialist** informaticien(ne) *m., f.*
concert concert *m.*
confident confiant(e)
conflict conflit *m.*

conformism conformisme *m.*
congested enrhumé(e)
consequently par conséquent
conservative conservateur (conservatrice)
constantly constamment
to consult consulter
consumer consommateur (consommatrice) *m., f.*
consumption consommation *f.*
container récipient *m.*
contemporary contemporain(e)
continent continent *m.*
to continue continuer
contrary: on the — au contraire
to convince convaincre
cook cuisinier (cuisinière) *m., f.;* **to —** faire la cuisine; **to — (something)** faire cuire (quelque chose)
cookie biscuit *m.*
cool frais (fraîche); **it's —** (weather) il fait frais
corduroy velours côtelé *m.*
corner coin *m.*
cosmopolitan cosmopolite
to cost coûter
cotton coton *m.*
couch canapé *m.*
to cough tousser
to count (on) compter
country campagne *f.;* pays *m.*
couple couple *m.*
course cours *m.;* **of —** bien sûr
to court faire la cour
courtyard cour *f.*, terrasse *f.*
cousin cousin(e) *m., f.*
to cram (for an exam) bachoter
crazy fou (folle)
cream crème *f.*
to criticize critiquer
crocodile crocodile *m.*
to cross traverser
crow corbeau *m.*
crowd foule *f.*
crutches béquilles *f. pl.*
to cry pleurer
cucumber concombre *m.*
to cultivate cultiver
cup tasse *f.*
cure remède *m.*
curtains rideaux *m. pl.*
customer client(e) *m., f.*
to cut couper; **— a class** sécher un cours; **— one's finger** se couper le doigt
cute mignon(ne)

D

daily quotidien(ne)
dance danse *f.;* **to —** danser; **dancer** danseur (danseuse) *m., f.*
date date *f.;* rendez-vous *m.*
datebook agenda *m.*
daughter fille *f.*
day jour *m.;* journée *f.;* **all — long** toute la journée; **— after** lendemain *m.*
dead mort(e)
dear cher (chère)
death penalty peine de mort *f.*
December décembre
to decide décider; se décider à
to decrease diminuer
degree degré *m.*
delicatessen charcuterie *f.*
delicious délicieux (délicieuse)
delighted ravi(e)
to demand exiger
dental floss fil dentaire *m.*
dentist dentiste *m., f.*
department store grand magasin *m.*
to depend (on) dépendre (de); **it depends** ça dépend
deposit caution *f.*
depressed déprimé(e); **to be —** avoir le cafard
to describe décrire
description description *f.*
desert désert *m.*
to desire désirer; avoir envie de
desk bureau *m.;* **student —** pupitre *m.*
dessert dessert *m.*
destination destination *f.*
destiny destin *m.*
developed developpé(e)
devil diable *m.*
to devour dévorer
dialog dialogue *m.*
dictionary dictionnaire *m.* (*fam.* dico)
to die mourir (*p.p.* mort)
diet régime *m.;* alimentation *f.;* **to be on a —** être au régime
difference différence *f.*
different différent(e)
difficult difficile
to dine dîner
dinner dîner *m.*
diploma diplôme *m.*
direction direction *f.*
dirty sale
disadvantage inconvénient *m.*
disappointed déçu(e)
discipline discipline *f.*
to discover découvrir
to discuss discuter (de)
disgusting dégoûtant(e)
dish assiette *f.;* (of food) plat *m.;* **to wash dishes** faire la vaisselle
divorce divorce *m.;* **to —** divorcer; **divorced** divorcé(e)
to do faire
doctor médecin *m., f.*
doctorate doctorat *m.*
documentary documentaire *m.*
to do do-it-yourself projects bricoler, faire du bricolage
dog chien *m.*
doll poupée *f.;* **to play dolls** jouer à la poupée
to dominate dominer
door porte *f.*
dormitory résidence universitaire *f.;* dortoir *m.*
doubtful douteux (douteuse)
down: to go downstairs, get off descendre
downtown centre ville *m.*
dozen douzaine *f.*
drama drame *m.*
drawing dessin *m.*, image *f.*
dream rêve *m.;* **to —** rêver
dress robe *f.;* **to —** habiller; **to get dressed** s'habiller; **dressed up** habillé(e)
drink boisson *f.;* **to —** boire; **something to —** quelque chose à boire
to drive conduire; **to go for a drive** faire une promenade en voiture
drug drogue *m.*
dry sec (sèche); **to — (oneself) off** se sécher; **— cleaners** pressing *m.*
during pendant

E

each chaque
eagle aigle *m.*
ear oreille *f.*
early tôt; **to be —** être en avance
to earn gagner
east est *m.;* **to/in the — (of)** à l'est (de)
easy facile
to eat manger; **— lunch** déjeuner; **— dinner** dîner
ecology écologie *f.*
economics sciences économiques *f. pl.*
education formation *f.;* enseignement *m.*
egg œuf *m.*
elbow coude *m.*
electronics store magasin d'électronique *m.*
element élément *m.*
elephant éléphant *m.*
elevator ascenseur *m.*
elsewhere ailleurs
to emphasize mettre en valeur
to employ employer
employee employé(e) *m., f.*
to empty the garbage vider la poubelle
ending dénouement *m.*
energetic énergique
engaged: to get — se fiancer
engineer ingénieur *m.*
English anglais(e); **— language** anglais *m.*
enough assez (de)
to enter entrer
entertainment distraction *f.*
enthusiastic enthousiaste
environment environnement *m.*
equator équateur *m.*
errand course *f.*
error erreur *f.*
especially surtout
espresso express *m.*
eternal éternel(le)
Europe Europe *f.*
evening soir *m.;* **good —** bonsoir; **last night, yesterday —** hier soir; **this —** ce soir

event événement *m.;* **current events** actualités *f. pl.*
every: everyone tout le monde; **everywhere** partout
evidently évidemment
exactly exactement
exam examen *m.;* **competitive —** concours *m.*
example exemple; **for —** par exemple
excellent excellent
except sauf
exceptional exceptionnel(le)
excited animé(e)
exciting passionnant(e)
excursion excursion *f.*
excuse me excusez-moi
executive cadre *m.*
exercise exercice *m.*
exhibit exposition *f.*
to expect attendre; **— to** s'attendre à
to expel (from school) renvoyer
expensive cher (chère)
to explain expliquer
to explode exploser
to express exprimer
eyebrow sourcil *m.*
eyeglasses lunettes *f. pl.;* **sunglasses** lunettes de soleil
eyes yeux *m. pl.*

F

fable fable *f.*
face figure *f.;* visage *m.*
facing en face (de)
factory usine *f.*
to faint s'évanouir
fairy fée *f.;* **— tale** conte de fées *m.*
faithfulness fidélité *f.*
to fall tomber; **— asleep** s'endormir **— in love (with)** tomber amoureux (amoureuse) (de)
false faux (fausse)
family famille *f.*
famous célèbre; fameux (fameuse)
far (from) loin (de)
fare tarif *m.*
farm ferme *f.*
farmer agriculteur (agricultrice) *m., f.*
fashion mode *f.;* **— designer** couturier *m.;* **— show** défilé de mode *m.*
fat gros(se); graisse *f.*
father père *m.;* **father-in-law, stepfather** beau-père *m.*
favorite favori (favorite), préféré(e)
fear peur *f.;* **to be afraid** avoir peur
February février
to feel se sentir; **— like** avoir envie de
fever fièvre *f.*
few peu (de); **a —** quelques
fiancé(e) fiancé(e) *m., f.*
field champ *m.;* **soccer —** terrain de football *m.;* **sports —** terrain de sport *m.*
to fight lutter
filled complet (complète)
film film *m.;* (for camera) pellicule *f.,* **to —** tourner (un film), filmer
film maker cinéaste, *m., f.;* réalisateur (réalisatrice) *m., f.*
finally enfin, finalement
to find one's way se repérer
finger doigt *m.*
fingernail ongle *m.*
to finish finir
fireplace cheminée *f.*
first premier (première); *adv.* d'abord
fish poisson *m.*
flag drapeau *m.*
flashlight lampe électrique *f.*
flat plat(e)
to flatter flatter
flight vol *m.*
floor étage *m.;* **first — (American second floor)** premier étage
flower fleur *f.*
flu grippe *f.*
fluently couramment
to fly voler
fog brouillard *m.;* **it's foggy** il fait du brouillard
to follow suivre; **following** suivant(e)
food nourriture *f.;* provisions *f. pl.;* cuisine *f.;* alimentation *f.*
foot pied *m.;* **on —** à pied
football football américain *m.*
for pour
forehead front *m.*
foreign étranger (étrangère)
foresight prévoyance *f.*
forest forêt *f.*
to forget oublier
fork fourchette *f.*
form formulaire *m.*
former ancien(ne)
formerly autrefois
fortunately heureusement
fox renard *m.*
free libre; **— (of charge)** gratuit
to freeze geler; **it's freezing** il gèle
French français *m.*
French-speaking francophone
frequent fréquent(e)
fresh frais (fraîche)
freshman (in school) en première année
Friday vendredi
friend ami(e) *m., f.;* copain (copine) *m., f.;* camarade *m., f.;* **boyfriend, girlfriend** petit(e) ami(e)
friendship amitié *f.*
from de
front: in — of devant
fruit fruit *m.*
full plein(e)
fun: to have — s'amuser
funny amusant(e), drôle
furniture meubles *m. pl*
future avenir *m.*

G

to gain weight grossir
game jeu *m.;* (sports) match *m.*
gang gang *m.*
garage garage *m.*
garbage can poubelle *f.*
garden jardin *m.*
to gargle faire des gargarismes
garlic ail *m.*
gasoline essence *f.*
general général(e); **in —** en général
generation génération *f.*
generous généreux (généreuse)
geography géographie *f.*
German allemand(e); **— language** allemand *m.*
to gesture gesticuler
to get obtenir
to get along s'entendre (bien)
to get down descendre
to get up se lever
to get well se remettre
giant géant *m.*
gift cadeau *m.*
giraffe girafe *f.*
girl fille *f.*
girlfriend petite amie *f.*
to give donner
glass verre *m.*
glove gant *m.*
to go aller; **— away** s'en aller; **— to bed** se coucher
goblet verre à pied *m.*
god, God dieu, Dieu *m.*
gold or *m.;* **made of —** en or
golf golf *m.*
good bon(ne); **— evening** bonsoir
good-bye au revoir; **bye** salut
gorilla gorille *m.*
gourmet gastronomique
gram gramme *m.*
granddaughter petite-fille *f.*
grandchildren petits enfants *m. pl.*
grandfather grand-père *m.*
grandmother grand-mère *f.*
grandparents grands-parents *m. pl.*
grandson petit-fils *m.*
grape raisin *m.*
grapefruit pamplemousse *m.*
grass pelouse *f.*
gray gris(e)
great super *(fam.);* chouette *(fam.)*
green vert(e)
green beans haricots verts *m. pl.*
to greet saluer
grilled grillé(e)
grocery store épicerie *f.*
ground floor (of a building) (American first floor) rez-de-chaussée *m.*
group groupe *m.*
to grow (up) grandir
to guess deviner
guitar guitare *f.*
guy mec *m. (fam.)*

H

hair cheveux *m. pl.;* **— dryer** sèche-cheveux *m.;* **short (long) —**

cheveux courts (longs); **blond (brown, gray, red) —** cheveux blonds, (bruns, gris, roux)
half demi(e)
hallway couloir *m.*
ham jambon *m.*
hand main *f.*
handkerchief mouchoir *m.*
handsome beau (bel, belle), *(pl.* beaux, belles*)*
to happen se passer, arriver
happiness bonheur *m.*
happy heureux (heureuse); content(e)
hard *adv.* dur
hard-working travailleur (travailleuse)
hat chapeau *m.*
to hate détester
to have avoir; **— difficulty** avoir du mal à ; **—fun, enjoy oneself** s'amuser; **— to** devoir
he il
head tête *f.;* **to have a headache** avoir mal à la tête
health santé *f.*
healthy sain(e)
to hear entendre
heart cœur *m.*
heavy lourd(e); **stocky** fort(e)
heel talon *m.;* **high heels** chaussures à talons hauts *f.*
hell enfer *m.*
hello bonjour; **(telephone)** allô; **hi** salut
to help aider
here ici; **— is/are** voici
hero héros *m.*
heroine héroïne *f.*
to hesitate hésiter (à)
hi salut
to hide se cacher
hide-and-seek cache-cache *m.*
high élevé(e)
high school lycée *m.*
highway autoroute *f.*
hike randonnée *f.;* **to go for a —** faire une randonnée
hiker, biker randonneur *m., f.*
hip hanche *f.*
to hire embaucher
hired embauché(e)
historical historique
history histoire *f.*
to hit taper
to hitchhike faire de l'auto-stop
hockey hockey *m.;* **to play —** jouer au hockey
to hold tenir
holiday fête *f.*
home foyer *m.*
homeless people gens sans abri *m.pl.*
homemaker homme (femme) au foyer *m., f.*
homesick dépaysé(e)
homework devoirs *m.pl.;* **to do —** faire les devoirs
honestly franchement
honeymoon lune de miel *f.*
to hook, hitch on accrocher
to hope espérer
horrible horrible
horror movie film d'horreur *m.*
horse cheval *m.*
horseback riding équitation *f.*
hosiery, tights collants *m. pl.*
hospital hôpital *m.*
hot chaud(e); **— chocolate** chocolat chaud *m.;* **— plate** réchaud *m.;* **it's —** il fait chaud; **to be —** avoir chaud
hotel hôtel *m.*
hour heure *f.;* **in an —** dans une heure
house maison *f.;* **at someone's —** chez
household chore tâche ménagère *f.*
housework ménage *m.;* **to do —** faire le ménage
how comment; **— are you?** comment allez-vous ?; **— long** (for how much time) depuis combien de temps; **— long** (since when, since what point of time) depuis quand; **— many** combien de; **— much** combien; **— much is it?** c'est combien ? **—'s it going?** ça va ?
however cependant, pourtant
hundred cent; **two —** deux cents
hungry: to be — avoir faim
hunter chasseur *m.*
hurricane ouragan *m.*
to hurry se dépêcher
to hurt blesser
husband mari *m.*

I

I je
ice cream glace *f.*
ice skating patin à glace *m.*
ideal idéal(e)
identification identification *f.*
to identify identifier
if si
to imagine imaginer
immediately immédiatement; tout de suite
to immerse in water plonger
immigration immigration *f.*
important important(e)
in à, dans; **— class** en classe; **— first class** en première classe; **— front of** devant; **— tourist class** en deuxième classe
included compris(e)
to increase augmenter
independent indépendant(e)
independence indépendance *f.*
individualistic individualiste
industrialized industrialisé(e)
inexpensive bon marché
information renseignements *m. pl.;* **— superhighway** autoroute électronique *f.*
ingredient ingrédient *m.*
inhabitant habitant *m.*
to injure blesser *f.*
injury blessure
inn auberge *f.*
inside à l'intérieur
insurance assurance *f.*
intellectual intellectuel(le)
intelligent intelligent(e)
interest: to be interested in s'intéresser à
interesting intéressant(e)
international international(e)
internship: to do an — faire un stage
interview interview *m.*
to introduce présenter; **— oneself** se présenter
to invite inviter
to iron clothes repasser le linge
to irritate irriter
island île *f.*
itinerary itinéraire *m.*

J

jacket blouson *m.*
jam confiture *f.*
January janvier
Japanese japonais(e); **— language** japonais *m.*
jar pot *m.*
jazz jazz *m.*
jeans blue-jean *m.*
jewelry bijoux *m. pl.;* **— store** bijouterie *f.*
job travail *m.*, job *m.;* boulot *m. (fam.);* **— application** demande d'emploi *f.*; **— offer** offre d'emploi *f.*
jogging jogging *m.;* **to jog** faire du jogging
joke blague *f.;* **to —** plaisanter; **no kidding** sans blague *(fam.)*
journalist journaliste *m., f.*
judge juge *m.*
juice jus *m.;* **orange —** jus d'orange; **apple —** jus de pomme
July juillet
June juin
junior (in school) en troisième année
just; to have — venir de

K

to keep garder
key clé *f.*
to kill tuer
kilogram kilo *m.*
kind (type) sorte *f.;* **(nice)** gentil(le)
kindergarten école maternelle *f.*
kindness gentillesse *f.*
king roi *m.*
kiss baiser *m.*, bise *f. (fam.);* **to —** embrasser; **to — each other** s'embrasser; **hugs and kisses** (letter closing) grosses bises
kitchen cuisine *f.;* **— utensil** ustensile de cuisine *m.*
knee genou *m. (pl.* genoux*)*
to kneel s'agenouiller
knife couteau *m.*
knight chevalier *m.*

to knock frapper
to know connaître, savoir
knowledge connaissance *f.*

L

laboratory laboratoire *m.*
lake lac *m.*
lamb agneau *m.*
lamp lampe *f.*
landlord/landlady propriétaire *m., f.*
language langue *f.*
to last durer
last dernier (dernière); **— week** la semaine dernière
late tard; **to be —** être en retard
later plus tard
Latin latin(e); **— language** latin *m.*
laundry lessive *f.* ; **to do the —** faire la lessive
law droit *m.*
lawnmower tondeuse *f.*
lawyer avocat(e) *m., f.*
laziness paresse *f.*
lazy paresseux (paresseuse)
to lead, direct diriger
leaf feuille *f.*
to learn apprendre
leather cuir *m.*
to leave quitter, partir, sortir; **to — behind** laisser
lecture hall amphithéâtre *m.*
left gauche, à gauche
leg jambe *f.*
lemonade citron pressé *m.*
lemon-lime soda limonade *f.*
to lend prêter
length (of time) durée *f.*
less moins; **— than** moins... que
lesson leçon *f.*
letter lettre *f.*
lettuce salade *f.*, laitue *f.*
library bibliothèque *f.*
life vie *f.; **married —*** vie conjugale *f.*
to lift weights faire de la musculation
light léger (légère); **(color)** clair(e)
light bulb ampoule *f.*
like comme
to like aimer, aimer bien
line ligne *f.;* **to stand in —** faire la queue
lion lion *m.*
lips lèvres *f. pl.*
lipstick rouge à lèvres *m.*
list liste *f.*
to listen to écouter
liter litre *m.*
literature littérature *f.*
little petit(e); peu; **a —** un peu (de)
to live habiter, vivre
liver foie *m.*
living room salle de séjour *f.*
lizard lézard *m.*
loafers mocassins *m. pl.*
located situé(e); **to be —** se trouver
lodging logement *m.*
long long(ue)
to look (at) regarder; **— for** chercher; **— ill** avoir mauvaise mine; **— like** avoir l'air (de), ressembler
to lose perdre; **— weight** maigrir
lot: a — (of) beaucoup (de)
love amour *m.;* **— at first sight** coup de foudre *m.;* **to —** aimer, adorer; **to be in — (with)** être amoureux (amoureuse) (de)
lover amant(e) *m., f.*
low bas(se)
luck chance *f.;* **to be lucky** avoir de la chance
lunch déjeuner *m.;* **to eat —** déjeuner

M

ma'am madame
magazine magazine *m.;* revue *f.*
mail courrier *m.*
main principal(e)
to maintain maintenir
major (academic) spécialisation *f.*
to make faire, fabriquer
makeup: to put on — se maquiller
man homme *m.*
management gestion *f.*
manner manière *f.;* **good manners** bonnes manières
many beaucoup (de)
map carte *f.*, plan *m.*
marble bille *f.* ; **to play marbles** jouer aux billes
March mars
to marinate mariner
market marché *m.;* **open air —** marché en plein air *m.*
marriage mariage *m.*
married marié(e)
to marry épouser; **to get married** se marier (avec)
massage: to get a — se faire masser
match allumette *f.*
mathematics mathématiques *f. pl. (fam.* maths*)*
May mai
maybe peut-être
mayonnaise mayonnaise *f.*
mayor maire *m.*
me moi; **— too** moi aussi; **— neither** moi non plus
meal repas *m.;* **enjoy your —** bon appétit
mean méchant(e)
meat viande *f.* ; **— cutlet** côtelette *f.;* **— spread** pâté *m.*
mechanic mécanicien(ne) *m., f.*
medicine médicament *m.*
mediocre médiocre
to meet rencontrer; **— again** se retrouver, se rejoindre; **to make someone's acquaintance** faire la connaissance de
to melt faire fondre
melted fondu(e)
memory mémoire *f.*, souvenir *m.*
to mention mentionner
menu carte *f.*
message message *m.*
messy en désordre
microwave micro-onde *f.;* **— oven** four à micro-onde *m.*
midnight minuit *m.*
mild doux (douce); **it's —** (weather) il fait doux
milk lait *m.;* **coffee with —** café au lait *m.*
mini-tart tartelette *f.*
mirror miroir *m.*
to miss manquer
miss, Miss mademoiselle (Mlle)
misunderstanding incompréhension *f.*
to mix mélanger
modern moderne
modest modeste
moment moment *m.*
Monday lundi
money argent *m.;* **cash** en liquide
month mois *m.*
monument monument *m.*
mood humeur *f.;* **to be in a bad (good) —** être de mauvaise (bonne) humeur
more plus, davantage; **— . . . than** plus... que
morning matin *m.*
most (of) la plupart (de)
mother mère *f.;* **step-mother, mother-in-law** belle-mère *f.*
motorcycle motocyclette *(fam.* moto*) f.*
mountain montagne *f.*
mountainous montagneux (montagneuse)
mouth bouche *f.*
to move bouger; **(house)** déménager; **— in** s'installer
movie film *m.;* **— director** cinéaste, metteur en scène *m., f.;* **— star** vedette *f.;* **— theater** cinéma *m.*, salle de cinéma *f.*
to mow passer la tondeuse, tondre le gazon
Mr. Monsieur (M.)
Mrs. Madame (Mme)
murder meurtre *m.*
muscle muscle *m.*
museum musée *m.*
mushroom champignon *m.*
music musique *f.;* **classical —** musique classique; **rap —** rap *m.*
musician musicien(ne) *m., f.*
must, to have to devoir
mustard moutarde *f.*
my mon, ma, mes
mythical mythique

N

name nom *m.;* **first —** prénom *m.;* **last —** nom de famille *m.;* **to be named** s'appeler; **what is your —?** comment vous appelez-vous ?
napkin serviette *f.*
narrator narrateur *m.*

nature nature *f.*
near près (de)
neat en ordre
necessary nécessaire
neck cou *m.*
to need avoir besoin de
neighbor voisin(e) *m., f.;* **neighborhood** voisinage *m.*, quartier *m.*
neither non plus; **. . . nor** ni... ni
nephew neveu *m.*
nervous nerveux (nerveuse)
never ne... jamais
new nouveau (nouvelle)
news informations *f. pl.*
newspaper journal *m.*
newsstand bureau de tabac *m.*
next prochain(e), suivant(e); **— to** à côté de; **the — day** le lendemain
nice gentil(le), sympathique; **it's — weather** il fait beau
niece nièce *f.*
nightclub boîte de nuit *f.*
nightstand table de nuit *f.*
no non
nobody ne... personne
noise bruit *m.*
nonsmoking section section non-fumeur *f.*
noon midi *m.*
north nord *m.*; **— America** Amérique du Nord *f.*
nose nez *m.;* **to have a runny —** avoir le nez qui coule
not: — any longer ne... plus
not pas; ne... pas; **— at all** pas du tout
notebook cahier *m.*
nothing rien; ne... rien
to notice remarquer, s'apercevoir
novel roman *m.*
November novembre
now maintenant
nuclear energy énergie nucléaire *f.*
number nombre *m.;* numéro *m.;* **telephone —** numéro de téléphone *m.*
nurse infirmier (infirmière) *m., f.*

O

to obey obéir
object objet *m.*
to obtain obtenir
obvious évident(e)
occupation métier *m.*
ocean océan *m.*
o'clock heure *f.* **it's six —** il est six heures
October octobre
of de; **— course** bien sûr
to offer offrir
office bureau *m. (pl.* bureaux*);* **— supply store** librairie-papeterie *f.*
often souvent
oil huile *f.;* **olive —** huile d'olive *f.*
OK d'accord
old vieux (vieille), ancien; **elderly** (person) âgé(e); **how — are you?** quel âge avez-vous ?; **— fashioned** démodé(e)
older brother/sister aîné(e) *m., f.*
on sur
one un(e); on
onion oignon *m.*
only seulement; ne... que
open ouvert(e); **to —** ouvrir
operation opération *f.*
opinion opinion *f.*, avis *m.;* **— poll** sondage *m.*
opportunity occasion *f.;* **to have the —** avoir l'occasion de
opposite contraire *m.*
optimistic optimiste
or ou
orange orange *f.*
to order (in a café, restaurant) commander
ordinary ordinaire
other autre
outdoors en plein air
outfit ensemble *m.*
outside à l'extérieur
oven four *m.*
over sur, dessus; **— there** là-bas
to overlook donner sur
overpopulation surpopulation *f.*
overworked débordé(e)
to owe devoir
owner propriétaire *m., f.*

P

to pack faire sa valise
package paquet *m.*
painter peintre *m., f.*
painting tableau *m.*, peinture *f.*
pan poêle *f.*
pants pantalon *m.;* **warm-up —** pantalon jogging *m.*; **bell bottoms** pantalon pattes d'éléphant *m.*
paradise paradis *m.*
pardon me pardon
parents parents *m.pl.*
park parc *m.*
to participate participer
partner partenaire *m., f.*
party soirée *f.;* fête *f.;* boum *f.*
to pass (by) passer; **— an exam** être reçu(e) à un examen
passion passion *f.*
passive passif (passive)
passport passeport *m.*
past; in the — autrefois
pasta, pastry dough pâte *f.*
pastry, pastry shop pâtisserie *f.*
patient patient(e); **to be —** avoir de la patience
patio terrasse *f.*
to pay payer; **— a bill** régler
pea pois *m.;* **green peas** petits pois *m.pl.*
pear poire *f.*
peasant paysan(ne) *m., f.*
pen stylo *m.;* **marking pen** feutre *m.*
pencil crayon *m.*
people gens *m.pl.*
pepper poivre *m.;* **bell pepper** poivron *m.*
per par; **— day** par jour
perfect parfait(e)
perfume parfum *m.*
to permit permettre
person personne *f.*
pessimistic pessimiste
pet animal familier, domestique *m.*
pharmacy pharmacie *f.*
philosophy philosophie *f.*
photograph photo *f.*
photographer photographe *m., f.*
physical appearance physique *m.*
physics physique *f.*
piano piano *m.*
to pick up, get back récupérer; **— (girls/guys)** draguer *(fam.)*
picnic pique-nique *m.;* **to go on a —** faire un pique-nique
picture image *f.;* photo *f.*
pie tarte *f.*
piece morceau *m.*, tranche *f.*
pill pilule *f.*
pilot pilote *m., f.*
pinch (of) pincée (de) *f.*
pineapple ananas *m.*
pink rose
pirate pirate *m.*
place lieu *m.*, endroit *m.;* **workplace** lieu de travail *m.*
plaid écossais(e)
plain plaine *f.*
plans préparatifs *m.pl.*, projets *m.pl.;* **to plan** faire des projets
plant plante *f.*
plastic plastique
plate assiette *f.*
to play jouer; **— a sport** jouer à; **— a musical instrument** jouer de; **— hide-and-seek** jouer à cache-cache; **— marbles** jouer aux billes; **— the piano** jouer du piano; **— tennis** faire du tennis; **— with dolls** jouer à la poupée
play pièce de théâtre *f.*
pleasant agréable
please s'il vous (te) plaît
plot déroulement *m.*
poem poème *m.*
poet (femme) poète *m., f.*
poisoned empoisonné(e)
policeman agent de police *m., f;* **police station** commissariat *m.*
political science sciences politiques *f. pl.*
politician homme (femme) politique *m., f.*
pollution pollution *f.*
pool piscine *f.*
poor pauvre
popular populaire
pork porc *m.*
port port *m.*
possession possession *f.*

possible possible
postage stamp timbre *m.*
postcard carte postale *f.*
poster affiche *f.*
post office bureau de poste *m.;* poste *f.*
potato pomme de terre *f.*
practical pratique
to practice pratiquer
preacher pasteur *m.*
to prefer préférer, aimer mieux
preference préférence *f.*
pregnancy grossesse *f.*
pregnant enceinte
to prepare préparer; **— oneself, get ready** se préparer
prescription ordonnance *f.*
press, news media presse *f.*
prestige prestige *m.*
prestigious prestigieux (prestigieuse)
pretty joli(e)
previously auparavant
price prix *m.,* tarif *m.*
priest prêtre *m.*
prince prince *m.*
princess princesse *f.*
principal directeur (directrice) *m., f*
prize prix *m.*
probable probable
problem problème *m.*
product produit *m.*
professor, instructor professeur *m.* (*fam.* prof)
program programme *m.* ; **— of study** programme d'études *m.*; **exchange —** programme d'échanges *m.*
prohibited interdit(e)
to promise promettre
provided that pourvu que
province province *f.*
provincial provincial(e)
psychology psychologie *f.*
to pull tirer
pullover sweater pull-over *m.* (*fam.* pull)
punishment punition *f.;* **corporal —** châtiment corporel *m.*
purchase achat *m.*
purse sac *m.*
to put (on) mettre*;* **— back** remettre

Q

quantity quantité *f.*
queen reine *f.*
question question *f.;* **to ask a —** poser une question
quickly vite
quiet silencieux (silencieuse)

R

rabbit lapin *m.*
radio radio *f.;* **portable — cassette player** radiocassette *f.;* **— alarm clock** radioréveil *m.*
rafting rafting *m.*
rain pluie *f.;* **to —** pleuvoir; **it's raining** il pleut
raincoat imperméable *m.*
raise augmentation de salaire *f.*
to raise lever
rarely rarement
rather plutôt, assez
razor rasoir *m.;* **electric —** rasoir électrique *m.*
to react réagir
to read lire
ready prêt(e)
realistic réaliste
to realize se rendre compte
really vraiment
reason raison *f.*
to receive recevoir
recent récent(e); **recently** récemment
receptionist réceptionniste *m., f.*
recess récréation *f.* (*fam.* la récré)
recipe recette *f.*
recluse reclus *m.*
to recommend recommander
record disque *m.;* **— store** magasin de disques *m.*
to recycle recycler
red rouge; **to turn —** rougir; **a glass of — wine** un verre de rouge; **— hair** cheveux roux *m.pl.*
to redo (a school lesson) repasser
to reduce réduire
reduced fat/calories allégé(e)
reduced price tarif réduit *m.*
refrigerator réfrigérateur *m.* (*fam.* frigo)
to refuse refuser (de)
region région *f.*
regularly régulièrement
to relax se détendre
relaxed décontracté(e); relaxe
to release lâcher
to remain rester
to remember se rappeler; se souvenir de
rent loyer *m.;* **to —** louer
rental loyer *m.,* location *f.*
to repair réparer
to repeat répéter; **— (a class, a grade)** redoubler
report card bulletin scolaire *m.*
request demande *f.*
to resemble ressembler à
reservation réservation *f.*
to reserve réserver
reserved réservé(e)
to resign démissionner
to rest se reposer
restaurant restaurant *m.*
restless agité(é)
retirement retraite *f.*
to return (home) rentrer; **— (something)** rendre; **— (come back)** revenir
rice riz *m.*
rich riche
right correcte; **to, on the —** à droite (de); **to be —** avoir raison
ring; engagement — bague de fiançailles *f.;* **wedding —** alliance *f.*
risk risque *m.;* **to —** risquer de
river (major) fleuve *m.*
rock rocher *m.;* **— music** rock *m.*
role rôle *m.*
romantic romantique; **— film** film d'amour *m.*
romanticism romantisme *m.*
room pièce *f.;* salle *f.;* **emergency —** salle d'urgence *f.;* **fitting —** cabine d'essayage *f.;* **living —** salle de séjour *f.*
roommate camarade de chambre *m., f.*
rooster coq *m.*
routine routine *f.*
row rang *m.;* **in a —** en rang
rug tapis *m.*
ruler règle *f.*
to run courir
rural rural(e)
Russian russe

S

sad triste
to sail faire de la voile
salad salade *f.*
salary salaire *m.*
sale solde *m.;* **on —** en solde; **sales promotion** promotion *f.*
salesperson vendeur (vendeuse) *m., f.*
salmon saumon *m.*
salt sel *m.*
same même
sandals sandales *f. pl.*
sandwich sandwich *m.;* **ham — with butter** sandwich jambon beurre *m.*
Saturday samedi
sausage saucisson *m.*
to sauté faire revenir
savannah savane f.
to save sauver; (money) épargner, faire des économies
to say dire
scar cicatrice *f.*
scarf écharpe *m.*
schedule emploi du temps *m.;* horaire *m.*
scholarship bourse *f.*
school école *f.;* **elementary —** école primaire *f.;* **middle —** (in France) collège *m.;* **— of a university** faculté *f.* (*fam.* la fac)
science science *f.;* **— fiction** science-fiction *f.*
scientist chercheur *m.*
to scold gronder
to scuba dive faire de la plongée sous marine
sculpture sculpture *f.*
sea mer *f.;* **seafood** fruits de mer *m. pl.*
season saison *f.;* **dry —** saison sèche *f.;* **rainy —** saison des pluies *f.*
seat place *f.*
second deuxième

secretary secrétaire *m., f.*
security sécurité *f.*
to see voir*;* **— again** revoir
to seem paraître; avoir l'air (de)
to select sélectionner
selfish égoïste
to sell vendre
semester semestre *m.*
to send envoyer
senior (in school) en terminale
sensible raisonnable
sentence phrase *f.*
sentimental sentimental(e)
to separate se séparer
separation séparation *f.*
September septembre
serious sérieux (sérieuse), grave
to serve servir; **— yourself** se servir
service service *m.*
to set mettre; **— the table** mettre la table
to settle (in) s'installer; **— a bill** régler
several plusieurs
shame honte *f.;* **to be ashamed** avoir honte
shampoo shampooing *m.*
to share partager
shark requin *m.*
to shave (oneself) se raser
she elle
sheep mouton *m.*
to shine briller
shirt chemise *f.*
shoes chaussures *f. pl;* **shoe size** pointure *f.;* **flats/heels** chaussures à talons plats/hauts
to shop (go shopping) faire les courses
shopkeeper commerçant(e) *m., f.*
shopping mall centre commercial *m.*
short court(e); (people) petit(e)
shorts short *m.*
shot piqûre *f.*
shoulder épaule *f.*
to shout crier; pousser un cri
to show montrer, indiquer
shower douche *f.;* **— (weather)** averse *f.;* **to —** se doucher
shrimp crevette *f.*
shutters volets *m. pl.*
shy timide
sick malade
to sign signer
silk soie *f.*
since depuis
to sing chanter
singer chanteur (chanteuse) *m., f.*
single (not married) célibataire
sink lavabo *m.*
sir monsieur
sister sœur *f.;* **sister-in-law, stepsister** belle-sœur *f.*
to sit down s'asseoir; **— back down** se rasseoir; **sit down** asseyez-vous
size taille *f.;* **shoe —** pointure *f.*
skater patineur (patineuse) *m., f.;* **to (figure) skate** faire du patinage (artistique)
skiing ski *m.;* **cross-country —** ski de fond; **to ski** skier, faire du ski
to skip class sécher un cours
skirt jupe *f.*
sky ciel *m.*
to sleep dormir; **— late** faire la grasse matinée; **to be sleepy** avoir sommeil; **to fall asleep** s'endormir
sleeping bag sac de couchage *m.*
slice tranche *f.*
to slide glisser
slowly lentement
small petit(e)
to smoke fumer; **smoking section** section fumeur *f.*
snack goûter *m.;* **to —** grignoter
snake serpent *m.*
to sneeze éternuer
to snorkle faire de la plongée libre
snobbery snobisme *m.*
snow neige *f.;* **it's snowing** il neige
so alors, si; **— that** afin que
soap savon *m.*
soccer football *m. ;* **— field** terrain de football *m.*
sociable sociable
social customs mœurs *m. pl.*
sociology sociologie *f.*
sock chaussette *f.*
soft doux (douce)
sole sole *f.*
some des, quelques, certain(e)(s)
someone quelqu'un
something quelque chose
sometimes parfois
somewhat assez
son fils *m.*
song chanson *f.*
soon bientôt ; **see you —** à bientôt
sophmore (in school) en deuxième année
sorry désolé(e)
sort sorte *f.*
sound bruit *m.*
soup soupe *f.*
south sud *m.;* **— America** Amérique du Sud *f.*
space espace *m.*
Spanish espagnol(e); **— language** espagnol *m.*
to speak parler
to spend (money) dépenser; **— (time)** passer
spice épice *f.*
spoiled gâté(e)
spoon cuillère *f.;* **soup —** cuillère à soupe *f.*
sport sport *m. ;* **sports field** terrain de sport *m.*; **sporting goods store** magasin de sport *m.*
sportcoat veste *f.*
spouse époux (épouse) *m., f.*
spring printemps *m.*
squirrel écureuil *m.*
stadium stade *m.*
stairs escalier *m.*
state état *m.*
to stay rester; **— at a hotel** loger
step (stage) étape *f.*
stereo chaîne-stéréo *f.*
stitch suture *f.*
stomach estomac *m.,* ventre *m.*
stone pierre *f.*
stop arrêt *m.;* **metro —** arrêt de métro *m.;* **to —** arrêter, s'arrêter; **to — oneself** s'empêcher de
stopped up bouché(e)
store magasin *m.*
storm orage *m.*
story conte *m.;* histoire *f.;* **— line** intrigue *f.*
straight droit(e); **— ahead** tout droit
to straighten ranger
strawberry fraise *f.*
street rue *f.*
stressed stressé(e) *(fam.)*
strict sévère, stricte
strike grève *f.;* **to go on —** faire la grève
to stroll balader, flâner
strong fort(e)
stubborn têtu(e)
student étudiant(e) *m., f.;* (pre–high school) élève *m., f.*
studies études *f. pl.*
to study étudier; **— French** faire du français
stupid bête, stupide
style style *m.;* modèle *m.*
subject sujet *m.;* **school —** matière *f.*
subway métro *m.*
to succeed réussir (à)
suddenly tout à coup, soudain
suede daim *m.*
to suffer souffrir
sugar sucre *m.*
to suggest suggérer, conseiller
suicide suicide *m.;* **to commit —** se suicider
suit costume *m.;* **man's —** complet *m.* **woman's —** tailleur *m.*
suitcase valise *f.*
summer été *m.*
sun soleil *m.;* **it's sunny** il fait du soleil **sunburn** coup de soleil *m.;* **sunset** coucher de soleil *m.*
Sunday dimanche
sunglasses lunettes de soleil *f.pl.*
sunny clair(e), ensoleillé(e)
supermarket supermarché *m.*
superstore hypermarché *m.*
sure sûr(e)
surprised surpris(e), étonné(e)
survey enquête *f.,* sondage *m.*
to suspect soupçonner
to swallow avaler
sweater pull-over *m.* (pull *fam.*)
to sweep passer le balai
sweetened sucré(e)
to swim nager, faire de la natation
swimming pool piscine *f.*
swimsuit maillot de bain *m.*
swollen enflé(e)
symptom symptôme *m.*

T

T-shirt T-shirt *m.*, maillot *m.*
table table *f.; **coffee —*** table basse *f.*
tablecloth nappe *f.*
tablespoon cuillère à café *f.*; **tablespoonful** cuillerée à soupe *f.*
to take prendre **— (someone) along** emmener; **— place** avoir lieu; **— an exam** passer un examen; **— a trip** faire un voyage
talkative bavard(e)
tall grand(e)
to tan brunir
tart tarte *f.*, tartelette *f.*
taste goût *m.;* **to —** goûter
taxi taxi *m.;* **— driver** chauffeur de taxi *m.*
tea thé (nature) *m.;* **herbal —** infusion *f.*
to teach enseigner
teacher professeur *m.;* **elementary school —** instituteur (institutrice) *m., f.*
team équipe *f.*
teaspoon cuillère à soupe *f.*; **teaspoonful** cuillerée à café *f.*
telephone téléphone *m.;* **— answering machine** répondeur *m.;* **— booth** cabine téléphonique *f.;* **— call** coup de téléphone *m.;* **— card** télécarte *f.;* **— number** numéro de téléphone *m.*
television télévision *(fam.* télé*) f.;* **— series** feuilleton *m.;* **— show** émission de télévision *f.*
to tell dire*;* **— a story** raconter
temperate tempéré(e)
temperature température *f.*
tenant locataire *m., f.*
tender tendre
tenderness tendresse *f.*
tennis tennis *m.;* **— court** court de tennis *m.;* **— racket** raquette de tennis *f.;* **— shoes** des tennis *m. pl.*
test épreuve *f.;* examen *m.*
thank you merci
that ça, cela; **— one** celui, celle
the le, la, les
theater théâtre *m.*
theme thème *m.*
then ensuite, puis, alors; **and —** et alors
there là, y; **over —** là-bas; **there is/are** il y a; voilà
therefore donc, par conséquent
these (those) ces; **— ones** ceux, celles
they elles, ils
thief voleur *m.*
thin mince
thing chose *f.;* **something** quelque chose
to think penser, croire; **— about** penser à, réfléchir à; **— about (opinion)** penser de
thirsty: to be — avoir soif
this (that) ce (cet), cette; **— one** celui, celle
thousand mille
throat gorge *f.;* **— lozenge** pastille pour la gorge *f.*
to throw jeter
Thursday jeudi
thus ainsi
ticket billet *m.;* **one-way —** billet aller simple *m.;* **round trip —** billet aller-retour *m.*
tie cravate *f.;* **bow-tie** nœud papillon *m.*
tiger tigre *m.*
tight serré(e)
time fois *f.;* **a long —** longtemps; **the last —** la dernière fois; **to be on —** être à l'heure; **what — is it?** quelle heure est-il ?
tip pourboire *m.;* **— (not) included** service (non-)compris
tired fatigué(e)
title titre *m.*
to à, en, jusqu'à
today aujourd'hui
toe orteil *m.*
together ensemble
toilet toilette *f.;* W.C. *m.pl.*
tomato tomate *f.*
tomorrow demain
tongue langue *f.*
too aussi; **me —** moi aussi; **— much** trop (de)
tooth dent *f.;* **— brush** brosse à dents *f.*
tough dur(e)
tourism tourisme *m.*
tourist touriste *m., f.;* touristique
toward vers
towel serviette *f.*
town village *m.*, ville *f.;* **— square** place *f.*
town hall mairie *f.*
tradition tradition *f.*
trailer caravane *f.*
train train *m.*, **— station** gare *f.*
to transform transformer
transportation transport *m.*
to travel voyager; **— around the world** faire le tour du monde
traveler's check chèque de voyage *m.*
to trick tromper
trickiness ruse *f.*
trimester trimestre *m.*
trip voyage *m.;* **to take a —** faire un voyage
tropical tropical(e)
trouble: to have — doing something avoir du mal à
true vrai(e)
trunk coffre *m.*
to try (on) essayer; **— to** chercher à, essayer de
Tuesday mardi
tuna thon *m.*
to turn tourner; **— off** éteindre; **— on** allumer
turtle tortue *f.*
turtleneck à col roulé
twins jumeaux *m.pl.*
to twist one's ankle se fouler la cheville
to type taper

U

ugly laid(e); moche *(fam.)*
unbearable insupportable
unbelieveable incroyable
uncertain incertain(e)
uncle oncle *m.*
under sous; au dessous (de)
to understand comprendre
understanding compréhensif (compréhensive)
to undress: to get undressed se déshabiller
unemployed: to be — être au chômage, **— person** chômeur (chômeuse) *m., f.*
unfaithful: to be — tromper
unfortunately malheureusement
unhappy malheureux (malheureuse)
university université *f.;* **— cafeteria** restaurant universitaire *m. (fam.* restau-U*)*
unpleasant désagréable
unthinkable impensable
until jusqu'à; jusqu'à ce que
urban urbain(e)
to use utiliser; se servir de, employer
useful utile; **useless** inutile
usually d'habitude, normalement
utensil ustensile *m.*
utilities (bills) charges *f. pl.*

V

vacation vacances *f.pl.;* **— package** formule de vacances *f.*
to vacuum passer l'aspirateur
vacuum cleaner aspirateur *m.*
valid valable
value valeur *f.*
vanilla vanille *f.*
various varié(e)s, divers
vase vase *m.*
vegetable légume *m.*
vegetarian végétarien(ne)
velvet velours *m.*
very très
video vidéo *f.;* **VCR** magnétoscope *m.;* **— game** jeu vidéo *m.*
violet violet(te)
to visit (a person) rendre visite (à), aller voir; **— (a place)** visiter
vitamin vitamine *f.*
volcano volcan *m.*

W

to wait for attendre
waiter, waitress serveur (serveuse) *m., f.*
to wake (oneself) up se réveiller
walk promenade *f.;* **to —** promener; **to go for a —** se promener; faire une promenade (à pied)
Walkman baladeur *m.*
wall mur *m.*

to want vouloir, désirer, avoir envie de; **— to** tenir à
war guerre *f.*
to wash laver; **to do the wash** laver le linge; **— (up)** se laver
wastebasket corbeille à papier *f.*
watch montre *f.*
to watch regarder
water eau *f.;* **mineral —** eau minérale *f.*
waterfall cascade *f.,* chute *f.*
we nous
to wear porter
weather temps *m.;* **— report** bulletin météorologique *m. (fam. f.* météo*);* **it's bad (good) —** il fait mauvais (beau); **what is the —?** quel temps fait-il ?
wedding noces *f.;* **— ring** alliance *f.*
Wednesday mercredi
week semaine *f.;* **last —** la semaine dernière *f.;* **—end** week-end *m.*
weight lifting musculation *f.*
welcome: to —, greet accueillir; **you're —** je vous en prie
well bien; **rather —** assez bien; **as — as** aussi bien que; **— behaved** sage; **— mannered** bien élevé(e)
west ouest
what que, qu'est-ce que, quoi, comment, quel(le)
when quand, lorsque
where où; **from —** d'où
which quel(le) *(pl.* quels, quelles*);* **— ones** lequel, laquelle *(pl.* lesquels, lesquelles*)*
while pendant que
white blanc(he)
who qui
whole entier (entière)
why pourquoi
wife femme *f.*
to win gagner
wind vent *m.;* **it's windy** il fait du vent
window fenêtre *f.;* **store —** vitrine *f.*
to windsurf faire de la planche à voile
wine vin *m.*
winter hiver *m.*
to wipe one's nose se moucher
to wish souhaiter
witch sorcier (sorcière) *m., f.*
with avec
without sans
wolf loup *m.*
woman femme *f.*
to wonder se demander
wool laine *f.*
word mot *m.*
work travail *m.;* **to —** travailler; **— part time** à temps partiel; **to do volunteer —** faire du travail bénévole
worker ouvrier (ouvrière) *m., f.*
world monde *m.*
worry souci *m.;* **to —** s'inquiéter
worse pire
wrist poignet *m.*
to write écrire
writer écrivain *m.*
writing (penmanship) écriture *f.*
wrong: to be — avoir tort

X

X ray radiographie *f.*

Y

yard jardin *m.*
year an *m.;* année *f.;* **to be (18) years old** avoir (dix-huit) ans
yellow jaune
yes oui
yesterday hier; **— morning** hier matin
yogurt yaourt *m.*
you tu, vous, on, toi
young jeune
younger (brother, sister) cadet(te)
your ton, ta, tes; votre, vos
youth jeunesse *f.;* **— hostel** auberge de jeunesse *f.*

Z

zebra zèbre *m.*
zero zéro *m.*

Index

Photo Credits

p. 1: 1992 Ulrike Welsch; **p. 2** left © Faxe/Gamma Liaison; **p. 2** right © AP ColorPhoto/Wide World Photos; **p. 9** top, © AP/Wide World Photos; **p. 9** middle © Bruno Barbey/Magnum; **p. 9** bottom left, © Gamma Liaison; **p. 9** bottom right, © Charles Platiau/Reuters/ Bettmann Archive; **p. 10** top left, © Louise Monier; **p. 10** top middle, © Filipacchi/Liaison International; **p. 10** top right, © M. Pelletier/Gamma Liaison; **p. 10** bottom left, © Marc DeVille/Gamma Liaison; **p. 10** bottom right, © Jacques Prayer/Gamma Liaison; **p. 31**, © Alfred Wolf/Explorer/Photo Researchers, Inc.; **p. 32**, © Mingasson/Gamma Liaison; **p. 33** top, © M. Jacobs/The Image Works; **p. 33** bottom, © Gerard Loucel/Tony Stone; **p. 34**, © 1989 Derek Berwin/The Image Bank; **p. 37**, © David R. Frazier Photography; **p. 56**, © Ulrike Welsch; **p. 58**, © Owen Frankin/Stock Boston; **p. 60**, © John Elk III; **p. 65**, © 1994 Alexandra & Pierre Boulat; **p. 71**, Réunion des Musées Nationaux, Paris, France; **p. 84** top, © Image Works; **p. 84** middle, © Comstock; **p. 84** bottom, © Image Works; **p. 87** top, © 1993 Matthew McVey/Stock Boston; **p. 87** bottom left, © Olympia/Gamma Liaison; **p. 87** bottom right, © Alexander Zemlianichenko/AP Photo/Wide World Photos; **p. 99** © Brunode Hogues/ Tony Stone; **p. 101**, © Olaf Ludwig/Gamma Liaison; **p. 103**, Copyright © 1994 by *Vélo Magazine*, Presse Sports, Publisher; **p. 118**, © Peter Menzel; **p. 120**, © Greg Meadors/Stock Boston; **p. 127**, Movie Stills Archive; **p. 129**, © Leo De Wys; p. 135 top, © Stock Boston; **p. 135** bottom right, © Robert Frerck/Tony Stone; **p. 135** bottom left, © 1988 Peter Menzel; **p. 138**, © Peter Menzel; **p. 155**, © Marc Tulane/Rapho; **p. 159**, © Peter Menzel; **p. 160** top, © Loic Gibet/Rapho; **p. 160** middle right, © Robert Fried 1992; **p. 160** middle left, © Owen Franklin/ Stock Boston; **p. 160** bottom left, © Ciccione/Rapho; **p. 160** bottom right, © David R. Frazier Photography; **p. 162**, © Edouard Berne/Tony Stone; **p. 166**, left, *Bon Appétit* is a registered trademark of Advance Magazine Publishers, Inc., published through its division, the Condé Nast Publications, Inc. Copyright © 1995 by the Condé Nast Publications, Inc. Reprinted with permission. Photo by Mark Ferri; **p. 166** right, © 1992 Log Productions/ The Image Bank; **p. 191**, © 1988 Robert Fried; **p. 202**, © Owen Franklin/Stock Boston; **p. 207** top left, © 1987 Harvey Lloyd/The Stock Market; **p. 207** top right, © Karen McCunnall/Leo De Wys; **p. 207** bottom left, © Suzanne L. Murphy; **p. 207** bottom right, © Tim Laman; **p. 208** top left, © 1988 Robert Fried; **p. 208** top middle, © Photo Pascal/Stock Boston; **p. 208** top right, © Bruno Barbey/Magnum Photos; **p.** Joseph Nettis/Stock Boston; Liaison International; **p. 227**, Cogedipresse; **p. 228**, © M Boston; **p. 240**, © H. Armst **p. 241** top © H. Armstrong Robe © Marc Riboud/Magnum Photos; © H. Armstrong Roberts; **p. 242**, Magnum Photos; **p. 243** left, © St Gamma Liaison; **p. 243** right, © Joh Stone; **p. 244** left, © Gamma Liaison, © MacLaren, Feb. 1978/Gamma Liaison In **p. 246**, © Manciet/Gamma Liaison; **p. 2** Fournier/Rapho; **p. 262**, © 1986 Peter Men **p. 264**, © 1990 B. Yarvin/Photo Researchers, **p. 267**, © Peter Menzel/Stock Boston; **p. 293**, Errath/Explorer/Photo Researchers, Inc.; **p. 295** l © Doisneau/Rapho; **p. 295** right, Courtesy of Kim ma; **p. 305**, © H. Armstrong Roberts; **p. 307**, © Barbey/Magnum; **p. 325**, © Veiller/Explorer/Photo Researchers, Inc.; **p. 326**, © Patrick Ingrand/Tony Stone; **p. 327**, © Daemmr/Stock Boston; **p. 328** top, © Charles Roman/Leo de Wys, Inc.; **p. 328** bottom, © Jean-Marie Truchet; **p. 329** top, © Dave Bartruff/ Stock Boston; **p. 329** bottom, © J-F Buerri/Rapho; **p. 330** top left, © Doug Armand; **p. 330** top right, © 1987 Bill Gallery/Stock Boston; **p. 330** bottom, © John Elk/Stock Boston; **p. 361**, © Maxime Clery/ Rapho; **p. 372**, © S. Weiss/Rapho; **p. 396**, © The Image Works; **p. 397**, © M. Grecco/Stock Boston; **p. 398**, © J. J. Lapey Ronnie/Gamma Liaison; **p. 407**, © Felix A./Explorer/Photo Researchers, Inc.; **p. 431**, © Owen Franklin/Stock Boston; **p. 432**, © Doisneau/Rapho; **p. 435**, Movie Stills Archive; **p. 437** © Owen Frankin/Stock Boston; **p. 445**, © 1992 Ulrike Welsch; **p. 447**, © Tony Stone; **p. 459**, © 1991 Bo Zaunders/The Stock Market; **p. 464**, © 1992 Ulrike Welsch; **p. 467** top, GARFIELD © 1995 PAWS, Inc. Distributed by UNIVERSAL PRESS SYNDICATE. Reprinted with permission. All rights reserved; **p. 467** bottom, Movie Stills Archive; **p. 469**, © 1994 Robert Fried; **p. 472**, © Giraudon/Art Resource; **p. 473** top, from the engraving by Hippolyte Lecomte, Collections de la Comédie-Française; **p. 473** middle, © Jacques Prayer/Gamma Liaison; **p. 473** bottom, © Grenada Television; **p. 489**, © Ermakoff/The Image Works; **p. 491**, © M. Franck/Magnum; **p. 500**, © Stock Boston; **p. 505** left, © Thomas Haley/Bernard Kouchner/SIPA Press; **p. 505** right, © Javier Bauluz/ AP/Wide World Photos, Inc.

Julieta Díaz Barrón
Devoir (finally!)

de devenir

1. Mary Robinson vient d'être pour la première fois une femme présidente de la République Irlandaise.

2. Un groupe radical vient d'assassiner Rajiv Gandhi.

3. Jean-Bertrand Aristide vient de quitter Port-au-Prince.

4. Bill Clinton vient d'annoncer sa candidature pour les élections presidentielles.

5. Clarence Thomas vient d'entrer à la cour suprême.